Quem é essa mulher?

Virginia Siqueira Starling

Quem é essa mulher?

Uma biografia de Zuzu Angel

todavia

À minha mãe, Roberta, para quem quero contar todas as histórias.
E a todas as mulheres que, como Zuzu, querem ser livres.

É importante não se fazer o que os outros mandam.

Zuzu Angel

Zuzu, essa mulher

A minha loucura e a minha imprudência velam a honra de um morto querido. Me arriscando por ele não corro o risco de uma morte inglória.

Sófocles, *Antígona*[1]

Quando Lauro Soutello Alves, cônsul-geral do Brasil em Nova York, se deparou com a mulher que cruzou a porta de sua casa, deve ter ajustado os óculos de grossos aros pretos para conferir se tinha visto direito. Ela não se parecia em nada com a costureira brasileira de coloridas e alegres roupas floridas, que surgia sorrindo largo nas fotos dos jornais. A figura que assomava naquele salão vinha de outros tempos, de outro mundo. Trajava um vestido longo de seda negra e seus cabelos castanhos vinham cobertos por um lenço em musselina de seda, também negra. Um xale, da mesma seda preta e com franjas costuradas à mão, estava amarrado no quadril — e, por cima dele, um cinto de metal com correntes e argolas deixava cair uma penca de uma centena de crucifixos de prata, em tamanhos distintos. Entre as camadas de seda escura e o brilho da prata, havia um único ponto de cor. Sobre o busto, realçado por um decote arredondado, repousava o pingente de um anjo branco, deitado de bruços sobre um suporte metálico. O anjo de porcelana segurava ramos de flores azuis e rosa e, ao seu redor, brotavam outras flores entre folhas verdes.[2] Era a encarnação do luto que havia entrado no número 32 da rua 70 Leste, uma residência de cinco andares a dois quarteirões do Central Park.

Zuzu Angel conhecia bem o poder da roupa para compor a aparência. Nada do conjunto que usou naquele 13 de setembro de 1971 fora escolhido por acaso: ela desejava causar uma impressão indelével, e foi exatamente o que conseguiu. Ela não chegou sozinha à casa do cônsul-geral Soutello Alves, onde apresentaria a terceira coleção internacional de sua marca de moda feminina, cujas origens remontam ao final da década de 1950 no Rio de Janeiro. Além da manequim brasileira Hulda Bachmann, que contratou para o trabalho em Nova York, Zuzu estava acompanhada por sua filha do meio, Ana Cristina. Mãe e filha, cada vez mais parecidas fisicamente, costuravam também uma parceria profissional. Ana Cristina tinha trocado o

Rio de Janeiro, onde morava com a família, por Manhattan e se matriculado no curso de música da Universidade Columbia. Mas mantinha o interesse pela moda que Zuzu criava.[3] Era sócia minoritária na empresa da mãe, ajudava com a exportação da etiqueta para os Estados Unidos e pretendia continuar a escalar a hierarquia. Em vez de aparecer na passarela como uma das manequins — papel que assumiu diversas vezes, nos primeiros desfiles da marca de Zuzu —, ela cogitava seguir a costureira nos bastidores.[4] Naquele desfile, porém, Ana Cristina assumiria uma tarefa extra. Levava consigo seu violão, que usaria para cantar uma música para a plateia. Com o instrumento nos braços e logo atrás de Zuzu, subiu as escadas em caracol que conduziam aos salões principais no primeiro andar da casa do cônsul-geral.

Lauro Soutello Alves e sua esposa, Fátima, aguardavam para receber a mulher que colocava, com o lançamento da nova coleção, Resort & Holiday, o endereço do casal no circuito da moda nova-iorquina. Inadvertidamente, eram também os primeiros a se enredarem na performance de Zuzu. Assim que os cumprimentou, ela mostrou cada peça de seu traje. Tocou com delicadeza o anjo do colar, explicando ao cônsul-geral quem a pequena figura representava. Era uma conversa difícil para o diplomata brasileiro, que não precisava ser lembrado do desaparecimento de Stuart Angel, o primogênito da costureira. Naquele mesmo ano de 1971, em maio, Stuart — um jovem de 26 anos, estudante de economia e militante do grupo guerrilheiro Movimento Revolucionário 8 de Outubro (MR-8) — fora capturado pela repressão da ditadura militar que governava o Brasil desde o golpe de 1964. Encarcerado nas celas do Centro de Informações de Segurança da Aeronáutica (Cisa), na Base Aérea do Galeão, o filho de Zuzu foi torturado até a morte. Sua prisão, contudo, nunca foi confirmada pelos órgãos da inteligência militar, e toda informação que sua família obtinha era deslegitimada pela ditadura como rumores infundados. Do mês de maio em diante, Zuzu Angel se transformou em uma mãe de militante desaparecido, disposta a tudo para descobrir a verdade sobre o paradeiro de Stuart. Exigia respostas: Onde estava seu filho? Estava vivo ou morto? Por que não lhe entregavam seu corpo, para que pudesse sepultá-lo em paz? Zuzu não tinha anunciado publicamente suas intenções a ninguém, nem sequer aos seus anfitriões. Mas o desfile que realizaria ali, na casa do cônsul-geral brasileiro em Nova York, seria mais uma investida contra o governo militar que havia sequestrado e torturado o seu filho, e fazia o mesmo com milhares de brasileiros que se opunham ao autoritarismo.

Com o vestido, o xale e o lenço pretos, o cinto de crucifixos e o colar de anjo, Zuzu compunha uma personagem que começava a se tornar familiar em seus gestos, suas conversas, seus objetivos. Naquela mulher enlutada, a costureira e a mãe se fundiam em uma figura que, em vez de se esconder nas penumbras da tristeza, despejava suas emoções na criação e conduzia a moda para contar uma história ao mesmo tempo pessoal e pública, estética e política. Não seria bem uma carpideira, prestes a liderar o coro de alguma tragédia grega: não puxaria os cabelos, soltaria gritos de dor, arranharia o rosto, choraria convulsivamente. Iria, sim, executar uma homenagem ao morto; iria, sim, ocupar um espaço e, com sua postura solene, desfiar o lamento que havia costurado em algumas de suas roupas.

Sentada ao lado de Fátima, Zuzu sorria. Seu olhar, no entanto, traía um pesar que às vezes não se disfarçava, sobretudo à câmera de filmagem que registrava o lançamento da coleção.[5] Misturada ao entusiasmo de realizar mais um desfile em Nova York, notava-se uma nova seriedade que abatia seu semblante.

Por mais intensa que fosse a consternação, nenhum sentimento desviava Zuzu da importância daquele dia. A casa ficava cada vez mais cheia dos convidados que convocara para conhecer as novidades de sua etiqueta, e a imprensa de moda americana chegava em peso. Profissionais de publicações influentes tomavam seus lugares de frente para a passarela. *Women's Wear Daily*, *Harper's Bazaar* e *Vogue* enviaram jornalistas para cobrir o desfile, e o jornal *Chicago Tribune* pediu que Bill Cunningham, repórter que se especializava em moda e se tornaria um fotógrafo consagrado da indústria, conferisse mais um lançamento de Zuzu.[6] Compradores das principais lojas de departamentos do país, como Lord & Taylor, Marshalls e Bergdorf Goodman, se cumprimentavam como os velhos conhecidos que eram: trombavam sempre nos showrooms e desfiles espalhados por Nova York. Adalgisa Colombo, Miss Brasil de 1958 e um dos rostos mais conhecidos e admirados de sua época, se acomodou no mesmo salão que herdeiras de fortunas do petróleo, como Muffy Amory e Stephanie Wrightsman, e que Caroline Newhouse, a esposa de Theodore Newhouse, um dos proprietários da Condé Nast Publications, grupo de comunicações americano que editava revistas como *Vogue*, *The New Yorker*, *Vanity Fair* e *Glamour*.[7] A plateia estava em seus lugares — só faltava o sinal para o show começar.

Houve um atraso. Ninguém, entretanto, abandonou a sala antes de a primeira modelo cruzar a passarela.[8] Não fariam desfeita e tampouco perderiam o que, conforme anunciava o release enviado à imprensa, era o retorno da "Angel from Rio" e suas modas alegres, que "viajam felizes para onde o sol está e onde as pessoas se reúnem para animadas festividades".[9] Zuzu tinha dividido os 58 modelos em nove grupos. Entre eles, "Resort Sport" introduzia vestidos leves para o verão; "Soft Looks" misturava cores vibrantes, como turquesa e tangerina, e patchwork floridos. Em "Dancing Looks", apareceram estampas de borboleta e vestidos em organza de seda pura decotados nas costas, e "Quadrilla" apostava nos xadrezes de festa junina em tons de verde, vermelho e branco. Estampas de pássaros pousaram no sétimo grupo, com destaque para um conjunto de vestido e bolero vermelho coberto por andorinhas negras que recebeu, da própria Zuzu, o nome de "Revoada de Andorinhas".[10] Em outra padronagem criada pela costureira e executada pela tecelagem fluminense Dona Isabel, os pássaros tinham um traço mais arredondado e, de asas fechadas, pareciam ter pousado no tecido. Coloridos em tons de azul, verde e rosa, eles adornavam um longo de saia ampla e mangas curtas.[11]

Se alguém julgasse a coleção apenas pelo macacão curto com franjas, pelo vestidinho lilás, complementado por um avental com estampa miúda e babados, ou, ainda, pelo esvoaçante vestido de chiffon de seda com estampa em laranja e rosa, poderia dizer que o lançamento conjurava "as leves imagens da primavera". Foi exatamente assim que a revista *Manchete* resumiu, na chamada para um ensaio fotográfico, o espírito das roupas de Zuzu. "O colorido exuberante, a leveza dançante dos babados, a nudez bem dosada fizeram o sucesso"[12] dos modelos diante da plateia norte-americana, encantada pelo "Brazilian Look" que Zuzu tentava popularizar. *O Jornal* empregou um tom similar ao elogiar como "o brilho do vermelho e verde, a graciosidade do azul e a vibração do laranja e turquesa", todas cores bastante presentes no desfile, ajudavam a costureira a "contradizer o pessimismo da época em que vivemos e nos traz uma visão rósea do futuro".[13] Em "Zuzu Angel e a sua passarinhada", *O Globo* chamou os estampados de flores e pássaros de "reflexo de nosso Brasil", antes de enfatizar a importância dos decotes e das mangas para a composição da silhueta feminina de Zuzu.[14]

Aquelas roupas pensadas para vestir mulheres sempre à caça do sol de verão, que passam férias em destinos internacionais — daí a categoria Resort & Holiday atribuída à nova linha de Zuzu —, não contavam a história inteira. De fato, havia os conjuntos de short-saia e os minivestidos que, na visão da costureira, "mulheres de férias ou hospedadas em um resort vão querer vestir".[15] Mas os trajes de festa e os pássaros coloridos entremeavam a contundente narrativa do protesto político, inédito em um desfile de moda. Submetida à censura decretada pela ditadura militar, a imprensa nacional não tinha alternativa: para descrever a coleção, restavam-lhe apenas a alegre primavera e o futuro róseo. Seria impossível que, em sua análise, os repórteres brasileiros incluíssem os trajes de luto da designer. Jamais seria permitido que relatassem como, envolta em seda negra, com crucifixos tilintando na cintura e o anjo pendurado no pescoço, Zuzu Angel mostrava ao mundo sua dor e sua revolta.

E seria igualmente impossível que destacassem os bordados costurados em algumas das roupas. Entre os chiffons laranja e as estampas de borboletas, Zuzu desfilou o seu protesto.

Um vestido plissado de mangas compridas, cuja parte superior era de um xadrez diferente da saia, seria singelo se não fosse pela faixa preta de luto amarrada ao braço esquerdo da manequim que o apresentava — e, principalmente, pelos bordados em sua gola preta. Em uma das abas da gola, um sol atrás das grades: o círculo alaranjado, do qual emanam sete raios, coberto por três traços na horizontal e três na vertical. Na outra, um anjinho sorridente, os cachos louros encimados por uma auréola e, às suas costas, as asas abertas lembrando um coração. Outro anjo aparecia em um modelo diferente de vestido xadrez — este, mais longo e sem mangas, com a cintura marcada por um cinto franjado e amarrado com um nó. A gola negra novamente servia de tela: na aba esquerda, o mesmo anjo; na direita, um tanque militar.[16] Tanque, anjo e sol enclausurado introduziam o tema que, no grupo derradeiro da coleção — o das noivas — chegaria ao seu *grand finale*.

A primeira das três noivas a entrar na passarela usava um vestido diferente dos que viriam depois, confeccionados em renda nordestina. Sobre o tecido de poliéster e algodão branco cortado em uma silhueta ampla, sem decote e com mangas compridas, flutuavam bordados coloridos de quepes, aviões, barcos, canhões, tanques, jipes, soldados, pássaros engaiolados, pombas carregando ramos de oliveira, tambores, árvores, casinhas e, claro, anjos. Era como se Zuzu tivesse entregado um estojo de lápis de cor ou um pacote de giz de cera a uma criança e lhe pedido que desenhasse sobre o pano. Os soldados pareciam figurinhas de chumbo, daquelas com as quais tantos meninos gostam de brincar. Os barquinhos a vela, delicados, podiam navegar sobre as ondas suaves, sob um céu pelo qual passeavam os aviões em tons de rosa, azul-claro e roxo. Fumaça soprava da chaminé da casinha, o canhão parecia ter vindo do circo e os quepes, em tamanhos diferentes, rodeavam a gola do vestido. O traço infantil dos desenhos remetia aos livros de histórias para crianças — mas esse livro contava uma história sem final feliz. Um pássaro amarelo voava na direção de uma gaiola, dentro da qual havia outra ave, presa. Em uma das mangas, a pomba com um ramo no bico não é branca, como habitualmente representada em sua simbologia de paz: suas penas são negras. Outro sol, este sem uma grade ocultando seus raios, brilha forte ao lado de um menino. Há, no entanto, uma cerca separando o garoto da luz e do calor.

A "Storybook Bride" — em português, "noiva de livro de histórias" — concentrava em si a criação mais simbólica do desfile. No release, ela é descrita como pouco usual e seus bordados se assemelhariam a hieróglifos egípcios, "comunicando a angústia e as esperanças da humanidade".[17] Zuzu concebeu uma segunda versão do vestido, sem mangas, com o busto franzido e uma alça que fechava atrás do pescoço, desnudando parte das costas. Alguns dos bordados divergiam, na cor (nesse modelo, a pomba é branca e a casinha, rosa e verde em vez de amarela e vermelha), no tamanho ou no tema, como o desenho de um menino que solta uma pipa. Em sua essência, porém, ambos os vestidos coincidiam no papel de narradores, não de uma fábula infantil, mas do tormento que se abatia sobre tantas famílias brasileiras.[18]

O protesto se revestiu com mais camadas de significado graças à performance musical de Ana Cristina. Assim que a última manequim deixou a passarela,[19] a filha de Zuzu e irmã de Stuart dedilhou seu violão e entoou "Tristeza", samba composto por Niltinho de Souza e Haroldo Lobo. A canção, cujo sucesso nas rádios teve início em 1966 na voz de Ari Cordovil e depois seria regravada por Elis Regina, Elizeth Cardoso, Baden Powell e dezenas de outros artistas, era o lamento de um coração partido por um romance fracassado. No salão da casa do cônsul-geral, ecoava como um pranto por Stuart: "Tristeza, por favor vá embora/ Minha alma que chora/ Está vendo o meu fim/ Fez do meu coração a sua moradia/ Já é demais o meu penar/ Quero voltar àquela vida de alegria/ Quero de novo cantar".[20]

As roupas-protesto de Zuzu Angel eram, concomitantemente, instrumentos de denúncia e testemunhos visuais, registros íntimos e documentos históricos, evidências de um ato político e demonstrações de fé.[21] Por si só, o vestido xadrez sem mangas e com golas bordadas narrava tudo. De um lado, o tanque; do outro, o anjo — ali estavam Stuart, o menino de cabelos loiros, e seus algozes, responsáveis pelo assassinato. Com os crucifixos no cinturão, Zuzu remetia ao mais poderoso dos símbolos cristãos, ícone de morte, redenção e renascimento. E o anjo, que dali em diante seria onipresente na sua marca e se tornaria a logo da etiqueta, acentuava a ligação que a designer procurava estabelecer com o sagrado — haveria, em sua visão, elo mais inviolável e abençoado do que o existente entre mãe e filho?

Os últimos meses haviam sido penosos. Mais: foram transformadores, e alteraram até mesmo a maneira como Zuzu via a si própria, como entendia o seu ofício de costureira e criadora de moda. De empresária que trabalhava para exportar suas coleções para os Estados Unidos e se sentia segura em suas amizades, sua moda e seu país, ela se tornou, além de tudo isso, uma brasileira disposta a ocupar a cena pública para enfrentar a ditadura militar. Contrariar o governo nunca estivera em seus planos.

Os planos tinham mudado.

No lugar de discursos bradados de um palanque, Zuzu deu uma de costureira. Não falou — bordou. As roupas eram o resultado palpável de um processo de deslocamento. Concebidas e confeccionadas em um ambiente historicamente reconhecido como feminino — o ateliê de costura —, as peças bordadas extrapolaram o consumo como meta: apresentadas para uma audiência internacional, enunciavam o drama pessoal de sua criadora, que correspondia aos dramas de centenas de famílias brasileiras, e manifestavam suas críticas e acusações contra o governo militar. À frente dos colegas brasileiros, que ainda discutiam se uma moda nacional seria um dia viável, Zuzu não só afirmava a existência dessa moda brasileira como a envolvia com política, um assunto do qual a maioria dos designers preferia se manter à distância.

A mulher que borda parece, à primeira vista, estar relegada à poltrona da sala. O confinamento da domesticidade tinha que ser repelido, diziam algumas feministas da segunda onda — e, com ele, todas as atividades associadas a essa feminilidade. Com sua terceira coleção internacional, Zuzu provava o contrário. Ciente de que a costura sempre representou uma oportunidade de trabalho para incontáveis mulheres ao longo do tempo, inclusive em sua própria família, ela também reconhecia a importância desse ofício para sua independência financeira. Costurar significava, muitas vezes, tirar a mulher do confinamento doméstico e lhe fornecer ferramentas para liberar sua criatividade. Zuzu foi ainda mais longe. Convencida de que roupas também falam, ela se aproveitou da posição que conquistara no mercado da moda para fazer as suas roupas dizerem o que nenhuma outra dissera antes. Não bordou palavras de ordem como "Abaixo a ditadura" — lema que poderia estampar uma camiseta, exatamente como aparecia nos cartazes e nas pichações em muros durante as passeatas contra o governo militar em 1968. Os desenhos que delineara e colorira em folhas avulsas de papel traziam sentidos próprios: seus bordados, referentes à história do filho, em roupas com sua etiqueta, transmitiam uma mensagem de alerta sobre o que realmente acontecia nas prisões e nos quartéis da ditadura. O caso particular de Stuart Angel, narrado pela mãe, era emblema da violência praticada sistematicamente pelo Estado brasileiro. E o mundo, pensava Zuzu, precisava saber disso.

1.
Saias pioneiras

O quarto ia mudar completamente. Não era fácil se desfazer do grande armário de jacarandá, nem da cama de casal. Esses móveis tinham viajado bastante, acompanhando as travessias dos jovens Angel Jones desde o casamento, mais de uma década antes. Mas Zuleika, a dona daquelas peças, decidira inventar moda — nas palavras de sua mãe, isso era o que fazia desde criança. Por maior que fosse o apego àqueles móveis antigos e pesados, eles não cabiam nos seus planos. Ela lidaria com o aperto no coração de se desfazer de armários e camas que havia carregado de Belo Horizonte para Salvador, então para Nova Iguaçu, e finalmente para o Rio de Janeiro. A necessidade falava mais alto. Zuleika queria uma mobília espaçosa, prática e moderna. Escolheu um sofá-cama e um guarda-roupa de oito portas em madeira de pau-marfim e pés palito; guardou apenas uma sapateira de jacarandá com duas gavetas, adornada por um espelho comprido. Não satisfeita, mandou acarpetar o cômodo antes de posicionar os novos móveis.

Estava pronto o novo quarto do casal — pronto para virar o aposento principal do ateliê Zuzu Saias, uma etiqueta de roupas femininas ainda nos primeiros anos. Zuleika era Zuzu, seu apelido de sempre. No novo guarda-roupa, armazenaria tanto as encomendas prontas quanto as peças ainda não vendidas, as quais mostraria à sua clientela em franca expansão. Assim que fossem recebidas no apartamento térreo do edifício Magalhães, no número 529 da rua Barão da Torre, em Ipanema, as senhoras interessadas seriam conduzidas ao quarto, onde poderiam examinar o que a costureira Zuzu oferecia. Se tudo funcionasse bem, as oito portas logo não dariam conta da produção de saias balonê, também chamadas de guarda-chuva, que marcavam a cintura e desciam até abaixo dos joelhos, formando um leve volume nas coxas. Nem das blusinhas de cambraia suíça em tons pastel, pensadas para combinar com as opções de saias. A máquina de costura Singer de Zuzu operava sem descanso naquele ano de 1957.

Embora ela tentasse conter a costura àquele cômodo, sem interferir no dia a dia dos filhos Stuart, Ana Cristina e Hildegard, a moda teimava em transbordar das gavetas e cabides. As crianças se deparavam o tempo todo com croquis, alfinetes, tesouras e retalhos, notavam o entra e sai de freguesas e sentiam a energia que movia a mãe. Zuzu às vezes trabalhava noite afora em suas criações, cortando panos e preparando moldes de novos modelos. Aliás, antes da reorganização do apartamento, era no quarto dos três que punha a Singer para funcionar: entre os beliches, uma mesa mal comportava o volume crescente de serviço. Transformar o aposento que ela dividia com Norman Angel Jones, o marido, foi a alternativa que encontrou para aproveitar o espaço e evitar confusão na rotina de Tuti, Ana e Hilde. Até porque Norman raramente parava em casa. Representante comercial das máquinas de escrever e calcular da marca sueca Facit, ele percorria o Brasil como um caixeiro-viajante, e só retornava ao apartamento em Ipanema por uma semana antes de botar de novo o pé na estrada.[1]

Quando abria uma das gavetas e via enroladas as fitas de gorgorão que comprava no Armarinho Barcellos, na esquina da rua Visconde de Pirajá com a Garcia D'Ávila, ou os carretéis de linhas coloridas, por vezes Zuzu sentia que puxava uma gaveta diferente. Uma gaveta que pertencia a outros tempos, outro lugar — ela ainda não morava no Rio de Janeiro, tampouco era casada ou tinha filhos. Carregava os sobrenomes de solteira, Souza Netto. E o que juntava lá dentro, escondido, era bem mais singelo do que as fitas daquele tecido encorpado, com relevo em formato de linhas finas e feito de algodão, seda ou lã, que usava para enfeitar as saias de sua etiqueta. Quase trinta anos a separavam dessa gaveta na casa de sua família, em Belo Horizonte, feita abrigo dos fiapos de linha colorida que ela catava durante o dia. De noite, quando os pais e irmãos já tinham ido dormir, ela se levantava sorrateiramente e abria a sua gaveta para admirar aquelas cores emboladas umas nas outras. Fascinada pela mistura fortuita de tons e texturas, Zuzu atiçava a sua predileção por tudo que era colorido, vivaz e chamativo.[2]

A composição daquelas linhas se fixava em sua imaginação. Na manhã seguinte, era a hora de as professoras se exasperarem. "Zuleika, desce da lua", imploravam à aluna desatenta, mais preocupada em descobrir novas maneiras de bordar lãs coloridas em sandálias brancas do que aprimorar as notas em matemática ou francês.[3] Concluiu o curso primário na Escola Barão do Rio Branco e, nos dois anos em que estudou no Ginásio Mineiro, uma instituição pública de ensino secundário, a média geral de Zuzu caiu de 54, na primeira série, cursada em 1934, para 50, na segunda. A família Souza Netto, inclusive os pais, Pedro e Francisca, já decretava que Zuzu "não tinha jeito mesmo".[4] Não podiam, contudo, negar que a situação havia progredido um pouco após sua transferência, em 1936, para o colégio Sagrado Coração de Jesus, uma escola privada mista no bairro Funcionários. Aos dezessete anos, Zuleika concluiu a quinta série do ginásio com média 66 — o 42 em matemática e o 46 em latim compensados por 90 em português e 89 em geografia física.[5]

Essas notas não diziam nada particularmente definitivo, exceto que Zuzu parecia não ter muita inclinação para a vida acadêmica. Se ficava quieta por tempo demais, d. Francisca se preocupava. Logo adivinhava: devia estar inventando novas modas. Uma das primeiras foi a dos chapéus. Como só conseguia confeccioná-los sem copa, Zuzu disfarçava a falta de técnica com duas fitas de cores diferentes trespassadas entre as abas. Assim que ficavam prontos, distribuía os modelitos para as irmãs mais velhas, Maria Nazareth, Leopoldina e Virginia, para as primas mais novas, filhas do tio paterno Oscar, e para as amigas da vizinhança. As primas quase derretiam de vergonha sob o olhar crítico dos belo-horizontinos quando passeavam pela avenida Afonso Pena ou pela praça da Liberdade — achavam os chapéus horríveis e excessivamente extravagantes. Era só o começo e as peças ficariam melhores, Zuzu podia prometer. Afinal, ninguém tinha lhe ensinado a costurar. Se os vestidos e as blusas que confeccionava tinham apenas mangas japonesas — curtas e soltas —, era porque ainda não conseguia modelar direito a cava, que é a abertura formada pela junção da manga ao corpo da roupa. Cavas malfeitas arruínam o caimento e atrapalham o movimento dos braços. A solução temporária que Zuzu arrumou foi se restringir às tais mangas japonesas, por serem simplesmente cortadas no tecido e não costuradas.[6]

Tudo o que Zuzu sabia, aprendera experimentando por conta própria — ou observando outras mulheres. Em especial Tidoce: era assim que a família Souza Netto chamava Eudóxia, irmã de Pedro e, portanto, tia paterna de Zuzu. Tidoce era costureira profissional desde moça, na época em que os Souza Netto ainda moravam em Curvelo, uma cidade que, embora esteja na região central de Minas, já se considera no sertão das Gerais.

Talentosa e esforçada, Eudóxia Souza Netto herdou o ofício da mãe, Leopoldina Auta Vianna, e da avó, Júlia Honorata Benício, e virou modista famosa nas regiões de Curvelo, Diamantina e, após a mudança para a capital, entre as décadas de 1920 e 1930, também em Belo Horizonte. Seu nome estava registrado no *Almanak Laemmert*, um precursor do catálogo, cujos anúncios elencavam prestadores de serviços e endereços úteis pelo Brasil afora, como uma das seis costureiras de Curvelo nos anos de 1913 e 1914. Reconhecida como uma das melhores do ramo nas redondezas, Eudóxia passou também a dar aulas de costura a jovens moças, que durante o dia enchiam a casa onde a professora morava com a mãe e as irmãs no centro da cidade.[7]

Ao assumir o ateliê, Eudóxia confirmava a costura como esteio financeiro para mais uma geração de mulheres. Isso vinha, pelo menos, desde a primeira metade do século XIX, com Júlia Honorata e suas irmãs, conhecidas em Curvelo como as Benícias. Filhas de José Felipe, um major da Guarda Nacional que trocara o povoado de São Bartolomeu, na região de Ouro Preto, pelo solo avermelhado curvelano, as Benícias ganhavam a vida como costureiras. Mas a casa do major não admitia apenas fregueses. Criadas de modo assaz liberal para a época e órfãs de mãe, elas passavam a maior parte do tempo por conta própria, cuidando de seus interesses. E eram muitos. Inteligentes, curiosas e bem-humoradas, as Benícias ficaram rapidamente conhecidas pela qualidade de suas conversas e pela excelente recepção que ofereciam aos visitantes. Homens solteiros e casados de Curvelo e dos lugarejos vizinhos frequentavam o que consideravam ser um salão literário, dadas as discussões animadas sobre os mais novos romances publicados, os últimos acontecimentos políticos e os mexericos mais fresquinhos.

Inevitavelmente, as noites em casa das Benícias não se restringiram a conversas. Encorajados pela liberalidade daquela roda social, vários senhores não tardaram a se engraçar com as filhas do major. Júlia Honorata acabou por se envolver com Cândido de Souza Vianna, um coronel casado que alguns anos antes chegara à cidade acompanhando o irmão mais velho, o major Felicíssimo de Souza Vianna.[8] Os Vianna haviam saído da Quinta do Sumidouro, uma fazenda nos arredores de Santa Luzia e Lagoa Santa, onde seus ancestrais de origem portuguesa tinham se estabelecido entre os séculos XVII e XVIII, para tentar a sorte em Curvelo no comércio, no direito e na política. Em pouco tempo, os irmãos Vianna se tornaram os grandes líderes políticos da região: ao se eleger presidente da Câmara Municipal em 1849, o major Felicíssimo cimentava a extensão da influência que ele e o coronel exerceriam. Tudo passava por eles — até despontarem os seus rivais, a família Mascarenhas, com quem disputariam a primazia política entre os curvelanos. Nos locais que os Vianna frequentavam, apoiadores dos Mascarenhas não entravam, e vice-versa; volta e meia explodia alguma briga nas ruas, algum arranca-rabo inflamado pelas desavenças na arena política.

Da relação entre Cândido e Júlia nasceu, em 1851, Leopoldina. A despeito da ilegitimidade e das tensões que imporia ao casamento com Maria Cândida, sua esposa, o coronel reconheceu a filha. Leopoldina cresceu entre a costura como meio de sobrevivência e o portentoso sobrenome Vianna, que, contudo, não lhe garantia o desfrute dos privilégios financeiros de que dispunha a família do pai. Quando chegou a sua vez de contrair matrimônio, Leopoldina não fez uma escolha segura. A ambição que o marido, Antônio Alves de Souza Netto, tinha de sobra não equivalia ao traquejo profissional. Falhou em todos os negócios em que entrou e, quanto mais perdia empregos e dinheiro, mais se entregava ao vício — a bebida. Decretou à esposa e aos filhos um convívio errático, imprevisível e doloroso: nas fases em que tentava se abster do álcool, trancava-se por semanas, até meses a fio no quarto e só permitia a entrada de Leopoldina, que lhe levava o que comer. Os sete filhos do casal que sobreviveram à idade adulta — Honorina, Maria Wenceslina, Pedro, Alzira, Eudóxia, Leopoldo e Oscar — testemunharam a intrepidez da mãe para manter os pratos cheios, as crianças vestidas e a casa de pé. Após a morte de Antônio, causada por uma queda, Leopoldina se lançou com vigor redobrado na confecção de roupas masculinas. Foi o jeito que arrumou, com o que tinha em mãos e na imaginação, para criar os filhos e se ocupar.[9]

Na casa, a importância da roupa e da moda para as mulheres da família ficava evidente: era a sala de costuras o cômodo mais amplo e arejado. Comportava duas mesas de bom tamanho, um armário antigo, bancos para acomodar freguesas e três máquinas de costura. Havia sempre algum movimento naquela sala. Nos bancos, sentavam-se as senhoras que esperavam para ser atendidas — se não conversavam entre si, folheavam exemplares de revistas francesas de moda, com títulos como *La Femme Chic* e *Chic Parisien*. As que já haviam sido chamadas para experimentar os modelos prontos se dirigiam ao quarto de Eudóxia, onde, em uma das paredes, estava pregado um espelho de corpo inteiro. Tão acostumadas tinham ficado com o ambiente que talvez nem reparassem na cama de solteira encostada à parede, embaixo de uma janela que dava vista para o quintal.[10] Tidoce não se casou nem teve filhos. Duas de suas irmãs, Honorina e Alzira, e o irmão Leopoldo, tampouco.

Zuzu não chegou a morar naquela casa que também era ateliê de costura. Pedro, seu pai, trabalhava como farmacêutico prático e habitava com a esposa e os filhos um casarão em Morro da Garça, então um lugarejo que só na década de 1960 seria alçado a município independente de Curvelo. Não havia hospital ou consultório médico por ali: quem adoecia nas fazendas e nos currais de gado da região recorria aos tratamentos do sr. Pedro Netto, que acolhia enfermos em um dos cômodos da casa de telhas, mas sem forro. Os suspiros e gemidos viajavam por entre os quartos — mais do que suficientes para apavorar as filhas do farmacêutico. Pior ainda, porém, era quando os sons cessavam. Nesse momento, elas entendiam que dormiam, ou tentavam dormir, bem perto de um defunto.[11]

Se não estava atendendo pacientes em Morro da Garça, Pedro cavalgava até Curvelo. Amarrava o cavalo em um velho chafariz de madeira, próximo aos fundos da casa de sua mãe, Leopoldina, e caminhava até a farmácia de Raimunda de Souza Marques. Em um escritório ao lado do laboratório onde Raimunda manipulava os medicamentos, Pedro se sentava em um tamborete alto e passava o dia preenchendo rótulos para os vidros de remédios, lançando receitas e completando o Livro de Registros — era ele o responsável por controlar o movimento do negócio.[12]

O filho mais velho de Leopoldina, metódico e estudioso, se dedicara à farmácia; já o caçula, Oscar, se mostrou um negociante hábil e, acima de tudo, ambicioso. Partiu de sua sede de aventura o plano de mudar, com a família inteira a tiracolo, para Belo Horizonte. Curvelo lhe parecia pequena demais, com poucas oportunidades para que enriquecesse e o peso de uma herança falida. A fortuna dos Vianna havia muito desaparecera e restaram tão somente a fama de intelectuais e a rivalidade com os Mascarenhas — estes, ainda ricos. Por alguns anos e graças à intervenção de Leopoldina, Oscar trabalhou como ajudante de um caixeiro-viajante, com quem percorria Minas e, quando voltava, estava sempre carregado de presentes para os sobrinhos, desde balas adocicadas a minipanelas de pedra-sabão. Como experiência, a vida de caixeiro-viajante rendeu mais do que uns trocados: Oscar exercitou suas habilidades de vendedor, além do carisma alegre que lhe era característico, e elas logo se mostrariam essenciais para seu próximo trabalho.[13]

Seria na companhia de seguros Equitativa que Oscar se projetaria como uma figura eminente em Belo Horizonte. Ele começou da base, como um dos empregados nos escritórios da filial mineira dessa sociedade mútua que, desde 1896, negociava apólices de seguros de vida, imobiliários e empresariais. Sediada no Rio de Janeiro e com escritórios também em São Paulo, a Equitativa acumulou mais de 2 milhões de clientes ao longo de sua história e arrebanhou, como um dos sócios, até o governo federal. Oscar entrou na companhia em sua melhor fase, durante a primeira metade do século XX, e a prosperidade dos negócios contribuiu para a ascensão rápida nos escalões da empresa. De funcionário, sagrou-se superintendente e, em seguida, um dos diretores que supervisionavam todo o estado de Minas Gerais. Com as promoções, vinham também os aumentos de salário, um dinheiro que Oscar despendia para agradar toda a família. Insistiu que a mãe e os irmãos o seguissem até a capital, comprou uma casa espaçosa, que mobiliou com todo o conforto, e redobrou sua generosidade. Não queria que Leopoldina, Tidoce, Alzira e Honorina passassem mais dificuldades. E atraiu também Pedro. Garantiu uma posição na Equitativa para o irmão mais velho, que largou a farmácia e o casarão no Morro da Garça para se estabelecer em Belo Horizonte como superintendente da companhia, com d. Francisca e seus filhos.[14] Na nova casa da rua São Paulo, com varanda e jardim, ao lado dos pais, das irmãs e de Carlos Alberto, o irmão caçula, Zuzu passaria o final da infância, a adolescência e entraria na vida adulta.

Era o princípio da década de 1930 quando Pedro Netto se instalou numa cidade ainda jovem, cujo mapa se desfazia do seu traçado original. Vista do alto, a avenida Afonso Pena parecia um tapete verde, de tão arborizada — e nela começavam a subir prédios em estilo art déco que transformariam para sempre o panorama belo-horizontino. Nasciam novos bairros, afastados do Centro e fora dos limites da avenida do Contorno. Talvez fosse possível sentir, no ar nada parado da cidade, uma promessa de modernidade. Belo Horizonte prometia mais oportunidades, mais confortos e luxos — escolas melhores, comércio mais variado, mais teatros e música e arte — do que Curvelo jamais oferecera aos Souza Netto. Haveria sessões de cinema no Cine Brasil ou no Cine Theatro Gloria, caminhadas pelo Parque Municipal, visitas às lojas da rua da Bahia, banquetes em casarões de famílias com raízes tão profundas na história mineira quanto os próprios Vianna.[15]

Tal como os bondes que cruzavam as ruas e avenidas, a família estava de passagem por ali e não escolheria Belo Horizonte como a parada final. Oscar tinha outras ambições, assim como suas irmãs e seus sobrinhos. Mas, naquele começo, todos eles se propunham a iniciar algo novo.

A Zuzu Saias começou com uns panos feios — ao menos, foi o que a própria Zuzu achou quando os viu.

Os tais panos foram um presente de Norman, que estava de volta ao Rio após mais uma viagem pelo interior do país. Não chegou de mãos abanando. Trouxe, para a esposa, um pacote de tecidos com estamparias abstratas, de qualidade razoável.

A esposa não amou o regalo — questionou, inclusive, se as fazendas poderiam ser consideradas de bom gosto —, mas aceitou as boas intenções do marido. Norman pensou que agradava; de seu lado, Zuzu enxergou uma oportunidade naqueles tecidos. Tinha, ali, o material necessário para pôr em prática a ideia de se aventurar de vez na moda.

Com os panos, Zuzu escolheu fazer saias. Ela pensava no melhor custo-benefício para seu empreendimento e não tomou essa decisão arbitrariamente. Selecionou um modelo específico — a saia balonê —, a partir do qual elaboraria variações com base em decorativismos. As primeiras foram confeccionadas com os tecidos estampados, mas Zuzu achou que não ficariam boas o suficiente sem alguns acabamentos. Comprou alguns metros de fitas de gorgorão e as usou para enfeitar, junto com botões e laçarotes adquiridos no Armarinho Barcellos, a leva inaugural de saias.[16]

Zuzu tinha as peças — faltava a clientela. Se bem que isso ela conseguiria providenciar rápido, pois sabia onde procurar. A verdade é que a Zuzu Saias começou antes dos tecidos estampados que Norman trouxe de viagem. É preciso puxar mais um pouco os fios que conduziram até aquele ateliê improvisado no quarto das crianças: fios que delinearam, aos poucos e com mais de um dedo do acaso, uma trama cujo formato só ficaria claro bem depois.

Em Belo Horizonte, Zuzu testou como pôde a sua inclinação para a costura. Não imaginava que se profissionalizaria — até então, a confecção era feita para si própria, um misto de diversão e realização criativa. Nada surpreendente, tendo em vista que a costura integrava o cotidiano e a formação de moças daqueles tempos. Mais do que questão de jeito, talento ou predisposição, tratava-se de um saber quase indispensável a jovens de classe média, como Zuzu e as irmãs. Aprendia-se, pelo menos, o básico: pregar botões, fazer bainhas e pequenos ajustes, cerzir — movimentos e técnicas elementares, além de particularmente úteis, dessa arte feminina que se consagrou como ocupação doméstica e perfeitamente aceitável dentro dos padrões tradicionais de gênero.[17] Em casos de necessidade financeira, a costura também se mostrava como alternativa viável para complementar, ou mesmo garantir, a renda familiar. Era o que haviam feito, com suas mãos treinadas e seus olhares afiados, Júlia Honorata, Leopoldina e Eudóxia. Para Zuzu, entretanto, fazer roupas era mais um prazer do que necessidade. Os chapéus de que reclamavam as primas, por exemplo, a incentivaram a continuar e foram o prelúdio de invenções que agradavam.

Foi o que aconteceu quando Zuzu reformou o chapéu de Rita Marun, uma normalista que saíra da cidade mineira de São João del-Rei para realizar um curso de especialização na Escola de Aperfeiçoamento em Belo Horizonte com a dra. Helena Antipoff. Em Minas, essa pedagoga e psicóloga de origem russa introduziu um sistema de diagnóstico, orientação e educação especial para crianças ditas excepcionais e fundou a Sociedade Pestalozzi, cujo instituto acolheria alunos que não se encaixassem nos padrões — seja por deficiências físicas, intelectuais e sensoriais, seja por manifestarem dificuldades comportamentais, ou mesmo por viverem em situação de rua e abrigos.[18] Rita Marun estava animada para trabalhar sob a supervisão de Antipoff, mas se inquietava com sua posição na capital: uma moça solteira, sozinha, precisava de um lugar respeitável para morar enquanto permanecesse em Belo Horizonte. Pelo Instituto Pestalozzi, ficou sabendo de uma casa onde poderia alugar um quarto — a residência dos Souza Netto, na rua São Paulo, tinha um aposento vago para receber moradoras temporárias. Rita aportou por lá com sua bagagem, dentro da qual levava um chapéu velho e sem graça. Deu-se tão bem com d. Francisca e as meninas que, quando viu a chance, Zuzu não se fez de rogada. Passou a mão no chapéu e, depois de receber autorização de sua dona, enfeitou e deu um trato na peça até torná-la mais moderna e atraente. A normalista não ficou mais do que alguns meses no quarto alugado. No entanto, não se esqueceria da mocinha que levava jeito com a costura e transformara seu chapéu desenxabido a ponto de deixá-lo como novo.[19]

O convívio com Rita Marun não seria a única proximidade da família com Helena Antipoff e o Instituto Pestalozzi. Leopoldina Netto se formaria pelo Instituto de Educação de Minas Gerais e se tornaria colaboradora próxima da pedagoga russa. Sua carreira no ensino se desdobraria tanto como professora quanto na coordenação de projetos e na fundação de escolas para crianças com deficiência.[20] A irmã Virginia, apenas dois anos mais velha, guardaria o diploma de direito — um dos primeiros obtidos por mulheres na cidade de Belo Horizonte, tendo sua tese premiada com distinção pelo diretor da Faculdade de Direito — para se aventurar nos palcos de teatro e na educação teatral de crianças excepcionais, possivelmente influenciada pelas trocas intelectuais com Leopoldina.[21] Com o tempo, as meninas Souza Netto descobriam a que se dedicariam. E colorir tudo o que lhe parecia insosso e enfadonho talvez fosse a missão de que Zuzu se incumbiu.

"Sempre criei as minhas próprias roupas, das minhas amigas e das minhas irmãs, não aceitava sugestões, só fazia o que queria", relembraria Zuzu, décadas mais tarde.[22] Não se julgava boa desenhista: costurava a partir do que lhe vinha à cabeça.[23] Das blusas do uniforme escolar, passou aos vestidos. O primeiro saiu sem que ela esperasse, segundo contaria em uma entrevista a um jornal. Tinha acabado de chegar com as irmãs a mais um farto almoço na casa de seu tio Oscar e, encasquetada, entrou direto no quarto da esposa dele, Ordália. "Não quero doce, quero um vestido novo", anunciou à família, que deve ter ficado à espera para ver como Zuzu voltaria à sala.[24] Naquele dia de um ano perdido na memória da costureira que, à época, ainda era uma aprendiz, ela daria início a um costume que muito a estimularia nas tentativas seguintes de criar roupas. Escolheu um dos vestidos mais antigos de Ordália, uma mulher mais jovem do que o marido e cuja beleza e simpatia haviam encantado as cunhadas, sobrinhas e sogra, e fez parecido com o chapéu de Rita Marun. Enfeitou e reformou até sentir que podia abrir a porta e se exibir aos olhares de mãe, irmãs, tia, primas.

Tia Ordália achou graça — nas próximas vezes, não demonstraria tanto desprendimento. Ela entregava à sobrinha as roupas que tinha parado de vestir, peças refinadas que o salário de Oscar, como diretor da Equitativa, conseguia pagar, e passou a tomar sustos cada vez maiores quando as via de novo, sendo usadas por Zuzu. À medida que crescia em sua técnica, a futura costureira conseguia deixar os vestidos ainda mais interessantes do que antes. Era o que Ordália constatava: e, sem cerimônia, pedia-os de volta.[25] A sobrinha não desistia. As sandálias brancas que a tia encomendava de butiques parisienses ganhavam, nas mãos de Zuzu, bordados de lãs coloridas e apliques de flores e pássaros.[26] Viravam um par de sapatos completamente diferente.

A despeito das reclamações, Ordália era tão generosa quanto o marido. É certo que a prosperidade do casal ajudava. Festas, banquetes, presentes, luxos de todo tipo: a casa de Oscar dispunha, desde o princípio, de eletrodomésticos caros como geladeira — uma raridade que, nos anos 1930, ainda era importada — e as últimas novidades em automóveis. Belo Horizonte, aliás, ficava cada vez menor para as ambições daquele homem de negócios. De olho no Rio de Janeiro, Oscar orquestrou sua entrada na capital do Brasil enviando, primeiro, mãe, irmãs e irmão. Comprou uma casa em Ipanema, em uma rua Visconde de Pirajá que ainda não havia sido pavimentada, e arcou com todas as despesas para instalar Leopoldina, Eudóxia, Alzira, Honorina e Leopoldo.[27] Manteve, no entanto, seu endereço belo-horizontino, em uma decisão que se mostrou acertada. Em pouco tempo, a fome de progresso de Oscar foi contida por conflitos com a administração da Equitativa e com dívidas maiores do que ele poderia arcar. Seu retorno a Belo Horizonte, acompanhado da esposa e dos filhos (mas não da mãe e das irmãs), em nada se assemelhava à pompa da chegada ao Rio. As remessas mensais de dinheiro que despachava para garantir o sustento de sua família começaram a escassear e em 1937, ano em que Leopoldina faleceu, após um longo processo de enfraquecimento e uma agonia que durou dias, a casa na Visconde de Pirajá mostrava os primeiros sinais de decadência. Dali em diante, a pintura descascaria nas paredes, os cantos ficariam mais empoeirados, as pilhas de jornais e revistas cresceriam em tamanho e sujeira, mais vidros quebrariam nas janelas e outros trincos enferrujariam.[28]

Não seria como nos velhos tempos de Belo Horizonte. Algumas amizades, porém, ainda renderiam frutos inesperados. Entre os convidados ilustres que frequentaram o casarão de Oscar e Ordália estava Juscelino Kubitschek: além das taças de champanhe rosé e dos passos de valsa, o futuro presidente do Brasil se deliciava também com as histórias e piadas do extenso repertório de seu anfitrião, dono de uma gargalhada espalhafatosa e um apetite respeitável.[29] Quando JK tomou posse da Presidência em 1956, o amigo Oscar havia falecido três anos antes[30] e Ordália, viúva, entrou para a turma de mineiros assíduos dos saraus e das serestas que adentravam a madrugada no Palácio Laranjeiras, a residência da família do presidente no Rio de Janeiro. Sem imaginar, ela se encaminhava para prestar mais um favor à criatividade — e à carreira ainda inexistente — da sobrinha Zuzu.

A proximidade com os Kubitschek resultaria, inclusive, em um novo matrimônio para Ordália. Piano e viola entretinham convidados do círculo íntimo do casal, envolvidos em conversas que se arrastavam por horas depois de servido o jantar. Juscelino olhava para a viúva e comentava, com os amigos conterrâneos, que precisava lhe arrumar um novo marido. Já tinha um candidato em mente para concluir seu complô casamenteiro: o diplomata Francisco Medaglia, que se sentia praticamente exilado no escritório comercial brasileiro em Ottawa, Canadá. Era homem solteiro e piscou no radar presidencial depois de tanto solicitar uma troca de posto, sempre que voltava ao Brasil em suas férias. JK orquestrou diversos encontros entre Ordália e Medaglia nas festas no palácio e os esquemas renderam frutos. Ao som do seresteiro César Prates, a tia de Zuzu arrumou um novo marido e o ministro arrebanhou um posto cobiçado — diretor do Escritório Comercial do Brasil em Nova York, decerto mais animado do que a capital canadense.[31] Medaglia seria eternamente grato. Em 1959, encarregou-se de escrever uma biografia de JK na qual contava, em inglês e em pouco mais de 120 páginas, a história de vida do self-made man que chegara ao posto mais alto da política brasileira.[32]

Entre os flertes em saraus animados, Ordália ouviu conversas que lhe lembraram a sobrinha Zuzu. A primeira-dama Sarah Kubitschek estava atrás de costureiras — e não para qualquer serviço. Ainda durante o mandato de JK como governador de Minas, entre 1951 e 1955, d. Sarah se dedicara formalmente à filantropia e criou as Obras das Pioneiras Sociais. Nesse começo, a iniciativa funcionava como um grupo que recebia doações para crianças, gestantes e mulheres em necessidade. Junto com as amigas mineiras da alta sociedade, Sarah trabalhava para angariar contribuições e distribuir roupas, remédios, alimentos, merendas escolares e cadeiras de rodas. Quando chegou ao Rio de Janeiro e ocupou o Palácio Laranjeiras, ela viu que precisava ampliar suas atividades. Não daria conta de ficar parada, de se ocupar unicamente da rotina atribulada do marido e aguentar as frustrações decorrentes desta: instruía a cozinha do palácio a preparar as refeições favoritas de JK para o almoço, mas ele nunca chegava a tempo; só o fez quando Sarah passou a telefonar e dizer que as filhas, Maria Estela e Márcia, estavam com fome e o esperavam. Era um casamento exposto à pressão da vida política e ao escrutínio público. Ela ainda precisava lidar com os casos extraconjugais de Juscelino e apoiá-lo indefectivelmente em suas campanhas eleitorais, encorajando-o em cada etapa e organizando comitês femininos. Na posição de primeira-dama, especialmente restrita pelos códigos de boa conduta, um projeto assistencialista soava ideal para estimular corpo e mente. Portanto, menos de dois meses após a posse do presidente, em 22 de março de 1956, transformou as Pioneiras em fundação e permitiu que as obrigações com o grupo a carregassem noite adentro.

D. Sarah elegeu embaixatrizes para ajudá-la na captação de recursos e estendeu a rede da fundação para dez estados. Não queria se ater apenas a doações, apesar de estas continuarem indispensáveis. Seu enfoque primordial seria a assistência de saúde. Inaugurou hospitais volantes instalados em veículos especialmente importados dos Estados Unidos e da Alemanha, que forneciam atendimento médico e dentário e ficaram conhecidos como "Saúde sobre Rodas"; equipou ambulatórios e centros de recuperação motora; investiu na pesquisa e no tratamento de câncer de mama feminino e ginecológico, tendo inaugurado no Rio, em 1957, uma unidade das Pioneiras voltada à pesquisa, à detecção e ao tratamento da doença, em especial a que acomete o colo do útero. Fora esse o câncer que havia matado sua mãe, Luísa Gomes de Lemos. Em 1959, a primeira-dama enviou uma lancha-hospital para navegar pelo rio Amazonas e oferecer tratamentos médicos e dentários a populações ribeirinhas e indígenas. Ao planejar seu escopo de atuação, ela não se esqueceu das carências em ambientes escolares. Continuou a receber doações de alimentos e, além de roupas e agasalhos, deu início à confecção e distribuição de uniformes para estudantes do ensino público.[33]

As Pioneiras tinham muito o que fazer e d. Sarah não recusava ajuda. As embaixatrizes chamavam as próprias amigas para entrarem no bolo — todas poderiam contribuir de alguma maneira —, e muitas das participantes originais eram mineiras, conhecidas desde os tempos da prefeitura de Belo Horizonte e do governo de Minas. Ordália era uma dessas: e, mais do que oferecer a própria contribuição, levou Zuzu. Se Sarah precisava de uma boa costureira, Ordália a conhecia. Zuleika Angel Jones virou Pioneira no momento em que a fundação ampliava seu raio de atuação, no início da presidência de Juscelino Kubitschek.[34]

Ao entrar para a associação filantrópica da primeira-dama, Zuzu foi apresentada a esposas de ministros, deputados e industriais. O círculo de amizades se redefinia: de repente, sua rotina incluía puxar conversa com mulheres como Ester de Pádua Lopes, casada com Lucas Lopes, homem de confiança de JK desde o governo de Minas, quando gerenciou os planos de expansão da geração de energia. Lopes ocupou os cargos de diretor do Banco Nacional de Desenvolvimento Econômico (BNDE), de secretário-executivo do Conselho Nacional de Desenvolvimento e de ministro da

Fazenda.[35] Os títulos pomposos abundavam entre as senhoras, mas pertenciam a seus maridos, não a elas. Zuzu não se juntou às Pioneiras no papel de esposa de alguém — até porque Norman não exercia cargo de notoriedade pública. Ela levava, com a família, uma vida que poderia ser chamada de discreta se comparada à visibilidade com a qual aquelas mulheres estavam acostumadas. Não tinha um sobrenome distinto, útil na hora de arrecadar doações e chamar a atenção para certas causas. Em compensação, detinha um recurso valioso — pois escasso — entre as Pioneiras: a destreza e a habilidade com a costura.

O trabalho na fundação de d. Sarah consistia na confecção de uniformes escolares para alunos da rede pública de ensino, e fazia-se imperativo respeitar os modelos. O uniforme feminino era composto de camisa branca de algodão com mangas curtas, por cima da qual a estudante vestiria uma combinação de peça única, em sarja cinza, com corpete e saia. Um cinto de fivela metálica pequena servia de acabamento, ajustado sobre a saia de pregas espaçadas. Já o masculino era um conjunto de blusão e calça da mesma sarja cinza de algodão. A camisa deveria ter bolso, botões à frente e gola esportiva; a calça precisava de bolsos embutidos.[36] A execução desses uniformes não requeria experiência em ateliê de alta-costura, mas dava trabalho. Um bom acabamento das costuras, os cálculos para acertar a combinação de corpete e saia, a destreza para abrir os bolsos na calça dos meninos: tudo isso demandava tempo, concentração e alguma noção do ofício. Pregar um botão era a parte fácil. As costureiras tinham que se preocupar em alinhar o abotoamento no centro da camisa e cortar as mangas de forma a assegurar que a roupa permitisse os movimentos dos braços de garotos enérgicos, prontos para uma brincadeira no intervalo das aulas ou na saída da escola.

As amigas de d. Sarah e ela própria com certeza viam Zuzu, a princípio, como a sobrinha de Ordália. Provavelmente achavam que a nova Pioneira não seria tão diferente delas em sua perícia com linha e agulha. Ledo engano. Zuzu não sabia costurar apenas por obrigação feminina e seus conhecimentos extrapolavam o básico. As senhoras do círculo da primeira-dama não sabiam ainda, mas tinham uma criadora de moda em seu meio. Zuzu completava a sua cota de uniformes mais rápido — e melhor — do que as colegas da fundação. As camisas, calças masculinas e combinações de saia e corpete eram entregues com capricho e no tempo certo, e ela se orgulhava do resultado. Em pouco tempo, sua dedicação se destacou e algumas das Pioneiras, por certo as menos jeitosas, concluíram que suas peças não se equiparavam às confeccionadas por Zuzu. Ela fazia tudo parecer tão simples, como se executar bolsos embutidos e preguear uma saia fossem tarefas absolutamente corriqueiras. Decidiram lhe fazer uma proposta: e se ela costurasse também os uniformes que cabiam às outras?

O trabalho não sairia de graça. As Pioneiras retardatárias estavam prontas para pagar pelo serviço de Zuzu, que as resgataria do atraso, e o esquema prometia vantagens para todo mundo. Para começo de conversa, as voluntárias se livrariam das agulhas que furavam seus dedos e da falta de agilidade no manuseio da máquina de costura e dos tecidos. Dali em diante, podiam se aplicar a outras ações do grupo e aproveitar os momentos de descontração para botar o papo em dia e tomar café, seguras de que suas cotas de uniformes seriam realizadas com esmero. Na outra ponta, os estudantes também saíam ganhando: não teriam que vestir uniformes meio capengas e receberiam roupas tão bem-feitas quanto possível. E Zuzu, além da renda extra, tirava daquilo algo além de mais serviço do que já tinha em casa.

O dinheiro, por si só, contava como um benefício e tanto. Qualquer incremento ao apertado orçamento doméstico valia. Não era labuta difícil. Zuzu não precisava se exceder — se sabia fazer algo, esse algo era costurar — e podia fazê-lo do apartamento, sem romper a convivência com os filhos. A cereja do bolo, porém, se chamava experiência. Ao pegar outras cotas de uniforme, Zuzu conseguia treinar as mãos, aguçar o olhar e ficar cada vez mais confiante em sua técnica. De suposto hobby, ocupação caseira e que ocorria estritamente para vestir a família, a costura se transformava em trabalho sério, desempenhado para além do ambiente privado de seu apartamento. Desde seu casamento e do nascimento de Stuart, Ana Cristina e Hildegard, ela havia se concentrado na confecção apenas para fazer roupas para as crianças e, eventualmente, para si própria: ligar a máquina Singer representava, ao mesmo tempo, um ato de carinho e de economia doméstica. Os vestidos, saias, camisas e blusinhas que completava após horas de trabalho, ou os remendos que lhe permitiam recuperar peças antigas e danificadas, equilibravam as incumbências de mãe que se ocupa da casa com o prazer de transformar pedaços de pano em roupas bonitas.

Mas a costura dos uniformes para as Pioneiras empurrava Zuzu em uma direção diferente. As pessoas viam as peças que ela confeccionava, reconheciam a qualidade, elogiavam e pediam mais. Ou melhor, pagavam para que continuasse. Pela primeira vez, ela recebia pelo que fabricava e pelas horas de esforço. Embora apreciasse a sensação de ver suas roupas vestindo perfeitamente os filhos, a nova dinâmica com a costura a atraía. Havia um tipo diferente de legitimidade nessa transação, na qual o produto de seu talento adquiria valor monetário.

Diante do sucesso com os uniformes, da fama que ganhou entre as Pioneiras e das vantagens financeiras, Zuzu deu ouvidos a uma sensação que a cutucava o tempo todo. Desde que os filhos cresceram e passaram a demandar menos da mãe, ela sentia uma necessidade que a impelia tão simplesmente a fazer. Dizia, para si e para as amigas: "Tem uma coisa que ainda tenho de fazer, está dentro de mim, às vezes chega até a parecer que está queimando. Não sei o que será, mas tenho que fazer".[37] *Fazer*, concluiu, talvez significasse não restringir a sua aptidão e competência para produzir apenas vestimentas escolares e dos três filhos. Podia costurar mais, criar mais. A resposta que buscava podia estar ali, entre os plissados milimetricamente calculados das saias das alunas, guardada nos bolsos das camisas dos meninos, ou traçada na sarja cinzenta de algodão que ela recortava e modelava.

E podia estar, também, nos tecidos que Norman trouxe de viagem. A Zuzu Saias nasceu nessa corrente de circunstâncias, quando um presente alimentou uma faísca já bastante visível. As primeiras saias confeccionadas por Zuzu tinham clientes, sim: ela as buscou entre as Pioneiras Sociais, que, sem precisar de muito convencimento, compraram todo o primeiro estoque, seja para elas mesmas, seja para as filhas.

Para a próxima leva, no entanto, Zuzu selecionou por sua conta a matéria-prima. Juntou as verbas obtidas com as vendas iniciais e seguiu para as Casas Pernambucanas, na avenida Nossa Senhora de Copacabana. Não podia comprar nenhum tecido muito sofisticado ou caro e, após uma avaliação cuidadosa do que as Pernambucanas disponibilizavam, elegeu o zuarte. Tecido de algodão resistente, rústico e barato, era similar ao brim das calças jeans; e, exatamente por essas características, comum na manufatura de capas para forrar colchão. Os brasileiros nunca acharam que ele poderia servir para muita coisa além disso. Mesmo em 1919, quando a Primeira Guerra Mundial provocou escassez têxtil, tornou proibitivos os preços de outros materiais e forçou todo mundo a ser criativo, a imprensa nacional acreditava que havia alguns limites ao que deveria ser usado na produção de roupas. Sendo assim, os jornais ficaram estupefatos ao relatar o emprego de zuarte nas confecções norte-americanas. Os estadunidenses, povo "eminentemente prático", surpreenderam ao recorrer a um pano que podia custar dezenas de vezes menos.[38] A ousadia não inspirou nenhum brasileiro. Como não se tratava de uma nova moda parisiense, fingiu-se, por aqui, nem saber o que seria esse tal de zuarte.

Nenhuma costureira cogitaria fazer saias de zuarte para clientes de uma certa posição social, especialmente se fossem amigas da primeira-dama. Mas Zuzu precisava inventar moda com o que tinha nas mãos, dentro de um orçamento limitado, e as estampas de passarinho mescladas com listras coloridas — em tons de verde, azul e rosa sobre um fundo bege — atiçaram o lado mais atrevido de sua criatividade. Ela coordenava as cores do tecido com as fitas de gorgorão; variava, de acordo com a peça, fechamentos laterais e fileiras de botões claros; acrescentava galões, um tipo de fita enfeitada em toda a sua extensão, para ocultar imperfeições no pano e aprimorar o acabamento.[39]

A segunda remessa de saias repetiu e ampliou o sucesso da inaugural. As peças coloridas, nas quais passarinhos alçavam voo em um tecido inusitado, planavam pelas ruas de Ipanema. O nome da costureira passava de uma boca à outra. Quem usava respondia às curiosas que inquiriam sobre a origem de uma roupa tão diferente: eram saias de Zuzu. As originais não tardaram a inspirar cópias pelo bairro. Estava inventada sua primeira moda comercial.

A Zuzu Saias foi a etiqueta primogênita de Zuzu Angel.[40] O êxito nas vendas das saias de zuarte impulsionou o ritmo de produção e transformou o apartamento da rua Barão da Torre em ateliê. Ela começou a trabalhar no quarto das crianças, onde instalara a máquina Singer, e lá passava o dia todo. Esse passo cada vez mais acelerado da confecção comprovou que havia chegado a hora de contratar uma ajudante. Foi aí que entrou Clélia Bachl, uma vizinha e amiga dos tempos de Belo Horizonte, cuja família também tinha morado na rua São Paulo. Sua única filha, após o casamento, havia se mudado para o Rio de Janeiro — e Clélia fora atrás. Os caminhos das amigas de infância se cruzariam novamente ali, no apartamento com cara de ateliê. Clélia, uma mulher de talentos variados, tinha dom para a costura e conseguia executar as ideias de Zuzu com perfeição. Faziam moldes, cortavam panos, executavam os acabamentos, fechavam as peças; uma sequência diária de cortar, costurar, arrematar e vender nessa parceria que se provaria, além de duradoura, certeira.[41] As freguesas, mais fiéis a cada saia que levavam para casa, eram cativadas pela simpatia de Zuzu e se sentiam acolhidas naquele apartamento. Voltavam e recomendavam a novidade para amigas, vizinhas e conhecidas — que, por sua vez, chegavam curiosas para descobrir o que haveria de tão especial nas saias de zuarte.

Os investimentos na nova mobília para o apartamento vieram da constatação de que quanto mais clientes conquistavam, mais saias Zuzu e Clélia precisavam fazer — e menor ficava o espaço de que dispunham para guardá-las. Com os novos armários, surgiu também a ideia de diversificar a oferta de produtos. A ambição, afinal, já tinha fincado bandeira e Zuzu sentiu vontade de avançar em seu negócio: queria inventar mais e garantir que clientes antigas e novas tomariam o rumo da rua Barão da Torre, 529. Introduziu, então, uma linha de blusas em cambraia suíça. A freguesa podia escolher entre golas redondas, duplas ou quadradas, sempre com a segurança de comprar uma peça de roupa feita à mão e com acabamento de primeira. Aos poucos, visitantes do ateliê passaram a encontrar modernas opções de acessórios, resultado de um acordo firmado com três irmãs artesãs de Copacabana. Lenir, Ilka e Jane Possato entregavam cintos trançados manualmente, colares feitos com cristais coloridos ou pintados em estilo murano e sandálias de dedo, cujas tiras eram cravejadas de pequenas pedras brilhantes. Para arrematar essa fase de crescimento, Zuzu ainda contratou uma segunda costureira. Silvana atuava no esquema de facção, assumindo os serviços como terceirizada.[42]

Cada peça de roupa pronta, comprada e usada por uma cliente liberava uma alegria estimulante em Zuzu. Não era para menos: ela havia colocado em movimento algo novo. Sua produção doméstica e criativa integrava uma corrente de iniciativas similares, formada por mulheres que montavam negócios informais centrados em uma rede de amizades. Amigos, vizinhos e familiares se tornavam clientes e traziam novos compradores. Em Ipanema, quase todo mundo se conhecia, e isso garantia que mexericos, excentricidades, inovações e curiosidades rodassem o bairro como num furacão. Ainda havia poucas lojas nas ruas daquele canto do Rio, se comparado a Copacabana ou ao Centro, onde o comércio se concentrava. Para fazer compras, era preciso pegar o bonde ou o lotação e descer no burburinho animado da rua do Ouvidor. Ou, então, ir atrás das alternativas caseiras e locais, que demonstravam como sobrava originalidade na cabeça imaginativa dos cariocas, tivessem eles nascido na cidade ou sido adotados por ela.[43]

Era como se Zuzu tivesse estendido o seu cuidado com as roupas da família para se encarregar também do estilo de mulheres com quem mantinha uma dose de intimidade, de carinho até. Excetuando Hildegard e Ana

Cristina, as primeiras manequins fotografadas em peças Zuzu Angel foram filhas de Pioneiras Sociais, em um aceno da costureira ao que a iniciara nesse caminho. Maria Estela Kubitschek, Márcia Kubitschek e Diana Lopes Prates — as duas primeiras, filhas de d. Sarah e a última, de Ester Lopes — se recostaram em um muro baixo usando saias de Zuzu. Estavam um pouco tímidas, é verdade, crispando as mãos como se a câmera as acanhasse. Cada uma vestia um modelo diferente de saia, embora todas tivessem o mesmo comprimento, abaixo dos joelhos. A de Maria Estela era listrada com abotoamento à frente, enquanto a de Márcia, sua irmã, tinha cor mais escura e possuía apenas enfeites delicados nas laterais.[44] As saias puxam o olhar de quem observa, mesmo em uma imagem em preto e branco: parecem frescas e confortáveis.

Nem quando começou Zuzu copiava os outros. Mantinha-se fiel ao preceito de só fazer o que queria. Nos últimos anos da década de 1950, os modelos de saia mais populares na moda excediam em volume e comprimento as de Zuzu. A saia godê, símbolo da silhueta ultrafeminina dominante no período, era rodada, ampla e plissada, feita em linhas curvas e delicadas, e garantia muito serviço à indústria têxtil — os metros e metros de tecido empregados para confeccioná-la estimulavam um setor em recuperação no pós-Segunda Guerra.[45] A Zuzu Saias fazia diferente. Usava materiais nacionais e baratos, vendia as peças prontas em vez de fazê-las apenas sob encomenda, dispunha em primeiro plano modas criadas e executadas por mulheres, e explorava diferentes possibilidades de estilo sem obedecer, linha por linha, aos traçados de *couturiers* exigentes. Algumas das visitantes do apartamento estranhavam a ausência de figurinos franceses e os métodos da costureira, tidos como excessivamente originais. "Bonitinho, porém esquisito", comentavam com Zuzu. Ela achava graça.[46]

No final de março de 1960, esse atrevimento atraiu até uma primeira cliente internacional: a canadense Yvonne De Carlo, atriz cuja carreira deslanchou em faroestes e longas de ação e aventura. De Carlo ficou conhecida, mesmo, no papel de Séfora, esposa de Moisés, no épico religioso *Os dez mandamentos*, de Cecil B. DeMille. A superprodução dos estúdios Paramount teve um sucesso tão estrondoso nas bilheterias mundiais — arrecadou um recorde de mais de 120 milhões de dólares, ou 1,4 bilhão em valores atuais — que, quatro anos após sua estreia nos cinemas americanos, seu elenco ainda corria o mundo em viagens promocionais. Os ecos desse triunfo tinham carregado De Carlo até o Aeroporto Santos Dumont, onde desembarcou no fim da tarde de 18 de março. Seu compromisso principal no Rio de Janeiro era uma sessão especial do filme no Cine Ópera, em Botafogo;[47] sua agenda incluía, também, entrevistas aos principais jornais e revistas do país, um almoço no Museu de Arte Moderna, na companhia do marido, e os preparativos para uma temporada de apresentações no Teatro Record, em São Paulo, onde participaria do espetáculo *Eu sou o samba*. A atriz movimentou a cena social carioca. Queria fazer turismo, conhecer o Rio e comprar.

Celebridades hollywoodianas como Yvonne De Carlo eram tietadas por fãs, seguidas pela imprensa e ciceroneadas por Harry e Lúcia Stone, um casal infalível do *society*. Ele ocupava, desde 1954, o cargo de vice-presidente da Motion Picture Association of America (MPAA) nos países latino-americanos — organização criada para representar globalmente os interesses dos estúdios de Hollywood, com atuação estratégica nos maiores mercados consumidores do cinema. O Brasil sempre esteve nessa lista e Stone, um lobista de primeira linha, chegou ao Rio de Janeiro para se certificar de que os filmes americanos nunca perderiam sua supremacia cultural, financeira e política nas salas de cinema e no imaginário nacionais. Já Lúcia, a brasileira com quem se casou em 1958 (o presidente Kubitschek foi padrinho da união), era mulher despachada e dona de um senso de estilo próprio — ela adorava escolher trajes temáticos para acompanhar o marido nas estreias de filmes e trazia, de suas viagens constantes a Nova York, roupas cheias de brilho e cor que chocavam as senhoras cariocas mais conservadoras. Não é de espantar que fosse cliente de Zuzu Angel.[48]

Harry, o charmoso e incansável "embaixador de Hollywood",[49] trazia os astros para encantar o público e engrossar a audiência dos cinemas. Lúcia ficava responsável por guiá-los em passeios pela cidade até se cansar de servir de "babá de estrela", quando pedia à sobrinha que assumisse a função.[50] Entretanto, foi como babá de estrela que Lúcia levou Yvonne De Carlo para o ateliê da rua Barão da Torre.

De Carlo já tinha contracenado com Charlton Heston, Yul Brynner, Clark Gable e Rock Hudson — nomes e rostos familiares e adorados por tantos frequentadores de cinema —, mas Zuzu não permitiu que o deslumbre pelas credenciais da atriz atrapalhasse seu profissionalismo. Recebeu-a como qualquer cliente, ou seja, com a mesma atenção, o mesmo cuidado, a mesma dedicação. Criou, especialmente para ela, mantos de chiffon decorados com passamanaria dourada.

Os xales agradaram e Yvonne De Carlo compareceu mais de uma vez no ateliê para experimentá-los. Em uma dessas ocasiões, Hildegard se esgueirou para dentro da sala de provas, entusiasmada pela presença de uma mulher tão famosa em sua casa. A atriz, em compensação, teve um ataque de estrelismo diante da intromissão indesejada. Empinou o delicado nariz e exigiu que a menina saísse imediatamente do cômodo. Zuzu não deu o braço a torcer. "Ela é minha filha, a casa é dela, e vai ficar", retrucou.[51] De Carlo deve ter arregalado os olhos, mas engoliu o desaforo e o chilique terminou ali. As peças ficaram prontas e entraram na bagagem, primeiro para São Paulo, depois de volta a Los Angeles.

Atrizes de Hollywood não achariam fácil o caminho de um ateliê de costura localizado em Curvelo ou Belo Horizonte. Zuzu sentia morar no centro do mundo — em um deles, pelo menos — e ter Yvonne De Carlo em seu apartamento comprovava isso. O Rio de Janeiro podia ter perdido o posto de capital federal com a inauguração de Brasília, em 21 de abril de 1960, e tampouco funcionava como núcleo industrial, posto ocupado pela cidade de São Paulo. Mas se agarrava com todas as forças ao emprego de sede cultural do país e à fama de metrópole global agraciada por belezas naturais. O Rio operava como ímã de artistas que queriam movimentar a música, o cinema, a literatura, o teatro e, sempre que possível, pegar uma praia. Todos concordavam que, para alguém se declarar bem-sucedido nas artes e nos meios criativos, tinha que fazer sucesso em terras cariocas. Mesmo a contragosto, o país estava em consenso: a cidade era centro irradiador de tendências, inclusive e principalmente na moda. Para Zuzu, costureira que fiava aos poucos sua carreira, a presença ali era essencial. No Rio, o dinheiro circulava nas mãos de um público consumidor considerável, que adorava se dizer vanguardista e frequentava festas, desfiles e feiras que atraíam cobertura da imprensa, em grande parte centralizada lá mesmo. Se planejava desenvolver sua etiqueta, Zuzu precisava conhecer e vestir essas pessoas. Caixa de ressonância do país inteiro,[52] o Rio de Janeiro ainda era o lugar para estar. A essa altura, Zuzu já se sentia cidadã carioca — ipanemense, aliás, e fazia seu nome em um bairro prestes a explodir em influência, fama e charme. Não ia desistir fácil das fundações que erguia para o negócio. Continuaria a fazer do seu jeito.

2.
Costurar é preciso

Zuzu não gostava de mar em dia bonito. Nem fazia questão de sol forte e céu azul para nadar. Preferia quando a chuva pingava nas ondas e a maré, agitada, trazia desafios para uma nadadora experiente como ela. O mar que visitava quase todos os dias na praia de Ipanema nunca era o mesmo — a temperatura da água, o vigor das ondas e a direção da correnteza transformavam tudo, exatamente como lhe agradava.[1]

Quando dirigia pela orla do Rio de Janeiro, abria a janela do carro para sentir a maresia. Se houvesse alguém no banco do passageiro, olhava para o lado e perguntava: "O que acha de eu dar um mergulho?".[2] Desde que se mudou com a família para Ipanema, na virada dos anos 1940 para 1950, tentava encaixar aquele pulo diário no mar em sua rotina. E levava as crianças consigo, de manhã bem cedo. Punha a touca de natação, pedia a Stuart, Hildegard e Ana Cristina que não se afastassem e corria para a água. Logo se tornava um ponto distante no mar, um corpo que se afastava da areia e dos filhos. As meninas, em especial, se inquietavam cada vez mais com a distância que crescia entre elas e a mãe. Viam-na nadando na direção das ilhas Cagarras, um arquipélago localizado em frente à praia de Ipanema, e temiam que não parasse até chegar às rochas distantes. No fundo, sabiam que não tardaria em regressar. Mesmo assim, pulavam, sacudiam os braços e gritavam para que Zuzu voltasse.[3]

Ela voltava, é claro. Trazia até uma lição para as filhas. "Na vida, a gente tem que enfrentar as ondas e atravessá-las sem temor", ensinava, corpo e cabeça revigorados pelo exercício intenso.[4] A natação e a paixão pela água atravessavam sua vida inteira, vindas dos tempos de menina em Curvelo e de adolescente em Belo Horizonte. O que começara nas brincadeiras nos riachos de sua cidade natal passou para a natação competitiva nas piscinas da capital mineira, como atleta da equipe do América Futebol Clube. No

Campeonato Mineiro, disputado em novembro de 1938 na piscina olímpica recém-inaugurada do Minas Tênis Clube — o mais bem equipado de Belo Horizonte —, Zuleika Netto conquistou o segundo lugar nos 100 metros de nado livre na categoria "Novíssimos". Ficou atrás de Yolanda Sant'Anna, conhecida como a "garota fenômeno" da equipe de natação do Minas Tênis. Dois anos depois, na prova de revezamento 3 × 100 metros em três estilos do III Campeonato Mineiro de Natação, a turma do América perderia mais uma vez para o time rival: Zuzu e suas companheiras Alemene Araújo e Altair Araújo, da equipe A do clube, chegariam na terceira posição, depois das duas equipes do Minas.[5]

Não faltavam encontros e amizades nesse mundo da natação, mesmo entre times adversários. Na beira da piscina do Minas, Zuzu não desperdiçava uma chance de bater papo com dois nadadores de sua geração, os moços Fernando Sabino e Ivo Pitanguy.[6] Sabino competia pelo clube, disputou em vários dos mesmos campeonatos que Zuzu e outros dos quais ela não participou, como a II Travessia de Minas Gerais a Nado — uma prova organizada pelo jornal *Estado de Minas* e realizada em Lagoa Santa, município da Região Metropolitana de BH, em que dezenas de nadadores tinham de percorrer 2200 metros. Nessa edição, o futuro escritor e cronista ficaria em segundo entre os 59 competidores que concluíram o trajeto, um feito testemunhado por cerca de 8 mil espectadores. Alemene Araújo, que nadava com Zuzu no América, apareceu de maiô em uma fotografia na capa da edição do *Estado de Minas*, que cobria o evento. A "esperança da natação mineira", que competiu em uma prova com muito mais nadadores homens do que mulheres, chegou em 42º lugar.[7]

Nadar, inclusive de modo competitivo, não era terreno proibido para meninas e mulheres de certa classe social. Da década de 1920 em diante, a atividade seria até mesmo encorajada como um esporte ideal para o público feminino. Segundo uma edição de janeiro de 1920 da revista paulistana *Sports*, "a natação e os seus anexos, a arte de saltar n'água e mergulhar, são muito mais femininos do que quaisquer outros *sports*": realçavam a graciosidade natural do corpo da mulher, sem risco de embrutecê-lo ou masculinizá-lo, e garantiam um ar saudável às moças e senhoras. Dizia-se que as piscinas de clubes privados das grandes cidades ofereciam um ambiente limpo, seguro e higiênico para que suas sócias exercitassem a flexibilidade e reforçassem os músculos. Havia mais de um toque de eugenia nesse discurso — o tal corpo saudável das mulheres brancas e de classe média e alta servia, sobretudo, para assegurar a concepção de filhos igualmente saudáveis e brancos, cumprindo o ideal de uma nação forte. Sem falar na insistência da natação como esporte elegante, que não prejudicaria a suposta beleza frágil do corpo feminino. Quem apresentava esses argumentos, no entanto, não imaginava que as mulheres que caíam n'água faziam mais do que treinar movimentos graciosos. Mesmo nos ambientes controlados dos clubes privados, a prática dessa e de outras modalidades impulsionou várias brasileiras para fora do círculo estritamente doméstico.[8] Seus corpos ocupavam novos espaços, se mexiam e ganhavam força, vigor, fôlego.

Esses corpos também se expunham com cada vez menos pudor. No início, as moças de maiô escandalizaram os mais conservadores. Zuzu se lembraria das reclamações enfurecidas dos familiares quando, ela própria uma orgulhosa atleta de maiô, convenceu tia Ordália a fazer o mesmo. "Escândalo total na cidade", escreveu ela algum tempo depois, a respeito da esposa de Oscar se jogando na piscina do Minas Tênis Clube, em *maillot de bain*, com a carioca Piedade Coutinho e Sieglinda Lenk, esportista de origem alemã.[9] Sieglinda e a irmã, Maria, foram nadadoras olímpicas — Maria representou o Brasil nos Jogos de 1932 em Los Angeles como a primeira mulher sul-americana a participar de Olimpíadas; Sieglinda integrou a delegação brasileira em 1936 e disputou os 100 metros de nado costas. Em uma fotografia da inauguração da nova piscina olímpica do Minas Tênis, em novembro de 1937, as duas irmãs estavam com seus maiôs — assim como as demais atletas locais e visitantes, entre elas Piedade Coutinho.[10] De pernas e braços nus, essas nadadoras desafiavam os moralistas de plantão, algo de que a própria Zuzu tinha plena convicção. "Fui campeã de natação numa época em que era feio moça de família tirar retrato de maiô", contou à filha Hildegard em uma entrevista. "E eu estava lá, nas primeiras páginas dos jornais, com minhas taças, medalhas e pernas à mostra."[11] Com ou sem escândalo, o maiô tinha chegado para ficar. Alemene Araújo na primeira página do *Estado de Minas*, em 1940, comprovava isso.

Escolher o maiô quando não era tão bem-visto, assim como inventar a própria moda, tinham tudo a ver com a filosofia que Zuzu ensinava aos filhos — enfrentar sem medo as ondas da vida. E, se preciso, nadar no contrafluxo e violar as convenções. Quando declarava gostar "da água em dia de chuva, os pingos fortes agitando a superfície, marcando a brusquidão dos movimentos",[12] Zuzu se mostrava uma mulher avessa a ilusões dentro e fora do mar. O ritmo da água, que forçava seu corpo a se adaptar, se revelava como uma metáfora clara para ela: teria que enfrentar os desacertos, as encrencas e os tempos ruins sem perder o fôlego. Pois precisaria usá-lo para fazer escolhas decisivas. Em 1960, enquanto sua carreira se delineava e a etiqueta de roupas femininas continuava a crescer, a vida pessoal de Zuzu sofreu um baque. O casamento com Norman cambaleava.

Norman Angel Jones, canadense naturalizado norte-americano, não aprovava nem sequer que a esposa usasse calça comprida no dia a dia —[13] uma carreira, sobretudo uma que prometia visibilidade como a de costureira de sucesso, traria ainda mais tensões ao casamento. Mas esse problema não era o único. Cansado de viajar o tempo todo, Norman passou a imaginar uma vida fora do Rio de Janeiro. Viu a chance ideal quando as indústrias suecas Facit, para as quais trabalhava como representante comercial, projetaram a construção de uma fábrica perto da cidade mineira de Juiz de Fora. Seus chefes suecos, Gunnar Ericsson e Gunnar Goransson, pegaram um avião para o Rio de Janeiro com o intuito de negociar as novas instalações direto com o presidente Kubitschek, em uma reunião no Palácio do Catete na qual Norman esteve presente. Era outubro de 1956 e os esboços ficariam mais concretos com o tempo.[14]

Trocar o Rio por Juiz de Fora agradava a Norman. A Zuzu, não: mulher cosmopolita e arrojada, ela não estava disposta a largar Ipanema e refazer seus passos, de volta a uma cidade não tão grande, nem tão movimentada. Em plena vida adulta, entendia que uma mudança dessas condenaria a sua carreira de criadora de moda à de costureira em um ambiente mais fechado, que não ofereceria as mesmas oportunidades que Ipanema. Sua sede por inovação não caberia em outro lugar senão naquele bairro, que em breve se consagraria como uma república boêmia e brincalhona, tomando o lugar de Copacabana como coração do território cultural carioca.[15] Zuzu precisava ficar para ver no que ia dar.

Quando o viu pela primeira vez, ela achou estar diante de um ator de Hollywood. Alto, loiro e ainda por cima americano, Zuzu vislumbrou em Norman a promessa de um romance como o dos filmes a que gostava de assistir no cinema. O primeiro encontro aconteceu na casa de Oscar, em Belo Horizonte. Há duas versões para os detalhes. Em uma delas, Zuzu estava no quarto de suas primas quando Ordália, que havia recebido o jovem americano, entrou impressionada no aposento. "Ele é lindo", exclamou para a sobrinha. "E como cumprimenta a gente bonito!" A reação de Zuzu foi instantânea. Sequer o havia visto e já profetizava: "Vou casar com ele".[16]

Na outra versão, lugar e atitude permanecem iguais. O que muda é Zuzu ter sido uma das primeiras a botar os olhos em Norman na porta da sala de visita dos tios. Em seguida, subiu correndo para o quarto das primas e avisou: "Tem um americano lá na sala. Vou casar com ele".[17] A nacionalidade do jovem não a amedrontava — muito pelo contrário. Zuzu não só falava inglês com fluência como trabalhava com o idioma, em uma posição de taquígrafa.[18]

Norman não tinha ido à residência de Oscar Netto para fazer uma simples visita social ou procurar uma noiva. Nem desembarcara no Brasil a turismo. A presença do americano loiro no casarão era resultado direto da nova empreitada de Oscar, que, depois de seu período no Rio e do retorno a Belo Horizonte, tinha se aventurado no comércio de quartzo. Presente na natureza em diversas designações e variedades, inclusive de cor, o mineral se desdobra em incontáveis — e valiosas — serventias: da indústria química à construção civil, e como matéria-prima para fabricação de produtos tão variados como esmaltes de unha, lixas, cerâmicas e moldes de fundição. Mas, naquele início dos anos 1940, quando a guerra mobilizou a indústria bélica e tecnológica mundial, as reservas de quartzo eram especialmente cobiçadas na linha de produção de aparelhos mecânicos e eletrônicos, em particular de osciladores. Dispositivo essencial para sincronizar circuitos e estabilizar frequências precisas em vários aparelhos, como relógios, computadores e rádios, o oscilador de quartzo se mostrava indispensável para os equipamentos de comunicação dos países em conflito. Quartzos hialinos, também conhecidos como cristal de rocha, faziam excelentes osciladores. E o Brasil tinha reservas de cristal de rocha aos montes.[19]

Em março de 1942, Oscar Netto obteve autorização do governo federal para explorar quartzo em uma área de cinquenta hectares no terreno da fazenda Maquiné, em Curvelo, de propriedade de José de Souza Vieira.[20] Perspicaz, ele tinha selecionado uma região rica no mineral. No Brasil, os estados de Minas Gerais, Goiás e Bahia continham os mais ricos depósitos — em Minas, cerca de 75% das jazidas se concentravam ao norte de Belo Horizonte, sobretudo nos entornos de Sete Lagoas, Diamantina, Montes Claros e, o que realmente interessava ao caçula dos Souza Netto, Curvelo. Quanto mais sangrenta e feroz ficava a guerra, mais o negócio prosperava. Não que a indústria brasileira se beneficiasse de suas reservas. Quase todo o quartzo extraído seguia para o exterior, sobretudo para os Estados Unidos. Se estes, em 1939, importaram mais de trinta toneladas do cristal, no ano seguinte compraram quase o dobro — cerca de 57 toneladas. O bolo cresceria exponencialmente após um decreto oficial do governo norte-americano em 1941, o qual entregava à Companhia de Reservas de Metais e à Companhia Comercial dos Estados Unidos os recursos para adquirir, classificar e armazenar o que fosse extraído das jazidas brasileiras. Até o fim da Segunda Guerra Mundial, as exportações de quartzo para os Estados Unidos seriam medidas em centenas de toneladas.[21] Oscar, no entanto, tinha entrado no negócio antes de assegurar seus próprios direitos de exploração. Instalou prateleiras no subsolo de sua casa, onde armazenava as amostras que exibiria aos compradores finais, e se posicionou como uma espécie de agente em uma rede que ia dos mineradores individuais aos representantes oficiais do governo americano e os grandes exportadores. Quem extraía o mineral não vendia diretamente para quem exportava: primeiro, acumulava os cristais e, então, repassava a compradores intermediários locais.[22] Nessa ponta do esquema, estava Oscar. Na seguinte, vinha Norman Angel Jones.[23]

Não pode ter sido por coincidência que Norman desembarcou no Brasil no mesmo ano em que o governo americano institucionalizou a compra de quartzo brasileiro. Em 23 de maio de 1941, o cidadão americano, filho de Ethel May Angel e Edgard Jones, deixava o convés do vapor *Deltargentino*, que saíra do porto de New Orleans, e mostrava o passaporte às autoridades do porto do Rio de Janeiro. Era um passaporte novinho, emitido pouco mais de um mês antes, em 12 de abril, pelo Departamento de Estado em Washington, D.C.; quatro dias depois ele recebia o visto aprovado pelo consulado-geral brasileiro em San Francisco. A princípio, tinha autorização para permanecer no Brasil por seis meses e declarou que se hospedaria nas dependências da Associação Cristã de Moços (YMCA) do Rio de Janeiro.[24]

Em sua ficha consular, constava a profissão "estudante". Mas Norman, então com vinte ou 21 anos, não era apenas estudante. A idade incerta se deve a inconsistências em sua própria documentação: enquanto a ficha consular determina sua data de nascimento como 1º de abril de 1921, a certidão de casamento, o processo de desquite amigável e a certidão de óbito mencionam o ano de 1920. Outra dúvida paira sobre seu local de nascimento. Novamente, a ficha consular destoa ao registrar a província canadense de Terra Nova, o que faria de Norman um canadense naturalizado norte-americano. Os demais documentos, todos posteriores à chegada ao Brasil, colocam a Inglaterra como país de origem do marido de Zuzu.

Já sua ocupação — e o que de fato o havia trazido ao Brasil — seria esclarecida ao governo brasileiro ao longo do processo 402/42, que julgava a permanência de Norman no país. Seu prazo limite inicial de seis meses foi prorrogado duas vezes: primeiro, até 29 de setembro de 1942; e, em uma segunda ocasião, por mais três meses, até 29 de dezembro do mesmo ano. Mesmo com a extensão complementar, porém, ele continuava esbarrando em uma data próxima demais. O Ministério da Justiça e Negócios Interiores o notificou sobre a autorização ter vencido de novo e exigiu que deixasse o Brasil. De pronto, Norman apresentou ao Serviço de Registros de Belo Horizonte um documento expedido pela embaixada americana que supostamente justificava a necessidade de sua estadia aqui. Pelo que o ministério e a Divisão de Passaportes da Secretaria de Estado das Relações Exteriores puderam entender, havia uma "missão" em jogo. Em Belo Horizonte, o Serviço de Registros se encarregou de determinar do que se tratava para que o Itamaraty, enfim, tomasse uma decisão quanto a transformar ou não a estadia temporária de Norman Angel Jones no Brasil em permanente.

Os documentos esclareceram um ponto importante. Não constava na ficha consular, mas Norman chegara ao país no papel de "funcionário do Departamento de Mineração e Engenharia da Comissão de Compras"[25] dos Estados Unidos. Por esse motivo, ele deveria "permanecer em território nacional durante o desempenho de suas funções".[26] Funções essas que envolviam a negociação e a compra de cristais de rocha em nome do governo americano. Antes mesmo de entrarem oficial e definitivamente na Segunda Guerra, no final de 1941, após o ataque das forças japonesas à base naval de Pearl Harbor, os Estados Unidos já controlavam a extração de quartzo no Brasil: cristais de qualidade rendiam osciladores eficazes e, como resultado, rádios, controles e equipamentos mais precisos. Em Belo Horizonte, Norman atuava como agente encarregado de coordenar o comércio de um mineral abundante, e nem por isso menos precioso para os esforços tecnológicos do complexo militar norte-americano. A embaixada tinha razão em pedir que ele ficasse no país por mais tempo — convinha aos interesses da United States Purchasing Commission que seu representante em Minas assegurasse a manutenção das remessas de cristal.

Levou mais de um ano, mas enfim Norman conquistou sua autorização de permanência definitiva. Enquanto esperava a concessão, outorgada pelo Ministério da Justiça e Negócios Interiores em fevereiro de 1944, ele fez mais do que negociar cristal de rocha. Em Belo Horizonte, no dia 25 de janeiro de 1943, Norman se casou com a moça que havia se encantado com sua pinta de artista de cinema.[27] É bem possível que a união com a cidadã brasileira Zuleika Souza Netto tenha contado alguns pontos a favor da solicitação de moradia definitiva do americano. Talvez não tantos quanto a carta da embaixada e a comprovação de seu vínculo com um órgão do governo dos Estados Unidos; o suficiente, porém, para beneficiá-lo aos olhos do ministério, como um estrangeiro dedicado a estabelecer laços duradouros e sinceros com a sua nova nação de residência. Alguns meses depois da abertura do processo de permanência de Norman, aquele encontro fortuito no casarão de Oscar terminava em casamento.

Para Zuzu, a união tinha um quê de aventura. Paquerar aquele americano havia sido, também, um flerte com tudo o que os Estados Unidos representavam de moderno, diferente e ousado. Norman fora convocado para assumir um cargo de chefia na filial de um laboratório de análise e beneficiamento de quartzo em Salvador, aberta naquele mesmo ano de 1943 pelo governo americano. Essa filial integrava um plano estratégico dos Estados Unidos, alçado pela guerra ao posto de maior comprador do mineral em todo o mundo, para acompanhar de perto a extração, a inspeção e o preparo dos cristais que seriam exportados. A inauguração das novas instalações ocorria apenas um ano depois de um laboratório-sede ser montado no Rio de Janeiro.[28]

Salvador não foi uma escolha ao acaso. Não só a Bahia guardava a terceira maior reserva de quartzo do país como os funcionários do laboratório estariam bem assessorados pela consistente presença americana na capital e em seus entornos. Durante a Segunda Guerra, a Marinha dos Estados Unidos ocupava oito salas alugadas em um edifício na Cidade Baixa, próximo ao Mercado Modelo. Entre 1942 e 1944, foi finalizada a construção da Base Baker, que oferecia suporte logístico a navios americanos e aliados e onde operava uma unidade de reparos de contratorpedeiros. Havia ainda mais oficiais americanos circulando por ali nos anos da guerra, seja no Forte de São Marcelo, emprestado pela Marinha brasileira aos ianques, seja nas instalações aeronavais americanas em Aratu, cerca de vinte quilômetros ao norte de Salvador, ou na estação de rádio em Salinas da Margarida, onde 21 militares monitoravam atividades navais inimigas no Atlântico Sul e socorriam aviões e embarcações aliadas em perigo.[29] Norman não era militar e, filho de um pastor da igreja episcopal, se declarava adepto do pacifismo.[30] Mas, em Salvador, estava cercado por compatriotas das Forças Armadas americanas e seu trabalho contribuía aos esforços de guerra dos Estados Unidos.

Só que a guerra, mesmo, acontecia bem longe da rotina de Zuzu. Sua chegada à Bahia, no início do casamento e aos 22 anos, marcava o ponto de não retorno — dali em diante era, para todos os efeitos, uma mulher adulta. O primeiro filho de Zuzu e Norman Angel Jones, Stuart Edgar, nasceu em 11 de janeiro de 1945, no Hospital Português da Bahia. No mesmo dia, acontecia a lavagem das escadarias da igreja do Bonfim, sempre na quinta-feira que antecede o segundo domingo do mês, após os festejos do Dia de Reis. Enquanto as baianas, envoltas em saias engomadas, turbantes amarrados na cabeça e colares e balangandãs pendendo do pescoço e dos pulsos, derramavam água de cheiro sobre os degraus, Zuzu acomodava Stuart no colo pela primeira vez. Estava eufórica, e ficou ainda mais quando o médico lhe contou sobre o simbolismo associado a crianças nascidas em um dia de lavagem do Bonfim. "Seu filho vai ter um destino especial", profetizou o doutor.[31] Ela, claro, acreditou.

Loirinho e de olhos claros, Stuart tinha puxado os traços do pai. Seu primeiro nome homenageava o irmão de Norman; já o nome do meio fazia referência ao avô paterno, o pastor que liderava uma congregação em Plymouth, no estado de Massachusetts. Seria filho único por três anos e o único da prole a morar em Salvador com os pais. Com o fim da guerra, Norman deixou de trabalhar para o governo americano e abandonou o negócio dos cristais de rocha. Os planos da família Angel Jones mudavam — veio o desejo de trocar Salvador pela capital federal, ou o mais perto que os três conseguissem chegar. Em 1947, os três se realocaram para uma casa em Nova Iguaçu, na Baixada Fluminense.

A cerca de quarenta quilômetros de distância do centro do Rio de Janeiro, Nova Iguaçu é perto — mas não é Rio. Zuzu se incomodava com isso. Nem a fama de "cidade perfume", conquistada graças aos extensos laranjais que forneciam o principal produto comercializado pelo município, apaziguava o seu desejo de morar em um endereço genuinamente carioca.[32] O tal perfume, além do mais, estava com os dias contados: a guerra havia enfraquecido a exportação de laranja, as plantações foram convertidas em novos bairros para os moradores que não paravam de chegar, e o ar meio campestre da cidade mudava de figura com a construção de um parque industrial. Ali, a família ganhou novas integrantes. Ana Cristina, a filha do meio, nasceu em julho de 1948; Hildegard Beatriz, a caçula, veio pouco depois, em setembro de 1949.

Ter duas filhas com idades tão próximas deu várias ideias a Zuzu. Sua nova invenção de moda seria vesti-las como se fossem gêmeas. Talvez para compensar as diferenças na aparência — Hildegard tinha os cabelos e olhos mais claros e Ana Cristina, em contraste, mais escuros —, ela costurava roupinhas de modelos idênticos, exceto pela cor. A mais nova costumava usar tons de rosa e vermelho e a mais velha, variações de azul. Até o corte de cabelo, curto e com franjinha, era igual. A mãe se encarregava ela mesma de fazê-lo.[33]

Quando finalmente conseguiu se mudar para o Rio de Janeiro, Zuzu fez de tudo para se esquecer do período em Nova Iguaçu. Ensinou os filhos a não mencionarem a cidade, considerada periferia pelos cariocas mais esnobes. Se alguém perguntasse, deveriam ignorar aquela escala na antiga "cidade perfume" que precedera a chegada a Ipanema, onde os Angel Jones se instalaram no início da década de 1950.[34] Na rua Barão da Torre, no apartamento térreo do edifício Magalhães, Stuart cresceu e encorpou, as meninas espicharam, Zuzu profissionalizou sua costura e Norman, empregado pela Facit, aportava em casa por uma semana depois de correr o país vendendo máquinas de escrever e calcular.

Zuzu não precisou de muito convencimento para enxergar, no casamento com Norman, uma oportunidade para se arriscar. Tinha coragem de sobra para trocar a segurança de Belo Horizonte pelas terras à beira-mar — primeiro, Salvador, e em seguida o Rio de Janeiro. Mas o marido se revelou um homem diferente do que ela idealizara naquele dia na casa de seu tio Oscar. Seu trabalho para a Facit instaurava uma ausência na família que, combinada à recusa em permanecer no Rio, se firmou de vez. Desencantada, Zuzu apostou em outro risco: criar, como mãe separada, os três filhos.

Em 1960, não havia divórcio no Brasil — o casamento permanecia uma instituição indissolúvel perante a lei. Não que isso impedisse a proliferação de casais acometidos do que a jornalista Carmen da Silva iria chamar de claustrofobia matrimonial. Essa cepa específica de claustrofobia infectava homens, sim, mas parecia preferir mulheres. Sufocadas por falta de autonomia, pressão das expectativas, desilusões e a mesquinhez do cotidiano, essas esposas desistiam de seus objetivos, confinavam sua personalidade aos desejos do marido e se entregavam a um relacionamento que não as valorizava.[35] Caso ousasse reivindicar algo mais, a mulher precisava lidar com as consequências complexas de admitir a familiares, amigos, vizinhos e filhos o fim de uma união que, dizia-se, deveria ter durado por toda a vida. Optar pela separação expunha as mulheres aos estigmas e preconceitos de uma sociedade altamente conservadora: cobrava-se delas a responsabilidade pelo hipotético fracasso e a elas cabiam os rótulos de inaptas e infelizes. Sem a possibilidade de dissolver o casamento, restava tão somente o desquite, que formalizava a separação de bens e corpos. Só que o procedimento não finalizava o vínculo matrimonial. Desquitados não podiam se casar novamente de forma legal — viviam em concubinato com os novos parceiros — e quaisquer filhos que nascessem de uma união posterior seriam considerados ilegítimos.[36]

Ciente do que teria de enfrentar, Zuzu seguiu adiante. Junto com Norman, escolheu um dia para compartilhar a decisão com os três filhos. Sentaram-se na sala do apartamento. Silencioso, Stuart se postou ao lado da mãe. Aos quinze anos, decidia que deveria assumir de vez o lugar de homem da casa. Ana Cristina, a filha do meio, se manteve quieta. A única dos três a chorar foi Hildegard.[37] Assim que o casal formalizou a separação de corpos e encerrou as obrigações de coabitação e fidelidade, Norman seguiu para Juiz de Fora. Com o dinheiro economizado ao longo dos anos, investiu em um terreno no município de Matias Barbosa, a aproximadamente vinte quilômetros de distância dali. Naquele sítio, ergueria o Instituto de Menores Elof Ericsson, cujo nome homenageava o fundador da Facit — nas palavras de Zuzu, Norman tinha sentido e atendido "o chamado da vocação". Não arredaria mais o pé do sítio e passaria o resto da vida cuidando das crianças órfãs e necessitadas da região. Para elas, seria o Pai Jones.[38] Também teria outros filhos e um novo casamento.[39]

À mãe coube preparar um novo rumo para a família. Com os três filhos, uma cachorrinha chamada Angel e as saias de sua auspiciosa etiqueta de moda feminina, ela orquestrou uma mudança de endereço. Ali mesmo em Ipanema, a alguns quarteirões de distância, alugou uma casa de dois pavimentos e garagem no número 510 da rua Nascimento Silva. Havia três salas no primeiro piso; no segundo, ficavam os quartos. Nos fundos do terreno, na garagem, existia ainda uma construção de dois andares com banheiros, lavanderia e dependências de serviço. Tanto espaço permitia que Zuzu — agora, a costureira Zuzu Angel — adaptasse a casa para ser também um ateliê para sua marca. Transformou uma das três salas em aposento de provas para as clientes e, no puxadinho da garagem, montou salas de costura.[40]

Mais ou menos nessa época, Zuzu gostava de ouvir uma canção recém-lançada de Miltinho. Era o samba "Mulher de trinta", e não o apreciava apenas por ser, ela mesma, uma mulher de trinta — 39, para ser exata. Como na música, tinha vivido, sofrido e conhecido um triste adeus. Mas não acabava aí. Miltinho declamava, também, que o sofrimento não é eterno e faz bem sonhar. Zuzu concordava e cantava junto. Ela em sua casa nova, ele vindo do toca-discos: "Amanhã sempre vem/ e o amanhã pode trazer alguém".[41]

Ou, ela deve ter pensado enquanto cantarolava, pode trazer algo. Como não era mulher de esperar parada, costurava seu amanhã.

Com a mudança para a casa da Nascimento Silva, a área do ateliê cresceu consideravelmente. O impacto nas capacidades produtivas foi imediato. Tantos cômodos à disposição permitiam que Zuzu confeccionasse mais roupas nos dois ambientes de costura e recebesse mais freguesas, com conforto extra, nas salas dos primeiros andares da casa. Estava decidida a investir e encomendou cartões de visita que, já à primeira vista, confirmavam seu empenho em se impor como criadora de moda, além de costureira.

Impresso em papel creme, um Z e um A vermelhos se entrelaçam no canto esquerdo. O nome *Zuzu Angel*, desenhado em letra cursiva, sugere refinamento. Em outra versão, a silhueta de uma mulher usando um vestido longo acompanha uma reprodução da assinatura de Zuzu, encimando o endereço e telefone do ateliê. O tom vivo do vermelho, a caligrafia cursiva, os traços pretos e elegantes do croqui: a composição dos dois diferentes cartões de visita de Zuzu confiava em elementos que dispensavam explicações. Lançavam conexões imediatas com o universo da alta-costura. Mas, para evitar qualquer dúvida, lá estava a especialidade do ateliê, escrita em maiúsculas e bem próximo ao nome da costureira.[42]

O boca a boca que garantira o negócio das saias teria que subir o tom. Em seu novo ateliê, Zuzu passaria a vender alta-costura, a mais nobre categoria da criação de moda. Aquele burburinho que a havia ajudado no começo, entre as Pioneiras Sociais e suas amigas, ainda tinha seu lugar, claro — o que não a impedia de reforçar os sinais de sua profissionalização e se lançar no mercado da moda carioca. A costureira deixou bem evidente como levava a sério a sua etiqueta: não se tratava de um hobby passageiro de mãe de família em busca de distrações. A moda não seria mero passatempo.

Quem pegava um dos cartões de visita e decidia visitar o ateliê encontrava um espaço familiar, acolhedor e receptivo. Entrava na sala decorada por estatuetas de santos e vislumbrava, sobre a pesada mesa de madeira, o cúmulo da fartura. Zuzu se recusava a receber sem passar café, assar pães de queijo e servir bolos, tortas e biscoitos assados. Quando calhava de a cliente ser também sua amiga íntima, então, cafés da manhã e lanches da tarde se desdobravam em muita conversa, brincadeiras e risadas.[43] Desde os primeiros anos no apartamento da rua Barão da Torre, os limites entre a casa e o ateliê foram borrados a ponto de se tornarem praticamente indistinguíveis, a começar pelo fato de trabalho e família dividirem o mesmo endereço. Uma prova de vestido podia ser interrompida sem a menor cerimônia, caso coincidisse com o horário de buscar os filhos em suas aulas e de comparecer a alguma apresentação escolar ou campeonato esportivo.[44]

A mãe não existia à parte da costureira e as demandas domésticas se fundiam aos compromissos profissionais, em um amálgama de funções demonstrado também pelo destino dos ganhos financeiros com o ateliê. O que retornava diretamente à etiqueta, para pagar novos materiais e o salário das costureiras ajudantes, representava apenas a porção menor dos rendimentos — o grosso do montante era revertido para a educação, o lazer e a formação das crianças, pois Zuzu não recebia pensão de Norman. Stuart, Ana Cristina e Hildegard deram início aos estudos no Colégio Carneiro Ribeiro, em Ipanema; somente a filha mais nova, porém, se formou nessa mesma escola. Depois de um curto período interno no instituto inglês Case-Morris School, que oferecia cursos preparatórios para meninos com idade entre seis e doze anos em Petrópolis, Stuart seria transferido para o Santo Inácio, um dos mais tradicionais colégios do Rio de Janeiro. Ana Cristina também concluiria sua educação lá.[45] Em paralelo, Zuzu arcava com os cursos de línguas, as aulas de esporte e as mensalidades do Clube dos Caiçaras. Sua sede em estilo colonial, localizada em uma das ilhas da lagoa Rodrigo de Freitas, reunia as famílias dos bairros ao redor — sobretudo Ipanema — para usufruir da piscina, praticar esportes e participar dos almoços dançantes de domingo.[46]

Além de aluno dedicado e curioso, cujas notas não deixavam de impressionar a mãe, Stuart também demonstrava aptidão para os esportes. Nadava, levantava peso, jogava bola e, acima de tudo, remava. Seu corpo longilíneo de adolescente se fortaleceu rápido e Stuart saiu à frente no time de remo do Clube de Regatas do Flamengo. Sagrou-se bicampeão em 1964 e 1965 com sua equipe do barco 8, atuando na posição de voga. Seu treinador, Guilherme do Eirado Silva — conhecido e adorado por todos como Buck, no início de uma carreira bem-sucedida no comando do time de remo flamenguista —, contava com o talento e a precisão de Stuart para as vitórias na Lagoa.[47]

Já as meninas revelaram, ainda cedo, suas tendências artísticas. Zuzu as incentivou pagando por um curso de interpretação teatral infantil que acontecia todos os sábados, e ao qual Hildegard e Ana Cristina compareciam com entusiasmo. Não era para menos. A professora, uma mineira da idade de Zuzu, se chamava Maria Clara Machado.

A ideia de matricular as meninas no curso partiu da experiente tia Virginia, cuja carreira teatral crescia a cada ano. Em 1943, ela atuara, ainda sob seu nome de batismo, na montagem do polonês Ziembinski de *Vestido de noiva*, de Nelson Rodrigues. O papel podia ser restrito — era apenas uma "mulher" figurante —, mas Virginia participou de um dos espetáculos seminais do teatro brasileiro moderno. Não muito depois, assumiu o nome artístico Virginia Valli, o mesmo de uma atriz americana de cinema mudo da década de 1920. Com o passar do tempo, essa imersão no universo teatral a empurraria rumo ao grupo de Maria Clara, recém-chegada de um período de dois anos em Paris, onde estudara balé, mímica e teatro com a companhia do ator francês Jean-Louis Barrault. Em 1951, junto com quinze amigos — e entre os quais se incluía seu pai, o escritor Aníbal Machado —, Maria Clara fundou o Tablado, uma escola e companhia que transformaria o teatro infantil nacional. No começo, eles se reuniam em uma sala sem cadeiras, cedida pela Cúria Metropolitana e onde também se encontrava o Patronato Operário da Gávea; os espectadores das primeiras peças, montagens simples e curtas, se espalhavam pelo espaço em pé ou se acomodavam em almofadas cedidas pela igreja Santa Margarida Maria, na Lagoa.

Quatro anos depois da criação do Tablado, entrou em cartaz o primeiro triunfo — *Pluft, o fantasminha* —, e ficava cada vez mais difícil acreditar que se tratava de um teatro amador, como eles preferiam se classificar. Virginia, que estreou na companhia em 1953 como atriz, contrarregra e editora da revista *Cadernos de Teatro*, participou de espetáculos como *A bruxinha que era boa*, de 1958, e *O cavalinho azul*, de 1960, pelo qual recebeu o Prêmio Revelação. Em 1966, Virginia seria a personagem Bizuza em *Se correr o bicho pega, se ficar o bicho come*. Com texto de Ferreira Gullar e Oduvaldo Vianna Filho, a peça foi encenada no Teatro de Arena pelo Grupo Opinião e entrava no time da arte engajada, criticando o moralismo e as normas de comportamento de uma sociedade burguesa que não apenas aceitara, como ativamente defendera, a ascensão da ditadura militar.[48]

Virginia prometia que, sempre que surgisse uma montagem de qualidade do Tablado, estaria lá, "rente como pão quente",[49] e não cortava os vínculos com a companhia. Levar Hildegard e Ana Cristina para a sala no Jardim Botânico e colocá-las em contato com Maria Clara é sinal de seu compromisso com o teatro infantil, que persistiria ao longo de toda a sua carreira, principalmente quando fundou o Teatro de Bonecos e se dedicou às marionetes como uma linguagem educacional infantojuvenil.[50] As meninas adoravam. Faziam amizades, desenvolviam as vocações criativas e se encantavam ao ouvir a professora montar os enredos que depois virariam peças, como *A menina e o vento*.[51]

Estivesse entrando ou saindo de casa, Zuzu cumpria o mesmo ritual. Rezava uma oração para santo Antônio, cujas palavras estavam impressas em um santinho de papel que ela colava atrás da porta principal, onde quer que morasse.

A fé em santo Antônio tinha sido, em parte, herdada de Curvelo. É ele o santo padroeiro da cidade, cujo nome de origem — a freguesia de Santo Antônio do Curvelo, fundada em 1720 — entrelaça a história das primeiras ocupações do lugar à devoção a uma figura central do panteão católico. A ele foi consagrada, também, a igreja matriz. Lá aconteceu o batismo da bebê Zuleika Souza Netto, apadrinhada por Américo Boaventura, um amigo de seu pai, Pedro.[52] Santo Antônio não deixava de ser, também, uma herança de família. Tanto que, quando Pedro Netto faleceu, em dezembro de 1964, Zuzu escolheu duas de suas posses que, desprovidas de grande valor monetário, possuíam vasta carga afetiva e, por que não, sagrada: um missal e uma estatueta de santo Antônio.[53]

A perda do pai, aquele senhor distraído que jogava níqueis de duzentos réis sobre a mesa de casa depois de as filhas lhe servirem uma xícara de café — porque, absorto em seus pensamentos e alheio ao ambiente, achava estar em um restaurante[54] —, a fez olhar para a própria família. Os filhos, cada vez maiores e mais independentes, ingressavam em novas etapas da vida. Assim como Zuzu fazia com seu ateliê de alta-costura. Para ela, 1964 não tinha sido um ano especialmente difícil. Até parecia que o pior tinha passado e sobravam esperanças para o futuro, tanto o de Stuart, Ana Cristina e Hildegard quanto o seu.

Não se poderia dizer o mesmo sobre o país. A alguns passos da casa de Zuzu e seus filhos na rua Nascimento Silva, em um sobrado, morava o general Humberto de Alencar Castello Branco. Na noite de 30 de março de 1964, em sua sala, o general assistia pela televisão ao último discurso do presidente João Goulart, proferido durante a cerimônia do quadragésimo aniversário da Associação Beneficente dos Subtenentes e Sargentos da PM no Automóvel Clube carioca. Eram as vésperas do golpe de Estado que colocaria Castello Branco no poder como o primeiro de cinco governantes da ditadura militar.

A tomada de poder pelas Forças Armadas, alicerçada no apoio de parte do Congresso Nacional e de setores da sociedade civil, rompeu com a democracia e exigiu a reestruturação de todo o sistema institucional do país — era preciso acomodar ferramentas de controle e repressão política, bem como implementar procedimentos jurídicos, legislativos e administrativos que garantissem o domínio militar dentro do Estado. Zuzu não sabia nem mais, nem menos sobre o que acontecia do que a maioria dos brasileiros. Fosse pelo rádio, pelos jornais impressos, pela televisão ou pelas conversas incessantes no ateliê, no armarinho da Visconde de Pirajá ou no mercado, ela estava informada da radicalização dos opositores do governo de Jango, dos civis exigindo que os militares endireitassem o Brasil e, principalmente, da incerteza e do medo. A mobilização das tropas e dos generais respondia à instabilidade econômica, marcada por inflação alta e déficit nas contas públicas, à crise do governo Goulart e à polarização ideológica. Falava-se em uma devastadora ameaça comunista, imputada às reformas de base propostas pelo presidente.[55]

Zuzu não se manifestou publicamente nem contra, nem a favor do golpe. Talvez soubesse que, em sua realidade imediata, as consequências seriam sentidas independente do que acontecesse nos gabinetes ministeriais ou do que fosse conversado em chamadas telefônicas estratégicas entre generais, marechais e deputados. Política não era algo pessoal para ela — não se tratava de um assunto que a consumia dia e noite, e tampouco se mostrava particularmente relevante para a sua moda. A virada de 31 de março para 1º de abril de 1964, quando o país amanheceu para um golpe de Estado a pleno vapor, traria mudanças, é claro. Mas a longo prazo. Quando tudo começou, a costureira de Ipanema não imaginava que os tumultos políticos influiriam de maneira tão direta e íntima em sua vida.

O golpe transformaria tudo no Brasil. Política, sociedade e cultura não seriam mais as mesmas. Ainda que uma parcela significativa da população, sobretudo nas classes média e alta, tenha compactuado com a ideologia anticomunista, antiprogressista e reacionária que culminou na tomada de poder pelos militares, outros grupos estavam decididos a resistir. A indiferença, afinal, não foi uma atitude comum na década de 1960.

Minissaias, emancipação sexual feminina, socialismo, literatura e arte pós-modernista se tornavam meros pontos de partida para debates acalorados, como conta o jornalista (e testemunha atenta e engajada do período) Zuenir Ventura.[56] Tudo merecia uma interpretação política, tudo *era* política, e fazia-se essa descoberta cada vez mais cedo. Alunos secundaristas já devoravam Herbert Marcuse, Louis Althusser, György Lukács e, claro, Karl Marx — para muitos dessa geração, o ingresso no movimento estudantil começava ainda na escola e não era preciso esperar o vestibular e a matrícula na universidade para revolucionar o próprio pensamento. A princípio articulados para exigir a reforma universitária, os estudantes intensificavam sua orientação política e revolucionária. Grupos de tendência esquerdista que reivindicavam a modernização da infraestrutura das faculdades e investimentos em pesquisa e ensino passavam a defender alterações institucionais que cimentassem a universidade como espaço não apenas de formação intelectual, mas de base crítica e de transformação social.[57] Sinal de que reconheciam as confluências dentro do sistema e estavam prontos para expandir suas lutas. A partir de 1964, não ter uma opinião firme sobre o autoritarismo do governo, o futuro do país e o papel da juventude na revolução iminente parecia ser impossível.

Havia um desses revolucionários dentro da casa de Zuzu e a família Angel Jones se transformaria irremediavelmente com os eventos desencadeados pela ditadura militar. Stuart não teve escapatória. Se, já criança, mostrava uma sensibilidade para as desigualdades sociais e perguntava à mãe por que havia pessoas mais pobres do que ele no mundo, quando adulto canalizou essa incompreensão para o pensamento crítico e a ação.[58] Ao entrar na Faculdade de Economia da Universidade do Brasil, que logo seria renomeada como Universidade Federal do Rio de Janeiro (UFRJ), Stuart encontrou uma turma que incentivou a sua predisposição às ideias de esquerda e um ambiente onde pôde desenvolver a linguagem para apreendê-las e disseminá-las. Passou a voltar para casa carregando livros suspeitos debaixo do braço, escritos por aqueles autores que faziam a cabeça dos alunos mais progressistas e engajados, e botavam Zuzu em alerta máximo. O comprometimento e a politização de Stuart engatavam uma marcha acelerada que, para sua mãe, não deixava de ser um pouco assustadora.

Ela sabia que Stuart não precisava aprontar nada grandioso para ser preso. Em setembro de 1966, viu, horrorizada, as notícias sobre a invasão do campus da UFRJ. Tropas da Polícia Militar e do Exército cercaram e atacaram seiscentos estudantes no que entraria para a história como o Massacre da Praia Vermelha. Em seguida, os policiais reuniram todos os jovens em um campo de futebol para realizarem uma triagem e escolherem quais seriam detidos e quais liberados. A truculência estava só começando e Zuzu se apavorava em imaginar o filho sofrendo violências desse tipo, sem quê nem para quê. Mas o que ele realmente estava fazendo, além de ler, pensar e debater com os colegas em seu quarto em vez de irem para a praia, como Zuzu imaginava que gente da idade deles deveria gostar?

Cursos gratuitos de matemática e jornais de turma, poderia responder Stuart. Cada vez mais envolvido com o movimento estudantil na universidade, o jovem estudante de economia se dedicava a iniciativas coletivas para as turmas da faculdade em um esforço de ampliar a influência da esquerda no diretório acadêmico — que, até as eleições de 1967, tinha sido dominado por um núcleo de estudantes conservadores e de direita. Frequentador assíduo das assembleias da faculdade, que inevitavelmente terminavam em pancadaria devido às divergências políticas entre os alunos, Stuart se firmava como uma liderança discreta, porém incisiva, da esquerda universitária no Rio de Janeiro.[59]

O processo de politização de Stuart, que se assumia abertamente socialista em um país governado por poderes dispostos a censurar, prender e suprimir pensamentos dissidentes, induziu Zuzu a se precaver com as filhas. Estava de olho, por exemplo, em Hildegard. Antes mesmo de completar dezoito anos, a jovem tinha alguns créditos como atriz de teatro. Em 1965, participou da montagem de *As feiticeiras de Salem*,[60] peça de Arthur Miller encenada no teatro Copacabana Palace com produção de Reynaldo Loyo e direção de João Bethencourt;[61] dois anos depois, ela e a irmã seriam aceitas no curso de interpretação do Conservatório Nacional de Teatro.[62] O que preocupava Zuzu não era a carreira de atriz em si: ficava aflita, na verdade, ao considerar como a repressão da ditadura empregava os mecanismos de censura para encerrar produções e prender e interrogar artistas. Enquanto Stuart se aprofundava no pensamento e na ação políticas dentro do ambiente universitário, Hildegard se expunha a influências igualmente politizantes dentro do universo teatral. Artista tinha um quê de comunista, todo mundo dizia. O que faria Zuzu não com um, mas dois filhos na mira do Departamento de Ordem Política e Social (Dops)?

Seu plano, então, foi colocar Hildegard na folha de pagamento de alguma empresa respeitável — de preferência, cumprindo uma atividade que não desse brecha a investigações da repressão. Achou a opção ideal quando se encontrou com Nina Chaves, uma jornalista inovadora no colunismo social, em pleno salão de beleza. Nina e Zuzu frequentavam o mesmo requisitado salão em Ipanema, do cabeleireiro Jambert. Em 1964, ele se instalara na esquina das ruas Visconde de Pirajá e Maria Quitéria para cuidar dos penteados de atrizes famosas como Tônia Carrero e Fernanda Montenegro, e todas as senhoras do *society* queriam ter os cabelos arrumados pelas suas habilidosas mãos.[63] Conseguir um horário exigia uma boa dose de perseverança, e Zuzu tinha a sua. Certa vez, viu-se lado a lado com Nina, a quem já conhecia, nas cadeiras do salão, e lançou a sua isca. Confessou a Nina que tinha uma filha, muito inteligente, esforçada e esperta — falava inglês e francês, fazia teatro, tirava boas notas na escola e, junto com a irmã, ainda desenhava croquis de roupas para a etiqueta de alta-costura da mãe[64] —, mas que, para seu horror, tinha inventado de colocar um anúncio nos jornais para ser preceptora de crianças e conseguir um dinheiro extra. Onde já se viu, Zuzu queria saber: tinha dado tudo à filha, pagado por aulas de todo tipo, de balé a esgrima, só para os interessados telefonarem sem parar para sua casa e perguntar se Hildegard estava disposta a dormir na residência em que trabalharia, se era branca ou negra, jovem ou velha.[65]

Nina, que tinha uma filha um pouco mais nova que a caçula de Zuzu, se condoeu da situação. Respondeu que, a bem da verdade, estava mesmo precisando de uma secretária — e orientou Zuzu a mandar Hildegard se apresentar no dia seguinte na redação do jornal *O Globo*, em um prédio na rua Irineu Marinho, no centro do Rio.

Uma das fundadoras do Ela, suplemento voltado para o público leitor feminino e a princípio publicado aos sábados, Chaves contava ter se inspirado na americana Louella Parsons, a mais lida e influente colunista de cinema nos Estados Unidos durante a primeira metade do século XX. Parsons ficara mais temida que muitos críticos de cinema e suas notinhas impiedosas (nem sempre factualmente verdadeiras) sobre as celebridades de Hollywood podiam fazer ou destruir carreiras. Para a brasileira, o campo de trabalho seria a movimentada sociedade carioca, que lhe forneceria o material para tratar todos os dias de comportamento, cultura e política nas seções

"Linhas Cruzadas" e "Borbulhantes". Fofoca não era só fofoca: tornava-se ponte para comentários sociais. Havia um até na sua assinatura, "Chavs" — assim, sem a letra "e" —, para quem conhecia o motivo por trás. Quando assumiu a chefia do Ela, a jornalista já tinha se separado do marido, de quem assumira o sobrenome Chaves. Por determinação dele, foi proibida de usá-lo publicamente. Como não podia mantê-lo sequer na sua coluna, Nina (apelido de Honorina) arrumou uma solução simples e discreta. Cortou uma letrinha, cutucou o ex-cônjuge ao mesmo tempo que evitava implicâncias legais de sua parte e virou Nina Chavs nas páginas de *O Globo*.[66]

Na moda, Nina Chaves queria lançar nomes. Fazia questão de mencionar os profissionais envolvidos em um desfile, do cabeleireiro às manequins, e prestigiava tanto os modistas renomados quanto os novatos no circuito carioca. Uma etiqueta que lhe interessava bastante naqueles últimos tempos era a da própria Zuzu. Visitava pessoalmente o ateliê e notava que o nome da costureira despontava com mais regularidade na boca de suas fontes, durante valiosas trocas de informações pelo telefone. Com o tempo, a própria Zuzu passaria a telefonar com frequência para divulgar o nome de uma nova cliente, descrever os detalhes do modelito usado por uma colunável ou anunciar as datas do lançamento da próxima coleção.[67]

Com Hildegard ocupada no jornal, envolvida em apurar pautas sobre moda, cultura e sociedade, Zuzu podia respirar um pouco mais tranquila. Quanto a Stuart, ela não teria sossego, e a situação ainda se complicaria. Melhor desafogar as tensões com a criação, no ateliê. Lá, as vendas aumentavam e mais clientes eram registradas no livro de contas. No início de 1966, o nome e a especialidade de Zuzu Angel saíam das rodas de conversa em sofás de apartamentos e salões de clube para se apresentarem diante de um público bem mais amplo.

"Etiqueta da Zuzu, de Ipanema", "Dona Zuzu Angel, costureira mineira": é nesses termos que ela faz sua estreia nas colunas sociais e femininas de dois dos principais jornais cariocas, *O Globo* e *Jornal do Brasil*, em notas publicadas em abril daquele ano. A primeira determinava a origem do redingote branco, de flanela, usado por Carmen Bressane para assistir a um desfile beneficente de Dener Pamplona de Abreu no Copacabana Palace.[68] Redingote é um modelo de casaco longo e acinturado, tomado emprestado do vestuário masculino do século XVIII, que pode ser tanto abotoado na frente, fazendo as vezes de vestido, como aberto, sobrepondo-se a um conjunto de saia e camisa ou a um vestido. Com um corte capaz de alongar silhuetas, a peça foi adaptada pelas mãos de diversos *couturiers* das décadas de 1940 a 1960 e se consagrou como uma alternativa elegante e formal para as mulheres.

Já a outra nota, do *JB*, começava listando três clientes da etiqueta. Parecia atestar o prestígio da costureira para as leitoras que, porventura, ainda não a conhecessem. Eram três senhoras tão distintas que, de acordo com os costumes da época, sequer tiveram seus nomes próprios mencionados. Ester, Ema e Angelina foram identificadas pelos sobrenomes e cargos dos maridos, respectivamente o ex-ministro Lucas Lopes, o governador da Guanabara, Francisco Negrão de Lima, e o empresário e deputado federal paulistano Hugo Borghi. Leia-se: esposas de figurões da política nacional se vestiam com a tal d. Zuzu, uma mineira que se lançava sob os holofotes para expandir sua "já forte clientela".[69] Suas primeiras aparições na imprensa dão a entender que Zuzu não era nenhuma singela costureirinha. Estava mais próxima de ser um segredo não tão secreto de mulheres de gosto exigente, personagens frequentes das notas sociais.

A construção dessa imagem de costureira das elites, bem guarnecida de clientes importantes, dependeu também dos espaços onde as notas saíram. Em *O Globo*, Zuzu foi introduzida nas "Linhas Cruzadas" de Nina Chaves. O outro canal de sua entrada no universo da moda carioca foi o *Jornal do Brasil*, que exemplifica, do mesmo modo, a associação da costureira com um caderno feminino de prestígio, igualmente editado por uma jornalista mulher. Léa Maria Aarão Reis assumiu o comando da editoria "Mulher", vinculada ao Caderno B do periódico, após uma longa passagem pelo jornal *O Globo*, onde escrevia a coluna social "Bricabraque". A convite do editor-chefe Alberto Dines, Léa Maria deixou a redação na rua Irineu Marinho — não sem alguns desentendimentos com Nina Chaves — e se mudou para uma mesa nos escritórios da concorrência na avenida Rio Branco, de onde falaria da mulher moderna. Estava cansada de narrar as festas frequentadas pelas mesmas dondocas e seus maridos ricos e não via sentido em publicar a coluna social de sempre, quando o país precisava de mais igualdade, não mais privilégio. A direção do jornal parecia valorizar sua pegada: num ambiente esmagadoramente masculino, ela estava presente em todas as reuniões de pauta diárias. Entre as manchetes sugeridas para a editoria de política e as últimas preocupações econômicas, Léa Maria projetava, para a sua página no Caderno B, articular análises do cotidiano feminino a comentários de moda, enriquecidos pela seção semanal "Passarela", de Gilda Chataignier. Jornalista dedicada à cobertura das últimas tendências no Brasil e no exterior, Chataignier combinava fotografia e ilustração a dicas de vestuário e reportagens abrangentes sobre novas coleções, estilos e temas na moda. No final da década de 1960, sua seção ocupava a quarta página inteira do Caderno B, evidência inquestionável do interesse das leitoras por informação de qualidade sobre o que vestiam (ou gostariam de vestir).[70]

No primeiro "Picadinho" em que apareceu, uma subseção da coluna de Léa Maria, a nota de Zuzu foi escrita pela interina, uma jornalista de 28 anos formada em artes plásticas. Era a futura escritora e contista Marina Colasanti. Ao contrário do que acontecia nas "Linhas Cruzadas", em que Nina Chaves não permitia a impressão do nome de outra jornalista que não o dela, as interinas do *JB* assinavam o seu trabalho, mesmo que em letras pequeninas abaixo da grande estrela colunista. Naquela edição de quarta-feira, em meio a novidades sobre o pintor Di Cavalcanti, a herdeira dos Matarazzo e a rainha do rádio Marlene, o único outro comentário sobre moda no apanhado anunciava um chá-desfile na Exposição Portugal de Hoje.[71] Já as quase dez linhas sobre Zuzu comunicavam uma notícia indicativa de um ponto de virada em sua carreira. Em junho, avisava o jornal, ela apresentaria mais de quarenta modelos de alta-costura no II Salão da Moda da Feira Brasileira do Atlântico.

Quase uma década depois de iniciados os seus primeiros passos profissionais na moda, esse seria o primeiro desfile público de Zuzu Angel.

3.
Zuzu de Ipanema

De iniciante, o primeiro desfile de Zuzu só tinha isto: o fato de ser o primeiro. Quanto ao resto, ela contava com a clientela e a experiência de uma costureira amadurecida, capaz de reconhecer as vantagens que um evento daquelas dimensões poderia proporcionar à sua etiqueta. Zuzu não poupou tempo, esforço nem dinheiro em nenhum dos detalhes que, quando combinados, conferiam todo o aspecto de um "desfile profissional".

As bijuterias, Zuzu encomendou a Ethel Moura Costa, uma vizinha de Ipanema que também montara um ateliê doméstico. De sua garagem na rua Redentor, saíam bordados, apliques e acessórios que revelavam uma imaginação afeita a experimentações com materiais, técnicas e texturas — Ethel era moderníssima e suas invenções de moda combinavam com as de Zuzu. Para os chapéus das manequins, a costureira recorreu a Mary, outra das colaboradoras e parceiras do bairro,[1] e contratou, além das filhas, cinco jovens para desfilar. Selecionou, por conta própria, cada um dos pares de sapato para combinar com as roupas da coleção[2] e, para testar como elas seriam recebidas pelas freguesas fiéis, organizou um pré-desfile em sua casa-ateliê no dia 5 de junho.[3] Os elogios ajudaram a convencê-la de que estava no caminho certo.

O II Salão da Moda foi oficialmente inaugurado às dezesseis horas de 11 de junho de 1966 pelo governador Negrão de Lima, no Pavilhão de São Cristóvão. Pelas duas semanas seguintes, a imponente estrutura elíptica do parque de exposições abrigaria estandes de moda masculina, feminina e infantil, passarelas, marquises transformadas em palcos de show e barraquinhas de comida. Sob a viga de concreto armado, sustentada pela intricada rede de cabos de aço, o público se espalhava diariamente pelos 30 mil metros quadrados do vão livre para conferir os espaços dedicados aos estados de São Paulo, Rio Grande do Sul, Paraná, Amazonas, Pará e Guanabara. Havia surpresas e especialidades de cada região na programação da feira: quem visitasse o Pará, por exemplo, poderia provar pato no tucupi, pirarucu, açaí e tacacá enquanto admirava os produtos da indústria têxtil paraense; se seguisse até o Amazonas, seria recepcionado por um cacique e encontraria, além de um lago artificial, espécimes de plantas endêmicas da floresta e exemplares de animais empalhados. Na área gaúcha, montou-se uma churrascaria com capacidade para quatrocentos comensais, na qual se realizavam espetáculos folclóricos. Apresentações musicais encerravam cada dia da feira — Jovem Guarda, Claudete Soares e a dupla Luiz Carlos Miele e Ronaldo Bôscoli estavam entre as mais populares atrações confirmadas. Em uma banca dos Diários Associados, as candidatas a Miss Brasil daquele ano davam autógrafos e conversavam com o público. Nem as Forças Armadas ficaram de fora e expuseram, em três estandes especiais, os novos uniformes militares.[4] Trezentas recepcionistas, em uniformes amarelos decorados com uma folha de parreira bordada no bolso, circulavam pelo pavilhão para orientar visitantes e servir de intérpretes a turistas. Nessa overdose visual e sensorial, podiam acontecer até vinte desfiles em uma mesma tarde.[5]

A Guanabara, em sua posição de anfitriã, reservou para si o maior pavilhão e homenageou como madrinha Ema Negrão de Lima, a primeira-dama, que também era cliente de Zuzu — uma das enumeradas pelo *Jornal do Brasil* naquela primeira nota sobre a costureira. Orquídeas decoravam o espaço e as principais butiques e etiquetas do Rio exibiram as suas coleções mais recentes. E nem só de roupas se faz um estande de moda: joias, chapéus e sapatos completavam a exposição da indústria carioca e fluminense. A grande inauguração ficou a cargo de José Ronaldo, que desfilou a coleção Felina 66 na noite de abertura do Salão. Nos dias seguintes, a passarela recebeu os modelos de Maria Augusta, Guilherme Guimarães, Nazareth, Hugo Rocha e Zuzu Angel, os trunfos da Guanabara e a razão pela qual o Rio ainda podia se gabar de ser a capital da moda do Brasil. A hora e a vez de Zuzu chegaram depois das apresentações de Hugo Rocha,[6] marcadas para os dias 16, 18 e 19 de junho, às nove horas da noite.[7]

Embora não seja necessariamente a mais importante, a primeira roupa de um desfile não pode ser qualquer uma. Ela dá o tom do que vem adiante e oferece ao público um gostinho do que será a coleção. Os desfiles mais bem montados seguem uma progressão — alguns, até uma espécie de narrativa visual e têxtil, na qual combinações de cores, o movimento dos tecidos, as formas e finalidades das peças delineiam a visão que o criador teve, o que imaginou para vestir as mulheres e os homens que comprarão suas roupas. A primeira roupa de um desfile se parece com as primeiras linhas de um livro: precisa despertar, em quem vê — e lê —, a vontade de continuar ali para descobrir o que o espera depois da próxima passagem de manequim, após o próximo capítulo. Zuzu sabia disso. Tanto que não escolheu qualquer roupa, nem qualquer manequim, para marcar a sua primeira incursão nas passarelas.

Com os cabelos escuros presos em um coque firme, Ana Cristina Angel surgiu para o público do Salão de Moda em um tailleur composto de paletó e calças compridas confeccionados em fustão branco.[8] O paletó não era acinturado: cobria parte dos quadris, tinha duas aberturas laterais e, com os detalhes da gola chinesa e da fileira centralizada de botões arredondados, revestidos de tecido do mesmo tom da roupa, alongava o torso da manequim. Esse efeito de uma linha fina era fortalecido pelas pernas, graças às calças retas e que deixavam à mostra sapatos de salto baixo. Uma roupa adulta, madura. A própria Ana Cristina, que nem completara vinte anos, passava a impressão de ser mais velha ao mesmo tempo que rejuvenescia o conjunto, deixando-o ainda mais atraente para as mulheres que provavelmente o comprariam. Mulheres como Marisa Magalhães Pinto,[9] sobrinha do ex-governador de Minas Gerais, José de Magalhães Pinto, que fez a sua encomenda do tailleur ali mesmo no evento — não quis esperar por um horário no ateliê para garantir o seu.

Ocupada como estava nos bastidores, organizando as trocas de roupas das manequins e espaçando as suas entradas na passarela, Zuzu não viu Ana Cristina desfilando o conjunto, nem sentiu a energia do público em sua estreia. Não viu as mulheres em volta do tablado de madeira que cobiçavam aquelas calças, aquele paletó: em uma fotografia do exato instante, é perceptível nos olhares a vontade de tocar o fustão claro e sentir as peças. Queriam vestir o conjunto, sem dúvida. Até um garotinho se debruçou para observar bem de perto os pés daquela moça altiva e bonita, que parecia saber tão bem o que fazia. Apenas mais tarde diriam à costureira que todo mundo "sentiu alguma coisa diferente"[10] do começo ao fim do desfile, vendo outros tailleurs de tela rosa e de gabardina, calças de crepe, de brocado e seda pura, pantalonas de boca larga e vestidos curtos, em corte trapézio. Dali a alguns dias, fotos da manequim Cristina Bebiano usando um modelo de pantalona e outro do vestido curto foram publicadas em *O Globo*, em uma pequena matéria intitulada "Etiqueta nova chamada Zuzu".[11] Tecnicamente, a etiqueta não era tão nova assim. Mas o preciosismo podia ficar para depois — o importante, naquela hora, era fazer o nome circular.

De junho de 1966 em diante, foi exatamente isso que aconteceu. Até o final do ano, Zuzu realizaria quatro desfiles, vestiria diversas senhoras da sociedade para eventos de todo tipo — de jantares privados a festas em boates — e emplacaria menções sucessivas nas colunas sociais mais lidas do Rio de Janeiro. Em questão de meses, a etiqueta que *O Globo* explicava ainda não ter sido "mostrada ao grande público", a despeito da clientela fiel,[12] virou uma das mais reconhecidas da cidade. Empenhada como estava em inserir seu trabalho nos circuitos mais indicados para divulgá-lo, a costureira mineira de Ipanema conseguiu se desviar do relativo anonimato. Nesse sentido, a sequência de desfiles no segundo semestre de 1966 foi essencial.

Brocados, paetês, musselinas finíssimas; fustões, pérolas e contas, corpetes bordados com miçangas — ingredientes indispensáveis para se fazer roupas clássicas de soirées elegantes naqueles meados da década de 1960. Vestidos de debutantes, trajes de baile, longos elaborados para serem usados com joias vistosas e penteados milimetricamente modelados, rígidos de tanto laquê, nos salões mais comentados do Rio de Janeiro. Nada chocante, nada totalmente fora dos conformes: havia brilho, requinte e muita pose nos primeiros desfiles de Zuzu Angel. Suas criações de execução primorosa, elogiadas efusivamente pela jornalista Gilda Chataignier, sugeriam que Zuzu tinha o que precisava para conquistar destaque na cena da moda nacional. Era "justamente o que faltava por aqui", escreveu Chataignier: alguém que não copiava os europeus, entregava peças bonitas e ainda experimentava com cores vibrantes e tecidos leves, adequados ao clima carioca.[13]

Depois da estreia no II Salão da Moda, o lançamento seguinte foi o da coleção de primavera-verão. No Clube Sírio e Libanês, no bairro carioca de Botafogo, Zuzu mostrou mais de quarenta modelos "elegantíssimos para todas as horas".[14] Para a debutante, organza branca bordada com flores feitas de paetês e miçangas. Para as mais arrojadas, terninhos de algodão estampado em roxo, azul e vermelho.[15] Um longo de crepe romano, combinado a um bolero de lantejoulas, foi imediatamente adquirido por Angelina Borghi, cliente fiel.[16] Já para as noivas, um belo embate. Qual escolher: o tradicionalismo de um vestido de renda nacional coberto por um manto em que flores de organdi, aplicadas ao redor do capuz, emolduravam o rosto, ou um conjunto de seda chinesa de pantalonas e blusa com mangas três-quartos e gola rulê? Com seus estilos opostos e os apelidos que receberam, definiam as contradições latentes no comportamento e na moda. A noiva clássica, cuja cauda se derramava em seu entorno, era pura delicadeza. A outra, chamada de noiva espacial ou iê-iê-iê, brincava de ilusionista graças a uma espécie de avental que, quando visto de frente, ocultava as calças compridas; de costas, porém, revelava quão moderna poderia ser uma mulher subindo o altar. Nessa passarela do Sírio e Libanês, Hildegard encarnava a tradição e Ana Cristina, a juventude dançante do iê-iê-iê.[17]

Os aplausos no dia 4 de agosto serviram de esquenta para o próximo desfile, duas semanas depois, organizado por Edith Cremona, diretora do Departamento Feminino do Fluminense Football Club, como uma atração imperdível do "chá-biriba" em benefício da Sociedade Brasileira de Obstetrícia.[18] Filantropia e passarelas eram, à época, combinação tão óbvia quanto pérolas e cetim preto. Desfiles que angariavam fundos para alguma instituição ou obra social permitiam que as convidadas contribuíssem para uma causa nobre enquanto bebiam, comiam, se animavam e, idealmente, compravam. O esquema podia funcionar às mil maravilhas para o figurinista. Eventos assim atraíam senhoras ricas aos borbotões, e eram elas as consumidoras que todo criador de alta moda desejava — os tailleurs e vestidos de baile sob medida, pelos quais pouquíssimas podiam pagar, garantiriam mais do que dinheiro imediato em caixa. Seus nomes ilustres rendiam mais aparições nas colunas sociais e na boca do povo; o que, por sua vez, resultava em mais vendas, mais capital e, consequentemente, condições de empreender desfiles mais elaborados, produzir roupas mais sofisticadas… desencadear esse ciclo era o princípio de todo o resto. Numa quinta-feira, 18 de agosto, Zuzu apresentou algumas roupas diferentes das que mostrara catorze dias antes, no Clube Sírio e Libanês, para uma plateia que incluía a editora Stela Bruce, da revista *Querida*, o diretor e dramaturgo João Bethencourt, Lia Lucas Lopes e Leda Castro Neves, diretora da clínica de estética Academia Guanabara de Cultura Física, que, além de cliente, se tornava uma das amigas mais íntimas da costureira.[19]

No mês seguinte, esse flerte com mulheres de sobrenomes importantes, indispensáveis ao êxito inicial da alta-costura de Zuzu, continuou em um ambiente de luxo perene. A joalheria H.Stern, que desde 1945 lapidava e vendia pedras preciosas à elite brasileira, convidou suas clientes para o evento Mulheres e Joias. Em plena tarde de quinta-feira, haveria três palestras, coquetel e desfile — uma programação imperdível para quem podia bebericar champanhe às dezesseis horas e tinha joias o bastante nos cofres de casa para ouvir conselhos de como melhor guardá-las e usá-las.

Primeiro, as palestras. Uma tinha como tema a conservação de colares, anéis, broches, brincos e pulseiras, proferida pela jornalista Roberta de Macedo Soares; a fala seguinte se chamava "Cuidados de beleza do rosto, colo e mãos". Belas pedras precisam ser exibidas em uma pele impecável, e Eva Mazliah, funcionária da marca de cosméticos Helena Rubinstein, estava lá para ensinar os melhores truques, produtos e rotinas de cuidado estético.[20] Por fim, Leda Castro Neves fechava a sequência com a aguardada conferência "Uso apropriado das joias", em que explicou algumas regras de ouro para não exagerar nos adornos. Mulheres elegantes, por exemplo, jamais colocam anéis por cima de luvas, nem misturam colares e broches na mesma ocasião. Pérolas discretas podem ser uma boa alternativa para as manhãs, e pedras coloridas — esmeraldas, rubis e safiras — ficam ótimas para compromissos vespertinos e que exigem trajes mais finos. À noite, a nobilíssima platina pode ser combinada a brilhantes de todos os tamanhos.[21] Entravam, então, os exemplos práticos, em uma apresentação de nove roupas de Zuzu Angel que arrematavam peças da H.Stern. Um terninho marrom complementado por pulseiras de ouro enroladas, um vestido de organza azul aliado a um moderno colar de ouro e pedras brasileiras, um longo preto de seda pura salpicado por diamantes em um broche, nos brincos, no anel e na pulseira:[22] nessa tarde na joalheria, a alta-costura de Zuzu se confirmava, para público e imprensa, como representante do bom gosto e da elegância que tantas mulheres buscavam garantir em seus guarda-roupas.

Para concluir 1966 no auge desse requinte obrigatório a quem desejava se estabelecer na moda dos ateliês e salões, Zuzu e sua coleção Soignée foram as estrelas do chá de primavera da Associação das Senhoras Benfeitoras, realizado no hotel Copacabana Palace em 8 de novembro. Mais um "chá" em que a benfeitoria das senhoras seria revertida em doações para idosos e crianças necessitadas. Quase cinquenta modelos, todos confeccionados em tecido nacional da Fábrica Santa Júlia, de Petrópolis: jacquards prateados, sedas, fustões estampados e musselinas cobertas por poás viraram smokings femininos, vestidos esvoaçantes em corte chemise e caftans "que arrancaram ohs! e ahs! da assistência".[23] Ao final do desfile, Hildegard exibiu o longo especialmente produzido para a cantora alemã Inge Brück, vencedora do I Festival Internacional da Canção com a música "Frag den Wind". Era um vestido volumoso, que gastou mais de quarenta metros de musselina preta e branca nas seis camadas de saias, e centenas de miçangas e pérolas no corpete de cetim.[24] Na noite de encerramento da competição no Maracanãzinho, Brück deixou para colocar o vestido no último minuto antes de subir ao palco — devido ao calor, esperou nua por sua vez e indignou as mulheres presentes no camarim feminino.[25] A alemã não foi a única que Zuzu vestiu para o evento: Dulce Nunes, protagonista do espetáculo *Pobre menina rica*, de 1963, tinha encomendado um longo estampado em tons de rosa-shocking; e Ruth Marzagão, esposa do criador do festival, comprou dois vestidos longos, um vestido curto e um tailleur para comparecer a todos os dias de espetáculos.[26]

O nome da coleção, Soignée, já dizia tudo. O adjetivo francês é usado com frequência para qualificar mulheres vestidas de modo adequado, impecáveis até. Zuzu queria impressionar, mas sua alta-costura não obedecia cegamente à tradição. Com aqueles tecidos 100% nacionais, ela misturava habillées, tailleurs e chemises — um vocabulário francês típico na moda de então — ao algodão, às estamparias coloridíssimas e aos bordados feitos à mão por Ethel. Ser *soignée* em pleno Copacabana Palace, suntuoso ícone da modernização do Rio, mostrava que Zuzu entendia a utilidade de toques afrancesados para legitimar a sua etiqueta. Mas ser *soignée* em fustão, um tecido de algodão macio e leve, ainda por cima fabricado em Petrópolis, fazia com que o sucesso ressoasse em um tom diferente. O desfile fez notícia também nos cinemas, onde foi exibido em um curto documentário nas salas do Cine Ópera, do Paris Palace e do Cine Paissandu.[27]

Zuzu já experimentava com os *palazzo-pijamas*, conjuntos de calças em corte cigarrete e túnicas geralmente confeccionados em seda e que viraram febre nos anos 1960 pelas mãos da princesa russa Irene Galitzine, cujas peças graciosas eram adoradas por Jackie Kennedy, Marella Agnelli, Sophia Loren e outras referências do jet set. Um dos *palazzo* criados pela costureira brasileira foi desfilado por Ana Cristina na H.Stern, com colar de pérolas e várias pulseiras de ouro. Quem deu o nome do conjunto foi a editora-chefe da *Vogue* americana, Diana Vreeland, também responsável por ajudar a popularizar outro modelo com o qual Zuzu faria fama naquela década, o caftan. Na edição de julho de 1966, Vreeland estampou na mais influente revista de moda do mundo fotos de mulheres elegantes — de nobres europeias a artistas — tiradas por fotógrafos como Cecil Beaton, Henry Clarke e Horst P. Horst, no editorial "The Beautiful People in Caftans". Fascinada ela própria pelas longas túnicas, cuja origem remonta à Mesopotâmia e aos sultões otomanos, Vreeland achava os caftans as mais lisonjeiras modas jamais inventadas, graças à silhueta fluida que escondia imperfeições, e abusava de adjetivos exorbitantes para descrevê-los. Langorosos, sulfurosos, femininos e elegantes, eles exalavam repouso, lazer e um luxo "exótico". Tudo flutua, nada é estático, exaltava a editora.[28]

Como tantos estilos apropriados pelos ocidentais, o termo caftan logo se tornou um curinga para designar qualquer vestimenta solta de seda, crepe e algodão, tivesse ela mangas compridas ou não, decote profundo ou fosse toda aberta na frente. Poucos faziam distinção entre os *jibbas* egípcios — um tipo de traje largo e comprido comumente usado por homens muçulmanos — e as *djellabas* marroquinas, usadas tanto por homens como por mulheres, e, à medida que os costureiros franceses lançavam as suas interpretações do corte, crescia o interesse por ele. No final dos anos 1950, Dior e Balenciaga fizeram caftans para serem usados sobre calças compridas que combinavam com a padronagem da túnica; novas inspirações surgiram em versões do italiano Pucci e do americano James Galanos na *Vogue*. Quando Zuzu lançou a sua ideia para as peças, que deveriam dar a impressão de deslizar sobre o corpo, provocou furor entre as socialites cariocas. Feitos de brocados metalizados, em tons de ouro e prata, com mangas compridas e corte evasê, os caftans da costureira eram longos, ornados com galões coloridos e paetês metalizados ou com estampas em alto-relevo e uma comprida fileira de botões. Menos descontraídos e mais opulentos, eles fascinaram as seções de moda da imprensa, que sugeriam seu uso em festas de réveillon e bailes de Carnaval.[29]

Uma das primeiras a comprar um caftan de Zuzu foi Regina Lúcia Vieira de Mello, uma das três sócias da novíssima butique Barbarella, em Copacabana. Com Tanit Galdeano Prado e Luiza Konder, ela montou uma loja modernosa, onde roupas masculinas e femininas ficavam penduradas em canos de metal instalados em paredes totalmente brancas, as vitrines redondas lembravam janelas de naves espaciais e os desfiles não eram feitos por manequins profissionais, mas por jovens amigas e conhecidas das proprietárias, frequentadoras das boates cariocas e descoladas o bastante para dançar iê-iê-iê descalças no piso da butique. Por mais alta-costura que fosse, a coleção Soignée de Zuzu atraiu Regina, Tanit e Luiza a ponto de comprarem diversas peças para serem vendidas assim que a Barbarella fosse inaugurada, em meados de dezembro.[30]

Vendas em butiques cheias de bossa (como se dizia então), desfiles elogiados pela crítica, clientela que só aumentava: a intensa trabalheira daqueles lançamentos quase mensais rendeu uma visibilidade inédita a Zuzu. Alguns de seus croquis eram publicados na seção "Eles e Elas", de Maria de Lourdes Pinhel, no jornal *Tribuna da Imprensa*, com descrições das cores e dos materiais para inspirar as leitoras a executarem as suas versões dos modelos. Um redingote curto, de lã *pied de poule*, um vestido de baile de musselina verde-mar com plumas decorando o decote e as costas, e um conjunto de saia e blusão ajudavam a divulgar o estilo de Zuzu pelo Rio de Janeiro, promovendo a etiqueta e reiterando seu nome como uma referência de alta-costura. Em setembro, o desenho que a *Tribuna* reproduziu indicava que, muito em breve, as roupas da costureira se espalhariam em outros meios. Era um *palazzo* em jérsei estampado em tons de verde, com mangas bufantes e calças de boca larga, e tinha sido concebido para a personagem Bárbara, encarnada pela atriz Joana Fomm no filme *Todas as mulheres do mundo*.

O longa marcava o primeiro crédito cinematográfico do diretor Domingos de Oliveira e a primeira experiência de Zuzu na confecção de figurinos para um filme, embora ela não receba menções nos créditos de abertura e os agradecimentos relacionados ao figurino tenham ido para a Minister Roupas e à Su e Lu Boutique.[31] O reconhecimento podia não ficar explícito no filme em si, mas os jornais fizeram sua parte. Divulgaram, muito provavelmente graças a indicações da própria Zuzu, que algumas roupas das personagens saíram diretamente de seu ateliê para os sets de filmagem.[32] E ninguém falava em outra produção nacional que não fosse essa comédia, que esmiúça o intenso romance entre Paulo, um jornalista cheio de casos amorosos, vivido por Paulo José, e a professora Maria Alice, inefavelmente charmosa e hipnotizante como Leila Diniz, a atriz que lhe dava rosto, voz e corpo. Do momento em que vê Maria Alice pela primeira vez, chegando com o noivo para uma festa de Natal caótica no apartamento do protagonista, Paulo move mundos e fundos para convencê-la a sair com ele, e o início do romance parece tê-lo feito esquecer de todas as outras mulheres do mundo, com quem se relacionava onde quer que as encontrasse. Livre para viver sua sexualidade intensamente, a Maria Alice de Leila Diniz protagonizava um retrato franco de a quantas andavam as relações entre homens e mulheres naqueles tempos de emancipação sexual feminina. Tiradas como

"As mulheres resolveram ser independentes, o que complica as coisas de modo definitivo" e "Nós, mulheres [...] também queremos ser independentes — e não queremos" provocavam risadas na audiência, mas também davam o que pensar. Sexo, amor e os eternos embates de gênero, afinal, sempre rendem assunto. Tanto sucesso fez *Todas as mulheres do mundo* que o filme não só levou os principais prêmios na II Semana do Cinema Brasileiro, em dezembro de 1966, como foi selecionado para representar o Brasil na 21ª edição do Festival de Cannes, no ano seguinte.[33]

Para um filme moderno, cujos diálogos espertos e montagem ágil evocavam comparações a Godard e à nouvelle vague do cinema francês, roupas igualmente modernas.[34] O figurino inconfundível de Zuzu Angel surge logo nos dez minutos iniciais, durante a sequência da festa de Natal no apartamento de Paulo. Um grupo de convidados joga dardos em colagens na parede, o anfitrião-protagonista passando por perto, quando se nota, centralizada no enquadramento, uma jovem de cabelos escuros e soltos com cachos nas pontas, brincos brilhantes e compridos pendendo das orelhas, e um tailleur claro com calças compridas. É Ana Cristina, usando o mesmo modelo com o qual abrira o desfile da mãe no II Salão da Moda, preparando-se para lançar uma seta ao alvo. Paulo José passa à sua frente e estende o braço para pegar uma e mostrar à turma "como se joga esse troço". Ele assume o centro da imagem e, no quadro seguinte, a porta se abre para revelar Leila Diniz. Ou melhor, Maria Alice. Dali por diante, Paulo não quer mais saber de dardos, nem de outras mulheres. E muito menos de terninhos femininos elegantes.

A despeito do nervosismo em saber que suas roupas estariam nas telas de todo o país, Zuzu se deliciava com cada notícia sobre os triunfos de crítica e bilheteria de *Todas as mulheres do mundo*.[35] As conquistas também eram um pouco suas, no final das contas, e colaborar num filme agradava imensamente a uma apaixonada por cinema. A expectativa era que, no embalo desse sucesso, a conexão com o longa atraísse novas encomendas. Até porque elas não paravam de chegar. Um de seus vestidos de organza, decorado com pétalas rosadas em um cinturão, foi usado por Cristina Bebiano para se fantasiar de Brigitte Bardot na festa que organizara para o lançamento do filme *Viva Maria!*, na boate Le Bateau — os convites custavam 20 mil cruzeiros por pessoa e a decoração recriava o cenário do México revolucionário do longa de Louis Malle.[36] Bebiano também foi de Zuzu Angel a um jantar de Ruth de Almeida Prado, em tela estampada e bolero de seda cor-de-rosa.

Em outras farras, a debutante Margarida Lage escolheu um vestido branco, bordado com strass, para o baile do barão de Siqueira Júnior;[37] Ester Lopes continuava comparecendo religiosamente ao ateliê. Uma lista de todas as mulheres do teatro da sociedade que usaram a etiqueta para sua animada rotina de compromissos se assemelharia a um catálogo dos nomes que apareciam, com pontualidade, nas colunas de Ibrahim Sued, Nina Chaves, Carlos Swann (um pseudônimo de reportagem social para *O Globo*, à época feito por Zózimo Barrozo do Amaral) e companhia. Pelo visto, os "melhores votos para seu 1966", enviados por d. Sarah Kubitschek em uma carta de Ano-Novo à amiga Zuzu, tinham se realizado da melhor forma.[38] A antiga costureira de uniformes escolares das Pioneiras Sociais tinha seduzido representantes da classe que mais a ajudaria a difundir sua marca naquela fase de expansão inicial, e ela não queria parar por ali. Tal como os dardos com que Paulo José e Ana Cristina brincavam no filme, Zuzu queria lançar um de seus caftans na direção de um alvo bem específico.

4. Um Carnaval de madames

Quando a cachorrinha engoliu um dos brincos, foi um deus nos acuda.

Faltava menos de um dia para a entrega da encomenda completa. Isso queria dizer não só o caftan prateado, mas também o par de brincos combinando, feitos por Ethel Moura Costa — seus bordados de pérola, contas de madeira, miçangas e pedras coloridas faziam cada vez mais sucesso entre quem tinha bom faro e senso de estilo no Rio. Nem todo esse sucesso, contudo, resolveria o problema. Zuzu não podia arriscar uma decepção, não com essa senhora que nem cliente era. Não ainda, pelo menos. Ela sairia para uma viagem de volta ao mundo, antes do Natal de 1966, e só retornaria ao Brasil no ano seguinte. Caftan e brincos deveriam estar na bagagem com folga para a hora do embarque, ou a imagem profissional da costureira ganharia uns arranhões nada atraentes. A desculpa de que o cachorro comeu o dever de casa nunca colou com ninguém. Certamente não colaria bem com a próxima primeira-dama do Brasil, d. Yolanda Costa e Silva.

Ethel correu para refazer o brinco, que àquelas alturas estava totalmente perdido no estômago da pequena Angel. Conseguiu terminá-lo a tempo de fechar o pacote que seria encaminhado a Yolanda, e que ela só examinaria com atenção nos primeiros dias da viagem. O susto valeu a pena. Em janeiro de 1967, um cartão foi entregue na rua Nascimento Silva e fez Zuzu comemorar. Derretendo-se em elogios, Yolanda agradecia o caftan, que contava ter vestido repetidas vezes, e prometia visitar o ateliê assim que retornasse ao Rio de Janeiro para encomendar algumas roupas.[1]

Afeita a publicidade, festeira, nada tímida e absolutamente confortável em sua posição, tão próxima ao poder, Yolanda Costa e Silva tinha tudo para ser uma cliente valiosa para Zuzu. Adorava ir às compras, falava de moda sempre que podia e não se fazia de rogada ao definir elegância, em uma entrevista para Clarice Lispector, como "a síntese de quatro coisas:

simplicidade, bom gosto, autenticidade e adequação à idade". Seu lado farrista pressagiava, a qualquer profissional que desejasse vesti-la, muitas ocasiões de produzir roupas exuberantes, de chamar a atenção e conquistar menções em colunas sociais — tratava-se, afinal, de falar da primeira-dama. E Yolanda, que não via qualquer problema em sair pelas noites do Rio desacompanhada do marido, achava ótima toda aquela disputa por sua preferência: o Brasil, segundo ela, estava "muito bem servido" de costureiros e a única parte difícil era escolher apenas um, dada a qualidade dos trabalhos à disposição. "Seria até engraçado", confidenciou a Clarice Lispector, que realmente houvesse uma briga entre os figurinistas por seu mecenato.[2] De fato, briga não havia. O que havia era interesse, e bastante, em conquistá-la como freguesa preferencial. Sua amizade com Ibrahim Sued, convidado frequente na mesa presidencial de pôquer no Palácio da Alvorada, podia não agradar os militares da turma do marido, que temiam indiscrições por parte da primeira-dama, mas fazia brilhar os olhos dos costureiros.[3] Com uma conexão daquelas, ficaria muito mais fácil promover a própria etiqueta de moda.

O caftan que Zuzu escolheu para cortejar Yolanda, em um contato iniciado por Leda Castro Neves, foi só o começo. Ela estava de olho nas cerimônias de posse do marechal Costa e Silva como o segundo presidente da ditadura, marcadas para 15 de março de 1967, e nas chances de ter se estabelecido como costureira da primeira-dama a tempo de assegurar algumas encomendas para a ocasião. Em janeiro, Zuzu criou um vestido para Marlene da Silveira, sobrinha de Yolanda, usar em seu chá de aniversário, oferecido por Leda.[4] No Carnaval, foi a vez da irmã de Yolanda, Iara Ramos Barbosa, usar uma peça Zuzu Angel para o baile do Theatro Municipal — um caftan de adamascado japonês e passamanaria dourada. Caftans, aliás, foram uma das grandes dicas de Zuzu para as fantasias de Carnaval naquele ano, sobretudo para mulheres grávidas: "Você será a futura mãezinha mais bonita presente à festa", jurava a coluna "Mamãe" da revista *A Cigarra*, com um caftan estampado, colorido e decorado com galões, sobretudo se a foliã penteasse os cabelos em uma longa trança e acrescentasse uma flor. Zuzu forneceu os croquis de seus modelos e a jornalista Maria de Lourdes Pinhel, responsável pela seção na *Tribuna da Imprensa* que também publicava desenhos da costureira, se encarregou das descrições.

O Carnaval virava um negócio à parte. Em mais uma parceria, Zuzu e Ethel desenvolveram uma coleção de fantasias para crianças e adultos.

Inspiradas, tal qual a moda daqueles tempos, na obsessão pelo cosmos e pela corrida à Lua, elas partiram de chapas e pastilhas de plástico colorido para idealizar um bloco espacial. "Cratera da Lua" era um vestido de linho preto e listras amarelas, sobre o qual se aplicavam argolas (imitando as crateras) sobre um fundo de pastilhas. Com chapas de *rhodoïd*, um plástico transparente feito de acetato de celulose e patenteado pela Rhodia, Ethel e Zuzu cobriram minivestidos e perfuraram, por cima, placas e pastilhas menores em tons de azul, amarelo, branco e vermelho para fazer a "Mamãe Lua" e a "Família Espacial".[5]

Os blocos de rua e as festinhas de família rendiam visibilidade, ainda mais nos editoriais fotográficos em que Ana Cristina, Hildegard e outras manequins exibiam, para o *Jornal do Brasil* e *O Cruzeiro*, as criações carnavalescas da dupla de Ipanema. Nada, porém, como a gala do Municipal, a mais disputada e comentada festa da folia carioca. Quem ficava de fora queria saber o que estourava lá dentro, naquela festança apertada, abafada e animada, frequentada pelas celebridades do momento, pelos mais influentes políticos e pela altíssima roda social. O que acontecia no baile, como as fantasias vencedoras do concurso e os mexericos entre os convidados, virava notícia nos dias seguintes — incluindo, é claro, quem vestiu o quê. Além de d. Iara, Zuzu tinha seu nome inscrito nos trajes de duas outras colunáveis. Regina Lúcia Vieira de Mello foi ao evento com a fantasia "Rumo ao Cosmos", um vestido de tecido laminado prata, com cava quadrada e profunda, e como acessórios botas, pulseiras e até um capacete prateados; Fernanda Chinaglia usou um vestido coberto por cristais transparentes.[6] De uma só vez, Zuzu chegava ao Municipal como a costureira não de uma, mas de três fantasias.

O Carnaval acontecia nas ruas — e também no ateliê, tamanho o movimento. Um tipo de movimento bastante específico, em que um contato puxava outro, e depois mais outro. Em uma de suas visitas à rua Nascimento Silva, Leda Collor, esposa do senador e empresário Arnon de Mello, encomendou oito vestidos de uma só vez.[7] Leda voltou em outras oportunidades, acompanhada de amigas como Iná Ferreira Jost, esposa do então presidente do Banco do Brasil Nestor Jost (e, escolada no estilo de Zuzu, Iná já possuía vestidos e um caftan em seu guarda-roupa);[8] a condessa Pereira Carneiro, diretora-presidente do *Jornal do Brasil*; e Francisca Bias Fortes, casada com José Francisco Bias Fortes, ex-governador de Minas.[9] Márcia Kubitschek, filha de JK, comprava caftans que usava para receber as amigas em casa.[10] Nos desfiles que montava no ateliê, para clientes especiais, Zuzu ciceroneava mulheres como a condessa Alicia Paolozzi, uma filantropa e empresária americana que se casara com um conde italiano, e Fay Kennedy French, vizinha de frente da família Angel Jones na rua Nascimento Silva. O marido de Fay, Graham Kennedy French, era um diplomata de carreira que trabalhava como adido cultural da embaixada americana e se preparava para mudar para Brasília. Cordiais com os Angel, os Kennedy French viram os três filhos de Zuzu se tornarem jovens adultos. Stuart os impressionava com seu jeito gentil e sério, e Fay se encantava quando o via acenar, no caminho para a escola, para os passarinhos que os americanos criavam na varanda de sua casa.[11]

Mesmo nesse entra e sai de senhoras, cujos sobrenomes viviam nas reportagens e colunas políticas, seria impossível não notar a chegada de Yolanda. Ela deixava o apartamento na avenida Atlântica, em Copacabana, e atravessava Ipanema em seu carro com motorista, sempre seguido por um automóvel no qual se posicionavam três policiais à paisana. No ateliê, escolhia vestidos de corte simples — chegava a comprar quatro em um mesmo dia — e, fiel ao seu encanto pelos caftans, levava um para si, de cetim matelassê, e outros dois de presente, para a nora, Lina, e a neta, Carla.[12] Aproveitava para revelar que "o Costa", como se referia ao marido, tinha gostado muito das roupas que Zuzu fazia.[13] Quanto mais Yolanda aparecia na rua Nascimento Silva, mais fortes ficavam os rumores de que Zuzu seria a costureira responsável por seu guarda-roupa e se tornaria a figurinista oficial da primeira-dama.

Sobravam especulações e Zuzu parecia cada vez mais cotada para o cargo. No dia da posse, porém, Yolanda não usou a etiqueta da "mineira de Ipanema": deu preferência a dois modelos de José Ronaldo. Subiu a rampa acarpetada do Planalto, pela primeira vez, em um vestido de xantungue verde de seda pura, com forro azul — a mesma cor dos sapatos e do chapéu. Mais tarde, para o jantar de recepção, portou um longo branco, de zibeline, coberto por uma capa-manto.[14]

Zuzu não foi excluída da festa. Suas criações podiam ser vistas em praticamente toda a família da primeira-dama. Na cerimônia de posse, foram quatro convidadas — duas irmãs de Yolanda, a sobrinha Marlene e a prima Leda Castro Neves. Já na recepção no Palácio da Alvorada, na noite de 15 de março, todas as três irmãs da primeira-dama vestiram Zuzu Angel. Iara usou um vestido rosa-salmão com estampa de tulipas; Ivone, um traje solto, de gaze, com recortes de pano descendo dos ombros; e Ieda, um longo azul, com detalhes dourados bordados em zigue-zague nas alças.[15] Coube a Zuzu, além disso, a incumbência de executar diversas peças para o dia a dia de Yolanda em Brasília, como caftans curtos, tailleurs e vestidos lisos e estampados de crepe e seda.[16] Para a sua posse como presidente da Legião Brasileira de Assistência, órgão público de amparo a famílias necessitadas, e para festas no Jockey Club, as roupas que a primeira-dama selecionou eram da costureira.[17]

Qualquer rivalidade com José Ronaldo, um dos pioneiros da primeira geração de alta moda brasileira, deveria parecer mera coincidência. Para espantar as fofocas, Zuzu o cumprimentou publicamente pelo vestido da primeira-dama na posse de Costa e Silva. O gesto chegou à imprensa, que por sua vez a parabenizou pela elegância: não era todo dia que um modista reconhecia a preferência de uma cliente importante por um "colega de métier", como escreveu *O Jornal*. Atenta à sua reputação, ela se esquivou de uma versão carioca da "guerra das tesouras" entre os figurinistas Dener, Clodovil e Matteo Amalfi. Durante os anos 1960, esse trio encenou uma disputa altamente midiatizada por influência, visibilidade e pelo título de maior costureiro do país. A bem da verdade, a "guerra" não passava de uma saraivada calculada de insultos atirados nas colunas sociais, em particular paulistanas.[18] A primeira-dama não confirmava ter um costureiro exclusivo e, como uma mãe que não admite ter filhos prediletos, dizia gostar igualmente de José Ronaldo, Dener e Zuzu.[19] Mas essa declaração de suas etiquetas favoritas, entre as quais constava a de Zuzu, já sinalizava que a estratégia da mineira dava resultados.

Resultados nem sempre favoráveis. As menções cada vez mais frequentes despertavam o desprezo de adversários, e a conquista de Yolanda Costa e Silva como cliente foi o mote que faltava para os comentários contra Zuzu. Ela estava longe de ser a única profissional de moda que contatava a imprensa com novidades fresquinhas sobre o que vendera por último (e a quem), qual era o próximo evento de que participaria e quais roupas estavam em evidência no ateliê. Era este o esquema de marketing da época: telefonava-se para um colunista para passar informações, pessoalmente ou por intermédio de uma fonte confiável, na expectativa de ganhar ao menos algumas notas nas próximas edições dos jornais e revistas. Numa cidade que se acreditava o centro do país, cultural, política e socialmente, sobravam pautas para receber cobertura, e a relação com as fontes valia, se não ouro, ao menos alguns vidros de tinta para impressão. Zuzu negociava notícias com Nina Chaves em *O Globo*, Léa Maria no *JB*, Rosita Thomaz Lopes no *Correio da Manhã*, Walda Menezes em *O Jornal* e nenhuma delas (nem suas equipes) a tratava abertamente como uma costureira inebriada pela publicidade, que pegava o telefone de cinco em cinco minutos para contar vantagens de suas freguesas e das roupas que vendia. Entre elas, havia o reconhecimento tácito de que as colunistas recebiam material para seus textos e, do outro lado da linha, a profissional descolava um espaço onde aparecia para o público. Não deveria ser pessoal. Ninguém, contudo, chega a uma posição de certo destaque sem cutucar algumas onças. A de Zuzu, em 1967, estava entocada no jornal *Tribuna da Imprensa*.

Gilka Serzedello Machado não poupava o escárnio. Em seu "Colunão", no mesmo jornal que recebia colaborações regulares de Zuzu, ela assumia despreocupadamente seu papel de antagonista da costureira. Sua abordagem favorita era semear desconfiança quanto à veracidade da preferência de d. Yolanda pela etiqueta de Zuzu. Se diziam que a primeira-dama encomendara roupas no ateliê de Ipanema para recepcionar o rei Olavo V da Noruega, como um redingote marrom e um vestido cinza drapeado,[20] Gilka afirmava conhecer outra história. Segundo ela, os dois trajes de Yolanda para os compromissos com o monarca escandinavo — um longo de renda cinza e outro de renda verde — eram criação de José Ronaldo. No mesmo dia, acusava Zuzu de ter mostrado, em um programa de TV, um vestido de sua autoria que divulgava como sendo o escolhido por Yolanda para as comemorações do Dia da Independência, em 7 de setembro. "Posso garantir a vocês que nada disso é verdade", ela mandou publicar na *Tribuna*. "A primeira-dama vai usar um modelo marrom, que foi feito no ateliê do costureiro José Ronaldo."[21] Alguns dias depois, a controvérsia continuava na coluna de Ibrahim Sued, que questionava se Yolanda tinha, afinal, escolhido Zuzu ou José Ronaldo.[22] As provocações continuaram meses mais tarde, com Gilka alfinetando Zuzu, novamente, por divulgar as encomendas da primeira-dama antes que as roupas fossem de fato usadas em público. A jornalista alegava que, "em matéria de promoção própria, ninguém ganha da Zuzu Angel", porque esta alardeava, repetidas vezes, que Yolanda usaria vestidos seus sem ter uma confirmação da cliente. Gilka contou, ainda, que a própria Yolanda teria repreendido a costureira pela propaganda enganosa.[23]

Zuzu versus José Ronaldo, segundo round? Ou teria início um embate entre costureira e jornalista? Gilka não pararia por ali, mas Zuzu não rendia assunto e tampouco teve mais croquis publicados na *Tribuna* depois de 1967. Foi mencionada pelo jornal diversas vezes após essa data, embora nem sempre tais pautas partissem de uma ótica favorável aos seus negócios. A principal reclamação de Gilka era mesmo a autopromoção. A Zuzu retratada pela coluna "mal faz um negócio e telefona imediatamente para a divulgação. E consegue que publiquem tudo o que quer".[24] Se fosse com d. Yolanda, a jornalista se esmerava: sobre a roupa que a primeira-dama usaria no Jockey Club para o Grande Prêmio Brasil, Gilka contrariou as notícias de que Zuzu seria a costureira escolhida ao reportar que Yolanda fora vista no ateliê de Mary Angélica. "Conhecendo o esquema profissional de Zuzu Angel, acredito muito mais que d. Yolanda use o vestido da Mary Angélica."[25] Dessa vez, Gilka não só estava errada como a própria *Tribuna da Imprensa* publicou o desmentido, no espaço do também colunista Olympio Campos. Yolanda realmente usou um modelo de Zuzu, um redingote de piquê branco com botões de fio de prata, elogiado por todos os que a viram.[26]

Pode parecer tolice se preocupar com as acusações de uma colunista. Entretanto, o fato de as farpas de Gilka Machado destoarem tão flagrantemente da imagem que se formava de Zuzu oferece uma perspectiva diferente para a maneira como se deu o crescimento profissional da costureira. Não havia unanimidade quanto às suas habilidades e ao êxito de sua etiqueta, nem seria possível contar com endossos sólidos a seu trabalho em todos os canais da imprensa que ela tentava acessar. Quem quer que estivesse por trás das críticas de Gilka, alimentando a colunista como fonte, se contrapunha à percepção que se generalizava acerca de Zuzu, aquela costureira gentil que elogiava a concorrência. Talvez ela realmente se atropelasse para divulgar as criações e exagerasse nos contatos com os repórteres sociais. Mas condená-la com tamanha veemência e tratá-la como a única a empregar esses métodos não levava em conta a necessidade de espalhar seu nome onde conseguisse. Responsável pela própria marca, Zuzu era investidora majoritária de um empreendimento do qual dependia, além da maior parte da renda de sua família, a sua satisfação pessoal. Não dava para deixar o crescimento da etiqueta ao acaso, e parecer um pouco excessiva em suas estratégias publicitárias se mostrava um risco com o qual ela se dispunha a arcar. A probabilidade de se indispor com um ou outro crítico fazia parte do negócio.

E Zuzu tocava esse negócio o mais perto que podia, em todas as suas etapas. Ainda cortava os vestidos das coleções e avaliava minuciosamente cada molde e costura, com um perfeccionismo lamentado pelas funcionárias. "A senhora quer até achar um cisco no vestido, assim não pode ser", resmungavam as costureiras.[27] Zuzu só podia sorrir. Uns achavam que falava demais, outros que se tornava muito exigente. Impossível agradar a todos. Pelo menos Yolanda Costa e Silva parecia satisfeita e não se perturbava com as acusações contra uma das criadoras de moda que mais favorecia. Em meio a furiosas disputas dos costureiros brasileiros pelo patrocínio da primeira-dama,[28] ela aceitou, sem hesitações, ser uma das patronesses e a convidada de honra do próximo grande desfile de Zuzu.

Fashion and Freedom foi o nome escolhido para a coleção que dotaria as mulheres de uma "absoluta liberdade de movimentos".[29] Os incontornáveis caftans ganharam uma versão em organza preta, transparente nas mangas longas, com arremates dourados. Para as noites mais animadas, uma sucessão de 22 modelos de longos — decotes profundos nas costas, saias retas, bordados executados por Ethel Moura Costa e uma gama de cores vibrantes, de verde-limão a fúcsia. Para a tarde, sóbrios tailleurs. Nos trajes para coquetel e baile, não faltaram brilhos, plumas, aplicações de pedrarias, laços e passamanarias. Em uma túnica de gaze clara, solta e esvoaçante, Ethel bordou pedras coloridas nos punhos e na gola; sobre um longo azul, plumas cobriam as alças finas e desciam pelo torso. Nenhuma apresentação de alta-costura ficaria completa sem chapéus, criações de Madame Georgette, e noivas. Na Fashion and Freedom, as duas alternativas para o altar eram terninhos esportivos, distantes das rendas e dos volumes que imperavam tanto em coleções da própria Zuzu como em outras etiquetas afrancesadas do Rio. Uma das peças mais comentadas vinha diretamente do acervo pessoal de Yolanda Costa e Silva, em Brasília: uma capa confeccionada em plumas de avestruz tingidas de rosa.

A despeito do nome, a Fashion and Freedom não ficou tão diferente de sua antecessora, Soignée. Até o local do desfile foi o mesmo. Naquele 4 de agosto de 1967, a passarela de Zuzu, em benefício da Casa Mater do colégio Sacré-Coeur de Jésus, foi montada no mais nobre salão do Copacabana Palace. O Golden Room recebia eventos da sociedade e estrelas da música, como Edith Piaf, Josephine Baker e Marlene Dietrich. Não dava para ficar mais sofisticado do que isso, graças sobretudo aos lamês, cetins e organzas da Fábrica Santa Júlia que envolviam as mulheres de Zuzu, cujos bustos acentuados e silhuetas modeladas foram cobertos por decorações vistosas. Elas ainda usavam chapéus, ainda colocavam boleros e casaquinhos por cima dos vestidos de noite e ainda trocavam de roupa diversas vezes ao dia — daí a divisão acentuada entre o vestuário diurno, vespertino e noturno, este último se ramificando entre os vestidos esporte fino e baile.[30] Zuzu ensaiava escapar às regras, mas não se desvencilhara por inteiro da tradição. O aspecto alta-costura da coleção, definido pela imprensa segundo noções de bom gosto e "talhe correto", ficava evidente aos olhos da audiência.[31] A ausência de propostas provocantes e totalmente inovadoras jamais seria um problema para um público como aquele, ávido por reconhecer as linhas de elegância e estilo nas quais baseavam o próprio gosto. Os convites para o desfile tinham se esgotado, d. Yolanda e sua corte estavam no salão e a imprensa indicava uma cobertura extensa — a *Manchete*, por exemplo, fez um ensaio fotográfico do lançamento e o imprimiu em página dupla colorida.[32] Zuzu sabia que aquela não era a hora para causar estranhamento. A sua ideia de liberdade na moda seria introduzida gradualmente.

Um lançamento bem-sucedido pavimenta o caminho para os próximos e, menos de um mês depois de Fashion and Freedom, a costureira mostrou uma coleção no Montanha Clube, na Tijuca, cujos associados se distinguiam por carreiras militares e na Justiça. D. Yolanda não estava na plateia, mas o pai, o general Severo Barbosa, sim,[33] e a relação com a primeira-dama parecia ficar ainda mais próxima. Para sua viagem oficial à Alemanha, Yolanda levou um tailleur de lã e um vestido de seda estampado, ambos encomendados no ateliê da Nascimento Silva.[34] Em novembro, uma requisição urgente fez com que Zuzu e Ethel executassem um vestido de crepe verde em velocidade recorde. Yolanda pediu, no domingo, uma roupa para a comemoração de seu aniversário, que aconteceria na tarde do dia seguinte. Na segunda-feira, a encomenda estava pronta. É bom notar que outras convidadas, como as rainhas do *society* Tereza Souza Campos, Lurdes Catão e Carmen Mayrink Veiga, usavam modelos franceses — Dior, Yves Saint Laurent e Galanos, respectivamente.[35] Em um traje de Zuzu, Yolanda prestigiava uma etiqueta nacional, como se tornava de praxe para primeiras-damas, sobretudo com Jackie Kennedy e sua chancela de marcas americanas. Apoiar a indústria de moda brasileira parecia ser uma incumbência à qual ela se dedicava com gosto. Costumava afirmar que "moda é interesse" e dizia ter a exata noção de onde colocar um alfinete.[36] Zuzu confirmava: "Ainda que pareça lisonja, não é. D. Yolanda é mesmo ótima". Fazia as escolhas com sobriedade e calma, conversava sobre os detalhes, acatava sugestões e — o que agradava especialmente à sua costureira — entendia a importância de valorizar o tecido nacional.[37]

Essa valorização conectava as duas. No início de 1968, em janeiro, Zuzu foi a acompanhante de Yolanda em uma visita à fábrica Werner, incrustada na serra de Petrópolis, de onde saíam sedas, zibelines, tafetás, crepes e outros tecidos delicados. Juntas, Zuzu e a primeira-dama inspecionaram (e apreciaram) as organzas, os jacquards e os xantungues da nova linha Werner, e fizeram um tour completo pelas instalações recentemente modernizadas, que viabilizavam a realização de todo o processo produtivo. As padronagens e os desenhos dos tecidos vinham de Roma e Paris, mas a tecelagem, o tingimento, a estampagem e o acabamento aconteciam na própria fábrica. A meta era competir em pé de igualdade com as fazendas importadas da Europa, principalmente depois que a fábrica Santa Júlia adquiriu a Werner e investiu no aperfeiçoamento da mão de obra e na aquisição de novas máquinas.[38]

Para Yolanda, aquele era um compromisso como tantos outros: apertar algumas mãos, fazer perguntas que demonstrassem seu interesse, dar sinais de admiração. O cargo de primeira-dama a imbuía de um forte simbolismo oficial e a visita indicava o apoio do governo aos empreendimentos nacionais. Zuzu, em um terninho de abotoamento duplo que enfeitou com um broche dourado, se mantinha atenta ao que os industriais explicavam a d. Yolanda e certamente deixava a imaginação fluir — deve ter criado vários modelos com as sedas que tocava. Bastava bater o olho em um rolo de organza de seda pura com fios metalizados ou em um fustão do mais fino algodão e sua mente fervilhava com ideias de saias, caftans, vestidos, pantalonas.

Ter a primeira-dama como cliente abria diversas portas, disso não restavam dúvidas. Mas havia uma porta específica que Zuzu desejava manter destrancada, mesmo que não precisasse passar por ela. Yolanda não trazia vantagens apenas à etiqueta, com sua presença nos desfiles e as encomendas frequentes. A amizade que travava com Zuzu poderia servir à família Angel como um todo. A primeira-dama tinha potencial para se tornar a ajuda indispensável caso Zuzu precisasse salvar Stuart da cadeia — ou de lugar pior.

Desde o Ato Institucional nº 2, assinado por Castello Branco em 1965, o julgamento de processos de crimes políticos tinha sido passado à Justiça Militar, e os relatos de tortura que surgiram já nos primeiros dias após o golpe se juntavam às ações iniciais da militância de esquerda, como as bombas que a Ação Popular detonou no Recife em julho de 1966, tendo como alvo uma visita programada de Costa e Silva à capital pernambucana.[39] O conflito aberto entre militares e militantes seria inevitável e Zuzu não alimentou ilusões. Não é fácil enganar uma mãe e, ainda por cima, o jeito de Stuart não despistava. Ela antecipou a imersão completa do filho na luta política e entendeu rapidamente a urgência de encontrar um aliado com influência suficiente para garantir alguma imunidade ao jovem estudante. Nessas manobras de segurança, o ideal seria recorrer a algum parente nas Forças Armadas, mas Zuzu não dispunha de nenhum. Seu primo Adauto Lúcio Cardoso integrava a classe política, é verdade — ocupou a presidência da Câmara por oito meses em 1966 e se tornou ministro do Supremo Tribunal Federal por indicação de Castello Branco. A ele, contudo, ela não ousaria pedir nada. Embora adorasse o irmão de Adauto, o escritor Lúcio Cardoso, não se dava muito com o primo poderoso, ultraconservador e apoiador do golpe. O rompimento dentro da família não lhe permitia pressupor ajuda.[40] Sobrava, então, a possibilidade de se aproximar de uma esposa de militar, e a costura serviria como a justificativa ideal.[41] Não havia esposa de militar mais adequada para os propósitos de Zuzu (nem ocupando um posto mais alto nessa cadeia alimentar) do que a do próprio presidente. Se fosse para apostar em alguém, iria fazê-lo na senhora que posou, sorridente e confiante, no centro de um retrato do gabinete ministerial de Costa e Silva. Detalhe: Yolanda era a única mulher na foto, cercada por mais de uma dúzia de homens de terno. Outro detalhe: seu marido não aparece na imagem.

Yolanda alegava ter o ouvido do presidente. Na intimidade do Alvorada, trocavam ideias, ela compartilhava suas opiniões e, depois, Costa e Silva fazia o que achava ser melhor. Às vezes acatava o que a esposa dizia; noutras, não.[42] O marechal, que se formara na escola militar como primeiro da turma, soubera manusear o radicalismo antidemocrático crescente dos quartéis para se sagrar, primeiro, ministro da Guerra; em seguida, presidente. Tinha o respeito das tropas, havia arregaçado as mangas durante o golpe e era adepto do endurecimento do governo.[43] Zuzu acreditava que não arranjaria um contato mais poderoso do que esse e contava com a intimidade do casal Costa e Silva. Talvez a palavra certa, proferida pela primeira-dama diretamente para o presidente, culminasse em um telefonema do marechal que protegeria o filho da costureira.

O primeiro contato com Yolanda parecia ser apenas uma tentativa de seduzi-la com um caftan e um par de brincos. Zuzu poderia ser mais uma figurinista brigando pelas atenções da primeira-dama, que deve ter ficado lisonjeada. Por trás da estratégia, entretanto, ela ocultava uma motivação mais grave. Se o pior acontecesse e Stuart fosse preso, Zuzu não se acanharia e recorreria a Yolanda. Tinha esperança, como tantas mães de jovens de esquerda, de que as relações e os contatos da família contassem no momento da triagem e assegurassem algumas mordomias — visitas da família, entrega de alimentos, roupas e itens de higiene, quem sabe até um tratamento menos humilhante por parte dos carcereiros.

Preservar a conexão com d. Yolanda era prioridade e Zuzu faria suas roupas com todo o esmero, na expectativa de que poderia confiar nela quando a hora chegasse. Não acionaria o mecanismo de segurança e se limitaria a ser "apenas" a costureira desde que Stuart continuasse a salvo, indo de casa para a faculdade e da faculdade para sabe-se lá qual tipo de encontro com os colegas cada vez mais politizados. Na moda, a ponte que erguera com o poder, Zuzu Angel aproveitava para acrescentar uns traços de liberdade ao tradicional *soignée*. E, enquanto isso — enquanto o regime militar se encaminhava para uma rigidez ainda mais severa —, sua mais ousada atuação política foi se inspirar no refrão de um sambinha nascido no grêmio universitário da Faculdade de Arquitetura e Urbanismo da Universidade de São Paulo (USP), direcionado ao seu vizinho atarracado, o ex-presidente Castello Branco, e xingá-lo de "sem pescoço".[44] Como dizia a letra, cantada por um tal de Chico Buarque junto com os outros estudantes: "Todo povo tem um osso/ o nosso é um presidente sem pescoço".[45]

5.
Um brinde (de Pepsi) à *lively brunette*

A sra. Novak não tinha hora marcada, nem telefonou antes para informar que estava a caminho. Zuzu, ocupada com a rotina da casa e da moda, só não se esquecera da primeira visita porque, de fato, não é todo dia que uma das loiras de Hitchcock aparece em um ateliê para experimentar roupas — mesmo que não tenha comprado nada. Ela dissera que voltaria, mas quem leva a sério uma estrela de Hollywood prometendo que, no meio de uma viagem lotada de compromissos e aparições públicas, acharia um intervalo livre para retornar àquela pacata rua de Ipanema? Por isso, quando a empregada avisou a d. Zuzu que havia uma cliente à sua espera — e que essa cliente se identificara como Kim Novak — só faltou a costureira cair para trás. Seria uma brincadeira de alguma amiga metida a engraçadinha, uma confusão sincera da funcionária, ou a atriz estava mesmo na porta da rua Nascimento Silva, 510?[1]

Em 21 de outubro de 1967, quando desembarcou no Aeroporto do Galeão em botas de cano alto e vestindo uma capa colorida de plástico, Kim Novak não estava no auge da fama. Fazia quase uma década desde que contracenara com James Stewart em *Um corpo que cai* como a misteriosa Madeleine, personagem que encarnava todas as características do ideal feminino imaginado pelo diretor Alfred Hitchcock: uma mulher lindíssima, movida por intenções inescrutáveis e aparentemente intocável, mas que surpreende o herói do filme com uma sensualidade e uma sexualidade fervilhantes. O cineasta explicava que procurava atrizes "de alta classe, verdadeiras damas" que jamais poderiam ter o "sexo estampado em todo o rosto", pois assim arruinariam de imediato o suspense.[2] O público parecia gostar e em geral adotava aquelas loiras gélidas como referências duradouras de uma beleza praticamente inatingível, daí a multidão de fãs que Novak arrastou para recebê-la em sua segunda visita ao Brasil. Mesmo anos depois de seus papéis mais reconhecidos e durante um hiato prolongado dos sets de filmagem, dezenas de pessoas a esperavam no aeroporto, ansiosas para vislumbrá-la, ainda que por poucos e velozes segundos.

Novak viera ao Rio para participar do II Festival Internacional da Canção como uma das convidadas de honra do evento — seu nome era anunciado junto com músicos como Quincy Jones e Jacques Brel e o ator americano Robert Wagner. Segundo a colunista Léa Maria, ela estava "mais gorda, mas sempre atenciosa e gentil",[3] e não parava de elogiar a cidade. Na primeira vez em que estivera entre os cariocas, em 1960, Novak pulou Carnaval vestida de homem e, em um encontro no Palácio Laranjeiras com Juscelino Kubitschek, descalçou os sapatos de salto para conversar, mais descontraída, com o então presidente. JK sorria, meio incrédulo e obviamente extasiado, para as câmeras que registravam o comportamento inusitado da visitante americana.[4] No retorno ao Brasil, Novak variou a programação. Passeou pelo zoológico do Rio, onde deixou — para o pânico dos acompanhantes — uma jiboia se enrolar em seu pescoço, criticou a Guerra do Vietnã durante uma entrevista coletiva, descreveu o seu homem ideal como sendo igual à bossa nova ("sincero, simples, honesto e sentimental, além de bonito e inteligente"), caiu no samba em uma festa no Canecão e planejou uma viagem pela Amazônia.[5]

Em geral, quem lhe fazia companhia (além do noivo, o californiano Joel Thomas) era o playboy Jorge Guinle. Um dos herdeiros da fabulosa fortuna da família Guinle, Jorginho não precisava trabalhar — sua mesada, equivalente em valores atuais a 60 mil dólares, permitia que dividisse seu tempo entre festas, viagens e o prazeroso serviço de ciceronear celebridades internacionais. Enquanto outros membros do clã administravam o porto de Santos, o Banco Boavista e um extenso portfólio imobiliário, cuja joia era o hotel Copacabana Palace, ele convidava personalidades do cinema e da música e as guiava pelo Rio de Janeiro, sugerindo passeios, organizando eventos de arromba e garantindo bastante publicidade. Contatos na elite americana ele tinha de sobra: Guinle era amigo de Vanderbilt e Rockefeller, circulava ao lado de Orson Welles e Aristóteles Onassis, e namorou Rita Hayworth e Hedy Lamarr. Levava essas e muitas outras estrelas — como Errol Flynn, Lana Turner, Romy Schneider e Ginger Rogers, para mencionar apenas algumas — para o Copacabana Palace, que se tornava um luxuoso ponto de encontro de gringos ricos e famosos na América do Sul.[6] Quando deixava os cômodos do Copa, esse palácio erguido e decorado com mármore de Carrara, cristais da Boêmia, porcelana francesa de Limoges e tapeçaria inglesa, Jorge Guinle escoltava os convidados para programas diversos. Com Kim Novak, não fez diferente. Estivera com ela em 1960 e a acompanhou novamente nessa ocasião, quando uma de suas ideias foi levá-la para conhecer um ateliê ipanemense de alta-costura.

O endereço de Zuzu Angel certamente não se assemelhava às casas de moda que Novak frequentava. Em vez de uma enorme loja de departamentos ou um ateliê requintado, em que um grupo de *petites mains* — o nome francês dado às artesãs encarregadas dos mínimos e laboriosos detalhes na costura de uma peça de roupa — finaliza volumosos vestidos bordados e cada cliente recebe as atenções de uma vendedora, a atriz entrou em um sobrado com quintal e varanda, quase escondido em uma rua tranquila na qual passavam poucos carros. À frente de uma equipe reduzida de costureiras, estava uma mulher de quarenta e alguns anos, que a recebeu calorosamente e sem frescuras. Assim que foi apresentada a Novak, Zuzu começou a sugerir alguns trajes que, em sua opinião, lhe cairiam bem. A americana provou cada um, e quanto mais vestia as roupas de Zuzu, mais em dúvida ficava.[7] Deveria comprar o vestido claro de gaze da coleção Fashion and Freedom, ou o caftan de brocado com bordados de ouro e prata? Enquanto experimentava o vestido solto, foi descalça até a garagem da casa e abriu os braços. Percebeu que as mangas fluíam de seus braços como asas e gostou do corte suave da peça. Já que o noivo, Joel Thomas, além de administrar restaurantes, trabalhava como fotógrafo, o registro das provas de roupa estava garantido. Com sua câmera, ele capturou, bem atrás de Novak, Zuzu. Ela ajustava o caimento do traje, usava um longo escuro e florido sem mangas, sapatos de salto alto e tinha os cabelos curtos, na altura da nuca, caprichosamente penteados.[8]

A costureira sabia que mulheres como Kim Novak não tocavam sua campainha todos os dias. Aproveitou para ser fotografada ao lado de Kim e chamou as duas filhas para aparecerem também — Hildegard em um caftan preto, com a mesma estampa de flores azuis e verdes que o vestido da mãe, calçando escarpins e com os cabelos presos em um rabo baixo; Ana Cristina em um conjunto de terno completo, incluindo colete e camisa.[9] A atriz vestiu o caftan de brocado para, em outra imagem, posicionar-se com Zuzu diante da porta da casa. De frente uma para a outra, as duas se deram os braços e, sorridentes, viraram o rosto para olharem diretamente para as lentes de Joel Thomas.[10] Novak posou de novo com a peça bordada, sozinha, recostada em um dos pilares da casa. Essa seria a foto que o jornal *O Globo* publicaria na seção "Globo Feminino", em uma nota relatando que, em sua segunda visita, Novak comprara três peças da etiqueta de Zuzu Angel para levar na bagagem de volta a Los Angeles, onde morava. Reproduziram, acima do retrato, um bilhete que a atriz mandou à costureira. "Estou muito orgulhosa de usar seus vestidos!", escreveu Kim Novak para Zuzu.[11]

Mais do que simples fofoca de celebridade, o anúncio das novas aquisições de Novak em Ipanema funcionava como propaganda para o ateliê. O autógrafo personalizado não chegou à redação de *O Globo* por coincidência: estava no mesmo pacote da fotografia da atriz com o caftan e as informações de que, escoltada por Jorge Guinle, teria ido à rua Nascimento Silva não uma, mas duas vezes. Explorar aquela relação profissional entre criadora de moda e cliente permitiria que Zuzu projetasse sua etiqueta em um novo patamar — o das freguesas internacionais, cujos nomes eram reconhecidos fora das colunas sociais e, com seu lustro hollywoodiano, envernizavam as roupas do ateliê com uma sedutora camada de glamour. Outras mulheres adquiriam quantidades maiores de peças e rendiam mais à marca, em termos financeiros e em curto prazo, do que Kim Novak. Em compensação, com os três itens comprados, ela entregava a Zuzu a chance de se associar, pelos anos seguintes, com uma atriz cujo nome estava inscrito em uma estrela na Calçada da Fama. Era um tipo de exposição que a etiqueta ainda não tivera. Além do mais, a relação das duas não terminaria assim, com Novak se despedindo da costureira no portão da casa para nunca mais se falarem.

Mais de um mês depois, nos últimos dias de dezembro de 1967, um telegrama da companhia Western chegou às mãos de Zuzu. De seu endereço na Califórnia, Kim Novak se dirigia a Madame *Fuzu* Angel — um erro de datilografia — para dizer que pensava nela durante as festas e lhe desejava um maravilhoso Ano-Novo.[12] Em poucas semanas, aparecia outra mensagem da atriz. Na carta, datada de 5 de janeiro de 1968, Novak dava notícias a respeito de uma encomenda de peles de coelho que Zuzu lhe teria feito quando se encontraram, as quais planejava usar em sua próxima coleção. O plano da americana era surpreendê-la com um carregamento das peles no Natal, mas fora obrigada a rever sua estratégia. A tarefa se mostrou mais difícil do que imaginava. Na Califórnia, ninguém parecia usá-las mais — "era absolutamente impossível" encontrá-las, explicou Novak. Estava prestes a ceder quando descobriu um peleteiro na cidade de Boston que poderia enviar as peles para Los Angeles. De lá, a atriz negociaria com o consulado brasileiro para encaminhá-las a Jorge Guinle, que por sua vez as repassaria a Zuzu.[13] Junto com a carta, ela incluiu um presente: uma peça de prata do joalheiro americano Allan Adler, apelidado de "ourives das estrelas" por sua clientela famosa, que ia dos Kennedy e Winston Churchill a vencedores do Oscar, para quem produzia miniestatuetas decorativas. O regalo natalino era um gancho em forma de meia-lua, gravado com a inscrição "Thanks, Kim".[14]

Zuzu achou que carta e presente formavam "uma adorável surpresa". Agradeceu a Kim Novak pelo trabalho de arrumar as peles de coelho e aproveitou para lhe perguntar onde usaria os vestidos que havia comprado no ateliê. Queria imaginar a "linda proprietária" daquelas peças em suas atividades e compromissos, mas também sugeriria aos "amigos da imprensa" que escrevessem sobre o que Novak fazia enquanto estava "vestida em roupas brasileiras".[15] Mesmo que a atriz jamais retornasse a Ipanema e ao ateliê — uma nova visita, de fato, nunca aconteceu —, as fotografias em que, vestida com o caftan, abraçava Zuzu serviam para evidenciar o prestígio internacional que a costureira planejava tecer para sua marca.

Uma nova oportunidade para se cacifar com celebridades estrangeiras apareceu duas semanas mais tarde, no mesmo mês em que Kim Novak foi à rua Nascimento Silva. A americana deixou o Rio no dia 9; na noite de 24 de novembro, em uma festa para inaugurar o apartamento do decorador Roberto de Carvalho, Zuzu conheceu a modelo e atriz inglesa Jean Shrimpton, uma das faces mais celebradas e reconhecidas da juventude arrojada que pôs o *swinging* na Londres daquela década. Junto com Twiggy e Penelope Tree, Shrimpton foi uma das primeiras supermodelos e se tornou referência de estilo, beleza e comportamento. Revistas e marcas do mundo inteiro competiam entre si para fotografar o delicado e belo rosto, emoldurado por uma franja copiada por inúmeras jovens, e o corpo esbelto e alongado que portava tão bem as minissaias de Mary Quant.

Shrimpton chegou ao Rio a convite de Roberto de Carvalho e passou apenas dois dias na cidade. Em um de seus compromissos, posou para a revista feminina *Joia*, usando modelos de Guilherme Guimarães.[16] Embora cercada por fotógrafos aonde quer que fosse, não deu muita bola para a imprensa (o que logo lhe rendeu a alcunha de antipática) e raramente saía de sua suíte no Copacabana Palace. Participar da festa do decorador não era estritamente diversão, mas trabalho. Ao entrar no apartamento, atraiu os olhares de todos os presentes. Usava os cabelos lisos e soltos, um vestido preto simples, de mangas curtas, e uma única joia — um broche em forma de estrela que decorava o decote da roupa. Um rapaz, que devia viver debaixo de uma pedra e não a reconheceu, tentou um flerte e se decepcionou. A "loirinha" não rendeu papo.[17] Entre os mais de cem convidados, que iam de Guilherme Guimarães ao governador Negrão de Lima, a manequim parece ter se interessado mais pela mulher que combinou um colorido e volumoso boá de plumas sobre um vestido de paetês em tons de laranja, bege e marrom.[18]

Zuzu se apresentou, se sentou ao lado da modelo em um banco de madeira e se pôs a conversar com ela. Desinibida com seu inglês, sabia ter assunto com outra profissional do mundo da moda. A diferença de idade tampouco a intimidava: tinha curiosidade em ouvir, em primeira mão, mais a respeito do que acontecia em um dos maiores centros da moda e da cultura mundiais. O primeiro contato deu resultado. Jean Shrimpton foi ao ateliê de Zuzu e saiu de lá com um caftan de tecido preto e passamanaria dourada, além de um par de brincos confeccionados por Ethel, que combinavam com a roupa. Em troca, deixou para Zuzu uma fotografia com dedicatória — mais uma notícia com a qual a costureira podia alimentar os jornais.[19]

O fim de ano estava animado no ateliê e, graças a Novak e Shrimpton, o movimento de clientes ficava ainda mais atraente. Mas a grande estrela (e a que provocaria o maior e mais duradouro impacto na carreira de Zuzu) ainda estava por vir. Após 26 horas de viagem, o avião da companhia Pan American que a transportava pousou no Galeão, no dia 27 de novembro, debaixo de uma chuva insistente e que não ajudava em nada a amenizar o calor.

A estrela preferiu esperar até que os outros passageiros desembarcassem — assim, o aglomerado de repórteres que a aguardava teria a chance de fotografá-la sozinha, descendo pela escada encostada no avião. Sua aparição, porém, foi adiada por mais dez minutos: nenhum funcionário do aeroporto tinha levado um guarda-chuva para protegê-la enquanto atravessava a pista. Mesmo com um chapéu preto de abas largas cobrindo os cabelos tingidos de loiro, ela não queria se arriscar. Seu vistoso colar de pedras destoava daquele dia cinzento e, embora enormes óculos de sol tampassem metade de seu rosto, não escondiam como as grossas camadas de maquiagem escorriam pela pele. O suor pingava e fazia com que o vestido preto, sem mangas e decotado no busto e nas costas, grudasse no corpo. "*My God*", bufou Joan Crawford, "que vou fazer com tanto calor?"[20]

A cidade inteira contava os dias para a visita da atriz, uma das maiores de sua geração e vencedora do Oscar de Melhor Atriz em 1946 pelo papel principal em *Alma em suplício*. Seus compromissos tomaram de assalto a agenda social carioca pelo tempo em que ficou no Rio, entre o final de novembro e o início de dezembro de 1967. Qualquer que fosse a opinião preponderante a respeito de Joan Crawford — uma diva encrenqueira ou uma profissional competente, uma beldade decadente e temperamental ou um símbolo dos anos dourados do cinema americano —, ninguém negava que ela despertava fascínio. A imagem que Crawford forjara para si mesma perdurava e muitos se lembravam dela como a mulher provocante, irreverente e atrevida que resolvia os seus problemas por conta própria, inclusive na vida fora das telas. Nascida Lucille LeSueur em San Antonio, no Texas, ela começara a trabalhar como dançarina de clubes noturnos e, mesmo depois de assinar um contrato com a Metro-Goldwyn-Mayer (MGM), só virou alguém depois de muito insistir. Assumiu pseudônimos, fez intervenções cirúrgicas em nome da beleza, disputou papéis e encarou produtores em incessantes campanhas de autopromoção até deslanchar em seu primeiro sucesso, no filme mudo *Garotas modernas*, de 1928. Dali em diante, fez o que pôde (às custas de sua popularidade entre os colegas atores) para garantir que seu nome continuasse nos créditos principais. Trabalhou com grandes diretores, como George Cukor, contracenou com sua rival Bette Davis e com Greta Garbo, viveu tórridos affaires com galãs como Clark Gable, amealhou fãs pelo mundo inteiro, se casou quatro vezes e fez de si mesma uma estrela tão absoluta que, no final, nem ela conseguia distinguir Joan Crawford da Lucille de outrora.[21]

A Crawford daquela viagem ao Rio não era exatamente a mesma que encarnara personagens emblemáticas, como Mildred Pierce — que se divorcia do marido e abandona a rotina doméstica para virar empresária de sucesso e entra em conflito com a filha gananciosa — e Marian Martin — a jovem que, nos anos da Depressão, faz como tantas americanas e sonha em largar a pobreza de sua cidade interiorana para conquistar um novo estilo de vida. As mocinhas tinham ficado para trás, e Crawford temia a irrelevância à qual a maturidade ameaçava condená-la. No show business, mulheres costumam ter prazo de validade e ela se sentia cada vez mais sozinha, envelhecida e menosprezada. Batalhava para emplacar papéis desafiadores e que a mantivessem no centro das atenções, a exemplo de uma das protagonistas do premiado *O que terá acontecido a Baby Jane?*, de 1962, e se recusava a abandonar os sets de filmagem. Mas precisava encontrar outras formas de se ocupar e preservar sua visibilidade, dada a escassez de boas personagens maduras. Tinha se acostumado a ser antecedida pela fama aonde quer que fosse. Nos últimos anos, porém, não atraía os holofotes exclusivamente nos estúdios californianos. Desde maio de 1959, Joan Crawford desempenhava um papel inusitado para uma dama do cinema: após a morte do quarto e último marido, o empresário Alfred Steele, CEO da Pepsi-Cola, ela assumiu uma posição na diretoria da companhia de refrigerantes e inaugurou não apenas a presença feminina no quadro administrativo da empresa como se tornou a primeira atriz eleita para ocupar um cargo tão elevado em uma corporação multimilionária.

Era, então, como empresária que Joan Crawford visitava o Brasil naquela ocasião. Sua principal missão consistia em inaugurar, em 2 de dezembro, a primeira fábrica da Pepsi no país, uma instalação moderna cujos investimentos ultrapassavam 3 milhões de dólares e cuja expectativa de produção estava estimada em 27 mil garrafas de refrigerante por hora.[22] A atriz trouxe uma bagagem capaz de fazer tremer um time inteiro de carregadores experientes — 36 malas — e, durante a entrevista inicial que concedeu aos jornalistas no próprio Aeroporto do Galeão, não conseguia acreditar no calor que sentia. Foi levada para uma sala na qual o aparelho de ar-condicionado estava quebrado e o ventilador, desligado. Entre um ou outro comentário sobre a exaustão provocada pelo voo, longo e cheio de escalas, e o prazer de ter retornado ao Rio de Janeiro, Crawford limpava com o dedo indicador o suor que escorria pelo rosto. Teve que implorar para receber um copo d'água e foi sucinta ao declarar que, no mundo do cinema, mulheres tinham menos oportunidades do que homens.[23]

Do Galeão, ela seguiu para o Copacabana Palace, onde se hospedou na suíte presidencial, localizada no sexto andar do hotel. Nos primeiros dias, mal deixou o quarto, e separava pelo menos uma hora do dia para se bronzear no terraço privativo. A programação oficial começou, de fato, no dia 30 de novembro. Naquela quinta-feira, Crawford engataria um almoço formal de 36 talheres no Itamaraty, oferecido por Magalhães Pinto, empossado chanceler em março daquele ano, com uma solenidade na Assembleia Legislativa. Foi quando recebeu o diploma de cidadã carioca honorária. "Finalmente bacharelei-me", brincou.[24] Em uma entrevista coletiva concedida na quarta-feira, usando um vestido de algodão estampado em tons de vermelho e branco e um largo chapéu claro, Joan Crawford revelara que gostava de desenhar as próprias roupas e, para costurá-las, contava com um trio de funcionárias japonesas. Perguntaram-lhe sobre moda brasileira, ao que ela respondeu não conhecer muito e que teria pedido às suas auxiliares que fossem ao centro da cidade e adquirissem alguns tecidos, já que a própria Crawford não teria tempo suficiente para passear pelas lojas. Em compensação, afirmou ter sido contactada por um costureiro local, que se oferecera para produzir alguns vestidos sob medida. "Vou responder", disse, "mas ainda não sei se aceito ou não a oferta."[25]

Crawford não mencionou o nome do costureiro e, por ter falado em inglês, tampouco determinou se essa pessoa seria homem ou mulher — termos como *fashion designer* e *dressmaker* não têm gênero na língua inglesa, ao passo que em português é imediata a distinção entre *costureira* e *costureiro*. Ao escreverem as matérias, os jornalistas pensaram tratar-se de um homem. Só não sabiam que, com efeito, havia um criador de moda local que, inspirado pelo velho ditado segundo o qual quem não arrisca, não petisca, decidira jogar charme para Joan. Ou melhor, *uma* criadora de moda local.

Zuzu Angel achava que, depois de vender suas roupas para Kim Novak e Jean Shrimpton — além de seu extenso rol de clientes brasileiras —, estava pronta para qualquer freguesa. Crawford não seria a primeira atriz, tampouco a primeira americana a se vestir no ateliê. Confiando em seu inglês e no currículo que aprimorava a cada coleção, Zuzu telefonou para a suíte do Copa em que Crawford se hospedava e conseguiu falar com a secretária.[26] Entre entrevistas à imprensa e almoços com homens poderosos, não sobrava espaço na agenda de Joan Crawford para passar em Ipanema — foi sua secretária quem negociou com Zuzu a confecção de um vestido para a atriz, que deveria ficar pronto o quanto antes. A costureira fez sua mágica e a roupa foi entregue no dia seguinte, para o espanto e a admiração de Crawford. "O melhor de tudo", Zuzu contaria mais tarde, "é que o vestido ficou perfeito sem ela ter precisado experimentá-lo nem sequer uma vez. Isto foi o bastante para entusiasmá-la."[27]

O entusiasmo era genuíno e aflorou rapidamente. No dia 1º de dezembro, uma sexta-feira, Crawford seria a anfitriã de uma festa para executivos, industriais e diplomatas americanos e brasileiros no Iate Clube do Rio de Janeiro, na praia de Botafogo, e achou que aquela ocasião funcionaria muito bem para apresentar ao público sua mais nova modista. Sem fazer cerimônia, incluiu Zuzu e as filhas na lista de convidados. Fez mais: quando foi informada de que Ana Cristina se atrasaria, pois precisava participar de um ensaio no Conservatório de Teatro, decidiu que ela própria também adiaria a sua chegada. Como uma cortesia a Zuzu e Ana Cristina, Joan Crawford fez sua entrada no Iate Clube uma hora depois do marcado, usando um vestido de palha de seda alaranjado e um conjunto volumoso de colar e pulseiras. Inconfundível, cumprimentou cada um dos convidados, apreciou um pocket show de Elis Regina e, com um cigarro numa mão e uma taça na outra, inspecionou a mesa do bufê com Zuzu a tiracolo. Mestre em fazer social, Crawford não estendeu demais sua presença na farra. Alegou que ainda precisava "tampar algumas garrafas" de Pepsi antes da grande inauguração da fábrica, programada para o dia seguinte, e saiu sem estardalhaço para retornar ao Copacabana Palace.[28] Para ser a escudeira da atriz, Zuzu escolheu um conjunto tailleur com estampa de poás brancos.[29]

O coquetel para homens de negócios no Iate não era exatamente o tipo de festejo que Zuzu tinha costume de frequentar. Isso não significava, porém, que iria se encolher nos cantos. Ser vista ao lado da atriz somava mais um grande bônus ao seu cachê social — que, aliás, amadurecera consideravelmente ao longo dos últimos meses. Mas a parceria com tons de amizade que despontava com Joan Crawford trazia algo extra, especial até. Prometia render mais do que as visitas circunstanciais de Kim Novak e Jean Shrimpton, e tinha um apelo mais duradouro do que a proximidade com Yolanda Costa e Silva. Primeiras-damas acabam deixando o cargo e são substituídas por outras mulheres. Uma atriz veterana, contudo, pode manter o seu magnetismo por períodos bem mais longos. Muitos ainda se lembravam de que, havia não muito tempo, as mulheres queriam ser como Joan Crawford e os homens a desejavam fervorosamente. Seu alcance nos Estados Unidos não podia ser negligenciado. Zuzu se permitia imaginar o dia em que Crawford faria uma aparição pública em uma de suas criações e o nome de sua etiqueta seria repetido por jornalistas, críticos de moda e clientes em potencial que moravam bem longe da Zona Sul do Rio de Janeiro.

Crawford inaugurou a fábrica da Pepsi sob aplausos e fanfarra. Propôs um brinde com a primeira garrafa de Pepsi a sair das máquinas — bebeu direto do gargalo. O governador Negrão de Lima, que chegou a Inhaúma de helicóptero, estava encantado com a atriz. Chamou-a de "grande estrela do mundo do cinema" e lançou um olhar maroto para as câmeras fotográficas quando se posicionou ao lado dela para apertarem o botão que colocaria a fábrica inteira para funcionar.[30] Mais tarde naquele dia 2, a comemoração seria um evento black-tie no Country Club; a noite de segunda-feira, 4 de dezembro, e a última de Crawford no Brasil, começou com um coquetel para amigos íntimos em sua suíte no Copa. Zuzu estava lá como uma das convidadas de honra, junto com o conterrâneo Edmundo Penna Barbosa da Silva, diplomata e ministro, e Yvonne LeSueur, prima de Crawford que morava em Jundiaí. A atriz presenteou a costureira com um anel retirado de seu acervo pessoal: uma comprida pedra rosa cercada por turmalinas.[31] Pontualmente às nove horas, Crawford e companhia desceram do sexto andar para o Golden Room, onde fora armada a Noite Alucinante de Carnaby Street.

Sempre pronta para arrebatar a plateia, Joan Crawford montou uma entrada triunfal. Vestia um longo branco e bordado e se cobriu de imensos diamantes, que brilhavam em seus cabelos, nas orelhas e nos dedos. Em vez de cruzar as portas do salão de festas como todos os outros convidados, passou pela cozinha, pegou uma garrafa de Pepsi — seu acessório indispensável nas poses que preparara para os fotógrafos — e foi recebida com vivas e aplausos.[32]

A noite não era alucinante só no nome. Organizada por uma comissão formada por duzentas patronesses da sociedade carioca, entre elas as clientes de Zuzu Yolanda Costa e Silva, Ema Negrão de Lima e Berenice Catão de Magalhães Pinto, esposa do chanceler e ex-governador de Minas, além dos embaixadores John Tuthill, dos Estados Unidos, e Yvon Beaulne, do Canadá, a festa beneficiava a Ação Comunitária do Brasil — que cuidava de famílias das periferias e favelas cariocas — e prometia divertir e deslumbrar os convidados com uma "moda louca, deliciosamente irreverente" e atrações surpreendentes.[33] A ideia era recriar o ambiente de Carnaby Street, uma rua de alguns quarteirões no Soho londrino que havia se tornado o centro do estilo jovem inglês. As butiques de Carnaby vendiam prêt-à-porter a preços acessíveis e atraíam jovens de Londres e arredores para experimentarem roupas novas, recém-saídas das confecções, com as quais complementavam seus guarda-roupas de vanguarda. Os encontros aconteciam sobretudo nas tardes de sábado, dentro e fora das lojas, e os frequentadores se reuniam para ver e ser vistos, colher inspirações de como se vestir, paquerar, ouvir os últimos lançamentos musicais, conhecer gente nova e simplesmente passar o tempo. Carnaby era incontornável para quem curtia minissaias, cores vibrantes, estampas psicodélicas, tecidos pouco convencionais como pelúcia, cotelê e lã angorá, e técnicas inovadoras de tingimento e corte.[34] Outro ícone da moda jovem inglesa se chamava Biba, uma butique de roupas, calçados e acessórios que se firmou como fenômeno de consumo. Fundada por Barbara Hulanicki em 1963 como um serviço de compras por encomenda postal, a Biba ganhou um endereço próprio no ano seguinte e virou o ponto para se abastecer das novidades da moda, das botas aos minivestidos transparentes, dos macacões de estampas psicodélicas aos brincos de argola.[35] Tudo a custos bastante razoáveis para as moças de vinte e poucos anos que lotavam a loja.

Toda essa atitude descontraída de se vestir e portar desembocou na esquina das ruas Maria Quitéria e Visconde de Pirajá, onde José Luiz Itajahy vendia, com sucesso cada vez maior, as peças copiadas e inspiradas pelas originais que trazia de Londres. Sua Bibba — cujo nome derivava, claramente, da Biba de Hulanicki — lançou, no Rio, modas-desejo como as camisetas unissex de algodão com o logotipo da loja estampado na manga esquerda, as roupas desbotadas, os jeans com tachas e os tamancos de cortiça. As moças começaram a usar suas blusas sem sutiã, compraram os terninhos que Itajahy descoloria e manchava em uma cobertura alugada acima de seu escritório, e escolhiam as minissaias e os redingotes com os quais desfilariam nas festas, no calçadão em frente à praia, nos shows de música.[36] Carnaby e Ipanema se encontravam na Bibba, decorada com almofadões espalhados pelo piso e vestidos e túnicas que pendiam do teto.

Itajahy era o nome ideal para se encarregar do figurino da Noite Alucinante. Em novembro de 1967, ele foi despachado pelas patronesses do evento e aterrissou em Londres, de onde traria o que havia de mais recente nas vitrines e ruas da cidade.[37] No fim, montou um desfile que poderia mesmo ter acontecido no meio de Carnaby: minissaias com tachas e franjas, vestidões em tecido zebrado, plumas, *palazzo-pijamas* e modelos metalizados em tons de dourado e prateado. Tudo apresentado por manequins que dançavam e se exibiam em um ritmo coreografado pelo bailarino Nino Giovanetti, ao som de uma trilha composta por Luiz Carlos Vinhas e complementada por efeitos visuais de última geração, como fachos de luz colorida e projeções de slides. Uma noiva encerrava o desfile em uma subversão das convenções — usava preto, não branco.[38] Por trás da superprodução, a dupla Miele-Bôscoli esperava executar um espetáculo "nunca visto no Brasil".[39]

A proposta da Noite Alucinante em pleno Golden Room do Copacabana Palace, reduto do fausto da velha guarda carioca, soa meio incongruente; sua homenageada tampouco parecia ideal. Uma semana antes e teriam em sua festa um verdadeiro rosto da *Swinging London*, Jean Shrimpton em pessoa. Mas, apesar de Joan Crawford não ser inglesa nem se vestir como uma jovem de Carnaby, ela fez por merecer o show. Esmerou-se na simpatia, correu de um lado do Rio de Janeiro a outro, patrocinou jantares e noitadas, respondeu a pergunta atrás de pergunta lançada pelos jornalistas. Em resumo, devolvia toda a atenção que recebia — e que a acalmava com a certeza de ainda ser reconhecida como star.

Empolgados pelo desfile e pelo banquete à luz de velas, os convidados (que pagaram cinquenta cruzeiros novos por cada ingresso) tinham muito a comentar sobre o ar moderno daquelas roupas, tão diferentes em corte, cor e textura do que apreciavam nos ateliês de alta-costura. As luzes coloridas, a fumaça dos cigarros, o aroma de tantos perfumes misturados e a batida da música subiam o grau da alucinação noturna, e não restava dúvida de que a juventude das ruas inglesas e cariocas tinha invadido o mais nobre salão do Copa.

Joan Crawford aplaudiu efusivamente tudo o que via, mas não ficou até o fim da festa. Já havia distribuído cumprimentos, circulado entre as mesas e se deixado fotografar com um sorriso no rosto. Tinha ares de uma estrela acessível, que se permite ser abraçada como a mais comum das mortais. Voltou para a sua suíte sem estardalhaço e saiu do Copa direto para o Galeão, de onde, à uma da madrugada, partiria o seu voo para os Estados Unidos.[40]

Da Noite Alucinante, Zuzu Angel guardou as lembranças e algumas fotografias. Nas imagens, aparece animada por um bom humor próprio de quem deseja se divertir e está bem acompanhada. Como figurino, tinha escolhido o mesmo vestido de paetês coloridos com boá de plumas que usara quando conheceu Jean Shrimpton, no apartamento de Roberto de Carvalho. Levou consigo as filhas, ambas em traje de gala, e a amiga Alice Quintanilha, modista da marca de lingerie DeMillus, com quem trocava valiosas dicas de costura. Foi Alice, costureira de maiôs de miss, quem lhe disse que os corpos curvilíneos das brasileiras apresentavam um desafio diferente na hora de criar roupas e mereciam atenção especial. Para se fazer moda feminina no Brasil, o modelo físico básico diferia das europeias, e essa mudança de perspectiva fez a cabeça de Zuzu.[41] Com Alice, Hildegard e Ana Cristina, Zuzu sorriu para a câmera que fotografou o grupo junto com Joan Crawford; em outra imagem, na qual costureira e atriz, abraçadas, estão acompanhadas pelo engenheiro, tenente-coronel da Aeronáutica e futuro prefeito do

Rio Júlio Coutinho, o fotógrafo antecipou o clique em alguns segundos e pegou Zuzu com o braço meio levantado, como se prestasse continência.[42] Só se fosse para a moda: noites como aquela lembravam-na de como as roupas que criava possibilitaram a entrada em espaços e a interação com pessoas que a tornaram conhecida além das fronteiras do Rio de Janeiro. Acompanhar Joan Crawford a alguns de seus compromissos sociais na cidade era genial, tanto para a etiqueta Zuzu Angel como para a própria Zuzu, admiradora de longa data dos trabalhos da atriz. Aqueles dias festivos de novembro e dezembro, em que seu nome circulou lado a lado com mulheres de fama internacional, coroavam um ano inteiro de conquistas profissionais.

Muita gente tinha notado a dianteira que Zuzu tomara à frente de sua marca. No último dia de 1967, Gilda Chataignier publicou, no *Jornal do Brasil*, uma matéria em que elencava as "Mulheres que foram notícia em 67". Seus critérios eram simples: partindo da cobertura dada pela imprensa a certos setores, das artes plásticas à música, do teatro à moda, a jornalista selecionou as mulheres que obtiveram destaque. Na lista, saíram brasileiras como Yolanda Costa e Silva, Elis Regina, Maria Bethânia, a artista plástica Regina Vater, a chef Myrthes Paranhos e as atrizes Tônia Carrero, Florinda Bolkan e Márcia Rodrigues. Tantas foram as suas menções entre os jornais cariocas que Zuzu preenchia todos os requisitos: a "ipanemenha de coração, mas mineira de nascimento" tinha aparecido "quase diariamente nas crônicas femininas e sociais".[43] Sua parceira de invenções de moda, Ethel Moura Costa, também mereceu uma menção. Capaz de produzir tudo que fazia sucesso e caía no gosto das clientes, Ethel foi a maior referência no mercado de bijuterias e acessórios. A dobradinha Ethel e Zuzu fazia perfeito sentido para Chataignier, que conhecera a costureira por intermédio da designer de *bijoux* e, depois da primeira entrevista na casa da Nascimento Silva, nunca deixou de conferir as mais recentes maquinações dela em seu ateliê.[44] Outros nomes da moda presentes na lista foram Lúcia Dzarnoviezcki, proprietária da butique Lúcia, e Tanit Galdeano, da Barbarella, que revendia peças de Zuzu.

Chataignier aproveitou para relembrar que, pouco mais de um mês antes, a Barbarella recebera uma trupe de visitantes indesejados. Agentes do Dops tinham invadido a loja e recolhido peças de uma nova linha de camisetas, as quais estampavam o rosto do revolucionário Che Guevara. As sócias da butique teriam suportado pontapés e empurrões, além de agressões verbais, de dez policiais armados, e juravam que as camisetas não passavam de roupas inocentes. Disseram ter escolhido o rosto de Guevara, junto com homens como o ícone do iê-iê-iê Roberto Carlos e os cantores Caetano Veloso e Chico Buarque, porque o achavam um "pão". Galdeano, Regina Vieira de Mello e Luiza Konder provavelmente queriam apimentar um pouco os seus lançamentos com uma provocação às consumidoras (e à repressão) com peças que, conectadas a uma figura em voga no cenário político e cultural, com certeza dariam o que falar. Qualquer que fosse a intenção, elas tiveram que se explicar perante o Dops. Foi aberto um inquérito para investigar se a Barbarella, butique de Copacabana frequentada por jovens mulheres da elite carioca, tinha se transformado em um refúgio de guerrilheiras comunistas. Vieira de Mello, aliás, se recusou a prestar depoimento e chamou o governo de ditadura, antecipando que as meninas da Barbarella não sofreriam por causa de meia dúzia de camisetas pintadas. Estava certa. Dois dias depois do ocorrido, um porta-voz do general Dario Coelho, secretário de Segurança da Guanabara, correu à loja para se desculpar pelo mal-entendido.[45] Não se tratava do princípio de uma moda brasileira capaz de ser politicamente transgressora. Mas é curioso como as meninas da Barbarella, com ou sem afiliação ideológica a Che Guevara, estavam relativamente próximas de quem de fato usaria a moda para contrariar a ditadura.

Os nomes dessas mulheres que foram notícia eram facilmente reconhecidos pelas leitoras das colunas sociais, das matérias sobre moda e das páginas culturais. Zuzu não tinha mais aspecto de novidade no circuito carioca e se tornava figurinha fácil, o que indica o sucesso de suas estratégias de promoção. O Rio de Janeiro sabia quem era, onde morava, em que trabalhava e com quem andava — ou melhor, quem se vestia com ela. Seus feitos viravam notinhas e matérias com uma facilidade impressionante. Naqueles últimos meses, a maré de sorte parecia inacreditável: não uma, não duas, mas três famosas compraram suas roupas, e isso era apenas a crista da onda. Embora nem todo mundo concordasse que Novak e Crawford faziam boa propaganda por serem, segundo alguns críticos, cafonas — e comprovarem, por tabela, a cafonice da "etiqueta Angel"[46] —, Zuzu planejava novidades para as próximas temporadas. Queria testar a liberdade de imaginar e executar seus projetos de moda. A costura, segundo ela, podia muito bem "ser criação verdadeira". O importante, mesmo, era "não parar".[47]

Nos Estados Unidos, era o início do verão. Bem no meio de Nova York, no retângulo verde que é o Central Park, um hippie caminhava despreocupado. Vestia um jaleco bordado e pensava na vida — em suas convicções pacifistas e anticonsumistas, nas delícias de pregar o amor e a libertação da consciência (inclusive por meio de psicodélicos), em mais uma comunidade de jovens que surgia longe das carcaças metálicas e das fumaças da cidade e onde todos conviviam em plena harmonia, envoltos em uma aura de irmandade, insubmissão e falta de banho. Qual não foi sua surpresa quando uma senhora o interpelou, pediu licença e virou o jaleco para conferir o acabamento da bainha. Ela seguiu adiante e, empolgada como estava, não concedeu muitas explicações. Zuzu Angel tinha muito a ver e descobrir naquela viagem.[48]

Quando chegou aos Estados Unidos naqueles idos de 1968, Zuzu tinha sido definida como a "costureira da alta burguesia e das senhoras dos políticos locais".[49] No Brasil, isso estava bem estabelecido. Ela continuava a vestir a primeira-dama, inclusive para o baile de Carnaval do Theatro Municipal,[50] no qual foi uma das juradas do concurso de fantasias. Lá, criou caso. Discordava dos critérios empregados pelos outros jurados para avaliar o luxo das roupas, pois, na sua opinião, a ausência de pedrarias bordadas não deveria desclassificar uma fantasia; o resto do júri achava que a costureira devia parar de contestar, ou não seria convidada novamente. "Não faz mal", retrucou ela, "fui chamada e aqui estou para julgar com honestidade, não para voltar no próximo ano." Seria seu primeiro e último ano no júri do Municipal.[51] Zuzu também comparecia a desfiles de marcas francesas, organizados pela Maison de France no Rio de Janeiro, e elencava mais debutantes e noivas em sua lista de clientes.[52] Só faltava espalhar as notícias lá fora. Não por acaso, essa definição saiu na edição italiana da revista *Harper's Bazaar*, em um texto que também mencionava o modista Guilherme Guimarães. Ser a costureira das ricas e poderosas — ou esposas dos poderosos — colocara a etiqueta de Zuzu no mapa da moda do Brasil. Mas bastaria para inseri-la na geografia da moda internacional? Ela suspeitava que não.

Em março, Zuzu recebeu um convite que, embora não fosse a grande chance de sua carreira, oferecia uma possibilidade de expandir as perspectivas fora das fronteiras do Rio de Janeiro.[53] Era um jeito de sair do circuito de sempre: o chamado vinha do Texas, mais especificamente de San Antonio, cidade no sul do estado fundada por colonizadores espanhóis e palco de violentas disputas territoriais, entre elas a famosa Batalha do Álamo, travada durante a guerra entre mexicanos e americanos na década de 1830. Não muito tempo antes, San Antonio já havia aparecido na vida de Zuzu, como a cidade natal de Joan Crawford, sua mais nova amiga.

Os texanos convocaram a costureira para desfilar durante a Feira Mundial de San Antonio, cujo tema — "Confluência das Civilizações nas Américas" — ressaltava a ambição da cidade em se estabelecer como um ponto de confluência cultural. Poucos são os eventos considerados aptos a receber o título de "feira mundial" e os organizadores da HemisFair '68 tiveram que esvaziar os cofres. O Congresso americano autorizou uma verba de 7,5 milhões de dólares para a construção do pavilhão americano, enquanto o governo do Texas desembolsou 10 milhões para erguer o Instituto de Culturas Texanas. A Agência Federal de Habitação entrou com 12 milhões de dólares para a aquisição de um terreno de quase 400 mil metros quadrados, onde um bairro inteiro seria desapropriado. Mais de 2 mil lares de famílias, de origem majoritariamente imigrante, foram derrubados para dar lugar aos pavilhões dos trinta países e doze corporações participantes, a uma área internacional denominada Las Plazas del Mundo, à passagem elevada de um monotrilho e à Torre das Américas, com seus 230 metros de altura.[54] Como representante da moda brasileira, Zuzu se destacava entre os poucos participantes do país. O Brasil foi um acréscimo de última hora à programação: a um mês da inauguração da feira, marcada para 6 de abril, a comissão organizadora reuniu onze nações latino-americanas em um pavilhão especial da Organização dos Estados Americanos (OEA).

Cada pavilhão expunha exemplos da arte, dos costumes, da arquitetura, da história dos países envolvidos; quando ocupados por empresas, como Pepsi-Cola, Coca-Cola, General Motors, Ford e Chrysler, serviam de vitrine para as mais recentes inovações tecnológicas e os últimos produtos lançados. Pelos seis meses em que permaneceu aberta ao público, a HemisFair recebeu mais de 6 milhões de visitantes, com ingressos a dois dólares, e concedeu visibilidade internacional a uma cidade que, até então, não passava de mais um canto do Texas. Nem assim, porém, conseguiu igualar ou superar os custos de sua montagem, e somou um prejuízo de 7,5 milhões de dólares.

Um prejuízo que não resvalou em Zuzu. Desde o momento em que aceitou o convite, não cogitou vender os doze vestidos de alta-costura[55] produzidos para a apresentação: a vantagem de desfilar no evento não era financeira, mas simbólica. Zuzu enxergou em San Antonio uma abertura para introduzir sua etiqueta nos Estados Unidos — o primeiro passo em uma paciente campanha de posicionamento. Assim como vender algumas peças de roupa a Novak, Shrimpton e Crawford valia menos em termos de ganho monetário do que em prestígio e reconhecimento, ser a única costureira brasileira no Texas incrementava a percepção que o público nacional construía a seu respeito. O desfile aconteceu em um dos happenings da programação do Women's Pavilion, um espaço exclusivamente dedicado às conquistas e contribuições femininas — e exclusivamente montado por mulheres também, pois a comissão organizadora se recusou a colaborar com a construção da estrutura. Julgavam que aquele era um "projeto de mulheres" e não um "projeto da feira". As texanas, então, se mobilizaram para levantar verbas, erguer uma casa em estilo modernista e preencher as áreas de exposição com obras de arte de autoria feminina. Moda e beleza talvez fossem os temas mais "femininos" de todos e os desfiles se encaixaram perfeitamente entre as atrações planejadas, como simpósios sobre a participação de mulheres na política, performances musicais e fóruns de debate. Um filme de dez minutos, projetado sem interrupções em uma tela refletida por espelhos, exibia as novidades na moda em todo o continente americano.[56]

No fim, as conexões entre interesses femininos, celebrações multiculturais e a moda faziam da feira uma ocasião interessante para a costureira. Além de mostrar seu trabalho para um público que nada sabia sobre sua experiência, a passagem de Zuzu Angel por San Antonio rendeu assunto na imprensa brasileira — como ela esperava que acontecesse — e marcou a primeira etapa de uma longa estadia nos Estados Unidos. Foram cerca de 45 dias no país, entre maio e junho de 1968, e Zuzu logo constatou que o desfile na HemisFair texana não seria o ponto alto da viagem.[57] Se nada acontecesse, poderia dizer que tinha viajado apenas com a intenção de visitar os parentes americanos de Norman,[58] sem planos profissionais além de honrar o convite da feira. Mas, com sua estratégia de expansão da etiqueta devidamente iniciada, Zuzu encarou a América como um território a ser conquistado. Sua próxima parada seria Nova York. Uma vez lá, mostrou-se disposta a fixar as bases de uma relação promissora com o mercado de moda — muito mais promissora, aliás, do que a curta apresentação no Women's Pavilion.

Naquele que foi o "melhor esquema de relações públicas", segundo o *Jornal do Brasil*, Zuzu pôs em ação o seu lado empresária e se concentrou em fazer contatos com outros profissionais da indústria da moda. Sua anfitriã ajudou bastante nesse momento: Zuzu estava hospedada no apartamento de Joan Crawford, que sabia quem deveria apresentar à "grande amiga" e ofereceu, na primeira semana de junho, um coquetel em sua homenagem.[59] Uma das convidadas especiais da noite, entre a "série de pessoas interessantes" que Zuzu contaria ter conhecido,[60] era Eugenia Sheppard, cuja coluna "Inside Fashion" transformou a reportagem americana de moda ao ampliar o foco das roupas em si para os designers que as criavam e as personalidades que as usavam. Todos em Nova York liam o que Sheppard tinha a dizer, especialmente porque sua coluna era publicada em mais de um veículo — e, naquele ano, ela se tornara editora das páginas sociais do jornal *New York Post*, ampliando sua presença na cena da metrópole.[61] A jornalista anunciou Zuzu, na "Inside Fashion" de 19 de junho, como uma *lively brunette*, isto é, uma morena alegre que, ainda por cima, também era "um anjo da costura brasileira em casa de Joan Crawford".[62]

Dias depois, esse anjo da costura estava na plateia de desfiles de moda, emocionando-se diante de uma passarela em que casacos de pele deslumbravam a audiência. As peles chegaram a despertar uma certa inveja em Zuzu, que conhecia a célebre geladeira da Casa Canadá, o endereço de moda de luxo onde as madames cariocas guardavam as suas estolas e casacos. A inveja era justificada, segundo ela: "Primeiro, porque não temos, no Brasil, um inverno que justifique aquelas peles e, depois, porque, mesmo que tivéssemos, não temos aquele material para realizar nossas criações".[63] A reclamação da carência de materiais seria repetida diversas vezes ao longo de sua carreira — quanto mais testemunhava o que outros profissionais realizavam, mais ela sentia vontade de diversificar o arsenal à sua disposição. Uma de suas apresentações favoritas foi a do designer Bill Blass, que caracterizou como "uma moda avançada, como eu gosto, e brilhante. Aliás, cria também em matéria de moda masculina, uma verdadeira beleza".[64] No final da década de 1960, quando Zuzu assistiu ao desfile, Blass se assumia como criador de prêt-à-porter casual, cujo glamour discreto combinava com o estilo americano de se vestir de maneira quase esportiva. Essa admiração do trabalho de outros com a roupa pronta já servia como indício do que ela imaginava para o futuro de sua própria marca.

Zuzu tinha Nova York a seus pés. Aliás, nem precisava andar — contava até com motorista. Crawford queria mimar sua hóspede e disponibilizou um carro com chofer para levá-la aonde ela quisesse. Mas Zuzu preferia o metrô[65] e a liberdade de se perder, de não saber ao certo o seu destino e descobri-lo casualmente. Por isso, despistava o motorista, saía pela portaria do edifício Imperial House, no bairro nobre do Upper East Side, e ganhava as avenidas de Manhattan como uma pedestre anônima. Após um dia de passeios,[66] retornava ao apartamento de três quartos, um monumento à mania de limpeza de Crawford — sofás cobertos por capas plásticas, bibelôs embrulhados em papel filme, plantas igualmente feitas de plástico e a obrigação de tirar os sapatos ao entrar, como método de evitar tudo que pudesse produzir e acumular sujeira —, e começava a pensar no que faria no dia seguinte. Às vezes, a programação incluía encontros com sua anfitriã, sobretudo para almoçar em algum restaurante.[67] Em uma dessas ocasiões, foi fotografada por Zygmunt Haar para a revista *Manchete* enquanto ganhava um beijo da atriz.[68]

A amizade seguia firme e forte. Zuzu ouvia as reminiscências e os planos de Crawford e era fácil perceber como, por trás da diva, havia uma mulher isolada, só. Ela gostava de lembrar a todos como tinha criado a si própria, mas sofria com o temor de ser relegada ao passado e tratada como uma relíquia empoeirada. Menos de um ano antes, a falta de dinheiro para custear os gastos exorbitantes a obrigara a vender a cobertura na Park Avenue onde havia morado com o falecido marido, o que golpeou seu orgulho; sem condições de pagar os 3 mil dólares mensais para manter seu estilo de vida (hoje correspondentes a cerca de 30 mil dólares),[69] a mudança para o 22º andar do Imperial House representava, a seus olhos, um declínio perigoso. Mesmo que o apartamento tivesse dois terraços laterais e comportasse muitas das pinturas em seu acervo — várias eram da artista Margaret Keane, que retratava crianças, animais e mulheres com olhos exageradamente grandes —, além de estantes cheias de livros, uma mesa de jantar para dez convidados, estatuetas do Oscar e do Globo de Ouro e um closet só para sapatos e chapéus, Crawford tivera que se desfazer de diversas peças de decoração e da maioria dos móveis. A diferença não a agradava nem um pouco. Seu decorador, o designer de interiores Carleton Varney, contava que, quando ela entrou no apartamento novo pela primeira vez, desmaiou e teve de ser carregada de volta para a limusine.[70] Dois anos depois, Crawford passaria a se referir a si mesma como uma "ex-estrela de cinema". Um dos motivos — a gota d'água — foi ter entreouvido, enquanto aguardava por um elevador, uma mulher comentar com a amiga: "Está vendo aquela ali? Ela era Joan Crawford".[71] Para Zuzu, ela foi ainda mais direta. Disse que as mulheres famosas eram extremamente solitárias.[72]

A relação profissional entre as duas também evoluía. Crawford seria uma das clientes internacionais de Zuzu que mais divulgaria seu trabalho[73] e a bagagem da brasileira continha alguns vestidos prontos para a atriz. Entre eles, havia um longo de seda rosa com uma gola completamente bordada por pedrarias. Mais paetês e apliques desciam pela saia do vestido, originalmente criado pela costureira para sua filha Ana Cristina, que o usara na Noite Alucinante do Copacabana Palace. Assim que viu a jovem com a roupa, Crawford pediu que Zuzu repetisse o modelo e fizesse um idêntico para ela.[74] Sua outra cliente hollywoodiana também ganharia uma nova peça — Kim Novak recebeu um vestido que achou "lindamente concebido" e ficou decepcionada por ter se desencontrado de Zuzu, pois não estava em Nova York durante sua visita.[75] Zuzu revelou ter entregue uma terceira encomenda a uma freguesa sobre a qual fingiu sigilo, mas cuja identidade havia divulgado antes mesmo de viajar: tratava-se de Lynda Bird Johnson, a filha mais velha do presidente Lyndon B. Johnson.[76]

Em suas andanças pela cidade, Zuzu fazia questão de absorver o máximo possível. Observava tudo, desde as roupas dos hippies caminhando pelo Central Park à pose das senhoras que admiravam as vitrines das refinadas lojas de departamentos da Quinta Avenida, como a Saks e a Bergdorf Goodman. A Bergdorf, aliás, demonstrara interesse em revender suas criações com exclusividade — uma conversa que Zuzu faria de tudo para continuar.[77] Quanto mais via as diferentes expressões de estilo das mulheres americanas, mais se convencia de que "o traje vem a ser expressão direta do indivíduo quando este veste o que quer e não o que o meio o obriga a usar".[78]

Essa declaração tinha tudo a ver com um dos muitos debates que o professor e filósofo canadense Marshall McLuhan movimentava desde a publicação de seu livro *Os meios de comunicação como extensões do homem*: a ideia de que as roupas seriam uma extensão direta da pele e, concomitantemente, um meio capaz de transformar não apenas os indivíduos como também a cultura da qual fazem parte. A teoria de McLuhan sobre o poder da tecnologia e dos meios de comunicação para alterar como consumimos, pensamos, produzimos, interagimos (enfim, existimos) entrou nas salas de aula de universidades como um raio, mas não ficou presa na academia e escoou para ambientes tão diversos quanto agências de publicidade e ateliês de costura. O livro virou best-seller, garantiu ao professor o status de figura pop, foi alvo de críticas ferozes e, desde que saiu nos Estados Unidos em 1964, se tornou uma referência nos estudos de comunicação. Sua abordagem do vestuário como tecnologia e, portanto, apto a se modificar drasticamente ao longo do tempo e penetrar profundamente na sociedade inovou a maneira como se refletia sobre moda.[79] Mais tarde, Zuzu alegaria sempre ter pensado dessa forma, antes mesmo de McLuhan escrever sobre a força dos *media*. É mais provável, no entanto, que ela tenha pegado emprestado o vocabulário do filósofo para explicar como suas roupas eram uma "segunda pele", criadas para que as mulheres se vestissem de seu próprio jeito.[80]

Após essa viagem a Nova York, Zuzu passou a desenvolver publicamente o seu conceito de moda. "Para mim, moda no sentido 'deve-se estar', 'estar na moda', 'não estar na moda', eu não acredito", definiu em entrevista a *O Globo*. "A moda como força no mundo e na vida de cada ser humano, nessa eu acredito."[81] Ela se entusiasmou com a liberdade de escolha evidente no guarda-roupa das nova-iorquinas que analisava — dava o exemplo de que lá "não existe, como aqui, esta preocupação de só se usar roupa com cinto, porque o cinto está em moda"[82] — e esperava introduzir, nas suas próximas coleções, um prêt-à-porter de "alta categoria".[83] Imaginava roupas mais apropriadas à "mulher brasileira mesmo, que trabalha, enfrenta a cidade em seus dias movimentados" e que não podia "se dar ao luxo de usar uma roupa em nenhum sentido prático". Poucos falavam de moda assim no Brasil, onde a imagem predominante de elegância se subordinava às determinações de "estar na moda" que Zuzu alegava rechaçar e se vinculava a divisões de classe social bastante aparentes. A mulher do imaginário da costureira, que trabalhava e enfrentava a cidade, não era exatamente a mesma que figurava nas colunas sociais. Ao mesmo tempo, Zuzu avaliava que uma feminilidade tradicional no estilo de se vestir deveria prevalecer. Ao *Jornal do Brasil*, assinalou que silhuetas com cintura e busto marcados, babados e drapeados assinalavam a "vitória da mulher sobre o homossexualismo", uma visão conservadora e estereotipada da aparência feminina. A frase, que integrava um comentário de Zuzu sobre o retorno de certos elementos da moda da década de 1930 aos lançamentos do final dos anos 1960, revela uma percepção restrita do que significava *parecer mulher*.[84] Nem todas as revoluções comportamentais do período influenciaram o pensamento da costureira, e ela persistiria com uma visão tradicionalmente feminina da aparência.

De volta ao Rio, Zuzu tinha muito a contar sobre o que vira nos Estados Unidos. Suas histórias de San Antonio e Nova York perfaziam boa parte de seu repertório em encontros sociais, como na comemoração do aniversário de casamento de Leda e Alfredo Castro Neves.[85] Entre garfadas do estrogonofe servido aos convidados, dizia ter se impressionado com a comoção generalizada em torno do funeral de Robert Kennedy,[86] o senador assassinado em Los Angeles logo após seu discurso de vitória nas primárias democratas dos estados de Califórnia e Dakota do Sul pela Presidência americana. Bobby era irmão caçula de John F. Kennedy, o presidente assassinado em Dallas apenas cinco anos antes. A missa em sua homenagem, com o caixão em exposição, foi celebrada na manhã do dia 8 de junho em Nova York, na catedral de São Patrício — localizada na Quinta Avenida, não muito longe do apartamento de Joan Crawford no Upper East Side. Zuzu não pôde deixar de notar a intensidade da reação a mais um assassinato com motivações políticas no país. Era um novo abalo à suposta estabilidade americana. Depois das mortes violentas de JFK, Malcolm X e Martin Luther King, os tiros disparados contra Bobby Kennedy no Ambassador Hotel, enquanto o senador cumprimentava um apoiador e diante das câmeras da imprensa, consternava um país que perdia mais um líder político. Um líder cuja plataforma prometia mudanças, como o fim da Guerra do Vietnã e o combate ao racismo enraizado na sociedade.[87] Em meio à insurreição social, às revoltas e motins que desencadeavam brutais reações da polícia e espalhavam ainda mais violência pelas ruas, não se podia confiar sequer na segurança das figuras públicas. Que dirá, pensavam os cidadãos comuns, na deles próprios.

Tudo o que Zuzu testemunhou por lá coincidiu com uma roda-viva de acontecimentos no Brasil. Sua viagem a afastou do Rio durante o ápice do movimento social organizado em oposição à ditadura na década de 1960, concretizado em protestos e marchas que ocuparam as ruas, sobretudo nas últimas semanas de junho. O assassinato do estudante Edson Luís de Lima Souto, em março, despertou a urgência do enfrentamento ao governo militar em setores ainda mais amplos da sociedade, para além do movimento estudantil — seu funeral suscitou uma comoção impressionante, reunindo um cortejo de 50 mil pessoas no Rio de Janeiro, as quais enunciavam sem parar a frase "Mataram um estudante, podia ser seu filho"; a igreja da Candelária, onde se celebrou sua missa de sétimo dia, foi cercada pela cavalaria da Polícia Militar, cujos soldados estavam prontos para espancar, humilhar e prender os participantes. Embora estivesse no Rio quando da morte de Edson Luís, Zuzu não pôde acompanhar de perto a mobilização popular que, após três meses, paralisou a cidade. Só depois ela ficaria sabendo da assembleia geral na Faculdade de Economia da UFRJ, onde Stuart estudava, na qual os alunos derrubaram a hierarquia docente e debateram com o reitor e o Conselho Universitário como seus iguais — e, na saída, foram golpeados por cassetetes da polícia, que romperam com o compromisso de não machucar ou perseguir os jovens. Mais de mil foram presos naquela noite. Só depois, também, Zuzu teria notícias do dia seguinte, 21 de junho, a sexta-feira sangrenta, quando estudantes responderam à repressão com pedras, coquetéis molotov, tocos de madeira e bolinhas de gude para desequilibrar e derrubar os cavalos dos soldados; e quando cidadãos cariocas, do alto dos prédios em que moravam no Centro, começaram a lançar cadeiras, vasos, garrafas e máquinas de escrever sobre os agentes da repressão. A população aderia às demandas do movimento estudantil por democracia, e isso ficaria claro na quarta-feira seguinte, dia 26, durante a Passeata dos Cem Mil.

"Abaixo a ditadura", "Libertem nossos presos", "O povo organizado" — ou "armado", dependendo da orientação política —, "Derruba a ditadura": pelo menos 100 mil pessoas encheram o centro do Rio de Janeiro, saindo da Cinelândia, percorrendo a avenida Rio Branco e desembocando no Palácio Tiradentes, sede da Assembleia Legislativa, e comprovaram que a resistência às prisões, ao cerceamento das liberdades, à censura e às mortes era capaz de levar para as ruas, além de operários e universitários, grupos de artistas, intelectuais, clérigos e mães, pais e trabalhadores de classe média. Quem estivesse calmo o suficiente para olhar ao redor reconheceria Chico Buarque, Clarice Lispector, Vinicius de Moraes e Nara Leão ao lado de freiras, vendedores, professores e donas de casa, membros indignados da sociedade. À frente de todos, juntavam-se as lideranças estudantis da época, como Vladimir Palmeira, César de Queiroz Benjamin e Franklin Martins. O povo, em plena praça pública, elegeu uma comissão que apresentaria suas principais reivindicações, como o fim da censura e mais verbas para o ensino superior, direta e pessoalmente ao presidente Costa e Silva. Uma das representantes da sociedade civil, a sra. Irene Papi, discursou em nome das mães "que viram seus filhos serem massacrados e suas filhas deitarem de bruços como se estivessem em campo de concentração" e foi efusivamente aplaudida. "Nossos filhos têm razão", declarou à multidão.[88]

O filho de Zuzu estava naquela multidão. Seu vínculo com o movimento estudantil se tornara um compromisso irrecusável e a política o movia. As palavras de ordem gritadas com todo o fôlego, a correria para fugir das bombas de gás lacrimogêneo e os cassetetes da polícia, a agitação que adensava o ar, os encontros clandestinos para planejar as próximas manifestações:

aquela era a vida de Stuart e de tantos de sua geração em meados de 1968. Zuzu não poderia adivinhar, mas também daria razão ao filho dali a alguns anos. Naquele momento, quando retornou ao Rio, deparou-se com uma cidade à espera do que viria a seguir, das consequências da força popular. Se o funeral de Bobby Kennedy a havia impressionado, o impacto de 100 mil pessoas marchando contra a ditadura com certeza multiplicaria seu assombro.

Por enquanto, ela estava concentrada em seu trabalho, na moda que ousaria desviar da "alta burguesia e das senhoras dos políticos locais" rumo à "mulher brasileira mesmo, que trabalha".[89] Queria aplicar as suas primeiras lições práticas da moda americana em uma coleção com toques de prêt-à-porter. Mas, antes de todo o resto, precisava lidar com entregas importantes. Zuzu mal tinha guardado as malas em casa, no início de julho, e já finalizava o vestido de noiva de Guaíra, filha de sua cliente Iná e de Nestor Jost, presidente do Banco do Brasil.[90] Guaíra estava de casamento marcado com o compositor e músico Guttemberg Guarabyra e usaria um vestido de renda francesa avaliado em 6 mil cruzeiros novos. Até o presidente tinha sido convidado para a cerimônia, da qual Milton Nascimento e Paulinho da Viola seriam padrinhos. Mas Costa e Silva — que, aliás, recusou todas as demandas populares levantadas pela passeata — não compareceu. Em seu lugar, enviou o ministro dos Transportes, Mário Andreazza.[91]

Fosse como fosse — com ou sem presidente —, as menções à autora do vestido estavam mais que garantidas. Ninguém se esqueceria tão cedo da costureira das estrelas.

[illegible] dos Estados [illegible]

[illegible]

6.
Os furos do manto

Às cinco da tarde de sexta-feira, 1º de novembro de 1968, o salão da joalheria H.Stern estava cheio. Jornalistas, fotógrafos e outros convidados não freavam a curiosidade, e a agitação diferia em muito da serenidade que normalmente dominava o ambiente da loja. Ninguém tinha ido até ali para comprar uma joia. Queriam ver um manto. Ver e comentar.

Quando foi sua vez de entrar na H.Stern, Zuzu Angel não estava nada tranquila. Seu humor ia piorar: assim que soube das notas entregues à imprensa, irritou-se por completo. Um dos textos sequer citava seu nome, então falhava em lhe atribuir a autoria daquela criação insólita — meio roupa, meio joia — que todos tinham se reunido para observar. E essa liga de insatisfação e angústia se fundia a um sentimento de impotência. Zuzu não achava um jeito de espantar os rumores que mordiam seus calcanhares, e sua presença na joalheria não ajudava. Pelo contrário — atiçava quem tentava adivinhar o que aconteceria a seguir. Seria mesmo verdade que d. Yolanda Costa e Silva, até outro dia parceira de Zuzu, escolheria se desfazer do resultado de um mês de árduo trabalho de costureiras, artesãos e joalheiros? Era a crise do manto, e ela se aproximava do ápice.[1]

Como toda crise, a do manto tem antecedentes, um estopim, forças opostas em ação, conflitos de interesses e um clima de tensão que incha a cada vez que um novo boato é solto. Os agentes da disputa, nesse caso, eram de primeira linha: estavam envolvidos uma costureira cada vez mais reconhecida, uma primeira-dama afeita a publicidade e dois jornalistas famosos. Além de uma rainha — que, embora alheia à confusão, permanecia ingrediente indispensável da mistura.

Algumas semanas antes — mais precisamente, em 19 de outubro —, a crise começara a se configurar. Tinha tomado a forma de um furo, dado pela coluna de Nina Chaves no jornal *O Globo*: d. Yolanda encomendara à costureira Zuzu Angel um "presente bem nacional" para oferecer à rainha Elizabeth II. A essas alturas, a monarca britânica havia confirmado sua viagem de onze dias ao Brasil, o país zumbia de antecipação com uma visita tão ilustre, e a dupla Yolanda e Zuzu já tinha pronta a ideia do presente. Nina anunciava que seria uma capa branca de zibeline — um tipo de tecido de caimento pesado, feito com fios de seda pura — adornada nos ombros por uma pala em malha de ouro coberta por pedras preciosas. Não perdeu tempo e publicou, graças à sua amizade com Zuzu, o croqui da peça — já aprovado por Yolanda, que fora ao ateliê da Nascimento Silva e sugerira uma redução da pala. A prestigiada confecção paulista Santa Constância forneceria o tecido e a H.Stern ficaria responsável pela montagem das joias na malha dourada.

A primeira-dama queria impressionar, e havia chances de realmente conseguir. As notícias que se seguiram ao primeiro anúncio listavam as pedras preciosas brasileiras que cravejariam a pala — turmalinas verdes, topázios, ametistas, águas-marinhas e rubelitas — e deixariam a capa cada vez mais parecida com um presente de conto de fadas. O tempo de confecção de fato lembrava o de roupas de fábula, pois os dezessete metros de zibeline demoraram vinte dias para se transformarem no manto; nas oficinas da joalheria, a montagem da pala, com 195 pedras, levou duas semanas. Oito costureiras labutavam sob o olhar perfeccionista de Zuzu, enquanto os artesãos da H.Stern eram chefiados pelo joalheiro Philippe Cumiotis. E os detalhes da trama extrapolavam os dias extenuantes passados para confeccionar algo fabuloso, feito de um tecido sofisticado e ornamentado pelo brilho de gemas coloridas. Havia história por trás do manto da rainha. Os textos liberados à imprensa explicavam que o objetivo do presente real era conectar joalheria e costura, em uma mostra da evolução técnica e criativa da moda nacional e a beleza das abundantes riquezas minerais do país. O plano de Yolanda incluía, ainda, um afago ao ego britânico ao saudar o vínculo histórico entre as indústrias têxteis da Inglaterra e do Brasil. Foi com os ingleses, afinal, que Portugal assinara um tratado que beneficiava a importação de tecidos — que inundaram o mercado colonial brasileiro — e, em troca, favorecia a exportação de algodão nacional para as Ilhas Britânicas. Até a década de 1820, o Brasil permanecera como um dos mais importantes fornecedores da matéria-prima às fábricas inglesas.

O formato do manto, segundo Zuzu, foi baseado nas capas dos gaúchos, as quais possuíam o mesmo tipo de abertura frontal. Mais do que com o poncho, uma manta de lã de origem gauchesca, ou com a pala — vestimenta indígena, feita de lã para proteger do frio, ou de seda para aliviar o calor —, o manto que seria dado de presente a Elizabeth II guardava semelhanças com a capa Ideal. Também conhecida como Renner, ela surgiu no início do século XX pelas mãos de Antônio Jacob Renner, que montou uma confecção especialmente para produzir um abrigo mais impermeável e eficiente do que o poncho contra os ventos frios dos pampas. Comprida, finalizada com uma gola e equipada com botões e bolsos, a capa Ideal se tornara referência do vestuário sulista brasileiro e foi relembrada por Zuzu como o ponto de partida do manto-joia que precisava criar. A peça final não herdaria nada da rusticidade prática da original nem protegeria a rainha do fog londrino ou das garoas que encharcam as Terras Altas escocesas. Mas, além de pegar emprestado o porte dos cavaleiros rio-grandenses e reproduzi-lo no caimento régio do manto, a costureira recorreu ao Sul para agradar a Yolanda e seu marido. Costa e Silva era gaúcho e sua aprovação importava — muito, aliás. Só ele poderia aprovar a despesa de pelo menos 50 mil cruzeiros novos para pagar os custos do presente, equivalente hoje a mais de 600 mil reais.[2]

O manto da rainha era caro, decerto. Mas os problemas não acabavam — nem começavam — nas críticas de que os gastos com mimos à realeza visitante seriam excessivos e contraditórios com as pretensas políticas de austeridade do governo Costa e Silva.

A apresentação da capa-joia estava marcada para 1º de novembro; no dia seguinte, um sábado, Zuzu a entregaria, orgulhosa, nas mãos de d. Yolanda. A costureira contava não ter tido dificuldades para acertar as proporções da peça. Por ser um manto, não precisava ser muito exata com as medidas, embora tivesse sido informada de que a rainha vestia tamanho 42. Tudo pronto a tempo para a tarde de sexta, quando a manequim Camille desfilaria a capa para a imprensa e confirmaria o sucesso da encomenda da primeira-dama. Zuzu esperava uma plateia boquiaberta, impressionada pela qualidade da execução de um croqui ambicioso. Até que vieram as reclamações. Primeiro, avisaram que o protocolo real não permitia desfiles de roupas destinadas ao uso pessoal da monarca, exceto quando fossem exibidas diretamente para ela e com o intuito de serem adquiridas. Zuzu driblou as objeções com um manequim de madeira, que seria posicionado no salão da H.Stern para mostrar o manto sem arriscar ofensas às normas do Palácio de Buckingham.

Entretanto, Yolanda e Zuzu pareciam ter esquecido — ou preferiram deixar passar — que a própria capa representava uma quebra de protocolo, pois membros da realeza britânica são proibidos de aceitar peças de roupa como presentes.[3] A imprensa logo levantou esse ponto e ecoou o estranhamento geral quanto à decisão da primeira-dama. E quanto mais se falava em um possível vexame caso a rainha recusasse a oferta do manto, mais aumentava a insegurança de Yolanda Costa e Silva. Sua inquietação se agravou quando, em uma noite de carteado no Palácio da Alvorada, ela teve que engolir a rejeição de Ibrahim Sued, em cuja coluna adorava ser citada. Só que o jornalista, embora conhecedor das minúcias das regras de etiqueta, não expressou suas preocupações sobre a inadequabilidade do presente graças à bondade de seu coração. Estava era amargurado: a notícia do manto não tinha saído em sua página de *O Globo*, mas na da concorrente Nina Chaves. Se semeasse ainda mais dúvidas nessa história do presente, ele garantiria um furo próprio, ainda mais escandaloso que o primeiro.

Costa e Silva não tinha muito tempo de sobra para gastar com uma capa de zibeline. Com efeito, a visita real seria um breve respiro antes que o país imergisse com tudo na crise política. O governo havia sentido sua própria fragilidade após a eclosão de passeatas e manifestações de uma oposição cada vez maior e mais articulada, movimentada principalmente pelas organizações estudantis. Jovens se chocavam com a polícia a cada esquina, ministros duvidavam da firmeza do ditador, greves paravam fábricas, militares invadiam universidades e espancavam alunos, organizações de luta armada iniciavam suas ações, expropriando agências bancárias e supermercados para se equiparem no enfrentamento direto contra as Forças Armadas, enquanto grupos paramilitares anticomunistas de extrema direita pegavam em armas e exigiam uma postura peremptória contra a "escalada subversiva". O Caso Para-Sar é emblemático nesse sentido. Em outubro de 1968, foi revelado que o comandante da Aeronáutica João Paulo Moreira Burnier havia tentado transformar o Esquadrão Aeroterrestre de Salvamento, unidade da Força Aérea Brasileira de paraquedistas de socorro, em célula da repressão para executar atentados terroristas e homicidas contra lideranças políticas e estudantis da oposição. Fissurado pela ideia de destruir a ameaça comunista no país, Burnier planejava explodir o gasômetro e a represa de Ribeirão das Lajes, provocando cortes de energia elétrica e a morte de milhares de pessoas — pois o gasômetro se localizava em plena avenida Brasil e iria pelos ares às dezoito horas, em pleno horário de pico —, além de sequestrar e assassinar figuras públicas como Juscelino Kubitschek. Toda a culpa recairia sobre os grupos de esquerda armada, em uma manobra calculada para acirrar ainda mais a radicalização dos setores militares.[4]

Em meio a tantas crises, a do manto não parecia precisar de muito para ser resolvida. Costa e Silva logo achou o caminho. Se Ibrahim Sued dizia ser inapropriado dar uma roupa à rainha da Inglaterra, então a esposa deveria arrumar outro presente. Assunto encerrado.

Naquele momento, Yolanda lavava as mãos. Até o marido decretar que não haveria mais manto, todos os rumores só serviam para complicar a vida da primeira-dama. As más-línguas diziam, inclusive, que a capa-joia seria excessivamente simples e modesta. Se ela por fim levasse o plano adiante e a entregasse à monarca, expunha a si mesma (e, por tabela, o Brasil) ao risco de uma gafe de proporções internacionais. Uma das notas liberadas à imprensa no dia da apresentação na H.Stern ressaltava que aquela não era mera peça de roupa, mas "uma homenagem representativa do Brasil ao país que também contribuiu para que hoje a mulher brasileira seja notada aonde quer que vá, pela qualidade do que usa".[5] Yolanda apostava na ideia de uma homenagem para se livrar das críticas. Mesmo assim, não estava satisfeita, e a alternativa de desistir publicamente não lhe soava melhor. Vaidosa, não via muita honra em admitir que fora precipitada na escolha da peça. Em compensação, existia outra possibilidade: jogar a culpa no colo de Zuzu. E o presidente Costa e Silva tinha lhe entregado, justamente, a chance de fazê-lo.

A primeira-dama não compareceu ao evento na H.Stern. Sua ausência foi explicada pela doença do pai, de quem estava cuidando. No entanto, direcionar todos os holofotes sobre Zuzu e sair discretamente de cena aponta para uma estratégia um pouco mais maliciosa. Enquanto a costureira fosse a única associada ao manto, Yolanda poderia se eximir da responsabilidade pelos gastos, pela promoção da peça na imprensa e por todo o burburinho em torno da capa da rainha. A coluna "Hora H" do jornal *Última Hora* e a seção de Gilka Serzedello Machado, que alfinetava Zuzu na *Tribuna da Imprensa* desde o ano anterior, tomaram o lado da primeira-dama. "Dona Zuzu, deslumbrada, andou querendo faturar publicidade demais" com o anúncio da capa, alegava a *UH*, ao passo que Machado suspirava aliviada: era um consolo saber que a rainha não podia ganhar roupas de presente e tinha se livrado da criação de Zuzu, "se é que [ela] tinha mesmo começado a execução da capa de zibeline bordada".[6] Ter deixado a costureira sozinha para lidar com a imprensa também incendiava as fofocas de que, na verdade, Yolanda não teria gostado do produto final.

No fim, o manto foi mesmo cancelado e d. Yolanda nem fez questão de avisar Zuzu. Quem deu a notícia, por tabela, foi Ibrahim Sued, munido de seu caderninho e em frente às câmeras da TV Globo. Em seu programa *Ibrahim Sued Repórter*, que ia ao ar após o *Jornal de Vanguarda*, por volta das 22h30,[7] o jornalista soltou a "bomba" de que uma figurinista e uma joalheria "buzuntas estão divulgando que a primeira-dama vai presentear a rainha com uma capa, mas isso é mentira. Não vai acontecer".[8]

A bomba de Ibrahim sobre a capa da rainha disparava acusações graves. O alvo principal era Nina Chaves, cuja credibilidade entrava na linha de tiro como a jornalista que publicara, sem as devidas apurações e confirmações, uma notícia que envolvia figuras extremamente públicas. Zuzu e a H.Stern, porém, também levaram chumbo grosso. Foram desmentidas, na televisão e em horário nobre, por um dos profissionais mais famosos do jornalismo brasileiro naquela época, sem nem ao menos receberem um aviso prévio da primeira-dama.

Por pouco não houve retaliação. Nina Chaves tentou dar a sua versão da história em uma nota com o título "A capa e a contracapa", mas o texto jamais seria publicado. O telefone na casa de Zuzu não parava de tocar, a maioria das vezes trotes de curiosos perguntando, em tom de deboche: "E a capa, d. Zuzu?".[9] Uma das chamadas era, além de cínica, estratégica: uma amiga da primeira-dama ligou, passando-se por repórter da coluna de Nina Chaves, sem saber que Hildegard havia atendido e trabalhava como assistente da própria Chaves em *O Globo*. Sem pensar duas vezes, a filha de Zuzu respondeu que todas as informações sobre a história da capa sairiam no jornal, justo no dia seguinte. E desligou. D. Yolanda foi prontamente avisada de que sua participação na escolha do manto seria divulgada com provas indiscutíveis — Nina Chaves tinha pegado, com Zuzu, os bilhetes que costureira e primeira-dama trocaram ao longo do processo de criação do presente — e mandou parar a impressão do jornal. "A capa e a contracapa" foi excluída da diagramação.[10]

A rainha Elizabeth II chegou ao Brasil com o marido, o príncipe Philip, em 1º de novembro e por aqui ficou até o dia 11. Passou por seis cidades, do Recife — onde passeava enquanto Zuzu enfrentava os boatos sobre o manto na H.Stern — ao Rio de Janeiro, incluindo Salvador, São Paulo e Campinas. Entre 5 e 6 de novembro esteve em Brasília. Foi recepcionada pelo presidente Costa e Silva e por d. Yolanda, que usou um vestido de seda pura com bordados criado por Zuzu Angel especialmente para o banquete em homenagem ao casal real.[11] A primeira-dama podia estar bem-vestida, mas gafes não faltaram. Yolanda pegou o intérprete desprevenido ao chamar o príncipe Philip de "pão", bem à sua frente. Mais tarde, na hora do brinde, o presidente engasgaria no inglês. Em vez da saudação "*God Save the Queen*", de Costa e Silva só saiu um "God… God… the Queen", que divertiu os comentaristas políticos, certamente necessitados de uma distração.[12]

A extensa agenda de Elizabeth II foi marcada por diversos encontros com autoridades, pela inauguração do Museu de Arte de São Paulo (Masp) e, no Rio, por uma partida de futebol no Estádio Jornalista Mário Filho, o Maracanã, ocasião em que pôde cumprimentar Pelé. Da visita, a monarca levou uma longa lista de presentes, como discos de Carmen Miranda, Noel Rosa, Elizeth Cardoso e Pixinguinha, e até um berimbau, entregue, em Salvador, por um homem que furou as barreiras de segurança ao redor do príncipe Philip. Do prefeito de Brasília, Wadjô Gomide, ela recebeu um casal de onças-pintadas.[13] E do presidente Costa e Silva, em vez de uma capa de zibeline incrustada por quase duzentas pedras preciosas brasileiras, ganhou uma tiara adornada por águas-marinhas, o mesmo tipo de gema que compunha joias dadas de presente anteriormente pelo governo brasileiro à soberana.

Quando indagavam Zuzu sobre o manto, ela costumava dizer que ele estava navegando no *Britannia*, o iate real, que tinha ficado ancorado na baía da Guanabara durante a estadia de Elizabeth II. A história que ela contava não terminava com um furo jornalístico saído do caderninho de Ibrahim Sued e a desistência de Yolanda. Incógnita, a costureira teria pegado a capa, alugado um bote e batido no casco do *Britannia* para fazer sua entrega direto à equipe da rainha. Seria um final mais feliz. É quase certo, contudo, que o manto tenha simplesmente deixado de existir — a capa, desmanchada; as joias, devolvidas; o tecido, reutilizado.[14]

Não é nada surpreendente que, depois dessa quebra de confiança alardeada por todas as colunas sociais do Rio de Janeiro e além, a relação entre costureira e primeira-dama nunca mais tenha sido a mesma. Relação, aliás, que já andava estremecida. Alguns meses antes, durante uma viagem a Paris, Zuzu solicitara a d. Yolanda uma carta que a apresentasse ao embaixador brasileiro na capital francesa, Olavo Bilac Pinto. Esperava que, com aquela recomendação assinada pela primeira-dama, seria atendida com um mínimo de respeito e, quem sabe, uma ajuda burocrática e institucional para concretizar os planos de estabelecer uma representante de sua marca em Paris, para prestar assistência às clientes quando estivessem na Europa. Ao chegar à embaixada, a costureira foi pega de surpresa pelo tratamento descortês que recebeu, e só mais tarde entenderia o porquê. Por trás das cortinas, Yolanda havia suprimido sua aprovação a Zuzu e a deixara na mão.[15] A representante, Madame Fresser, se instalaria no boulevard du Commandant-Charcot, em Neuilly-sur-Seine,[16] sem o apoio e a solicitude da embaixada de Bilac Pinto, um udenista que tinha colaborado com o golpe militar e, antes de sua nomeação diplomática, atuara como presidente da Câmara dos Deputados.

A ruptura foi formalizada por uma troca de bilhetes, algumas linhas nas quais as duas mulheres ventilavam seus rancores. Em uma carta enviada à secretária de Yolanda, Zuzu cobrou o pagamento de dívidas que a primeira-dama mantinha com o ateliê, no total de 2500 cruzeiros — um débito de mais de 30 mil reais em valores corrigidos. O valor foi entregue na rua Nascimento Silva junto com uma réplica cortante. "Como és uma costureira internacionalmente conhecida, e que não precisas de ninguém", escreveu d. Yolanda — e depois sublinhou "internacionalmente" e "precisas de ninguém" —, "terás sempre muito sucesso." Não dava para confiar muito nesses votos de prosperidade. Assim que exigiu a quitação do débito, Zuzu cortava de vez os laços com uma de suas clientes mais conhecidas, assíduas e orgulhosas. Em troca, Yolanda se sentiu ultrajada pela mensagem nem um pouco subliminar: de fato, a costureira avisava não precisar dela para manter e expandir sua etiqueta.

Mas a última palavra parece ter sido a de Zuzu Angel. Num papel de *O Globo*, que costumava ser usado para passar a limpo textos a serem publicados no jornal, ela rascunhou sua tréplica atrevida. "Recebi o seu amável bilhete e aguardo a inspiração que a senhora merece para respondê-lo. Agradeço tudo e estarei sempre aqui às suas ordens." Assinou "da amiga Zuzu".[17]

Zuzu não remoeu a decepção com o manto da rainha por muito tempo. Tinha planos em mente, que incluíam a promessa de "revolucionar os meios" da moda.[18] Os desfiles de sua Petite Collection — assim mesmo, em francês — começariam em 12 de dezembro, uma quinta-feira, e aconteceriam em seu ateliê sob patrocínio da Legião Brasileira de Assistência, presidida por Yolanda Costa e Silva.[19] A marca saía do circuito de feiras e apresentações beneficentes em salões de clubes e hotéis para consolidar um ambiente próprio, vinculado apenas à sua criadora.

Graças ao sucesso da apresentação inaugural da Petite Collection, Zuzu anunciou uma novidade: o início de uma programação semanal e contínua de desfiles, sempre nas tardes de quinta-feira. Novas peças seriam introduzidas aos poucos, à medida que fossem criadas, e instituiriam um ciclo de renovação constante.[20] Suas clientes da alta sociedade compareceram em peso — Ionita Guinle, a condessa Pereira Carneiro, Joan Guerreiro e Teresinha Veiga Brito passaram pelo ateliê, assistiram ao desfile e fizeram suas encomendas. Era um acontecimento. Zuzu queria fugir de toda e qualquer improvisação. Montou um esquema de iluminação, contratou as manequins mais requisitadas do Rio de Janeiro e não se esqueceu da música, uma aparição ainda recente nas passarelas de moda.[21] Ela chegara inspirada das viagens feitas, em setembro, a Paris e Londres. Na França, comprou tecidos, assistiu a desfiles e contratou uma representante. Durante a estadia na Inglaterra, concedeu entrevista sobre moda brasileira ao jornal *Evening News* e negociou a aquisição de uma leva de Lurex, material com o qual já estava familiarizada. Ele havia aparecido em coleções anteriores, como a Fashion and Freedom, e foi empregado em peças como um caftan dourado.[22]

A outra modernidade desfilada por Zuzu a partir da Petite Collection estava na mescla de alta-costura e prêt-à-porter. Essa dualidade emblemática da moda na década de 1960, entre o tradicionalismo da roupa sob encomenda e a inovação comercial das peças prontas, emergiu aos poucos no ateliê de Ipanema. No final de 1968, a alta-costura ainda levava a melhor na etiqueta de Zuzu, que preservava aquele vínculo poderoso e, por enquanto, indispensável. Não dava para trocar o sistema de uma hora para a outra, principalmente com uma clientela formada, em grande parte, por senhoras que achavam prêt-à-porter uma coisa de jovens, pouco adequada para as posições que ocupavam. Mas a costureira ia movimentando o seu negócio. Pelo menos metade dos modelos lançados naquela temporada entrava na categoria de roupa pronta. Os vestidos descritos como "esportivos", decorados com botões e fivelas, se opunham às peças ditas habillées (mais refinadas e formais) cujos pontos altos eram as plumas, os zibelines, os organdis e os boás franceses.[23] Até o vestido de noiva, com margaridas aplicadas nas golas e nas mangas, era considerado moderninho e despojado demais para contar como exemplo de alta-costura.

A recepção positiva à Petite Collection traçou uma linha divisória do que acontecera naqueles últimos meses de 1968. À experiência de ser detratada publicamente como a costureira oportunista, Zuzu contrastava as possibilidades profissionais para o próximo ano e torcia para que os lançamentos do ateliê desviassem o foco do falatório público — em vez de fofocarem sobre a capa da rainha, que nunca foi vestida por ninguém, era melhor então que se pronunciassem a respeito das novas criações de Zuzu Angel.

A viagem aos Estados Unidos em junho e julho, para apresentação de suas roupas na feira de San Antonio e encontros arranjados por Joan Crawford na sociedade nova-iorquina, tinha aberto várias portas e ampliado consideravelmente as perspectivas da marca; e, apesar da baixa de d. Yolanda e suas amigas e familiares mais próximas, a lista de freguesas crescia. Zuzu Angel se firmara como uma referência na moda brasileira e seu trabalho falava cada vez mais alto. Tanto falava que, em dezembro, ela recebeu um convite que faria 1968 terminar numa nota definitivamente positiva. Zuzu fora escolhida como uma das dez mulheres que, naquele ano, mais se esforçaram em prol da integração feminina ao processo de desenvolvimento do país.

A honraria não vinha de uma associação qualquer. Desde 1966, o Conselho Nacional de Mulheres do Brasil (CNMB) selecionava uma dezena de mulheres, atuantes em diversas áreas profissionais, sociais e culturais, e as homenageava em uma cerimônia especialmente pensada para divulgar e celebrar suas conquistas, empreendimentos e projetos.[24] Naquele ano, a carta-convite que chegou à casa de Zuzu foi entregue também à escritora Rachel de Queiroz, à empresária polaco-brasileira Regine Feigl, à deputada Lygia Maria Lessa Bastos, à cantora e atriz Bibi Ferreira (que se tornaria amiga e cliente de Zuzu), à assistente social Leonor Amorim, à esposa do primeiro-secretário da embaixada britânica no Brasil, sra. Wellington, e a Iná Tavares, Carmem Prudente e Ruth de Almeida, mulheres envolvidas na assistência social a idosos e a comunidades carentes. O texto da mensagem, desprovido de firulas e excessos, informava direta e simplesmente que a destinatária seria homenageada no próximo dia 26, e era assinado pela presidente do CNMB, a advogada Romy Medeiros da Fonseca.[25]

Romy e Zuzu já se conheciam: a costureira tinha concebido e confeccionado o vestido de noiva da filha da advogada, a também jurista Myriam Medeiros da Fonseca.[26] Mas um vestido de noiva, por mais bem-feito que seja, dificilmente é suficiente para assegurar um título de mulher do ano. Sobretudo se quem toma a decisão final é alguém tão exigente e conscienciosa como Medeiros da Fonseca, que, com Orminda Ribeiro Bastos, capitaneou a campanha pela reforma do Código Civil brasileiro.[27] Em 1951, a dupla de advogadas passou a exigir formalmente a reestruturação da condição jurídica da mulher casada e esboçou o texto preliminar de um projeto de lei que só renderia frutos uma década mais tarde. Até a aprovação do Estatuto Civil da Mulher Casada em agosto de 1962, a brasileira que contraísse matrimônio se transformava, perante a lei, em uma criatura incapaz e dependente da autorização do marido para cumprir atividades básicas da vida em sociedade, tais como ter um emprego, viajar para outro país ou realizar transações bancárias. Legalmente, com uma mão o casamento garantia respeitabilidade à esposa; com a outra, tolhia sua autonomia pessoal e entregava a responsabilidade da gerência familiar ao marido.[28] Romy, como tantas outras brasileiras, sentia os limites na própria pele. Mesmo com anos de experiência no exercício da profissão e integrante de diversos comitês relacionados à condição feminina — inclusive o próprio CNMB —, ela precisou recorrer ao marido e solicitar-lhe uma permissão para comparecer à VII Assembleia da Comissão Interamericana de Mulheres, em Santiago do Chile. Um detalhe: ele quase não permitiu que a esposa participasse do encontro, essencial à sua carreira.[29] Por pouco, a advogada não perdeu a chance de contribuir para a elaboração do anteprojeto que propunha as atualizações do Código Civil[30] — ela tinha plena certeza de que a incapacidade relativa da mulher casada restringia jurídica, social e culturalmente o exercício da plena condição feminina.

O CNMB entrou para o embate pela reforma do Estatuto da Mulher Casada junto com sua presidente.[31] E a vitória relativa em 1962 — as concessões legislativas que mantinham o homem como chefe da família e administrador dos bens comuns fariam a bióloga, sufragista e ativista feminista Bertha Lutz exclamar que, à nova lei, "falta tudo mais"[32] — não representaria nem o meio do caminho para as reivindicações de Medeiros da Fonseca. Nos anos seguintes, ela usaria o Conselho como plataforma para defender o divórcio e a descriminalização do aborto, e para fomentar o diálogo sobre os melhores caminhos rumo à igualdade de gênero. Era esse, afinal, o propósito do CNMB desde o ano de seu estabelecimento, em 1947: segundo os seus estatutos, aquela entidade não governamental se destinava à pesquisa, ao debate e à defesa da condição da mulher, a fim de que ela participasse integralmente do desenvolvimento do país.[33] Medeiros da Fonseca sucedia à própria fundadora do CNMB, a enfermeira, líder feminista e sufragista Jerônima Mesquita, nas exigências por igualdade, em todas as instâncias, para as brasileiras.

O reconhecimento como Mulher do Ano, além de provocar uma maré de alegria, foi uma oferta irrecusável para Zuzu Angel. Às cinco da tarde do dia 26 de dezembro, lá estava ela no salão de conferências do Palácio Itamaraty carioca. Zuzu recebeu seu diploma, um documento assinado por Romy Medeiros da Fonseca e com o cabeçalho do CNMB, das mãos do chanceler Magalhães Pinto. A cada vez que uma das dez homenageadas cumprimentava o ministro, a presidente do Conselho recitava uma breve biografia. Era um procedimento de certa importância: diante de uma plateia formada por dois deputados, um ministro do Supremo Tribunal Federal e outro do Superior Tribunal Militar, o embaixador de Israel e um almirante, diretor de armamento da Marinha, a advogada expunha, a partir dos melhores ângulos, as trajetórias e conquistas daquelas mulheres.[34] Convicta de que "a brasileira ainda é a grande desconhecida do homem brasileiro de governo",[35] Medeiros da Fonseca executava, ali, uma tentativa de apresentação — como se dissesse aos "homens de governo" que tais valorosas brasileiras poderiam lhes ser úteis na elaboração de políticas públicas, sim, mas também no cumprimento de toda sorte de missões. Em seu discurso de abertura da cerimônia, ela reafirmou a necessidade da participação feminina na vida pública e declarou, à frente de representantes da administração militar de Costa e Silva, não ser possível "permitir a ausência e a não cooperação femininas no processo de desenvolvimento socioeconômico do país".[36]

No CNMB conviviam diversos sonhos. Debater a "condição feminina" com o governo, de igual para igual e abordando temas sensíveis e fundamentais à igualdade de gênero, era um deles. Cabiam vários outros, desde articular medidas de incentivo à educação das jovens e estimular a atuação feminina no mercado de trabalho a estruturar ações conjuntas e afiliações com organizações femininas globais, como o Conselho Internacional de Mulheres, fundado em 1888 nos Estados Unidos.[37] Em meio àquele grupo de mulheres parecidas com ela, a costureira encontrou um espaço para exercitar as próprias convicções. Ainda não tinha formulado muitas certezas sobre a tal condição feminina da qual Romy tanto falava, mas vivera como mulher por tempo suficiente naquele mundo para entender que essa condição, na maioria esmagadora das vezes, saía prejudicada. O Conselho lhe permitiria ajustar o foco sobre as próprias vivências e as ressignificar. Com vigor renovado, Zuzu compreendeu que era hora de repensar a essência de sua marca. Qual era a mulher que imaginava quando criava suas roupas? Quem seria a cliente ideal da etiqueta Zuzu Angel? Dali para a frente, suas estratégias seriam mais transformadoras. Não faria mais o mesmo que antes — muito menos o mesmo que os outros.

A Petite Collection fechou uma fase na costura de Zuzu. O que ela tinha começado a ensaiar com a coleção Fashion and Freedom de 1967 se tornaria a linha central de sua moda. Dali em diante, Zuzu Angel se dedicaria a vestir a mulher livre.

7. Clandestinos

O movimento na casa-ateliê de Zuzu só aumentava. Nem sempre, porém, era uma cliente que batia à porta. Muitas vezes, quando ia atender, Zuzu encontrava a nora, parada na entrada e carregada de livros e cadernos: Sônia Maria de Moraes tinha ido buscar refúgio na rua Nascimento Silva.

Zuzu a cumprimentava, abria a porta e lhe dava passagem. Ela não gostava muito de como o quarto de Stuart tinha virado ponto de encontro da militância jovem e universitária, mas preferia que o filho continuasse por perto, onde pudesse ficar de olho nele. Histórias cada vez mais estranhas e dolorosas corriam pela cidade, sobre filhos e filhas agredidos, presos, desaparecidos. No fundo, a mãe de Stuart se comovia com aquele romance jovem que rolava debaixo de seu teto.

A história de Stuart e Sônia começou na Faculdade de Economia, onde ambos estudavam. Sônia era filha de Cléa e João Luiz de Moraes, um tenente-coronel da reserva do Exército que também atuou como professor, abriu e gerenciou cursos e escolas preparatórias no Rio de Janeiro, e se dizia politicamente conservador.[1] Por toda a vida escolar, Sônia se viu cada vez mais dividida entre o ambiente familiar de direita e os debates progressistas que fervilhavam onde estudava. Ainda que a presença no movimento estudantil e o envolvimento com as experiências políticas tivessem sido tímidos em seus anos de aluna secundarista, ela estava inserida em um contexto de intensa politização e amadurecimento intelectual. No Colégio de Aplicação (CAp) da UFRJ, onde ela se formou, tudo contribuía para uma guinada no pensamento crítico e uma aproximação às esquerdas. Com um percurso curricular montado para a formação de professores, garantido pela escolha de um competente corpo docente, e forte incentivo à participação dos alunos no universo escolar, o CAp era um colégio da elite intelectual carioca; além do mais, graças a um grêmio estudantil influente e atuante, tornou-se um espaço propício ao amadurecimento cultural, crítico e político dos jovens secundaristas.

Ao contrário de outros alunos do CAp de sua geração, como Franklin Martins, Alfredo Sirkis e César e Cid Benjamin, nessa época Sônia não se engajou tanto com o movimento estudantil — que, desde o golpe militar, se mobilizava contra a ditadura, sua ideologia reacionária e suas políticas de repressão.[2] A escolha política da filha do tenente-coronel se daria mais tarde, dentro da universidade: outro lugar onde jovens de classe média, criados em bolhas de moralismo e bom senso, eram interpelados por novas maneiras de pensar, interpretar e entender o mundo. Na faculdade, as referências constantes a uns tais de Marx, Lênin, Guevara e Debray, os cartazes contrários às propostas governamentais de reforma universitária, o clima tenso das assembleias de estudantes e a escalada da violência repressiva davam a sensação de que, de um jeito ou de outro, nada seria o mesmo. Nem deveria. Para uma geração desiludida com as referências do passado e a destruição das instituições democráticas, vencidas por um golpe militar, a única força sobrevivente parecia ser a sua própria.[3] Os projetos anteriores de Brasil não tinham dado certo — talvez um projeto novo, todo *deles*, jovens e cheios de ideias, pudesse funcionar.

Pouco depois de Stuart e Sônia se tornarem alunos da UFRJ — e com sua contribuição —, as eleições de chapas para os diretórios acadêmicos de três faculdades importantes dariam a vitória para grupos de esquerda. Medicina, Arquitetura e Economia ampliaram a influência e o alcance do movimento estudantil e de organizações políticas clandestinas dentro do ambiente universitário. Nesses territórios recém-conquistados, ficava mais fácil se aproximar dos estudantes. As lideranças organizavam assembleias e debates, construíam programas políticos a partir de reivindicações dos próprios alunos e, principalmente, ficavam atentas a quem poderiam recrutar para um grupo que se fortalecia entre 1966 e 1968 e do qual o casal fazia parte: a Dissidência Comunista da Guanabara (DI-GB), formada por militantes de esquerda que, desiludidos pelo que criticavam como a inação do Partido Comunista Brasileiro (PCB) ante o golpe militar, tinham rompido com suas diretrizes de atuação política e fundado uma organização dita revolucionária, empenhada em executar um trabalho de base com universitários, operários e populares. Muitos dos nomes mais importantes da DI-GB e dos movimentos de luta armada que dela derivaram saíram das salas de aula da Economia. Franklin Martins, Vera Sílvia Magalhães e Lúcia Murat

Vasconcellos, além dos próprios Stuart e Sônia, estão entre os que ajudaram a escrever a história da resistência contra a ditadura.[4]

Franklin já conhecia Sônia dos tempos do CAp e tinha uma longa história com o movimento estudantil. Reaproximou-se da antiga colega e reavivou o envolvimento com a militância na faculdade, onde conheceu Stuart. Foi um encontro que, desde o primeiro momento, partiu de uma afinidade política. Mesmo estando um ano atrás de Stuart no curso de economia, Franklin tinha atraído o interesse dos colegas mais velhos: seu nome era famoso dentro do movimento estudantil secundarista e, ainda que não estivesse ativamente buscando a porta de entrada na militância de esquerda dentro da universidade, se mantinha aberto às possibilidades. Essa possibilidade chegou com Stuart, que o abordou após ter testemunhado um confronto entre Franklin e um dos representantes da antiga configuração do diretório acadêmico, que repassava um informe incorreto a respeito de uma das assembleias mais recentes. "Vocês não falam a verdade", retrucou o calouro altíssimo, com mais de 1,90 metro, antes de narrar, tim-tim por tim-tim, o que realmente havia acontecido na sessão anterior. A DI-GB queria bons estudantes, dedicados à ideia de fazer a revolução e firmes em seus princípios, e Stuart encontrou um ótimo candidato ali. Chamou o colega para conversar e o introduziu à base da Dissidência.[5]

Não era só pelo acaso: havia outras formas de estreitar os contatos e chegar mais perto da organização. Também um ano abaixo do casal Sônia e Stuart, Lúcia Murat ingressou na DI-GB através dos cursos de filosofia e marxismo promovidos pela Organização Para-Partidária (OPP) — uma espécie de grupo de base da Dissidência, cujos encontros preparavam intelectual e politicamente os membros para se tornarem militantes.[6] Sônia deu alguns desses cursos para Lúcia, que se impressionou com a colega mais velha, bastante intelectualizada, e elas logo se tornaram amigas.[7] A fama de intelectuais seria comum entre os militantes da DI-GB, sobretudo em razão dos cursos e grupos de estudo, configurados para estimular os estudantes a debaterem, questionarem, analisarem.[8]

Na casa da família Moraes, o conflito de gerações — e de convicções políticas — estava montado. À medida que Sônia se aprofundava no movimento estudantil e se identificava com as ideias de esquerda, batia de frente com o pai, que servira como assistente do general Décio Palmeiro de Escobar, chefe do Estado-Maior do Exército entre 1964 e 1966, e acreditava ferrenhamente na predileção de comunistas por comer crianças no jantar.[9]

E era com essa turma de comunistas malvados que sua filha mais velha tinha se metido. Moraes procurava um culpado, alguém que pudesse servir de bode expiatório para o desvio de Sônia — e logo viu o delinquente perfeito em Stuart, o rapaz alto, atlético e loiro por quem ela se apaixonara. Convenceu-se de que fora ele o responsável por radicalizar a menina, que, poucos anos antes, tinha aceitado participar da Marcha da Vitória no Rio, em comemoração ao golpe de Estado bem-sucedido e em nome dos valores da boa família. Sua certeza quanto à incapacidade de pensar por conta própria da filha era tamanha que, certa vez, botou Stuart para fora da casa apontando-lhe um revólver.[10] Depois dessa cena, em que a desaprovação ao namorado pelos pais ficou indiscutível, Sônia passou a frequentar a rua Nascimento Silva mais do que a residência de sua família, na Gávea.

Sônia e Stuart eram bem tradicionais para os padrões de liberação sexual e moral da juventude dos anos 1960. Passavam longe de relacionamentos abertos, amor livre e rejeição ao matrimônio — aliás, queriam se casar o quanto antes. Talvez pelo fato de a rotina na militância levantar todo tipo de incerteza quanto ao futuro, os dois imaginavam uma vida em comum como porto seguro. Sônia faltava tanto às aulas para cumprir as tarefas de militante que precisou repetir o último ano do curso de economia; Stuart interrompeu os estudos e, com três companheiros dissidentes, se mudou para a favela Nova Holanda e começou um curso de torneiro mecânico. Era um esforço de expansão da DI-GB rumo ao movimento operário, em busca de contatos jamais herdados do PCB. Além do trabalho junto às massas, Stuart integrava a direção da organização e, com Vladimir Palmeira, Daniel Aarão Reis, Vera Sílvia Magalhães e Luiz Eduardo Prado, elaborava o projeto político do grupo. O primeiro passo seria o investimento na formação prática e teórica dos novos quadros, realizada por grupos de estudos que orientassem o pensamento crítico e preparassem a militarização dos estudantes. Um desses grupos, formado dentro da Frente de Organização e Luta Estudantil (Fole) da universidade, fundou um curso de marxismo que tinha Franklin e Stuart como professores. Vários dos participantes da Fole, já simpáticos às ideologias de esquerda, engrossariam as fileiras da militância.[11] Em 1968, quando o casal se sentia maduro o suficiente para assinar o contrato de casamento, a Dissidência constatou que o recrudescimento da repressão militar exigiria uma resposta peremptória da oposição estudantil. As alternativas se esgotavam: a revolução anticapitalista, antiburguesa e anti-imperialista seria feita por guerrilheiros armados.

A conversa sobre casamento não agradou a João Luiz e Cléa de Moraes. Novos desentendimentos explodiram na casa da Gávea e Sônia, como de costume, procurou abrigo em Ipanema, com a família do namorado. Zuzu não era boba e logo concluiu que, quisessem os pais ou não, aqueles dois iriam em frente em seus planos. Seria melhor que o fizessem perto das famílias, em vez de se isolarem em definitivo. Depois de esperar alguns dias para os ânimos se acalmarem, Zuzu foi à Gávea. Sentou-se com os Moraes e argumentou que não adiantava, justamente, argumentar — os dois estavam apaixonados. Em nome de Stuart, Zuzu pediu a mão de Sônia em casamento.[12]

O filho de Zuzu e Norman se casou com a filha primogênita de João Luiz e Cléa no dia 18 de outubro de 1968, às cinco da tarde, em um cartório de Copacabana. Stuart tinha 23 anos e foi registrado como estudante; Sônia ainda não completara 22, e passava a assinar Sônia Maria de Moraes Angel Jones.[13] A recepção aconteceu na casa dos Moraes, onde se reuniram os amigos mais próximos dos recém-casados e as famílias. Lúcia Murat não se esqueceria da noiva, em seu romântico vestido de mangas compridas e bufantes, gola boneca e uma fileira de botões, descendo as escadas da casa dos pais. Sônia estava felicíssima por rever a amiga, que tinha sido solta da prisão no dia anterior — a repressão apertava a militância onde e como podia, e Lúcia fora presa pela primeira vez ao ser capturada no XXX Congresso da União Nacional dos Estudantes, um encontro clandestino organizado em um sítio em Ibiúna (SP).[14] As tias do noivo, Leopoldina e Virginia, e o tio Carlos Alberto compareceram. Seu pai, entretanto, não fez a viagem do interior de Minas até o Rio de Janeiro.

Para o eterno espanto da mãe costureira, Stuart pediu um terno emprestado ao sogro e o usou na cerimônia. Sempre disse não precisar de mais do que o absolutamente necessário para se vestir. E foi provavelmente por pura educação que aceitou um dos presentes de casamento, talvez o mais incongruente de todos: um par de abotoaduras de ouro, enviado pelo casal Artur e Yolanda Costa e Silva — o rompimento entre primeira-dama e costureira aconteceria alguns meses mais tarde. Após a cerimônia, Stuart e Sônia partiram em lua de mel para a região serrana do Rio de Janeiro. Em seu retorno ao Rio, mudaram-se para um apartamento alugado na Tijuca, mobiliado com a ajuda da fiel escudeira de Sônia, sua tia Edy.[15]

O romance que Zuzu apoiava não existia em um ambiente tranquilo. Do pequeno apartamento da Tijuca, o casal saía para enfrentar um país prestes a pisar no acelerador da repressão política, e a organização na qual militava se preparava para assumir uma postura mais radical. Entre o fim de 1968 e abril de 1969, quando realizou sua terceira conferência e definiu uma linha política, a DI-GB montou uma nova infraestrutura, composta das Frente de Trabalho Armado (FTA), Frente de Trabalho Operário (FTO) e Frente de Trabalho nas Camadas Médias (FTCM). Stuart atuaria tanto na FTA quanto na FTO e Sônia integraria, principalmente, a unidade interna da divisão voltada à mobilização operária.[16] Nesse período, o grupo desempenhou três ações armadas como meios de angariar recursos e fundos para a organização. Em fevereiro, tomaram uma metralhadora de uma sentinela do Hospital Central da Aeronáutica. Usaram a arma alguns dias depois para expropriar o bar Castelinho, em Ipanema, de onde teriam saído com a quantia de 10 mil cruzeiros novos;[17] no mês seguinte, praticaram sua primeira expropriação bancária, na agência de Bonsucesso do Banco de Crédito Territorial, que lhes rendeu quase 40 mil cruzeiros novos. Os valores obtidos com essas ações serviam para sustentar a própria infraestrutura da organização. Segundo declararam aos funcionários do banco em Bonsucesso, aquele assalto não iria matar ninguém — o dinheiro iria para "a nossa Revolução que salvará o país".[18]

Profundamente influenciada pela Revolução Cultural chinesa, a independência da Argélia, a Revolução Cubana e a Guerra do Vietnã, a Dissidência estava seduzida pela capacidade de nações geopoliticamente periféricas se transformarem em centros de resistência contra os poderes ditos imperialistas — Estados Unidos e Europa — e proliferarem, com isso, as ideologias comunistas e revolucionárias.[19] Também poderia acontecer no Brasil, sonhavam os dissidentes, e direcionavam todo o seu empenho para se assumirem verdadeiros guerrilheiros. Queriam se fazer à imagem de Che Guevara e seus companheiros, e para tanto aceitavam que "a vida não é o bem supremo do revolucionário", conforme havia escrito o filósofo e guerrilheiro francês Régis Debray.[20] Queriam ser exemplos. Queriam lutar por princípios que definissem suas próprias existências, na vanguarda de um momento decisivo para a história do país. Escolher a luta armada significava escolher outra vida, diferente de tudo que seus pais imaginavam para os filhos — distinta em tudo até do que os próprios militantes esperavam do início de sua vida adulta. A revolução estava em toda parte.[21] Após 13 de dezembro de 1968, ela ficaria impreterível.

A relação entre o Ato Institucional nº 5 e a opção definitiva pela luta armada não é de causa e consequência, uma vez que já havia uma tendência da esquerda revolucionária a pegar em armas. O AI-5 pode ter sido o empurrão decisivo, a camada final a cimentar os argumentos de que, contra um governo autoritário e violento, não haveria oposição aberta — Carlos Marighella, fundador da Ação Libertadora Nacional (ALN) e referência da esquerda armada, seria categórico em sua afirmação de que a luta reivindicatória era fundamentalmente impossibilitada pela ditadura militar.[22] Com o AI-5, o governo cerrava as fileiras e instituía um instrumento de intervenção absoluto: com uma dúzia de artigos e um ato complementar, o documento baixado pelo governo de Costa e Silva arrematava uma crise política que se estendera por meses, enforcava a oposição e transformava os espaços de debate e decisão políticos em anexos dos quartéis. Não poderia haver dúvidas — o poder emanava das Forças Armadas.[23]

O AI-5 foi disparado contra o povo brasileiro em rede nacional de rádio e televisão, tarde da noite daquela sexta-feira 13. A voz monocórdia de Alberto Curi, locutor oficial do programa radiofônico *A Voz do Brasil*, retomava o refrão "o presidente da República poderá decretar" para anunciar que, dali em diante, fechava-se o Congresso Nacional por tempo indeterminado; estavam suspensas a concessão de habeas corpus e as garantias constitucionais de liberdade de expressão e reunião, e autorizadas demissões, cassações e transferências sumárias de funcionários civis e militares; crimes políticos seriam julgados por tribunais militares e os acusados não teriam direito a recurso. Nada ficou de fora em termos de poderes discricionários, explicou o jornalista político Carlos Castello Branco em sua coluna no *JB*, no dia seguinte à instauração do ato.[24] Sob o pretexto de punir o Congresso pela recusa em processar o deputado Márcio Moreira Alves, que proferira no plenário um discurso considerado, pelos militares, terrivelmente ofensivo, o governo se assumia plenamente ditatorial. De tão terrível, Moreira Alves não tinha dito nada — na sequência da invasão do campus da Universidade de Brasília por centenas de PMs e agentes do Dops, o deputado tinha se alinhado aos estudantes e chamado os militares de algozes que espancavam e metralhavam jovens nas ruas, mas não conclamara ação alguma além de um boicote ao desfile de 7 de Setembro e da provocativa sugestão a uma greve de sexo a ser praticada pelas namoradas de oficiais, inspirada na comédia grega *Lisístrata*. À exceção de uma ou outra nota, a imprensa sequer se deu ao trabalho de noticiar o pronunciamento.[25] As Forças Armadas, em contrapartida, viram na insubmissão do Congresso a desculpa perfeita para apressar o endurecimento do regime.

Se a nova ordem era restringir a participação política e a atuação dos três poderes da República, seria preciso eliminar toda e qualquer resistência.

Artistas eram exilados e políticos, cassados; a ameaça constante de prisões e torturas rondava todos com vontade de enfrentar a arbitrariedade do regime. Diante da censura, do silêncio forçado e da paralisação dos movimentos políticos, aderir a um grupo de esquerda armada parecia ser a única chance de agir.

Na luta armada, não havia filhos e filhas. Apenas guerrilheiros. Aqueles jovens se desligavam da família, por medo de que suas ações repercutissem e prejudicassem os pais — mas também para evitar que qualquer informação sobre seus paradeiros fosse vazada. Entravam para a clandestinidade: mudavam de endereço, passavam a viver não em apartamentos ou casas, mas em "aparelhos", assumiam codinomes e se tornavam profissionais da revolução. Para os pais, era aterrador viver na incerteza do destino dos filhos, ignorantes sobre tudo o que faziam. Não sabiam se estavam soltos ou presos, se haviam participado de alguma ação divulgada nos jornais, se estavam feridos ou passavam fome, se precisavam de alguma ajuda. A clandestinidade provocava uma angústia interminável. O filho não voltava para casa, nem arriscava uma chamada por telefone. Os contatos eram breves, quase enigmáticos, e geralmente realizados por terceiros. Ler os jornais gerava pânico. E se os nomes dos filhos estivessem escritos ali, listados como procurados, presos ou, pior, alvejados pela polícia? O jovem clandestino não dava sossego à família. Mas fazia o que achava certo. A quem o esperava na sala de casa, esse podia ser o único consolo possível.[26]

Stuart estava plenamente convencido da urgência de colocar o compromisso com a DI-GB e a oposição à ditadura acima da família, da diversão, de uma carreira. Em um documento datilografado sem data e guardado por sua mãe, ele realiza um aparente esforço de convencimento — talvez a si mesmo, talvez à família, provavelmente a ambos — no qual externa a sua crença no materialismo histórico e na necessidade de construir um futuro mais justo e igual. O texto, escrito em inglês, é um manifesto idealista e demonstra a adesão do estudante de economia aos princípios de uma revolução total contra a pobreza e a ignorância. Princípios bastante românticos, aliás: "Rebelar-se é uma forma de devoção", define ele, "ao lutar pelo homem nós lutamos por Deus. Ao morrer pelo homem, nós somos mártires". A religião de Stuart seria a fé na força transformadora que existia em seu íntimo e o tornava capaz de se dedicar em nome do homem explorado, pobre, oprimido. Se, como ele escreveu, "só se encontra Deus no homem" e, portanto, "explorar o homem é profanar Deus", então lhe restava se submeter ao divino que nele existia.[27] A certeza quanto ao caminho que precisava seguir — dedicar-se plenamente ao ideal da revolução comunista — guiaria todas as suas decisões, inclusive as mais difíceis, que surgiram após 1º de maio de 1969. Naquele Dia do Trabalho, Sônia foi presa por agentes do Dops enquanto se preparava para uma ação de panfletagem política às portas das fábricas cariocas. Em consequência da captura da esposa, Stuart precisou desaparecer do radar da repressão e Zuzu virou mãe de um guerrilheiro clandestino.

Na manhã do dia 1º, o agente Theobaldo Lisboa — entusiasmado adepto da tortura como método de interrogatório — estava no centro do Rio de Janeiro, nas imediações da movimentada praça Tiradentes, e tinha um alvo. Era a militante Maria Augusta Carneiro, a melhor amiga de Sônia, madrinha do casamento com Stuart e integrante da DI-GB. Sua prisão preventiva havia sido decretada em São Paulo, e naquele dia ela estava com Sônia e outros dois dissidentes — Ricardo Villas Boas de Sá Rego e Lúcia Rodrigues Pimentel — para ordenar os panfletos e, em seguida, distribuí-los.[28] A panfletagem oferecia uma oportunidade valiosa de se aproximar dos trabalhadores, sensibilizá-los a respeito de possíveis soluções para os seus problemas salariais e trabalhistas e, quem sabe, abrir contatos entre os membros do movimento operário, trazendo-os para a infraestrutura da Dissidência. No melhor dos casos, os novos panfletos da DI-GB seriam incentivos e ajudariam os trabalhadores a coordenar ações contra seus patrões.[29] Os quatro militantes tinham em mãos um material potencialmente incendiário, e a presença de Maria Augusta atraiu a atenção da repressão. Theobaldo Lisboa abordou o grupo com a intenção de deter a jovem. Ela, Lúcia e Sônia resistiram com todas as forças. Ricardo teria, então, disparado seu revólver contra o policial.[30] A perseguição que se seguiu pelas ruas ao redor da praça Tiradentes teve trocas de tiro e correria, até que outros policiais chegaram à cena e interceptaram os militantes em fuga. O ato de resistir à prisão foi prontamente agravado pela posse de textos considerados subversivos. Todos foram presos em flagrante.[31]

No interrogatório, Sônia não informou o apartamento que dividia com Stuart como seu endereço residencial. Tentou despistar os policiais com a casa da família na Gávea, provavelmente livre de traços de suas atividades políticas e intelectuais. Não deu certo. Sua bolsa, prontamente revistada, guardava vários documentos pessoais importantes. Havia carteira de identidade, fotos com Stuart e um recibo do pagamento do aluguel com o endereço completo do casal na Tijuca, no apartamento 202 da rua Visconde de Figueiredo, 79[32] — que logo recebeu uma visita do Dops, foi revirado de cabeça para baixo e saqueado. Munidos de um mandado de busca, os agentes levaram tudo que pudesse ser rotulado como subversivo ou, sob exames mais precisos, render boas desculpas para manter Sônia na cadeia. Apreenderam máquinas de escrever, pastas cheias de papéis e documentos, e cadernos nos quais Stuart e Sônia faziam suas anotações. Mas o verdadeiro butim eram os livros, jornais e apostilas: teses sobre economia política, o estado da África Ocidental e o Maio de 1968 francês, além de volumes e mais volumes em inglês, francês e espanhol sobre a Revolução Russa, Mao Tsé-tung, Karl Marx, Che Guevara, Stálin e Trótski. Os agentes sob o comando de Mário Borges devem ter sorrido de orelha a orelha. Aquilo era mais que suficiente para tratar Sônia como uma verdadeira subversiva e interrogá-la sobre o motivo de tanto interesse pela guerra revolucionária e pelas obras completas de Lênin.[33] Nem mesmo a geladeira do casal ficou a salvo — roubaram um pudim de chocolate — e as abotoaduras de ouro dadas de presente por Costa e Silva desapareceram.[34] O próprio Stuart, por sorte, tinha tomado outro rumo.

Sônia foi fichada no Depósito de Presas São Judas Tadeu, um setor de celas localizado no térreo do Dops destinado exclusivamente ao encarceramento de mulheres. Sua prisão serviu de gatilho para o cumprimento do decreto-lei nº 477, baixado em fevereiro daquele ano por Costa e Silva para punir de forma sumária professores, alunos e funcionários universitários acusados por crimes de subversão. Por ter sido pega em posse de material dito subversivo, com intenção de distribuí-lo, Sônia se encaixou perfeitamente no decreto e não só foi expulsa da Faculdade de Economia, onde ainda estava matriculada, como também estava proibida de se registrar em qualquer curso universitário pelos próximos três anos.

Pelos três meses seguintes, Sônia Angel permaneceu encarcerada nas celas femininas do Dops. Seus pais conseguiram permissão para visitá-la diariamente. Graças aos contatos militares de João Luiz de Moraes, o casal aparecia na prisão várias vezes ao dia para levar mantimentos. Moraes fez questão de estabelecer um relacionamento com o carcereiro de Sônia, na expectativa de ser avisado se, tarde da noite, ela desaparecesse na malha da repressão e fosse transferida de sua cela para algum dos temidos porões da ditadura. A cada vez que os pais chegavam para vê-la no Depósito de Presas São Judas Tadeu e a encontravam intacta, sentiam ser uma pequena vitória. Tinham entregado a defesa da filha a Heleno Fragoso, experiente advogado criminalista e professor de direito penal que assumira a responsabilidade de representar presos políticos e enfrentar os tribunais militares.

Introspectivo e ponderado, Fragoso defendia figuras públicas como o editor Ênio Silveira e a jornalista Niomar Sodré Bittencourt, proprietária do *Correio da Manhã*, e integrava um grupo restrito de juristas que, malgrado os riscos de prisão e violência imputados a quem se opunha ao sistema da ditadura, subscreviam ao compromisso de intervir em nome dos direitos humanos.[35] As aparições diárias dos Moraes no Dops e o trabalho de Fragoso constituíam um esforço conjunto para manter Sônia viva e a salvo até a data de seu julgamento. Zuzu tentou visitá-la, mas não permitiram que a visse.[36] Stuart, por sua vez, não cometeria a imprudência de entrar no endereço exato daqueles que adorariam tê-lo nas mãos. Tampouco ignoraria o treinamento na militância e retornaria ao seu apartamento. Mantido sob vigilância, o canto do casal na Tijuca não oferecia segurança. Pelo contrário: tinha se transformado em armadilha.

Apesar de ter sido absolvida e liberada no dia 6 de agosto, Sônia não saiu tranquila do Dops. A repressão havia registrado a profusão de material subversivo em sua casa e dava a cumplicidade de Stuart como certa — o fato de entrarem para a clandestinidade servia como "confissão tácita de culpa".[37] Sônia dormiu apenas uma noite na casa dos pais e, no dia seguinte, se encontrou com o marido, a quem não via desde o início de maio. O pai queria que ela continuasse com a família, na ilusão de poder lhe garantir alguma proteção, mas a filha o dissuadiu. Tinha certeza de que o Exército iria buscá-la onde quer que estivesse. A previsão foi confirmada quando, dias depois de sair do Dops, um oficial do I Exército apareceu na casa dos Moraes para intimar Sônia a prestar um depoimento.[38]

A essas alturas, Sônia havia sido recebida pela estudante de psicologia Maria Clara Mariani, que morava com os três filhos pequenos e tinha um quarto vago em sua casa. Esse espaço vazio era perfeito para acolher militantes clandestinos, e Mariani — filha do empresário baiano Clemente Mariani, cuja carreira incluiu também os cargos de ministro da Educação, no governo de Eurico Gaspar Dutra, e da Fazenda durante a curta administração de Jânio Quadros — aceitava assumir os riscos. Prestar assistência a quem se opunha aos militares representava, para ela, a chance de reagir no contexto de endurecimento da repressão. Sônia chegou primeiro, acompanhada por uma colega da militância. Logo criou laços com Mariani, com quem conversava animadamente sobre as circunstâncias de desenvolvimento da luta armada. Enquanto a outra militante trabalhava datilografando documentos, Sônia revelava a discordância acerca de questões centrais de sua organização, sobretudo a opção pela guerra revolucionária. A convivência fácil com a anfitriã lhe deu a ideia de sugerir uma troca: no lugar da companheira datilógrafa e retraída, pediria à Dissidência que entrasse Stuart. Em sua primeira noite, ele se mostrou circunspecto e reservado, mas logo estabeleceu uma relação de confiança com a dona da casa — quando jantavam, engasgou-se com uma espinha de peixe e Mariani precisou ser rápida para lhe prestar socorro. Levou-o à mesma unidade de atendimento pediátrico onde suas crianças eram examinadas, pois o pronto-socorro e os hospitais públicos eram mantidos sob vigilância policial. Em pouco tempo, Stuart tinha se afeiçoado às crianças e se permitia falar de política com a anfitriã.[39]

Nenhum dos dois podia circular livremente pelo Rio de Janeiro. Depois que Stuart se instalou no quarto livre de Mariani, o casal passava os dias lendo, escrevendo, debatendo — as tarefas que sempre lhes agradaram. O confinamento, porém, não fez bem a Sônia. Ficar presa dentro de casa, ainda que acompanhada pelo marido, exacerbava a ansiedade gerada pela experiência da detenção e pela certeza de ser procurada. Comia cada vez menos, estava nervosa e não conseguia refletir, com a clareza que gostaria, sobre a orientação política tomada pela Dissidência, que, havia pouco tempo, decidira se rebatizar: após a Marinha desmantelar uma organização de esquerda situada em Niterói, os militantes da DI-GB tomaram para si o nome que a própria repressão atribuíra ao grupo desbaratado. Nascia o Movimento Revolucionário 8 de Outubro, que, no início de setembro de 1969, se juntou à ALN e executou o sequestro do embaixador americano Charles Burke Elbrick. Eram companheiros de Sônia e Stuart que se arriscaram em uma das mais ousadas ações da luta armada, concebida como uma estratégia de duas pontas — ao mesmo tempo que serviria de manifesto dos movimentos revolucionários e difundiria seus objetivos políticos, seria também uma forma de negociar a libertação de prisioneiros essenciais à estrutura das organizações. Dois deles eram Maria Augusta Carneiro e Ricardo Villas Boas, capturados na mesma ocasião em que Sônia foi presa.[40]

O sucesso do sequestro do embaixador Elbrick, em plena Semana da Independência do país, garantiu a liberdade de quinze militantes, de pronto enviados para o exílio em um voo que aterrissou na Cidade do México, e colocou a sigla MR-8 na boca do povo — mas também da repressão. A perseguição aos quadros do movimento se acirrou. No período imediatamente posterior ao sequestro, dois membros da organização foram presos. Um deles, Cláudio Torres, que ocupava uma posição de dirigente, foi levado à Base de

Fuzileiros Navais da Ilha das Flores e interrogado sob tortura.[41] O cerco montado pela repressão obrigou o MR-8 a eleger novas lideranças para as forças de trabalho e colocar todos os seus militantes na clandestinidade. A rede de apoio formada por simpatizantes do movimento se esgarçou e perdeu diversos elos,[42] várias ações armadas foram suspensas e integrantes como Sônia e Stuart precisaram se realocar. O casal deixou a casa de Maria Clara Mariani e Sônia, cada vez mais angustiada, procurou os pais para conversar.

Para o alívio de sua família, Sônia achava que seria melhor se afastar da militância, ao menos por um tempo. Não era de espantar: ao contrário da imagem romantizada, a rotina dos quadros não era cheia de ação, entusiasmo e façanhas. Na realidade, os jovens militantes levavam vidas isoladas. Cortavam vínculos pregressos, assumiam novos nomes e identidades, abandonavam estudos e carreiras, e se entocavam nos aparelhos. Desenraizados, entravam numa bolha própria, onde interpretavam o mundo pelo viés das políticas partidárias e tratavam dúvidas e dificuldades em sessões de autocrítica. Todo relacionamento funcionava de acordo com regras rígidas, criadas para proteger a estrutura da organização. Quanto menos um integrante soubesse a respeito dos demais, melhor: assim, diminuíam as chances de entregar à polícia nomes que permitissem a ela identificar o grupo por inteiro. Por mais autoprotetora que a bolha pudesse parecer, contudo, essa compartimentalização extrema dificultava o restabelecimento de conexões rompidas no caso de militantes capturados. E tornava a convivência difícil, restrita a pessoas com mentalidades e objetivos semelhantes — ou seja, jovens obcecados pela revolução, convencidos de terem as soluções para todos os problemas. Bastava interpretar direito seus teóricos favoritos. Sob quaisquer circunstâncias, o coletivo prevalecia sobre o individual.[43]

Nem sempre é possível vencer todos os medos com uma única certeza. O recrudescimento da repressão cutucava as hesitações de militantes como Sônia, que passavam a questionar se a luta armada seria mesmo a única opção contra a ditadura militar; e se valeria a pena ser torturada ou morta em nome da revolução, e nunca ter a chance de agir de outra forma. Ela pediu aos pais que a ajudassem a sair do país, em um exílio voluntário que, talvez, fornecesse as condições necessárias para repensar sua militância e encontrar a melhor maneira de resistir.

O exílio de Sônia acendeu uma esperança em Zuzu. E se Stuart seguisse a esposa, deixasse o perigo que o rondava diariamente no Brasil e acalmasse os temores de sua mãe?

Esse sonho durou pouco. Stuart não iria a lugar algum. Embora concordasse que o exílio faria bem a Sônia, estava irredutível quanto ao próprio destino: não abandonaria nem os companheiros de militância, nem o país. Não alimentava dúvidas quanto à validade da resistência armada e acreditava em fazer a revolução daquele modo, entre aparelhos clandestinos, reuniões de debate e autocrítica, ações armadas e os "pontos", como eram chamados os encontros combinados entre militantes para trocar informações confidenciais. A persistência de Stuart era motivo de desespero para a mãe, que daria tudo para sabê-lo seguro, em outro país. Mas ela também admirava a obstinação do filho, sempre tão compenetrado. O mesmo menino que disse a Zuzu não precisar de dois pares de sapatos, pois só tinha dois pés e, portanto, um par bastava, avaliava que nenhum risco à sua segurança seria grande o suficiente para dissuadi-lo do que chamava de sua religião — o poder que acreditava existir em cada pessoa para mudar o futuro, fosse dali a dez, cem ou mil anos.[44]

Sônia partiu para Paris no início de 1970, em uma fuga organizada pelo pai através da fronteira do Paraguai. Para ganhar seu sustento na França, trabalhou como professora de português na escola de idiomas Berlitz e continuou a prestar assistência ao MR-8. Lia relatórios sobre a situação do movimento no Brasil, participava de reuniões e microfilmava documentos que seriam enviados, de maneira sigilosa, para os militantes. Em vez de se desvincular por completo da luta armada, Sônia a acompanhou assiduamente. Em junho do mesmo ano, viajou a Argel para receber os quarenta presos políticos brasileiros libertados em troca do embaixador da Alemanha Ocidental Ehrenfried von Holleben, sequestrado em ação conjunta da ALN e da Vanguarda Popular Revolucionária (VPR). Nessa ocasião, conheceu o militante Carlos Eduardo Fayal de Lyra, com quem teve um relacionamento durante boa parte do exílio. O romance não eliminava o respeito e o afeto que Sônia tinha pelo marido. De vez em quando, ela recebia cartas emocionadas de Stuart, nas quais declarava seu amor e se referia à esposa como sua "mulher para sempre".[45] O casal nunca mais se veria.

Stuart Angel, o quadro clandestino do MR-8 contumaz em sua defesa do movimento, tinha ficado no Rio. Essa cidade na qual transitava raramente se entrecruzava com a de suas irmãs ou de sua mãe, a quem o "suplício" de suportar a clandestinidade dele parecia não ter fim.[46] Com contatos cada vez mais esparsos, era difícil se certificar de que estava bem, com saúde, fora da prisão e, o mais importante, vivo. A realidade ficava mais pesada a cada dia.

8.
Tudo de novo — e mais um pouco

A Lata de Lixo da Liberdade desceu como óleo nas engrenagens da imaginação de Zuzu. Aquela lata comprida, pintada de branco e com as palavras FREEDOM TRASH CAN grafadas em vermelho, posicionada no calçadão de uma cidade americana por um grupo de manifestantes, ajudou a formatar e encorpar várias novas reflexões da costureira. Quando ficou sabendo da sua existência, teve que se perguntar: o que ela própria jogaria fora? Zuzu vislumbrou como poderia contribuir, à sua maneira, para a conversa cada vez mais intensa sobre emancipação feminina.

Esse artefato inusitado surgiu em 7 de setembro de 1968, no *boardwalk* de madeira que margeia a orla de Atlantic City, localizada no estado americano de Nova Jersey. Concebida pela agremiação feminista New York Radical Women e pela jornalista Carol Hanisch — que cunhou a expressão "O pessoal é político" —, a Lata de Lixo da Liberdade virou um dos personagens centrais no protesto contra o concurso de beleza Miss America. A intenção das manifestantes era interromper a transmissão ao vivo da competição, que acontecia em Atlantic City, ao mesmo tempo que aproveitavam a cobertura midiática para dar visibilidade nacional a algumas das reivindicações feministas. Mais de uma centena de ativistas se reuniu naquele dia, com seus cartazes e suas convicções, para criticar o Miss America como um ícone da opressão feminina, uma aberração que transformava mulheres em objetos a serem manuseados, cobiçados, expostos e avaliados. Sempre em nome de um ideal inatingível e restrito de beleza, de modo que apenas concorrentes brancas, jovens e esbeltas (e, ainda assim, com todas as curvas desejadas pelos homens) ganhavam o título de miss de todo um país. E não qualquer país — tratava-se dos Estados Unidos da América, de onde jorravam filmes, músicas, fotografias e todo tipo de material capaz de reproduzir, disseminar e popularizar o que o resto do Ocidente consumiria. Não muito longe do calçadão, onde cartazes coloridos comparavam o concurso a um leilão de gado e declaravam que todas as mulheres eram bonitas, outra manifestação acusava o racismo nítido no evento e, por consequência, na sociedade americana. Phillip Savage, um líder local da Associação Nacional para o Progresso das Pessoas de Cor (National Association for the Advancement of Colored People, NAACP), tinha se associado a J. Morris Anderson, um empresário negro, para realizar o primeiro Miss Black America. Ainda que não fossem explicitamente proibidas de participar da competição original, nenhuma norte-americana negra jamais havia ganhado uma etapa do concurso.

As manifestantes queriam que as fotos a serem publicadas pela imprensa nos dias e meses seguintes mostrassem cenas mais emblemáticas do que papelões e cartolinas cobertos por frases de efeito, ou mulheres com braços erguidos e boca aberta. Imagens assim poderiam remeter a qualquer lugar e momento naquela colossal onda feminista do movimento Women's Liberation (Women's Lib para os íntimos), e não necessariamente àquele dia de setembro no interminável ano de 1968. A Lata de Lixo da Liberdade seria o elemento mais reconhecível de um protesto específico, e cumpriria a tarefa de associar a eliminação de opressões e injustiças vivenciadas diariamente à busca pela libertação feminina. Nela, as mulheres poderiam lançar fora tudo o que as remetesse à desigualdade de gênero. Por maior que fosse, a lata encheu rápido: couberam nela cílios postiços, cintas, perucas, sapatos de salto, exemplares de revistas como *Cosmopolitan*, *Ladies' Home Journal* e *Playboy*, itens de maquiagem e... sutiãs. É nesse dia que se origina o mito das feministas e sua obsessão por botar fogo em sutiãs. Embora nenhum fósforo tenha sido riscado por motivos de segurança, uma vez que o calçadão de madeira seria propício a um incêndio de grandes proporções, a imagem de mulheres nervosas fazendo uma fogueira cerimonial de peças íntimas e altamente sexualizadas era boa demais para ser ignorada.[1] Além do mais, ficou fácil horrorizar a população. "As mais radicais querem não só igualdade, mas o poder total e, mesmo, o extermínio do sexo oposto", alertou a revista brasileira *Manchete*, em uma matéria que insistia no desejo das feministas em eliminar os homens da face da Terra. Graças à tecnologia, poderiam fazer bebês em laboratórios e o nascimento de crianças do sexo masculino seria terminantemente proibido.[2]

Zuzu não acreditou em nenhuma das baboseiras sobre as feministas de Atlantic City — e de qualquer lugar, na verdade — serem dominadoras histéricas. A ideia da Lata de Lixo ressoou em seu íntimo e ela se viu concordando com as demandas por igualdade, respeito e mudança. Seu hábito de observar os Estados Unidos e lá buscar linhas de pensamento, comportamento e criação lhe mostrou um país onde milhares de mulheres saíam às ruas na promessa de transformar as relações de gênero. Não era preciso ser ativista de carteirinha para entender a profundidade das raízes da insatisfação feminina. Em 1963, a jornalista Betty Friedan dizia ter identificado um "problema sem nome" que assolava a classe média branca americana: a incompletude vivenciada por diversas mulheres que, ao olharem para suas famílias, suas casas e sua rotina doméstica, questionavam a validade do modelo feminino ao qual aspiravam. A heroína do lar era mesmo a identidade que desejavam para si?, perguntou Friedan, tendo ela própria experimentado a decepção do arquétipo da esposa-mãe e decidido investigar o processo de esvaziamento da imagem, das possibilidades e potencialidades femininas.[3] Embora seu livro *A mística feminina* não tenha considerado as realidades de mulheres que não eram como a autora — brancas, com algum nível de escolaridade, em sua maioria casadas e asseguradas pelo conforto financeiro das classes média e alta —, Friedan foi uma das catalisadoras da segunda onda feminista. No Brasil, *A mística feminina* apareceria quase uma década depois, em 1971, editado pela escritora e intelectual feminista Rose Marie Muraro para a editora Vozes.[4] Após serem apresentadas uma à outra por Romy Medeiros da Fonseca, Rose e Zuzu ficariam amigas íntimas e compartilhariam confidências, experiências, projetos — e uma admiração mútua e duradoura.[5]

O vazio da idílica domesticidade feminina era só o começo. Quanto mais as mulheres se juntavam, mais oportunidades tinham de identificar os limites que lhes eram impostos. Um ato significativo como a manifestação contra o Miss America, reforçada por uma lata de lixo lotada de simbolismos, espalhava a possibilidade de rever e reformar os vínculos das mulheres com o mundo. Uma Freedom Trash Can não seria suficiente, mas representava um ponto de partida. O interesse de Zuzu Angel por ela foi tal que, alguns meses depois de ter surgido em Atlantic City, a costureira fez questão de usá-la como referência para informar os jornais brasileiros de sua absoluta solidariedade aos movimentos de emancipação feminina.

Com manchetes categóricas, o *Correio da Manhã* e o *Jornal do Brasil* viravam plataformas da estratégia de Zuzu para moldar uma etiqueta que conversasse de maneira mais direta com o momento. E o momento parecia decisivo para as mulheres. Publicados respectivamente em 22 e 31 de janeiro de 1969, "Zuzu não aceita a moda rígida que tolhe o movimento" e "Zuzu Angel diz que mulher é escrava da moda" demonstravam que não havia coincidência em Zuzu ter calibrado, exatamente naquele período, sua associação com as pautas libertárias do feminismo. Sua posição na moda brasileira se tornava ímpar. Não é todo dia que a "modista de d. Yolanda Costa e Silva", conforme identificou o *Correio da Manhã*, e cujas clientes desfilavam nos mais comentados eventos do país, apresentava suas agulhas e tesouras como instrumentos de libertação integral da mulher. Nada de adornar dondocas e seguir ao pé da letra todas as leis determinadas pelas *maisons* parisienses. Bastava de chá-desfiles beneficentes no Copacabana Palace, mesmo os chamados Fashion and Freedom. Zuzu começava a estender uma linha entre roupas e a liberdade de ser quem se é.

A rejeição de Zuzu à "moda rígida" fundamentava um dentre os vários tópicos ligados à sua adesão ao Women's Lib. Atlantic City a tinha botado para pensar, sobretudo na relação entre mulheres e moda, e ela não enxergava aquilo como um evento isolado. Suas afirmações indicam que apostava justamente no contrário. Tratava-se, a seu ver, de uma "manifestação de ânsia por liberdade" de todo condizente com os tempos em que viviam. Os grupos feministas norte-americanos almejavam eliminar "o que prejudica a mulher como figura humana, transformando-a num simples objeto", e a libertação integral envolvia mais que autonomia de movimentos: incluía a emancipação psicológica e material das mulheres, bem como a erradicação dos convencionalismos e preconceitos. Em meio a tudo isso, a moda entrava como um campo em que "tudo é uma questão de liberdade", onde "cada um tem o direito de escolher o que acha melhor".[6]

Estar na moda pressupõe obedecer a certas regras, e mesmo grupos considerados marginais exigem dos adeptos o respeito a uma certa compostura. Até rebeldes têm moldes, por mais maleáveis que sejam, e é preciso se encaixar neles caso o objetivo seja ter sua identidade reconhecida por um grupo. No entanto, quanto menos consenso a moda exigia — e quanto mais rasgava seus limites para acomodar novas formas de expressão corporal e estética —, maior ficava a autonomia de criadores e consumidores para encontrarem, em um espectro em franca expansão, um cantinho para si.[7] De olho nos estilos jovens, no prêt-à-porter e até nos hippies, Zuzu divisava a possibilidade de uma moda capaz de rejeitar convenções e expressar escolhas de vida. As novas gerações de modistas, costureiros, designers e donos de butique — como quer que se autodenominassem — vasculhavam as ruas para absorver uma autenticidade que não achavam nos ateliês e salões de outrora.[8]

A moda queria ser livre, queria ser jovem, e Zuzu tomava nota de cada detalhe. Inclusive do que acontecia no mercado nacional e carioca, como as butiques que experimentavam com visuais mais modernos. Naquele mesmo ano de 1969, na rua Barão de Ipanema, em Copacabana, a arquiteta Vera Figueiredo inaugurava a Truc e bolava "moda como função — prática, bonita, não apenas para a mulher se cobrir, mas estar à vontade e sentir-se moderna. Para a mulher que assumiu o seu papel no mundo atual". A imagem que Figueiredo pintou de uma mulher dinâmica, "que sai de manhã à noite, sem idade específica"[9] e monta seu guarda-roupa gastando o próprio salário, era similar à que se formava na cabeça de Zuzu para nunca mais sair. Uma mulher que usa a moda para os seus interesses, em vez de ser usada por ela, e se orientava segundo as palavras da costureira: "O caminho para a libertação da mulher", garantiu ao *Jornal do Brasil*, "está na negação da própria moda que a escraviza".[10]

Vindo de Zuzu, que fizera seu nome e ganhava a vida com o trabalho nessa área, negar a moda parecia um conselho incoerente — para não dizer insensato. Mas havia lógica ali. Zuzu pretendia diferenciar a moda que escraviza da moda que ela própria criava, mais alinhada com as campanhas de libertação integral da mulher. Romper com a rigidez de estilos significava, em um primeiro momento, desrespeitar regrinhas de comprimento, corte e cor, na linha do que ela defendia como sendo o direito de cada um se vestir à sua maneira. Sua tática não terminava aí. Depois das primeiras convenções descumpridas, eclodiria um confronto direto com a fonte dessas normas. Ou seja, Zuzu bateria de frente com o "ditatorialismo dos grandes costureiros europeus", firme em sua crença de que a mulher brasileira já o havia superado e era definitivamente "livre para usar o que quiser". Se a brasileira podia desenvolver o seu estilo próprio, por que não partir das criações nacionais, em vez de sempre copiar os trajes das europeias?

Ninguém na alta-costura brasileira concordava com Zuzu. Dois costureiros de renome, Joãozinho Miranda e Hugo Rocha, replicaram que inexistia "moda nacional adaptada ao clima tropical e às condições sociais"[11] — ou seja, o que circulava pelas ruas cariocas era nada mais, nada menos que imitações do que aparecia primeiro em Londres, Paris e Roma. Nem as avenidas de Nova York entravam na conta. As coleções europeias eram as que importavam, e todo lançamento de um dos "realmente grandes" criadores precisava ser noticiado. De preferência, com fotografias: logo em seguida à denúncia de Zuzu sobre a moda que escraviza a mulher, o *Jornal do Brasil* corroborou o problema que ela enfrentava, ao publicar uma descrição das novas linhas definidas pelas grifes Lanvin, Chanel e Patou, além de uma foto de um vestido de metal e listras coloridas de Paco Rabanne.[12] A imprensa alimentava e perpetuava a preferência pelas etiquetas europeias com uma cobertura que tratava os criadores de lá como essencialmente superiores aos daqui. A briga de Zuzu com a influência dominadora da alta-costura europeia e sua convicção da moda brasileira feminina e livre estavam só começando.

A propósito, Zuzu tratava de moda, mas seu vocabulário era um sinal dos tempos. "Tudo é uma questão de liberdade", "superou o ditatorialismo", "limitam sua liberdade de movimentos", "livre para usar o que quiser": a repetição incessante da palavra "liberdade" e suas variações delineia uma preocupação nascente com os limites, as perspectivas e a amplitude da criação de moda. E não só. Embora admirasse a rebeldia jovem que desequilibrava as convenções, movimentava a contracultura e viabilizava alterações definitivas em como se vestir, portar, relacionar e pensar, Zuzu entendia a "ânsia por liberdade" à qual se referia de modo mais abrangente. Via essa ânsia por se libertar nas mulheres, claro — que, como ela própria, buscavam ocupações, ambientes e relacionamentos menos sufocantes —, mas vivia em um país onde liberdade se tornara a palavra da hora, graças a uma ditadura militar que tolhia movimentos a torto e a direito.

Para os mais comprometidos com política, como Stuart, a litania de Zuzu Angel sobre uma moda livre estava exposta a acusações fáceis e rasas de frivolidade. Pois quem quer se preocupar com o livre-arbítrio que uma mulher tem para escolher suas roupas quando havia brasileiros sendo torturados — fora os enviados para o exílio, aqueles nas prisões e nos porões da ditadura, e os que tentavam garantir a sobrevivência de uma oposição cada vez mais clandestina? Uma luta, porém, não excluía a outra. O lema das feministas do Women's Lib, "O pessoal é político", se encaixava com precisão nos argumentos que Zuzu preparava. Não muito tempo depois, ela atestaria para quem quisesse ver que, de fato, havia muito de político na moda.

A insistência na moda livre revela que Zuzu sabia articular o vestuário à pauta feminista da autonomia da mulher sobre a própria aparência e o próprio corpo. Às mulheres, não cabia unicamente o papel de vítimas da moda.

A criação, a execução, o uso e o valor das roupas podiam ser etapas de um processo catártico de autodescoberta, ou mesmo de redefinição de identidades. Sobretudo em um contexto de severa repressão dos direitos políticos e civis, no qual cada movimento pode ser vigiado e, portanto, punido, a aparência e a roupa irrompiam como um reduto do eu. Nada estava realmente a salvo dos preconceitos e das convenções, mas, numa sociedade de vigilância e incerteza, elas talvez demarcassem um dos mais importantes espaços restantes de manifestação das liberdades individuais.[13] Por seu pressuposto de se desvencilhar do que domina e restringe, uma moda livre podia, ainda por cima, se descobrir brasileira. Não havia nada de frívolo no empenho por essa forma de liberdade. Então, enquanto Stuart e seus companheiros da esquerda armada executavam sequestros e assaltos em nome da revolução, artistas driblavam a censura e intelectuais tentavam compreender o que raios estava acontecendo com o Brasil, Zuzu viu na moda o meio para interpretar país e mundo, tempo e espaço.

A voz áspera e imperiosa retumbava no teatro lotado e parecia marchar junto com os acordes da orquestra. Uma mulher em seus sessenta anos, vestida de preto, com um elegante chapéu de aba redonda sobre os cabelos curtos, cantava sobre sua persistência em continuar suas atividades, a despeito da idade e dos avisos de que deveria ceder o lugar aos mais jovens. "*They say that I have had my day/ It's time for someone else to dance/ They say I ought to crawl away/ Mais non chance/ Not a chance!/ I want it all again and more!*"[14] Para onde quer que se movimentasse no palco, os olhares da plateia a seguiam, fascinados. Todos concordavam com ela: não deveria, de forma alguma, declarar derrota e abandonar seu posto. Estava certa em querer tudo de novo, e mais ainda.

A mulher sexagenária era Gabrielle Chanel — ou melhor, a lendária atriz Katharine Hepburn, interpretando a igualmente lendária *couturière* no musical *Coco*. Essa combinação impressionante de dois nomes monumentais do cinema e da moda foi mais que suficiente para encher o teatro Mark Hellinger, em Nova York, durante toda a sua temporada de exibição, entre dezembro de 1969 e outubro de 1970. O êxito da bilheteria compensava as críticas mornas e os custos astronômicos da produção — algo em torno de 1 milhão de dólares em valores da época, um valor inédito na Broadway até então —, e a noite de estreia, na semana anterior ao Natal, marcou o retorno triunfal de Hepburn aos palcos americanos após dezessete anos de ausência. Ela reaparecia para o público como uma estrela já madura, mas que se recusava a perder o brilho. Não por acaso, Hepburn representava uma Chanel que também preparava sua volta: no musical, Coco está sendo abandonada como uma relíquia, protagonista de um passado que falava mais alto do que qualquer presente. Sua recusa em se conformar é transposta para uma coleção final, uma ode ao seu poder criativo e ao tipo de sofisticação que ela mesma criara. Sem ser exatamente fiel à trajetória da própria Chanel, o musical concebido por Alan Jay Lerner — autor de espetáculos de sucesso como *Camelot*, *My Fair Lady* e *Gigi* — relembrava a retomada da costureira francesa nos anos 1950, quando popularizou a sua versão do tailleur e avisou aos parisienses que não havia sido desbancada pela feminilidade delicada de Christian Dior e seu *New Look*. Com *Coco*, a Broadway narrava (e celebrava) a vitória profissional de uma mulher que já cruzara a linha da meia-idade. A Chanel de *Coco*, além de ser uma adulta madura, agradece aos céus por não ter ninguém a supervisionando. Nada de namorados, maridos ou filhos — a "esperta mademoiselle", conforme confessa na canção final, só ficou grávida de vestidos.

A dobradinha Chanel-Hepburn era imperdível para Zuzu Angel. Ela nem pestanejou na hora de adquirir o libreto do espetáculo, que custava mais de um dólar — o equivalente a cerca de oito dólares em valores atuais — e vinha recheado de fotografias e informações sobre a carreira de Katharine Hepburn.[15] Queria guardar uma lembrança física daquela noite.

Na capa do catálogo, a silhueta em branco, preto e vermelho de Chanel vinha assinada pelo artista e fotógrafo Cecil Beaton, responsável pelos figurinos do musical. O título não dizia nada além de *Katharine Hepburn como Coco*. Coco estava mais no nome, nas roupas e no enredo do que na atuação. Hepburn era irresistivelmente Hepburn, e a maior parte do público tinha ido ali por isso mesmo. A sua voz rascante, sem qualquer traço de um sotaque francês — e que nem tinha ritmo ou melodia para um musical —, não incomodou os críticos, que preferiram apontar as falhas na montagem comandada pelo experiente Lerner, desaprovar a qualidade das canções e reclamar da trama mal amarrada. Triunfante, na verdade, foi o estrelato da vencedora recordista de quatro Oscars.[16]

Em uma entrevista à *Newsweek* para promover a estreia do musical, Katharine Hepburn confessou sempre ter sentido várias semelhanças que a ligavam a Chanel. "Somos duas mulheres que nunca se permitiram ser intimidadas pelo mundo", disse a atriz, "que nunca mudaram seu estilo para se conformar à opinião pública."[17] Uma mulher mais velha que enfrenta as convenções, exercita sua criatividade através da moda e conquista o sucesso: essa história não pertencia apenas a Chanel. Era também de Zuzu. Vários dos elementos e temas recorrentes em *Coco* — o descaso estratégico com a opinião alheia, a decisão de uma mulher em priorizar sua carreira, a celebração da independência feminina — se enredavam com os rumos que a vida de Zuzu tomava, pessoal e profissionalmente. Ela estava no meio do caminho. Desde a montagem de seu primeiro ateliê doméstico, Zuzu fizera certa fama entre clientes da elite carioca e ganhara o respeito da imprensa. Mas suas coleções retinham algo de convencional. Nos primeiros meses de 1969, o ateliê continuava a montar os desfiles semanais da Petite Collection.[18] Zuzu, muito provavelmente, mal podia esperar pelo fim dessa temporada de lançamentos. Uma coleção com nome francês estava fadada à gaveta da alta-costura e, por maior que fosse sua admiração pela obra de Coco Chanel, ela traçava planos e percursos para outras direções.

Na moda — que é o que mais interessava a Zuzu —, Nova York tinha incontáveis novidades. Não que houvesse muita gente prestando atenção. Fora dos Estados Unidos, poucos se preocupavam com o que acontecia no meio daquele quadriculado de ruas e avenidas numeradas, voltados como estavam para o round mais recente na briga roupa pronta versus alta-costura em Paris. Em 1968, todos ficaram em polvorosa quando Cristóbal Balenciaga — considerado por muitos como o maior mestre da *couture* do século XX — se aposentou e seu ateliê encerrou as atividades, em uma oposição ferrenha ao que, em sua percepção, seria se rebaixar ao prêt-à-porter. Enquanto os amantes da alta-costura se desesperavam com a perda de seu deus maior (e tinham pesadelos em que vestiam as roupas de era espacial de Pierre Cardin), Yves Saint Laurent expandia sua rede de butiques prêt-à-porter Rive Gauche, Sonia Rykiel lançava malhas em jérsei e algodão confortáveis e duráveis, e Kenzo Takada, direto do Japão, injetava muitas cores em uma pequena loja na Galerie Vivienne. Essas notícias indicavam as mudanças que se desenrolavam em tempo real no tecido da moda e faziam publicações como o *Women's Wear Daily*, o mais respeitado jornal da indústria, gastarem muita tinta para cobrir os últimos acontecimentos. Quem venceria no fim, a tradição ou o progresso?[19] Quem quer que levasse a melhor influenciaria o resto do planeta. Ninguém duvidava disso, nem mesmo Zuzu, que escolhera os Estados Unidos para orientar as modificações que aplicaria em sua moda. Ela sabia que a inventividade francesa dominava e, no final das contas, era incontornável. Se Saint Laurent fazia maxivestidos de patchwork colorido em 1969, uma onda massiva de patchwork ocuparia passarelas, vitrines e páginas de revistas mundo afora. Mas havia um porém. Zuzu contrapunha o controle criativo de Paris à inovação tecnológica e aos processos industriais, que tinham outro lar. Seu diagnóstico era que, "em termos de industrialização, os Estados Unidos é que mandam".[20] Portanto, se quisesse dinamizar sua etiqueta e investir de vez na roupa pronta, o destino só poderia ser Nova York, o centro da moda americana.[21]

Nas estadias prolongadas na ilha de Manhattan, Zuzu se lançou em uma rotina de intensa observação, pesquisa e aprendizado. O contraponto americano ao legado parisiense era encabeçado por uma lista de criadores que, ao longo dos anos seguintes, se consolidariam como nomes emblemáticos das linhas concisas, modernas e altamente comerciais da moda dos Estados Unidos. Halston, Calvin Klein, Stephen Burrows, Ralph Lauren, Anne Klein e Bill Blass conquistavam sua independência criativa e inauguravam novos estilos americanos, afinados com as demandas por praticidade e versatilidade das consumidoras — as quais perdiam, aos poucos, o preconceito com o que *não* vinha de Paris. Finalmente, até as grandes e luxuosas lojas de departamentos reconheciam que o espírito dos tempos era de mudança. As duas referências do mercado de moda nova-iorquino, Saks e Bergdorf Goodman, encerraram as atividades de seus departamentos de alta-costura e os substituíram por butiques internas das grifes dos novos designers. A roupa pronta despia seu estigma de ser barata, de má qualidade e cafona, para se assumir sofisticada e desejável. Com esse aceno ao novo equilíbrio de poder na moda, as mecas do consumo de luxo confirmavam que as coleções desfiladas em Paris não precisavam ser seguidas à risca, e abriam espaço para atores novatos. Eles tinham entrado para ficar.[22]

O ecletismo de estilos povoando as ruas de Nova York impressionava qualquer um, em especial uma observadora treinada a analisar roupas como Zuzu. Havia muito do guarda-roupa hippie no início dos anos 1970, e o apego a técnicas artesanais provocou uma inundação de crochês, rendas e bordados feitos à mão nas coleções. Talvez fosse um contraste com a profusão de tecidos sintéticos — tão onipresentes que aquela ficaria conhecida como a "década do poliéster".[23] Acostumada a ouvir críticas estereotipadas das americanas como mal-arrumadas, Zuzu se surpreendeu ao encontrar mulheres mais elegantes do que esperava.[24] Os desfiles aos quais assistia, os jantares a que comparecia e os esbarrões fortuitos nas ruas lhe apresentaram um estimulante desrespeito aos limites. Tudo estava pronto para saltar das passarelas e vestir os corpos das clientes. Sem complicações, sem provas intermináveis nos ateliês. Ela ficou especialmente animada pela convivência pacífica de saias e vestidos de todos os comprimentos possíveis, fossem máxi, mídi ou míni. Isso foi uma libertação: ela não parava de repetir que "em Nova York usa-se de tudo, ao mesmo tempo, não havendo uma moda única".[25] Zuzu topava com batas de estampas *paisley* na mesma esquina em que alguém usava botinas de caubói, calças e jaqueta jeans; uma mulher saindo do trabalho em um tailleur clássico cruzava com uma jovem em um enorme colete de contas coloridas e patchwork.

A variedade era um sinal faiscante de que o mercado americano, principalmente o nova-iorquino, tinha capacidade para admitir criadores e criações de fora. Diferente do clube exclusivo da alta-costura, a indústria do *ready to wear* estava de portas abertas a todos com uma boa estratégia de negócios e vontade de vender. Havia incentivo, capital circulando, boa infraestrutura e amplo público consumidor com dinheiro para gastar. Depois de analisar o circuito americano, Zuzu se deslumbrou com a respeitabilidade da profissão. Voltou para o Brasil contando que "moda lá é assunto muito sério"[26] e repensando a maneira como ela própria se identificava. Nos Estados Unidos, quem criava moda não era chamado de costureiro ou figurinista, nem mesmo modista. No lugar deles, estavam os designers. Zuzu viu no termo — e em seu significado — uma nova fronteira para sua posição. O designer é quem imagina como algo pode ser feito e executa o planejamento para realizá-lo. Se o modista está envolto em uma aura de inspiração artística e técnicas artesanais, a identidade mais formal do designer nasce de uma cuidadosa profissionalização.[27] Essa ênfase no método e na estratégia agradava muito a uma costureira que sempre ressaltara a fase preparatória de seu trabalho. "Moda é arte, é ciência, planejo para funcionar", afirmava.[28] A rotina não se resumia a desenhar belas roupas ao sabor de um lampejo de criatividade e receber os aplausos ao fim de um desfile. Era necessário fazer planos a médio e longo prazo, solucionar problemas de fornecimento e estudar a demanda. A criação pura era uma etapa de um longo processo, e a categoria do designer ajudava a desmistificar a fabulosa figura do modista.

Outro detalhe que certamente atraiu Zuzu está na ausência de gênero na palavra. Em inglês, "fashion designer" não é nem homem, nem mulher: pode ser qualquer um dos dois. Desprovido do peso da costureira a serviço do grande costureiro homem, e ainda por cima internacional, o título de designer revitalizava a imagem da Zuzu "primeira-dama da costura" e a acomodava na vanguarda da indústria brasileira. Em 1970, ela se denominava a primeira designer de moda do país.

Zuzu colheu contatos, ideias e conceitos ao longo das temporadas em Nova York. Passou quase três meses na cidade em 1969,[29] imersa em suas pesquisas. À caça de pontos de acesso em um mercado movimentado, analisou "a receptividade, o preço, a época, a psicologia do público americano", conforme expôs à imprensa.[30] Fez tudo de caso pensado e se fundamentou em alguns princípios básicos, que orientariam seu trabalho dali em diante. Um deles estava mais que evidente: "Sacudirmos este jugo parisiense" e fazer a *sua* moda. No lugar de só "fazer o que os outros mandam",[31] Zuzu tramava sua interpretação da moda brasileira e do país, e ousava combiná-la à entrada de sua marca nos Estados Unidos. As perspectivas de exportação que despontaram em meados de 1968, depois da participação na Feira de San Antonio e da primeira viagem de imersão a Nova York, finalmente adquiriam feições mais concretas.[32] A mulher americana tinha virado a consumidora que todo o mundo queria agradar — isto é, para quem todo o mundo queria vender — e o espaço disponível para roupas brasileiras parecia já vir com o nome de Zuzu Angel escrito.

A aproximação com os Estados Unidos deu o que falar. Especulava-se que Zuzu antecipava uma recepção tão positiva a ponto de instalar seu ateliê em Nova York, onde passaria a residir, e só retornaria ao Brasil para visitar amigos e família.[33] No ano seguinte, ela ficou um mês inteiro fora do país. Saiu do Rio no dia 11 de abril rumo a Paris, onde conferiu o Salon du Prêt-à-Porter, e emendou uma nova estadia em Manhattan.[34] Dessa vez, tudo andou mais rápido. Mal deu para aproveitar a hospedagem no Gotham Hotel, um edifício em estilo neorrenascentista de 23 andares inaugurado em 1905. Zuzu surgia na Quinta Avenida e deixava para trás a fachada de calcário e granito, as estátuas das deusas romanas Ceres e Diana sobre as portas de entrada e a promessa de um conforto opulento para trabalhar. Nem mesmo o reservado jantar para meros dez convidados, oferecido pela designer Adele Simpson, era simples diversão.[35] A americana chamou Zuzu para um encontro em sua casa após assistirem, juntas, a uma performance de Rudolf Nureyev em *Le bourgeois gentilhomme*, um balé especialmente coreografado por George Balanchine para o bailarino russo, a partir da peça homônima de Molière.

A fama de Adele Simpson não começava nem terminava em vestir a primeira-dama, Pat Nixon. Seus prêmios Coty, uma das mais distintas honrarias na indústria da moda dos Estados Unidos no século XX, ajudaram a cimentar suas inovações estilísticas com o emprego do algodão em peças sofisticadas. Mas o interesse de Zuzu em fortalecer o contato com a colega americana partia do papel desta na fundação do Fashion Group, uma organização de escopo internacional cujo objetivo era incentivar mulheres a lançarem e desenvolverem suas carreiras na moda. Simpson estivera presente nas primeiras reuniões, em 1929, que resultariam na fundação do grupo, dois anos mais tarde. Ela integrava um time de peso ao lado, entre outras, das editoras Edna Woolman Chase, da *Vogue*, Virginia Pope, de *The New York Times*, e Carmel Snow, da *Harper's Bazaar*; das empresárias Elizabeth Arden e Helena Rubinstein; das designers Claire McCardell e Edith Head; da diretora da loja Lord & Taylor, Dorothy Shaver; e da então primeira-dama do estado de Nova York, Eleanor Roosevelt.[36] Eram mulheres extremamente bem conectadas em todas as áreas que importavam ao estímulo da moda — conheciam os poderosos de Hollywood, Washington e entre as elites econômicas — e entendiam que, para consolidar a indústria americana, seria imperativo juntar as forças de empresários, designers, jornalistas e fabricantes. Ao mesmo tempo, precisavam encorajar a profissionalização de mulheres em todos esses ramos.

No início da década de 1930, quando o Fashion Group se estruturava, Roosevelt ecoou a preocupação das demais fundadoras em avivar a participação feminina e escreveu que muitas mulheres, ao continuarem a trabalhar após o casamento, o faziam por uma questão de necessidade: "Nem sempre uma necessidade econômica, mas às vezes a necessidade de sentir que ela ainda é capaz de fazer algo que expresse sua própria personalidade, mesmo que ela seja uma mulher e esposa".[37] Após a Segunda Guerra Mundial e à medida que a moda americana criava raízes e expandia seu alcance, o grupo conquistava mais influência. Qualquer mulher que trabalhasse nos muitos campos da moda — com varejo, jornalismo e edição, administração de marcas, *styling* e design — podia se associar e colher os benefícios da rede de contatos, dos cursos e seminários oferecidos e do amparo profissional, mas também pessoal, garantido pela organização.

O Fashion Group, filiado ao Conselho Nacional de Mulheres americano, não acolhia homens: esses já detinham poder demais. O interesse estava em promover mulheres, embora não as operárias das fábricas têxteis ou as vendedoras das lojas — as *businesswomen* que criaram a entidade queriam mais profissionais como elas, formadas e treinadas para ocupar o topo da indústria. Enquanto a moda americana crescia e aparecia, o Fashion Group acompanhava, implementando iniciativas de capacitação e aperfeiçoamento em várias partes dos Estados Unidos. Assim que perceberam o progresso exponencial do mercado nacional — em 1963, a indústria americana de vestuário feminino e infantil valia 19 bilhões de dólares —, o grupo se abriu ainda mais para o palco mundial. Ao entrar na década de 1970, o plano era explorar o potencial da roupa como linguagem internacional, capaz de cruzar fronteiras geográficas e culturais.[38]

A afiliação de Zuzu ao Fashion Group data de 1969, o mesmo ano em que sua participação no Conselho Nacional de Mulheres do Brasil possibilitou a entrada no Conselho Internacional de Mulheres, sediado em Paris.[39] Foi a primeira integrante sul-americana — e, portanto, brasileira — da associação de moda. Só não se tornou a primeira latino-americana porque havia uma unidade regional na Cidade do México desde 1963. A chance de estabelecer contatos com várias profissionais era preciosa. Os cursos e seminários poderiam render lições de administração e marketing nos moldes estadunidenses, e os encontros com outros membros do grupo seriam ótimas oportunidades de trocar ideias e se apresentar como uma nova designer na cena. Ser do Fashion Group conferia um novo nível de credibilidade, inclusive no Brasil. Qual outro costureiro ou figurinista carioca, paulista, gaúcho ou pernambucano poderia se gabar de uma credencial dessas? Tudo bem, era uma instituição bastante americana. Mas, ainda que não exibisse o mesmo tipo de *chic* que uma afiliação à francesa Chambre Syndicale de la Haute Couture, o que vinha dos Estados Unidos tinha fama de tecnológico, moderno, novo. Zuzu tinha encontrado um jeito de ser novidade tanto aqui, como a designer antenada com os processos e métodos americanos, quanto lá, no posto de brasileira cheia de ideias e visuais diferentes.

E foi com uma novidade na bagagem que Zuzu retornou ao Brasil em maio de 1970. Mal chegou e já convocou os jornais cariocas para contar as boas novas: havia assinado contrato para lançar, em Nova York, uma coleção inteiramente brasileira, executada em território nacional com materiais, mão de obra e inspirações igualmente locais. O convite para apresentar e vender suas roupas nos Estados Unidos servia como a comprovação de que precisava para mostrar, a quem sempre a tinha contestado, que suas convicções sobre o estado da moda brasileira estavam certas. Os americanos, aqueles investidores exigentes, tinham aprovado a sua marca e iriam inseri-la em seu mercado. Alguns céticos responderiam que isso não queria dizer nada. Dener, por exemplo — célebre pelas roupas e clientes famosas, mas também pelas tiradas feitas para chocar e pelas rixas encenadas para render assunto —, preferia alegar que "d. Zuzu Angel é uma pessoa que não existe" e merecia ser "es-quar-te-ja-da da alta-costura". Pode ser que Dener se preocupasse com o que lhe restaria em um negócio que não valorizava tanto a costura parisiense. Fosse como fosse, enquanto ele desmerecia a concorrência e se autointitulava, "sem dúvida alguma",[40] o melhor costureiro do Brasil, Zuzu engatava asserções sobre a seriedade da indústria do vestuário americana a frases como "Temos que superar o medo dos grandes empreendimentos" e, assim, ensaiava sua persona de mulher de negócios destemida.[41] Apenas quatro anos depois de seu primeiro desfile no circuito nacional, Zuzu montava uma firma para a exportação de suas coleções, a Akeeka.[42] Na sociedade que estabeleceu no início de 1970 com a filha Ana Cristina e com João Luiz de Moraes, o sogro de Stuart, Zuzu garantiu para si o controle majoritário do empreendimento. Detinha 51% do capital social, sendo 44% de Moraes e os 5% restantes, de Ana Cristina.[43]

É claro que Zuzu não revelou tudo aos jornais. Soltou as informações aos poucos, em conta-gotas, sugerindo um projeto astuto de marketing. Fora o anúncio do lançamento de uma coleção brasileira no exterior e comentários sobre a moda americana, não disse mais nada. Deu de ombros, afirmou que "a moda é muda, tem seus segredos"[44] e se fechou no ateliê para trabalhar. Tinha exatos três meses até a apresentação de uma coleção intermediária, na qual testaria suas ideias diante dos investidores de sua manobra de exportação e se prepararia para o grande lançamento no final do ano, em Nova York. Precisava fazer bonito.

Um homem pega um pedaço de pano e se prepara para fazer uma demonstração, como se fosse executar um truque de mágica. Primeiro ele torce o tecido; depois o comprime, dobra, amassa — e, ao fim, o exibe, triunfante. Não há sequer um amarrotado. O tecido está intacto, sem qualquer sinal de ter sido manuseado. Enquanto deixa sua plateia admirada manipular a amostra com as próprias mãos, o homem lista as qualidades daquele mesmo pedaço de pano. Além de não encolher, ele ainda seca com rapidez depois de lavado, é macio — toquem, sintam a suavidade —, é antialérgico e, por ter sido criado para o clima brasileiro, é fresco e agradável de usar mesmo nas tardes mais abafadas. Como se não fosse o bastante, ele também é versátil e está disponível em vários padrões: pode ser liso, xadrez, listrado ou estampado.

Essa maravilha têxtil é o polybel, uma mistura de algodão e poliéster produzida e vendida pela Fábrica Dona Isabel. Com sede em Petrópolis, às margens do então córrego Seco — hoje rio Palatinato —, a fábrica foi a terceira grande manufatura têxtil a surgir na cidade, pelas mãos de um grupo que reunia brasileiros e colonos suíços. Prometia inovação tecnológica desde o início, e cumpriu a meta. Em 1970, quando comemorava 81 anos de atividade, a Dona Isabel tinha mais de 2 mil funcionários e se gabava de operar com o melhor maquinário da região. Seus quinhentos teares automáticos trabalhavam junto com equipamentos americanos recém-importados, os quais impermeabilizavam e executavam o acabamento dos tecidos com resinas e técnicas de polimerização e sanforização — justamente o que provoca a resistência aos amarrotados e ajuda a repelir água. Algodão, brim, sintéticos e até tecidos de uso industrial saíam da fábrica de Petrópolis e das demais filiais do grupo em Bangu, Teresópolis e Além Paraíba.[45]

O polybel passou no teste que o funcionário da Fábrica Dona Isabel encenou para os jornalistas da revista *O Cruzeiro*, e sua entrada no mercado brasileiro em 1967 indicava um futuro próspero. Mas o tecido ainda precisava ser submetido a uma examinadora mais exigente. É bem provável que, quando teve nas mãos uma amostra de polybel pela primeira vez, Zuzu Angel a tenha amassado, dobrado e puxado com vigor ainda maior. Afinal, não lhe cabia vender o produto: era ela quem devia ser convencida das propriedades quase mágicas daquela proeza da fábrica. Só assinaria o contrato se ficasse de fato satisfeita com sua qualidade e suas possibilidades de uso. Ficou. Zuzu fechou acordo com João Zanetti, o presidente da Dona Isabel, e levou metros e metros do tecido para o ateliê. A partir de 1970, o polybel se tornava um dos grandes aliados da criadora de moda, e ela o exploraria avidamente em suas coleções internacionais.

Zanetti, de quem Zuzu ficaria amiga, foi um dos mais importantes parceiros nessa fase de expansão da marca da costureira. A Fábrica Dona Isabel tinha experiência com a exportação para os Estados Unidos e lançou o polybel no mercado americano em 1969. Só que faltava algo para impulsionar as vendas, talvez alguns exemplos claros da versatilidade do tecido. Não dava para ter funcionários amassando e dobrando amostras em cada loja, ateliê de costura e exposição de fabricantes — o polybel precisava falar por si mesmo. E não havia jeito melhor de se expressar do que assumindo sua forma ideal e se exibindo para as consumidoras americanas não como coloridos pedaços de pano, mas como roupas tão modernas quanto o tecido se dizia ser. Várias indústrias de tecidos já haviam firmado colaborações criativas com modistas, como a fábrica Bangu com José Ronaldo, à época do concurso Miss Elegante Bangu, e a Rhodia Têxtil com Dener, no início dos anos 1960.[46] Já que o objetivo era conquistar espaço nos Estados Unidos, por que não convocar alguém com o mesmo interesse? Se convencesse Zuzu, Zanetti e a Dona Isabel teriam a faca e o queijo nas mãos.

Se desse certo com a Dona Isabel, Zuzu também estaria pronta para o combate. A boa reputação, a qualidade técnica e a capacidade produtiva da fábrica eram pontos positivos, sem contar a atraente vantagem de ter uma presença, se não consolidada, ao menos iniciada nos Estados Unidos. Para completar o pacote, havia o livre acesso ao estoque de polybel e o direito de criar estampas exclusivas, que dinamizariam ainda mais a imagem do tecido. Zuzu seria a primeira designer brasileira a assinar os panos de suas roupas. A ourela dos tecidos — o arremate lateral que segue o comprimento da peça e mantém os fios no lugar — da Dona Isabel para as futuras coleções da costureira viria com o seu nome inscrito, uma novidade na época.[47]

Nos termos dos executivos americanos, a situação era um claro *win-win*. Ambos os lados ganhavam: Zuzu aproveitava a carona de uma empresa que fazia negócios no país em que ela desejava estabelecer sua marca e tinha a oportunidade de trabalhar com um material relativamente novo; a Dona Isabel associava seu produto a uma criadora de moda nacionalmente reconhecida e cheia de ambições. De olho na chance de reposicionar o polybel no Brasil e nos Estados Unidos, Zanetti deixou que Zuzu escolhesse as versões de que mais gostasse para montar a sua coleção Pastoral, uma espécie de ensaio para o lançamento americano. Nela, a costureira testou combinações de cores, padronagens e comprimentos diferentes para decidir quais modelos seriam produzidos em maior escala. Ela adorou o polybel xadrez e estampado, e foi com eles que concebeu a maior parte da Pastoral.

Após mais de um ano de preparativos, Zuzu tinha assimilado as tendências nova-iorquinas,[48] constatado a disposição das americanas em aceitar tecidos brasileiros[49] e concluído que deveria carregar nos "temas verde-amarelos".[50] Chegara a hora de executar um trabalho que refletisse os meses de perambulações nos Estados Unidos e suas próprias experiências criativas no Brasil. O país conhecia a Zuzu Angel do ateliê de alta-costura, que vestira Tereza Souza Campos, Joan Crawford, Ema Negrão de Lima e Yolanda Costa e Silva, mas ainda não vira a designer que iria vender roupa pronta de tecido sintético na Quinta Avenida. Em 13 de agosto de 1970, a Pastoral foi desfilada diante de diretores da Dona Isabel, jornalistas cariocas e clientes selecionadas.

Essa é a coleção de Zuzu que mais se permitiu contaminar pelas estéticas hippies. Num ensaio fotográfico para *O Cruzeiro*, uma moça de cabelos lisos e compridos, calçada com sandálias trançadas, exibia conjuntos coloridos de maxissaia e miniblusa, em tons de verde, azul, vermelho e marrom. O "encanto da moda pastoral",[51] segundo a revista, estava nas blusinhas amarradas acima da cintura e que deixavam a barriga à mostra, nas saias longas de babados e patchwork de tecidos, nas estampas floridas e nas manguinhas bufantes. Influenciados pelo nome da coleção, os jornalistas saíram em busca das inspirações camponesas que pudessem justificá-lo. Acharam-nas no lenço cobrindo os cabelos de uma modelo, amarrado sob o queixo, e em um vestido de mangas compridas e bufantes com gola redonda, decorado com um cinturão largo.[52]

Dois dos vestidos desfilados no dia 13 de agosto parecem sintetizar o novo projeto de Zuzu para sua moda. Em patchwork de rendas nordestinas em tons de bege, possuíam o mesmo nome que a coleção e a única grande diferença entre eles estava no comprimento da saia — enquanto um era mais curto e tinha um short oculto por baixo dos retângulos rendados, o outro chegava até as canelas e terminava em uma barra com babados de renda. Em ambos, sobre o decote em V e nas costas, descia uma cortina de franjas de seda com pequenas bolas de jacarandá, e as mangas sete-oitavos eram adornadas por dois babados de renda.[53] Por mais que as peças em polybel tenham agradado público, crítica e a diretoria da Dona Isabel, foram os vestidos Pastoral curto e longo os principais representantes da virada estética de Zuzu Angel. A montagem assimétrica das diferentes rendas nos vestidos — de bilro, algodão e de filé —, as contas de madeira arrematando as franjas, os contrastes das cores cruas indo do marrom-claro ao bege quase branco e as transparências das rendas vazadas nas mangas não recendiam a campos floridos, mas ao sertão. A uniformidade tonal das rendas e sua origem nordestina, orgulhosamente mencionada por Zuzu, transporta o observador para bem longe de Nova York e mesmo do Rio de Janeiro. É o convite a viajar rumo a um Brasil menos litorâneo, bossa-nova e cosmopolita. A alta-costura carioca e paulista passava longe das rendas nacionais, sobretudo as nordestinas e artesanais, e preferia importá-las da França ou da Bélgica. Zuzu acelerava na contramão e trazia do Ceará, de Alagoas e da Bahia o material para os vestidos que venderia nos Estados Unidos.

A visão de uma moda capaz de celebrar as rendeiras nordestinas através daqueles patchworks rechaçava a miopia dos figurinistas de ateliê, mas não trazia apenas a assinatura de Zuzu. Em uma de suas caminhadas rumo à praia de Ipanema, ela topou com uma túnica de rendão na vitrine da butique Luanda. Entrou e perguntou quem tinha criado uma peça tão diferente. Foi assim que ela conheceu Luiz de Freitas, um jovem criador de moda que saiu de Pau Grande, bairro de um distrito de Magé, na Região Metropolitana do Rio, e começou sua carreira fazendo roupas em casa para depois bater nas portas das lojas. Luiz tinha que ser ainda mais charmoso e cortês que as dezenas de homens e mulheres em seus vinte e trinta anos tentando ganhar a vida com moda no Rio de Janeiro: por ser negro, precisava vencer a resistência e o racismo dos comerciantes e empresários, principalmente nos bairros nobres da cidade. Aos poucos, graças à perseverança, passou a ser recebido nas butiques de Ipanema e Copacabana — pelas entradas de serviço, não na porta da frente —, e ainda trabalhava como entregador para complementar a renda. Sua primeira etiqueta, Belui, existia desde 1965 sem ponto próprio de vendas.

Elogios vindos de alguém como Zuzu Angel, costureira dos ricos e famosos, eram bem-vindos. Autodidata da criação de moda e da costura, Luiz de Freitas aprendera também a passar por cima de ofensas e disparates. Mantinha-se firme perante comentários na linha de "Como é que esse garoto, que veio do interior e [é] filho de operários, sabe abrir a boca?", feito por uma dondoca após ler a primeira entrevista do designer para o *Jornal do Brasil*.[54] Zuzu parecia pensar diferente. Segundo Freitas revelaria mais tarde, em uma entrevista à *Folha de S.Paulo*, ele não hesitou em aceitar a encomenda de dez vestidos de patchwork que ela lhe fez. Seu "divertimento preferido", afinal, consistia em vasculhar o estoque de tecidos da Casa Turuna, no centro do Rio, em busca de rendas nordestinas que transformaria em túnicas, vestidos e saídas de praia.[55]

Não satisfeito em entregar o pedido, Luiz de Freitas teria feito mais. Explicou onde encontrar as melhores rendas, por quais preços, e não exigiu nada além de pagamento. Não imaginava que tinha dado a chave mestra de um vestido que, com o tempo, seria peça emblemática da versão de moda brasileira de Zuzu. Ela nunca o creditou publicamente pelo trabalho inicial com o patchwork.[56]

Para os compradores, a imprensa e a clientela, a coleção exportada para Nova York e vendida pela meca do luxo americano, a loja Bergdorf Goodman, saíra inteira da cabeça de Zuzu Angel. Nos pronunciamentos, ela afirmava sua aceitação a "todo este movimento com muita modéstia: quem perde a humildade, perde a imaginação", e reforçava a importância social de valorizar a mão de obra das costureiras brasileiras.[57] Ao ver o sucesso de Zuzu nos Estados Unidos, o jovem estilista não quis arrumar briga, nem se deixou vencer pela raiva. Preferia pensar que tinha dado o primeiro passo na exportação de suas criações para os Estados Unidos,[58] e tomou aquilo como uma lição. "Afinal", ponderou alguns anos depois, "qual era a do pretinho que queria ser estilista? Moda é coisa para branco, brancas, gente fina, espertos."[59] A tal esperteza de Zuzu pode ter resultado em êxito nos Estados Unidos, mas ocultava de sua obra a contribuição criativa e técnica de um brasileiro que, à época, já mostrava seu talento. Ainda naquela década, Luiz de Freitas abriria a Mr. Wonderful, uma marca transgressora na vanguarda da moda masculina nacional.

A Pastoral cumpriu seus propósitos. Assegurou a continuidade da parceria com a Fábrica Dona Isabel, abasteceu a imprensa nacional com assuntos para que esta seguisse falando sobre o trabalho da costureira e entregou, ao mercado americano, as primeiras peças da grife. Essa fase tinha funcionado. Agora, faltava a mais difícil: encaixar, no abarrotado coração da moda de Nova York, uma coleção ao mesmo tempo brasileira e internacional.

9. Trajes da nossa terra

Dias antes de partir para Nova York, uma mulher morena, com 1,52 metro de altura, derramou um olhar já saudoso sobre o Rio de Janeiro. A seguir, puxou um longo suspiro e fez mais uma declaração para a imprensa. Entre comentários e expectativas sobre sua viagem, ela não escondeu seu orgulho. Tinha sido contratada especialmente para trabalhar em Manhattan e, por isso mesmo, o sucesso lhe parecia obrigatório. Na bagagem, iam os "trajes da nossa terra" com um capricho todo especial; ela pretendia "botar tempero brasileiro no gosto" dos americanos. Era uma baita responsabilidade, e ela sabia disso. Sem pestanejar, reconheceu: "Coube-me a grande oportunidade e a grande honra de ser a intérprete de coisas brasileiras".

A mulher incumbida de levar o Brasil aos Estados Unidos não era Zuzu — as frases são da pequena notável em pessoa, Carmen Miranda.[1] Mas, por trás da baiana de Carmen, está uma ideia que motivaria Zuzu a colocar em sua mala as próprias baianas (e algumas coisinhas a mais): a ambição de se posicionar, diante dos americanos, como intérprete legítima da cultura brasileira. Para a costureira, acomodada no avião rumo a Nova York, não seria difícil traçar o paralelo entre a missão da atriz e cantora — exportar um dos componentes mais emblemáticos da cultura nacional, o samba — e a própria. Com seus balangandãs que chacoalhavam enquanto requebrava e entonava "O que é que a baiana tem?" e "Tico-tico no fubá", Carmen Miranda fora aplaudida como a imagem síntese do Brasil. Embora não fosse como musa do samba que Zuzu quisesse ocupar esse papel, aquele legado visual e estético estava vivíssimo em seu repertório, pronto para ser misturado com o cangaço e as rendeiras e entrar numa bricolagem criativa que lhe daria — e era essa a intenção — o posto de porta-voz da *moda brasileira*, um ineditismo nas duas pontas da América. O Brasil procurava uma moda sua, e Zuzu alegava tê-la encontrado. Ou melhor, tê-la criado. Embarcou para mostrá-la na Bergdorf Goodman, com 55 modelos, e depois vendê-la. Mais de duzentas peças estavam concluídas e no jeito para serem penduradas nas araras da loja de departamentos.[2]

A fama da Bergdorf Goodman é indisputável. Uma das mais reluzentes joias do comércio de luxo americano, ocupa desde 1928 o mesmo edifício na esquina da Quinta Avenida com a rua 58, e ao longo de todo o século XX vendeu o que há de mais desejável em roupas, calçados e artigos pessoais. Formulada dentro dos moldes dos grandes magazines europeus, mas sem perder o toque americano, em 1951 a Bergdorf passou para o comando de Andrew Goodman, filho de um dos fundadores, um executivo decidido a investir pesado no prêt-à-porter. Sob sua administração, a loja rejuvenesceu sua marca e virou, simultaneamente, o ponto de venda exclusivo nos Estados Unidos da alta-costura de Hubert de Givenchy e o endereço certo para se encontrar coleções de designers americanos.

Por mais intrépida que fosse, Zuzu não juntou suas roupas e entrou, com vários cabides debaixo do braço, pelas portas envidraçadas da Bergdorf; nem Andrew Goodman estava ativamente à caça de uma brasileira para colorir seu catálogo. O primeiro contato entre loja e costureira se deu durante a estadia desta em Nova York no verão americano de 1968: ela voltou para o Brasil dizendo ter sido convidada por Goodman para exportar, com exclusividade, suas criações habilées.[3] Goodman as teria visto através de uma amiga em comum, para quem a costureira havia enviado cinco vestidos, e quis saber quem os tinha produzido. As negociações avançaram depois que o executivo desviou a rota de uma das compradoras, Carol Renda, que estava a caminho da Europa, e a mandou para o Rio de Janeiro. Ele deve ter transmitido sua pressa à funcionária, pois ela seguiu para o ateliê de Zuzu no mesmo dia em que desembarcou no Galeão. Renda examinou o que Zuzu lhe mostrou, das costuras nas mangas à qualidade dos tecidos. No fim, deu a notícia pela qual a costureira talvez não se permitisse esperar: "Agora, relax. Nós vamos comprar toda a sua coleção e fazer um grande lançamento para você, em Nova York".[4]

Zuzu encarou o desafio à sua frente com a seriedade — e a empolgação — que algo assim prometia. Num mercado saturado de opções, introduziria o que ninguém tinha oferecido.[5] Em Nova York, o espaço de "criador brasileiro de moda" estava vago — assim como o de "criador de moda brasileira". Ela ia jogar com as próprias origens e, para fazê-lo, se lembrou da tática de Carmen Miranda. Caprichou nos "trajes da nossa terra". Da tentativa de estabelecer parâmetros para uma moda que venderia como genuína e autenticamente brasileira, Zuzu formulou uma primeira coleção internacional que cruzava referências, influências e estratégias. As cores, texturas, personagens e indumentárias que descobriu nas muitas viagens e pesquisas de campo entre Brasil, Estados Unidos e Europa estavam lá. O próximo passo era digeri-las e usá-las para criar roupas modernas e, de algum modo, indiscutivelmente brasileiras.

O trabalho em si já era daqueles que provocam insônia, e pressão não faltava. A turma da moda no Brasil estava de olho — os apoiadores queriam comemorar a vitória e os desafetos adorariam a chance de alfinetá-la caso falhasse — e Zuzu tinha dois contratos a honrar. Havia a aposta da Fábrica Dona Isabel, que criara expectativas com a boa recepção da coleção Pastoral, e a exclusividade com a Bergdorf Goodman. A própria Zuzu chamava o magazine de "o que existe de refinamento em matéria de casa de moda".[6] Não dava para escorregar nessa passarela, poderosa o suficiente para definir se a porta para os Estados Unidos continuaria aberta. Isso sem falar na pressão que vinha de dentro, do íntimo da costureira. Os riscos eram significativos e os possíveis prejuízos, de ordem financeira e emocional, amedrontariam qualquer um. Se o desfile fosse um fracasso, Zuzu amargaria uma derrota na terra que tanto queria conquistar, e Nova York nunca foi conhecida como uma cidade misericordiosa. O sucesso, em compensação, seria um triunfo. Para Zuzu, evidentemente, mas também para o Brasil e sua moda. Ela tinha que tentar.

Tentou.

"Quero conhecer o Brasil",[7] exclamou uma americana. Ela se encantou com o país ao qual fora apresentada por discípulas de Carmen Miranda, sósias de Maria Bonita, rendeiras nordestinas, estampas coloridas e muitas pedrinhas. Quando as lâmpadas arredondadas que emolduravam a passarela se acenderam, um Brasil meio folclórico, meio internacional se descortinou diante de uma plateia lotada.

A International Dateline Collection (IDC) de Zuzu Angel foi oficialmente lançada em um *preview* para a imprensa, e a expectativa só aumentava desde que a costureira fora incluída no Fashion Calendar de outubro.[8] O anúncio de sua apresentação naquele calendário, que circulava regularmente no meio da moda nova-iorquina para indicar data e horário dos próximos fashion shows, indica que Zuzu tinha sido reconhecida como participante do circuito. Havia, no entanto, uma discrepância entre a informação enviada ao Fashion Calendar e o momento em que a primeira modelo realmente cruzaria a passarela: em vez de acontecer no dia 26 de outubro no salão de bailes Regency, na Park Avenue, o desfile começou às cinco e meia da tarde de 16 de novembro de 1970, uma segunda-feira, na loja de departamentos Bergdorf Goodman.[9] No quinto andar funcionava, desde agosto de 1955, a seção Miss Bergdorf, dedicada a vender prêt-à-porter e etiquetas novas, mais moderninhas. A "miss" do nome, que em inglês quer dizer "senhorita", remetia precisamente a um público jovem — em idade ou pretensões — que tanto ajudara a revitalizar a roupa pronta. Foi esse o espaço que Andrew Goodman separou para ser ocupado e transformado por Zuzu.

Goodman deve ter gostado do conceito da coleção, "Alta Moda Pronta". Roupas sofisticadas, de boa qualidade, mas *prontas* — Zuzu colocaria em prática tudo o que aprendera em seus anos de alta-costura, em sintonia com a variedade, o multiculturalismo, a fantasia e a agilidade da nova moda daqueles tempos. Com a colaboração de Lisa Curtis, uma assessora e consultora americana que contratou para orientá-la nas operações da marca em Nova York, ela usaria o release para a imprensa para sublinhar a sua familiaridade com o prêt-à-porter. Sua percepção de que esse seria o meio ideal para se expressar vinha de longa data, quando, apesar de ainda fazer alta-costura, viu na roupa pronta o caminho para a sua mensagem de moda e liberdade alcançar o maior número possível de mulheres.[10] A meta de criar peças funcionais, para serem usadas em qualquer parte do mundo,[11] inspirou tudo nesse lançamento. A começar pelo nome. O título International Dateline Collection vinha da linha internacional de mudança de data, o meridiano diametralmente oposto ao de Greenwich e que atravessa o oceano Pacífico de norte a sul. Ao cruzá-la de oeste para leste, os viajantes acrescentam um dia ao calendário. Essa imagem de globe-trotters saltando entre continentes, fusos horários e oceanos serviu como o gatilho de que Zuzu precisava para ressaltar o aspecto internacional de sua coleção. Suas roupas seriam adequadas para qualquer mulher, em qualquer país ou estação.[12]

O primeiro indício de que a IDC I poderia dar certo surgiu um dia antes do desfile, no domingo. Naquela manhã em Nova York, Zuzu e Hildegard — que acompanhou a mãe em todos os dias da viagem — abriram a volumosa edição de *The New York Times* com os dedos cruzados. Zuzu tinha apresentado uma prévia exclusiva[13] da coleção à jornalista e crítica de moda Bernadine Morris, e o que quer que ela tivesse escrito em sua coluna poderia dar o tom de como o lançamento seria recebido. Depois de correr os olhos pelo texto por uma primeira vez, a costureira deve ter sentido alguns nós de ansiedade se desatarem. Morris chamava suas criações de "designs com um charme de Carmen Miranda", descrevia os vestidos como bonitos e, talvez o mais interessante, contava um pouco sobre a trajetória de uma mulher que decidiu fazer moda em um país machista. Vários pontos da trama de Zuzu estavam lá, em frases concisas: a juventude passada em Minas Gerais, onde brincava com pedras coloridas; o começo costurando para si mesma e para os filhos e, após a separação do marido, para clientes de fora; a ascensão com a moda sob medida para mulheres da elite carioca; e a subsequente guinada para o *ready to wear*. Zuzu explicou que, no Brasil, "pensa-se na moda como algo trivial, mas eu tento contar-lhes que é comunicação, não frivolidade. Além do mais, ela pode empregar muita gente". E ela não se acanhou quando quis criticar a situação das mulheres. Segundo Zuzu, a maioria das costureiras brasileiras trabalhava para homens que administravam o negócio e tomavam o crédito pelas criações. Para romper com esse ciclo, ela decretou que "trabalharia para si própria" e permaneceria na vanguarda, rompendo os limites do que uma mulher poderia ou não fazer. Tudo o que ouvia sobre o Women's Lib no Brasil era escarnecedor, contou a Morris, mas ela via as reportagens como calúnias. "Eu vejo que, aqui, uma mulher é alguém."[14]

A matéria assinada por Bernadine Morris para o maior jornal americano funcionava como uma baita carta de apresentação de Zuzu Angel. Essa brasileira, que se inspirava nos "sabores nativos" de seu Brasil, não era nenhuma deslumbrada. Sabia falar, com propriedade, acerca das injustiças vivenciadas por mulheres e tinha uma experiência reconhecível com moda — "Como designers de todo lugar", escreveu Morris, "ela começou a fazer roupas prontas, que são vendidas em lojas no Recife e em São Paulo, além de sua loja no Rio". As americanas que lessem a coluna entenderiam, logo de cara, que a história de Zuzu não se distanciava muito das de várias mulheres que se tornaram designers. O problema feminino era universal, a proximidade com a costura também.

Quando chegou à Bergdorf no dia seguinte e foi conferir, pela última vez, se estava tudo nos conformes para a grande estreia, Zuzu já podia se congratular por ter feito o seu trabalho. Ela percorrera um longo caminho. À medida que o salão da Miss Bergdorf se enchia com jornalistas e editoras do *New York Post*, do *Chicago Tribune* e da revista *Harper's Bazaar*, com mulheres como Eleanor McMillen, integrante do Fashion Group, a publicitária americana Amelia Bassin e a miss brasileira Adalgisa Colombo, e com os diretores Zanetti, da Dona Isabel, e Ludovico Remy, da Werner,[15] Zuzu Angel teve certeza de que aquele seria um ponto de virada formidável em sua carreira. Ficou contente de ver a filha caçula, usando um vestido xadrez de mangas longas e sentada em uma cadeira dobrável na beira da passarela, ao lado de Andrew Goodman. Sua nora, Sônia, também estava lá. Tinha ido diretamente do exílio em Paris e se sentou na primeira fila junto com o pai, João Luiz de Moraes, que também se comprometia ali como um dos sócios da Akeeka.[16]

Zuzu procurou Lisa Curtis, deu o sinal para se prepararem e viu Mr. Goodman se levantar para pronunciar um curto discurso de abertura. Ele tinha o porte do executivo americano clássico, perfeitamente alinhado em seu terno escuro, com um lenço dobrado no bolso do paletó e os cabelos brancos penteados para trás. Em seguida, foi a vez de Curtis, que agradeceu a presença de todos e se disse muito feliz de ter conhecido Zuzu, uma grande designer que também se revelou uma grande mulher. "Garota de Ipanema que se fez por conta própria", Zuzu comia, bebia e sonhava com moda "25 horas por dia". E moda, para ela, significava liberdade. "Liberdade para se movimentar e liberdade para vestir o que se quiser."

Mas bastava de conversa, brincou Curtis. "Vamos deixar as roupas de Zuzu falarem por si..."[17] A costureira prendeu a respiração. O show ia começar.

Zuzu e Curtis dividiram a IDC I em duas categorias. O grupo A era composto das peças confeccionadas com polybel, que seriam vendidas por preços entre setenta e 145 dólares (hoje, algo entre quinhentos e mil dólares). Havia biquínis de tecido xadrez, complementados por uma longa saída de praia de cânhamo e um cinto de pedras semipreciosas; as mesmas pedras decoravam botões em uma saia mídi lisa, os nós de blusas amarradas sob o busto e os babados de um casaquinho. Zuzu tinha entrado na onda das *hot pants*, nome com o qual o influente editor-chefe do *Women's Wear Daily*, John Fairchild, batizou os curtíssimos shorts de cintura alta que vieram das coleções de Paris. As *hot pants* desfiladas na Bergdorf eram de polybel estampado e exemplificavam com louvor a ideia de Zuzu de variar os comprimentos. Saias mídi e vestidões máxi, saias-calças com painéis que criavam movimento, pantalonas coloridas — valia tudo, e a profusão de possibilidades escoava para o grupo B, com modelos de seda pura, organzas e musselinas de seda, todas fornecidas pela fábrica Werner. Túnicas sobrepostas a calças compridas e fluidas davam sequência a vestidos justos com mangas em estilo quimono, prontamente substituídos na passarela por chemises longos e vestidos com enormes babados. Por serem de seda, seus preços subiam um pouco e variavam entre cem e 250 dólares, ou de oitocentos a mais de 2 mil dólares em valores atuais.[18] Nesse segundo grupo, Curtis informou que Zuzu havia sido inspirada pelos "povos do mundo".[19] Com efeito, ela criou peças cheias de cor e movimento.

Só que o polybel e as sedas, em si, não dariam à coleção o diferencial com o qual Zuzu sonhava. Quando revelou o segredo sobre o lançamento em Nova York, ela embutiu uma promessa: a dos trajes da terra e temperos brasileiros. A despeito da importância de empregar material e mão de obra nacionais — a moda de Zuzu era feita no Rio, com tecidos da Dona Isabel e da Werner —, isso não bastava para a designer que a Bergdorf chamava de "a queridinha do Rio de Janeiro".[20] Mais tarde, com o êxito da IDC I no currículo, ela alegaria que não concebera a coleção especificamente para que fosse folclórica. Esta teria saído sem que ela sentisse, pois "moda vem [de] dentro de nós".[21]

O fio brasileiro da coleção atravessou os grupos A e B, e se manifestou em três entradas. Primeiro, como parte do time do polybel, vieram as baianas. Ao som de "Quero voltar pra Bahia", composição de Paulo Diniz que saudava Caetano Veloso em seu exílio londrino, entraram quatro mulheres com turbante na cabeça, balangandãs de peixes e figas pendurados à cintura, miniblusas que desnudavam a barriga, saias floridas com babados e tamancos de cortiça. Quem sabia cantarolou "*I don't want to stay here/ I want to go back to Bahia*".[22]

A referência primordial, contudo, não estava nas ruas de Salvador, onde as vendeiras, negras de tabuleiro e quitandeiras haviam concebido, nos tempos da colonização, uma das primeiras expressões locais de vestuário. As baianas de Zuzu tinham muito mais de Carmen Miranda, que tomou a canção "O que é que a baiana tem?", de Dorival Caymmi, para criar o figurino com o qual apareceria no filme *Banana da terra*, de 1939. Sua versão estilizada, fabricada em parceria com o ilustrador e figurinista curvelano Alceu Penna, trocava as típicas saias brancas e rodadas por peças longas e coloridas, e a bata rendada por blusinhas curtas; decorava o tradicional torço, cuja amarração comunica elementos da identidade cultural e religiosa das mulheres negras baianas, com lantejoulas e o icônico cesto de frutas tropicais; e transformava o pano da costa, uma herança preciosa da diáspora africana, em um xale bordado.

A baiana do show business, que chegou à Broadway e a Hollywood no corpo de Carmen, foi um acerto de mestre. O público da classe média urbana, que consumia o entretenimento musical tão em voga nos anos 1940, adorou o visual carnavalesco e chamativo — as barrigas de fora, os turbantes coloridos e os balangandãs estouraram nas vitrines do comércio de Nova York, uma novidade exótica e brilhante. Até no Brasil foi assim. Cada vez mais prejudicada por um misticismo racista que a tornava uma estranha dentro de sua própria nação, a baiana original se "modernizava", extrapolava os territórios sociorreligiosos que ocupara até então e virava fantasia de Carnaval.[23] Em 1940, um ano depois de as primeiras baianas de Carnaval invadirem os bailes do Theatro Municipal e de Alceu Penna descrever para as leitoras de *O Cruzeiro* o conjunto de "blusa em rendinha fina", "saia em tafetá estampado com bolas multicores" e "faixas com listras coloridas", as foliãs cariocas fizeram dessa fantasia a mais popular dos blocos e festas.[24]

Zuzu sabia que o novo público reconheceria imediatamente as baianas *by* Carmen Miranda, mesmo com os ajustes na composição. A sua interpretação soprava as lantejoulas para longe, arrancava fora as frutas e aspirava um tanto dos volumes nos babados e nas mangas: eram roupas para serem vendidas e usadas, não figurinos de palco, e as saias com estampas de flores miúdas e babados de renda deviam saltar da Bergdorf Goodman para as ruas.

Depois das baianas, surgiram as cangaceiras em seda. Uma se dizia inspirada em Lampião, vestida em um conjunto de camisa e saia-calça mídi estampadas em tons de amarelo, roxo e turquesa. Para completar o visual, a modelo calçara botas de couro, amarrara um lenço preto no pescoço e posicionara um chapéu rosa na cabeça. A segunda cangaceira encarnava Maria Bonita em estampados rosa, turquesa, verde-limão e preto, e portava ainda um cinto largo com discos de metal, um lenço amarelo e, penduradas nos ombros, tiras de couro enfeitadas com pedras e correntes, nas quais um coco fazia as vezes de cantil. Um boneco de Lampião em papel machê, feito por Virginia Valli, decorava a passarela.

O cangaço precisou de explicação. Ainda que o filme *O cangaceiro*, de Lima Barreto, tivesse sido premiado no Festival de Cannes em 1953, e os longas de Glauber Rocha — como *Deus e o diabo na terra do sol*, de 1964, e

O dragão da maldade contra o santo guerreiro, de 1969 — tivessem garantido repercussão para os sertanejos e para o banditismo nordestino, não vinha naturalmente às americanas a associação das faixas adornadas com moedas, metais e botões, dos lenços e dos chapéus com os bandos nômades que percorriam o sertão. Tanto foi que, em seu discurso de apresentação durante o desfile, Lisa Curtis definiu Lampião e Maria Bonita como heróis rebeldes dos anos 1920; no release, ele seria o "Robin Hood brasileiro" e um entusiasta de decorativismos em seus trajes, apaixonado por anéis e medalhões. A imprensa americana seguiu por outro rumo e encontrou uma comparação menos medieval para o mais famoso casal do cangaço — a dupla de pistoleiros Bonnie e Clyde, que atuou no Meio-Oeste durante a Grande Depressão. Sua história tinha virado filme em 1967, com Warren Beatty e Faye Dunaway nos papéis principais, e essa produção certamente estava fresca na memória dos convidados.

As cores explosivas e os acessórios reluzentes das duas cangaceiras de Zuzu cederam lugar às rendas. Três vestidos fecharam o desfile, embalados pela canção popular "Mulher rendeira". Sua autoria se perde no tempo e nos mitos, mas a origem é indiscutivelmente sertaneja e sua primeira gravação em disco foi feita por Zé do Norte, para o filme *O cangaceiro*. A primeira *mulé rendera* desceu a passarela com o vestido de patchwork, que apareceu pela primeira vez na Pastoral. Na Bergdorf, Zuzu acrescentou um xale marrom sobre os ombros da modelo, com uma barra de renda arrematando as mesmas franjas com contas de madeira que decoravam o decote do vestido. Em seguida, a peça mais aplaudida de todo o desfile:[25] um longo acinturado, de mangas compridas e decote fechado, inteiramente confeccionado com quadrados de organza entremeados por renda branca. O padrão dos retalhos de organza e as rendinhas que os conectavam não tinham boa fama no Brasil — eram muito mais usados para fazer toalhas e caminhos de mesa do que moda —, mas, naquele anoitecer de novembro, foram parar na Quinta Avenida. Zuzu pegava um material relegado ao posto de banal e ordinário, mero pano para costurar enfeites domésticos, e exaltava sua delicadeza. No Rio, era provável que os convidados debochassem. Já em Nova York, acharam uma beleza, um trabalho diferente das rendas europeias com as quais tinham se habituado.

Por último, veio a noiva, em renda renascença de Alagoas, com seis rosas de prata nas mãos. Sobre o vestido de mangas curtas, um viés translúcido com aplicações de pedras, as mesmas que decoraram os acabamentos das peças e dos acessórios do resto da coleção — pedras resgatadas da infância de Zuzu, as ametistas, turmalinas e ágatas com as quais brincava em Curvelo, e os quartzos que apareceram em seu caminho. Prospectados pelo tio Oscar e comprados pelo ex-marido, Norman, em nome do governo americano, os quartzos mimetizavam a ligação entre a juventude e o casamento da costureira. Agora, aquelas pedrinhas voltavam aos Estados Unidos, nas roupas que ela tecera com os panos de seu país.

Os aplausos irromperam no salão da Miss Bergdorf assim que a noiva concluiu sua passagem. Como era de praxe, Zuzu apareceu para receber os cumprimentos e caminhou até o fim da passarela, onde se curvou para trocar beijinhos e um aperto de mão com Andrew Goodman. As senhoras na plateia sorriam e continuavam a bater palmas; Hildegard chorava, emocionada; e Lisa Curtis, com seu topete loiro impecável e trajando um autêntico Zuzu Angel florido, com mangas bufantes, admirou o resultado de sua assessoria. Tinha início a ocupação de Zuzu na Bergdorf — e em Nova York. Depois do desfile, haveria uma *cocktail party* ali mesmo, na loja, com brindes atrás de brindes. Mais tarde naquela noite, alguns poucos e seletos convidados rumariam para um jantar black-tie no apartamento de cobertura dos Goodman, ao qual Joan Crawford compareceria.[26] A euforia de Zuzu era transparente, e nada mais compreensível. Sobravam barreiras dificultando a entrada de uma brasileira no mercado da moda americano, mas ela havia conseguido. Aos 49 anos de idade, após se casar e separar, criar três filhos e enfrentar as dúvidas (as próprias e aquelas impostas por outros) sobre o que daria conta de fazer, Zuzu se apresentava como uma costureira e designer certa da força expressiva e libertadora da moda. Tinha sido isso que a levara até lá, afinal.

Os anúncios da Bergdorf publicados nos jornais da cidade convidavam as nova-iorquinas a se dirigirem ao seu ponto nobre na Quinta Avenida, onde poderiam conhecer um anjo, Zuzu Angel: o achado, o prêmio, a alegria da loja, cujas roupas de criação exclusiva para o magazine eram "frescas e divertidas, únicas e atrevidas, mas sempre, sempre uma delícia de vestir".[27] Ao longo do mês de novembro, além da divulgação na imprensa e de desfiles informais entre onze e dezesseis horas no mesmo departamento do quinto andar, exemplares do que as propagandas chamavam de peças frescas e atrevidas estariam expostos nas vitrines da Bergdorf. Zuzu não se cansava de admirá-las.[28] Atrás dos vidros, um manequim vestia um conjunto de seda florida formado por calça comprida e túnica sobre um bustiê; outro exibia um vestido de mangas curtas, com estampas de flores e folhas, complementado por um largo cinto de couro cujo fecho imitava as asas de uma borboleta. Um terceiro mostrava o mesmo longo florido de seda usado por Lisa Curtis no lançamento do dia 16, com amplos babados nas mangas e na barra. Aos pés dos manequins, bem à vista dos pedestres, estavam posicionados um desenho do rosto de Zuzu, uma placa com a mesma frase de efeito dos anúncios — *OUR FIND, OUR PRIZE, OUR DELIGHT* — e seu nome.[29] Quatro anos depois de aparecer nos jornais como uma novidade de Ipanema, a etiqueta Zuzu Angel tinha ido parar bem longe de casa. Sem arrancar suas raízes.

A crítica acolhedora tanto nos Estados Unidos quanto no Brasil, os elogios incessantes, as vendas que dispararam — foram mais de mil peças contabilizadas apenas nas três primeiras semanas na Miss Bergdorf[30] — e as boas lembranças do dia do lançamento eram mais que suficientes para afagar o ego de qualquer um. As emoções de Zuzu, porém, não se esgotavam só na alegria. Em um telefonema a Nina Chaves, ela confidenciou que a glória era pesada.[31] A colunista entendeu o recado e não demorou a estender essa declaração à guisa de confidência aos leitores de suas "Linhas Cruzadas".

Quanto mais se ocupava com as reflexões sobre o futuro de sua marca e os significados de sua moda brasileira, mais pesada ficava a tal glória. O que viria a seguir? Como corresponder ao êxito de uma coleção internacional? As baianas, cangaceiras e rendeiras seriam suficientes? De onde vinha o sucesso que ela experimentava naqueles quarteirões tão famosos? Sua nacionalidade talvez ajudasse: Zuzu avaliava que ser de outro país a tornava mais atraente para o curioso mercado norte-americano, onde "existe a moda do mundo inteiro", conforme descrevia aos jornalistas.[32] Ela tinha furado uma bolha com as "coisas diferentes" que mostrara em Nova York. Mas faltava saber como essa moda brasileira seria recebida em seu próprio território, onde Zuzu sentia que "infelizmente temos que primeiro mostrar o que somos para depois sermos aceitos".[33]

Sair do Brasil para mostrar quem era e, quem sabe, enfim ser aceita como desejava. Para Zuzu, a glória brilhava em ser reconhecida como designer e costureira preocupada em fundar uma moda brasileira. Traduziria personagens, cores, texturas e todo tipo de referência de sua cultura e história em roupas — e estas seriam vendidas em outro país. A IDC I nunca foi comercializada no Brasil,[34] apenas nos Estados Unidos, e essa brasilidade para exportação estimulava as críticas de que Zuzu fazia moda para americano ver.[35] Não há equilíbrio simples. Sua estratégia partia da certeza de que, para abrir um espaço nos Estados Unidos, teria necessariamente que mostrar uma novidade. Uma brasileira na Quinta Avenida tem duas opções: se mistura aos demais e tenta trabalhar de acordo com o que vende naquelas terras, adaptando sua técnica ao estilo vigente e se assimilando aos americanos; ou, então, destaca justamente suas origens e lança mão do imaginário do estrangeiro sobre o Brasil. Quando saiu do Rio de Janeiro, Zuzu já tinha deixado sua escolha absolutamente clara. Conferia a si mesma a tarefa de interpretar o Brasil, ciente de que muitos dos modistas de sua geração se recusariam a legitimar sua celebração de tantos elementos da cultura popular.

A primeira visão de Brasil de Zuzu Angel se delineava entre os quartzos e as turmalinas colorindo as rendas, a Maria Bonita em sedas estampadas rosa-shocking e os turbantes de polybel. Embora as peças desvinculadas dos grupos folclóricos tenham sido fundamentais para as vendas e a imagem de Zuzu como designer, foram as baianas, cangaceiras e rendeiras as maiores responsáveis pela consolidação de sua fama de costureira da brasilidade, sobretudo em seu próprio país. Enquanto os americanos se encantavam com o que vinha da terra do Carnaval e da exuberante floresta tropical, Zuzu esperava que os brasileiros reconheceriam as melodias de Martinho da Vila que embalaram seções do desfile, seriam transportados ao sertão e lembrariam que, como cantou Carmen Miranda, "quem não tem balangandãs não vai no Bonfim". Ela tinha resgatado, de um passado e de uma imaginação nacionais compartilhados, tudo o que lhe parecia brasileiro, identificável e passível de virar moda.

A moda brasileira de Zuzu nascia miscigenada, coerente com o mais básico mito fundador da identidade nacional. Os entrecruzamentos culturais, as referências populares e os temas regionais combinavam a Bahia e suas culturas negras, o samba carioca, o sertanejo, as pedras que simbolizavam a história das Minas Gerais e, por fim, a herança portuguesa na matriz das tradições artesanais nordestinas das rendas. Definir-se brasileiro vai muito além de uma convicção individual — implica acionar o que é comum, o que o distingue das outras nacionalidades, o que é reconhecidamente seu, em um processo interminável de construção. Ou melhor, de imaginação. Antes de tudo, Zuzu imaginou um Brasil que faria sentido em sua moda.

Cansada da rejeição ao nacional, tanto nos tecidos como nas pedrinhas ou nas rendas, ela decidiu abusar exatamente dele. Pegou o folclore (identificou, deliberadamente, as entradas das baianas e companhia como "folclóricas") e fez dele uma leitura condizente com os princípios de uma indústria da moda que já incorporara estilos jovens, estéticas hippies, minissaias, prêt-à-porter e fibras sintéticas. Saiu uma coleção ambivalente, que se confirmava brasileira para se opor ao estrangeiro — sobretudo o americano e o europeu — e que exaltava o regional ao mesmo tempo que buscava aceitação internacional.[36]

O problema de criar uma moda brasileira não seria resolvido da noite para o dia, em um único desfile, nem por uma só pessoa. A coleção International Dateline inaugural de Zuzu propunha uma interpretação possível, não a interpretação definitiva e absoluta, da brasilidade na moda. Essa concepção seguia, inclusive, diversas outras tentativas artísticas e intelectuais de formular uma consciência de identidade nacional fortalecida, capaz de encarnar as heranças culturais e simbólicas e, por fim, conferir algum sentido à complexa comunidade que se chama nação. Não é difícil enxergar vínculos com a Tropicália na moda de Zuzu — a costureira parecia entoar, ela mesma, vivas à bossa e à palhoça, à Bahia, a Ipanema e a Carmen Miranda. A receita dos tropicalistas ensinava a sincretizar folclore e modernidade numa explosão de cores que dançam no corpo, a partir de uma mistura antropofágica de influências e estéticas estrangeiras e nacionais, contra o nacionalismo de um governo autoritário e o conservadorismo de uma cultura engessada, elitizada e avessa, justamente, ao tropical. Essa pode ter sido a fresta na porta pela qual soprou a inspiração de Zuzu. Os tropicalistas se arriscavam no vestuário, com suas túnicas e seus ornamentos multicores, os torsos nus expondo corpos que queriam fugir à regra e revelar uma performance estimulante. Caetano Veloso, um dos fundadores do movimento, dissera que o tropicalismo era moda. Além de comportamento ou corrente musical, ligava-se diretamente aos tempos e existia no corpo e na atitude das pessoas.[37] O uso da roupa como meio de comunicação era o que Zuzu mais queria conquistar em sua carreira. Se os tropicalistas tinham conseguido, por que não ela?

Através desse resgate cultural, Zuzu tentava alcançar o genuinamente nacional — fosse ele real ou impossível. Seu plano não era inventar o Brasil, mas mostrar algo de brasileiro. Nesse ponto, ela conseguiu. E ainda alimentou uma conversa de extrema necessidade na moda. Seria fácil dispensar a rendeira, a cangaceira e a baiana como meras fantasias, figurinos de Carnaval para intercalar as roupas supostamente verdadeiras, calcadas nas preferências e nos estilos vendáveis de um mercado altamente dinâmico. Quer dizer, seria fácil sem considerar que a rendeira representava o legado do trabalho artesanal português, incorporado à realidade das mulheres nordestinas desde os tempos coloniais como um ofício que garantia sua sobrevivência; sem conectar a Maria Bonita estilizada à sedução do vestuário cangaceiro, que fascinou o Brasil inteiro pela riqueza visual e material em um sertão erroneamente considerado pobre e sofrido demais para se preocupar com a aparência; e sem relembrar o poder de Carmen Miranda e das baianas negras no imaginário musical, cultural e social do país. É certo que tudo isso guardava uma boa dose de exotismo, em especial ao olhar americano. Mas ninguém tinha, até então, tramado uma só coleção de moda com tantas referências brasileiras. Ainda por cima, arrematando tudo com tecidos 100% nacionais.

Zuzu acreditava que "moda é mais que uma coisa passageira". Ela dizia que todo mundo quer se identificar, mostrar sua personalidade e declarar: "Eu existo".[38] Com a primeira IDC, Zuzu declarou que existia, como designer e costureira. Fez mais: afirmou que existia, também, uma moda brasileira.

10.
“Quedas a gente sempre vai ter”[1]

No apartamento de um brasileiro em Paris, o ano de 1971 começou sob os auspícios do hino da Internacional Comunista. Um coro de militantes exilados, artistas e intelectuais se animava com o refrão, que cantava uma luta comum dos trabalhadores e oprimidos pela “terra sem amos”. Os brindes tilintavam cada vez mais alto. Falava-se sobre política e arte, sem sombra de censura ou repressão, e Paris se descortinava como um mundo completamente diferente do Rio — ao menos para Cléa de Moraes. Ela visitava a filha Sônia, refugiada na França desde o ano anterior, e a acompanhara àquela festa de réveillon. No primeiro momento, d. Cléa estranhou uma manifestação tão politicamente à esquerda como aquela, impensável em um evento no Brasil. Ali, ninguém abaixava a voz ao falar de comunismo, nem temia se associar abertamente a nenhum partido ou ideologia. Tudo lhe parecia possível na cidade que via como a “capital da liberdade”, onde Sônia podia dispensar a vida clandestina e andar tranquila pelas ruas, sem vasculhar cada esquina em busca de sinais de estar sendo seguida pela polícia. Foi um alívio para Cléa encontrar a filha a salvo e bem, ocupada com seus afazeres e cercada por um círculo de amigos e companheiros de militância.

Mas, por trás do pique de Sônia, se agitava uma angústia torturante. Cléa não demorou a perceber e, na noite do Ano-Novo, teve suas suspeitas confirmadas. Os ecos da Internacional Comunista mal haviam se dissipado no apartamento quando localizou a filha em um canto, agarrada a um uísque que bebia com um ímpeto pouco usual. Sônia segurava a garrafa como um bote salva-vidas e Cléa correu para acudi-la. Com a ajuda de alguns amigos, conseguiu levá-la para um quarto reservado. O consolo da mãe não dissipou o torpor do álcool, que amplificou um medo que Sônia tentava calar. A jovem chorava, passava mal e, entre soluços, repetia sem cessar, apavorada: “O Tuti vai morrer, tenho certeza. Nunca mais vou vê-lo”.

Cléa sabia que Sônia não tinha costume de beber em excesso e enxergou, sem demora, o significado de tudo aquilo. O receio de perder Stuart para a repressão a perturbava havia meses, certamente desde que partira do Brasil, e sua esperança talvez fosse que, com o uísque, aproveitaria a festa sem se lembrar do marido, que tinha ficado. Não funcionou. Em todo o caminho de volta para casa, dentro do carro com a mãe e seus amigos, Sônia afirmava a certeza de que Stuart morreria muito em breve.[2]

No dia seguinte, Sônia acordou envergonhada, derrubada pela ressaca física e moral. Pediu desculpas à mãe, mas esta não via motivos para criticá-la. Cléa compreendeu como o uísque havia destampado, em Sônia, o mesmo medo que ela própria sentira enquanto a filha vivia clandestina no Rio de Janeiro. Era esse o medo que também tirava o sono de tantos brasileiros cujos filhos, parceiros, irmãos e amigos se dedicavam à militância armada e que, no início da década de 1970, tomava proporções ainda maiores. A repressão se acirrava durante o governo do general Emílio Garrastazu Médici, cuja política de extermínio de militantes determinava que prendê-los não parecia ser uma medida severa o suficiente. Quanto maior a visibilidade conquistada pelas organizações de esquerda, sobretudo com os bem-sucedidos sequestros de diplomatas — foram quatro entre 1969 e 1970 —, mais se intensificava a reação dos militares. A ambição era desmantelar a infraestrutura de grupos como o MR-8.[3] Para assegurar eficiência total, a execução de militantes se destacava como uma solução.

Aos olhos do governo militar, o embate com a esquerda armada não era em nada diferente de uma guerra. Durante um discurso na TV em comemoração aos seis anos do golpe, Médici confirmou que, na luta contra a subversão e os "agentes da traição nacional", a repressão seria "dura, e implacável. Mas apenas contra o crime, e só contra os criminosos". Matar não era problema, particularmente se fosse para evitar a perda de soldados e agentes da ditadura. "Só os nossos morrem", lamentou Médici ao então ministro do Exército, o general Orlando Geisel. "Quando invadirem um aparelho, terão de invadir metralhando. Estamos numa guerra e não podemos sacrificar os nossos."[4] À sua disposição, o general-presidente tinha — além do AI-5, com o qual dizia poder "tudo"[5] — um sistema fortemente articulado de órgãos de inteligência e segurança, montado para levar a cabo a missão de eliminar qualquer opositor ao regime. A partir de 1970, esse sistema atingia sua versão mais completa, com centros de coleta e análise de informações vinculados a corporações que operacionalizavam as estratégias da repressão. No núcleo de tudo isso estava o Serviço Nacional de Informações (SNI). Órgão máximo da inteligência, o SNI não apenas reunia e disseminava informações por todos os níveis da máquina do Estado, através de suas ramificações ministeriais — as Divisões de Segurança e Informações (DSIs) — e das Assessorias de Segurança e Informação, como desenvolvia planos de atuação junto à Presidência da República.

O SNI não prendia, não torturava e tampouco matava. Seu esquema era outro: identificar os subversivos, levantar todos os dados a seu respeito, localizá-los dentro da rede de opositores ao governo e repassar aos agentes operacionais da repressão o nome, o endereço e o telefone do próximo adversário da ditadura a ser capturado. Além disso, zelava pelos demais centros militares de inteligência, com os quais mantinha estreita colaboração. Na rede da repressão, o órgão trabalhava de mãos dadas com o Centro de Informações do Exército (CIE), o Centro de Informações da Marinha (Cenimar), o Centro de Informações e Segurança da Aeronáutica (Cisa) e os DOI-Codi, respectivamente os Destacamentos de Operações de Informações e Centros de Operações de Defesa Interna. Ainda que o Cenimar e o Cisa não ficassem muito atrás, o serviço de inteligência do Exército foi um dos mais letais, composto de agentes obcecados em eliminar o inimigo subversivo. Por sua vez, os DOI-Codi atuavam sob a tutela do Exército e operavam em conjunto nas principais capitais do país. Depois que o pessoal do Codi planejava e coordenava uma ação, as equipes do DOI partiam para o ataque. A estrutura se mostrava autossuficiente, disposta em seções dedicadas a investigações, análises de informação, busca e apreensão e interrogatórios a cargo dos oficiais militares e policiais civis que integravam a corporação. Tudo em nome de uma maior eficácia.[6]

Eficácia essa que seria comprovada pelos números. Dados oficiais, divulgados pelo chefe do Estado-Maior do Exército ao *Jornal do Brasil* em julho de 1970, indicavam que, dos quinhentos presos políticos encarcerados no país, um terço correspondia a estudantes e outros 20% a jovens recém-formados.[7] Isso era apenas o que o governo reconhecia publicamente. No Rio de Janeiro, os anos de 1970 e 1971 representariam o auge da perseguição a dissidentes; os cinco anos do governo Médici acumulariam cerca de 2500 denúncias de tortura e 104 desaparecimentos de presos políticos[8] — 104 famílias deixadas sem explicações, açoitadas pela esperança de que os desaparecidos poderiam estar vivos, escondidos em algum lugar. O presidente jurava que a tortura, no Brasil, não passava de um mito disseminado por esquerdistas ferozes. Mas sobravam cada vez menos dos tais esquerdistas nas guerrilhas urbanas ou rurais, pois a maior parte da militância estava presa, exilada ou morta, enquanto membros do governo e das Forças Armadas se vangloriavam de estar vencendo "a guerra movida pelo terror e pela subversão".[9]

Não era, enfim, por bobagens que Sônia Angel havia sucumbido na noite de réveillon. Seu medo tinha nome — repressão — e razão de ser: as chances de Stuart escapar ileso ficavam cada vez mais frágeis. Embora Sônia tivesse sido informada sobre alguns episódios recentes, ela dificilmente estava a par de todas as dificuldades às quais o marido sobrevivera, até então, em sua vida clandestina.

O mesmo valia para Zuzu.

Zuzu passou o Ano-Novo a todo vapor. Literalmente: assim que chegou ao Rio para comemorar o Natal, relaxou na sauna de Leda Castro Neves. Precisava repor as energias antes da nova leva de compromissos profissionais.[10] Em 3 de dezembro, cerca de duas semanas depois do lançamento da International Dateline Collection I na Bergdorf Goodman, ela reapresentou suas peças em um desfile de alta-costura no hotel The Pierre, localizado na esquina da rua 61 com a Quinta Avenida, bem em frente ao Central Park. Não estava sozinha. O evento juntou coleções de três outros designers além dela — os pesos pesados Yves Saint Laurent, Valentino Garavani e Bill Blass — sob a batuta da "supervendedora" da Bergdorf Josephine Blair Hughes.[11] Jo Hughes, como era conhecida, reunira em pouco tempo uma poderosa cartela de clientes, na qual figuravam as madames mais importantes da sociedade nova-iorquina. Era a "fashion expert" da Bergdorf, onde trabalhava desde 1966, e montava disputados desfiles dos lançamentos mais recentes.[12]

A inclusão de Zuzu naquela passarela de alta-costura é mais uma evidência da disposição da Bergdorf em investir em seu mais novo achado. A Alta Moda Pronta de 1970 havia agradado e Zuzu tinha mais uma entrega engatilhada. Um mês depois do retorno ao Brasil para comemorar as festas de fim de ano e o seu sucesso no exterior, ela embarcaria novamente na ponte aérea Rio-Nova York para mostrar a segunda International Dateline.[13] Entre 25 de janeiro e 6 de fevereiro de 1971, os cinquenta modelos inéditos, todos confeccionados em polybel, ficaram expostos em um showroom no Gotham Hotel.[14] As vendas, contudo, deixavam de ser exclusividade da Bergdorf. A partir de 20 de março, as peças seriam comercializadas em mais dez grandes magazines americanos, entre eles a Neiman Marcus, outra loja de departamentos de alto padrão.[15]

Zuzu continuava a explorar as referências folclóricas nacionais. Até a imprensa brasileira, ao comentar o lançamento, afirmou que as "criações de Zuzu representam um ar novo, rico e primitivo, na atmosfera saturada do prêt-à-porter tradicional". Segundo a revista *Manchete*, que publicou um editorial de fotos coloridas em sete páginas, a renda da Bahia entremeada ao polybel branco, em um vestido que contrastava o romantismo inocente das mangas bufantes com bastante pele à mostra no decote e nos vazados da renda, era um entre vários modelos que passavam "uma mensagem de comunicação cultural".[16] Exportar, pela segunda vez, uma coleção de roupas para o mais importante mercado consumidor do Ocidente de fato confirmava o potencial da moda em transmitir uma imagem do Brasil — e essa imagem que Zuzu vendia era representativa de um esforço em traduzir elementos da indumentária e da estética tradicionais do país para criar "vestidos e conjuntos que, adaptados à atualidade, permanecem fiéis às suas origens".[17] "Cada vestido da coleção de Zuzu Angel é um folheto de propaganda do Brasil", escreveria *O Globo* em abril, ao retratar Jane Macambira em um dos vestidos da IDC II. Macambira tinha sido eleita a nova Senhorita Rio, um concurso de beleza carioca organizado pelo grupo de mídia da família Marinho e cuja premiação, em 1970, incluía uma peça de Zuzu Angel — além de 15 mil cruzeiros e uma viagem à Europa.[18]

Outra manobra pensada para reforçar a cobertura favorável à nova coleção é evidenciada por duas cartas que chegaram à redação da *Manchete*. Na primeira, publicada em maio, uma leitora chamada Lisa Curtis elogiava a "excelente" reportagem "da bem-sucedida coleção International Dateline II, de Zuzu Angel". Três meses depois, em agosto, outra americana — de nome Joan Crawford, escrevendo da Califórnia — contava ter lido "com prazer a edição de *Manchete* com uma reportagem sobre a coleção de Zuzu Angel" e ter ficado "muito contente com o fato de ela ter recebido excelente cobertura deste maravilhoso magazine".[19] Embora fossem sinceras as congratulações à costureira, a tática não deixava de ser sagaz: para quem lesse a seção de cartas dos leitores, encontraria duas americanas reconhecendo, na mídia brasileira, a qualidade do trabalho de Zuzu Angel. Mais uma camada se sobrepunha para montar a figura da designer internacional que, sorrateiramente, alcançava seu sucesso. "Como boa mineira", trabalhava em suposto "silêncio" no Brasil, mas fazia "um barulho tremendo" lá fora, descrevia *O Globo*.[20]

A ideia de que a moda brasileira poderia sair diretamente de Ipanema e ganhar os Estados Unidos entregava as manchetes prontas aos jornalistas. Falava-se em "conquistar o mundo", "vencer bloqueio" e "ditar moda no exterior"; apostavam que as roupas de Zuzu se tornariam referências da identidade nacional tão incontestes quanto Pelé, Carnaval, café e Copacabana.[21] Para a costureira, nenhuma comparação poderia ser tão gentil (e conveniente para os negócios). Desde o início das negociações com a Bergdorf, que culminaram na Pastoral e na primeira IDC, a meta era mesmo legitimar uma moda brasileira, feita com algodão local e rendas nordestinas e temperada com baianas, babados e várias estampas coloridas. Em contrapartida, essas roupas ditas autênticas não vestiam muitas mulheres brasileiras — com a exceção das filhas e de clientes especiais, como a jovem Jane Macambira —, e é digno de nota como a imprensa nacional recorria, assim como os jornais americanos, a adjetivos como "exótico", "tropical" e até "primitivo".[22] As flores miúdas e as rendinhas tingidas de vermelho, aplicadas à borda da fenda de um vestido, estavam ao alcance das americanas de classe média, de Nova York a San Francisco. Talvez elas vissem, nos conjuntos de saia e blusa de polybel, vestimentas práticas que dispensavam ferro de passar e cujos tons de azul, turquesa e laranja emprestavam um pouco mais de vivacidade aos seus guarda-roupas. Mas é possível questionar, também, o quanto notavam como verdadeiramente brasileiro naqueles trajes, além de sua origem — se é que a reconheciam.

Os preparativos para a segunda coleção Dateline e os eventos em torno de seu lançamento preencheram a cabeça de Zuzu, o que acalmava um pouco suas emoções. Voar de Nova York para o Rio e, pouco depois, de volta a Nova York, lidando com o transporte de roupas e contando os dias dentro do planejamento apertado de entrega da coleção, consumia tempo e ânimo. As entrevistas, as reuniões, as horas no ateliê coordenando o ritmo das costureiras e a exploração constante de referências estéticas conduziam a rotina de uma Zuzu aflita, que fazia meses vivia à espera do próximo susto com o estado de Stuart.

Zuzu tomou o primeiro desses sustos ainda no ano anterior, quando recebeu a notícia de que o filho precisara se submeter a uma cirurgia de alto risco para tratar de uma hérnia de disco. O tormento que ela sofria com a clandestinidade de Stuart chegava a desesperá-la nesses momentos: como poderia ser correto que, embora o filho precisasse de sua ajuda, não pudesse recorrer à própria mãe? E que essa mãe nem sequer ficasse sabendo, de imediato, dos problemas que ele enfrentava? As poucas atualizações e novidades sobre ele vinham de Edy, a tia de Sônia e ponto de contato entre Stuart e os demais membros da família Angel Jones.[23]

Naquele período, Stuart alugava um quarto em uma pensão no subúrbio carioca, bem longe da rua Nascimento Silva. Por mais discreto que tentasse ser, suas atitudes foram notadas por uma jovem que morava na mesma pensão — ela o notou, inicialmente, por achá-lo bonito e inteligente. A moça estava de olho em Stuart o bastante para perceber que, por cerca de três dias, o rapaz não saía mais de seu quarto, nem mesmo para ir ao banheiro. Ela arriscou oferecer ajuda e entrou no aposento dele. Encontrou-o deitado no chão, imóvel, sobre uma esteira. Era incapaz de se mover e passara todo aquele tempo sem se alimentar, se limpar ou se aliviar adequadamente.

Como todo militante bem treinado, Stuart precisava manter sua identidade falsa e não entregar a uma estranha nenhuma informação que pudesse comprometer a organização. Em contrapartida, ele não suportava mais a dor e sabia que, naquelas circunstâncias, se tornava uma presa fácil para a repressão. Disse à companheira de pensão que se chamava Pedro e pediu que ela fosse a uma casa na Gávea, onde deveria procurar por João Luiz de Moraes, seu sogro.

O pai de Sônia entendeu imediatamente que o tal Pedro só poderia ser Stuart, mas não podia se ocupar do resgate do genro por conta própria. João Luiz se recuperava de uma operação que cuidara de uma fratura de compressão da coluna, uma vértebra esmagada que lhe provocara uma dor insuportável quando retornava da viagem ao Chile com Sônia, em sua partida para o exílio. Recorreu, então, a um velho amigo da família, o neurocirurgião Feliciano Pinto — sua filha Marilena Villas Boas Pinto não só havia estudado no cursinho pré-vestibular dos Moraes como migrara da ALN para o MR-8, onde assumiu o codinome Índia. A despeito do risco que correria ao tratar de um militante procurado, o dr. Pinto contou com a companhia de Edy para buscar Stuart e levá-lo em segredo ao Hospital Adventista Silvestre, no bairro do Cosme Velho, onde realizou a cirurgia.

Para se recuperar, Stuart ficou escondido na casa dos Moraes. Cléa e João Luiz cederam o quarto de casal para o genro, onde ele passou os primeiros dias do pós-operatório, e a mãe de Sônia o alimentava cuidadosamente, dando-lhe comida na boca, até que ele conseguisse se movimentar sozinho. Em uma das noites desse refúgio na Gávea, Stuart recebeu a visita de Zuzu, que passou várias horas ao seu lado. Era uma das poucas oportunidades em que mãe e filho se encontraram desde o início da clandestinidade.

Não deve ter sido fácil para Zuzu, mãe zelosa como era, encarar Stuart sob os cuidados de outra pessoa, numa casa que não a sua. Ainda assim, ela compreendia que se tratava de uma chance de estar perto dele e não podia torná-la pesada com suas mágoas e saudades — pode até ter entendido que Stuart não a procurara justamente para protegê-la do escrutínio da repressão. Zuzu reconhecia, também, que Cléa dedicara carinho e tempo ao genro, em quem a sogra identificava uma "rara sensibilidade" e cuja inteligência admirava.[24] Os caminhos de mãe e filho se distanciariam de novo após aquela noite juntos. Stuart não deveria permanecer por muito tempo no mesmo lugar e João Luiz de Moraes entrou em contato com Maria Clara Mariani, que já havia acolhido o jovem casal Angel em seu apartamento, e perguntou se ela poderia recebê-lo pelo restante do período de recuperação. Logo que retomou um pouco de sua autonomia motora, Stuart pegou sua maleta, guardou as poucas mudas de roupa que possuía e seguiu para o novo pouso. Tão obstinado estava em sua reabilitação que, ignorando as dores, executava metodicamente os exercícios recomendados para o pós-operatório. Os Moraes não veriam mais Stuart; Zuzu tampouco.[25] Maria Clara Mariani, por outro lado, ainda o receberia uma última vez em sua casa.

Meses depois, em uma sexta-feira no final de 1970, Stuart bateu à porta de Mariani sem avisar. Tinha levado um tiro no joelho e estava acompanhado de outros dois militantes do MR-8, um homem baleado nas costas e uma jovem que passara incólume pelo tiroteio. Mesmo assustada, Mariani agiu rapidamente. Correu para buscar um médico junto com a moça, cujo nome desconhecia. Enquanto o profissional tratava os ferimentos, Stuart se desculpava sem cessar. Seu treinamento na militância o aconselhava a não expor aliados como a amiga, cada vez mais escassos, mas ele tivera que tomar uma decisão imediata. O trio havia sido interceptado durante uma ação e o único destino que lhe parecera minimamente seguro, naquele momento, foi a casa de Mariani. Na manhã seguinte, o namorado de Maria Clara os acompanhou a um endereço no bairro do Flamengo.[26]

A tal ação, que resultou em dois militantes baleados e no excesso de exposição a uma simpatizante, foi uma das operações armadas de expropriação executadas pelo MR-8 no Rio de Janeiro ao longo do segundo semestre de 1970. Stuart participou do assalto à agência do Banco Nacional de Minas

Gerais, no bairro de Ramos, na Zona Norte do Rio de Janeiro, com Alexandre Lyra — o homem que levou dois tiros nas costas —, Nelson Rodrigues Filho, que dirigia o fusca usado pelos militantes na ocasião e conseguiu escapar, Marilena Villas Boas Pinto (a moça que Mariani não reconheceu) e outros membros do Grupo Político-Militar da organização.[27] Nem a troca de tiros, nem os ferimentos e tampouco os riscos da fuga pelo Rio de Janeiro dissuadiam os guerrilheiros de buscar os rendimentos garantidos por um assalto bem-sucedido — nessa agência em Ramos, desviaram mais de 50 mil cruzeiros para a causa. Em um contexto de reestruturação, valores como esse se faziam ainda mais necessários: o primeiro militante do MR-8 a ser morto pela repressão foi José Roberto Spiegner, em fevereiro de 1970; nos meses seguintes, vários integrantes "cairiam" — no jargão da militância, "cair" significa ser preso — e a organização seria severamente prejudicada. Militantes capturados desarticulam a frágil rede de conexões e a sua ausência na rotina do grupo embaralha o arranjo das operações. É uma questão lógica. Quando menos indivíduos estão disponíveis para cobrir pontos, coordenar e executar ações, os que restam ficam sobrecarregados pelas tarefas, que permanecem as mesmas. Vários membros da direção geral do movimento haviam caído, o que exacerbava a fragmentação.

No período posterior ao sequestro do embaixador alemão Ehrenfried von Holleben, que valeu a libertação de quarenta prisioneiros políticos (entre eles quatro membros do MR-8: Cid Benjamin, Daniel Aarão Reis, Vera Sílvia Magalhães e Fernando Gabeira), a direção da organização ficou a cargo de João Lopes Salgado, Carlos Alberto Muniz e Stuart Angel. A intenção era dar continuidade à luta armada e, para custear os treinamentos de guerrilha em Cuba, o recrutamento de militantes de outros grupos e a montagem de uma estrutura na Bahia que abrisse uma porta à guerrilha rural, o MR-8 se dedicou às expropriações. Além do assalto ao Banco Nacional de Minas Gerais, os militantes se apropriaram de fundos de uma churrascaria, um posto de combustível, uma casa lotérica, um posto da Polícia Militar e do carro pagador de uma empresa.[28]

Executar essas ações requeria planejamento, medidas minuciosas de segurança e uma boa dose de sangue-frio. Os carros utilizados precisavam ter placas frias; os aparelhos nos quais os militantes se escondiam tinham "tetos" de horários, que deveriam ser respeitados à risca — caso alguém não retornasse depois da hora prevista, o apartamento ou casa deveria ser abandonado, pois tudo indicava que essa pessoa havia caído; a transmissão de mensagens não acontecia de maneira linear, já que, por precaução, um militante não conhecia toda a rede da organização da qual fazia parte. Munições tinham valor inestimável, bons aparelhos e identidades de fachada também. Andar pela rua, a descoberto, demandava vigilância incessante. Um guerrilheiro que aguardava, em vão, pelo companheiro com o qual tinha um ponto já antecipava o pior. E todos estavam avisados, conforme uma circular do MR-8, de que estavam

> em plena guerra revolucionária. Na guerra se mata, se morre, se prende, e quando o preso somos nós, seremos certamente torturados e mortos às vezes. Portanto, cuidado para não cair, e se formos um dia prisioneiros, não esqueçamos nosso ódio à burguesia, não busquemos sua recompensa com aberturas, não traiamos a causa do proletariado.[29]

As "aberturas" eram o fantasma de todo militante. "Abrir" significava ceder à tortura e divulgar informações aos captores, fossem elas sobre o horário e o local de pontos, a identidade de companheiros de luta armada ou o endereço de aparelhos funcionais. Militantes que resistiam à tortura cumpriam suas obrigações de revolucionários, ao passo que os que sucumbiam à dor se transformavam em inimigos da luta. A menor sugestão de que alguém teria aberto bastava para assegurar seu ostracismo no universo hermético — e altamente exigente — da militância. Eles se esqueciam, porém, de que não existe treinamento para suportar a tortura: não existe garantia de que, submetida às mais cruéis e desumanas práticas de humilhação e degradação, a pessoa não irá se agarrar à mais ínfima chance de sobrevivência. Durante a formação teórica da guerrilha, eram ensinados supostos métodos para resistir aos choques e espancamentos. O método "turco" consistia em negar tudo e não dizer nada. Já o "francês", no extremo oposto, preconizava uma colaboração fingida através de histórias inventadas.[30] Essas eram as teorias; na prática, a história era outra. A bravata de vários militantes, convictos de sua força moral e sua fortaleza física, nem sempre se confirmava quando os jovens eram jogados nas salas de tortura. Nada mais compreensível. Nenhuma teoria dá conta de erguer uma carapaça sólida o bastante para proteger da truculência, muitas vezes fatal, que se tornara norma nos centros de detenção da ditadura militar brasileira.

O perigo da "queda", com todos os danos que ela podia causar à estrutura da organização, rondava as esquinas, os bares e os bancos das praças.

Um militante como Stuart, cujo papel dentro do MR-8 o colocava mais em evidência no campo de guerra da luta armada, precisava estar sempre um passo à frente da repressão. Não era fácil. Stuart abandonou o time de remo do Clube de Regatas do Flamengo, uma de suas paixões, por volta de 1966 — logo após o início do curso na Faculdade de Economia e, aos poucos, seu envolvimento definitivo com a militância de esquerda. Ele convivia cada vez menos com os amigos do esporte. "Está ficando perigoso andar comigo", afirmava a quem lhe perguntava sobre a sua radicalização e, nas poucas ocasiões em que arriscava se encontrar com alguém em público, tomava o cuidado de não caminhar pela rua ao seu lado. Ao sair de um restaurante com um amigo, pediu que ele fosse embora primeiro. "Irei depois", combinou, justificando-se de que "juntos, é perigoso para você." Sumiu das festas de sábado à noite em que imitava os passos de twist do cantor americano Chubby Checker, ícone das pistas de dança dos anos 1960, e o afastamento da família indica a preocupação em manter a mãe e as irmãs o mais longe possível daquela vida incerta e insegura. Discreto, falava pouquíssimo a respeito de seu comprometimento com a DI-GB e, mais tarde, o MR-8. A turma do remo, entretanto, sabia que Stuart havia seguido por uma direção que o levaria para bem longe das competições na lagoa Rodrigo de Freitas.[31] Exceto por uma vez.

Entre 1969 e 1971, a clandestinidade empurrou Stuart a tomar decisões mais drásticas para se preservar. Como nas vezes em que recorreu ao sogro e a Maria Clara Mariani para se recuperar de ferimentos, ele tinha consciência dos riscos aos quais expunha dois aliados de sua rede de contatos. Mas ele precisava se esconder. E concluiu que a melhor alternativa seria a garagem de barcos do Clube de Regatas do Flamengo.

Era a mesma garagem náutica de seus tempos de voga no time de remo e lhe parecia suficientemente segura. Antes, o espaço simbolizava esforço físico, competição e o desejo de se superar a cada volta na Lagoa — e, por isso mesmo, ele acreditava que aquele depósito fechado não guardava apenas barcos e remos, mas também boas memórias. Sua entrada sorrateira nas instalações do clube, temendo ser visto e, pior, reconhecido, não combinava em nada com a postura de outrora, quando era recebido como líder de equipe e campeão do esporte.

No Flamengo, o grande aliado de Stuart era Guilherme do Eirado Silva, o técnico Buck. Existia, além da amizade e da parceria de anos, uma afinidade política: Buck, cujas simpatias sempre se posicionaram mais à esquerda, passou um tempo na União Soviética em um estágio de treinamento, de onde voltou comunista convicto. Embora não tenha agido publicamente contra o governo militar, o técnico não ocultava sua adesão política e Stuart se sentia confortável o bastante para se abrir, ainda que moderadamente, com ele. Certa vez, enquanto caminhava em frente à Central do Brasil, o treinador se sobressaltou ao reconhecer o antigo remador em roupas de soldado. Achando que aquilo era impossível — Stuart, um soldado? —, Buck se aproximou para conferir. A reação do rapaz foi imediata. Deu uma piscadela para o amigo, como se o avisasse para não chegar mais perto. O técnico entendeu. Não disse nada, desviou o passo e seguiu seu caminho.

Quando apostou na garagem náutica do clube como seu esconderijo, Stuart recorreu a Buck — que, por sua vez, julgou ser mais prudente não agir sozinho. Telefonou para Getúlio Brasil Nunes, então atleta do remo e futuro vice-diretor da agremiação. Buck pediu que Nunes fosse rápido até lá, pois o assunto era sério. Mesmo sendo madrugada, o remador correu para a garagem do clube. Ao ver que se tratava de Stuart, descobriu que o técnico não exagerara a gravidade da situação.

Buck e Nunes estavam diante de um dilema. Se escondessem Stuart, seriam cúmplices de um militante procurado pela repressão e poderiam, muito facilmente, ser presos e interrogados por causa disso. E, se não fizessem nada, trairiam a confiança do voga bicampeão do clube, que escolhera o Flamengo como pouso temporário. Não deliberaram por muito tempo. O esquema que montaram não se sustentaria por mais de alguns dias, mas deu a Stuart um respiro: por três noites, ele transformou a garagem náutica do Flamengo, em plena lagoa Rodrigo de Freitas, em um aparelho improvisado e transitório. Comia marmitas que dois amigos lhe levavam de uma pensão próxima, cobria os cabelos e o rosto com gorro e óculos quando remava no barco individual de tipo *skiff*, não saía para a rua e evitava circular dentro do clube.

Stuart foi embora da garagem, do Flamengo e da Lagoa sem contar a ninguém sobre o próximo destino.[32] É certo, porém, que seus planos envolviam um retorno à sua Bahia natal. O trabalho do MR-8 em Salvador, desmobilizado após a prisão de uma militante, demandava atenção, e Stuart era considerado ideal para o cargo. Abandonaria a direção do grupo na Guanabara e se dedicaria à elaboração e execução de estratégias da guerrilha rural, começando pela formação de uma rede de contatos em lugarejos no sertão baiano.[33] Em março de 1971, Lúcia Murat havia acabado de voltar de Salvador para o Rio de Janeiro, e um de seus primeiros encontros se deu com o velho amigo. Os dois se viram em uma lanchonete da rede Bob's: Lúcia queria trocar ideias sobre as direções a seguir na militância e Stuart, por sua vez, estava ávido por uma oportunidade de conversar. Vivia um momento em sua intimidade que o encantava. Havia se apaixonado por Marilena, com quem iniciara um relacionamento, e Lúcia percebeu uma maturidade diferente no rapaz idealista que conhecera quando estavam na faculdade. Ela se surpreendeu, também, com a mudança evidente em seu comportamento. De jovem conservador nos costumes, ferrenhamente monogâmico e avesso às experimentações sexuais e amorosas tão típicas de sua geração naquele período, Stuart tinha virado um homem de cabeça aberta, com menos ideias fixas sobre certo e errado. Os novos sentimentos apareciam quando já fazia algum tempo que ele vivia clandestino e afastado da esposa exilada.[34]

Ainda que o MR-8 enfrentasse tantas dificuldades quanto outros grupos de luta armada — verbas insuficientes, quadros reduzidos, incertezas quanto à teoria política que guiaria a prática da guerrilha no Brasil, a perseguição implacável dos militares e as desilusões relativas ao trabalho com as massas operárias e camponesas —, seus militantes gozavam de uma reputação diferenciada. Vindos, em sua maioria, da classe média urbana e com raízes no movimento estudantil secundarista e universitário, eles eram vistos como os mais intelectualizados da esquerda. Elaboravam documentos repletos de referências teóricas, podiam passar horas debatendo as suas mais recentes leituras e, por terem sido coautores do sequestro do embaixador americano Charles Elbrick, em 1969, conquistaram o respeito das outras organizações. Naquele momento, o MR-8 executava uma revisão de sua prática revolucionária e recalibrava as táticas de ação para priorizar o que considerava a base de seu trabalho: as massas. O texto "Orientação para a prática", de janeiro de 1971, insistia no contato estreito entre militantes e trabalhadores como absolutamente fundamental para a revolução — muitos dos membros admitiam, e não só na organização, que um abismo se escancarava entre a massa e os jovens revolucionários. A reaproximação deveria injetar novo fôlego às ações armadas e aos projetos para mobilizar politicamente população.[35]

A intenção do MR-8 de retomar a relação com o proletariado e as populações camponesas atraiu militantes decepcionados com a guerrilha, desejosos de refletir sobre a essência daquela luta. Um deles era um ex-capitão do Exército que integrava a direção da VPR. Após o assassinato de Carlos Marighella, esse ex-capitão havia se tornado o principal alvo dos militares. Seu nome: Carlos Lamarca.

Uma das figuras mais heroicizadas pela militância e mais vilificadas pela repressão, Lamarca mergulhou na clandestinidade em janeiro de 1969, quando desertou do 4º Regimento de Infantaria, carregando consigo um arsenal de 63 fuzis, dez submetralhadoras e munição. Meses depois, participava de sua primeira ação armada — um assalto a duas agências bancárias no Brás, em São Paulo —, durante a qual feriu fatalmente um guarda civil e interrompeu o tráfego disparando rajadas de tiros com sua metralhadora. Os militares, que já o procuravam como desertor, tomaram-lhe ódio ainda maior depois que Lamarca montou um campo de treinamento de guerrilha no Vale do Ribeira, perto da fronteira entre os estados de São Paulo e Paraná. Mais furiosos ficaram em abril de 1970, quando o ex-capitão escapou do cerco em torno de seu refúgio guerrilheiro, bem debaixo do nariz de policiais militares, agentes do Dops e quase 3 mil soldados do Exército, e sob o escrutínio de helicópteros que vasculhavam o Vale em busca dos rastros dos militantes escondidos. A Operação Registro, como ficou conhecida, recorreu até a bombardeios de napalm — a mesma arma química letal que os americanos despejavam sobre o Vietnã. Um tenente, capturado como refém, foi executado pela VPR. Ao fim dos 41 dias de cerco, do qual saiu incólume, Lamarca foi alçado ao posto de homem mais procurado do Brasil.[36] No final daquele ano, ele atuaria no derradeiro sequestro de diplomatas pela militância, o do embaixador suíço Giovanni Enrico Bucher, pelo qual foram trocados setenta presos políticos.

Atirador de pontaria certeira e combatente disciplinado, mas também estudante curioso de teoria política, Carlos Lamarca foi engolido, ainda em vida, por seu próprio mito. A influência que detinha dentro da VPR, contudo, não bastou para estimular uma reorientação das práticas guerrilheiras e uma reconsideração das ações mais violentas do grupo: quando tinham o embaixador como refém, Lamarca foi a liderança solitária que discordou do assassinato de Bucher, cogitado como um "ultimato" à difícil negociação de soltura dos prisioneiros com o governo.[37] Sua decepção quanto aos fracassos da luta armada, sobretudo em relação à incapacidade de estruturar uma base revolucionária que articulasse juventude, proletariado e campesinato, pareceu ter solução em uma reunião de representantes de diversas organizações da militância, à qual Lamarca compareceu em nome da VPR. O MR-8 se opunha aos sequestros e falava em guerrilha rural e reaproximação com as bases — tudo o que Lamarca queria ouvir. Seduzido pelos planos de construir um foco revolucionário no interior da Bahia, ele combinou a sua transferência da VPR, enfraquecida e com poucos aparelhos seguros para um militante tão visado, para o MR-8, onde vislumbrava um futuro menos sombrio. Estava cansado das divergências políticas, das manobras que tentavam isolá-lo dentro da organização pela qual arriscava sua vida. A luta seria longa e difícil, escreveu a um ex-companheiro da VPR, o jovem Alfredo Sirkis, e a revolução estava em "todo o mundo". Dentro dela, residia a "solução para a humanidade, em todos os níveis".[38]

O pessoal do MR-8 ficou em polvorosa. Até os militantes exilados se entusiasmaram com as possibilidades abertas pela chegada de Lamarca: com um integrante desse porte, a organização poderia se firmar como o maior grupo da esquerda armada do país.[39] A troca de Lamarca se consumou no início de 1971, em um ponto acertado entre Sirkis e um militante que ele definiria como "galã de filme americano, perdido na selva de asfalto patropi". O "galã" alto, loiro e forte era Stuart, o contato do MR-8 nos preparativos. O acerto da transferência de Lamarca não demorou. Em um dia que poderia ser como outro qualquer, mas cujas consequências reverberariam nas vidas de diversos militantes e de suas famílias, ele deixou o fusca bege dirigido por Alex Polari de Alverga, recém-eleito para o comando provisório da VPR, e entrou no fusca bordô no qual Carlos Alberto Muniz e Stuart Angel foram buscá-lo, acompanhados por Iara Iavelberg, militante e namorada de Lamarca.[40]

A euforia não deveria cegar os militantes para a repercussão da mudança entre os agentes da repressão. Pouquíssimos conheciam o endereço de Carlos Lamarca no Rio de Janeiro, e quem detivesse essa informação teria que ser cauteloso em excesso. Aos militares, pouco importava se Lamarca se dedicaria ao trabalho de base ou se envolveria no alto escalão da guerrilha. Queriam que ele respondesse pelos atos do passado: a deserção do Exército e o comando da luta armada, os quais encarnavam o pior da subversão esquerdista. Portanto, o militante do MR-8 que caísse teria que trancar a boca e resistir ao pior — ou entregaria Lamarca de bandeja. Se a repressão já estava de olho no MR-8 antes, o ingresso do seu maior inimigo naquele grupo não facilitou a vida de ninguém.

Entre janeiro e abril de 1971, o MR-8 tomou uma metralhadora de um departamento de trânsito e assaltou quatro supermercados e um depósito;

tamanho era o desespero em conseguir fundos que tentou se apoderar dos salários de operários de uma obra, transportados em um carro pagador. O argumento era que o dinheiro não pertencia aos trabalhadores, e sim à empresa que os devia, mas os operários não foram convencidos por tal raciocínio. No fim, a operação falhou e seus executores retornaram aos respectivos aparelhos de mãos vazias. Nesse mesmo intervalo de tempo, à medida que as ações de expropriação se mantinham, ocorreram quedas e mortes que abalaram profundamente o grupo. Alexandre Lyra foi preso em fevereiro e entrou no DOI-Codi na rua Barão de Mesquita. Ficou lá até abril, quando foi transferido para o Cisa, instalado na Base Aérea do Galeão, na Ilha do Governador. Em março, foi a vez de Lúcia Murat, cujo extenso período de encarceramento e torturas começou na Vila Militar. No mês seguinte, Mário de Souza Prata e Marilena Villas Boas foram mortos em uma emboscada armada por agentes da Brigada Aeroterrestre em frente ao aparelho no qual moravam — e onde guardavam uma submetralhadora, pistolas, fuzis, granadas e explosivos. Marilena sacou uma arma da bolsa, estourando um tiroteio. Mário, ferido, seria torturado até a morte; Marilena também passaria por torturas no DOI e, possivelmente, na Casa da Morte de Petrópolis antes de um tiro fatal perfurar seu pulmão.[41] Depois das quedas de Mário e Marilena, Stuart comentou com Sirkis, em um último encontro antes da partida deste para o exílio no exterior, que andava bastante preocupado. "É foda, quando não sabemos como foi. Quedas a gente sempre vai ter, mas o importante é saber como, por onde."[42]

O desmantelamento do MR-8 ficava mais palpável a cada dia. Em maio, viriam mais capturas e, como uma fileira de dominós, a queda de uma peça derrubaria as próximas. Manoel Henrique Ferreira e Zaqueu José Bento, ambos do mesmo Grupo Político-Militar que Stuart,[43] caíram no dia 7 de maio, uma sexta-feira, no bairro Engenho de Dentro, na Zona Norte do Rio. Manoel foi levado para o Dops — onde tomou socos, pontapés, pauladas e choques elétricos — e posteriormente transferido para o Cisa.

O time que recebeu Manoel no Cisa não mediu a sua truculência. Na sala a que chegou encapuzado, estavam o brigadeiro Carlos Affonso Dellamora, o primeiro comandante do órgão, o tenente-coronel Ferdinando Muniz de Farias, chefe da divisão de operações, o capitão Alfredo Magalhães, do Cenimar, que usava o falso sobrenome Poeck para ocultar sua identidade, e um oficial não identificado do DOI paulista. O militante levou nova surra e foi obrigado a se sentar no chão, de onde ouviu uma frase de Dellamora que deu o tom da conversa. "A guerra terminou para você", avisou a Manoel. Explicou que podiam fazer com ele o que bem entendessem e sugeriu que a conduta mais sensata seria entregar logo o capitão Carlos Lamarca.

Amarrado no pau de arara e com eletrodos ligados aos genitais, à boca e à cabeça, Manoel sobreviveu à sua primeira sessão de tortura no Cisa. A primeira de muitas. Dellamora garantia que, caso colaborasse, Manoel não seria mais torturado e poderia até ser solto perto de alguma fronteira, para escapar sem ser perseguido. Iludido pela promessa cínica do brigadeiro, aterrorizado por estar preso e acometido pelo pânico, ele colaborou. Anos depois, escreveria uma carta ao arcebispo de São Paulo, dom Paulo Evaristo Arns, na qual afirmaria ter adotado "um comportamento extremamente individualista, que se refletiria diretamente no nível de colaboração que eu prestava aos torturadores. [...] Meu único pensamento era o de me livrar daquelas torturas".[44] As informações que revelou levaram os agentes da repressão a agirem de pronto. Revistaram as residências dos dois novos prisioneiros, onde encontraram "farto material subversivo, de inteligência, doutrinário e político do MR-8". Era só o começo. Entre os dias 7 e 12 de maio, estouraram o ponto que Manoel tinha em uma livraria em Copacabana com "Ronaldo", codinome de José Roberto Gonçalves de Rezende, da VPR. Com Rezende em mãos, partiram para uma garagem no Engenho Novo, na qual a VPR guardava diversos automóveis, e que funcionava como ponto com outro membro da organização[45] — "Bartô", ou Alex Polari de Alverga.

Por volta das sete da noite de 12 de maio de 1971, Alex, conhecido como Bartô entre a militância armada, saiu de uma casa na rua Visconde de Itabaiana, no bairro do Engenho Novo, na Zona Norte do Rio de Janeiro.[46] Entrou no fusca e deu partida, tudo dentro do horário planejado. Tinha um ponto marcado com o companheiro Ronaldo em uma garagem nas redondezas e, enquanto dirigia seu carro, encadeava reflexões que não lhe pareciam particularmente especiais. Pensou na VPR e na possibilidade, cada vez mais discutida, de interromperem as ações armadas e reformularem a orientação política; pensou em Carlos Lamarca, que se transferira para o MR-8 e de quem recebera havia pouco um bilhete; pensou também na namorada, de quem se despedira ao deixar o aparelho, e no relacionamento em crise que viviam. Mas esses pensamentos rotineiros logo deram lugar a um desconforto resignado: embora levasse consigo uma pistola Colt e um revólver de calibre 38, Alex sentia que seu estado de alerta — mentalidade permanente na clandestinidade, uma espécie de intuição adquirida na rotina de guerrilha — o avisava de algum perigo. Circulavam rumores de que Ronaldo teria caído, um motivo a mais para se preocupar e redobrar a cautela.

Assim que chegou à rua da garagem, Alex olhou ao redor. Bem na esquina, viu um homem parado.

Sujeitos à espreita em cantos mal iluminados, encostados em carros e com o aspecto de nada fazerem não conseguiriam ser mais suspeitos se tentassem: sob um governo de vigilância extrema, adepto de práticas nada constitucionais de controle da população civil, agentes ocupavam ruas, praças e espaços públicos para monitorar, policiar e, diante do que vissem, reagir imediatamente. Naquela noite, em uma rua do Engenho Novo, a figura de tocaia não poderia significar outra coisa. Alex iria cair, e sua convicção foi confirmada quando notou que o homem parado na esquina tinha companhia — dois agentes ocupavam uma Variant de cor branca, perua da marca Volkswagen, além de um quarto homem em outra esquina. A iminência da prisão parecia inescapável, mas Alex não se entregaria de bom grado.

A perseguição que se seguiu, entre a Variant do Dops e o fusquinha de Alex, teve tiroteio, manobras arriscadas, o guincho atordoante das sirenes policiais e um clima cinematográfico, que não diminuía em nada o desespero do jovem, focado em escapar vivo. Alex tentou atrasar seus algozes com um cavalo de pau, furou sinais vermelhos em plena hora do rush no Méier, subiu em calçadas, espantando pedestres aterrorizados, acelerou até noventa quilômetros por hora e despistou policiais militares armados com metralhadoras INA. Perigo atrás de perigo, em uma velocidade atordoante, a Variant sempre em seu encalço, os policiais disparando suas armas. Só acabou quando Alex perdeu completamente o controle do fusca. Colidiu de lado com um ônibus, bateu de frente em uma árvore e, cercado pelos agentes, teve que se render.

Em plena corrida por sua sobrevivência, Alex se concentrou o suficiente para fazer uma pergunta: "Como seria a tortura?". Ele não tardaria a descobrir. Mal chegou às dependências do Dops, no centro do Rio, recebeu o tratamento de praxe. O delegado Orlando de Souza Rangel, policial militar lotado no órgão, anunciou que, dali em diante, a história seria bem diferente — "Olha, meu rapaz, para você a guerra acabou" —, e Alex tomou os primeiros socos e chutes nos rins, no estômago e no fígado, os choques elétricos intensificados pela água que jogavam em seu corpo nu, e conheceu a dor nas articulações provocada por braços e pernas amarrados no pau de arara. Dependurado de cabeça para baixo, as descargas elétricas pareciam não ter fim. Sua tática principal consistia em arrastar o interrogatório por tempo suficiente para que seus companheiros de aparelho escapassem e, quando Alex levasse os agentes até a rua Visconde de Itabaiana e fingisse cooperar, não arriscasse nada além do próprio pescoço.

Desde sua entrada no Dops, os policiais ameaçavam mandar Alex ao "Paraíso". Era um código, mas não significava que eles pretendiam matá-lo: Paraíso se referia ao centro de inteligência da Aeronáutica, o Cisa. Antes, durante e depois das sessões de tortura, os agentes deixavam claro o que (ou melhor, *quem*) queriam — Lamarca. Alex repetia que não sabia mais nada sobre o antigo líder da VPR depois de sua passagem para o MR-8, uma admissão que não convenceu ninguém. No dia seguinte à sua captura, em 13 de maio, o capitão Poeck (cujos codinomes eram Mike e dr. Roberto) confirmou a transferência. Botaram um capuz sujo para tampar a visão de Alex, um procedimento padrão em todas as movimentações de prisioneiros políticos, e o enfiaram no porta-malas de um carro.

Alex ingressou no Paraíso com a certeza de que sua situação degringolava perigosamente. Quando o tiraram do porta-malas e o conduziram para dentro do Cisa, ele passou por uma espécie de corredor polonês vale-tudo. Os oficiais, ávidos por mais um saco de pancadas, bateram tanto no recém-chegado que conseguiram arrancar suas roupas. Depois ele foi levado, nu, para uma sala. Colocaram mais um capuz sobre sua cabeça, jogaram-no no chão e conectaram fios da máquina de choque aos dedos da mão direita e no pênis. Nessa sala, o mandante era o tenente-coronel Abílio Corrêa de Souza — que adotara o sobrenome falso Alcântara e o codinome dr. Pascoal. Ele se gabou de ter aprendido com os americanos a aplicar os melhores métodos de tortura. "O papai aqui fez curso nos States", encheu a boca para declarar. "Esse nó de piroca não sai de jeito nenhum."[47]

Das duas alternativas que haviam lhe ensinado para aguentar a tortura sem entregar os companheiros, Alex escolheu a técnica francesa. Inventou histórias e tentou ludibriar seus torturadores. Entre sessões enlouquecedoras de choques e afogamentos, ele misturava horários e locais de pontos diferentes, repetia não ter mais contato algum com Lamarca e torcia para não se contradizer. Só que a dor, a exaustão, a humilhação e as consequências físicas de tamanha violência destroem qualquer resquício de consciência.

Alex se esforçava ao máximo para não entregar, sem querer, alguma informação real. Uma de suas histórias, entretanto, começava a preocupá-lo. Ao falar sobre os supostos pontos, trocando endereços e horas no último momento, deixou escapar o local verdadeiro de um deles: em uma pracinha próxima à avenida Vinte e Oito de Setembro, no bairro de Vila Isabel, com o MR-8. Por pouco não revelou o horário correto — em uma fração de segundo, antecipou em duas horas o horário real do encontro.

O deslize com o ponto combinado com o MR-8 se agravaria em uma sessão posterior de tortura, quando aplicaram uma droga em Alex. Era o soro de pentotal sódico. Barbitúricos como esse inibem a produção de certos neurotransmissores, interferindo na comunicação entre os neurônios, e podem deixar o paciente mais desinibido, menos vigilante. Por ter ação sedativa, a substância ficou conhecida como "soro da verdade" — não que induzisse à honestidade absoluta. A letargia subsequente à sua aplicação confundia ainda mais quem já estava debilitado pela tortura e aumentava as chances de uma conversa sem filtros. Exatamente o que procuravam os interrogadores.[48] Sob efeito do pentotal, Alex confirmou onze dos pontos, alguns inventados, outros antigos. O primeiro entre eles, e o único que o inquietava de fato, seria às oito horas do dia seguinte, "na segunda transversal da Vinte e Oito de Setembro em frente à pracinha" Tobias Barreto.[49] O encontro estava marcado para as dez horas, mas ter repetido o endereço para os torturadores perturbou o militante profundamente.

Na manhã do dia 14 de maio, uma sexta-feira, os agentes do Cisa arrancaram Alex de sua cela, um cubículo pequeno que dispunha de uma porta de madeira, uma janela com grades posicionada a cerca de dois metros do chão e um banheiro separado por um murinho baixo de concreto.[50] De novo encapuzado, enfiaram-no em um carro que o transportaria por todo o percurso de pontos.

Só removeram o capuz nas proximidades de Vila Isabel. De acordo com o plano dos oficiais, Alex serviria de isca para os militantes e, para isso, precisaria ficar "solto" — invariavelmente sob vigilância. Cerca de trinta agentes acompanharam a operação.

Às oito horas, Alex estava posicionado ao lado de um carro na rua Duque de Caxias, perto do local combinado. Os agentes se espalharam ao seu redor, fingindo normalidade: liam jornais em uma banca, discutiam animados sobre loteria esportiva, entravam em botecos. Alex mal se mantinha de pé. Contava cada minuto, torcendo para seu contato do MR-8 não aparecer e chegar às dez em ponto, quando o cerco provavelmente já teria se levantado e os oficiais o levariam para o próximo ponto.

E isso estava para acontecer. Às nove, os homens do Cisa — que ocupavam tão levianos a rua — se preparavam para sair dali e chamaram Alex, que tinha se movido e recostado no balcão de um bar, para atravessar a rua e entrar no carro. Foi então que ele percebeu um homem se aproximando. Paralisado pelo terror, sequer respondeu ao cumprimento que ele lhe fez, um código de abordagem em um ponto. Vestido com uma calça verde-garrafa e uma camisa clara, sobre a qual usava um casaco bege,[51] Stuart Angel Jones chegava, sorridente e com uma hora de antecedência, ao encontro marcado com Alex.

Stuart demorou para perceber a palidez de Alex. "Você caiu, companheiro?", sussurrou. Não houve tempo para resposta. Três ou quatro agentes saltaram sobre Stuart que, apesar da altura e da força, não teve como se defender. Vários apontavam armas, todos gritavam ordens. Alex via Stuart se debater no chão enquanto era revistado. Tomaram seu relógio e uma caneta. "Filho da puta", berrou um agente, "tava com uma granada."[52]

Despedaçado entre a culpa e a vontade de responsabilizar o azar — por que, afinal, Stuart tinha se antecipado ao horário do ponto? Teria compromissos no bairro? Um dos dois havia trocado a hora, e ele se esquecera? —, Alex observou, inerte, os agentes jogarem Stuart, com seu 1,80 metro, no bagageiro apertado de um Opala amarelo com teto de vinil preto. Alex ainda repassaria todos os pontos com a equipe do Cisa, em bairros tão distantes e diferentes uns dos outros quanto Tijuca, Madureira, Rocha e Ipanema. Depois da captura de Stuart, a repressão tinha se animado: quantos outros pontos não renderiam subversivos fresquinhos? Ao longo do dia, contudo, foi decepção atrás de decepção. A boa vontade que estavam dispostos a derramar sobre Alex, um militante capaz de cooperar, logo se esvaiu. Ao final daquela sexta-feira angustiante, ele retornou ao Paraíso e foi guiado direto para a sala de tortura.

Quando a porta da sala se abriu, Alex ouviu gritos e entendeu que não seria torturado sozinho. Alguém já estava lá dentro — e esse alguém, reconheceu imediatamente, era Stuart.

O Cisa, em sua formatação final, surgiu em 20 de maio de 1970. Suas raízes, entretanto, remontam a julho de 1968, quando o presidente Costa e Silva percebeu que faltava um serviço secreto dentro das Forças Armadas — a

Marinha já tinha o seu, o Exército também. O ditador entregou a tarefa a um capitão que acabava de retornar ao Brasil vindo do Panamá, onde fizera cursos de informação e inteligência na Escola das Américas, um centro de treinamento montado pelos militares norte-americanos e aberto a oficiais de toda a América Latina, onde se especializavam em técnicas de interrogatório, guerra psicológica e contrainteligência.[53] O capitão foi prontamente promovido a comandante e se dedicou a montar o Núcleo do Serviço de Informações e Segurança da Aeronáutica (N-Sisa). Munido de um arquivo de informações de possíveis alvos, ele deu início ao treinamento de oficiais que enfrentariam os subversivos caçados pela ditadura, repassando adiante as "técnicas" que aprendera com os professores americanos. Em menos de dois anos, o N-Sisa evoluiu para a versão completa, o Cisa, e seu mentor recebeu o comando da 3ª Zona Aérea, subdivisão regional da Aeronáutica que abrangia os estados da Guanabara, Rio de Janeiro, Espírito Santo e Minas Gerais[54] e, portanto, incluía a Base do Galeão — sede do centro de inteligência da Aeronáutica.

A mudança de posto não significava que João Paulo Moreira Burnier se afastaria de sua preciosa cria. De abril de 1970 em diante, o comandante faria questão de se manter a par das tenebrosas façanhas do Cisa. De vez em quando, inclusive, se encarregava pessoalmente de executá-las.[55]

Burnier não foi punido pelo escândalo do Para-Sar, o plano que arquitetou em 1968 para desviar os paraquedistas de suas funções de socorro e colocá-los para incendiar o Rio de Janeiro. Pelo contrário: tornou-se comandante, passando à frente de outros candidatos à promoção, e ganhou de presente um aparato completo de tortura. Seu temperamento explosivo logo fez fama na Aeronáutica. Os oficiais da 3ª Zona Aérea temiam suas reações violentas — uma inclinação à brutalidade que tinha, como reflexo mais evidente, a participação do comandante em sessões de interrogatório. Um dos capitães sob sua autoridade, Lúcio Barroso, chefe de operações da 3ª Zona Aérea e também egresso da Escola das Américas, guardaria pelo resto da vida a imagem de um Burnier "machão", "comandante com C grande", que falava muito e de quem todos tinham medo.[56] Para todos os efeitos, o tal "comandante com C grande" se ocuparia de toda a 3ª Zona Aérea. Mas o Cisa permaneceria no centro da operação, tanto que nenhuma tortura ou ação da repressão aconteceria, por oficiais da Força Aérea, sem o conhecimento e a aprovação do pessoal alocado na Base do Galeão.[57] Sua estrutura se espalhava por três edifícios do complexo e ocupava os prédios de custódia, de comando e do antigo pelotão de investigação criminal.

Havia celas em todos eles, mas não só. Um conjunto de celas subterrâneas se esgueirava por baixo da Base Aérea, cujo acesso se dava por uma cancela vigiada constantemente por um guarda à paisana, responsável por barrar a entrada de oficiais não autorizados.[58]

Nos anos de 1970 e 1971, a administração do centro de inteligência ficou a cargo do brigadeiro Carlos Affonso Dellamora, cujo braço direito era o tenente-coronel Muniz. Sob as asas deste, trabalhava o tenente Abílio Corrêa de Souza, dito Abílio Alcântara. E, para completar a equipe principal do Cisa, havia o major Paiva — que usava "dr. Pedro Paulo" como codinome — e a colaboração de agentes do Dops, como Mário Borges de Araújo e Jair Gonçalves da Mota, e do Cenimar (como o "dr. Roberto", isto é, o capitão Alfredo "Poeck" Magalhães), em missões de captura e interrogatório de subversivos.[59] O próprio Burnier admitia a teia de conexões entre os serviços de inteligência. As boas relações entre os órgãos de informação dos três Estados-Maiores, sem contar o Dops e os DOI-Codi, se baseavam em uma "confiança total", uma "cooperação muito grande".[60]

Na guerra da comunidade de informações contra a famigerada subversão esquerdista, uma mão lavava a outra e todas tentavam se proteger. Isso não significa que fossem melhores amigos o tempo todo. A avidez podia falar mais alto e um centro de inteligência militar não tinha, necessariamente, uma preferência predeterminada por qual organização da militância perseguir. No Dops, após sua prisão, Alex ouviu uma disputa entre agentes do Cisa e do Cenimar. Queriam decidir quem ficaria com a chance de seviciar um militante detentor de possíveis informações sobre Lamarca — e, na caçada pelo inimigo número um da repressão, todos os departamentos estavam ouriçados. Com Alex, o Cisa levou a melhor. Levaria de novo quando da captura de Stuart.

A participação de Stuart na luta armada já era conhecida pelos órgãos de inteligência. Um relatório do CIE datado de abril de 1970, que se debruçava sobre a Dissidência Comunista da Guanabara — a origem do MR-8 —, coloca Stuart como membro da direção do grupo em 1967-8 e, posteriormente, integrante da Frente Operária, junto com Sônia (identificada como sua esposa), Lúcia Murat Vasconcellos e Daniel Aarão Reis. Em uma qualificação posterior elaborada pelo Dops, Stuart é dado como foragido e procurado pelos "setores de captura dos organismos de segurança".[61] Sua prisão preventiva havia sido decretada pelo menos duas vezes, a primeira em novembro de 1969, como um dos dezessete acusados pelo sequestro do embaixador americano Charles Elbrick, e a segunda em novembro de 1970, por um processo da Delegacia de Roubos e Furtos.[62] Considerado foragido da Justiça, Stuart não comparecia às auditorias para responder às acusações de roubo e sequestro. Uma evasão óbvia: se desse as caras diante dos militares, não duraria nem mais um minuto em liberdade.

Ao cair na arapuca montada pelo Cisa naquela manhã em Vila Isabel, Stuart entregava aos agentes a resposta para uma dúvida que os intrigava. Quem era "Paulo"? Naquele mesmo dia, a equipe do Paraíso soltava um relatório confidencial detalhando as confissões extraídas dos interrogatórios de Zaqueu José Bento, Manoel Henrique Ferreira, José Roberto Gonçalves de Rezende (o Ronaldo da VPR) e Amaro de Souza Braga, descrito como um aliado do MR-8. Nesse documento, "Paulo" é um dos poucos codinomes do MR-8 sem identificação definitiva do nome real. Descrito como "bastante 'queimado' na Guanabara" e integrante do Comando Nacional da organização, esse Paulo teria participado — de acordo com os depoimentos de Manoel e Zaqueu, que afirmavam conhecê-lo — das ações de expropriação da agência do Banco Nacional de Minas Gerais em Ramos, do supermercado Peg-Pag em Botafogo, do depósito da Kibon e de uma fábrica de papel, ambos em São Cristóvão, e de duas filiais do supermercado Merci. Além disso, seria o responsável pelo contato entre o MR-8 e outros grupos, como a ALN. "Talvez Stuart Edgar Angel Jones", sugere o relatório.[63] A conexão fazia sentido. Stuart estava no radar da repressão, embora seus codinomes ainda não tivessem sido verificados, e o encaixe parecia sólido. Mas, independente do nome de guerra daquele rapaz alto que os agentes haviam enfiado no porta-malas, a manhã fora produtiva. Tinham pegado mais um daqueles terroristas da esquerda.

O Opala não levou Stuart direto para o Cisa. Antes de seguir para o Galeão, o carro fez uma primeira parada na rua Barão de Mesquita, no temido prédio dos fundos do quartel da Polícia do Exército. Stuart fazia uma escala no DOI-Codi e já chegava ferido. A pancadaria começara ainda em Vila Isabel, para derrubá-lo, e continuara com ferocidade o suficiente para deixar equimoses em seu tórax e abdome. Enviaram um médico para tratá-lo: o psicanalista e tenente Amílcar Lobo, colaborador da repressão. Ele medicava presos políticos torturados para garantir que aguentassem novos interrogatórios. Ao ver as manchas roxas naquele jovem deitado em uma cela, entendeu de imediato o que as provocara — socos, pontapés, possivelmente golpes de cassetete. Lobo percebeu que Stuart estava consciente, mas não houve diálogo entre os dois. O médico lhe aplicou um analgésico para aliviar as dores e seguiu sua rotina na Barão de Mesquita, indiferente ao que aconteceria com mais um subversivo agredido pelos militares.[64]

O efeito do analgésico não deve ter durado quase nada. Pouco depois, Stuart ingressava no Paraíso e era conduzido à sala de torturas. Dali em diante, sofreria agressões e brutalidades sem cessar até o cair da noite. As pancadas que lhe causaram as primeiras equimoses seriam retomadas com toda a fúria, e a dor cada vez mais excruciante se intensificaria de maneira exponencial com as queimaduras de cigarro sobre a pele e as descargas elétricas em potência cada vez maior. Suspenso no pau de arara, amarrado pelos punhos e com os joelhos dobrados sobre a barra de ferro, era obrigado a engolir jatos de água corrente.

Ao retornar ao Cisa, Alex foi levado para a mesma sala na qual os torturadores interrogavam Stuart. Estava encapuzado, porém reconheceu a voz dele; por um instante, quando lhe retiraram o capuz para conectar os fios da máquina de choques, Alex o viu sendo espancado. Perguntavam-lhes sobre metralhadoras que teriam sido repassadas do MR-8 para a VPR, e também queriam saber de pontos e contatos entre as organizações. Mas a acareação conjunta dos dois militantes, naquele 14 de maio de 1971, tinha como foco principal a localização de Carlos Lamarca. Pelo que Alex pôde perceber, Stuart tentava conter seus gritos de dor. Juntos, eles foram amarrados ao pau de arara, eletrocutados nos pontos mais sensíveis do corpo e humilhados por horas a fio.

Interrogatórios como esse não respeitavam os limites da tolerância do torturado. Não raro, os interrogados precisavam ser carregados até suas celas, incapazes de se mover por conta própria. A tortura devastava a mente e destruía o corpo por fora e por dentro, provocando sangramentos, lesões internas, inchaços: os prisioneiros paravam de urinar (ou urinavam sangue), desenvolviam surdez temporária devido aos golpes nos ouvidos ou úlceras por passarem dias sem comer e perdiam a mobilidade de certos membros.[65] Alex era seviciado sem parar havia dois dias, mas não foi por caridade que os oficiais do Cisa — entre os quais os tenentes Muniz e Corrêa de Souza, ditos dr. Luiz e dr. Pascoal — o largaram em sua cela. Uma prática comum em centros de tortura consistia em cortar a água dos cubículos, pois os torturadores sabiam que os choques elétricos aumentavam consideravelmente a sede dos prisioneiros. Na cela, Alex tentava recuperar o fôlego e repassava, em sua memória, a cena da captura de Stuart.[66]

A notícia de que "Paulo" caíra logo percorreu as celas do Cisa. Não por algum burburinho ou código entre os presos: quem transmitiu a informação foi o tenente Corrêa de Souza, em visita aos cárceres de Manoel Ferreira e Alexandre Lyra. O dr. Pascoal levou consigo um documento de identidade achado na carteira de Stuart, que fez questão de mostrar aos prisioneiros. Quis saber se reconheciam o homem da foto. Ambos responderam que sim, que era Stuart. A Manoel, o tenente revelou que ele estava preso ali mesmo, tendo chegado naquele dia.[67] Já a Alexandre, cuja esposa, Maria Cristina de Oliveira, também estava presa no Cisa, Corrêa de Souza comunicou apenas que haviam apreendido o documento em um aparelho estourado. A despeito de não ter ouvido uma admissão de prisão, Lyra leu nas entrelinhas. O pessoal do MR-8 encarcerado no Cisa compreendeu que a guerrilha havia terminado abruptamente para mais um dos seus.

O que não terminava era a tortura. De sua cela, Alex ouvia os gritos vindos da sala de interrogatórios, que se intercalavam com o som dos aviões na pista da Base Aérea. Pouco depois, o barulho mudou. Não só vinha de um ponto diferente do Cisa como ficara mais alarmante. Manoel também escutou e registrou a diferença.

Portas de carro se abriam e fechavam. A quem prestava atenção, parecia que o Cisa inteiro tinha se aglomerado no pátio. Vozes e gritos cortavam o ar, passos ressoavam apressados — e, então, rugiu o motor de um carro ligado. O carro acelerava, o motor roncava e, no meio de todo aquele barulho, Alex distinguiu gemidos e tosse. Quanto mais o carro acelerava e rodava pelo pátio, quanto mais as vozes gritavam, mais nítida ficava a tosse. Alex se arriscou a subir no vaso sanitário da cela, em uma tentativa frustrada de enxergar, pelas grades da janelinha a dois metros do chão, o que acontecia lá fora. Não conseguiu ver nada.[68] Em sua cabeça, porém, a cena não poderia ser mais vívida. Stuart, sendo arrastado pelo pátio, com a pele esfolada e a boca amarrada ao cano de descarga de algum veículo da Aeronáutica — um jipe militar, muito possivelmente — e obrigado a inalar os gases expelidos pelo carro. Reconhecera a voz de Stuart pelos gemidos que escutava.

Escurecia quando por fim desligaram o motor do jipe, desamarraram Stuart e o carregaram de volta para sua cela.

O telefone tocou na hora do jantar.

"Paulo caiu. Procurem. Ele está na PE."

A pessoa que declarou essas palavras não se identificou, mas orientou Zuzu Angel a correr ao quartel na Barão de Mesquita. Era imprescindível que ela não aparecesse por lá sem um advogado.

A chamada curta representava um dos piores medos de Zuzu — sem dúvida, o seu medo com mais chances de se tornar realidade. Paulo só poderia ser seu filho e, se ele estava na Polícia do Exército — onde todos no Rio sabiam ser o endereço do DOI-Codi —, as chances de estar sendo torturado eram altíssimas. Ela não pestanejou. Em vez de perder tempo procurando um advogado, pegou a irmã Virginia e seguiu diretamente para a Barão de Mesquita. Bateu na porta do quartel, tirou o documento de identidade da bolsa e, ao mostrá-lo para um soldado, avisou: "Eu soube que meu filho está aqui".

Quantas mães apareciam em pleno quartel e perguntavam notícias dos filhos desaparecidos? Quantas vezes soldados como aquele homem precisavam lidar com mulheres tomadas pelo desespero, exibindo suas identidades e enumerando sobrenomes na esperança de receberem autorização para verem um filho, uma filha? Talvez a frequência de encontros como esse o tenha dessensibilizado. Além do mais, ele não divulgaria informações sigilosas como a localização de um prisioneiro. Podia ser que nem as tivesse — como tampouco tinha vontade de procurar saber. O soldado correu os olhos pelo documento de Zuzu. Soltou uma risada — cada dona que me aparece, pode ter pensado — e deu sua resposta. "Não. Seu filho não está aqui."

Zuzu voltou para a rua Nascimento Silva atormentada pela dúvida. O telefonema poderia ser um trote. Mas também poderia ser verdadeiro — e apavorante. Ela não tinha certeza do que acreditar, nem qual providência tomar. Achou melhor esperar pela manhã. Àquela hora e sem mais informações, não conseguiria resolver muita coisa.[69]

A noite foi fria. Nas celas vazias e sem luz, o vento soprava pelas grades da janela e o chão de concreto parecia ser de gelo. Soldados reclamavam de atrasos na troca de guarda. Alguém, talvez um dos presos, assobiava a melodia de "Strangers in the Night".

Dois oficiais faziam a ronda. Os tenentes Muniz e Corrêa de Souza conferiam o estado dos prisioneiros e pararam na cela de Manoel, com quem comentaram que em breve receberiam "outro peixe grande". Quando passaram por Alex, o tom era de zombaria: "Tudo bem aí, Bartô? Frio, não é?".[70]

Pouco depois, Manoel foi conduzido à sala ocupada pela equipe de análises do Cisa. Uma vez lá dentro, reconheceu Burnier e Dellamora. Os comandantes não ficaram para a conversa. Retiraram-se assim que o prisioneiro entrou e deixaram que o major Paiva e outro oficial o sondassem. Paiva confirmou que haviam prendido Stuart e pediu que verificasse o material apreendido no aparelho do militante. Manoel viu roupas e uma pilha de papéis; em uma das folhas, leu o nome de Stuart escrito a lápis. "Agora que pegamos Stuart, em dois dias chegaremos ao capitão Lamarca", prometeu o major.[71]

Não era apenas o frio que tirava o sono dos prisioneiros. Gemidos e tosses rompiam o silêncio pesado do corredor de celas. Em seu cubículo, Maria Cristina de Oliveira ficava cada vez mais perturbada. Tinha a impressão de que os lamentos de dor vinham da cela ao lado e bateu na parede divisória, na expectativa de receber batidas em resposta. Não houve nenhuma. À noite, perguntou ao tenente Corrêa de Souza se poderia ajudar o preso, claramente em sofrimento. Ofereceu-se para lhe dar um banho e verificar se precisava de atendimento médico urgente. "Não, não", respondeu o dr. Pascoal depois de dar uma olhada rápida na cela vizinha. "Esse aí você não vai ver não." Tampouco lhe informou de quem se tratava, ainda que Maria Cristina insistisse. "Ele está morrendo. Não sei quem é, mas me deixe cuidar dele", suplicou ela.[72]

A tosse aumentou; já os gemidos ficavam cada vez mais ininteligíveis. "Água", implorava o preso. "Vou morrer." De sua cela, Alex não teve dúvidas. Sabia que aquela era a voz de Stuart. Manoel também ouvia os murmúrios, embora não conseguisse identificar exatamente de quem seriam. Cansado das lamúrias, o tenente Corrêa de Souza destrancou o ferrolho da porta de madeira e desprezou os pedidos de socorro. Alex e Maria Cristina o ouviram dizer: "Paulo, não fica aí reclamando, não. Vou te dar um Melhoral, uma injeção. Você vai ficar bom".[73] O remédio — um analgésico que costuma ser usado para tratar febre, dor de cabeça e mal-estar generalizado — dificilmente ajudaria Stuart naquele estado, coberto de hematomas das pancadas, a pele tomada por feridas abertas durante o esfolamento no chão do pátio e os músculos e órgãos danificados pela força das descargas elétricas. A corrente elétrica que fluíra por seu corpo, o tempo todo e com maior eficiência devido aos banhos de água gelada, fizera mais do que queimar. Pode ter acarretado tromboses, necroses musculares, disfunções renais, convulsões, lesões no sistema nervoso e até paradas cardíacas.

Mas a tosse indicava um caso ainda mais severo. Pelo escapamento do jipe, Stuart fora forçado a inalar grandes quantidades de monóxido de carbono, um dos gases liberados pela queima de combustível e cuja afinidade química com a hemoglobina, a proteína que permite aos glóbulos vermelhos transportar oxigênio, é maior do que a do próprio oxigênio. O resultado dessa intoxicação pode ser fatal. Quanto mais monóxido de carbono for inalado, mais ele irá substituir o oxigênio na ligação com a hemoglobina — e, portanto, menos oxigênio será levado aos tecidos, causando uma condição chamada hipóxia. A deficiência de oxigenação, sobretudo no cérebro e no coração, dificulta a manutenção das funções corporais básicas, e logo os sintomas de uma intoxicação leve — como dores de cabeça e náusea — se agravam para incluir perda de consciência, insuficiência respiratória e, possivelmente, morte.

"Estou ficando louco", Alex teria ouvido Stuart articular, com dificuldade, entre acessos de tosse. Confusão mental, desorientação e alucinações também são consequências de intoxicação grave por monóxido de carbono. Tudo se complicou durante a madrugada, sem atendimento médico ou socorro prestado ao prisioneiro. Nenhuma injeção ou Melhoral, nenhum cobertor fino displicentemente disposto sobre seu corpo daria conta de repor, curar e restabelecer um organismo esgotado. A vida na clandestinidade — com cirurgias de hérnia, tiros no joelho, esconderijos em garagens náuticas e a rotina precária em termos de alimentação e cuidados — não colaborava em nada para a saúde; as sessões bárbaras de tortura debilitaram um homem jovem que vencia campeonatos de remo, levantava pesos, nadava e jogava capoeira. E por que bárbaras a ponto de destruir, em um único dia, o militante? A avidez dos torturadores é injustificável — como é injustificável qualquer grau ou método de tortura —, mas o contexto aponta que a obsessão dos militares pela captura de Carlos Lamarca teria exercido um papel decisivo. Stuart não revelou nenhuma informação acerca do paradeiro do líder guerrilheiro na Guanabara. Este só deixaria o Rio em junho, rumo a Brotas de Macaúbas, na Bahia, e a repressão levaria ainda quatro meses para encontrá-lo e executá-lo. Sob chutes e choques, afogamentos e esfolamentos, Stuart não abriu. Quanto mais se calava, mais apanhava. O Cisa não mediu limites para extrair o que pudesse dos militantes do MR-8. Principalmente de Stuart, que lhe parecia o menos disposto a colaborar — e, por isso mesmo, o que tinha mais chances de deter conhecimentos relevantes aos planos dos militares.[74]

Em algum momento da tarde, antes de ser levado ao pátio e amarrado ao jipe, Stuart foi visto por um cabo da Base Aérea. José Bezerra da Silva não entrava no Cisa — como outros soldados sem vínculo com o centro de inteligência, era proibido de caminhar próximo ao prédio onde ficavam os prisioneiros. No entanto, mesmo que não fossem informados explicitamente sobre o que acontecia lá dentro, Bezerra da Silva e os colegas sabiam que havia tortura. E sabiam que, se havia tortura, ela acontecia a mando e com total ciência dos oficiais do Cisa. As marcas dessa violência não poderiam estar mais evidentes no rosto que o cabo vislumbrou, por alguns segundos, de passagem pelo dentista da Base. Agentes tiraram o prisioneiro de sua cela e o carregaram para o consultório. Ao levantarem o capuz, Bezerra da Silva se surpreendeu com a pele vermelha e as feições desfiguradas pelo inchaço daquele jovem inerte e abatido. Não testemunhou o "tratamento" aplicado em Stuart. O dentista fechou a porta de sua sala para executar o trabalho, provavelmente com o intuito de reanimar Stuart a fim de suportar novas sessões de tortura.[75]

O cabo desconhecia o nome do prisioneiro. Só depois que o caso de Stuart começou a circular entre as tropas da Base Aérea ele associaria o corpo mutilado à identidade do filho desaparecido de Zuzu Angel. Quem serviu posteriormente no Galeão ouvia, dos sargentos e cabos mais antigos, sobre o rapaz que tivera a boca colada ao cano de descarga de um jipe, os braços amarrados ao para-choque, e fora arrastado pelo pátio enquanto os oficiais assistiam.[76]

Manoel e Alex perceberam quando os gemidos e a tosse cessaram. Nessa hora, o barulho mudou: passos apressados percorreram o corredor; um ferrolho foi destrancado e uma porta, aberta; vozes abafadas transpareciam urgência. Alguém pediu um tapete.[77] A desordem prosseguiu por alguns minutos, até o silêncio recair sobre o corredor de celas.

Stuart não resistiu às torturas. Morreu durante a madrugada fria de 15 de maio de 1971.

11.
Só quero saber onde está o meu filho

Ao acordar na manhã de sábado, Zuzu fez o que lhe aconselharam. Ligou para Heleno Fragoso, que havia representado Sônia Angel após sua prisão, no final de 1969. O advogado lidava com um repertório suficientemente extenso de presos políticos para saber que, em casos como o de Stuart, era preciso agir o quanto antes. Por outro lado, também sabia que a pressa indiscriminada em acusar os militares poderia repercutir contra sua estratégia de defesa. O primeiro passo seria localizá-lo e, assim, identificar com quem deveriam negociar. Fragoso preferiria que Zuzu não tivesse se precipitado e cruzado os portões da PE sem sua presença, mas isso já estava feito. No que era o primeiro contato dos dois, o advogado pediu, então, que ela recorresse o quanto antes ao comando do I Exército, sediado no Palácio Duque de Caxias, bem em frente à estação Central do Brasil.[1]

Por mais inacreditável que possa parecer, a Aeronáutica não queria que Stuart tivesse morrido — não ainda. Na Base do Galeão, o cabo Bezerra da Silva testemunhou outro fato que, em retrospectiva, conectaria à morte de Stuart. Durante a madrugada de sábado, de plantão no Corpo da Guarda, abriu os portões para a entrada de uma ambulância, a qual viera para tratar de um preso. Nem bem entrou nas dependências do Cisa, a equipe de socorro deu seu trabalho por concluído e retornou ao Hospital da Aeronáutica sem paciente. Não havia mais nada a ser feito, declarou o motorista aos soldados curiosos que se amontoaram perto da ambulância.[2]

Os oficiais do Cisa não haviam arrancado dele as informações que desejavam, sobretudo o endereço do aparelho onde Lamarca se escondia, e agora tinham um cadáver para o qual deviam arrumar uma explicação. E um lugar de desova. Para complicar a situação, a presença de Stuart no Galeão não era segredo absoluto, sobretudo entre os demais prisioneiros. Alex fora torturado ao seu lado e presenciara sua queda, Manoel ouvira o tenente Corrêa de Souza falar sobre sua prisão — e, na manhã mesmo do dia 15, afirmar que Stuart "já era"[3] —, e Alexandre Lyra vira sua carteira de identidade e reconhecera o antigo instrutor de marxismo dos tempos de faculdade. O Cisa tinha que implementar algumas medidas de contenção, e com urgência.

Enquanto Zuzu dava início aos esforços para confirmar o sumiço do filho e encontrá-lo, a Aeronáutica realizava suas manobras de despistamento. Em mais uma sessão de tortura, Alex foi questionado sobre Stuart. Tiraram seu capuz e o colocaram de frente para um rapaz com feições levemente similares à do militante — o homem tinha a mesma altura e o mesmo corpo atlético do filho de Zuzu. Os olhos castanhos e o cabelo raspado, porém, denunciavam a farsa: de jeito nenhum aquele soldado disfarçado poderia ser Stuart, e Alex respondeu que não o reconhecia. Os torturadores não deixaram a peteca cair. Insistiam que aquele era o militante que haviam capturado no ponto do dia 14, indicado por Alex. Então, indagaram, se aquele não era Stuart ou "Paulo", quem poderia ser?

A mesma estratégia foi usada com Manoel Ferreira. Chegou encapuzado a uma acareação comandada pelo capitão Alfredo Magalhães, que lhe perguntou se reconhecia a voz do outro prisioneiro presente na sala de tortura. Manoel negou. O capitão removeu seu capuz e ajustou o ângulo do interrogatório: aquele homem à sua frente era Paulo? Nova negativa. O tenente Muniz, que também presenciou a encenação, olhou para o suposto Stuart e, fingindo confusão, exclamou: "Como é que você está dizendo que é o Paulo?". Esse mesmo soldado, devido às semelhanças com Stuart, protagonizou mais um falso encontro, dessa vez com Alexandre Lyra.

Alexandre foi carregado para mais longe do que uma sala de torturas. Colocaram-no em um carro que o levou a um ponto forjado no Flamengo, com a justificativa de que ele deveria identificar Carlos Alberto Muniz, a outra liderança do MR-8 que, deduziram, conheceria o refúgio temporário de Lamarca. Pela janela do automóvel, Alexandre observou um homem alto, magro e loiro apontado pelos agentes, que, segundo eles, não seria outro senão Stuart. Mas não poderia ser, concluiu Alexandre. Ao contrário do indivíduo que viu no ponto, Stuart não fumava. De volta à cela, Alexandre comentou suas suspeitas com a esposa, Maria Cristina. Tudo apontava para a prisão de Stuart — o documento apreendido em um aparelho, a tosse e os gemidos de madrugada, a encenação no Flamengo com um soldado que nem se esforçava para agir como militante, conversando amigavelmente com os agentes do Cisa.[4]

Negar a prisão de Stuart Angel se tornou uma tática essencial para a Aeronáutica. Não que ele fosse o primeiro "subversivo" desaparecido e morto pelos militares — longe disso, aliás. Mas, para todos os desaparecidos, as Forças Armadas precisavam de uma ficção que as desabonasse e afastasse as acusações de violações de direitos humanos. Os jornais noticiavam supostos tiroteios em que a polícia eliminava mais um inimigo do Estado — como acontecera com Marilena Villas Boas, dada como morta em um confronto com policiais, apesar de, na verdade, ter sucumbido à tortura e a uma execução por agentes da repressão. Ou, então, criava-se uma história claramente inverossímil, a exemplo da que explicava o desaparecimento do deputado Rubens Paiva como resultado de um sequestro executado por militantes de esquerda. Na realidade, Paiva fora conduzido por agentes do Cisa para o quartel da 3ª Zona Aérea e depois para o DOI-Codi, onde morreu em decorrência de torturas que destruíram seu fígado e provocaram hemorragias internas fatais.[5] Em casos de morte de militantes e opositores da ditadura militar, ocultar os fatos se impunha como uma das prioridades máximas. A outra, por força das circunstâncias, era ocultar os cadáveres.

Nos corredores dos quartéis do Exército e da Marinha, circulava o rumor de que a Aeronáutica dispunha de um método especial para desaparecer com problemas que dispensava intermediários. Diziam que bastava ao comandante selecionar a dedo alguns oficiais para executar, em sigilo, a tarefa de esconder o corpo em um avião P-16, alçar voo e, depois de percorrer alguns quilômetros mar adentro, abrir as comportas das bombas e deixar que o cadáver despencasse — e afundasse — no Atlântico.[6] No linguajar dos militares, isso se traduzia em "virar comida de peixe" na Restinga da Marambaia.

Essa era uma das alternativas. A segunda, sugerida pelo sargento José Nascimento Cabral, envolvia o comandante Burnier e uma comitiva de oficiais na calada da noite, em plena Base Aérea de Santa Cruz.

Cabral trabalhava na torre de controle da Base de Santa Cruz, localizada na região oeste do Rio de Janeiro — no outro extremo da cidade, em relação à Base do Galeão. Em uma noite de maio de 1971, recebeu a surpreendente visita de João Paulo Moreira Burnier, seu superior máximo na hierarquia da 3ª Zona Aérea. Sua ordem era simples: o sargento deveria interromper, temporária e imediatamente, as atividades na pista de Santa Cruz. Não poderia haver pouso ou decolagem até que fosse instruído a retomar a normalidade.

Cabral não discutiu e fez o que lhe mandavam. De seu posto na torre, observou um grupo de carros seguindo na direção da cabeceira da pista fechada. A movimentação lhe pareceu peculiar e atiçou sua curiosidade, que ele só satisfaria mais tarde. Perguntou aos colegas da base o que sabiam a respeito daquela operação noturna e claramente confidencial. Como resposta, ouviu que tinham enterrado um corpo vindo do Galeão, e que Burnier não fora o único oficial de alta patente presente. O dirigente do Cisa, comandante Dellamora, também fora visto ali.[7]

O alvoroço em torno daqueles procedimentos inusitados, ao menos para a rotina da base, intrigou o contingente de Santa Cruz. Ainda se falou por um tempo sobre a noite em que Burnier pediu que interditassem a pista. Assim como, no Galeão, contava-se a história das torturas que eliminaram mais um militante de esquerda.

Na terça-feira, Zuzu ouviu, da boca de um major, que Stuart estava preso.

Ela foi onde Fragoso havia pedido: entrou no Palácio Duque de Caxias, um monumental edifício de concreto armado, cuja torre central tem 23 andares e as alas laterais, dez pavimentos. Os saltos dos sapatos de Zuzu bateram resolutos no mármore enquanto ela percorria o saguão principal, e após alguma espera conseguiu falar com o major Feijó, da Polícia do Exército (PE). A data era 18 de maio, mesmo dia em que saía a notícia da condenação de Stuart a quatro anos de cadeia, uma decisão da 1ª Auditoria do Exército relativa ao assalto a uma kombi que transportava o pagamento de funcionários de um supermercado.[8] Feijó a recebeu em sua sala. Zuzu explicou que havia sido informada a respeito da captura do filho e pediu esclarecimentos. Se ele não estava na rua Barão de Mesquita, cujo batalhão da Polícia do Exército ficava sob a jurisdição do departamento de Feijó, para qual cárcere militar fora alocado? O major executou a performance do oficial solícito. Enquanto Zuzu esperava, ele abriu gavetas em arquivos do escritório, vasculhou pastas e conferiu papéis. No fim, declarou: "Realmente, seu filho está preso, mas não está no Exército, está na Marinha".[9]

Afirmar que Stuart estaria em uma prisão da Marinha era um motivo menor de preocupação a Zuzu do que a certeza de sua queda. Afinal, aquela poderia ser mais uma manobra de distração, pensada para fazê-la correr a outra sede administrativa militar apenas para que movessem Stuart de lugar, em um eterno jogo de gato e rato. Zuzu ansiava por uma definição, e rápido. Queria determinar a localização do filho e obter autorização para visitá-lo o quanto antes. Assim, mostraria aos militares que o rapaz tinha família, pessoas que sabiam onde ele estava, e continuariam a exigir notícias. A tática não era infalível, mas às vezes funcionava.

Por toda a sua experiência profissional, Heleno Fragoso subestimou a energia de Zuzu. Ficar parada não era do feitio dela. Retornava com certa frequência ao quartel da PE e se plantava perto dos portões, com uma foto de Stuart na mão. Mostrava a imagem a vários dos homens que entravam e saíam, sempre perguntando se algum deles o reconhecia. Alguns riam e zombavam; outros a ignoravam; nenhum oferecia ajuda. Zuzu trocava as horas de costura e criação pela busca e, em uma dessas tardes, resolveu se posicionar na porta dos fundos. Notou que quem passava por ali não usava farda: de óculos escuros e semblante ainda mais fechado, os agentes davam a Zuzu a impressão de terem saído de um filme de espionagem. Quando Heleno Fragoso soube que sua cliente se arriscava desse modo, ficou pasmo e implorou que não voltasse à rua Barão de Mesquita. Não podia aceitar que se expusesse bem na "boca da fera".[10]

Convicta de que precisava exercer o máximo de pressão possível sobre as Forças Armadas, Zuzu convocou os parentes americanos do marido para prestar ajuda. Em 25 de maio, dois telegramas eram entregues à embaixada dos Estados Unidos no Brasil. Um vinha de Wilmington, a maior cidade do estado americano de Delaware, na Costa Leste do país; o outro fora enviado de Luverne, uma cidadezinha em Minnesota, muito mais próxima à fronteira com o Canadá do que à costa do Atlântico. Ambos foram endereçados ao embaixador William Rountree e solicitavam sua colaboração para localizar o cidadão brasileiro Stuart Angel Jones, desaparecido havia menos de duas semanas e sobrinho dos remetentes — respectivamente, Stuart P. Jones e Barbara Jones Estenson, irmãos de Norman Angel Jones.[11] O tio, Stuart, veterano da Força Aérea americana durante a Segunda Guerra, fez carreira na DuPont Company. Trabalhava como diretor de marketing da gigantesca fabricante de produtos químicos que, além de lançar têxteis como náilon, neoprene e lycra, contribuiu para o Projeto Manhattan ao se responsabilizar pelas operações de processamento de urânio — o elemento químico essencial para o funcionamento da bomba atômica.[12]

O sr. Jones e a sra. Estenson, por serem americanos, podiam recorrer à embaixada como uma intermediária oficial nas tratativas com as autoridades brasileiras. E Zuzu agiu rápido, conforme demonstra o curto intervalo entre a primeira notícia sobre a possível prisão de Stuart e o envio dos telegramas. Aos ex-cunhados recaía a comunicação com a embaixada que poderia ter partido de Norman, o pai do desaparecido. Na ausência do ex-marido, que não deixou o sítio e o orfanato em Matias Barbosa para ajudar com as buscas no Rio de Janeiro, Zuzu mobilizava os tios dos filhos para alimentar a expectativa de que, nos Estados Unidos, teria um aliado que agiria em prol de Stuart e intercederia junto aos militares brasileiros. Embora o militante preso não fosse, para todos os efeitos, detentor de nacionalidade americana, a relação consanguínea com cidadãos do país poderia convencer Washington quanto à urgência de procurá-lo.

A resposta demorou alguns dias para chegar. Em 7 de junho, finalmente, o cônsul americano no Rio, James Reardon, redigiu uma carta a Stuart P. Jones. Justificou o atraso ao explicar que esperava por um retorno da polícia, a qual até então não conseguira localizar em seus registros a prisão de Stuart Edgar Angel Jones. Naquele mesmo dia, porém, Reardon contava ter sido informado de que as autoridades cariocas haviam capturado um Stuart Edgar Angel Gomes, que escapara da prisão e permanecia um foragido da Justiça, acusado por assalto em quatro processos diferentes. O cônsul fez a conexão evidente, bem diante de seus olhos. "Gomes" só poderia ser uma corruptela de Jones e o homem que estivera sob a custódia da polícia tinha que ser Stuart.[13]

Mais uma confirmação, ainda que indireta, de que seu filho fora preso. Zuzu não pensou duas vezes e seguiu para o consulado americano no Rio, onde pediu para conversar pessoalmente com Reardon. Queria entender de quem, ou de qual departamento da polícia, viera aquela informação tão preciosa. Não conseguiu falar com o cônsul. O vice-cônsul Sanchez foi o responsável por tentar apaziguar seus ânimos, e fracassou na tentativa. Sanchez desconhecia a fonte de Reardon e não podia ajudar. Antes de finalizar o encontro com o diplomata, Zuzu aproveitou a oportunidade para reforçar o vínculo com os Estados Unidos, declarando-se residente permanente. Foi, contudo, sincera ao admitir que nem ela nem o filho eram cidadãos americanos.[14]

A fonte do consulado — que Zuzu não descobriria — foi registrada como sendo o capitão Cordeiro, da Polícia Civil da Guanabara, contatado por uma funcionária de nome Ingrid assim que a embaixada americana encaminhou, ao escritório de Reardon, as mensagens dirigidas para o embaixador Rountree. Cordeiro trabalhava como ajudante de ordens do secretário de Segurança do estado, Luís de França Oliveira, e teria exigido esclarecimentos sobre Stuart Jones para todos os departamentos. Cerca de uma semana depois, o capitão recebeu informações e ligou para o consulado americano para repassar o achado — "um certo Stuart Angel Gomes era suspeito de envolvimento com quatro diferentes roubos ou assaltos, e que ele escapou e a polícia o procurava". O capitão acreditava que Gomes e Jones seriam a mesma pessoa, e Ingrid transmitiu o recado hierarquia acima, até chegar a Reardon.[15]

Apesar de trazer um novo elemento à história, a possível troca do sobrenome de Stuart nos registros dos militares não mudava significativamente o cenário. Jones ou Gomes, tanto fazia: a inquietude de Zuzu só aumentava. Em uma noite de julho, o telefone tocou de novo.[16] A catástrofe parecia recomeçar. Uma voz feminina alertava: "Seu filho está sendo morto agora na PE! Quem está falando aqui é a mulher de um soldado". Um soldado que, segundo ela, teria perdido o apetite e se recusava a jantar após testemunhar as barbaridades que os torturadores faziam com Stuart. A reação de Zuzu foi instantânea. Desligou o telefone e discou para a residência do general Sylvio Frota, então comandante da 1ª Região Militar, referente aos estados do Rio de Janeiro e Espírito Santo.

Não era a primeira vez que Zuzu se valia de Frota. Pedira informações ao general desde o primeiro aviso de prisão e não se cansava de ouvir negativas. As alegações de que Stuart estaria na PE e, portanto, no DOI-Codi colocavam o filho sob a jurisdição do Exército — por isso, nos cálculos da costureira, nada mais seguro do que ir atrás do grande comandante de tudo aquilo no estado da Guanabara. Frota a aconselhava a tratar os telefonemas como trotes e não lhes dar atenção. Irredutível, Zuzu retornava com álbuns de recortes para mostrar ao general as fotos de suas roupas desfiladas em Nova York e das clientes famosas, como se quisesse comprovar sua posição social. Não era qualquer mãe de subversivo desaparecido, parecia dizer — tinha lá seus contatos.

Naquela noite, quem atendeu a chamada à casa dos Frota foi d. Ídia, e a esposa do militar se compadeceu do tom claramente desesperado de Zuzu. "A senhora se acalme", pediu, "fale aqui com meu marido." Passou o aparelho a um Frota meio contrariado em ter de lidar com um problema do tipo àquela hora.

Sua voz traduzia a falta de disposição e uma paciência meio curta. "Eu já disse à senhora, d. Zuzu, que o seu filho não está preso, que seu filho nunca esteve no Exército", reiterou. Zuzu devolveu na mesma moeda.

Retrucou — e, é bom sublinhar, a um general de divisão, o terceiro posto mais alto na hierarquia do Exército Brasileiro: "Mas eu não acredito no que o senhor está falando!".[17]

Frota deve ter levado alguns segundos para engolir o desaforo e dar sua resposta a Zuzu. Foi com muita calma que convidou a costureira para ir até sua casa e, de lá, saírem juntos para o batalhão da PE, onde lhe comprovaria a ausência de Stuart nas dependências do Exército. Como ele antecipava, Zuzu aceitou no mesmo instante. Reuniu as filhas e foram juntas para a Gávea, a bordo da Mercedes-Benz do namorado de Hildegard.

Sylvio e Ídia Frota jantavam quando Zuzu chegou, esbaforida. Pediram que aguardasse na sala de estar enquanto o general terminava de comer — uma refeição que Zuzu achou interminável. O telefone não parava de tocar: Frota interrompia o jantar e atendia, a despeito da impaciência de Zuzu, que, certamente, era palpável. "Termine logo esse jantar, o senhor está fazendo hora", implorava. "Pelo amor de Deus vamos embora, estão matando o meu filho. Vamos embora, o senhor está demorando muito!" Na sala, um rádio ligado dava, a Hildegard, a impressão de transmitir mensagens em código.[18]

Para o general, Stuart não passava de mais um daqueles "jovens de aparência serena que guardavam almas de lobos", conforme retrataria anos depois, em suas memórias, os militantes de esquerda. Os "subversivos obstinados ao fanatismo" enfrentavam os militares defensores da pátria em uma guerra diferente, entre duas ideologias opostas, e na qual as técnicas tradicionais de combate não valiam. Frota avaliava que, após 1964, fora necessário rever a organização das Forças Armadas para torná-las apropriadas ao combate contra os revolucionários — e, graças a estruturas como os DOI-Codi, a vantagem estava com os militares. Admitia ter havido alguma violência no processo, mas nada além de uma consequência da própria guerra. Partindo do velho clichê de que "violência gera violência", garantia que não se tratava de uma política de Estado.[19] Na lógica do general, quem não estava de um lado estava do outro, e Stuart colhia o que plantara junto com os colegas marxistas. Receber Zuzu Angel em sua casa, bem na hora do jantar, não passava de uma gentileza. Ou, talvez, de uma tentativa de acalmá-la e fingir que tudo continuava em ordem no Rio de Janeiro.

Frota só esqueceu de explicar isso a Zuzu, cuja pressão deve ter subido a cada minuto, até ele anunciar que estava pronto para partir. Chamada para acompanhá-lo em seu carro oficial, a costureira aquiesceu e em seguida declarou não ir a lugar nenhum sem as filhas. O general tentou se esquivar, alegando que não caberiam todas no carro oficial. Não havia problema, contrapôs Zuzu. Podiam seguir no automóvel do genro. Ela tanto insistiu com Frota que arrancou dele uma rara autorização para que a Mercedes, transportando três civis, também entrasse no quartel.[20]

Uma vez nas dependências da Polícia do Exército, Frota orquestrou um show completo. Os soldados estavam a postos para prestar continência ao comandante, que, com toda a condescendência do mundo, expôs aos subordinados o porquê daquela visita inusitada: "Andam fazendo essa maldade com a senhora, dizendo que o filho dela está preso e eu já disse a ela que não está, que nós não sabemos do filho dela. Então eu queria que ela visse, que ela corresse tudo isso aqui". Frota podia ser muitas coisas, mas não era inconsequente. Não faria, com Zuzu e as filhas, o tour completo do DOI-Codi. Não mostraria as salas de interrogatório e tortura, não abriria as celas para que vissem os presos agonizando enquanto esperavam pela próxima sessão de choques e espancamentos, não explicaria como os agentes operacionalizavam os planos esquematizados pelos centros de coordenação. Não importava a seção do batalhão escolhida pelo general, nada havia lá — nem sequer um lençol sujo ou um travesseiro fora do lugar, e muito menos um prisioneiro com hematomas ou marcas de tortura. "A senhora está vendo aqui alguém com jeito de torturado?", indagou Frota. De fato, Zuzu não viu nenhum.

Não que isso fosse dissuadi-la. Ela desconfiava que, enquanto esperava Frota terminar o jantar, os soldados haviam tirado Stuart dali e o transferido para algum lugar, fora de seu alcance. Tinha como fato que o filho estivera na PE, sendo torturado, e os militares executaram mais uma manobra para mantê-la longe. Não obstante, era obrigada a agradecer o favor que o general prestara, por mais inconformada que estivesse. No momento de se despedirem, Frota foi ainda mais simpático. "Só estou fazendo isso pela senhora", disse, "porque acho que a senhora é uma mulher que merece. Já prestou trabalhos ao país, com seu nome no exterior e levando o nosso nome para fora do Brasil, numa mensagem tão bonita como a que a senhora vem fazendo."[21] A frase deve tê-la perturbado. Seu plano não funcionara. Sim, ela tinha ganhado acesso ao general e estimulado uma atenção especial. Mas isso não rendera a verdade. Zuzu continuava tão distante de Stuart quanto na noite em que recebera o primeiro telefonema.

Os trâmites jurídicos tampouco suavizaram a sua ansiedade. As convocações para que Stuart comparecesse diante das autoridades da Justiça

Militar continuavam a chegar à casa de Zuzu, e a existência de processos correndo contra Stuart nas auditorias militares levou Heleno Fragoso a entregar petições às autoridades competentes, exigindo informações sobre sua prisão. Certo de que aquelas citações eram irregulares, Fragoso pedia aos comandantes do I Exército, da 3ª Zona Aérea e do 1º Distrito Naval um esclarecimento oficial quanto ao paradeiro do militante.[22] Para consolidar a defesa, impetrou, no início de julho, o habeas corpus em favor de Stuart no Superior Tribunal Militar.[23] Primeiro, o advogado perguntava se Stuart estava detido em alguma das dependências das Forças Armadas. Diante das negativas dos três Estados-Maiores, solicitou novos ofícios: em algum momento dos três meses anteriores, teria Stuart passado por alguma das unidades militares?[24]

Exército, Marinha e Aeronáutica responderam em junho. Sylvio Frota assinou o comunicado enviado pelo I Exército, declarando que Stuart não estivera preso em qualquer dependência sob sua jurisdição dentro dos últimos três meses; o vice-almirante José Uzeda de Oliveira estendia o prazo e declarava, no ofício da Marinha, que o indivíduo em questão jamais fora detido pelo Distrito Naval da Guanabara. Após algumas semanas, também o Dops negava, na mesma toada, a passagem de Stuart Angel pela sua delegacia no Rio de Janeiro.[25] Já a circular liberada pela Aeronáutica trazia uma diferença importante. Apenas um detalhe — suficiente para corroborar as suspeitas de Zuzu e Fragoso.

O comunicado afirmava o seguinte: "Em atenção ao ofício de referência, informo a v. exa. que o civil STUART EDGARD ANGEL GOMES, nunca esteve preso em unidade da 3ª Zona Aérea".[26] Lá estava Gomes novamente, um vulto que se estendia sobre a procura por Stuart e ocultava a verdade do que acontecera.

Não podia ser uma simples coincidência que a Aeronáutica, para negar oficialmente a prisão de Stuart, tivesse empregado a mesma corruptela de sobrenome indicada pelo capitão da Polícia Civil. As informações se desmentiam e, em vez de fornecer esclarecimentos, expunham as contradições do discurso das instituições militares. Primeiro, um major do Exército diz a Zuzu que seu filho, de fato, tinha sido preso. Em seguida, um departamento policial afirma, ao consulado americano, que Stuart Gomes fora pego pela repressão, mas escapara e estava foragido. O consulado, então, liga os pontos e concorda com a avaliação da polícia de que Stuart Gomes e Stuart Jones seriam a mesma pessoa. Eis que, quando essa pista parece boa o bastante para pressionar os militares, a 3ª Zona Aérea mostra as suas cartas e declara, com certo cinismo, jamais ter encarcerado o tal Angel Gomes. Dificilmente seria um erro de digitação, uma troca inocente de duas letrinhas. No habeas corpus preparado por Heleno Fragoso, o nome de Stuart estava correto: ele não perguntava à Aeronáutica sobre o paradeiro de Stuart Gomes, e sim de Stuart Jones. No mês seguinte, em agosto, o SNI entrou na jogada para reiterar ao Ministério da Justiça que Stuart Angel Jones "não está nem esteve preso".[27]

Toda instância da Justiça precisava ser acionada nessa busca burocrática por Stuart, mesmo que a ausência de resposta fosse esperada. Em 9 de agosto, Fragoso entregou a Zuzu um pedido de representação com o qual daria entrada, naquela semana, em um processo no Conselho de Defesa dos Direitos da Pessoa Humana (CDDPH). O órgão, instalado em outubro de 1968 pelo governo Costa e Silva para, ao menos em nome, defender e promover o respeito aos direitos humanos no país, não passava de uma fachada de legalidade constitucional para encobrir os crimes da ditadura — mas, na missão de costurar os fios soltos daquela trama, Zuzu iria a qualquer lugar. Chegou a Brasília, sede da junta jurídica, atordoada pelo que lera no documento preparado pelo seu advogado. O texto trazia detalhes que, ao menos para ela, eram novos e particularmente impactantes. Em especial, Zuzu não sabia da existência de uma testemunha da prisão e das torturas de Stuart. Foi lendo o pedido de representação que tomou conhecimento, pela primeira vez, de Alex Polari de Alverga — o militante encarcerado que revelou, em um depoimento a Heleno Fragoso, ter sido interrogado ao lado de Stuart e tê-lo visto ser espancado e arrastado por um jipe.[28]

No apelo ao CDDPH, Fragoso e Zuzu urgiam o órgão a liderar uma investigação imparcial das suspeitas levantadas pela família Angel Jones. Em teoria, era o que deveria acontecer — começando por convocar Alex Polari e ouvir seu testemunho. Na prática, por outro lado, aguardar que o conselho agisse sobre o caso de Stuart seria pedir demais. O conceito por trás de sua fundação, uma ideia que antecede a ditadura militar, dificilmente poderia ser mais nobre: fiscalizar os poderes públicos e privados, consolidando o estado de direito e protegendo os mais básicos e, supostamente, invioláveis direitos humanos. Ao longo de toda a existência, o órgão não apurou nenhuma das acusações de abusos e violações entregues ao seu presidente, o ministro da Justiça, e aos seus integrantes — uma composição heterogênea e, devido às mãos atadas, ineficaz de representantes de instituições civis, como a Ordem dos Advogados do Brasil (OAB), a Associação Brasileira de Imprensa e a Associação Brasileira de Educação, e lideranças partidárias da situação e da oposição em ambas as câmaras do Congresso Nacional. Em um ambiente cuidadosamente controlado para evitar desgastes ao governo, todas as denúncias de violências sofridas por opositores da ditadura recebiam, cedo ou tarde, o carimbo de "arquive-se". No limbo de gavetas, pastas e depósitos, não produziam consequências a nenhum oficial militar.[29]

Malgrado o silêncio institucional, recorrer ao CDDPH representava uma chance de expor publicamente casos de brasileiros desaparecidos, presos, torturados e mortos. A tática era valiosa em um país silenciado pela censura — os processos que chegavam ao órgão ganhavam cobertura na imprensa e mesmo a menor matéria podia ter alto poder de divulgação. Foi assim com Stuart. O apelo de Zuzu recebeu menções em periódicos de circulação nacional, como o *Jornal do Brasil*. Ajudou que a documentação tivesse passado pelo deputado Oscar Pedroso Horta, líder do Movimento Democrático Brasileiro (MDB), que conversou pessoalmente com Zuzu e encaminhou, em sua posição de membro nato do CDDPH, a representação de Fragoso ao ministro Alfredo Buzaid.[30] Tanto Pedroso Horta quanto Fragoso partiam do pressuposto de que Stuart estava morto. Já Zuzu preferia acreditar na possibilidade, por mais frágil fosse, de que o filho tivesse sobrevivido.

A viagem a Brasília não renderia nenhum resultado legal até abril do ano seguinte, quando o CDDPH se reuniu, a portas fechadas, e votou pelo arquivamento do caso de Stuart. No que seria sua primeira sessão secreta após uma reestruturação significativa, cujas medidas impediam a formação de uma maioria contrária às intenções governistas e visavam a um controle total por parte dos militares, o órgão fez uma reunião rápida na qual o único voto contrário ao arquivamento veio de José Cavalcanti Neves, presidente da OAB. A favor da decisão estavam, entre outros membros, o ministro Buzaid, o senador Filinto Müller, notório torturador durante o Estado Novo instaurado por Getúlio Vargas, o professor e historiador Pedro Calmon e o jurista Raymundo Faoro.[31]

Os ruídos em torno do desaparecimento de Stuart continuavam. Aflita como estava para descobrir qualquer informação, Zuzu conversava com indivíduos que não forneciam dados confiáveis. Sua avidez fazia com que ela se apegasse até às pistas mais frágeis. Teria, por exemplo, entrado em contato com um suposto major Flores, do DOI-Codi, que alegava haver participado do interrogatório de Stuart. Ele não podia garantir que o militante ainda estava vivo ou se fora levado para outro lugar; sua esposa e sua filha, para quem Zuzu telefonava incessantemente, contaram que Stuart estaria muito triste por ter caído devido à "traição" de um companheiro de militância. O major faleceu em junho, antes que pudesse revelar mais algum detalhe,[32] e a ausência de registros de um Flores vinculado ao DOI-Codi nesse período sugere que ele teria optado por um codinome para se eximir de qualquer responsabilidade no caso.

Esposas de militares pareciam ser, a Zuzu, um caminho promissor. Ela apostava na sensibilidade materna dessas senhoras e torcia para que, casadas com torturadores ou não, tivessem compaixão de uma mãe em busca do filho desaparecido. Em uma tarde de domingo, retornou à residência dos Frota. Não estava sozinha: fora com Hildegard e uma ex-professora de Stuart, que procurou a costureira para oferecer consolo e seu depoimento como alguém que convivera com o rapaz. Na sala dos Frota, Zuzu, a filha, a professora e Ídia se deram as mãos e rezaram, juntas, por Stuart. Antes de saírem, a professora afirmou ao general que punha "a mão no fogo" pelo ex-aluno e o acreditava incapaz de matar ou machucar alguém. Lembrava-se dele como um estudante dedicado e altruísta, que a procurava para pedir uma revisão de nota para os colegas e nunca para si próprio. "Este menino era a menina dos meus olhos", declarou a Frota.[33] Zuzu queria cutucar a empatia de d. Ídia e, quem sabe, transformá-la em uma aliada junto ao general. Talvez, se a esposa insistisse na bondade de Stuart e na injustiça de todo aquele sofrimento, ele desse um jeito de achar o militante perdido nos registros da ditadura. Mas esse era um ninho de vespas que nenhum oficial — e muito menos um general experiente na politicagem militar como Sylvio Frota — sonharia em remexer.

Em uma conversa com Maria Clara Mariani, Zuzu não só descobriu que o filho frequentara a sua casa — inclusive para se recuperar do tiro que levara no joelho — como pegou a dica de que um brigadeiro de nome Tedesco poderia ajudá-la, pois teria influenciado na libertação da própria Mariani. Em 17 de maio, meros três dias depois da queda de Stuart, agentes do Dops invadiram a residência de Maria Clara e a conduziram para um interrogatório, que terminou na madrugada do dia seguinte. O ex-sogro, Carlos Lacerda, ex-governador da Guanabara, também teria intercedido em seu favor; mas Mariani comentou que Tedesco fora essencial para tirá-la tão rapidamente do Dops.[34] Zuzu se agarrou ao nome do oficial e saiu à sua procura. Revirou o catálogo telefônico à caça de um endereço e achou uma família com esse sobrenome residindo em Ipanema, na avenida Visconde de Pirajá. De lá, chegou a Adélio del Tedesco, que não era brigadeiro e sim coronel-aviador e morava na Ilha do Governador. Desde 1968, ele servia na Base Aérea do Galeão e, entre 1969 e 1972, trabalhou no Parque de Material Aeronáutico do Galeão.[35]

O próximo passo era evidente para Zuzu. Ainda que significasse chegar perto do local onde o filho poderia ter morrido, ela pegou seu carro e foi até a Ilha do Governador. Tocou a campainha dos Tedesco e conheceu d. Lydia, esposa do coronel, que a recebeu com toda a educação do mundo. A visitante já estava treinada em contar a história de Stuart e Lydia Tedesco parecia simpática ao seu desespero. Ela se comprometeu a repassar a Zuzu tudo o que descobrisse, assim que obtivesse essas informações, e as duas se despediram em bons termos.

Lydia cumpriu, em parte, a sua promessa. Não muito tempo depois, ligou para Zuzu e disse que tinha algo a contar. Ficou combinado que ela iria até a casa-ateliê de Ipanema. Como preparativos para a visita, Zuzu chamou as filhas e pediu que escondessem um gravador atrás da cortina da sala, cômodo onde receberia a esposa de Tedesco. Hildegard e Ana Cristina também deveriam ficar por perto, entreouvindo a conversa — no plano da mãe, ela não só teria mais testemunhas como obteria uma evidência a ser usada nos tribunais militares.

Quando d. Lydia chegou, não apareceu sozinha. Estava acompanhada de outra mulher de militar, Tereza Dellamora, a esposa do brigadeiro e comandante do Cisa Carlos Affonso Dellamora. As duas realmente tinham uma história para compartilhar: circulava, entre os oficiais da Aeronáutica, que um jovem não sobrevivera após ser amarrado a um jipe e arrastado pelo pátio do Cisa. Mas Zuzu não tinha com o que se preocupar e devia ficar sossegada, disseram as senhoras. Aquele rapaz não era seu filho, disso estavam certas.

Não forneceram, no entanto, nenhum nome. Se o jovem torturado não era Stuart, quem seria? E, mesmo que não tivesse sido ele, ainda assim confirmavam a prática de torturas tão violentas que chegavam a ser fatais. Zuzu não se sentia mais aliviada nem calma. Achava-se incapaz de permanecer indiferente ao que acontecia em seu próprio país, com os filhos e as filhas de outras mulheres. "Se esse rapaz não era o meu filho", retorquiu a Lydia Tedesco e Tereza Dellamora, "eu estou fazendo pela mãe dele."[36] O encontro não poderia ter sido mais frustrante. No fim, ela não conseguira nenhuma pista nova ou relevante que a aproximasse de Stuart e se enfurecera com o descaso das duas, que davam de ombros ao destino daquele militante preso na Base Aérea em que seus maridos trabalhavam. Para desapontá-la ainda mais, nem mesmo o gravador atrás da cortina funcionou.[37]

Era outro beco sem saída nessa missão que Zuzu se impôs. Entrar neles, contudo, não a desencorajava a tentar novamente, abrindo caminhos em outras direções. Contratar advogados como Fragoso, a quem pagaria milhares de dólares para descobrir o que pudesse sobre Stuart,[38] ir a quartéis com fotos do filho na mão e muita tolerância para aguentar os risos dos soldados, dar telefonemas repetitivos e frustrantes para generais, brigadeiros, coronéis e suas esposas, pedir que tios americanos telegrafassem a diplomatas que demoravam a responder. Em 10 de julho, outro parente de Stuart entrava em campo para exigir respostas. Não foi por telegrama que o juiz Sydney Foster, casado com Mabel, a tia materna de Norman, registrou sua mensagem. Foster servira por vinte anos na Corte de Apelações da Suprema Corte do Estado de Nova York e tinha um texto mais longo e formal em mente, de jurista para jurista. Escreveu uma carta a Aliomar Baleeiro, presidente do Supremo Tribunal Federal (STF).

Se tinha alguma expectativa de ser privilegiado com informações, Foster foi obrigado a engolir a decepção. Baleeiro levou mais de um mês para responder à sua carta (a culpa, segundo o ministro, recaía sobre o recesso do Judiciário) e não contou nada de novo. Os arquivos do STF em Brasília não traziam dados sobre Stuart, nem mesmo um processo registrado no Tribunal Federal de Recursos. "Talvez ele esteja sujeito a um dos muitos Conselhos de Justiça Militar ou sob investigação da polícia política", supôs Baleeiro, já que crimes contra a Segurança Nacional eram julgados por tribunais militares. Ficava implícito na carta que Stuart se encaixava nessa turma, conforme o que Baleeiro escreveu no final: "Há muitas pessoas jovens acusadas de atividades subversivas como sequestro de embaixadores, roubos de banco por propósitos políticos ou ideológicos, entre outras".[39] No dia seguinte, Baleeiro encaminhou uma cópia da mensagem de Foster ao ministro da Justiça, Alfredo Buzaid. Esperava que Buzaid pudesse esclarecer o que o próprio Baleeiro não conseguira e, ao acessar os arquivos das instâncias da Justiça Militar, encontrasse algum sinal de Stuart.[40]

Buzaid estava inteirado do assunto. No exato dia em que Baleeiro enviou sua carta, 31 de agosto, o gabinete do ministro da Justiça recebia um memorando do SNI, assinado pelo seu chefe, o general de divisão Carlos Alberto da Fontoura. A mensagem trazia anexo um relatório de informações compilado pelo órgão, em que Stuart figurava como o único personagem: ali, constavam os processos judiciais nos quais estava sendo julgado, as acusações de assaltos vinculadas ao seu nome e seu histórico na Frente de Trabalho Armado. Como já era praxe, o documento negava a prisão do militante por qualquer instituição militar e divulgava um dado falso — Stuart teria sido visto na praça da Sé, em Salvador, no dia 19 de maio, conversando com um indivíduo não identificado.[41] O SNI avaliara que tudo aquilo seria "assunto de interesse" do Ministério da Justiça, que de fato vinha acompanhando o caso. Pouco tempo antes, Buzaid encaminhara arquivos relacionados a Stuart para o próprio SNI, em uma permuta de materiais que indicava como o Estado militar tentava reter controle sobre todas as peças daquela história.[42]

Qualquer registro da captura de Stuart e de seu percurso até o Cisa, contudo, tinha evaporado — ou, pelo menos, parecia ter sido assim. Sobraram apenas os mandados de prisão, um emitido em 28 de abril pela 2ª Auditoria da Aeronáutica[43] e o outro, exatamente no dia da queda do militante em Vila Isabel, decretado pela 1ª Auditoria do Exército após a sentença de quatro anos de reclusão pelo assalto à kombi.[44] Mas eram meras ordens de prisão, desprovidas de localizações e números de identificação de prisioneiros. Heleno Fragoso suspeitava de uma destruição deliberada de documentos, e tudo apontava para isso. Ainda mais levando-se em conta que o Cisa mantinha uma lista de todos os presos que entravam em suas celas, registrada pelo oficial do dia e repassada aos comandantes do serviço de inteligência da Aeronáutica.[45] Sumir com o corpo significava, também, apagar todo indício de sua passagem pela máquina da repressão.

O desaparecimento de Stuart, por toda a dor que lhe causava, aproximou Zuzu de uma realidade sobre a qual pouco sabia. De repente, a militância política e a resistência à ditadura entravam em sua vida, pediam que ficasse de prontidão e desviavam parte do ânimo que ela outrora canalizava para a moda. Faziam-se mais presentes do que na época em que Stuart ainda morava na rua Nascimento Silva e a mãe desconfiava dos livros que lia e dos debates acalorados que começava com os amigos. Em uma virada repentina, a costureira das estrelas e da elite carioca se decidia a entender, com urgência, mais a respeito do caminho tomado pelo filho. Um dos reflexos dessa mudança se deu em sua postura: passava a defender os militantes, companheiros de luta de Stuart, como a "nossa melhor juventude".[46] Foram exatamente essas as palavras que usou para confrontar a amiga Tereza Leal de Meirelles, que em agosto lhe escreveu para expressar suas condolências.

Terezinha também tinha perdido um filho e entendia como aquela era uma dor insuperável. Ancorava-se na fé para aguentar o luto e oferecia sua experiência a Zuzu. Dizia orar pela amiga, tentava consolá-la com declarações sobre a "vida terrena" não ser nada além de uma "passagem, uma espécie de ponte que nos comunica com a eternidade", e a aconselhava a aceitar a vontade de Deus — por mais incompreensível que esta parecesse a uma mãe consternada. Até aí, nada que ofendesse ou incomodasse a costureira. Mas, em uma frase, a carta de Terezinha deixava de ser um conforto amigável e lembrava a Zuzu de como muitos brasileiros, sobretudo em seu próprio círculo social, julgavam que Stuart tivera o que merecia. Na "Glória do Pai", afirmava Terezinha, "só reina a paz, a felicidade e o amor, e TODOS vão para lá, não interessa o que tenham feito ou como tenham vivido. Deus acolhe a todos em sua GRAÇA e BONDADE infinita".[47]

Ler aquilo — "TODOS vão para lá, não interessa o que tenham feito", com o "todos" escrito em maiúsculas — arrepiou Zuzu do jeito oposto ao que Terezinha desejava. A mágoa que sentiu era vívida, feroz. A carta da amiga lhe parecia uma afirmação de sua ignorância, não uma mensagem de apoio. Estava disposta a acreditar que Terezinha tinha boas intenções ao lhe escrever sobre a paz divina e a ressurreição da carne, mas não planejava relevar o comentário velado sobre a militância política de Stuart. Calada não ficaria, nem mesmo para evitar provocações e desconforto. Decidida a dizer a verdade, Zuzu datilografou a resposta à sra. Leal de Meirelles.

E a verdade lhe parecia simples. Logo na abertura, admitia que a expressão de Terezinha a "feriu profundamente" e explicava como, sem o corpo do filho, não tinha sequer certeza quanto à sua morte. Um filho do qual Zuzu não podia reclamar: passara a vida "estudando, estudando, estudando", era lembrado pelos professores como "humilde, delicado, bom e calado" e guardava em si uma imensidão de "cultura e sabedoria". Como esse mesmo rapaz fora parar no Galeão, amarrado a um jipe e arrastado pelo pátio, após sofrer espancamentos e torturas violentas? Sempre quieto, sem nada revelar, destacou Zuzu. Houvesse ou não morrido, porém, ela queria que a amiga entendesse o que ele representava. "Enquanto houver pessoas como você e outras que acreditam que a nossa melhor juventude, que está sendo torturada e morta nos cárceres brasileiros, realmente comete crimes, tudo continuará a ruir ao nosso redor",[48] arrematou em um dos últimos parágrafos. Tinha uma vontade premente de cutucar Terezinha — a fala sobre "tudo ruir ao nosso redor" tinha aparecido primeiro na carta dela, quando estimulava Zuzu a "[manter] o seu heroísmo nestes dias difíceis".

Ela recusava esse heroísmo. Só o enxergava em seu filho. Prometia a Terezinha que "o futuro mostrará o Tiradentes da época dos computadores", uma frase de efeito que encerrava a carta e apontava a sacralização de Stuart, aos olhos de sua mãe, como o mártir da resistência jovem à ditadura. Zuzu estava pronta para impedir que o nome, a vida e a morte de Stuart virassem uma notícia curta nos jornais.

12.
As flores murcharam e os pássaros enlouqueceram

Zuzu se sentou à escrivaninha do quarto e pegou todos os papéis de carta timbrados que estavam disponíveis. Não perdeu nem um segundo admirando o cabeçalho da folha, decorado com o nome do Gotham Hotel em letras maiúsculas serifadas e, na lateral, o brasão do estabelecimento — uma pequena torre em cima da qual se posiciona um leão, sentado sobre as patas traseiras. Era 13 de setembro de 1971, uma segunda-feira amena de fim de verão em Nova York. Zuzu destampou sua caneta, pousou a ponta na primeira folha de papel da pilha e se pôs ao trabalho.[1]

Rascunhar aquela carta e, em seguida, passá-la a limpo na máquina de escrever ocuparia um tempo precioso em um dia no qual cada minuto contava. Ela tinha que chegar à casa do cônsul-geral antes das cinco da tarde, a hora definida para o início da recepção. O desfile de sua terceira International Dateline Collection estava planejado para começar às 18h15 e, embora um atraso pequeno fosse tolerável, não podia demorar demais. Era preciso respeitar os outros compromissos de seus convidados, sobretudo as figuras influentes da moda, cujas agendas estavam lotadas de horários marcados em showrooms para acompanhar os lançamentos de primavera. A passarela de Zuzu Angel não seria a única que jornalistas e compradores veriam naquela segunda-feira, e alguns teriam passado pelas apresentações de designers como Geoffrey Beene, Arthur Doucette e Peter Clements; os showrooms das novas coleções das marcas francesas Christian Dior e de Jean Patou também começavam no dia 13. A semana seria movimentada e todos com acesso ao Fashion Calendar poderiam conferir a profusão de desfiles acontecendo entre a Sétima e a Quinta Avenidas.[2] No próprio Gotham Hotel, onde Zuzu se hospedava, várias suítes tinham sido reservadas por designers que iriam expor suas últimas criações.

Zuzu estava ansiosa e queria escrever essa carta com cuidado, da forma mais clara possível: num telefonema anterior, temia não ter se expressado com a exatidão desejada e ter deixado alguns detalhes importantes de lado. Seu nervosismo durante a chamada era compreensível. Do outro lado da linha, quem a ouvia era Thomas Dine, assessor legislativo de política externa para Frank Church, senador democrata por Idaho. Ela sabia que, além do aparelho de telefone, segurava nas mãos a chance de contar a história de Stuart ao braço direito de um político que poderia fazer algo a respeito do sumiço de seu filho.

Havia pelo menos um ano, Church mobilizava a Subcomissão de Assuntos do Hemisfério Ocidental, da qual era presidente e que se subordinava à Comissão de Assuntos Estrangeiros do Senado americano, para investigar a extensão do apoio institucional, financeiro e militar americano à ditadura brasileira. Entender o tamanho e a natureza da interferência de seu país em outras nações, sobretudo na América Latina, motivava várias de suas críticas à política externa americana: em um discurso proferido no Senado em abril de 1970, Church defendera um distanciamento dos Estados Unidos em relação aos governos latino-americanos. "Nossos interesses serão mais bem servidos", afirmou, "não ajudando menos a América Latina, mas afrouxando o nosso abraço. Deveríamos manter uma distância decente de seus problemas internos." Mais de uma vez tinha ouvido estudantes e jovens americanos questionarem o envio de munição, armas e equipamentos de segurança — além de somas vultosas, na casa dos milhões de dólares anuais — a governos abertamente autoritários. Como eles continuariam a acreditar em nossos ideais, perguntava Church, se os Estados Unidos não se posicionavam contra essas ditaduras?[3] Após receber uma carta do Conselho Nacional de Igrejas americano, o senador obtivera o impulso de que precisava para se debruçar sobre uma questão que o incomodava especialmente. Com as sabatinas e audiências iniciadas no final de 1970, Church queria confirmar se os Estados Unidos, ao treinarem policiais e oficiais brasileiros, teriam ensinado técnicas de interrogatório e intimidação usadas em sessões de tortura de dissidentes e opositores da ditadura.[4]

Ao longo dos dias 4, 5 e 11 de maio de 1971, Frank Church reuniu a Subcomissão de Assuntos do Hemisfério Ocidental para inquirir cinco agentes do Estado americano que poderiam elucidar o caráter do apoio dos Estados Unidos à ditadura brasileira. Como testemunhas, convocou Theodore Brown, chefe do programa de auxílio à segurança pública no Brasil; o major-general George Beatty, chefe da missão militar americana; o coronel Arthur Moura, adido do Departamento de Defesa; Richard Helms, diretor da Central Intelligence Agency (CIA); e William Ellis e William Rountree, respectivamente o diretor da missão de ajuda americana e o embaixador americano no Brasil.

Church não planejava interferir na política interna brasileira. A meta da subcomissão que ele liderava, conforme o senador evidenciou em seu pronunciamento de abertura das audiências, era averiguar como agiam as agências do governo americano dentro das circunstâncias específicas da realidade brasileira — isso, sim, deveria ser de conhecimento dos eleitores americanos. Havia muito dinheiro do contribuinte em jogo: só o programa de segurança pública financiado pelos Estados Unidos investira 10 milhões de dólares no Brasil ao longo de uma década, e as despesas dos pacotes de auxílio desde 1964 batiam nos 2 bilhões de dólares. Dados referentes às Forças Armadas americanas pintavam um retrato de intensa colaboração. Até 1970, mais de quinhentos oficiais e seiscentos policiais brasileiros tinham recebido treinamento nos Estados Unidos e, em 1971, os dois países fecharam um contrato de vendas de 20 milhões de dólares em armamentos. Uma sustentação bilionária dessas, reforçada pela presença de centenas de funcionários do governo americano no Brasil e por investimentos privados que, apenas em 1969, renderam mais de 60 milhões de dólares em lucros, era mais do que suficiente para aumentar o escrutínio do Congresso.[5] Principalmente dos políticos democratas, na frente de oposição ao governo republicano e conservador de Richard Nixon.

Quanto à tortura, não se obteve das testemunhas nenhuma condenação firme ou confirmação definitiva de que ela se tornara uma política de Estado no Brasil. Negavam ter conhecimento em primeira mão dessa violência e, apesar de admitirem sua existência, alegavam que lhes parecia menos disseminada do que a imprensa internacional retratava. O embaixador Rountree tomou esse caminho. Disse ser complicado mensurar a dimensão real da tortura no país e concluía que não havia nada a ser feito. As autoridades brasileiras sabiam o que a comunidade internacional pensava a respeito das violações de direitos humanos e cabia a elas encontrar a solução para o problema. "O fato é que acontece", afirmou Rountree, e não seria um exagero imaginá-lo dando de ombros. À pergunta se, em sua avaliação, as condições dos prisioneiros políticos brasileiros teriam melhorado em comparação com os anos anteriores, ele declarou ouvir bem menos sobre tortura.[6]

Tendo o benefício da retrospectiva, seu posicionamento é revelador. Cerca de dez dias depois de seu depoimento, os telegramas de Stuart P. Jones e Barbara Estenson chegariam à embaixada, pedindo sua ajuda para localizar o sobrinho desaparecido, que se suspeitava ter sido torturado até a morte.

Em paralelo às investigações da subcomissão, o Departamento de Estado americano — a agência governamental responsável pelas políticas externas e pela diplomacia dos Estados Unidos — negava qualquer sanção à tortura no Brasil. Um de seus porta-vozes comunicou, durante uma entrevista coletiva, que a "tortura não estava na agenda dos programas de treinamento" americanos.[7]

Church ficou em choque com as denúncias de tortura que recebeu,[8] mas, no fim, não descobriu o que desejava. As diversas audiências e testemunhos não conseguiram entregar ao Senado evidências capazes de comprometer as relações entre os dois países e servir de munição para atacar o governo Nixon. Por maior que fosse o comprometimento do senador com a defesa dos direitos humanos e seu interesse político em reduzir a interferência americana no cenário internacional — Church também era contrário à guerra no Vietnã —, não lhe foi possível levar o caso adiante e revelar a contribuição militar e de inteligência de seu país em benefício da repressão brasileira. A despeito da ausência de provas, porém, a subcomissão foi exitosa em um aspecto: inflamou as dúvidas da opinião pública americana e fez alguns arranhões visíveis na imagem do Brasil no exterior. Imagem que já não andava boa. Em fevereiro de 1971, a Conferência Nacional dos Bispos do Brasil (CNBB) publicou três cartas condenando a repressão militar e expondo casos de tortura; em março, o país foi denunciado à Comissão de Direitos Humanos da Organização das Nações Unidas (ONU) e estava sob investigação da Comissão Interamericana de Direitos Humanos da OEA.[9] Graças a uma rede internacional composta de militantes e artistas exilados, além de padres católicos e ativistas de direitos humanos, os crimes cometidos pela ditadura brasileira escapavam da censura e, uma vez expostos em publicações periódicas como *Brazilian Information Bulletin* e *Frente Brasileira de Informações*, indignavam e revoltavam. A tortura repercutia e, quanto mais se falava nela, mais pesava a pressão sobre os militares brasileiros. Como preservar o mito do Brasil Grande se, por fora do discurso oficial, corriam as histórias de prisioneiros violentados, desaparecidos, mortos? Denunciar, pura e simplesmente, não desmontava o estado de exceção. Mas causava danos.[10] Era essa possibilidade — mobilizar a opinião pública internacional contra a ditadura militar — que levou Zuzu a procurar Frank Church.

Ela não pedia nenhum gesto grandioso. Depois de ter se atrapalhado durante a ligação com Thomas Dine, explicou na carta que buscava, antes de tudo, seu conselho. "Se o senador pudesse me apoiar com um discurso eu convocaria a imprensa, e contaria tudo (eles já estão por perto) se o senhor pensar que essa é a coisa certa a ser feita", escreveu.[11] No Brasil, espalhar a história de Stuart pelos jornais — do jeito que Zuzu queria, com todas as letras e acusações bem à vista — não seria possível. A censura estava pronta para cortar toda acusação da família Angel Jones à Aeronáutica e, a qualquer menção ao militante, falava-se que ele era nada mais, nada menos do que um subversivo foragido da Justiça. Por um mês, entre 10 de agosto e 10 de setembro, o nome de Stuart esteve efetivamente proibido de circular nos jornais brasileiros por questões de segurança nacional: foi o que o ex-deputado José Aparecido de Oliveira contou a Zuzu, após ter ouvido sobre mais essa medida da censura em uma conversa com o diplomata José Sette Câmara, então um dos diretores do *Jornal do Brasil*.[12]

Já a imprensa americana representava uma oportunidade e Zuzu não blefava ao alegar a Dine que os jornalistas estavam a seu alcance. No mês anterior, em agosto, a agência de notícias Associated Press distribuíra uma matéria, retransmitida em vários dos jornais associados — entre os quais *The Baltimore Sun*, o periódico de maior distribuição em uma das mais populosas cidades da Costa Leste americana —, em que termos como "tortura", "morte", "governo militar" e "Força Aérea Brasileira" estavam claramente conectados na narrativa do desaparecimento de Stuart. A matéria, cujo parágrafo de abertura reportava a campanha do deputado de oposição Pedroso Horta pela investigação do caso de Stuart, reproduzia a denúncia dos espancamentos e da tortura com o jipe no pátio da Base Aérea do Galeão e descrevia o militante como "sensível" à desigualdade social no Brasil desde a infância.[13] Em outra versão do texto da Associated Press, também publicado em agosto de 1971 e com um retrato de Stuart como ilustração, Zuzu Angel se recusou a fazer comentários. "Não quero falar mal do meu país", declarou a Dennis Redmont, o repórter da agência que a procurara em sua residência carioca.[14]

Não falar mal do país, contudo, não é o mesmo que elogiá-lo. Zuzu não estava disposta a esperar por respostas que, pressentia corretamente, nunca chegariam: nenhuma investigação conduzida pelo governo militar iria adiante, pelo simples motivo de que este não poderia legitimar denúncias de tortura e reconhecer violações de direitos humanos no Brasil. Ciente de todas as limitações impostas à busca por seu filho no país, a costureira planejava uma manobra de conquista. Em suas primeiras movimentações após o desaparecimento de Stuart, ela tentara erguer, do Brasil, uma ponte com os Estados Unidos — tática centralizada nos telegramas enviados, com urgência, pelos irmãos de Norman à embaixada americana. A ausência de uma reação mais incisiva nas respostas encaminhadas pelos diplomatas lembrou a Zuzu que, se quisesse resultados, precisaria se encarregar ela mesma do serviço. Mas qual, exatamente, era seu plano? Thomas Dine, embora tivesse anos de experiência diplomática nas Filipinas, na Índia e, depois, no furacão político que é Washington, não entendeu de imediato o que se passava pela cabeça daquela mulher que lhe telefonara. Seu filho tinha sido preso, estava sumido — e então? O que ela esperava de um senador americano e o que ela própria pensava fazer, em todo o seu desespero?

Ao escrever, Zuzu adotou uma sinceridade desarmante, que viraria sua marca registrada com o passar dos anos e o avanço da busca por Stuart. Era como se tivesse recebido Dine em sua casa, oferecido uma xícara de café e, acomodada ao seu lado no sofá, confidenciado tudo aquilo que a atormentava. "Embora eu tenha minhas duas filhas, e eu tema por suas vidas, farei qualquer coisa para descobrir o que aconteceu com meu pobre menino ou com o seu cadáver, depois que ele foi levado daquele centro de torturas no Galeão em uma maca." Disse mais.

> Mr. Dine, na verdade, eu parei de me sentir como um ser humano desde que esse pesadelo começou. Eu me sinto como uma árvore muito fraca açoitada por um vento muito forte, e não posso continuar assim. Estou pedindo pelo mínimo que uma mãe pode pedir. Saber se meu filho está morto!

A franqueza daquela mulher deve ter impressionado o assessor de Frank Church. A "tragédia latino-americana", em suas próprias palavras, que ela expunha a Dine era capaz de derrubar emocionalmente qualquer um e, mesmo se considerando uma "árvore muito fraca", Zuzu expressava a sua determinação em "fazer alguma coisa, mesmo arriscando as nossas três fracas vidas".[15]

Stuart se tornava o herói maior do seu panteão, idealizado como o filho perdido em meio à luta por convicções que superavam a necessidade de sobrevivência, e as circunstâncias de seu desaparecimento impossibilitavam que a mãe vivenciasse o luto como deveria. Para Zuzu, ele seria o mais forte, o mais inteligente, o mais capaz dos jovens brasileiros — e, embalada pelas lembranças de sua infância, pelas expectativas do que ele poderia ter sido, ela tentava preencher, diariamente, o vazio. De maio de 1971 em diante, a designer passaria a compilar e organizar o desaparecimento do filho em um esforço de apreensão que extrapolava objetivos jurídicos. Os documentos, as fotos e as cartas que reunia em um "dossiê Stuart" não se esgotavam quando apresentados perante cortes militares ou usados para angariar apoio de autoridades internacionais: eram papéis de pesada carga simbólica, que narravam o medo, a dor e o trauma de uma família e faziam as vezes de sepultura.[16] Zuzu, Hildegard, Ana Cristina, Norman e os tios e tias, primos e primas, morassem no Rio de Janeiro ou em Belo Horizonte, no interior de Minas Gerais ou no sudoeste de Minnesota, em Nova York ou em Delaware, precisavam encarar e sentir a perda, a cada dia mais definitiva, daquele a quem chamavam de Tuti.[17]

O fantasma de Stuart — o Tuti imaginado e projetado pela mãe, a lembrança que ganhava corpo nos sonhos dela e a fazia murmurar seu nome enquanto dormia[18] — parecia tão palpável a Zuzu quanto as roupas que vendia no ateliê. Não porque ela rejeitasse a realidade de seu cotidiano e se desinteressasse do que não tivesse conexão com o filho, mas devido à urgência que imputava à busca, à denúncia, à apuração dos fatos do desaparecimento. "Ele era inteligente demais para ter morrido por nada", declarou na carta a Thomas Dine,[19] e assim revelava o seu medo em não conseguir, simultaneamente, se transformar em um memorial vivo do filho e exigir justiça em seu nome. Zuzu se aproximava de uma postura pública que jamais pensara adotar. Até então, a politização da costureira se manifestava no feminismo: a criadora de modas e empresária que pensava em maneiras de libertar a mulher de normas de aparência e comportamento. Uma atuação que, em um contexto de guerrilha urbana e ditadura militar, poderia ser considerada discreta.

Perder Stuart mudou tudo. Para garantir que sua morte não fosse em vão, conforme deixou claro a Dine, Zuzu se decidia a resistir em novas frentes. Ingressava na oposição aos militares. E faria tudo ao seu modo — ou melhor, à sua moda.

Quando os tios de Stuart enviaram os telegramas à embaixada, aos cuidados de William Rountree, eles de imediato acionaram uma máquina sofisticada e eficiente de busca e análise de informações. Em agosto, a publicação da matéria da Associated Press nos jornais americanos inflamou a vontade de saber mais sobre aquele caso de desaparecimento, que envolvia uma família com sobrenomes e conexões americanas — o suficiente para aguçar o interesse dos Estados Unidos. A notícia "Investigação sobre tortura e morte de homem desaparecido é exigida no Brasil" saiu no jornal *The Baltimore Sun* no dia 16; dois dias depois, a embaixada americana disparava um telegrama para Washington, endereçado ao Departamento de Estado, compartilhando todas as informações disponíveis acerca de Stuart e Zuleika Angel Jones.

O documento não só recapitulava a correspondência entre Barbara Estenson, Stuart P. Jones e o cônsul James Reardon como registrava a visita feita por Zuzu ao consulado do Rio de Janeiro, no mês de junho, e fixava os elementos fundamentais do caso Stuart. Por três páginas, a mensagem mencionava o envolvimento do rapaz na militância de esquerda, a prisão de Alex Polari de Alverga, que estava pronto para dar seu testemunho das torturas sofridas pelo filho de Zuzu, os esforços do advogado Heleno Fragoso para localizar o desaparecido e as negativas das Forças Armadas, cujas autoridades juravam nunca tê-lo capturado ou mantido preso. Fragoso, aliás, parece ter sido uma das fontes mais relevantes para os americanos. Os detalhes que forneceu aos oficiais da embaixada incluem o contato entre Zuzu e o major Flores — no telegrama ao Departamento de Estado, o oficial consta como coronel e lotado no SNI, não no DOI-Codi — e mais uma suposta confirmação da morte de Stuart. Fragoso relatou que, ao comentar com Alfredo Buzaid a possibilidade sugerida pelo tal Flores de que Stuart estaria vivo e preso, o advogado ouviu do próprio ministro da Justiça que nada daquilo seria verdade.[20] A discrepância de informações — major ou coronel, DOI ou SNI — reforça a possibilidade de um codinome, ao passo que a reação de Buzaid indica uma farsa ainda mais deliberada. Ao que tudo indicava, Flores mentia em suas alegações a Zuzu e, ainda por cima, era provável que as conversas com a costureira tivessem sido um artifício para prejudicá-la em suas investigações.

A embaixada aprendeu com Heleno Fragoso que a única evidência da prisão de Stuart tinha chegado à família por meio da carta de James Reardon, de modo que a diplomacia americana estava, quisesse ou não, conectada ao caso. Também ouviu a opinião pessoal do advogado a respeito de Stuart — um jovem "inteligente, mas esquerdista fanático". Por fim, colheram a informação de que Zuzu, uma costureira "extremamente bem relacionada" no Brasil e nos Estados Unidos, tinha planos de voltar muito em breve a Nova York, onde planejava empregar "todas as pressões possíveis" para repercutir amplamente o desaparecimento do filho.[21]

Outra fonte para encorpar a ficha de Zuzu Angel nos arquivos americanos era Graham Kennedy French, o ex-vizinho da costureira que, após trabalhar como adido cultural da embaixada, assumiu um dos cargos de direção do United States Information Service (Usis) no Brasil. Graham French havia trocado a casa em Ipanema, onde criava os passarinhos que Stuart cumprimentava, por Brasília.[22] Na capital, gerenciava a agência brasileira do Usis, um sistema de disseminação de informações e propaganda cultural vinculado à Casa Branca. De parcerias com estúdios de cinema, emissoras de TV e agências publicitárias à divulgação de folhetos da Cruzada Brasileira Anticomunista, a organização realizava um esforço coordenado de apoio à política externa dos Estados Unidos, rechaçando tentativas de influência ou interferência soviética, com intenções de convencer o público brasileiro quanto aos benefícios de uma aliança permanente com os Estados Unidos.[23] O Usis produziu filmes, programas e campanhas totalmente alinhados à ideologia americana. Entre seus parceiros estava o Instituto Brasileiro de Ação Democrática (Ibad), que recebeu patrocínio do serviço de informação dos Estados Unidos. No auge de sua atuação política, no início dos anos 1960, antes do golpe militar, o Ibad — uma associação financiada por industriais e empresários — mobilizou verbas e grupos de ação para disseminar propaganda de oposição ao governo João Goulart, intensificar sentimentos anticomunistas e bancar campanhas eleitorais de candidatos conservadores. Sua contribuição para a desestabilização política do país, que culminaria no golpe de 1964, foi inegável.[24]

Quando Zuzu viajou a Brasília, no início de agosto, para apresentar o caso de Stuart ao CDDPH, encontrou-se com Graham e Fay Kennedy French. Tiveram uma conversa rápida no aeroporto da capital, após as audiências do órgão. O diplomata percebeu que Zuzu estava profundamente emotiva, quase desamparada em seu luto, e incapaz de se manter calada. Tinham lhe avisado dos perigos à sua segurança caso falasse demais, algo que não a preocupava. "Eles mataram meu filho, mas têm orgulho do que eu faço pelo Brasil", exclamou ao antigo vizinho, referindo-se à visibilidade obtida por sua marca de moda nos Estados Unidos. Ela também repetiu a frase que viraria uma espécie de mantra — "Tudo o que quero é seu corpo" — e contou a Graham e Fay que, segundo o advogado Fragoso, todos os registros da captura e dos interrogatórios de Stuart haviam sido destruídos pelas Forças Armadas. Uma semana depois do encontro em Brasília, Kennedy French reportou aos seus superiores a breve conversa com Zuzu Angel em um memorando cujo assunto foi especificado como "Stuart Jones Case".[25]

O caso não era prioridade nem urgência para os americanos. Por enquanto, reunir informações parecia ser o mais importante. A troca de notícias percorria o circuito da embaixada em Brasília ao Departamento de Estado em Washington, e o Congresso se mantinha à parte: o envolvimento do senador Frank Church com as audiências e investigações sobre o investimento dos Estados Unidos na repressão da ditadura precedia a prisão de Stuart em 14 de maio. Já o contato de Zuzu com o assessor Thomas Dine teria marcado o primeiro apelo direto para que o político reagisse às torturas impingidas ao filho de um cidadão americano. Novos relatos, como os de Heleno Fragoso e Graham French, não iluminavam o suficiente naquele cenário ainda coberto de sombras. E permaneciam incertos os limites que Zuzu, a costureira bem-sucedida e cheia de contatos importantes na agenda telefônica, estava disposta a cruzar. Principalmente ao governo brasileiro.

Avisos, porém, Zuzu dava. No início de agosto, ela conversou com a cliente e amiga Fernanda Colagrossi, esposa do empresário e ex-deputado José Colagrossi, cujo mandato fora cassado em 1969. Encontrar-se com Zuzu significava ouvir um pouco sobre Stuart e, nessa ocasião, a costureira insistiu na inocência dele. O filho não era subversivo como os outros, disse, nem tinha participado de assaltos. No máximo, conhecia um pessoal associado à militância armada. Subversão e dissidência política eram tratadas como males sociais, e várias famílias de classe média concordavam com a propaganda militar que transformava militantes em vilões da ordem e da paz: se os jovens entravam para essas organizações de esquerda, os culpados eram os pais, que haviam errado em algum ponto da criação e educação deles. Tivesse ou não dificuldades para assimilar a extensão da atuação de Stuart na luta armada, Zuzu tentava defender a imagem do filho perante amigos e conhecidos que poderiam desmerecer sua memória ao confirmar a versão da ditadura. A figura do estudante dedicado, do rapaz gentil e tranquilo, contrastava com o estereótipo do militante violento, armado, a vociferar doutrinas comunistas. Ela não sabia que Stuart integrava o Comando

Nacional do MR-8 e que, se não tivesse sido preso e morto, seria transferido para Salvador, onde mobilizaria um trabalho de base com os operários; tampouco podia listar a participação dele nos assaltos a bancos e supermercados. Preocupada em preservar o nome do filho, Zuzu reiterava a injustiça do que lhe acontecera. Afirmar sua inocência era um questionamento à legitimidade da violência da repressão. Nas entrelinhas, ela dizia que, fosse ele subversivo ou apenas simpatizante, ainda assim não podia ter sido preso, torturado e morto.

Mas Zuzu não se restringiu a falar de quem Stuart era e do que, segundo suas convicções, o filho não havia feito. Confidenciou a Fernanda que levaria essa história aos Estados Unidos no mês seguinte e não pararia até que obtivesse resultados. A sra. Colagrossi, impressionada e um pouco apreensiva, repassou a conversa ao jornalista Hélio Fernandes, inicialmente um apoiador do golpe militar que, com o passar dos anos, se tornou crítico ferrenho da ditadura, a ponto de ser preso diversas vezes. "O negócio vai ter uma repercussão péssima lá fora", previu ela. Cuidadosa, Colagrossi pediu a Fernandes que, se ele decidisse escrever qualquer matéria a respeito de Stuart e Zuzu, não a mencionasse como fonte.[26]

O "negócio" de Zuzu ficou claro em sua carta a Thomas Dine. "Hoje", escreveu, no dia 13 de setembro de 1971, "eu mostrarei a minha coleção na casa do cônsul-geral." Tinha passado meses seguindo conselhos de advogados, assinando documentos jurídicos para formalizar a defesa de Stuart, batendo em portas de quartéis e importunando generais. Em meio a toda essa movimentação de ordem prática, Zuzu preparava algo seu.

Quando os primeiros contornos e tons desabrocharam, a nova coleção internacional vinha nas asas de pássaros tropicais e se embebia dos lilases, vermelhos, laranjas e turquesas inspirados em uma flora exuberante. Até que, em maio, o desaparecimento de Stuart revirou tudo de cabeça para baixo. Assim que esse "pesadelo" irrompeu em sua vida, "as flores murcharam, os pássaros enlouqueceram, e eu produzi uma coleção com uma história política. É a primeira vez em toda a história da moda que isso acontece".

Zuzu tinha uma certeza. "Esta noite, com minha coleção, eu começarei a lhes dar algo para pensar."[27]

Parecia ter sido em outro ano, em outra vida até, que a modelo e atriz nova-iorquina Tracy Swope, com os cabelos arrumados em um coque frouxo e calçando sandálias de amarrar, posou diante de uma fonte de água para exibir um vestido em polybel branco com detalhes em renda.[28] Na verdade, a foto fora tirada apenas seis meses antes, na tarde ensolarada de 13 de abril de 1971. Swope subiu em uma passarela improvisada em frente ao prédio de número 1345 da Sexta Avenida, em Nova York, para reapresentar as roupas da segunda International Dateline a um público diferente do que a apreciara em janeiro: o desfile ao ar livre, que começou às 12h15, integrava a programação da Semana Pan-Americana, em comemoração à amizade entre as nações das Américas, e exibia as mais recentes criações de designers latino-americanos de moda. Zuzu Angel estava no páreo e mostrou tecidos brasileiros para americano ver durante um passeio pela avenida.[29]

Desfiles como esse reverberavam, no Brasil, o título de "Zuzu costureira internacional", porta-voz da moda para exportação: desde o início do ano, era assim que a imprensa nacional se referia a ela. Suas "estilizações do folclore de um país tropical", segundo uma descrição da *Manchete*,[30] ganhavam clientes americanas cujos nomes seriam reconhecidos por parte da sociedade brasileira e, por isso mesmo, recebiam menções nas colunas sociais e levantavam ainda mais a bola da costureira. Margot Fonteyn, estrela mundial do balé e descendente de brasileiros, vestiu um modelo dela para prestigiar a estreia da companhia Stuttgart Ballet em Nova York; Patricia, filha do presidente americano Richard Nixon, tinha pelo menos duas peças da etiqueta em seu guarda-roupa.[31] A experiência em vender fora do Brasil rendeu a Zuzu convites do Ministério das Relações Exteriores para participar de exposições e feiras têxteis em Londres, Toronto e Frankfurt nos meses de julho, agosto e setembro de 1971.[32] A Zuzu Angel Criações Ltda. estava entre as 21 empresas e confecções brasileiras que divulgariam seus produtos em um estande de cem metros quadrados na feira londrina, de olho na possibilidade de conquistar novos mercados internacionais,[33] e a costureira aceitou a oferta do ministério de apresentar suas roupas durante o evento. Era motivo de orgulho para ela ser "a primeira designer brasileira a exportar moda, a conseguir romper o bloqueio europeu" e reivindicar espaço às criações — e aos criadores — de moda brasileira em níveis internacionais, confessou em uma mensagem a Péricles de Barros, gerente de promoções do grupo Globo e responsável pelas áreas de marketing e relações públicas da empresa.[34]

O nome da firma listada para expor na feira têxtil de Londres não estava incorreto. Desde 15 de junho de 1971, data em que foi registrado o início de suas atividades na Junta Comercial do Rio de Janeiro, a Zuzu Angel

Criações Ltda. substituía a Akeeka Indústria e Comércio de Importação e Exportação.[35] Era mais do que uma simples mudança de razão social da empresa. A sociedade entre Zuzu e João Luiz de Moraes teria desmoronado após ela descobrir desfalques no caixa do ateliê e um esquema de desvio de dinheiro: havia relatos de que o sogro de Stuart teria feito mau uso de uma procuração de plenos poderes outorgada pela sócia para investir capital da firma, sem o conhecimento dela, no mercado financeiro. Zuzu não desconfiava de nada — se viajava, tinha o hábito de deixar cheques em branco assinados para que o contador e Moraes lidassem com o que fosse preciso. Só ficou sabendo que lhe passavam a perna graças a esse contador. Apesar de ter sido indicado para o cargo pelo próprio Moraes, ele se indignou com as falcatruas a ponto de chegar a Zuzu e pedir demissão, pois se recusava a continuar acobertando, sob ameaças, a movimentação indevida de dinheiro.

Como seria de esperar, a dissolução da Akeeka não transcorreu tranquilamente. Para executar o esquema, Moraes teria contado com a ajuda de um advogado que possuía um escritório de consultoria jurídica especializada no mercado financeiro. Ambos se gabariam de seus contatos militares e os teriam usado como um conveniente — e ameaçador — método de convencimento no trato com aqueles de quem desejariam obter a cooperação. Assim que o contador lhe explicou o que se passava debaixo de seu nariz, Zuzu teria entrado, em 10 de abril daquele ano, com um pedido de cancelamento da procuração e afastado o advogado. Em retaliação, Moraes teria furtado o carro registrado no nome da empresa, que era usado pela costureira, e se apropriado de tecidos e demais matérias-primas que ela usaria na próxima coleção — tudo com o intuito de impedi-la de trabalhar. Moraes não interromperia suas intimidações aí. Teria dito a Zuzu que, se seus colegas militares pegassem Stuart, fariam "picadinho" dele.[36]

Estivesse ou não falando sério, Moraes não teria feito jus à confiança nele depositada. Embora alegasse admirar e ter um bom relacionamento com Stuart, nem sempre fora assim: é bom lembrar que, no começo do namoro com Sônia, o sogro desaprovava a união. O coronel reformado seria, ainda, citado por uma suposta viúva de um agente da repressão como traidor do militante. Nessa versão duvidosa, Moraes teria atraído o genro para uma emboscada ao chamá-lo para receber uma falsa encomenda enviada por Sônia. Entretanto, é bem provável que essa viúva — cuja abordagem a Zuzu teria acontecido em outubro de 1971 — não tenha passado de mais uma falsa informante, pois os depoimentos de Alex Polari contam uma história completamente diferente da captura de Stuart.[37]

Após o fim conturbado da Akeeka, a costureira resolveu que sua próxima empresa não seria em sociedade com mais ninguém. Preferia não ver sua oficina de costura lacrada, como ocorrera durante o processo de dissolução, e ser impedida de acessar seus equipamentos e materiais.[38] A Zuzu Angel Criações Ltda. surgiu em meio a uma reviravolta pessoal e familiar, mas em nenhum momento Zuzu abdicou de seus projetos de lançar modas brasileiras no exterior. Com esse histórico profissional, portanto, fazia perfeito sentido que ela piscasse insistentemente no radar de Lauro Soutello Alves, cônsul-geral do Brasil em Nova York entre 1969 e 1977.

Colecionador de arte, Soutello Alves pautou seu comando do consulado no investimento cultural e movimentou, com mostras e exibições regulares, a sala de exposições do número 630 da Quinta Avenida — no Rockefeller Center, onde a representação diplomática funcionava desde meados da década de 1950. O cônsul-geral também intermediava negociações entre o Itamaraty e artistas interessados em levar suas obras, fossem elas quadros, esculturas ou peças de teatro, a Nova York. Suas sugestões, entretanto, nem sempre eram acatadas pela Divisão Cultural do ministério. Embora introduzir a arte brasileira nos Estados Unidos pudesse servir aos planos dos militares de divulgar uma imagem positiva do país, como uma nação de artistas satisfeitos e com amplas possibilidades criativas, invariavelmente surgia um porém: todo artista que se candidatasse a receber subsídios públicos passava por uma avaliação minuciosa do SNI, que averiguava suas afiliações políticas e se havia algum conteúdo nas obras passível de ser interpretado como contrário ou crítico à linha do governo. Logo no início do mandato, Soutello Alves propôs uma exposição das pinturas de Abdias Nascimento, artista, dramaturgo e poeta negro cujas denúncias sobre racismo e a militância pela igualdade racial o tornaram alvo da ditadura — a perseguição política o levou ao exílio após a decretação do AI-5. O Ministério das Relações Exteriores barrou a mostra, o que não impediu Soutello Alves de indicar outros nomes para ocupar o espaço cultural do consulado.[39] Por outro lado, havia ocasiões em que o próprio diplomata agia em consonância com a censura. Em 1969, desaconselhou ao ministério a concessão de auxílios para uma montagem nova-iorquina da peça *Arena conta Zumbi*, um musical que subia o tom da reflexão política ao resgatar a narrativa de Zumbi dos Palmares para abordar as opressões e lutas pela liberdade do presente.[40] Soutello Alves julgava "aconselhável não associar esta repartição consular ao lançamento da peça" por receio de que houvesse "analogia política" no palco — de fato, sobravam analogias no texto de Augusto Boal e Gianfrancesco Guarnieri.[41]

O campo de atuação de Zuzu cabia no mapa cultural do consulado de Soutello Alves, e desde a primeira International Dateline desfilada na Bergdorf, em novembro de 1970, o setor de Promoção Comercial manteve o nome da costureira em sua lista de possibilidades para uma apresentação. Como presidente honorário da Câmara de Comércio Brasil-Estados Unidos, o cônsul-geral também tinha interesse em prestigiar uma empresária que consolidava seu negócio de exportação entre Rio de Janeiro e Nova York. No final das contas, a etiqueta de Zuzu fazia o trabalho que o Ministério das Relações Exteriores tanto valorizava: lançar o Brasil no exterior. Os primeiros contatos nesse sentido, com os convites para a feira têxtil em Londres, abriram caminho para uma parceria com o consulado. Só havia uma condição. Zuzu precisaria arcar com todos os custos, pois nada sairia dos cofres do Itamaraty.[42]

Não que isso fosse um problema. A costureira logo se pôs a planejar o lançamento da terceira IDC nos salões da residência pessoal de Lauro Soutello Alves. Completamente reformada no início do século XX pelo advogado e empresário Edwin Bayer, a construção destoava dos edifícios de tijolo vermelho que a flanqueavam na rua 70 Leste, graças à fachada de blocos de calcário, ao elegante telhado em mansarda, aos detalhes neoclássicos ao redor das janelas e aos postes de pedra ladeando os degraus da entrada. Por dentro, entre os mais de trinta cômodos, alguns — como as salas de estar e a biblioteca — haviam sido revestidos com painéis de madeira importados da França e da Inglaterra, trabalhados com molduras e desenhos ornamentais. No salão principal, portas pesadas se abriam para revelar um espaço com pé-direito duplo, de cujo teto entalhado pendia um lustre de cristal. Definitivamente, a casa ocupada pela família Soutello Alves era bem mais suntuosa do que o quinto andar da Bergdorf Goodman. Por outro lado, aquelas salas cheias de obras de arte não estavam adaptadas para receber um desfile de moda. Zuzu e sua assessora, Lisa Curtis, tinham muito serviço pela frente. Assentos seriam uma das providências práticas essenciais e, já que nem consulado nem ministério contribuiriam para o evento, Zuzu aprovou o aluguel de duzentas cadeiras dobráveis para acomodar os seus convidados. Contando com o transporte e a mão de obra para posicioná-las ao redor da passarela elevada — também incluída no aluguel —, o preço ultrapassava os 260 dólares, o equivalente a 2 mil dólares em valores atuais.[43]

As cadeiras representavam apenas uma parte dos custos de um desfile como aquele. Desde que desembarcou em Nova York, no dia 12 de agosto, Zuzu se juntou a Lisa para fechar a lista de convidados, imprimir e enviar os convites, e preparar todo o material de divulgação do lançamento. Isso envolvia, por exemplo, reproduzir fotografias de coleções anteriores para distribuí-las a compradores, editores e jornalistas — uma espécie de cartão de visita que os reintroduziria à estética da marca de Zuzu. Uma das imagens era um registro do desfile da Semana Pan-Americana; outra mostrava Christina Berlin, assistente da bailarina Margot Fonteyn e filha do CEO do grupo de comunicação Hearst (que publicava algumas das revistas mais populares dos Estados Unidos, como *Harper's Bazaar*, *Esquire* e *Town & Country*), usando um dos vestidos de polybel xadrez da IDC II e segurando um guarda-chuva estampado com a mesma padronagem colorida da roupa. Ao longo das semanas, os gastos iam se acumulando — nada surpreendente para quem montava desfiles em Nova York fazia um ano. Lisa Curtis se encarregava da contabilidade e catalogava as despesas, dos táxis que Zuzu tomava para circular pela cidade (fechando um total de 54 dólares, ou pouco mais de quatrocentos dólares atualmente) à compra de mais de uma centena de cabides para vestidos e saias. Envelopes, selos, espelhos, sacolas de papel, almoços com o Fashion Group, despacho de releases para a imprensa, telefonemas e até as gorjetas distribuídas a funcionários de hotéis entraram na conta, perfazendo um custo de quase 5500 dólares entre agosto e novembro de 1971 — valor aproximado a mais de 40 mil dólares hoje. A Fábrica Dona Isabel custeava as viagens profissionais de Zuzu aos Estados Unidos, e uma cópia do relatório de gastos compilado por Lisa Curtis também foi encaminhada a um certo Ralph Guyer, da empresa têxtil Cottontex Inc. Como medida de controle, a assessora aconselhava Zuzu a pagar em dinheiro vivo sempre que possível e a contratar serviços terceirizados em regime de meio período.[44]

A terceira coleção internacional de Zuzu começou a ser anunciada na edição de 16 de agosto do Fashion Calendar, mas ainda não tinha endereço definido — apenas a data, 13 de setembro.[45] A falta de informações era internacional: na mesma época, a imprensa brasileira comunicava que o lançamento, alterado do dia 7 de setembro para o final do mês, estaria marcado para acontecer no Gotham Hotel.[46] Por pelo menos uma semana, a indefinição permaneceu. Seria apenas na publicação de 30 de agosto do Fashion Calendar — e no *Jornal do Brasil* de 11 de setembro — que data e local seriam devidamente esclarecidos. Após o desfile inaugural na casa de Soutello Alves, a IDC III seria exposta em showroom no Gotham, em atendimento com hora marcada.[47]

Tudo parecia pronto. As roupas da coleção, confeccionadas com polybel, sedas puras da Werner e rendas nordestinas, tinham chegado a Nova York em um avião da Varig. Os convites haviam sido enviados e, em poucos casos, respeitosamente declinados — as presidentes do Conselho Nacional de Mulheres dos Estados Unidos e do Conselho Internacional de Mulheres, respectivamente as sras. Belle Spafford e Mary Craig Schuller, não estariam na cidade para comparecer ao desfile.[48] Do Brasil, Zuzu levara também Hulda Bachmann, uma das manequins que desfilariam; as outras dez seriam americanas.[49] Entre elas estava Kathy Lindsay, uma jovem de traços suaves e sorriso despreocupado que combinava com as rendas e os babados preferidos de Zuzu. Kathy era filha de John Lindsay, prefeito de Nova York desde 1966 e que planejava se lançar como pré-candidato à Presidência americana pelo Partido Democrata. O sobrenome cada vez mais familiar aos americanos ajudaria Zuzu em suas estratégias de aproximação daquele público, sobretudo o nova-iorquino, e passava a ideia de que suas roupas se adequavam à juventude estilosa e bem de vida, aspiração de tantos consumidores médios. Pelas próximas duas coleções, Kathy seria o rosto da etiqueta nos Estados Unidos.

Quanto às peças do lançamento, havia uma expectativa da imprensa brasileira: a costureira despertara a curiosidade dos jornalistas ao revelar que, além dos "nossos pássaros e flores", mostraria bordados de "temas infantis" com desenhos criados por ela própria.[50] Até onde Zuzu imaginava, o seu plano de fazer americanos e brasileiros refletirem sobre a ditadura seria uma surpresa para todos os envolvidos, especialmente para o consulado.

Às vésperas do desfile, porém, a situação ameaçou se complicar. No dia 10, um funcionário do Ministério das Relações Exteriores que trabalhava em São Paulo reportou rumores de que Zuzu, transtornada pela perda do filho, teria permitido que suas emoções interferissem na criação da nova IDC. As suspeitas atiçaram a paranoia e o ministério acionou o consulado em Nova York, recomendando que checasse imediatamente as intenções da costureira. Se um simples lançamento de moda virasse protesto, seria uma vergonha tanto para o consulado quanto para o ministério. Mais do que vergonha:

um problema em escala internacional. Ciente das implicações que um erro produziria naquelas circunstâncias, a representação brasileira em Nova York não perdeu tempo. Em 12 de setembro, exatamente no dia anterior ao desfile, o diretor do setor de Promoção Comercial do consulado bateu à porta dos aposentos de Zuzu no Gotham Hotel. Só sairia dali depois de duas horas de uma longa conversa, durante a qual, segundo ele, "a sra. Zuzu Angel, de forma muito sincera, expôs a situação pessoal que a aflige".[51]

A maneira como lidou com esse sutil interrogatório mostra uma Zuzu diplomática, um traço que desenvolveu quando equilibrava a sua posição no concorrido palco da moda carioca e negociava com os egos de clientes como Yolanda Costa e Silva. Ela queria que a vissem como uma profissional capaz de priorizar o trabalho acima de circunstâncias pessoais e, por isso, declarou sua decisão de que o show deveria continuar. Não negou as dificuldades íntimas — compreendia que mentir não melhoraria sua imagem aos olhos do ministério e do cônsul-geral, de cuja boa vontade dependia para manter o desfile — e contou ao chefe de Promoção Comercial sobre as semanas angustiantes que vivera, pedindo socorro ao alto escalão militar e tentando estabelecer o paradeiro de Stuart. Frisou que, apesar de tudo isso, seu sofrimento não afetaria suas responsabilidades e, para tranquilizar o representante do consulado, mostrou o despacho da Associated Press de agosto, o qual continha uma citação sua se negando a falar mal do Brasil.

Em seu relatório ao Ministério das Relações Exteriores, o diretor informou que, para Zuzu, estava clara a importância de evitar qualquer inconveniência. Perturbações à harmonia do desfile danificariam ambas as partes, e ela confirmou saber disso: era sua intenção "manter uma linha de total discrição, abstendo-se, inclusive, de ocupar o microfone durante o desfile", uma prática comum para apresentar o teor da coleção lançada e agradecer ao público presente.[52] O que realmente parece ter acalmado os ânimos do consulado foi, segundo o seu funcionário, a "importância do elemento comercial e profissional de suas considerações". Zuzu era vista como uma mulher "orientada vitalmente para sua carreira e que não tem o menor interesse em prejudicar, na área de sua especialização, suas perspectivas futuras, inclusive a de estabelecer-se nos Estados Unidos, mediante a criação da imagem de *troublemaker*".[53] Ou seja, confiaram que Zuzu seria esperta o suficiente para não deteriorar a sua reputação com uma performance pública de encrenqueira. Pelo lado do consulado, o chefe de Promoção Comercial calculou que cancelar o desfile pelo simples temor de um protesto antimilitar atrairia atenção indesejada. Se o cônsul-geral aprovasse uma mudança de planos de última hora, ignoraria as garantias de Zuzu e conferiria peso excessivo a um evento que, via de regra, teria uma cobertura de imprensa restrita. Nesse caso, o efeito prometia ser "sumamente embaraçoso" para o consulado.[54]

Zuzu reconfortou a equipe de Soutello Alves com suas garantias de profissionalismo e conseguiu assegurar a realização do desfile. Mas a conversa não deixava de ser inquietante. Toda aquela movimentação pública em busca de Stuart havia disparado os alarmes da repressão e Zuzu se tornara uma figura suspeita, cujas ações deveriam ser vigiadas. A incerteza quanto à sua postura já despertava a desconfiança do Ministério das Relações Exteriores; em breve, essa história circularia por toda a rede de inteligência militar através dos informes disseminados pelo SNI. Qualquer que fosse o plano para o lançamento da terceira coleção internacional, o estrago já estava feito — a costureira que fazia "excelente promoção para o Brasil" nas vitrines da Bergdorf não estaria mais acima de qualquer suspeita.[55] E ainda nem tinha mostrado a que viera.

Até onde pôde, Zuzu apertou as mãos de Kathy e Tracy. A seda preta que ela vestia tremulava em meio às pinceladas de renda branca das duas manequins americanas: ali, a costureira não estava sozinha e seu luto não era absoluto.

As jovens sorriam e sua pele brilhava. Tinham percorrido aquela passarela diversas vezes, trocando de roupa a cada aparição, e enfim terminavam o trabalho. Entre as duas moças altas e longilíneas, a euforia cintilava no rosto de Zuzu. Momentaneamente, todavia, esse arrebatamento oscilava. Comovida, ela comprimia os lábios e tentava conter o choro. Mas não era fácil, não com aqueles aplausos. A princípio, o silêncio prevaleceu e as palmas surgiram tímidas, pipocando aqui e ali depois que Ana Cristina terminou seu canto. O peso do primeiro desfile-protesto da história levou um tempinho para se assentar nos convidados estupefatos. Logo elas cresceram em volume e força — ainda mais quando Zuzu despontou no salão.[56]

Kathy e Tracy a conduziram até a subida da passarela. Dali em diante, ela se impunha por conta própria. Seus cabelos estavam soltos e o lenço que anteriormente os cobria fora amarrado ao redor do pescoço. No centro das atenções, Zuzu rodopiou devagar, os olhos percorrendo a plateia que a aclamava. Encontrou Fátima e Lauro Soutello Alves, que haviam se levantado dos assentos. Ela cumprimentou Fátima primeiro; em seguida, Lauro tomou sua mão e a beijou de leve. As câmeras fotográficas e de vídeo acompanhavam cada movimento com avidez.

Na ponta da passarela, Tracy e Kathy a esperavam, com as mãos estendidas, para levá-la de volta aos bastidores.[57]

De discreto, o desfile-protesto teve tão somente a aparência. Cada etapa de seu planejamento e de sua realização deixou transparecer o projeto combativo de Zuzu. Recusando o papel de vítima e espectadora da ditadura, fadada a sofrer as consequências das decisões dos homens no poder, a costureira fez de si mesma e de suas roupas corpos políticos, que se inseriram na cena pública para resistir ao esquecimento e ao silêncio. Não precisou negar seu gênero nem a maternidade para fazê-lo. Através de um dos saberes mais feminizados da história, anunciando-se como mãe, ela questionou os limites entre pessoal e político e mostrou que qualquer ameaça à dignidade humana pode, e deve, ser desafiada por uma cidadã.[58]

Haveria, entretanto, consequências. Uma manifestação dessas, desprovida de qualquer ambiguidade — onde achar duplo sentido em tanques, canhões e soldados? —, provoca reações. Assim que o desfile terminou, funcionários do consulado se encarregaram de enviar um telegrama ao Ministério das Relações Exteriores. Garantiram que o evento "realizou-se [...] com absoluto sucesso do ponto de vista da promoção comercial e sem que nenhum incidente perturbasse a boa marcha dos acontecimentos". O relato apontava que Zuzu, contrariando o costume, não fizera comentários sobre as roupas apresentadas e se contentara em receber, silenciosa em seu traje preto, os aplausos dos convidados. "Inexistiu, portanto, quer para o público, quer para a imprensa especializada que compareceu [...] qualquer ligação com acontecimentos extradesfile", reiterou o consulado. Para os autores do telegrama, insistir que ninguém notara nada de peculiar era crucial: não podiam dar a entender que, apesar de todas as medidas de precaução, a parceria com Zuzu Angel havia se tornado um problema.[59] Mas era uma questão de tempo até que o teor daqueles bordados chegasse aos ouvidos da repressão. Ainda que a tal "imprensa especializada", como os americanos *Women's Wear Daily* e *New York Post*, exaltassem as *happy clothes* de Zuzu, havia dois jornalistas no salão que enfatizariam as conexões com os temidos "acontecimentos extradesfile".

Para o *Chicago Tribune*, Bill Cunningham ressaltou que protestos na moda são bastante raros: "A arte da moda fala mais com alegria". Caracterizou o desfile como o protesto de uma mãe pelo desaparecimento do filho e não deixou de mencionar o conjunto usado por Zuzu, em especial o colar de anjo e os crucifixos. Uma das imagens escolhidas para ilustrar a coleção foi justamente o vestido-protesto, cujos bordados foram descritos como personagens de livro de história que poderiam ter sido desenhados por crianças.[60] O mesmo vestido apareceu, em primeiro plano e com todo o destaque, na cobertura feita por Dennis Redmont, da Associated Press. Na fotografia, os quepes, um soldado, um tanque e um anjo se sobressaem; atrás da modelo, com o semblante sério, está Zuzu. Seu vestido preto contrasta com o polybel branco do longo bordado e sua mão segura um dos braços da manequim, como se quisesse virá-la bem de frente para a câmera fotográfica. No texto preparado por Redmont, que circulou em jornais como *The Washington Post*, *The Home News*, do estado de Nova Jersey, *Fort Lauderdale News*, da Flórida, e o canadense *The Montreal Star*, o foco se divide entre o processo criativo de Zuzu, desviado pelo desaparecimento do filho, e o caso de Stuart. Citações da designer não deixaram dúvidas quanto às suas motivações políticas. "Decidi juntar dois e dois", disse Zuzu ao jornalista em uma entrevista paralela ao desfile, "e transmitir a mensagem nos meus vestidos."[61]

A matéria que alcançou o SNI primeiro foi a publicada no dia 15 de setembro em *The Washington Post*, cuja cobertura política o consagrara como um dos periódicos mais relevantes da imprensa americana. Um telex enviado pela Associated Press arrepiou os agentes da inteligência militar brasileira, que se depararam com uma descrição do desfile completamente diferente da que leram no telegrama do consulado. Cada linha trazia uma nova surpresa: faixas de luto amarradas nos braços das manequins, que contrastavam com os laranjas e turquesas das estampas, e os desenhos de tanques costurados em linha verde e amarela. Mais espantosas ainda eram as frases de Zuzu. Ela admitia o envolvimento do filho com a esquerda armada, mas argumentava que nada daquilo poderia impedir, a ela e aos familiares americanos, "que lutemos por saber se ele está vivo, ou onde o seu cadáver está enterrado. Continuarei batendo em todas as portas e fazendo com que o mundo inteiro tome conhecimento do que se passou através de meus desenhos, se for necessário".[62] Ao contrário do que o telegrama do consulado tentava assegurar, transbordavam referências à realidade fora dali.

O ministério logo quis tirar satisfações com o consulado, que desconversou. Repetiu que tais bordados incendiários não passavam de desenhos infantis, e de forma alguma "explicitavam as intenções descritas no referido despacho".[63] E, mesmo que as intenções fossem reais, nenhum dos presentes as percebera — inclusive, alegava o consulado, os jornalistas brasileiros da *Manchete* e do *Jornal do Brasil*. Quanto a isso, nenhuma novidade. A imprensa nacional nem sonharia em estampar a sua cobertura da coleção com fotografias daquelas peças de protesto: qualquer tentativa seria frustrada pela censura.[64]

Em nova conversa com Zuzu, os representantes consulares ouviram da designer que aquilo tudo era um exagero de Dennis Redmont, o jornalista da Associated Press. Ele teria "interpretado mal" sua explicação de que, ao criar algumas das roupas da coleção, se permitira influenciar pelo "drama íntimo" que vivia. Não era nada, ponderava o consulado. Só um jornalista afeito ao sensacionalismo, tentando vender suas notícias.[65]

Exageros sensacionalistas ou não, as suspeitas estavam instaladas. Zuzu havia desafiado a aparente neutralidade do consulado brasileiro em Nova York e, na dúvida de suas intenções com aquelas roupas peculiares, o melhor mesmo era investigar. A Divisão de Segurança e Informações (DSI) do Ministério das Relações Exteriores solicitou o envio de fotografias do desfile, que seriam analisadas a fundo em busca de evidências de subversão. Dez dias após o evento, o departamento comunicava à agência central do SNI e ao CIE que, feito o exame das imagens, não encontrara nenhum elemento que justificasse a interpretação de Redmont. Confirmava, assim, a suposta "má-fé" do jornalista e lavava as mãos — ou assim achava.[66] O CIE não estava satisfeito e lançou um pedido de busca de informações sobre Zuzu: queria seus antecedentes criminais, suas atividades e locais de trabalho, seu endereço, suas conexões políticas e qualquer dado que pudesse ajudar a desvendar, enfim, quem era essa mulher que costurava anjos e tanques em vestidos.[67]

O pouco que o Exército sabia indica como os rumores, em um curto intervalo de tempo, proliferaram. De acordo com o documento do CIE, os "dados conhecidos" eram que Zuzu havia montado uma "passarela da tortura" em Nova York, na qual desfilaram apenas peças em tecidos pretos com temas políticos. Ao final da apresentação, a costureira teria aparecido ao público "toda de negro com uma caveira branca" e narrado a morte violenta do filho — "que na realidade está foragido", assinalou diligentemente o agente responsável por elaborar o pedido de busca.[68] Não houve caveira branca, nem uma procissão de vestidos tão austeros quanto o da própria

Zuzu. A desinformação, porém, talvez não fosse tão ruim para os seus propósitos: se pretendia provocar os militares, Zuzu tinha sido bem-sucedida. Podiam aumentar o tamanho do protesto o quanto quisessem — sua "passarela da tortura", em branco ou preto, havia chegado aonde ela desejava.

As investigações iniciais sobre Zuzu levaram meses. Entre outubro de 1971 e fevereiro de 1972, o CIE exigiu que o Dops e o Instituto de Identificação Félix Pacheco, da Polícia Civil do Rio de Janeiro, revirassem seus arquivos à caça da costureira. Primeiro, não acharam nada sobre Zuzu Angel; em seguida, os pedidos de busca emitidos pelo CIE usavam o sobrenome incorreto Gomes. O nome foi retificado depois que o Instituto Félix Pacheco respondeu com um "nada consta" sobre Zuleika Angel Gomes.[69] Foi só em 8 de novembro que o CIE recebeu uma folha com poucos dados de Zuzu, que não eram atualizados desde 1957. De acordo com os registros do instituto, ela ainda morava à rua Barão da Torre, continuava casada e, no campo "profissão", constava "doméstica".[70] Os agentes teriam que esperar até o início do ano seguinte para recolher novas informações e continuar a montagem do dossiê Zuzu Angel.

Enquanto isso, ela percebeu como a repressão começava a se infiltrar em sua vida. Ocorrências pequenas ganhavam contornos preocupantes devido às circunstâncias, como o dia em que Zuzu foi informada de uma troca não requisitada de seu número de telefone. Aquele que estava em seu nome fazia anos havia sido transferido para outra pessoa — um militar da Aeronáutica, ainda por cima. Sem medir os riscos de seus atos, a costureira se recusou a cooperar: teria procurado o oficial da Força Aérea e dito que ele poderia lhe "dar um tiro pelas costas", se assim quisesse, pois já haviam matado seu filho. Zuzu recebeu o número de volta, mas ganhou de presente uma nova provocação. Sua conta seguinte veio mais cara, recheada de ligações que ela jamais fizera para números desconhecidos. Não pagou.[71] E as intrigas telefônicas tampouco terminariam aí. Ao posicionar o fone no ouvido, seja para fazer, seja para receber chamadas, ela notava um som peculiar de clique. Logo entendeu a razão do ruído discreto, mas reconhecível. Seus aparelhos estavam grampeados e os agentes da repressão começavam a vigiar de perto o que dizia e para quem. Zuzu tratou de elaborar uma saudação especial para aqueles que a monitoravam. "Ei, você que está aí me ouvindo, não adianta porque não vou parar."[72]

Depois dos aplausos, começou a festa. Os convidados permaneceram na casa dos Soutello Alves para um coquetel em celebração ao lançamento, durante o qual Zuzu aproveitou para conversar sobre sua coleção com jornalistas, compradores, clientes e amigos. Duas convidadas, uma delas a publicitária americana Amelia Bassin, usavam o mesmo vestido de patchwork de rendas nordestinas[73] — aquele que nascera da imaginação e das mãos de Luiz de Freitas e fizera escala na coleção Pastoral, antes de ser integrado à International Dateline Collection I. Em seguida, todas as peças da IDC III, incluindo os vestidos-protesto, estariam em exposição em um showroom.[74]

O retorno de Zuzu Angel ao Brasil foi acompanhado por boatos, especulações e estimativas. Boatos de que planejava se mudar definitivamente para os Estados Unidos, especulações de que a filha Ana Cristina se lançaria em uma carreira de cantora[75] e estimativas do quanto havia faturado com seus negócios no exterior. Em sua coluna na *Tribuna da Imprensa*, Paulo Francis — jornalista que morava em Nova York e trabalhava como correspondente para diversos veículos brasileiros — reportava vendas de 48 mil dólares às butiques americanas. Esse valor saiu na edição de 23 de setembro; duas semanas depois, Francis divulgou que o total tinha chegado aos 152 mil dólares.[76] Com correções, isso equivaleria a mais de 1 milhão de dólares atualmente. Uma quantia similar, de 150 mil dólares, foi noticiada no *Jornal do Brasil*, na coluna de Zózimo Barrozo do Amaral,[77] dando a entender que os dois jornalistas dispunham da mesma fonte. E essa fonte estava interessada em indicar como as peças da coleção, cujos preços variavam de quarenta a duzentos dólares para as roupas de dia a dia e de trezentos a quinhentos dólares para os vestidos de noiva,[78] haviam voado das prateleiras e acumulado um montante significativo. Dinheiro era mais um atestado do sucesso de Zuzu Angel, uma conquista especialmente significativa nos Estados Unidos. "Este mercado aqui é o mais saturado do mundo, rapazes", escreveu Paulo Francis. "O que ela fez não é mole."[79]

Não que o valor tivesse chegado ao Brasil nos bolsos de Zuzu e sido depositado diretamente em sua conta bancária. Os 150 mil dólares representavam o faturamento, não os lucros, e dele sairiam os recursos necessários para custear as despesas de produção da International Dateline Collection — desde quitar compras de matéria-prima a pagar funcionários. A grana, aliás, aparecia em boa hora para uma empresária sem sócios e sem investimento garantido: em novembro, quando preparava a prestação de contas do lançamento, Lisa Curtis avisava a Zuzu que a verba para arcar com os gastos restantes estava escasseando.[80] Em desfiles posteriores no Rio de Janeiro, de 1973 a 1975, pedidos de patrocínio seriam enviados para, entre outras organizações em nada relacionadas com moda, o Instituto Brasileiro de Siderurgia, a Sociedade Brasileira de Proctologia e a Academia de Neurologia. Zuzu solicitaria quantias entre 12 mil e 16 mil cruzeiros.[81] Não havia certeza de financiamento, mesmo de parceiros anteriores: recorrer a fontes tão variadas indica como as vendas de roupas, em si, não bastavam para pagar pelos desfiles. Mas essa incerteza com relação a dinheiro não impedia novas coleções e os planos da costureira já incluíam a próxima. Ela não demorou a anunciá-la assim que retornou ao Brasil, em outubro.[82] Precisava navegar a boa maré de publicidade que o desfile na casa do cônsul-geral em Nova York havia provocado, ainda que sem mencionar o caráter político de algumas daquelas roupas.

Em uma entrevista a *O Globo*, Zuzu esclareceu como havia estruturado seu negócio binacional e aproveitou para botar os pingos nos is de todas as especulações sobre seu futuro. "Tenho escritório e equipe em Nova York que cuidam das vendas. No Rio, crio e supervisiono a produção", explicou. Nessa equipe americana, entrava Ana Cristina, que assumia a função de designer assistente e, no lugar da carreira musical, optava pela moda. A filha do meio de Zuzu imigrara para os Estados Unidos após a morte do irmão e sua ligação íntima com a etiqueta remontava aos primeiros momentos desta, desenhando croquis, desfilando e vestindo as novas criações da mãe para ensaios fotográficos. Atribuir-lhe um título reforçava e profissionalizava o vínculo — Ana Cristina deixava de ser a menina que esboçava desenhos na sala de casa e, na visão de Zuzu, iria ajudá-la a compreender melhor "o que o jovem quer usar".[83] Uma percepção estratégica: agradar aos jovens, ou criar estilos com aparência suficientemente jovem para consumidores mais maduros, era essencial à sobrevivência de marcas de prêt-à-porter na década de 1970. Mas a escolha ia além da renovação de estilos nas roupas. Zuzu pensava em uma possível sucessão — tinha o desejo de consolidar o nome da filha como herdeira — e posicionava Ana Cristina como sua representante no mercado nova-iorquino, responsável por negociar pontos de venda nas lojas de departamentos, preparar lançamentos e desembaraçar empecilhos.[84] Pois, contrariando os mexericos de jornal, ela não pensava em trocar o Brasil pelos Estados Unidos.

Sua declaração foi categórica. "Prefiro morar no Brasil porque é minha terra, gosto dela. O contato com nosso povo, arte, natureza, são fontes de inspiração constante pra mim."[85] O país, no entanto, não influenciava unicamente a sua moda. Ao pesar os prós e contras de permanecer no Brasil, Zuzu avaliou que os benefícios ganhavam dos riscos: do Rio de Janeiro, teria mais chances de perseguir as pistas sobre Stuart e pressionar as autoridades. Ainda que começasse a sentir na pele a vigilância do governo, manteve-se firme na escolha — não passava por sua cabeça dar aos militares a impressão de estar acuada. Não filtraria suas palavras por medo de ser inconveniente, nem abaixaria o tom.

No desfile, Zuzu não tinha pegado no microfone. Mas nada a impedia de fazer exatamente isso no voo de volta ao Rio, saindo de Nova York. A comissária de bordo tinha acabado de colocar "Valsa de uma cidade" para tocar e, ao mesmo tempo, avisar que o avião se preparava para pousar. Para Zuzu, nada de "Rio de Janeiro, gosto de você/ Gosto de quem gosta deste céu/ Deste mar, desta gente feliz".[86] A costureira se levantou do assento, tomou o microfone de uma comissária aturdida pelo gesto e fez o seu próprio anúncio da chegada. "Senhores passageiros, estamos chegando à Cidade Maravilhosa, isto é, à terra da tortura."[87] A despeito do que dissera aos jornais, o Brasil não era apenas sua fonte de inspiração. Era o destino do qual se impedia de fugir.

13.
O respeito que merece

Os militares andavam cismados naquele início de 1972. Nos escritórios das agências de vigilância e informação — em especial no Dops da Guanabara, na central do SNI e no CIE —, as máquinas de escrever cuspiam relatório atrás de relatório, na tentativa de responder a um pedido de busca bastante específico. A ditadura queria saber o que Zuzu Angel fazia nos Estados Unidos. E, principalmente, se ela teria o desplante de desfilar uma nova coleção de sua moda política.

A postura da repressão, de orelha em pé, era compreensível. Até a terceira International Dateline Collection, o governo militar brasileiro passava muito bem ignorando moda e designers, na suposição de que não ofereciam risco algum. Na imaginação dos generais, almirantes e brigadeiros, costureiros vestiam suas esposas e filhas, faziam circular algum dinheiro no país e, de vez em quando, causavam intriguinhas fúteis sobre quem tinha mais clientes na lista das dez mais elegantes. Qual não foi a surpresa deles quando seu regime se tornou o alvo não de ações de guerrilha urbana ou canções engajadas, mas de um desfile. Foram pegos desprevenidos pelo primeiro desfile-protesto. Não tinham suspeitado que roupas contam histórias.

Refeita do susto, a ditadura tomou providências. A partir de 13 de setembro de 1971, mobilizaria atenção, agentes e muito papel e tinta para monitorar os movimentos da costureira mineira, na esperança de evitar que mais um lançamento de moda política cutucasse a opinião pública internacional e cobrasse reações à violência do governo. Zuzu entrou na lista de elementos vigiados pela repressão para nunca mais sair.

A repressão sabia que Zuzu preparava um novo lançamento, um dado que não demandava muito trabalho investigativo para ser descoberto. Ainda em dezembro de 1971, o *Jornal do Brasil* anunciava, em matéria de página inteira com fotografias e detalhes das peças inéditas, a quarta International

Dateline Collection.[1] Os agentes só precisavam verificar se a IDC IV daria continuidade à perigosa conversa iniciada por sua predecessora.

Em 18 de fevereiro de 1972, a agência central do SNI respondeu a pedidos de informação enviados por outros órgãos de segurança do aparato militar e divulgou um documento que fichava o itinerário recente de Zuzu. Compilado pelo Ministério do Exército, o registro relatava que, em janeiro, Zuzu Angel havia retornado a Nova York para "fazer novas exposições de seus modelos". Dessa vez, o público geral não fora admitido ao evento e a costureira, com a colaboração de Lisa Curtis, apresentara a coleção apenas para compradores em um hotel — que o SNI identifica equivocadamente como o Plaza. Consta, em seguida, que "não se tem notícia" de que as peças possuíssem "qualquer cunho político". Zuzu teria regressado ao Rio no dia 11 de fevereiro, com planos de voltar a Nova York no mês de abril.

A investigação tinha errado quanto ao hotel onde a apresentação ocorrera — no Gotham Hotel, como na segunda IDC, em vez do Plaza. O deslize, porém, não torna o informe inofensivo. Os agentes foram meticulosos o suficiente para nomear Lisa Curtis, a consultora americana (um dos lapsos foi acrescentarem mais um "s" ao sobrenome), e para registrar não somente as datas das viagens de ida e volta, como também o intuito de Zuzu em partir novamente. A ameaça mais severa ficou para o final do texto. Intitulado "Comentário", o último parágrafo é uma única e reveladora frase: "Seria conveniente que sua saída do Brasil fosse comunicada a fim de que elementos amigos pudessem acompanhar mais de perto seus passos".[2] Nem nos Estados Unidos ela estaria a salvo do escrutínio da ditadura. Qualquer deslize — ou coleção óbvia demais — serviria como pretexto para uma reação contra seus negócios e sua segurança.

Apenas quatro dias depois da difusão desse documento, foi a vez da Seção de Buscas Especiais (SBE) do Dops incrementar o dossiê que a inteligência militar vinha compilando sobre uma mulher que, até pouco tempo antes, não passava de uma ilustre desconhecida em termos políticos. O informe da SBE, mais detalhista, também repertoriava a viagem de Zuzu a Nova York para a apresentar a quarta IDC. Além de elencar endereço residencial, filiação e número da carteira de identidade da costureira vigiada, o relatório acertava o hotel nova-iorquino, nomeava a coleção — The Helpless Angel, ou O Anjo Desamparado, assim chamada devido à "apresentação sistemática da figura de um anjo, estampada no tecido" — e tentava explicar o motivo de os agentes do governo desconhecerem dados concretos sobre suas ligações políticas. Segundo o Dops, as relações de Zuzu se restringiam à "sociedade e imprensa"; combinado à ausência de "local de trabalho fixo", esse fator dificultava a identificação de conexões com figuras e organizações políticas e a isolava em uma posição singular, independente de uma rede articulada da oposição à ditadura. A única relação pessoal destacada pelo documento era a sua filha, Hildegard Angel, descrita como jornalista e redatora da coluna social de Nina Chaves em *O Globo*.[3]

Em seu relatório, o SNI cravava a ausência de teor político na quarta coleção internacional de Zuzu Angel. Não negligenciava o potencial subversivo da costureira, mas tampouco fazia questão de se aprofundar demais. A SBE, por sua vez, tinha achado a ponta de um fio comprido — e cada vez maior — na moda da costureira. Caso o houvesse puxado e percorrido um pouco mais, o setor investigativo do Dops tropeçaria no que a repressão procurava e descobriria que a moda política assumira a forma de um anjo.

O Anjo Desamparado de Zuzu Angel estendeu suas asas no dia 11 de janeiro de 1972, em showroom no Gotham Hotel. O personagem central do lançamento flutuava pelas estampas coloridas, em tons de verde, azul e laranja, e pousava, bordado, em camisas de tergal com mangas de babado. Ao contrário da definição dada pela revista *Manchete*, era muito mais do que "um anjo, um simples anjo".[4] Seus voos traçavam inúmeros significados. Para quem conhecia a história, *the helpless angel* não poderia ser outro. Seu surgimento na IDC III era garantia de que representava o filho perdido de Zuzu e, por conseguinte, todos os jovens presos, torturados, ameaçados, desaparecidos, mortos pela ditadura. Bordado da memória afetiva, símbolo do luto e bandeira de protesto, o anjo se transformava na marca registrada de Zuzu: imagem que traduzia o sobrenome Angel e oferecia à designer a chance de criar uma logo singular, simultaneamente dotada de sentido pessoal e político. Com o anjo, a vida e morte de Stuart estariam honradas, costuradas em tantas roupas, impressas no pano das criações de sua mãe.

Os agentes da repressão apanharam os retratos das peças com avidez, ansiosos para eliminar as possibilidades de um novo desfile-protesto. Examinaram tudo, inclusive um vestido frente única coberto por anjos estampados na cor laranja, e concluíram que não havia necessidade de advertência ou proibição. Os textos sobre a coleção publicados na imprensa asseguravam que aqueles anjinhos eram "ingênuos"[5] e, portanto, podiam aparecer à vontade. Era uma ingenuidade enganosa: os anjos transmitiam a mensagem de uma marca comprometida com uma causa política. Em uma camisa branca de mangas bufantes, Zuzu mandou aplicar, sobre a gola rendada, um anjo e um avião desenhados nos mesmos traços infantis da IDC III.[6] Com apenas dois elementos, ela relatava tudo: seu menino, Stuart, tinha virado anjo graças à violência da Aeronáutica, simbolizada pelo avião. Não há ingenuidade alguma em um anjo que evoca as vítimas de uma ditadura.

As coleções de Zuzu se tornavam caminhos de escape às grades de um governo autoritário e violento, trajetos de voos criativos que davam propósito aos dias, meses e anos após a morte do filho. Liberdade continuava sendo a sua aspiração máxima, alicerçada em dois eixos. Um era o sonho de um país democrático onde filhos e filhas de brasileiros pudessem expressar suas convicções políticas sem medo. O outro, o desejo de conceber uma moda feminina livre.

Para conseguir esse feito, Zuzu acreditava ser primordial superar o esquema da alta-costura. Vinha tomando notas em cada uma de suas viagens aos Estados Unidos, onde a indústria do vestuário produzia em massa e defendia ser, sim, possível lançar *ready to wear* criativo — talvez até mesmo autoral. Zuzu queria aplicar a fórmula aos seus negócios no Brasil e, com The Helpless Angel, dava vazão a um projeto de crescimento e diversificação. Os horários marcados no ateliê e as peças sob medida foram substituídos pela venda de roupas prontas, diretamente nas lojas cariocas Mônaco, Dijon e Sir Anthony, frequentadas pelas colunáveis.[7] Pautada pelo objetivo de vestir qualquer mulher, a designer alterava também sua política de preços. Não exigiria mais que suas clientes brasileiras fizessem encomendas caras, a custos proibitivos para quem não pudesse dispor de pequenas fortunas na hora de incrementar o guarda-roupa. A IDC IV seria comercializada por valores entre 190 e 350 cruzeiros, considerados acessíveis e razoáveis para a classe média alta — hoje, entre 1,5 mil e 2,7 mil reais. Zuzu ia libertar o anjo para ocupar as ruas.

A Werner entregou as sedas, as rendas vieram de artesãs cearenses e a Fábrica Dona Isabel entrou, mais uma vez, como a grande fornecedora dos tecidos. O polybel retornava como um dos protagonistas da coleção, em uma variedade de estampas exclusivas assinadas por Zuzu. Algumas delas traziam o nome da designer espalhado em meio a nuvens coloridas e desenhos, cobrindo saias e vestidos. Daria para identificar um Zuzu Angel de longe. Os comprimentos variavam e as rendas se misturavam aos estampados em combinações inusitadas. A profusão de babados, mangas volumosas, rendinhas coloridas e decotes comportados apontava para um estilo romântico muito em voga naquele início de década. A impulsionar essa roda de romantismo, corria um vento de nostalgia que, na coleção de Zuzu, se manifestou com o resgate do visual da "sinhazinha". Os vestidões com babadinhos, bordados e pregas, de essência artesanal, emulavam a moda colonial dos ambientes domésticos, nos quais senhoras brancas usavam peças leves de algodão para suportar o calor que invadia suas casas e as lembrava de como estavam longe da Europa.

O press release da coleção, elaborado por Lisa Curtis, afirmava que a costureira havia "capturado o clima de 1972".[8] Zuzu conversava com o que fazia sucesso e criava junto com o seu tempo, mas acrescentava sua marca autoral ao inserir uma estética brasileira, formulada a partir de um amplo leque de referências. Segundo o *Correio da Manhã*, os xadrezes miúdos remetiam a uma "festa de São João no interior com cheiro de pipoca e gosto de milho torrado"; *O Jornal* imaginou cidades do interior onde meninas passeavam na praça.[9] Ambos tinham certeza de que as americanas se derreteriam pela cena campestre de festa junina mineira, ainda que não conseguissem entender do que se tratava. Os críticos brasileiros viam aquilo como uma estratégia clara de Zuzu para reforçar sua origem. Ela vinha de cidade pequena, onde meninas rodavam a praça exibindo as roupas novas, e nascera no mês de são João e santo Antônio. Um pouco de xadrez verde e azul aqui, contrabalançado ali por uma saia de corte enviesado e fendas, e Zuzu mostrava uma leva de peças inventivas para os mercados brasileiro e americano.

No país que Zuzu Angel imaginava, não cabiam apenas festas juninas. Do interior caipira e sertanejo, ela chegava ao mar para homenagear Iemanjá, com um vestido de noiva de franjas de contas e mangas amplas e soltas — curiosamente chamadas de *angel sleeves* em inglês.[10] Orixá e rainha das águas, divindade materna representada pela tradição iorubá como uma mulher de seios fartos, símbolo de fecundidade e da capacidade de a todos nutrir, Iemanjá tinha atracado na fé e no imaginário cultural brasileiros através das religiões de matriz africana e das práticas espirituais trazidas pelas populações negras escravizadas. Com o tempo, tornou-se sagrada para pessoas de vários credos, raças e origens. Sua profunda associação com a maternidade deve ter encantado Zuzu desde seus tempos em Salvador, onde seria impossível ignorar a devoção à Rainha do Mar e as celebrações em sua honra, sempre em 2 de fevereiro. As flores brancas entregues à maré, o perfume salpicado sobre as ondas, os presentes levados pela correnteza em oferenda impressionaram a jovem mulher, recém-casada, que esperava virar mãe um dia e se mantinha aberta a diferentes manifestações de religiosidade.

Zuzu não quis que as referências passassem despercebidas aos americanos. No release à imprensa, Iemanjá — com a grafia Jemanja — é apresentada como a Deusa Brasileira do Mar. Ainda de acordo com a descrição, o vestido de noiva inspirado pelo orixá, com mangas "fascinantes" e de cauda curta, também podia ser usado após a cerimônia de casamento.[11]

As sinhazinhas românticas, os xadrezes juninos, a noiva honrando Iemanjá e o anjo desamparado ficaram expostos no Gotham Hotel ao longo dos meses de janeiro e fevereiro de 1972.[12] Nos Estados Unidos, a coleção foi posta à venda na primeira parceira americana de Zuzu, a nova-iorquina Bergdorf Goodman, e também na Lord & Taylor, loja de departamentos cuja rede se expandia para os estados de Michigan, Texas e Illinois.[13] Várias foram as sessões de fotos para divulgar as novas roupas. Uma das manequins era Ana Cristina, que posou sentada, apoiada em seu violão e usando um vestido longo com a estampa do anjo. A filha de Zuzu também foi estrela de um desfile especial da coleção, durante a Brazilian Night, festa que teve lugar no restaurante The Sign of the Dove. Num domingo de Carnaval, entre os arranjos de flores, as estátuas de anjos e os vidros venezianos que compunham a opulenta decoração do restaurante, localizado num ponto nobre de Manhattan, Ana Cristina tocou e cantou enquanto manequins cruzavam o salão.[14]

O principal rosto da quarta IDC nos Estados Unidos foi Kathy Lindsay. Em um dia gelado de janeiro, Lindsay saiu com Zuzu para as avenidas do centro de Nova York para uma sessão de fotos disfarçada de passeio. As duas vestiam seus casacos de pele. Bem na esquina do Gotham, na rua 55 com a Quinta Avenida, se depararam com uma vitrine que parecia feita para prestigiar a designer brasileira: na fachada da loja do francês Charles Jourdan,[15] grandes figuras de anjos se dependuravam sobre sapatos, sandálias e botas. Seus troncos eram ocos, os braços e pernas eram feitos de tecido e as asas abertas se erguiam acima e aos lados de Zuzu. Ela não desperdiçou a chance. Chamou a jovem modelo para ficar ao seu lado, pôs as mãos nos bolsos e encarou o fotógrafo do estúdio Valentin que as acompanhava.[16] Fizeram várias poses, embrulhadas nos casacos, conversando despreocupadamente, sorrindo uma para a outra. Mais tarde, Lindsay entrou em uma banca de jornais para exibir algumas das roupas da coleção, como o conjunto de saia xadrez e blusa bordada com o anjo. Suas expressões eram serenas e sua postura, correta. Demonstrava levar tudo aquilo muito a sério.

No Brasil, a manequim que flutuou junto com os anjos e as nuvens coloridas não podia ser mais diferente. Alta, loira, sorridente e espevitada, ela irrompeu na rua Nascimento Silva, em frente à casa de Zuzu, para gargalhar, saltar e rodopiar usando microvestidos, um conjunto de saia-calça e um longo decorado com cinto artesanal.[17] Longe do inverno nova-iorquino, à vontade no calor de Ipanema, Elke Maravilha fazia os pássaros revoarem com ainda mais energia nos vestidos estampados.

Elke Grünupp e Zuzu Angel se conheceram no salão de Jambert.[18] Naquele disputado salão, conviviam talentos, vaidades e mexericos; havia mulher de todo jeito. Mas mesmo ali, no alvoroço daquele ambiente, seria impossível topar com Elke e não ser contagiada pela vivacidade e pelo carisma que fluíam de seu quase 1,80 metro de altura. Sua história era tão singular quanto sua personalidade. Nascera na Alemanha, filha de mãe alemã e pai russo — ex-prisioneiro político e sobrevivente de um gulag na Sibéria —, e desembarcara no litoral fluminense em 1949, fugindo de uma Europa devastada pela guerra. A família começou a desbravar o Brasil a partir do interior de Minas Gerais, onde se instalou perto de Itabira.

Para Zuzu, foi admiração à primeira vista. Durante um corriqueiro compromisso no cabeleireiro, encontrava o tipo de mulher que mais adorava: livre em princípios, atitudes e desejos. Elke tinha o rosto, o corpo e o espírito ideais para desfilar a moda de Zuzu e vinha acumulando experiências como manequim. Seus primeiros passos profissionais nesse universo aconteceram em uma passarela no Golden Room do Copacabana Palace, para lançar uma coleção de Guilherme Guimarães. Ela usava um vestido de gola alta e mangas longas, ornado por uma flor no ombro esquerdo e confeccionado em tecido preto transparente. Diante de uma plateia acostumada a mulheres de caminhar mecânico e rostos belíssimos, porém endurecidos por expressões beirando a arrogância, Elke se libertou. Em contraste com as outras manequins, sisudas e austeras, ela sorriu, riu, dançou ao som de uma música que tocava apenas em seus ouvidos. Depois da estreia provocadora, continuou a trabalhar para Guimarães, foi capa de revistas de circulação nacional e encadeou, no currículo, grandes nomes da moda brasileira, como Clodovil e Dener. Tinha um estilo pessoal, uma marca. Não aceitava subir na passarela para fazer como as outras e não abriria mão de ser Elke para agradar as sensibilidades convencionais.

As condutas das duas mulheres combinavam. Elke logo foi contratada por Zuzu e, em pouco tempo, se tornaram amigas. Ela visitava com frequência o ateliê em Ipanema, mesmo quando não tinha horário marcado para provar roupas e acertar desfiles, porque adorava ouvir a costureira contar de seus passeios, suas viagens, seus planos para as próximas coleções. A alegria de uma animava a outra, a despeito das dores que a vida trazia a ambas. Zuzu descobriu, em Elke, uma interlocutora em quem confiava o bastante para compartilhar a grande tragédia de sua vida, na certeza de que receberia em troca compaixão, indignação, apoio e afeto. A manequim, como tantas outras amigas suas, se preocupava com as consequências da moda política e das brigas da costureira contra a ditadura. Certa vez, no ateliê, Elke suplicou a ela que atenuasse as críticas ao governo. "Eles vão te matar", avisou. Zuzu respondeu como a mãe enlutada e pesarosa: "Eles já me mataram, Elke. Eles mataram o Stuart".[19]

Elke, que mais tarde naquele ano ganharia o apelido Maravilha, tanto fez jus à confiança recebida de Zuzu que acabou presa, em defesa da memória de Stuart.

Elke percorria o saguão do Aeroporto Santos Dumont, no Rio de Janeiro. A seu lado estavam Hildegard Angel e Grande Otelo. O dia era 27 de fevereiro de 1972 e os três iam embarcar em um voo da ponte aérea para São Paulo, onde participariam do *Programa Silvio Santos*, então transmitido pela Rede Globo, para promover a comédia *O barão Otelo no barato dos bilhões*. Otelo era a estrela da produção. Elke, em seu primeiro crédito como atriz, e Hildegard faziam pontas como secretárias. Para as duas iniciantes, ir ao ar em um dos programas televisivos mais assistidos do país, ao lado de um artista com a popularidade de Grande Otelo, significava uma chance e tanto de obter notoriedade nacional.

A empolgação de Elke evaporou assim que percebeu os cartazes colados em pilastras próximas aos banheiros do aeroporto. "Procura-se assaltante de banco", ela leu em um deles. A legenda acompanhava uma foto de Stuart vestindo terno e gravata. Um dos sobrenomes da família, Jones, estava incorreto — o anúncio repetia a corruptela "Gomes" que ajudara as autoridades militares a esconder o corpo do jovem militante e não identificar o seu paradeiro. Abaixo do retrato, vinham um dos codinomes do filho de Zuzu — "Henrique" — e seus dados pessoais, como idade, nomes dos pais e número da carteira de identidade. Demorou apenas alguns segundos para que a farsa do cartaz e da busca por um suposto criminoso desaparecido borbulhasse dentro de Elke.

Ela conhecia o Anjo Desamparado. Tinha vestido as roupas com sua imagem, visto dezenas de fotografias da vida daquele homem que nascera onze dias e um mês antes dela própria, e foi tocada pelo fato de que teriam a mesma idade, 27 anos, se ele não tivesse morrido. Elke conhecia a história do Anjo — do filho perdido que o inspirou — e conhecia, também, seu rosto.

Portanto, quando o reconheceu naquele cartaz, nomeado traidor da pátria, terrorista e perigoso, ela se aproximou de uma das pilastras e, sem dizer palavra, arrancou o papel e o rasgou. Otelo e Hildegard sequer tiveram tempo de reagir: imediatamente, dois policiais interpelaram Elke. Pareciam ter brotado das paredes. Um dos agentes, o que a teria flagrado, era o policial militar Antônio Augusto Moreira; o segundo, um policial federal chamado Luiz Camilo. Cercaram-na em meio ao movimento de passageiros e perguntaram se teria sido ela quem rasgara o cartaz de "Procura-se". Elke admitiu na mesma hora. Os policiais indagaram, em seguida, se ela conhecia o homem da foto. "Conheço", retrucou a modelo e atriz. "Ele é meu irmão."

Elke tinha seguido o exemplo de Zuzu: esfregado, bem debaixo do nariz da ditadura, que sabia o destino de Stuart. Sabia que ele havia sido assassinado. O cartaz era um artifício perverso que permitia aos militares divulgar dados de acusados de subversão, fingir que estavam vivos e foragidos e, assim, convencer a opinião pública de que não passavam de assaltantes de banco, terroristas e sequestradores que deveriam ser denunciados e punidos. Por mais malfeito ou incorreto que fosse, não deixava de ser uma espécie de documento do governo, e rasgar esse anúncio, produzido e divulgado pelos órgãos de segurança, consistia em uma afronta. Por isso, mal Elke tinha declarado ser irmã de Stuart, Moreira e Camilo a agarraram pelos braços e ordenaram que os acompanhasse até o Dops.

Hildegard — uma das duas verdadeiras irmãs de Stuart — estava estarrecida. O temor legítimo por morrer sob tortura, da mesma forma que o irmão, se entranhara tão profundamente nela que a impedia de reagir. Viu Elke ser levada embora e lá teria ficado, paralisada, se não fosse por Grande Otelo, que a convenceu a embarcar no voo para São Paulo. O ator tinha vãs esperanças de que poderiam contar com a influência crescente de Silvio Santos para tirar Elke da cadeia.

Hildegard e Otelo entraram no avião e se sentaram em fileiras separadas. Elke foi conduzida pelo Santos Dumont até um camburão. Um funcionário de uma companhia aérea, que havia testemunhado o ocorrido, correu atrás dela e seguiu o veículo até o Dops. Esse homem, cujo nome ela nunca descobriu, se afligia quanto ao que poderia acontecer. Alguém precisava saber para onde a repressão levaria a modelo.

A prisão de Elke Evremidis — seu sobrenome de casada — foi processada no Dops. Acusada de ter violado a Lei de Segurança Nacional, ela foi fotografada, fichada e encarcerada na ala feminina, em uma cela ocupada por seis presas comuns, quatro mulheres consideradas subversivas e duas jovens menores de idade, feitas reféns por terem pais procurados. Uma das presas políticas, grávida, sofrera violências tão severas que abortou. Uma das meninas, de apenas treze anos, se perdia em um ataque de pânico. Em vez de viajar a São Paulo e aparecer na TV, Elke tinha ingressado em uma cena do mais abjeto terror. Ajoelhou-se ao lado da garota em prantos e a abraçou.

Enquanto Elke tentava absorver a realidade, Hildegard e Otelo desembarcavam no Aeroporto de Congonhas e seguiam para o Cine Sol, o teatro onde Silvio Santos gravava seu programa. Apesar das insistências, Otelo não conseguiu se aproximar do apresentador e pedir socorro. Ajuda, aliás, não veio de ninguém no estúdio. Nenhum telefone foi liberado para o uso deles. Para ligar para a mãe, no Rio, e contar sobre a prisão de Elke, Hildegard precisou sair à rua e correr até o orelhão mais próximo. Sua segunda chamada foi para uma amiga, que entrou em contato com um delegado, de nome Noronha, casado com a dançarina Hilda Ribeiro de Oliveira. Ficou combinado que o delegado iria ao Dops para assinar um documento e assumir a responsabilidade por Elke.

Após falar com a filha e devolver o telefone ao gancho, Zuzu ficou dividida. Uma pequena parte dela acreditava que só haveria mesmo o adjetivo "maravilha" para descrever a manequim. Tanto atrevimento comprovava que aquela era uma mulher livre. Já a outra parte, maior, estava assustada. E muito. Zuzu não duvidava da capacidade deles de apagar o brilho de Elke.

No Dops, porém, esse brilho refulgia. Elke tinha tomado uma decisão: naquele lugar, não dava para ser normal. Senão, seria consumida pela barbaridade da prisão. Recusou o uniforme que os policiais lhe entregaram — "essa coisa assexuada, vou usar, não" — e manteve a meia-calça verde e a blusa canelada que vestia. Prevenida de que seria interrogada naquele mesmo dia, ela abriu sua bolsinha de maquiagem e pegou um lápis verde de olho e dois batons. Com o lápis, coloriu as pálpebras e boa parte da testa; usou um dos batons para pintar as bochechas e, com o outro, preencheu além dos limites dos lábios. Depois, enfiou as mãos por baixo dos cabelos curtos e os bagunçou, exagerando no volume. Queria que olhassem para ela e pensassem que se tratava de uma doida varrida, descabelada. Tudo calculado para engambelar os agentes do governo militar.

Dentro da sala de interrogatório, cercada por oito homens, Elke deu um show. Trocava de personagem a cada minuto: "Vou dar de doida, de burra, de inteligente", planejou, "e eles não vão saber me engavetar". Começava fazendo papel de lunática, seguia como uma desentendida tola para, então, assumir ares de intelectual. Cantava forró, citava o filósofo grego Sócrates, irrompia em gargalhadas súbitas, soltava um palavrão atrás do outro. Quando lhe perguntaram se era irmã ou namorada de Stuart Angel, Elke respondeu que nem uma, nem outra. Considerava-se irmã dele por ser muito amiga de Zuzu e Hildegard. Fingiu ignorância de vários detalhes, desde a rua em que se localizava o ateliê da costureira até a associação de Stuart a organizações de esquerda armada. Alegou jamais ter perguntado a Zuzu sobre seu filho, disse que soube da morte dele por uma notícia no *Jornal do Brasil* e explicou ter arrancado o cartaz pois pensava ser desnecessário manter a fotografia de um morto à vista de todos.

Felizmente, o depoimento não se transformou em sessão de tortura. Elke conta ter levado só um tapa — "merecido", segundo ela. Tinha se levantado da cadeira e esbravejado, bem na cara dos interrogadores, que "qualquer merda que eu tenha vocês vão descobrir, e as que eu não tenho, vocês vão inventar". O tabefe chegou rápido. Elke pôs a mão no rosto e, com a malícia piscando nos olhos, comentou, baixinho: "Ai, que violência". Posteriormente, durante o interrogatório, questionaram se ela estava arrependida de seu gesto. Dissimulou a verdade e disse que não sabia ou tampouco via, no ato de rasgar o cartaz, qualquer significado oculto.

O Dops não sabia o que fazer. Os policiais não estavam acostumados com uma mulher que não deixava o medo transparecer, comportava-se como uma maluca e, em um dos seis dias passados na prisão, organizou um chá dançante com as companheiras de cela. Dela, só conseguiram reter a carteira de identidade, vencida desde 1970.[20]

Quando Elke foi liberada e narrou sua experiência a Zuzu, as duas puderam trocar a apreensão por boas risadas. A costureira se livrou de um peso: se o pior tivesse acontecido à amiga, haveria mais uma perda a ser chorada.[21]

A figura que entrava nas auditorias militares causava desconforto. Seu semblante firme parecia acusar a todos e era impossível encará-la sem se sentir um pouco culpado. Aquela mulher, de vestido de mangas longas, de seda preta com efeito transparente coberta por poás, enrolada em uma mantilha igualmente negra, gritava — sem emitir um único som — para quem ali se reunia.[22] Seu anúncio era claro. O homem que os auditores, procuradores, escrivães e oficiais de justiça se apressavam em julgar não precisava de nenhuma sentença, mas de um funeral: deveria ser pranteado e sepultado por ela, sua mãe.

Para Zuzu, um dos piores golpes da encenação das auditorias era ouvir o nome de Stuart Angel ser convocado repetidas vezes, sempre em vão. Ninguém respondia ao chamado. Embora as sessões iniciais dos julgamentos de Stuart tenham acontecido nos primeiros meses de 1971 — e, portanto, antes de sua prisão e morte —, os principais processos se desenrolaram quando ele não podia mais responder por nenhuma acusação. Essa incoerência frustrava Zuzu, que, apesar da total convicção acerca da importância de sua luta, por vezes titubeava quanto à eficiência de algumas de suas ações. Sempre que mais uma notificação para uma sessão nas auditorias era entregue em sua casa de Ipanema,[23] batia a descrença nos efeitos jurídicos de seu compromisso em nome de Stuart. Ela duvidava: "Será que vale a pena sair me cansando por aí para entrar no jogo deles? Na simulação de justiça que armaram neste país?".[24]

Zuzu não demorou a entender o que a ditadura tinha feito. Transformara tribunais, julgamentos e todo o aparato judiciário em mais um instrumento da repressão policial-militar, de forma a legitimar as decisões estratégicas tomadas no combate à oposição. Cada sentença emitida por um juiz, referente a algum acusado de subversão ou crime contra a segurança nacional, sustentava a ordem estabelecida pelo governo. A Justiça Militar desmontava qualquer dispositivo jurídico que tratasse os réus com neutralidade e tentava garantir o cumprimento de um complexo processo punitivo, no qual a balança pendia sempre para os militares e ignorava princípios de isenção, imparcialidade e independência institucional.[25] Então, qual era o resultado, Zuzu se indagava, de espalhar sobre sua mesa as cópias das sentenças emitidas contra Stuart e examinar cada linha de depoimentos, apelações e alegações de defesa? Engrossar o dossiê do filho não aliviava a dor, nem a levava para mais perto dele. Quando colocava a mantilha preta sobre os ombros e adentrava os tribunais, a sua única certeza era de que o resultado do jogo já estava definido.

Mesmo assim, ela seguia jogando.

As auditorias funcionavam como a primeira instância no sistema da Justiça Militar, eram organizadas segundo as circunscrições militares de cada estado e processavam crimes políticos: os inquéritos investigando infrações à Lei de Segurança Nacional chegavam às mãos de um juiz-auditor que, em seguida, encaminhava a ação a um promotor militar, o qual se responsabilizaria pela denúncia judicial. Havia sete auditorias militares no Rio de Janeiro, considerado a 1ª Circunscrição Judiciária Militar — eram três do Exército, duas da Marinha e duas da Aeronáutica.[26] Ao longo dos anos, as acusações contra Stuart passariam por auditores vinculados aos três braços das Forças Armadas.

Era um ambiente traiçoeiro, no qual a velha máxima definitivamente valia — qualquer declaração seria usada contra o depoente. As auditorias trabalhavam para deslegitimar os acusados e, no processo, erodir as instituições, fortalecer os mecanismos repressivos, aguçar a sensação de vigilância e ameaça aos cidadãos, e desgastar os envolvidos na luta de limpar o nome de seus familiares e amigos. Seria ingênuo esperar que algo de concreto saísse dali, de modo que Zuzu não contava com nenhuma reviravolta no caso de Stuart. Não obstante, preparava-se para enfrentar tudo aquilo como uma atriz se arruma para desempenhar um papel. Com o uniforme de luto, sua personagem trajava uma verdade compartilhada por todos os envolvidos: segundo Nilo Batista, advogado que trabalhava no escritório de Heleno Fragoso e assumiu a defesa de Stuart junto com o filho do jurista, Fernando Fragoso, cada figurante daquela justiça feita teatro sabia que processava um morto — e que se tratava tão somente de honrar sua memória.[27]

Isso nada mudava. Promotores alegavam que Stuart era criminoso da "mais alta periculosidade"[28] e insistiam em sua participação em ações armadas, mesmo quando os companheiros do MR-8 já o haviam excluído em depoimentos arrancados sob coação.[29] Sua prisão preventiva fora decretada em novembro de 1970 pela 2ª Auditoria do Exército;[30] nos anos de 1971 e 1972, ele fora processado pelos assaltos ao bar Castelinho, à agência Bonsucesso do Banco de Crédito Territorial, ao apartamento do deputado

Edgard Guimarães de Almeida e à Distribuidora Ideal — todos assaltos executados pela então DI-GB no início de 1969 e que, de acordo com a versão dos militares, envolviam companheiros de luta armada como Franklin Martins, Cláudio Torres, João Lopes Salgado e Cid Queiroz Benjamin. Após sua morte, os registros oficiais se referiam a Stuart ora como preso, ora como foragido, e por vezes lhe atribuíam a autoria de ações que jamais poderiam ter sido realizadas por ele — já estava morto.[31]

Se não tivesse sido morto, Stuart seria levado perante o auditor para ser interrogado sobre os crimes que lhe eram imputados. Sentado no banco dos acusados, estaria exposto às inquirições do procurador, que tentaria extrair qualquer detalhe incriminador e garantir uma sentença. Onde estava quando foi cometida a infração? Conhecia as provas apuradas e tinha algo a alegar? Era verdadeira a imputação que lhe era feita? — esse era o tipo de pergunta que lhe seria lançada,[32] como ocorreu para tantos réus da Justiça Militar em auditorias espalhadas pelo Brasil. Ainda que tivesse a chance de responder pelas acusações contra ele, pouco adiantaria. Na "simulação de justiça" da ditadura, cada etapa do processo — dos inquéritos criminais à decisão do juiz — visava à condenação. Era uma farsa inspiradíssima na qual Stuart, perpétuo revel e foragido, foi feito protagonista.

Uma das sessões da 2ª Auditoria do Exército, que processava a ação da Frente de Trabalho Armado da DI-GB no apartamento do deputado Guimarães de Almeida, aconteceu em 6 de junho, no dia seguinte ao aniversário de 51 anos de Zuzu. O Conselho de Justiça responsável pela apreciação do caso alegou que não havia provas da participação de Stuart no assalto, realizado em agosto de 1969 e cujo espólio perfazia o valor de 565 mil cruzeiros. Decidiu pela absolvição do militante "por absoluta insuficiência de provas", mas Franklin Martins, Cláudio Torres, João Lopes Salgado, Sérgio de Araújo Torres e José Sebastião Rios de Moura foram condenados com sentenças que variavam entre três e quatro anos de prisão.[33]

Aquela era a terceira vez, no ano de 1972, que uma auditoria militar exculpava Stuart. Nos dois meses anteriores, as acusações referentes às expropriações realizadas em 1969 também acabaram em absolvições, mas a ironia cruel da situação não passava despercebida.[34] Nenhuma dessas decisões representava motivo de alegria para Zuzu e tampouco significava uma vitória para os advogados responsáveis pela defesa. O trabalho de Nilo Batista continuava, mesmo após as decisões unânimes das auditorias: em setembro, a Procuradoria-Geral da Justiça Militar apelou ao Superior Tribunal Militar para revogar a absolvição de Stuart por sua participação no assalto ao Banco de Crédito Territorial.[35] Os trâmites judiciais intermináveis enriqueciam a narrativa de um criminoso vivo, que não tinha morrido nas celas do Cisa.

Zuzu não comparecia mais a todas as auditorias e, naquele mesmo ano, pediu a Heleno Fragoso e seus associados que abandonassem a defesa de Stuart.[36] Chegou um momento em que doía demais aparecer enlutada nos tribunais para acompanhar os pronunciamentos dos advogados, encarar o cinismo dos auditores que insistiam em julgar um morto e, por fim, solicitar cópias das decisões judiciais. Deixou de entender a encenação como um desafio e passou a vê-la como "esdrúxula", simplesmente. Seu filho, "assassinado antes de ser absolvido",[37] não entraria de supetão pelas portas das salas de audiência. Nenhum julgamento das ações de expropriação (que a repressão chamava de assaltos) seria justo. Nem mesmo a declaração da inocência de Stuart soava honesta. Por trás das palavras que, em outras circunstâncias, trariam alívio, havia algo: uma máquina inteira concebida para eliminar resistência ao governo. Para Zuzu, o fato de Stuart estar livre das acusações não extirpava a culpa da própria ditadura em tê-lo matado.

Seu único alento, fugaz e insatisfatório, foi saber da demissão do ministro da Aeronáutica, o brigadeiro Márcio de Souza e Mello, e da transferência para a reserva de Burnier e Dellamora, bem como dos brigadeiros do ar Roberto Hipólito da Costa e Márcio César Leal Coqueiro. Sofreram punições mínimas em decorrência da pressão internacional sobre o caso, que exigia alguma ação das Forças Armadas. Alguém precisava responder pelas ordens de executar e ocultar a morte de Stuart. Nem a demissão do ministro, nem os demais afastamentos seriam justificados como sendo diretamente conectados ao desaparecimento do jovem militante.[38] Era alguma coisa e, ao mesmo tempo, continuava sendo pouquíssimo.

Em 29 de abril de 1972, um sábado, setenta mulheres entraram numa churrascaria.

Não era qualquer restaurante: a churrascaria Carreta, em Ipanema, havia se consagrado como ponto de encontro de artistas e poetas como Vinicius de Moraes e Tom Jobim — e dos generais-presidentes Costa e Silva, Médici e Geisel.[39] Naquele dia, o movimento era diferente do habitual. A Carreta tinha virado endereço de reunião de dezenas de líderes feministas. No meio do burburinho estava Zuzu Angel, alegremente enredada na conversa com suas colegas do Conselho Nacional de Mulheres do Brasil.

O almoço tinha sido organizado pelo CNMB para comemorar, de véspera, o Dia Nacional da Mulher — a data 30 de abril fora escolhida em homenagem ao aniversário de sua fundadora, Jerônima Mesquita. Era dia de festa, mas não só. As convivas foram tão bem servidas pelos filés da churrascaria quanto pelas pautas de discussão. Mais do que oportunidade para se encontrarem e trocarem experiências, as mulheres do conselho queriam planejar as ações para o ano de 1972. A presidente, Romy Medeiros da Fonseca, regia os debates, dos quais participavam senhoras de trajetórias tão diversas como a cantora Helena de Lima (uma das favoritas de Zuzu), a atriz da TV Tupi Annamaria Dias, e as escritoras e intelectuais feministas Rose Marie Muraro e Heloneida Studart.[40]

Também havia duas convidadas de fora. A empresária portuguesa Fernanda Pires da Silva era uma delas, reconhecida pelo conselho como uma das dez Mulheres do Ano de 1971 e representante lusitana da organização; Zuzu, ativa em sua posição de terceira secretária e integrante da comissão executiva do CNMB, tinha levado a outra. A costureira chegou à Carreta de braços dados com a americana Eleanor McMillen, diretora-executiva do Fashion Group, que estava no Rio de Janeiro para negociar um intercâmbio de moda entre Brasil e Estados Unidos. O plano interessava a Zuzu, que, como única brasileira do Fashion Group, se orgulhou em ciceronear McMillen durante sua estadia carioca.

As integrantes do CNMB tinham muito com o que se indispor. De acordo com as estatísticas que circulavam nas atas e memorandos do conselho, as mulheres, embora representassem metade de uma população de mais de 94 milhões de habitantes, perfaziam apenas 34% do corpo discente universitário e 20% da população economicamente ativa. O Censo de 1970 opunha 4,3 milhões de brasileiras na força de trabalho contra mais de 27 milhões de desempregadas ou sem ocupação. As que trabalhavam recebiam salários menores — o estipêndio de uma mulher valia cerca de 70% da remuneração de um homem exercendo o mesmo serviço — e notava-se que a maioria delas se concentrava na faixa etária dos 25 anos. Ou seja, concluíam as associadas, eram jovens solteiras que corriam o risco de abandonar a profissão depois de se casarem e se tornarem mães.[41]

Dados como esses, levantados pelo Censo e por uma pesquisa do Instituto de Desenvolvimento da Guanabara, tiravam o sono do CNMB — especialmente de Romy Medeiros da Fonseca. Para ela, o feminismo da organização podia ser definido em uma só palavra: “cívico”. Continuaria a defender a independência financeira e intelectual, a valorização profissional e o aprimoramento cultural da mulher brasileira, objetivos que se encaixavam no projeto de inseri-la no processo de desenvolvimento nacional. Romy frisava que todas deveriam participar do avanço do país, ou perderiam a oportunidade de reivindicar seus direitos:[42] "Queremos que a mulher use todo o seu potencial de trabalho, pois estamos de olhos voltados para o desenvolvimento do Brasil".[43] Batia nessa tecla sempre que tinha a oportunidade, e a convicção de suas companheiras no conselho vibrava no mesmo tom. No início da década de 1970, em que a mulher ganhava terreno — a duras penas — no universo do trabalho, o CNMB assumia como meta primordial a garantia de status profissional às brasileiras. "Casamento não é profissão", dizia a advogada, para em seguida insistir que mulher não podia ser apêndice de ninguém.[44] As convivas na churrascaria Carreta aplaudiam afirmações como essa.

Fora do restaurante, nem tudo era aplauso. Qualquer iniciativa de teor minimamente feminista incitava reações contrárias que se espalhavam rápido, tal como erva daninha. Atacavam uma agremiação que nada tinha de radical, formada por mulheres brancas de classe média, em sua maioria do Rio de Janeiro, e que fazia questão de se distanciar da arrepiante "luta de sexos".[45] Mas quando muitas mulheres se juntam, sobretudo para seu próprio bem, geram um incômodo que parece obrigar os homens a se manifestarem.

O almoço em celebração ao Dia Nacional da Mulher virou alvo de chacota de quem achava, como o jornalista carioca Raul Giudicelli, que o encontro não passava de um espetáculo barulhento e ridículo. Em uma coluna de jornal, ele ironizava o fato de elas estarem finalmente pagando por alguma coisa: "Ora, como se sabe, ao longo de 2 mil anos, ninguém teve notícia de alguma senhora que tenha, sequer, pago a passagem de um bonde". Giudicelli pintou as mulheres do CNMB como escandalosas, repetitivas, entediantes e sem-noção — na sua versão do encontro, uma delas, "bem passada como o bife que comia", teria sugerido que saíssem nuas do restaurante.[46]

O CNMB enfrentava as farpas e se lançava nos preparativos de um evento inovador no cenário sociopolítico feminista brasileiro. As associadas ambicionavam organizar o I Conselho Nacional de Mulheres, um congresso que partiria da comemoração do Sesquicentenário da Independência para iniciar e fomentar projetos, debates, estudos e conferências abordando a condição socioprofissional da mulher brasileira.[47] Queriam propor políticas de inclusão, apresentar análises e vencer o preconceito contra um movimento protagonizado por mulheres. Durante a primeira reunião preparatória, realizada em novembro de 1971, as associadas marcaram o congresso para o final de abril do ano seguinte; por questões financeiras e de logística, foram forçadas a adiá-lo para agosto. Em julho, a um mês da data programada, seriam novamente obrigadas a remanejá-la, devido à falta de verbas.[48]

Apesar dos percalços, Zuzu estava empolgada e esperava participar do congresso, quando quer que acontecesse. Anunciou sua contribuição aos jornais, uma palestra intitulada "A mulher e a moda", na qual pretendia analisar o domínio masculino na moda, sobretudo na alta-costura. Anos de reflexões e experiências em primeira mão serviriam para desenvolver sua tese de que, no teatro da moda, as mulheres eram relegadas aos bastidores e à plateia, atuando como mão de obra, inspiração ou público consumidor. Enquanto isso, os homens modistas roubavam a cena, tomavam o palco e ganhavam todos os louros e vivas da audiência.[49] Sua fala se encaixaria no módulo "A mulher e o trabalho" do I Conselho e comprovaria a importância de pensar a moda sob uma perspectiva feminina. Zuzu não era acadêmica nem intelectual, mas julgava dispor de material e vivência suficientes para fazer seus argumentos valerem.

Os preparativos da palestra, contudo, precisaram ser interrompidos. Sua atenção foi reivindicada por críticas que davam nós na imagem de seu trabalho como designer e sua relação com a moda brasileira.

No final de maio, Zuzu se deparou com uma coluna publicada no jornal *Diário de Minas*. Adorava quando a imprensa mineira fazia seu nome circular no estado natal, mas já no título — "Modista mineira esnoba os brasileiros" — percebeu que seria difícil engolir o texto. Segundo o jornalista Paulo Cesar de Oliveira, ela teria se deixado afetar pela arrogância depois de ser mencionada no Fashion Calendar americano, no ano anterior. O deslumbre transparecia em uma suposta declaração sua. "Não costuro para as brasileiras e fim", teria dito. "Nem quero falar das nossas manequins. A única que se salva é Elke Maravilha. Meus vestidinhos custam mais caro que os de Oscar de la Renta. E faço questão de ignorar a moda que se faz no Brasil: é muito difícil explicar o nível que eu já atingi."

Paulo Cesar fez da citação um trampolim para seus comentários. Era melhor mesmo, escreveu, que Zuzu não costurasse para as brasileiras. Seus modelos eram "horrendos" e "péssimos", não tinham "a mínima condição de serem usados" e só podiam servir às americanas, "que se vestem muito mal". Mencionou a opinião de Maria Augusta Nielsen, fundadora da Socila, sigla do instituto Sociedade Civil de Intercâmbio Literário e Artístico, que oferecia cursos de etiqueta e boas maneiras e preparava aspirantes a modelos. Ela teria confessado, após um desfile mal recebido da costureira para a inauguração de uma filial da Socila em Belo Horizonte, que "a moda de Zuzu era ruim e sem a mínima condição de uso no Brasil".[50] Nielsen havia treinado as filhas de Juscelino Kubitschek para serem apresentadas à sociedade, lançado manequins como Ilka Soares e preparado misses de diversos estados. Seu trabalho a transformara em referência de bom gosto e elegância. Para as moças bem-nascidas das décadas de 1950 e 1960, frequentar a Socila significava confirmar suas identidades de futuras senhoras respeitáveis, corretas e dignas. E, por isso mesmo, Maria Augusta e sua Socila representavam um ideal de feminilidade engessado, que pouco interessava a mulheres jovens mais preocupadas com educação, carreira, realizações pessoais e a livre exploração de sua sexualidade.

É difícil ouvir Zuzu se expressando com essas exatas palavras. Ela costumava ser cautelosa no que dizia à imprensa e já havia alegado manter a modéstia, mesmo diante do sucesso, para não prejudicar sua criatividade.[51] Entretanto, foram frases suas que fizeram emergir críticas nesse tom. Desde sua estreia no mercado nova-iorquino, ela insistia em alguns pontos que podiam ser facilmente agravados. Resultado: viraram prato cheio para revelar uma faceta presunçosa de sua personalidade.

Zuzu tinha batido de frente com as pretensões de grandeza da moda brasileira quando fincou bandeira nos Estados Unidos. Não satisfeita em desdenhar da alta-costura francesa, elogiou os ianques: confessava ter sentido a "receptividade grande dos jovens americanos" a suas coleções, descobriu que as americanas gostavam "muito do acabamento e da estamparia brasileiros", e contradizia o senso comum brasileiro ao dizer que a moda estadunidense não era de mau gosto — quem pensava isso estava "totalmente enganado", pois as criações dos designers (pelo menos os nova-iorquinos) eram belíssimas e originais.[52]

A encrenca piorava sempre que proclamava ter feito "sair do nada uma moda brasileira que não existia".[53] O Brasil não tinha moda antes de ela mesma fundá-la, garantia Zuzu no mesmo fôlego com que descartava as obras de costureiros com variados níveis de sucesso e reconhecimento, e desmerecia os investimentos de jornalistas e empresários nesses trabalhos que também se declaravam brasileiros. Trabalhos que, para ela, eram cópias sem inspiração e podiam ser melhores, mais sérios, mais criativos. A popularidade da designer em seu meio profissional estava longe da unanimidade, e sua tendência a palestrar sobre como todos os outros faziam errado — e ela, a única certa — a isolava. Chegava até a reclamar quando as filhas vestiam criações de costureiros concorrentes.[54] Em dezembro de 1971, alguns meses antes de sair a coluna de Paulo Cesar no *Diário de Minas*, ela havia assegurado que sua moda era "uma moda brasileira para o exterior, no exterior".[55] Não é surpreendente que a frase tenha sido interpretada como "não costuro para as brasileiras".

De certa forma, Zuzu antecipava enfrentar condenações desse tipo. Após o primeiro sucesso em Nova York, dissera que, "talvez, muitas pessoas não compreendam, ou melhor, não queiram compreender meu sucesso. Mas se o obtive não foi decorrente de badalações, e, sim, de um esforço pessoal".[56] Esse esforço pessoal incluía o zelo com a sua imagem pública. Se recebia pedidos de entrevista, Zuzu enviava um dossiê sobre sua carreira para o jornalista com quem ia conversar e confiava que cada página seria estudada. Nem todos entendiam que a preparação era obrigatória. Quando foi entrevistar a costureira para uma matéria encomendada pela revista *Claudia*, a jornalista e futura empresária e consultora de moda Gloria Kalil julgou ser suficiente dar uma rápida folheada no arquivo que Zuzu enviara. Deu de cara com uma mulher imponente, cujo penteado volumoso e expressões firmes a fizeram pensar em uma leoa. O encontro mal tinha começado e Zuzu, irritada, mostrou os dentes: "Você não leu, né, o que eu te mandei". Daí em diante, a entrevista não avançou bem.[57]

Era de esperar que Zuzu não aceitasse calada as alfinetadas de Paulo Cesar de Oliveira. Tinha dificuldades em entender: será que ninguém lera o boletim do Fashion Group, no qual era elogiada como a melhor embaixadora da amizade que o Brasil poderia ter?[58] Será que não acreditavam em sua sinceridade quando disse não ser vedete?[59] Precisava se pronunciar. Pegou papel, sentou-se à máquina de escrever e preparou uma carta a Januário Carneiro, diretor do *Diário de Minas*.

A intenção era contra-atacar e amenizar os danos. As críticas tocavam em um fio delicado da percepção de Zuzu acerca do próprio trabalho e a convenceram de que precisava comprovar como valorizava o Brasil, e não o contrário. Confessou ter se ofendido com os comentários feitos por Paulo Cesar de Oliveira, mas ressaltou que a coluna não se limitava a feri-la pessoalmente — atingia, também, "o esforço de brasileiros em favor do nosso país". Na posição de única designer de moda brasileira a exportar seus produtos, Zuzu Angel desenvolvia no exterior um "trabalho patriótico", fruto de "anos de estudo, de coragem, de sacrifício e de força de mineira forte". Suas vendas em 26 cidades americanas e duas canadenses, todas "de categoria", representavam prestígio para o seu país, não arrogância individual.[60]

Gostou tanto do texto que repetiu boa parte dele em outra carta, dessa vez para o colunista Hedyl Rodrigues Valle, da *Tribuna da Imprensa*. Zuzu se apresentava do mesmo modo. Era a designer de moda brasileira que vendia no exterior, trazia divisas ao seu país, realizava um trabalho sério e inaugurava uma "moda brasileira, única, nossa, e que é sucesso e motivo de curiosidade".[61] Nas frases, sobressai um tom de autocongratulação. Mas os tapinhas no próprio ombro são, também, incentivos para reiterar o valor do que se faz. Num mercado de concorrência feroz, é imprescindível se reconhecer para sobreviver. O colunista Rodrigues Valle talvez tenha entendido isso, pois logo transformou a mensagem de Zuzu em matéria de jornal. A nota "Ela só quer o respeito que merece", publicada em sua página na *Tribuna*, reproduzia quase integralmente a carta.[62]

A manobra da costureira para rebater as alfinetadas culminava em uma exigência por respeito. Não só para si, contemporizava e reiterava em ambas as cartas à imprensa, mas "para nós": o tecido, a mão de obra e toda a cadeia produtiva brasileira. A moda que Zuzu exportava, totalmente nacional, reivindicava ao Brasil "o mesmo respeito que merecem os nossos concorrentes internacionais". Ela tinha plena consciência do desequilíbrio de valor entre criações brasileiras e importações no mercado da moda, um problema que inibia interesses genuínos no setor e prejudicava os negócios de marcas, lojas, fábricas e trabalhadores. Falava disso desde o final dos anos 1960, sobretudo quanto à dificuldade de obter materiais de qualidade e aos preços proibitivos da alta-costura.[63] Então, quando estourou uma polêmica entre os costureiros a respeito da supervalorização das etiquetas estrangeiras, ela não se privou de expressar sua opinião. Em um discurso que seguia a mesma linha de argumentação de suas cartas aos jornais, Zuzu soltou o verbo e usou sua trajetória para exemplificar a transformação da moda em trabalho sério, capaz de atrair apoio do governo e dos industriais.

A "intriga de modistas" começou em junho, em sequência às visitas ao Brasil por profissionais europeus da moda.[64] Pierre Cardin, Paco Rabanne e André Courrèges tinham apresentado seus modelos mais recentes; o último fora Courrèges, que desfilou sua coleção de verão-72 no Museu de Arte Moderna do Rio de Janeiro e, no Jockey Club paulista, a de inverno-72/73.[65] O furor em torno dos europeus não foi geral. De sua butique Rastro,[66] o figurinista e artista plástico Aparício Basílio reagiu primeiro, com críticas à "industrialização desenfreada de artigos estrangeiros com etiquetas de conhecidos profissionais da moda".[67] Ele se referia à prática cada vez mais disseminada dos contratos de licenciamentos, empreendida por designers e costureiros famosos para comercializar mercadorias produzidas em massa com sua grife. Todos os três visitantes eram adeptos dos licenciamentos, mas Cardin e Courrèges ergueram verdadeiros impérios. Além de roupas e calçados de fabricação massificada, estamparam seus nomes em toda categoria de produtos, como óculos, guarda-chuvas e artigos de couro.[68] Valia a quantidade, não a qualidade.

Aparício se preocupava com a invasão de peças que atiçariam o desejo dos consumidores unicamente pela associação a uma grife famosa e, sobretudo, francesa. Era um desejo que nascia da compulsão das classes médias por emular as elites, clientes assíduas do luxo, e as linhas licenciadas surgiam como a solução. Poderiam pagar menos por um produto da mesma marca que os ricos usavam, e não deveria haver nada de mais nisso. Para os profissionais brasileiros, porém, havia, sim: aquela seria uma concorrência desleal, agravada pela falta de incentivos governamentais. Restava a Aparício, após uma exposição dura, nua e crua do contexto, defender a união dos colegas costureiros ante o monopólio de importações e reivindicar proteção do Estado ao setor, a fim de garantir a valorização das marcas nacionais e combater o que ele chamava de vício pelo produto estrangeiro.[69]

A imprensa farejou uma possível intriga, correu atrás dos colegas costureiros de Aparício e botou lenha na fogueira.[70] Todos quiseram dar o seu diagnóstico do problema. Joãozinho Miranda entendia que a moda brasileira só sobrevivia graças à imitação, pois a indústria nacional inibia sua força criativa; Guilherme Guimarães tinha certeza da capacidade dos brasileiros para fazer frente aos europeus e imputava a culpa aos industriais, que "não sabem nada sobre moda". Hugo Rocha concordava: havia chance de concorrência em termos de criatividade, mas faltava material e apoio — o governo brasileiro ignorava, segundo ele, o potencial da moda como fonte de renda. "Nós não temos quase nada", lamentou, "enquanto os costureiros estrangeiros têm tudo nas mãos." Já Gérson Karl achava pretensioso se desfazer das importações. Avaliava que a moda brasileira era incipiente e precisava melhorar.

Zuzu caiu na intriga marcada por duas singularidades. Era a única mulher e a única cuja marca possuía presença em outros países.[71] Queria pôr ordem na confusão e sua análise categórica puxava a orelha de todos os envolvidos. "Enquanto os costureiros brasileiros se limitarem a fazer fofocas e a brigar uns com os outros, prejudicando a união da classe e o seu fortalecimento", cravou, "continuará a infiltração de etiquetas estrangeiras no mercado brasileiro." No lugar de "chiliques na televisão" e "fofocas todo dia", esses profissionais deveriam cristalizar uma imagem de respeitabilidade, imprescindível para conquistar o apoio do governo. Quanto aos empresários do setor têxtil, estes tinham acabado de descobrir a importância da moda e falhavam em não considerá-la um trabalho criativo. Cabia aos costureiros fazer um bom serviço, como ela declarava ter feito e, consequentemente, atraído duas fontes essenciais de suporte: os investimentos do Grupo Têxtil Dona Isabel e os serviços de exportação da Cacex, a agência de comércio exterior do Banco do Brasil. "O negócio é fazer um trabalho sério", concluiu.

Seu trabalho sério incluía a adoção de um plano definitivo de reformulação da marca. Os primeiros passos já haviam sido dados. Com a IDC IV, ela se desvinculara do que considerava serem regrinhas limitantes da alta-costura — as provas de roupas feitas sob medida no ateliê, o número exato de peças a serem apresentadas por coleção, os preços proibitivos, a baixa demanda — e convidou mais mulheres a se aproximarem da etiqueta Zuzu Angel. Era inegável que a alta-costura perdia sua associação imediata com a elegância e começava a rimar, ao menos no vocabulário jovem e moderno, com termos que são o pesadelo da moda: ultrapassado, démodé, conservador. Zuzu se distanciava daquele mundo de salões, chás beneficentes e tailleurs que outrora frequentara para se estabelecer. Em julho, ultrapassou o ponto sem volta na direção do prêt-à-porter e rompeu simbolicamente com quaisquer pretensões à alta moda ao recusar o convite para se tornar membro deliberativo da Sociedade Brasileira de Alta-Costura.

Fundada em 1970, a entidade se propunha a angariar incentivo governamental, estruturar uma rede profissional e montar eventos oficiais de apresentação das coleções dos "grandes nomes da alta-costura do Rio e São Paulo". Sua grande ambição era se tornar uma versão nacional da Câmara Sindical da Alta-Costura Parisiense, referência de todos os aspirantes aos ideais tradicionais da moda francesa. Foi a presidente, Marina Massari, quem redigiu a carta-convite a Zuzu Angel; entre os membros, dois dos modistas de destaque eram Hugo Rocha, vice-presidente, e Ney Barrocas, segundo tesoureiro.[72] A sugestão de abordar Zuzu deve ter partido de Massari, a única mulher na diretoria do grupo, e certamente encontrou resistência. O costureiro Ney Barrocas, por exemplo, não gostava do estilo da mineira e lhe atribuía a criação de uma moda folclórica, apta apenas para "americano colocar na vitrine e dizer que é coisa engraçada dos países tropicais".[73] À recusa de Zuzu, Massari enviou um bilhete redigido à mão, no qual agradecia a resposta e transmitia seus votos de respeito.[74]

Naquela fase da carreira, Zuzu não se interessava mais por ser reconhecida como grande nome da alta-costura. Seu desprendimento pelos padrões lançados por Paris vinha de longa data e ela não hesitava em comunicá-lo publicamente. Abandonara a curiosidade em esmiuçar as novas coleções francesas e achava monótona a pressa da imprensa em divulgar e comentar as mesmas novidades, sem o menor senso crítico. Paris, na opinião de Zuzu, havia perdido a sua força de imposição: "Regras ditadas por meia dúzia de costureiros não podem tolher a imaginação e a criatividade de bilhões de pessoas".[75] Explicava que a moda que abre diálogo — em vez de "impor e ditar" — acolhe individualidades. Ela tinha uma visão clara de como, em um mundo marcado pela busca por diferenças e pela exploração da subjetividade, a roupa e o estilo pessoal exerceriam um papel crucial.

Não obstante a preferência por falar "em moda sem pensar em coleções",[76] Zuzu continuaria a fazer as suas. A próxima International Dateline Collection executaria as suas visões para a moda feminina, calcadas em autonomia e liberdade, com uma resposta às críticas da imprensa e de outros costureiros. Não saía de sua cabeça uma história de Carmen Miranda, referência onipresente em seu repertório.

Em 1940, Carmen saíra dos Estados Unidos, onde arrasava corações americanos como Brazilian Bombshell, para passar alguns meses de férias no Brasil. Sua primeira apresentação seria durante um show beneficente, organizado pela primeira-dama, Darcy Vargas, no Cassino da Urca — o salão por onde passavam todas as grandes atrações musicais, fossem elas nacionais ou importadas. Para aquela noite, em que Carmen Miranda retornaria para os braços do público brasileiro, o ingresso custava dez vezes mais do que o normal. Mas esses braços não estavam lá muito abertos. A audiência, engrossada pelo mais alto escalão do Estado Novo — primeira-dama, generais, interventores, ministros —, parecia pronta para procurar os mínimos defeitos na performance. E achou um logo de cara:

assim que entrou em cena, Carmen saudou a plateia com um "*Good night, people!*" e engatou uma canção em inglês, o samba-rumba "South American Way". Seu sucesso "O que é que a baiana tem?" ficou para o final, em um repertório pouco brasileiro, que soava mais adequado a um cassino americano. Carmen logo sentiu a recepção gélida de seus ouvintes. Os poucos aplausos atordoaram a artista. Abandonou o palco em lágrimas, decidida a não retornar.

Ela talvez não tenha entendido na hora, mas sua performance de uma brasilidade festiva parecera antiquada e americana demais aos figurões de um governo que insinuava se aconchegar à Alemanha nazista.[77] A Brazilian Bombshell representava um Brasil carnavalizado que agradava aos ianques de Hollywood e se desarmonizava com a cultura popular miscigenada que o Estado Novo imaginara. A evidente influência dos gostos e das estéticas estadunidenses no show de Carmen Miranda azedou o gosto do champanhe dos convidados porque o espetáculo não parecia tão brasileiro quanto deveria.[78] Toda aquela rejeição vibrava em um tom estranho nos ouvidos da artista: não seria ela a intérprete por excelência do Brasil para exportação, a embaixatriz do samba, a baiana estilizada e cheia de bossa que levara algumas das "coisas nossas" para o resto da América?[79] Para Vargas e seu Estado Novo, porém, cultura era assunto da maior importância. Em seu projeto de brasilidade, não deveria haver traços de coisas "dos outros" e o inglês falado e cantado no palco tinha constrangido as pretensões nacionalistas daquela turma.

O troco da cantora veio em um dos quatro sambas gravados durante sua estadia brasileira. "Disseram que eu voltei americanizada", de autoria de Vicente Paiva e Luiz Peixoto, não era nada sutil como réplica ao mal-estar na Urca. "Me disseram que eu voltei americanizada/ Com o burro do dinheiro, que estou muito rica", cantava, para depois perguntar: "Mas pra cima de mim pra que tanto veneno?/ Eu posso lá ficar americanizada?/ Eu que nasci com o samba e vivo no sereno/ Topando a noite inteira a velha batucada". Ao Brasil, afirmava Carmen, ela sempre diria "Eu te amo", nunca "*I love you*".

Zuzu também tinha uma resposta a dar. Pela primeira vez desde 1970, ela lançaria uma de suas coleções internacionais no Brasil, não nos Estados Unidos. Em meio a tantas acusações de só costurar para as americanas, como seria a recepção de uma nova linha em sua terra natal? Ela estava certa em se preocupar. Não queria experimentar, como Carmen Miranda, um fracasso no palco do Cassino da Urca. Sua moda precisava chegar com tudo, indiscutivelmente brasileira e imediatamente desejável.

O release da IDC V evocava Carmen desde o começo. "Dizem que Zuzu anda americanizada, por isso ela dá uma de brasileira."[80] A novidade — o lançamento no Rio de Janeiro, em vez de Nova York — era só parte da revanche. Zuzu fazia sua desforra e rebatia a maledicência como a "brasileira que cria nova moda para a mulher brasileira".[81]

Na página anterior, Zuzu Angel é fotografada no aeroporto do Galeão, em maio de 1970. Voltava ao Rio após viagens a Paris e Nova York.

Cartela com quatro amostras de polybel estampado com figuras de anjos, da década de 1970.

Em um jardim, Zuzu posa com roupas da sua quarta International Dateline Collection, intitulada The Helpless Angel, de 1972.

D. Yolanda Costa e Silva, em um vestido criado por Zuzu Angel, cumprimenta a rainha Elizabeth II.

O manto-joia concebido por Zuzu para ser presenteado à soberana britânica.

As t-shirts comprovam a onipresença do anjo na grife.

Uma modelo exibe um vestido estampado da terceira International Dateline Collection.

Elke Maravilha encarna a liberdade imaginada pela costureira.

Elke e Yuruah, duas das modelos favoritas de Zuzu no Brasil, representam a Nova Mulher. Em 1972, elas subiram em um jipe para desfilar na avenida Atlântica e provocar os militares.

Zuzu posa com a americana Kathy Lindsay em Nova York.

Um retrato do casamento de Sônia e Stuart, em outubro de 1968, na casa da família da noiva.

Stuart Edgar Angel Jones, filho primogênito de Zuzu e Norman.

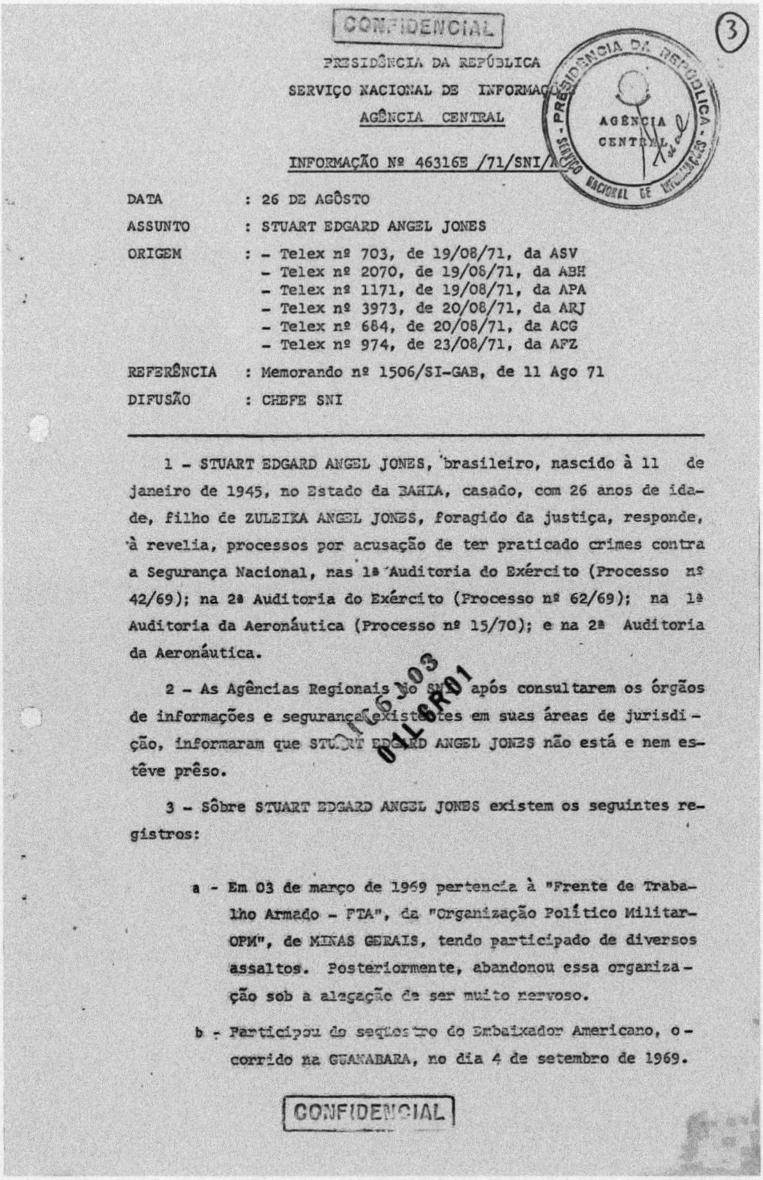

CONFIDENCIAL

(3)

PRESIDÊNCIA DA REPÚBLICA
SERVIÇO NACIONAL DE INFORMAÇÕES
AGÊNCIA CENTRAL

INFORMAÇÃO Nº 46316E /71/SNI/AC

DATA : 26 DE AGÔSTO

ASSUNTO : STUART EDGARD ANGEL JONES

ORIGEM : - Telex nº 703, de 19/08/71, da ASV
- Telex nº 2070, de 19/08/71, da ABH
- Telex nº 1171, de 19/08/71, da APA
- Telex nº 3973, de 20/08/71, da ARJ
- Telex nº 684, de 20/08/71, da ACG
- Telex nº 974, de 23/08/71, da AFZ

REFERÊNCIA : Memorando nº 1506/SI-GAB, de 11 Ago 71

DIFUSÃO : CHEFE SNI

---

1 - STUART EDGARD ANGEL JONES, brasileiro, nascido à 11 de janeiro de 1945, no Estado da BAHIA, casado, com 26 anos de idade, filho de ZULEIKA ANGEL JONES, foragido da justiça, responde, à revelia, processos por acusação de ter praticado crimes contra a Segurança Nacional, nas 1ª Auditoria do Exército (Processo nº 42/69); na 2ª Auditoria do Exército (Processo nº 62/69); na 1ª Auditoria da Aeronáutica (Processo nº 15/70); e na 2ª Auditoria da Aeronáutica.

2 - As Agências Regionais do SNI após consultarem os órgãos de informações e segurança existentes em suas áreas de jurisdição, informaram que STUART EDGARD ANGEL JONES não está e nem estêve prêso.

3 - Sôbre STUART EDGARD ANGEL JONES existem os seguintes registros:

a - Em 03 de março de 1969 pertencia à "Frente de Trabalho Armado - FTA", da "Organização Político Militar-OPM", de MINAS GERAIS, tendo participado de diversos assaltos. Posteriormente, abandonou essa organização sob a alegação de ser muito nervoso.

b - Participou do seqüestro do Embaixador Americano, ocorrido na GUANABARA, no dia 4 de setembro de 1969.

CONFIDENCIAL

Relatório do SNI, posterior ao assassinato de Stuart, revela como a repressão trabalhava para sustentar a narrativa falsa do desaparecimento do militante: insiste que ele "não está nem esteve preso".

Resistência política e moda se sobrepõem: em um convite de desfile, Zuzu anotou o decreto de prisão preventiva de Stuart.

Desenho de vestido de noiva criado por Zuzu no final da década de 1960.

A identidade visual da grife de Zuzu Angel. Anjos se espalham em anúncios, sacolas e lenços da marca.

Political Fashions

Brazilian fashion designer Zuzu Angel, left, stands with a model wearing a dress from what she calls "the world's first political fashion collection." She prefers them to fashion frivolities such as butterflies and flowers.

A costureira se vestiu de luto para o primeiro desfile político da história, em setembro de 1971.

O *Ithaca Journal*, do estado de Nova York, é um dos jornais americanos que deram o furo da moda política de Zuzu Angel.

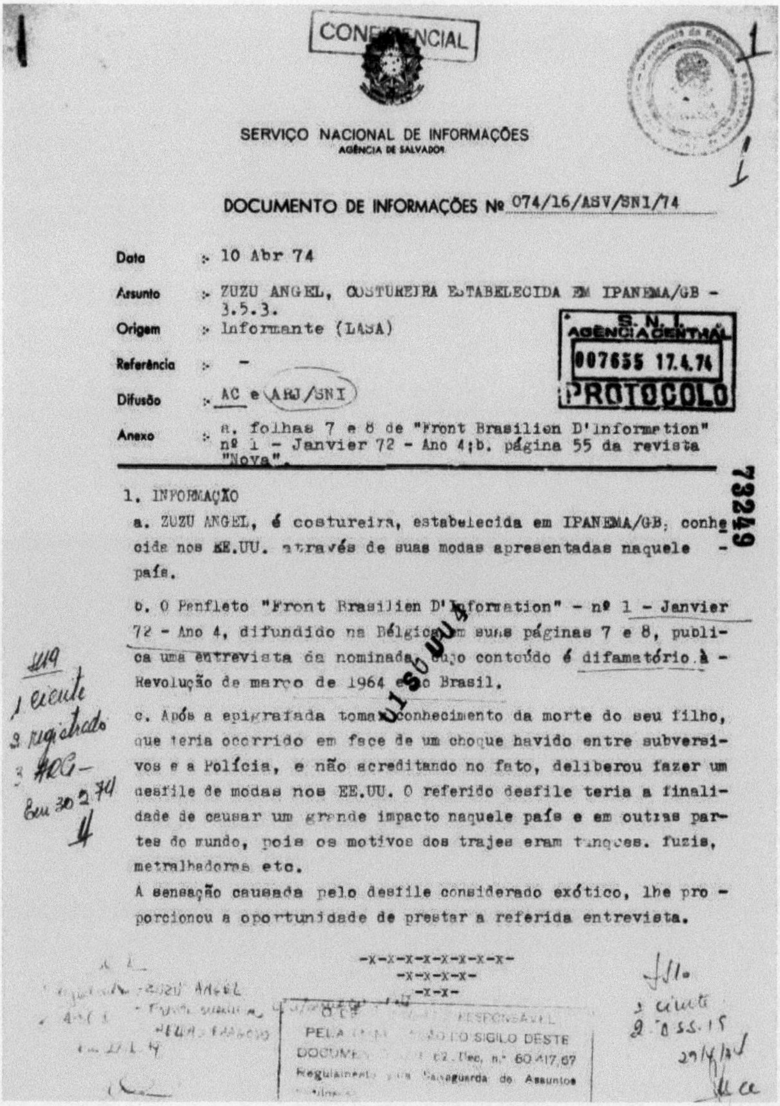

CONFIDENCIAL

SERVIÇO NACIONAL DE INFORMAÇÕES
AGÊNCIA DE SALVADOR

DOCUMENTO DE INFORMAÇÕES Nº 074/16/ASV/SNI/74

Data :- 10 Abr 74

Assunto :- ZUZU ANGEL, COSTUREIRA ESTABELECIDA EM IPANEMA/GB - 3.5.3.

Origem :- Informante (LASA)

Referência :- -

Difusão :- AC e ARJ/SNI

Anexo :- a. folhas 7 e 8 de "Front Brasilien D'Information" nº 1 - Janvier 72 - Ano 4; b. página 55 da revista "Nova".

S. N. I.
AGÊNCIA CENTRAL
007655 17.4.74
PROTOCOLO

73249

1. INFORMAÇÃO

a. ZUZU ANGEL, é costureira, estabelecida em IPANEMA/GB, conhecida nos EE.UU. através de suas modas apresentadas naquele país.

b. O Panfleto "Front Brasilien D'Information" - nº 1 - Janvier 72 - Ano 4, difundido na Bélgica, em suas páginas 7 e 8, publica uma entrevista da nominada, cujo conteúdo é difamatório à Revolução de março de 1964 e ao Brasil.

c. Após a epigrafada tomar conhecimento da morte do seu filho, que teria ocorrido em face de um choque havido entre subversivos e a Polícia, e não acreditando no fato, deliberou fazer um desfile de modas nos EE.UU. O referido desfile teria a finalidade de causar um grande impacto naquele país e em outras partes do mundo, pois os motivos dos trajes eram tanques, fuzis, metralhadoras etc.

A sensação causada pelo desfile considerado exótico, lhe proporcionou a oportunidade de prestar a referida entrevista.

-x-x-x-x-x-x-x-x-
-x-x-x-x-
-x-x-

O relatório do SNI, de 1974, demonstra como Zuzu era monitorada de perto pela repressão da ditadura, sobretudo após o desfile "exótico" e provocador em setembro de 1971.

Zuzu colocava a matéria-prima nacional em primeiro lugar. Como tantas outras criações da costureira, este vestido ressalta a delicadeza e o primor das rendas artesanais nordestinas.

O vestido Storybook Bride é a peça mais emblemática do desfile-protesto. Em destaque, alguns dos bordados, cujos traços infantis narram a história que transformou a família Angel Jones e o trabalho de Zuzu.

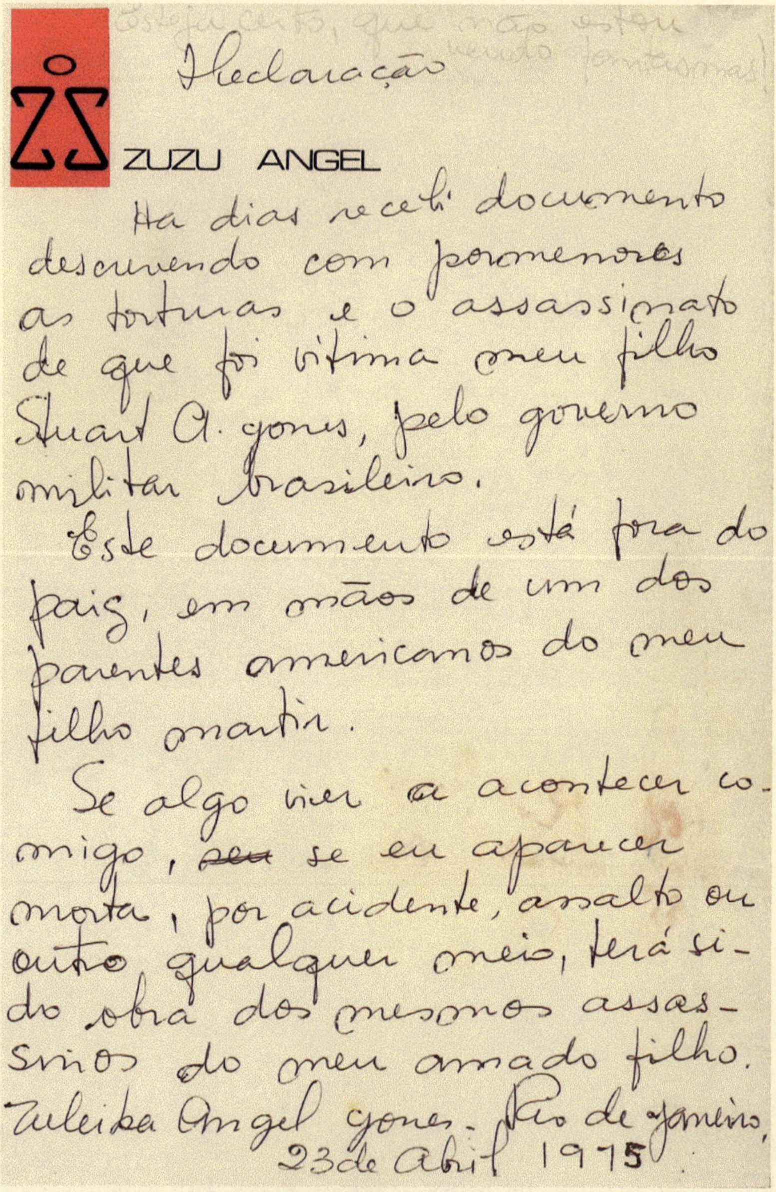

Esteja certo, que não estou vendo fantasmas!

Declaração

ZUZU ANGEL

Há dias recebi documento descrevendo com pormenores as torturas e o assassinato de que foi vítima meu filho Stuart A. Jones, pelo governo militar brasileiro.

Este documento está fora do país, em mãos de um dos parentes americanos do meu filho mártir.

Se algo vier a acontecer comigo, ~~seu~~ se eu aparecer morta, por acidente, assalto ou outro qualquer meio, terá sido obra dos mesmos assassinos do meu amado filho.

Zuleika Angel Jones - Rio de Janeiro,
23 de Abril 1975.

Cerca de um ano antes de ser assassinada, Zuzu entregou este bilhete a Chico Buarque. Ela tinha razão: como escreve a lápis no topo da folha, não via fantasma algum. Seus temores iriam se confirmar.

O Karmann-Ghia de Zuzu na rua Projetada. O homem de blusa branca recostado no poste foi identificado como o coronel Freddie Perdigão, agente da repressão possivelmente envolvido no assassinato da costureira.

Na página seguinte, Zuzu Angel em sua butique no Leblon.

ZUZU ANGEL

14.
... e Zuzu criou a Nova Mulher

"Vamos?"

O convite veio assim, direto como uma ordem. Mas a moça que atendeu o telefone estava curiosa, e não ia deixar o chamado no ar. "Vamos para onde, Zuzu?"

"Vamos para a avenida Atlântica. Vamos embora. Vou ligar para a loira e aí vão as duas." A loira era a outra fiel escudeira de Zuzu, Elke Maravilha.

Definido o lugar, faltava apenas discutir um detalhe nada insignificante. "A gente vai ser metralhada?"

"Não", veio a resposta, tão peremptória quanto o primeiro convite. "Com o povo eles não têm coragem."

Com Zuzu, era desse jeito. O telefone tocava, Yuruah — nome artístico da modelo e atriz Esther Maria Nogueira — atendia e logo se preparava para ir ao encontro da costureira. As duas trabalhavam juntas havia tempo suficiente para que a jovem carioca reconhecesse, na voz firme de Zuzu, mais uma oportunidade daquelas que só a designer oferecia. Dessa vez, ela transformaria a avenida Atlântica, uma das vias mais conhecidas, movimentadas e fotografadas do Rio de Janeiro, em passarela. Tendo Copacabana e o mar como panos de fundo, Zuzu exibiria roupas de sua nova coleção e confirmaria o seu retorno ao palco da moda brasileira. No meio de tudo isso, deslizaria — não exatamente por baixo dos panos, e sim junto com eles — mais um protesto.

As dúvidas de Yuruah quanto à segurança de um desfile assim, a céu aberto, diziam mais respeito às preocupações de sua mãe do que às próprias. Quando avisava que ia sair para um desfile de Zuzu, a mãe esbravejava: "Vocês vão acabar morrendo. Não é possível, vocês são malucas. Você e Elke saírem enfrentando o Exército!". Àquela altura, boa parte do Rio — e do país — tinha ouvido falar da costureira que pranteava o filho desaparecido e entrara na lista de elementos monitorados pelas Forças Armadas. Mas Yuruah admirava Zuzu, havia aprendido todos os seus contra-argumentos e tratava de desarmar as angústias maternas. "Mamãe, não tem como eles se meterem porque ela foi para a rua", repetia antes de deixar a mãe em casa, aflita para que a filha retornasse logo.

E para a rua elas foram.

Zuzu entrou na vida de Yuruah como na história de tantas parcerias entre designers e manequins: por acaso e sem que uma soubesse da existência da outra. Yuruah trabalhava nos Correios como atendente de telegramas fonados que seriam enviados para outros países. Certo dia, entrou na agência o designer de joias e bijuterias argentino Isidro Herrera, que se impressionou com o porte daquela jovem negra altíssima — em especial com o pescoço longo e elegante. Sem titubear, ele lhe passou o endereço de seu ateliê, na rua Francisco Sá, em Copacabana, e lhe pediu que fosse até lá o quanto antes. A então funcionária dos Correios estranhou. Virou-se para a mãe, que trabalhava na mesma agência, e comentou que um "homem esquisito, diferente, aqui está querendo que eu vá lá na Francisco Sá porque ele precisa tirar a medida do meu pescoço". "Isso é um abuso!", rebateu a senhora, que imediatamente foi tirar satisfações com o tal homem esquisito, que causava alvoroço nos Correios por causa de sua tara por pescoços. Herrera não se abalou. Explicou que precisava executar a encomenda de várias gargantilhas, feita por uma "modista maravilhosa", e lhe faltava a modelo. "Ela", disse, apontando para Yuruah, "é essa modelo."

No ateliê do joalheiro, Yuruah emprestou seu pescoço de cisne para as gargantilhas e começou a trabalhar como modelo de joias para várias lojas. Herrera tinha ficado satisfeito com seu trabalho e, principalmente, seu achado. Levava Yuruah como manequim para várias exposições, ensaios fotográficos e desfiles, inclusive para o *Brazil Export*, editado pela jornalista americana Adelina Capper. Foi nessa ocasião que os caminhos de manequim e costureira se entrelaçaram definitivamente. Bastou que Zuzu olhasse para Yuruah e decidisse: "Não, agora ela é minha. Agora ela vai viajar é comigo". A modelo ficou estarrecida e mal pôde acreditar. "Eu vou sair daqui para viajar com a senhora?" Zuzu riu. "Não me chame de senhora porque eu sou uma jovem, mais jovem que você!" Era 1969. Dali em diante, Yuruah trabalhou ininterruptamente com ela por três anos, tanto no Brasil como fora — hospedou-se com a equipe de Zuzu no hotel The Pierre, em Nova York, e juntas desbravaram a Europa.

"Já existem muitas coisas feias no mundo", dizia Zuzu, "a gente tem que ficar alegre. Eu quero é alegria. A gente tem que vender alegria."[1] Yuruah se encantou com o bom humor da costureira e passou a segui-la como a uma segunda mãe. Venceu a timidez após os conselhos dela de que tinha mais é que aparecer, não se esconder; aprendeu com as suas exigências por um trabalho impecável, seja no arremate das roupas — um fecho mal colocado era capaz de deformar a coleção —, seja na apresentação em uma passarela; e respeitava o desejo de Zuzu pela disciplina e pontualidade de suas manequins, as quais deveriam se preocupar mais "em mostrar a roupa que a si própria".[2] Se ela dizia confiar em Yuruah e Elke, duas de suas profissionais favoritas, então elas devolveriam essa confiança. Para onde quer que os chamados de Zuzu levassem, a dupla de modelos iria. Por isso, quando veio o convite para a avenida Atlântica, nenhuma das duas hesitou.

Não havia nada de convencional naquele desfile. Sem distribuir convites, Zuzu acertou a presença do fotógrafo Augusto Yunes, que cobria a nova campanha da etiqueta para os jornais dos Diários Associados. E, a despeito do que se possa imaginar, as manequins não saíram simplesmente caminhando pelo famoso calçadão nas roupas recém-lançadas de Zuzu. A costureira tinha arrumado uma carona que atrairia tantos olhares quanto duas belas mulheres de 1,80 metro. Elke, em um vestido de poás e mangas compridas, e Yuruah, com um chemisier curto ajustado por um cinto de franjas, subiram em um jipe militar sem capota e ficaram de pé nos assentos. Seria naquele carro que elas percorreriam toda a orla da praia pela avenida Atlântica, do Forte de Copacabana ao Leme, e em seguida fariam o percurso no sentido contrário pela avenida Nossa Senhora de Copacabana, paralela ao trajeto inicial. O plano era parar o trânsito, metafórica e literalmente — diante da implicância de um guarda de trânsito, Zuzu achou tudo um abuso, "porque eu sou Zuzu Angel e vocês têm que abrir as portas pra mim. Do mundo".[3]

Mas não foi só um guarda que ficou de olho no jipe e nas duas mulheres. Como a mãe de Yuruah temia, soldados não demoraram a dar as caras. Rondavam o jipe, encaravam as modelos, exibiam suas armas — e deixaram por isso mesmo. Não tentaram interromper a passagem do carro; aliás, não fizeram mais do que ostentar sua autoridade. Sua presença ali, seguindo cada passo de Zuzu, já cumpria o objetivo. Naquela troca de provocações, os militares confirmavam que a costureira continuava sob vigilância, e a costureira devolvia, com seu atrevimento característico, o aviso de que manteria os protestos. A escolha do jipe, afinal, nada tinha de ingênua. Aquele tipo de veículo havia sido peça essencial nas torturas que mataram Stuart. Colocar suas roupas e manequins em um carro desses, diante de uma plateia composta do povo da cidade, passava uma mensagem indiscutível. Zuzu jamais esqueceria, e não abandonaria a moda como meio de protesto e canal de sua linguagem libertária.

Mais uma vez, a performance em Copacabana não foi registrada pela imprensa como novo exemplo da politização combativa de Zuzu, mas como uma manifestação de seu desejo pela moda nas ruas. Além de não atiçar a censura, o argumento fazia perfeito sentido, sobretudo quando combinado às intenções da nova IDC. Elke e Yuruah foram recrutadas para toda a campanha publicitária, e o mesmo Augusto Yunes que as acompanhou no jipe levou sua câmera para capturar as poses brincalhonas das duas. Em todas as fotografias, elas aparecem do lado de fora, nunca confinadas a um estúdio ou salão, e levaram mais movimento e graça aos vestidinhos estampados, às saias pregueadas e aos xadrezes, rendas e organzas.[4]

Para a quinta coleção internacional, oficialmente chamada de Varejo da Moda Pronta, Zuzu queria padronizar sua cliente paradigmática, a que estava por trás de todas as peças: a Nova Mulher, "aquela que sai profissionalmente", "tem uma nova dimensão da vida" e "realmente acredita no que diz". Ela tinha nacionalidade — era brasileira —, mas podia "estar em qualquer parte, com os mesmos problemas da grande maioria das mulheres deste mundo atribulado de nossos dias". A Nova Mulher, filha do dinamismo dos anos 1970, tinha uma rotina movimentada. Levava os filhos para a escola, ia às compras, decidia jantares de última hora e, o mais importante, trabalhava. Não lhe sobrava tempo para passar suas roupas e eliminar os mínimos amassados, e ela nem queria se preocupar em pregar um botão ou trocar a fivela enferrujada de um cinto ainda em bom estado. Botões e fivelas, aliás, eram dispensáveis. Encareciam as peças e, quando precisavam de manutenção, só davam dor de cabeça.[5] As novas mulheres tinham mais com o que se ocupar.

A moda pronta de Zuzu propunha uma variedade de cores, comprimentos e texturas. O mote era: nada seria imposto. Da saia mais curta aos longos de seda pura com renda de bilro nos punhos, no decote e na barra, da lonita aos organdis, do laranja ao turquesa, das calças compridas de algodão ou polybel ao sofisticado vestido de crepe azul-marinho, havia opções para todos os gostos da Nova Mulher. Ou para todas as Novas Mulheres, adeptas da "moda-liberdade" que Zuzu afirmava fazer.[6] Para confirmar o enfoque na praticidade, ela dividiu a IDC V em duas linhas. O segmento Dia a Dia reunia o grupo principal das peças para vestir a "mulher que corre daqui para lá". Nele, entre as nuvens coloridas, planavam pássaros, borboletas e, claro, anjos; vibravam cores e misturas pouco convencionais entre xadrezes, rendas e estampas. Por sua vez, a linha Holiday apresentava os vestidos de festa mais elaborados, de sedas e organdis diáfanos, marcados por vieses, pregas e franzidos. As noivas — Zuzu sabia que, apesar do desejo por autonomia, "as moças ainda se casam"[7] — também entraram nessa segunda parte da coleção, contempladas por diversos modelos de renda, crepe e seda.

Pensar na mulher brasileira impulsionou a criatividade de Zuzu, e a participação no CNMB fez diferença. As realidades que vivenciou pessoalmente lhe apresentaram a um mundo que confinava a mulher ao ambiente doméstico, erguia barreiras ao sucesso feminino nos espaços profissionais e impingia estigmas àquelas que se separavam do marido ou nem se casavam. Com as colegas do conselho, entrou em discussões sobre emancipação feminina, status profissional da mulher, desequilíbrio de gênero dentro da relação matrimonial, prejuízos jurídicos e legais, carência de oportunidades de educação e emprego para as jovens. Ampliou seu vocabulário, estruturou suas reflexões e confirmou que suas experiências como mulher não eram, de modo geral, singulares — poderia compartilhar com incontáveis outras, por exemplo, as dificuldades da separação conjugal e de criar filhos por conta própria. Elas compreenderiam. Na moda, Zuzu aplicou as convicções no combate à imagem da "costureirinha que trabalhava para os homens".[8] Isso significava valorizar a mão de obra das costureiras, rendeiras e bordadeiras, mas ela não ficaria satisfeita em atacar apenas uma camada do processo. Queria estender também às consumidoras o poder de se autodeterminar, em especial criativamente. "As mulheres podiam ser mais corajosas" com o seu estilo e sua aparência, dizia.[9] A costureira independente e livre sonhava em vestir mulheres tão independentes e livres quanto ela.

Embora o seu ideal fosse a profissional de classe média, liberada sexual, intelectual e criativamente, capaz de explorar sua individualidade na aparência sem se deixar influenciar pelas imposições de outrem, Zuzu tomou consciência das diferenças que clivavam a população feminina. Quando a questionavam sobre o que achava da brasileira, ela devolvia a pergunta: "Qual delas? A que carrega lata d'água na cabeça, mesmo com um filho na barriga, ou aquela abnegada lá no Nordeste que tece com amor as rendas que hoje tenho a felicidade de poder exportar?".[10] O reconhecimento dessa hierarquia socioeconômica, entretanto, não significava que a marca se popularizaria a ponto de cruzar todas as fronteiras de classe. Suas roupas de estampa exclusiva e tecido sintético não vestiam a tal abnegada do Nordeste, nem as operárias de fábrica. A proposta era fincar pé no mercado da roupa pronta e diversificar a lista de freguesas até certo ponto, atingindo as classes médias. Não lhe bastavam mais as damas ricas da sociedade, cujos egos inflados as haviam convencido de serem as mais elegantes do mundo. "Inventaram isto", criticou Zuzu, ansiosa em provar que abria as portas de seu ateliê a qualquer mulher com senso de estilo, não apenas às Teresas, Carmens e Helôs das colunas sociais. Elas, porém, continuavam a frequentar assiduamente o ateliê. Tereza Souza Campos foi a primeira a usar peças da nova coleção, um vestido longo de organza branca e rendas do Norte, em fotografia publicada em *O Globo*.[11]

A Nova Mulher de Zuzu Angel foi apresentada à imprensa e ao público carioca entre os dias 7 e 18 de agosto de 1972, no ateliê da rua Nascimento Silva. Nesse Varejo da Moda Pronta, as roupas seriam vendidas diretamente às compradoras, sem lojistas intermediários. Sairiam do ateliê de Zuzu e chegariam, sem escalas, aos armários das clientes. Quase como nos tempos da alta-costura — com a vantagem de que os preços seriam acessíveis para aquelas "que até hoje não puderam usar um Zuzu Angel".[12] Os vestidos mais baratos da linha Dia a Dia custavam 128 cruzeiros (o equivalente hoje a mais de novecentos reais), valor ainda mais módico se comparado à coleção anterior, na qual as etiquetas marcavam a partir de 190 cruzeiros. As peças mais refinadas do grupo Holiday tinham preços entre 420 e 1600 cruzeiros, ou entre 3 mil e 12 mil reais atualmente; os vestidos de noiva, mais caros, atingiam 2300 cruzeiros.[13]

O Brasil estava no cerne do lançamento, mas os Estados Unidos não foram esquecidos. Por lá, a coleção foi exibida nas vitrines da rede de lojas Neiman Marcus, após ter sido exposta em espaço da Bassinova, a agência de Amelia Bassin.[14] A mudança para a Madison Avenue, núcleo definitivo da indústria publicitária americana daquela época, sinalizava que ocorrera uma troca na consultoria prestada à costureira brasileira em Nova York. Lisa Curtis, assessora de imprensa desde a primeira coleção internacional, se afastava do gerenciamento e do planejamento das estratégias da marca nos Estados Unidos e entregava o cargo à Mulher do Ano da Publicidade de 1970.[15]

Amelia Bassin e Zuzu se encontraram em Nova York. A publicitária estivera presente na IDC I, quando conheceu e se encantou com a moda viva e colorida de baianas, cangaceiras e rendeiras vinda do Brasil. Entendeu imediatamente que via algo novo. Enquanto Zuzu protagonizava um salto na carreira como criadora e mulher de negócios, levando sua etiqueta para os Estados Unidos, Bassin também experimentava uma reviravolta em sua vida: abandonava a empresa de cosméticos e perfumaria Fabergé, na qual passara duas décadas galgando postos de direção de arte até se tornar vice-presidente sênior, para montar a própria agência. A Bassinova seria, em suas palavras, um serviço de "aluguel de cérebros"[16] especializado no setor de cosméticos e beleza. Uma mulher proprietária e comandante de sua agência publicitária era caso raro em uma das indústrias mais sexistas dos Estados Unidos. Mais raro ainda era ser feminista. Bassin tinha vivido a discriminação entre os *Mad men* das décadas de 1950 e 1960, contra a qual se decidiu a lutar. Em seu discurso de aceitação do prêmio de Mulher do Ano, declarou-se a favor do movimento de *women's liberation* e exigiu que as profissionais bem-sucedidas do ramo se comprometessem a denunciar o machismo prevalente na publicidade, tanto dentro dos escritórios como nas campanhas e anúncios.[17] Seu horror a propagandas em que mulheres apareciam esfregando a pia da cozinha ou petrificadas em roupas caras como bonecas intocáveis casou bem com os princípios de segunda onda feminista da própria Zuzu. Amelia Bassin era uma Nova Mulher.

Zuzu alugaria o cérebro de Bassin, mas Bassin também se tornaria cliente de Zuzu. Em março de 1972, a publicitária usou um dos vestidos de algodão da brasileira para comparecer ao Cotton Ball, festa que acontecia nos salões do hotel nova-iorquino Waldorf-Astoria desde, pelo menos, 1914.[18] A roupa foi premiada no baile,[19] originalmente criado no princípio da Primeira Guerra Mundial para arrecadar fundos para os americanos do Sul do país, cuja economia dependia da exportação de algodão, e para valorizar o tecido. Dois meses mais tarde, em maio, Bassin pegava um avião para o Rio de Janeiro, onde deu palestra no I Salão da Mulher, feira com exposição de produtos e serviços direcionados ao público feminino e complementada por uma programação diária de desfiles e conferências. Nos salões do Copacabana Palace, Romy Medeiros da Fonseca discorreu sobre os direitos da mulher e sua participação no desenvolvimento do país, Guilherme Guimarães desfilou sua última coleção, Ivo Pitanguy tratou das tendências de cirurgia plástica, uma designer marroquina apresentou caftans e Bassin revelou algumas das estratégias de marketing empregadas por sua agência na indústria de cosméticos.[20] Zuzu contrariou as notícias de que também desfilaria sua nova coleção na feira. Chegou a orçar um valor de 6 mil cruzeiros para mostrar seus modelos, que cobririam custos de transporte, seguro e mão de obra para realizar alterações necessárias nas peças para o desfile.[21] Um colunista de *O Jornal* especulou que a desistência de Zuzu se devia ao fato de ela não receber cachê,[22] mas o mais provável é que os custos não tenham sido aprovados. No fim, ela compareceu apenas para assistir à palestra da publicitária, e as duas aproveitaram a passagem de Bassin pelo Rio para discutir pautas de negócios.[23] Além de acertarem os detalhes da IDC V, a primeira sob a batuta da publicitária, precisavam avançar com os planos de lançar uma fragrância brasileira e unissex, produzida e embalada nos Estados Unidos.[24] Seria o perfume Zuzu for Men & Women, de essência extraída de uma flor tropical.

O perfume nunca foi fabricado e comercializado. Entretanto, o projeto e a parceria com uma publicitária como Bassin faziam parte da delicada costura que Zuzu executava entre sua moda brasileira e as influências e ambições ligadas aos Estados Unidos. Era uma trama complexa, multifacetada e, por isso, carregava suas contradições. Zuzu havia se convencido do valor de suas propostas abrasileiradas em um mercado como o americano, aberto ao "exótico" e consumidor entusiasmado de estéticas consideradas diferentes e pouco convencionais. Nas araras das lojas de departamentos nova-iorquinas, entre as malhas indianas, os caftans de distante ascendência árabe, os ponchos de inspiração peruana e os vestidos de toques vagamente asiáticos, ela encontrou um espaço vazio. O brasileiro ainda não tinha chegado ali, tomado uma estética para si e transformado tradições e costumes em produtos de moda para exportação. Claro, teorizava Zuzu, pois ele se influenciava pelos europeus e não fundara um sistema próprio. Ela se lembrava das coleções do Cruzeiro da Moda, uma parceria entre a revista *O Cruzeiro* e a gigante dos sintéticos Rhodia, cujas roupas não passavam de cópias das tendências francesas em tecido nacional, e dos desfiles de Guilherme Guimarães no Waldorf-Astoria, louvado pelos brasileiros pelo seu refinamento francês. "Lá fora", dizia Zuzu, "pensavam que moda no Brasil era apenas cópia do que há na Europa." Já sua apresentação "ao som de 'Eu quero voltar pra Bahia'" teria sido "uma surpresa geral que fascinou o público".[25] Todas aquelas roupas "com pedras mineiras costuradas" tinham, nos Estados Unidos, se tornado preciosas.[26] A valorização comercial das ideias de Zuzu

Angel pelo mercado nova-iorquino transformou a primeira-dama da alta-costura nacional, confinada a um espaço restrito, na autoproclamada primeira designer e exportadora de moda brasileira.

Elencar uma coleção atrás da outra em showrooms na Quinta Avenida assegurava a ela um status inédito, ampliava as perspectivas de sua marca e possibilitava uma exploração, em palcos internacionais, da identidade cultural brasileira no território pouco mapeado da moda feminina. Nem tudo, porém, eram flores. À revelia das intenções de Zuzu, o sucesso pôs em xeque a sua indispensável associação com o Brasil. Quanto mais ela apresentava no exterior, mais crescia o risco de ser rotulada como uma entreguista, que se aproveitava das raízes para vender. Era o que Ney Barrocas havia chamado de "moda para americano ver"[27] e Paulo Cesar Oliveira criticara como roupas impossíveis de serem usadas no Brasil. Em termos mais objetivos, essas críticas apontavam para o possível exagero das coleções que, na intenção de celebrar a brasilidade, o faziam com tanto vigor que podiam se transformar em um desfile de fantasias óbvias para quem conhecia aquelas referências. As baianas e sinhazinhas só seriam novidade para os americanos; no Brasil, eram mais do mesmo.

O dilema, de fato, se assemelhava ao de Carmen Miranda. Como retornar ao país com o selo de aprovação americano na etiqueta e agradar a um público que enxergava, naquelas coleções, uma mercantilização de seu próprio folclore? Não era fácil delinear o limite entre o esforço de construção de uma identidade nacional e o momento em que tudo aquilo se consolidava em um grande estereótipo cultural. Zuzu entendia a importância de definir a sua posição no imbróglio, e ser americanizada a contragosto provocava um conflito profundo.

O release da IDC V, liberalmente citado na cobertura da coleção feita pela imprensa brasileira, tentava calar as acusações de uma vez por todas ao lançar o argumento de que Zuzu realizava um trabalho essencial de divulgação da cultura de seu país. Era um fundamento pertinente a se reivindicar no Brasil do general Médici, onde patriotismo se firmara como palavra de ordem graças ao auge das campanhas de propaganda governamental. Naquele país que se anunciava grandioso, naquela nação em que se construía Itaipu, a maior usina hidrelétrica até então, e onde a rodovia Transamazônica tentava atravessar uma floresta, havia prosperidade, riqueza e futuro. O Brasil Potência comemorava os 150 anos de sua independência e se vangloriava de carregar as marcas do progresso — o crescimento do PIB de

11,9% em 1972 seria erguido como a bandeira de uma presidência popular e economicamente milagrosa. Pouco importava que essas marcas fossem superficiais e o progresso, momentâneo. "Você constrói o Brasil", proclamavam os cartazes da Assessoria Especial de Relações Públicas, em uma exaltação ufanista que exigia adesão a um governo repressor. Os índices econômicos saltavam por cinco anos consecutivos, a renda dos brasileiros aumentara junto e o poder de consumo das classes médias explodira.[28] A economia, supostamente, caminhava; enquanto isso, retrocediam ainda mais as liberdades, a política, a cidadania.

A Zuzu patriota sugeria aos jornais que seu sucesso nos Estados Unidos significava divisas financeiras e motivo de orgulho ao seu país. Tentava, assim, se proteger: o governo decretava, a quem não amasse o Brasil Grande, que o deixasse. Não sobrava espaço para vozes dissidentes.

Vozes como a dela. Na verdade ditada pela repressão, as coleções Dateline e os desfiles em Nova York nada tinham de patriotismo ou amor à nação. Por causa de um certo anjo, as suas ideias para a moda contestavam a imagem de Brasil que a ditadura desejava passar ao resto do mundo, principalmente aos preciosos aliados americanos. O apoio aos projetos de Zuzu não surgia de todos os lados e a percepção de sua figura pública oscilava entre extremos. Ela ajudava a construir o Brasil ou o prejudicava? Vendia moda genuinamente brasileira ou pregava etiquetas em fantasias folclóricas? Defendia a mulher brasileira ou a esnobava, preferindo a americana? Os seus discursos expunham uma autoconfiança que podia soar vaidosa em excesso. No entanto, se não confiasse em suas habilidades, sua visão e seus planos, ela desistiria diante da primeira crítica. Uma afirmação como a que fez à revista *A Cigarra* em fins de 1972 — "Sou eu a única criadora de moda do Brasil"[29] — é claramente uma arma de ataque aos detratores. Mas não só. A frase também assume papel de defesa: ao se reivindicar fundadora e protagonista da autêntica moda brasileira, dispondo de materiais e mão de obra nacionais, ela toma para si o trabalho de criar um país inteiro a partir da moda. "Quem está na frente, tem que sofrer mesmo", reconhecia.[30]

Aos 51 anos, Zuzu dizia ter começado a sentir o peso da idade[31] — não como fardo, mas como potencial. Tinha criado, à sua imagem, a mulher que desejava vestir com as roupas de sua quinta coleção internacional: "Sensível e feminina como Zuzu", lia-se no release da IDC V, "inspirada na mulher de hoje, a mesma mulher de sempre, aquela que deseja tão somente ser vista e amada como mulher".[32] Apostava em sua sensibilidade, reafirmava sua feminilidade e se agarrava à "força de mineira forte". Zuzu não se prendia mais à inquietação de desconhecer quem era, de ignorar até onde poderia chegar.[33]

A notícia do lançamento veio de São Paulo e fincou Zuzu de surpresa, como a ponta de um alfinete esquecido num vestido. Das duas, uma: seria uma espécie de desmemória coletiva ou, na pior das hipóteses, um desaforo deliberado. Não poderia haver outras explicações para o anúncio de que, em setembro de 1972, Dener lançava a primeira coleção de moda inspirada no folclore brasileiro. Cabia a ele, o costureiro que só aceitava estilos vindos de Paris, concretizar a "ideia de criar uma moda brasileira, que certamente outros costureiros tiveram mas não chegaram a realizar".[34]

De turbante na cabeça, manequins desfilavam chemisiers e batas brancas de renda do Nordeste. Falava-se em parceria com uma ialorixá baiana e a imprensa elogiava a função social da coleção, que finalmente prestava a devida homenagem às rendeiras nordestinas. Quem assinava aquela linha de moda brasileira era Dener — o mesmo que detratara Zuzu em entrevista a *O Pasquim*. Três anos depois, Dener mostrava ter levado a sério a sua frase "D. Zuzu Angel é uma pessoa que não existe". Ignorava solenemente tudo que dizia respeito à costureira, desde a primeira International Dateline Collection e todas as propostas de moda brasileira de seus desfiles.

Por outro lado, não havia imitação pura — inclusive no cerne do conceito de moda brasileira. Dener não usava as mesmas cores, referências estéticas ou silhuetas; suas baianas eram distintas em tudo das criações estilizadas de Zuzu. O famoso costureiro paulista priorizava cortes clássicos com cinturas marcadas e bustos definidos, adornava as peças com laços e sapatos de cetim, gostava de tecidos nacionais sem estampas e optava por um comprimento padrão das saias, as quais desciam castamente até a altura dos joelhos. Nem mesmo os desenhos das suaves rendas artesanais se repetiam. Naquela coleção de 1972, cuja sobriedade foi celebrada pela imprensa, as semelhanças com as interpretações de Zuzu pareciam não existir, tanto na IDC I como em lançamentos posteriores. O que de fato havia se revelava mais complexo do que mera cópia.

Os projetos de Zuzu e Dener para a moda brasileira não poderiam ser mais diferentes um do outro. A distância entre os extremos ficava evidente quando os costureiros criavam coleções em torno de uma mesma temática — as baianas, no caso — e sintetizavam um conflito central ao sistema brasileiro da moda, ainda em construção. Faltava definir quem iria conduzi-la nesse processo de consolidação e evolução, e quais influências prevaleceriam: enfim, qual ideia de Brasil triunfaria no mercado. Zuzu imaginava uma moda colorida, de bases solidamente nacionais e voltada para uma clientela moderna e dinâmica, com pretensões vanguardistas. Já Dener, apaixonado pelo glamour da alta-costura francesa e convicto de sua superioridade criativa, concebia uma moda classicamente elegante, capaz de transformar o regional e típico em algo universalmente conhecido, tipicamente ocidental — de maneira que a baiana e o candomblé, por exemplo, fossem leves insinuações, como nas batas de seda branca. O vestido acinturado de saias rodadas e mangas transparentes poderia ser espanhol, italiano, americano ou inglês. Qualquer sinal de distinção cultural tinha ficado no começo do processo criativo e se imiscuíra discretamente aos rendados e aos turbantes, usados como acessórios. O que Dener entendia como um "toque de sofisticação"[35] final diluía as inspirações brasileiras, deixando-as menos explícitas aos olhares do público.

Por mais que a moda brasileira devesse comportar diferentes visões, possibilidades e estilos, Zuzu não aceitaria que a ofensa passasse batida. Haviam tratado as baianas paulistas de Dener, em suas cambraias e sedas, como ineditismos — e ninguém na imprensa sugerira comparações com a IDC I ou chamara a atenção para o trabalho da costureira. Sua retaliação apareceu na coluna "Ela" do jornal *O Globo*, em uma edição de sábado, 9 de setembro. Provavelmente contou com a colaboração da filha Hildegard. Juntas, apostaram em uma nota irônica e afiada. A réplica alegava que "Dener, finalmente, [rendia] graças ao talento criativo" de Zuzu e ao seu sucesso nos Estados Unidos. Aquela linha lançada por ele, inspirada no candomblé e tecida com rendas nordestinas, já tinha sido apresentada por Zuzu dois anos antes, com "sucesso e repercussão no mundo todo". O golpe certeiro vinha no final, na forma de um elogio cínico. "Nada mais bacana que um brasileiro reconhecendo o sucesso de outro verde-amarelo e render-lhe homenagens. Que é o que Dener demonstra, agora, inspirando-se nas rendas, sinhás e Iemanjás de Zuzu."[36]

A nota pingava ironia e, em um punhado de linhas, insinuava que o sucesso de Dener naquela coleção soava meio duvidoso. Para começar, ele se restringia ao Brasil e, portanto, sua vitória permanecia supostamente menor que a de Zuzu, exposta em vitrines na Quinta Avenida. As baianas dele tinham chegado depois e, ao contrário das dela, não conseguiram a "repercussão no mundo todo". Na versão publicada na coluna social de *O Globo*, isso queria dizer que Dener não havia se inspirado "em temas do nosso folclore", mas no triunfo conquistado pelas interpretações desses mesmos temas feitas pela mineira. Apesar de não haver cópias indubitáveis, Zuzu via uma afronta deliberada.

Com efeito, entre as duas coleções de ares baianos e referências ao candomblé se delineava um paralelo: desde 1970 Zuzu arquitetava um projeto de moda brasileira baseado no que a imprensa louvaria, em Dener, como a fuga às ideias importadas e a valorização da matéria-prima brasileira. Ambos pareciam desejar o mesmo fim — a formação de uma moda genuinamente brasileira —, ainda que discordassem dos meios, do processo, dos métodos e, é evidente, do Brasil que essa moda desenharia. Pairava a dúvida quanto às chances de uma coexistência dessas propostas, em especial com os ataques trocados entre os costureiros, um sediado em São Paulo, a outra no Rio.

Essa história de Dener alegar ter lançado as rendas nordestinas tinha sido "demais", na opinião de Zuzu. A profusão de lantejoulas prateadas a incomodava especialmente. Pois, "quando a gente quer fazer alguma coisa baseada no folclore, é preciso estudar, senão sai Paris e Roma de novo". E, segundo ela, sempre saíam Paris e Roma na moda brasileira: todos os costureiros e modistas nacionais devoravam as influências europeias e qualquer crítica contra tais referências seria "cuspir no prato [em] que comem".[37] A própria Zuzu se dizia a única autorizada a fazê-lo, porque — conforme explicaria a diversos jornalistas — Dener não era o primeiro, muito menos o único, a se apropriar de algum elemento de suas coleções. Ao longo de 1972, ela levantaria repetidas denúncias de plágio cometido não por um colega brasileiro, mas pelos designers de Paris e Roma.

A edição de março da *Vogue* Itália apresentava, em extenso ensaio fotográfico, as novidades da alta moda italiana que chegavam diretamente de Roma. Entre as dezenas de imagens, protagonizadas pelas manequins Pat Dow, Pat Cleveland e Apollonia van Ravenstein, algumas eram dedicadas a Valentino Garavani, cuja coleção fora nomeada pela *Vogue* como "Il neo-romanticismo rosa" — em português, "O neorromantismo rosa". Pat Dow, com seus cachos curtos, ruivos e esvoaçantes, vestia as peças cor-de-rosa que haviam dominado o último desfile Valentino em Roma. Aparecia em uma longa saia xadrez de tafetá, em padronagem vichy, complementada por uma delicada camisa branca de renda, e também apresentava um manto em organza de algodão sobre um vestido de chiffon negro. Depois posava, sedutora, em longos vestidos em tons verdes e amarelos, com estampas de flores e mangas soltas e translúcidas, decoradas por ninfeias. Proliferavam os babados, as rendas e os chiffons estampados, principalmente na campanha publicitária da marca, estrelada pela atriz americana Anjelica Huston. Nessas imagens, as sedas verdes, rosadas e amarelas desabrochavam em rosas, magnólias, camélias e lírios, manipuladas pelos movimentos experientes de Huston para confirmar o domínio de Valentino na moda italiana daquele período. Era o tipo de coleção, afirmava a jornalista americana Bernadine Morris em resenha para *The New York Times*, com potencial para transformar a moda.[38] Dotado da autoridade de quem era reverenciado como o rei de Roma, Valentino confiara no impacto das estampas floridas, cores fortes e mangas soltas e fluidas em formato morcego. Suas roupas eram dramáticas, o que agradava às lojas americanas, e Morris antecipava que as cópias estariam por todos os cantos em questão de semanas. Ela revelou que o pessoal da moda comparecia à temporada de desfiles na capital italiana essencialmente para vê-lo, e os demais criadores figuravam como adendos — Valentino fazia seu desfile após a programação oficial de alta-costura, garantindo que o público permaneceria até o fim para não perder seus lançamentos.

Zuzu não queria saber se Valentino era intocável ou não. Tampouco se apaziguou com as críticas positivas de Morris, jornalista que havia elogiado sua primeira coleção Dateline. Bastou uma olhada no xadrez rosa, nas rendas e nas mangas para apontar o crime: o italiano a havia copiado.

Ela não demorou a botar a boca no trombone. Já em abril, o *Correio da Manhã* mencionava, após noticiar um desfile de Zuzu na pérgola da piscina recém-inaugurada de Ruth Fracalanza, na Barra da Tijuca, que as famosas rendas eram tranquilamente copiadas por Valentino.[39] *O Globo* se juntou ao coro no mês seguinte, alegando que a imitação se estendia até ao desenho das rendas, e não apenas ao seu uso estratégico nas mangas e barras de vestidos. A coluna "Ela" descrevia as "mangas de menininha simples do interior, das sinhazinhas" que haviam "francamente inspirado" o designer italiano enquanto Zuzu, "caladinha", vendia suas roupas em mais de vinte cidades americanas. Duas imagens ilustravam que as semelhanças não representavam, para a redatora, meras coincidências: o croqui de um vestidão xadrez de Zuzu, datado de 1970, se parecia com o longo igualmente xadrez de Valentino, completo com babados na barra da saia.[40] O jornal questionava se seria influência, cópia ou plágio; a própria Zuzu usaria, para a revista *Manchete*, termos diplomáticos. Disse que "servir de inspiração para os colegas profissionais" não configurava, em si, um problema, pois costumava largar uma coleção assim que a terminava para se ocupar da próxima. Entretanto, ela prestava atenção suficiente para localizar, nos lançamentos europeus, outras dessas inspirações não creditadas. Zuzu via influências suas nas estampas de andorinhas impressas nas saias da etiqueta francesa Cacharel e nas barrigas de fora adotadas por Yves Saint Laurent, e se incomodava com a realidade de que, como bem definia a sabedoria popular, "santo de casa não faz milagre".[41] As reverenciadas marcas italianas e francesas não permitiam uma concorrência justa com o ateliê de Zuzu, por maior que fosse sua presença no mercado americano: aos olhos brasileiros, o nacional não resplandecia tanto quanto o estrangeiro, e disso todos os costureiros e modistas estavam cansados de saber.

Ao *Jornal do Brasil*, Zuzu explicou que, embora tivesse vendido quase quarenta de seus vestidos rendados na Itália, não conseguiu se firmar por lá. A demanda ultrapassava sua capacidade de fabricação, definida pelo ritmo de trabalho das rendeiras cearenses, e a qualidade artesanal de suas peças foi rapidamente suplantada por um sistema de produção em série. Valentino, segundo o *JB*, havia substituído as rendas nordestinas pelas venezianas e industrializado a moda original de Zuzu Angel.[42]

Insistir nas suspeitas de plágio, praticado por alguém com tanto renome quanto Valentino Garavani, revela mais uma das estratégias de Zuzu. Além das defesas ao valor da moda nacional, a costureira contradizia as críticas que a declaravam cafona e brejeira ao se afigurar como uma criadora tão importante, pioneira e inventiva a ponto de ser copiada pelos bambambãs europeus. O engrandecimento do produto brasileiro passava pela noção de que um modista idolatrado como era Valentino teria recorrido à influência criativa de uma mineira para bolar sua coleção seguinte.

É difícil determinar, na moda, quem começou o quê. Alguns estilistas ganham o crédito por terem inventado um estilo ou definido uma peça icônica quando, geralmente, o seu trabalho foi captar o humor das ruas e consagrá-lo como algo novo. A inglesa Mary Quant e o francês André Courrèges sempre se bateram para reivindicar o título de criador da minissaia; décadas antes, Paul Poiret se vangloriava por ter libertado as mulheres europeias do espartilho. Mesmo Zuzu afirmava, no release da IDC IV, criar em perfeita sintonia com seu tempo. Não seria por isso, então, que identificava tantas similitudes entre sua coleção e a de Valentino? Não estariam ambos afinados para explorar o romantismo na moda, em todas as suas rendas e flores?

Zuzu desconfiava que Valentino poderia tê-la incluído em seu radar após desfilarem juntos em janeiro de 1971 em Nova York, no hotel The Pierre. Só assim, imaginava ela, o italiano teria conhecido o romantismo ingênuo de sua "moda das sinhás".[43] Indignava-se, também, ao constatar que o célebre europeu, cuja marca vestia princesas e condessas, atrizes de Hollywood e esposas de magnatas, levaria a melhor em termos de lucro, visibilidade e reputação. Não lhe parecia correto que o trabalho e os êxitos de uma costureira brasileira fossem diminuídos pela fama de mais um homem. A seu ver, o processo era perfeitamente compatível com o tom de suas críticas à dominação masculina na moda, agravada, nesse caso, pela origem europeia de Valentino e sua predileção pela alta-costura. O imbróglio "Zuzu × Valentino", manchete no *Jornal do Brasil*, se juntava às baianas de Dener e aos questionamentos de jornalistas e costureiros quanto à legitimidade da marca Zuzu Angel na moda brasileira. E comprovava para a designer e empresária que o espaço conquistado ao longo de anos de carreira não estava garantido.

A concorrência masculina, fosse ela local ou internacional, não surpreendia Zuzu. Mas a inquietava. Ela havia tomado consciência de que sua condição de mulher constituía uma das principais "forças contrárias" ao êxito profissional. Perguntava, sem esperar resposta: "Quando se diz, no Brasil, costureiro, o que se visualiza? Um criador, um artista".[44] A costureira batia de frente com vários preconceitos de gênero, que concediam aos homens o privilégio de impor moda. Já nos Estados Unidos, o ser mulher se combinava à sua nacionalidade para erguer uma barreira dupla: a brasileira que carrega o peso de ser outra, estrangeira.[45] Foi dessa perspectiva, do assumir-se como mulher brasileira em um disputado ambiente de trabalho, que emergiu o desejo de integrar organizações como o Fashion Group e o CNMB, ambas voltadas para o estímulo do potencial profissional feminino. E foi também daí que nasceu a ideia de discursar, em um encontro de destaque nacional cujo alcance superaria o do mercado da moda, sobre os lugares ocupados pelas mulheres na indústria do estilo e do vestuário. Com a palestra "A mulher e a moda", a princípio planejada para o I Conselho de Mulheres, Zuzu iria conjugar moda no feminino e garantir à plateia que a reflexão acerca das desigualdades era igualmente essencial em um meio considerado fútil, superficial e antifeminista. Estava mais do que pronta para ensinar como o "desprestígio, a despersonalização da mulher são tão grandes que, em se tratando de trabalho profissional, basta mudar o gênero feminino para masculino e a profissão sobe de nível e se transforma em algo de valor".[46]

Esse era o plano. Nenhuma plateia, porém, jamais ouviu as formulações de Zuleika Angel Jones sobre o que a moda negava às mulheres. A costureira não participou do I Conselho, embora fosse membro do comitê executivo do CNMB, e o evento tampouco obteve o sucesso sonhado pelas organizadoras.

O congresso inaugural do CNMB entendia que sua meta prioritária consistia em fornecer às brasileiras informação suficiente para entenderem seus direitos e participarem ativamente da vida nacional. Seria um processo de formação e orientação da "consciência cívica da mulher brasileira",[47] considerada crucial por Romy Medeiros da Fonseca — para ela, 150 anos após a independência do Brasil e a constituição do país como nação soberana, a mentalidade geral da população não tinha mudado muito no que dizia respeito aos direitos da mulher. "No decorrer da história", afirmou a advogada e presidente do CNMB em uma palestra concedida durante o Salão da Mulher em maio de 1972, "os homens têm determinado a posição da mulher, como juízes num processo sem advogado de defesa." Explicou, ainda, que os homens conservadores e avessos à igualdade de gênero se viam ameaçados pela expansão da atuação feminina, de modo que quanto mais elas estudavam, trabalhavam e se preparavam, mais eles se alarmavam e se enfureciam pelo que entendiam como uma "invasão de seus domínios e, simbolicamente, um desafio à sua própria sexualidade".[48]

Toda essa indignação inflamava o desejo de agir. As mulheres do CNMB queriam entregar informações concretas — "A mulher não pode continuar ganhando apenas 70% do que ganha o homem", reiterava Medeiros da Fonseca[49] — e convencer o maior número possível de pessoas quanto ao potencial da força de trabalho feminina. Mas sem politizar demais: não desejavam forjar uma luta feminista radical, agressivamente exigindo os mesmos privilégios gozados pelos homens.[50] Aliás, elas nem sequer eram feministas — ao menos segundo a coluna de Leonor Amorim, integrante da equipe técnica do conselho e responsável pela comissão de Bem-Estar Social. Amorim ainda escreveu, em seu espaço "Serviço Social" no jornal *O Globo*, que "em cada mulher verdadeiramente realizada e feliz há um homem" e, munidas de um "propósito [...] verdadeiramente democrático", as organizadoras da conferência repeliam "aquela velha e tradicional fórmula de competição".[51] Elas não tinham nada contra os homens — pelo contrário, desejavam seu apoio — nem lutavam em favor da mulher. Suas reivindicações, conclamou Medeiros da Fonseca em seu discurso de abertura do I Conselho, na noite de 23 de outubro de 1972, eram em nome do ser humano.[52]

Tais esforços de contemporização e distanciamento do discurso abertamente feminista demonstram como o conselho andava na corda bamba. Para muitos, sobretudo em uma nação mais conservadora nos costumes como o Brasil, o feminismo soava quase tão temível quanto o comunismo. A aversão à participação política feminina — em outros termos, a intrusão de mulheres nos assuntos sérios do país — existia para reafirmar os limites impostos à atuação pública das brasileiras. Deveria ser inconcebível que a mulher se afastasse do ambiente sacrossanto da domesticidade a ponto de se juntar a um grupo de luta armada, por exemplo,[53] ou se achar no direito de reivindicar mudanças na legislação trabalhista para beneficiar trabalhadoras domésticas, regularizar o acesso a métodos contraceptivos para facilitar o planejamento familiar e discutir seriamente a legalização do divórcio — todos temas abordados pelas teses escolhidas para o I Conselho.

A resistência generalizada às vozes femininas ecoando no espaço público impulsionava o CNMB a agir, mas também a exercer cautela. Se quisessem garantir quórum e receptividade, as idealizadoras do congresso precisavam disfarçar o teor feminista de seus objetivos e apelar para uma perspectiva mais palatável. Daí a insistência na participação da mulher no desenvolvimento nacional, temática atraente em um país que se deliciava com a iminência de um futuro próspero. O conselho diagnosticava que esse futuro dependia das mulheres:[54] ponham as brasileiras para trabalhar, pareciam dizer as congressistas, e asseguramos que toda a nação vai ganhar com isso. E sugeriam de mansinho: Que tal começarmos com paridade salarial? Que tal valorizarmos a educação das jovens? Que tal acreditarmos na capacidade da mulher de definir seu próprio caminho?

Não obstante o interesse do CNMB no progresso da nação, o certo é que a ditadura encarava o evento com desconfiança. O SNI se alvoroçou quando Norah Falcão Corsetti, esposa do ministro das Comunicações, recebeu uma carta-convite da organização feminina para integrar o I Conselho como membro da comissão de honra. Imediatamente, a agência central de inteligência especulou que as tentativas de se aproximar de "parentes de autoridades federais" emprestariam prestígio e visibilidade ao CNMB, além de forjar uma suposta ligação com o governo — ligação essa que deveria ser evitada a todo custo. Os objetivos do conselho listados na carta à sra. Corsetti — "igualdade sem privilégio", "justiça sem paternalismo" e "participação sem guerra de sexo" — podem até ter provocado alguns risinhos de escárnio nos agentes do SNI, mas correspondiam a princípios considerados perigosos pela repressão. Tanto que a providência seguinte foi a de farejar dados suficientes sobre a entidade, suas atividades e integrantes, e compilar um relatório.

Os agentes do SNI escavaram até o almoço na churrascaria Carreta, em comemoração ao Dia Nacional da Mulher, para listar suas participantes. Mencionaram reuniões preparatórias e a necessidade de adiar a data do congresso; citaram os nomes das mulheres envolvidas nas comissões executivas e técnicas, eleitas para o triênio 1970-3; e, a que sem dúvida foi a parte favorita da repressão, elencaram aquelas com "antecedentes negativos". A primeiríssima de todas era Zuzu Angel, que graças a seu desfile-protesto se encaixava à perfeição na lista de suspeitas dos militares. Em sua companhia, estavam, entre outras, a amiga Rose Marie Muraro — que participava de reuniões "de caráter tipicamente subversivo" e escrevera um livro perigosamente intitulado *Libertação sexual da mulher* — e Miriam Alencar, responsável pela comissão técnica de cinema, uma jornalista tida como comunista infiltrada no *Jornal do Brasil*.[55] Se dependesse do governo, o I Conselho Nacional de Mulheres — coisa de subversivas sem ter o que fazer — não iria para a frente.

Foi. Entre 23 e 27 de outubro de 1972, as mulheres se reuniram nos salões do Hotel Serrador, um imponente edifício de 23 andares em estilo art déco na Cinelândia, no centro do Rio de Janeiro. Logo no primeiro dia, policiais invadiram o auditório, interromperam o encontro e prenderam Rose Marie Muraro. Romy Medeiros da Fonseca não titubeou diante da ameaça. Reuniu os nomes prestigiados ao seu lado — e que não precisavam de associações com os militares para se sustentar — e seguiu para o Dops, onde entregou um ultimato. "Vocês vão prender a Rose. Mas antes", avisou, "terão que prender nós todas." De forma alguma a repressão conseguiria se contrapor à argumentação de uma advogada como Medeiros da Fonseca, e tampouco daria conta de encarcerar mulheres com tantos sobrenomes importantes — a ex-primeira-dama Sarah Kubitschek, a condessa Pereira Carneiro e Lucy Bloch, do Grupo Bloch de comunicação, estavam no Hotel Serrador acompanhando o evento. Muraro foi solta e o congresso pôde ser retomado.[56]

O restabelecimento do Conselho não levou, contudo, ao fim desejado. A atmosfera decadente do Serrador não combinava com as propostas modernizadoras do CNMB. O prédio não reteve o glamour dos anos de sua inauguração, na década de 1940, quando vibrava com os festejos noturnos de sua boate Night and Day. Mais do que isso, porém, havia uma dissonância no ar que atrapalhava o diálogo, e faltou interação entre os congressistas e a audiência. As cadeiras vazias na plateia faziam ecoar o silêncio dos participantes: no penúltimo dia do evento, embora houvesse cerca de duzentos inscritos, apenas 26 mulheres compareceram à palestra "A participação da juventude no desenvolvimento das comunidades", proferida por uma representante da Federação das Bandeirantes.[57] Mais de cinquenta teses foram recebidas pela comissão organizadora;[58] 25 foram incluídas na programação, com enfoque em temas tão diversos como "A mulher na era tecnológica", apresentada por Rose Marie Muraro, "Planejamento familiar" — feita por um homem —, "A problemática da babá", "Do reconhecimento dos filhos adulterinos" e "Comportamento político da mulher brasileira", fruto de pesquisas de um professor americano da Universidade de Nova York.[59] A variedade de assuntos, entretanto, não significava que as palestras originassem muitos debates ou trouxessem aplicações práticas. As principais reclamações de quem compareceu foram a "abstração de mulheres tão inteligentes" e o "alto nível intelectual" das apresentações. Em vez de acolherem participantes de diferentes origens e camadas sociais, as congressistas deram a impressão de só falarem para mulheres como elas, isto é, profissionais com formação universitária e experiência de trocas teóricas.

Os nomes ilustres espalhados pela plateia — Kubitschek, Pereira Carneiro, os presidentes do Senado, da Câmara e do STF, e a fundadora do CNMB, Jerônima Mesquita — emprestavam notoriedade suficiente para fazerem valer algumas notas nos jornais. Mas faltou Zuzu Angel. A terceira secretária não proferiu sua fala "A mulher e a moda" e se ausentou de todos os dias do I Conselho. O único vínculo aparente era o de sua filha Hildegard, que integrou a equipe de divulgação do evento ao lado de jornalistas como Carmen da Silva e Heloneida Studart.

Zuzu passou boa parte do mês de outubro em Nova York.[60] Encontrou Joan Crawford, organizou o lançamento americano da sexta coleção Dateline e jantou na casa do historiador Stanley Weintraub, numa noite em homenagem à pianista francesa Madeleine Malraux, que daria um recital no Carnegie Hall no início de novembro. A vida social movimentada em Manhattan, além de diversão, também tinha um quê de trabalho: circular nesses ambientes, com artistas, atrizes lendárias de Hollywood e nomes conhecidos da sociedade — no jantar de Weintraub, Zuzu se sentou à mesa com os sogros da filha do presidente Nixon —, permitia que seu nome crescesse e fosse notado. Ela sobressaía no papel da designer brasileira cujas roupas eram vendidas logo ali, na Quinta Avenida, expostas nas vitrines de lojas que aquelas pessoas frequentavam, como Lord & Taylor e Neiman Marcus. Diante de compromissos como esses, a participação no I Conselho de Mulheres ficou em segundo plano.

Mas a decisão de anunciar sua contribuição ao conselho, meses antes que ele efetivamente acontecesse, gerou expectativa. Zuzu tinha prometido à imprensa uma palestra instigante; quando não entregou, deu margem a todo tipo de especulação. Uma delas veio da revista *Veja*, que não perdeu a oportunidade de descrever o congresso como uma "elevada conversa cri-cri sobre crianças e criadas" e de lançar uma hipótese sobre a ausência da costureira. Naquele encontro, que a *Veja* chamava de "superficial", as mulheres radicais — feministas convictas como Rose Marie Muraro — teriam sido orientadas a "moderar suas opiniões". Já as inconvenientes receberam uma punição mais severa: a mais inconveniente de todas, Zuzu Angel, fora banida.[61] As congressistas teriam optado pela proibição de sua presença graças à campanha internacional (e impossível de ser ignorada) que ela movia contra o governo militar em nome do filho.

É claro que a coluna da revista despertou, em Zuzu, aquela vontade incontrolável de se manifestar. Ao diretor da *Veja*, Victor Civita, ela desmentiu a existência de qualquer impedimento à sua participação no I Conselho de Mulheres, sobretudo por parte das organizadoras e integrantes do CNMB. Sua ausência seria explicada apenas por "motivos de ordem estritamente pessoal" e não houvera pressão para que se calasse a respeito de sua profissão ou as circunstâncias do desaparecimento de Stuart. Ou seja, insistia Zuzu, a revista jamais deveria ter suposto que seus esforços para desvendar o sumiço do filho — ela não toca em sua tortura ou morte na carta para Civita — haviam influído na ausência do conselho.[62]

"A mulher e a moda" tinha tudo para ser uma exposição preciosa sobre um assunto pouco abordado, uma fala de teor inédito. As experiências práticas e a animação de Zuzu injetariam dinamismo à teoria e certamente cativariam mais a audiência do que a fala sobre a mulher no setor de museologia — com todo o respeito às museólogas da década de 1970. Zuzu tinha plena convicção da relevância do tema, tanto que acreditou em sua sobrevida por algum tempo. A palestra não desapareceu de vez e foi incluída na proposta de um programa de TV, esboçada por Romy Medeiros da Fonseca e Heloneida Studart.

O CNMB queria contribuir, de modo definitivo, para a formação de uma consciência cívica feminina no Brasil. Só que carecia dos meios para atingir um bom número de mulheres: aproximar-se delas e expor, em linguagem acessível e atraente, "os mais autênticos e importantes valores femininos da atualidade brasileira". A ideia de Medeiros da Fonseca e Studart combinava a presença de um aparelho de TV nos lares brasileiros — e o início das transmissões em cores — a uma lacuna na programação. Inexistia um programa destinado às mulheres que não fosse essencialmente sobre culinária ou afazeres domésticos. No formato idealizado pela dupla, cada episódio se debruçaria sobre um "tema palpitante acerca da mulher" a partir de um monólogo expositivo e, em seguida, uma entrevista com uma brasileira especialista. Se elas conseguissem convencer patrocinadores e uma emissora a investir na atração, surgiria uma série que debateria sobre arte, legislação, imprensa, publicidade, esporte, consumo e saúde pública, sempre sob o viés feminino. Os episódios tinham títulos provisórios como "A mulher do Nordeste", "A mulher rural" e "A mulher e o serviço social"; Studart e Medeiros da Fonseca seriam as apresentadoras; e as convidadas sugeridas para serem entrevistadas eram deputadas, empresárias, professoras, jornalistas e diretoras de instituições. De acordo com a proposta, Zuzu apareceria no oitavo episódio, apropriadamente intitulado "A mulher e a moda". Ela se sentaria em uma poltrona diante de uma das apresentadoras e, depois de puxar o fôlego, teria entre cinco e catorze minutos para abordar a "investida feminina na *haute couture*, a concorrência masculina, as grandes fábricas de roupa, a feminilidade e a moda, a moda brasileira no exterior, a profissão de modelo, garantias, facilidades legais, perspectivas".[63] O programa condensaria sua palestra para o I Conselho e, se houvesse ido ao ar, permitiria que o conhecimento e a prática de Zuzu com a moda brasileira, dentro e fora do país, atingissem uma audiência mais ampla. Na TV, "A mulher e a moda" teria a chance de atiçar o interesse de quem ainda via as costureiras como, segundo a crítica ácida de Zuzu, pobres mulheres caídas em cima de uma máquina, trabalhando para um artista vaidoso.

A iniciativa de Romy Medeiros da Fonseca e Heloneida Studart não se concretizou. Do programa, restou apenas o esboço, cuidadosamente preparado para justificar, aos potenciais patrocinadores, por que ele daria ibope. O texto explicava que a ousadia delas vinha do fato de serem "autênticas líderes feministas" que, pela primeira vez na televisão brasileira, uniam esforços para elaborar "um programa sério e realmente esclarecedor para a mulher".[64] Talvez as duas líderes feministas — uma advogada e uma jornalista — estivessem esperando demais quanto ao que as emissoras e os produtores julgavam ser um assunto suficientemente lucrativo. Talvez os executivos cortejados tenham concluído que o formato ficara muito monótono: fora do CNMB, ninguém ia acreditar que seria uma boa ideia colocar mulheres falando sobre mulheres para mulheres em rede nacional. E, talvez, um dos produtores tenha calculado que o risco de pelo menos uma delas se tornar inconveniente como Zuzu Angel era alto demais.

15.
No Leblon, um anjo de néon

A reação era inédita no teatro nacional. Espectadores e críticos pareciam tão (se não mais) fascinados pelas camisolas e pijamas quanto pela peça de teatro em si. Pois, pela primeira vez, Zuzu Angel não criaria roupas para lojas e desfiles, mas para compor um espetáculo.

Na noite de 8 de novembro, *Marido, matriz e filial* estreou sua temporada carioca no Teatro Santa Rosa, em Ipanema.[1] Era a quarta produção de Carlos Imperial em cartaz no Rio de Janeiro naquele ano, o que fazia dessa figura do show business brasileiro o homem mais importante do teatro carioca de 1972. Imperial parecia estar em todo lugar. Tinha lançado Roberto Carlos, Wilson Simonal e Tim Maia, compôs canções de sucesso como "Mamãe passou açúcar em mim" e "Vem quente que eu estou fervendo" e, com sua coluna diária no jornal *Última Hora*, promovia shows e espetáculos cidade afora. O "rei da pilantragem" atuava, produzia filmes e, entre seus créditos, acrescentou até o de diretor artístico da gravadora Continental. Com tanta experiência, tornou-se um eixo ao redor do qual gravitavam músicos, dramaturgos, atores, jornalistas. Depois de produzir sua primeira peça, *Um edifício chamado 200*, escrita por Paulo Pontes, tomou gosto pelo palco e engatou uma atrás da outra. Em *O cordão umbilical*, de Mário Prata, juntou-se com Aderbal Freire-Filho, um jovem diretor cearense que acabara de se destacar com a peça infantil *Flicts*, baseada no livro homônimo de Ziraldo. Imperial se encantou com o potencial de Freire-Filho e não perdia a chance de lhe dirigir elogios no *Última Hora*. Dizia que o novato era "o maior gênio já surgido em toda a história do teatro brasileiro".

Mal *O cordão umbilical* tinha estreado, Imperial preparava uma nova peça. *Marido, matriz e filial* era criação do jornalista, poeta e dramaturgo Sérgio Jockymann, e vinha com um histórico de seis anos de prósperas temporadas. A história cômica partia de uma premissa simples, tão antiga quanto o primeiro par de chifres. Após descobrir que seu marido a trai, uma mulher decide se livrar a todo custo da amante dele — que, por sua vez, arquiteta os próprios planos para eliminar o triângulo amoroso e ganhar o homem. O marido, meio apalermado, aguenta as investidas da esposa para manter o esquema a seu favor, já que não lhe interessa nem acabar com o casamento, nem terminar o caso. Para a direção, Imperial só cogitava um nome. Queria Aderbal Freire-Filho, que relutava em pegar o serviço: tinha planos de ser mais inovador com suas montagens. O produtor persistiu até o diretor topar.[2] Para o papel do marido, mantiveram Guilherme Corrêa, que o interpretava desde as primeiras encenações no Rio Grande do Sul, em agosto de 1966. A matriz ficaria a cargo de Myriam Pérsia, já uma atriz de sucesso, com papéis de destaque tanto nos palcos como na TV — outra que hesitara antes de entrar na produção, por ser ex-namorada de Carlos Imperial. E Hildegard Angel deixava o palco do Teatro Maison de France, onde participava da peça *Freud explica... explica?*,[3] para encarnar a filial.

O cenário era despojado. Cadeiras de diversas cores e estilos circundavam uma cama gigante. Não haveria mudança: a peça acontecia sobre e ao redor daquela cama, posicionada bem no centro do palco. Marido, esposa e amante desempacotariam suas crises sentimentais entre piadas, que, embora arrancassem gargalhadas da plateia, também provocavam lágrimas. A encenação de um triângulo amoroso despertou emoções cuidadosamente guardadas. Na primeira temporada de apresentação da comédia, em Porto Alegre, casais brigaram, mulheres choraram e homens deixaram o teatro encabulados, antes do fim.

Grandes expectativas precediam o início das apresentações cariocas, e a presença de roupas inéditas de Zuzu não deixou por menos. Sua estreia como figurinista foi mencionada em todas as matérias que anunciavam a chegada de *Marido, matriz e filial* ao Rio de Janeiro e marcava um projeto bem-sucedido em uma fileira de planos espertos, porém malogrados. A participação no I Conselho, a colaboração com um programa de TV feminista, o intercâmbio de moda entre Brasil e Estados Unidos pensado em parceria com Eleanor McMillen, o perfume Zuzu for Men & Women: todos ficaram na gaveta do que poderia ter sido e não foi. Mas, de uma hora para outra, Zuzu se viu às voltas com croquis de pijamas e camisolas, como uma em tom bordô, adornada por boás de plumas coloridas, pensada para a "filial". Tinha acabado de retornar ao Brasil após sua viagem mais recente a

Nova York, durante o mês de outubro, quando Hildegard a pegou de surpresa com o convite para atacar de figurinista.

A uma semana de subirem as cortinas do Teatro Santa Rosa, Zuzu acelerava o ritmo para dar conta do recado. Não passou por sua cabeça recusar o pedido da filha — “A gente, quando fica velho, passa a ser dirigido pelos filhos”, brincou —, ainda mais por ser uma oportunidade nova na carreira. O tempo era curto e o ritmo, intenso. Mesmo antes de pegar os figurinos de *Marido, matriz e filial*, ela chegava tão cansada para prestigiar Hildegard em *Freud explica... explica?* que adormecia em sua cadeira na primeira fila da Maison de France.[4] A fadiga, entretanto, não seria desculpa para frear as ideias. Queria “criar o clima de pecado”, como explicou ao *Jornal do Brasil*, e decidiu que não haveria limites para as transparências e rendas com as quais vestiria as duas mulheres da peça. Zuzu imaginava a amante em robes *deshabillé* rosa-shocking e cinta-liga preta, punha chapéus enormes sobre a cabeça da esposa e colares de pérola em seu pescoço, e salpicava os pijamas do marido com estampas em tons de verde. No auge do processo criativo, a mente de Zuzu virava um palco e nela os personagens se movimentavam o dia inteiro — enquanto isso, na casa da figurinista, ela própria andava para cima e para baixo falando sozinha, cada vez mais imersa na história e obcecada em vestir os três do jeito certo. Queria que o público visse como o marido se contorcia pela dúvida. Qual das duas mulheres seria a mais bonita? A mais sensual? A partir dos contrastes, Zuzu pensava em ajudar as atrizes a construir protagonistas visualmente distintas e igualmente interessantes. Sua filha podia ser o rosto e o corpo da “filial”, mas a figurinista não aceitaria destratar a “matriz”. Tinha opiniões firmes sobre como abordar a personagem da esposa: “Já se foi o tempo em que a mulher era aquela coisa largada, horrível, gordona, barriguda, sem trato”, disse, “enquanto a rival era linda e bem-vestida”.[5]

Os toques de Zuzu extrapolaram as roupas e acessórios. Ao ver a cama que ocuparia o palco e definiria a movimentação dos atores, ela entendeu que seria impossível fugir do óbvio. A história acontecia na cama, o conflito surgia por causa dela, então cada detalhe puxaria o espectador de volta para a disputa de duas mulheres pelo amor de um homem. Zuzu teve a ideia de dividir o elemento primordial da peça em duas porções de cores diferentes: uma azul, representando a esposa, Ana, e outra rosa, a cor da amante. O cuidado da produção e a elegância do figurino aliviaram, na avaliação do crítico e teatrólogo Yan Michalski, o fardo de ouvir por duas horas as piadas antiquadas e tacanhas de Jockymann. Antiquadas, justifica Michalski, pois o texto se propunha a examinar a moral sexual brasileira daqueles tempos e, mesmo assim, colocava em cena personagens que não sabiam por onde passava a pílula anticoncepcional. E tacanhas porque se baseavam em trocadilhos bestas, como entre árvore genealógica e ginecológica.[6]

Michalski não tinha gostado nem um pouco da peça e se perguntava: um público mais jovem e exigente, diferente do que normalmente ocupava as cadeiras do Teatro Santa Rosa, teria rido da "malícia mesquinha e hipócrita" no cerne de *Marido, matriz e filial*? Algum sucesso o espetáculo precisava fazer, já que a tal "conferência ilustrada sobre o comportamento sexual do brasileiro médio e moral do adultério"[7] estava em cartaz desde 1966. Independentemente da opinião dos críticos teatrais, contudo, um elogio parecia unânime. O figurino assinado por Zuzu Angel, com aquele guarda-roupa peculiar para uma peça, composto unicamente de roupas de dormir, levava ao palco uma "riqueza visual" indispensável.[8] Jockymann podia ter errado a mão nas piadas, mas Zuzu havia acertado em suas camisolas. Quem se interessava por elas logo descobria que faziam parte da nova coleção da costureira, já lançada nos Estados Unidos e prestes a aparecer também no Brasil.[9]

O palco tinha virado extensão das passarelas e Zuzu não se acomodaria no esquema do prêt-à-porter. A partir da sugestão de Hildegard, arregaçava as mangas de punho rendado, pegava papel para esboçar novos croquis e expunha suas criações de uma forma diferente, até então jamais experimentada por ela.

A participação de Hildegard nessa iniciativa profissional de Zuzu é um dos muitos traços no desenho da intimidade entre mãe e filhas. Ana Cristina e Hildegard estiveram na história da moda de Zuzu Angel desde o princípio. Do quarto que dividiam com o irmão Stuart, viram Zuzu transformar saias de zuarte em uma marca desejada pelas senhoras cujos nomes liam nos jornais. Desfilaram nas primeiras apresentações da mãe, começando pelo Salão de Moda no Pavilhão de São Cristóvão, e foram fotografadas para revistas como *A Cigarra*. Estiveram nos chás beneficentes em que os tailleurs costurados por Zuzu eram aplaudidos e espalhavam a novidade da etiqueta. Dançaram na festa em homenagem a Joan Crawford no Iate Clube e entenderam o tamanho da vitória quando a mãe fincou os pés em Nova York. Emocionaram-se diante do bordado de um pombo negro, em meio a tantos outros desenhos, em um vestido branco que as lembrou da perda de Stuart. Parceiras no afeto e no trabalho, acompanharam Zuzu mesmo que, ao crescerem, seguissem caminhos que ora as aproximavam, ora as distanciavam dos projetos da mãe. Enquanto Hildegard equilibrava a carreira de atriz com o trabalho de colunista social, Ana Cristina se vinculou ainda mais profundamente à marca Zuzu Angel.

A relação de Zuzu com as filhas as transformava em "musas inspiradoras".[10] A despeito das diferenças de idade, as três, na vida adulta, costumavam vestir os mesmos tipos de roupa. "Sem preconceitos", afirmava a designer. Foi desse fio primordial de suas costuras que surgiu a nova coleção. Era a linha Filha e Mãe.

Com a sexta International Dateline Collection, Zuzu fazia evoluir sua Nova Mulher e confirmava um ideal feminino capaz de existir além das regras. Essa era a hora de revelar "a mulher sem idade, sem receios e... sem *soutien*": fosse ela mãe ou filha, seria absolutamente confiante em seu corpo, destemida na hora de escolher as roupas, despida de preconceitos e desobediente quanto às normas de estilo e elegância. Alguns dos eixos de sua moda permaneciam os mesmos. O comprimento, por exemplo, continuava a cargo da freguesa, que quase sempre tinha razão. "A roupa de cada uma pode ser curta, curtíssima ou longa", decretou Zuzu novamente. Mas com uma ressalva. Tudo dependia "da beleza de suas pernas ou das varizes que tenha".[11] Se uma mulher de cinquenta anos queria uma minissaia, não havia nada que a impedisse de comprá-la — a não ser que, quando estivesse experimentando a peça no ateliê, Zuzu vislumbrasse as temidas varizes. As estamparias coloridas, desenhadas pela costureira e executadas pela Fábrica Dona Isabel, continuavam sendo as estrelas das coleções. Na sexta IDC, papagaios, cachos de bananas, laranjas e araras faziam companhia aos anjos, numa explosão tropical de verdes, amarelos, vermelhos e azuis que renderam à coleção o título, nos Estados Unidos, de "*happy clothes*".

Já a mulher sem sutiã representava uma novidade para a marca. A costureira prometia libertar as clientes das "peças incômodas de lingerie" graças à estrutura de suas roupas. A mágica embutida nas blusas e nos vestidos era lançada pelas pences e cortes que, como em um bustiê, modelavam e sustentavam os seios.[12] Com essa técnica, Zuzu dispensava um dos itens mais impopulares do guarda-roupa feminino, transformado em um dos símbolos da opressão do corpo das mulheres, e desafiava — mais uma vez — os padrões de elegância ao declará-los desnecessários para que uma mulher se vestisse bem. Suas roupas precisavam ser usáveis; vestidas, não exibidas.[13]

As pantalonas, os vestidos frente única e as peças de polybel estampadas com pássaros em revoada estrearam ao mesmo tempo no ateliê de Ipanema e no showroom do Gotham Hotel, em Nova York, entre dezembro de 1972 e janeiro de 1973.[14] Atrelada ao lançamento, Zuzu armou uma campanha publicitária que condensava a ideia da mulher sem idade e sem medo na justaposição entre mães e filhas. Ela convocou algumas de suas amigas e clientes, como Heloísa Aleixo Lustosa, Marilu Pitanguy, Claudine de Castro e Helô Amado para posarem com as filhas e encarnarem a proposta de Zuzu em "romper com as barreiras de idade".[15] O cenário era a casa e os jardins de Marilu e Ivo Pitanguy, na Gávea. Cada dupla de mãe e filha usava roupas similares, com as mesmas estampas, mas diferentes nos detalhes. Heloísa Lustosa, diretora do Museu de Arte Moderna, colocou um vestido curto com estampa de araras e frutas; a filha Solange aparecia ao seu lado com a mesma estamparia, mas em um longo. A blusa frente única de Claudine de Castro e o vestido da filha, Amelinha Meggiolaro, em tons de lilás, rosa e amarelo-claro, exibiam os mesmos desenhos de anjos. A dona da casa, Marilu, deu a mão à filha, Gisela, para exibirem, juntas, papagaios e mangas desenhados em vestidos com babados enviesados. A própria designer também foi fotografada com Hildegard, as duas abraçadas em uma rede e lado a lado em uma varanda, e mostraram vestidos de alças em comprimentos diferentes. Para completar a sessão de fotos, Ionita Guinle e Joan Guerreiro apareceram sozinhas em seus longos estampados.

Aquela "moda sem conflito de gerações"[16] era explicada no release da coleção através da separação de grupos. Para a linha Filha, Zuzu designou "modelos longos e quase comportados". Para Mães, sobraram os "modelos jovens e arrojados".[17] A mira da designer estava cravada no alvo da mulher moderna e cada coleção progredia em mais um ponto de uma lista preenchida por reivindicações de cunho feminista. Primeiro, Zuzu quis fugir da alta-costura, atrair a classe média e responder às demandas do mercado por mais variedade, menos regras e preços mais acessíveis — surgiu, então, a IDC IV, na qual o anjo desamparado custava bem mais barato que seus antecessores. Depois, pôs em prática sua convicção de moda como expressão de identidade e passou a falar da mulher de carreira, focada em sua rotina dinâmica e interessada em roupas práticas, porém elegantes. Da quinta coleção internacional, evoluiu para a sexta, cuja essência permaneceu a mesma da anterior e ainda ampliou a audácia da moda para todas: sua certeza de que "se a pessoa sente que pode vestir, veste"[18] colocava a marca Zuzu Angel no centro de um embate interminável sobre o que é ou não permitido à mulher quando se trata de sua aparência. Ao chegar em uma certa idade, sobretudo se fosse casada e tivesse filhos, era considerado bom senso que a mulher se recolhesse ao segundo plano e adotasse comportamentos e estilos de se vestir condizentes com uma posição de evidente desnível social, cultural e econômico em relação aos homens de suas vidas.[19] O desejo por algo mais — fosse por meio do trabalho, de um relacionamento ou aspirações pessoais — despertava medo. Medo de se destacar demais, de subitamente não pertencer, de ficar malfalada, de não aguentar os comentários maldosos, de perder.

Eis que surgia, exatamente do meio daquelas mulheres, alguém como elas: uma mãe de família que, a partir de seus desejos, realizou um projeto profissional de sucesso. E lhes dizia que poderiam se vestir como quisessem, advertia-as de que não precisavam temer a maturidade e contava como a mudança lhe permitira ser mais livre. Zuzu não tinha esperado uma autorização para exercer seu poder de escolha, traçar seus objetivos e agir. Suas Novas Mulheres poderiam fazer o mesmo. Os quarenta anos lhe haviam concedido estabilidade — nessa idade, afirmou, "o amadurecimento e vivência nos ajudam a superar as vaidades". Tudo o que conquistara depois desse momento lhe parecia mais seguro.[20] Sem receios, sem se preocupar com os anos passados e, às vezes, sem sutiã, Zuzu pretendia mais do que livrar as mulheres do incômodo da lingerie. Queria dizer o que ninguém dizia, criar o que ninguém criava. Autointitulava-se a fundadora de uma "versão mineira da antimoda"[21] que denunciava preconceitos, se afastava dos estigmas e buscava uma revolução libertária através das roupas.

Seria Zuzu Angel, de fato, uma marca de antimoda? À primeira vista, a conexão parece frágil. Afinal, a Lord & Taylor, em plena Quinta Avenida, não era o endereço típico do antiestablishment cultural, da rejeição à criação comercial e às convenções. A costureira tampouco propunha uma ruptura completa com as bases do sistema da moda. Ela continuava com seus desfiles e lançamentos, mantinha o ateliê em perfeitas condições, explorava a feminilidade nas roupas — bastava olhar para os vestidos rendados e as saias com babados — e vestia clientes de destaque social, como a neta do ex-governador mineiro Benedito Valadares, Maria Carmelita Valadares Pádua, que se casou em um vestido exclusivo da etiqueta.[22] Ainda por cima, Zuzu reconhecia a absorção da estética hippie, o grande exemplo de antimoda daqueles tempos, pela indústria cultural e da moda. Avaliava que os hippies "queriam se vestir de modo muito individualista e acabaram sendo engolidos pelo consumo. A indústria copiou as suas roupas e elas deixaram de ser originais".[23]

O segredo estaria no uso da palavra "versão". Zuzu não iria reivindicar para si a criação de uma antimoda brasileira, alternativa e contracultural demais para sua clientela e suas ambições democratizantes. Sua concepção do termo é perspicaz e, como se seguisse à risca o estereótipo do mineiro arguto, não faz estardalhaço. Está contra o sistema no que mais a perturbava desde o começo de sua carreira: a desvalorização feminina, o elitismo, a negação da brasilidade, a resistência em modernizar silhuetas e modelos de negócio. A antimoda de Zuzu Angel não se restringia a adolescentes e jovens em vestidões de algodão indiano e faixas na cabeça, macacões jeans, calças de veludo cotelê e colares de contas enrolados no pescoço. Esquivava-se da mesmice apática, exaltava a expressão da individualidade e se abria às mulheres adultas modernas[24] — todas aquelas que se interessassem pelas roupas que ela propagandeava como usáveis e disponíveis em uma gama de tamanhos, para caberem em corpos de manequim 40 a 50.

Não muito depois do lançamento da IDC VI, quando ainda se comentava as socialites chegando a jantares e festas cobertas por estampas de araras e bananas, foi dada a notícia de que a tal antimoda mineira e alegre ganharia um novo endereço no Brasil. A casa-ateliê tinha seus dias contados. Em março de 1973, *O Globo* revelou, em primeira mão, que Zuzu inauguraria ainda naquele ano uma butique própria no Leblon. No estoque, haveria "desde moda a perfume [e] roupa de cama, tudo com a sua grife"[25] do anjo.

A casa no número 510 da rua Nascimento Silva havia sido vendida para dar lugar a mais um prédio,[26] em uma Ipanema que se metamorfoseava graças à especulação imobiliária. O preço do metro quadrado disparava, os edifícios de vários andares erguiam uma barreira de vidro e concreto na orla, moradores de longa data precisaram encontrar alternativas. E os artistas, saudosos, cantavam um bairro que se afastava cada vez mais do que eles haviam conhecido: pouco depois da mudança de Zuzu, Vinicius de Moraes e Toquinho se lembrariam da mesma Nascimento Silva — a alguns números de distância, no 107 — como o lar inesquecível do "Rio de amor que se perdeu".[27]

Zuzu sentiria falta daquela casa. Seria impossível não se recordar, com afeto, da garagem transformada em sala de costura, do cômodo de provas no qual recebeu clientes como Kim Novak, Yolanda Costa e Silva e Tereza

Souza Campos, dos quartos preenchidos pela energia dos filhos. Mas nem o Rio de Janeiro, nem a moda, nem ela eram os mesmos. Embora a casa lhe recordasse do que havia realizado ao longo dos anos, também trazia lembranças do que perdera. Tampouco a etiqueta Zuzu Angel cabia no improviso caprichado do ateliê. Não lhe parecia muito produtivo olhar para trás e se deixar abater pela nostalgia. Duas mudanças despontavam no caminho.

Junto com seus anjos, ela atravessou o Jardim de Alah. A loja que viria a ser sua ficava no número 79-A da rua Almirante Pereira Guimarães, uma via de apenas três quarteirões que desemboca na avenida Delfim Moreira e na beira-mar. Com a troca de endereço — e de bairro —, Zuzu desbravava novamente o território carioca. Primeiro, integrara a turma que enfrentou a supremacia de Copacabana no lançamento de modas quando montou seu ateliê em Ipanema. O fenômeno das butiques de garagem e das salas de estar que viravam cabines de prova fizera daquela porção de terra, espremida entre a Lagoa e o mar, uma máquina de difusão de estilo no universo idolatrado da Zona Sul do Rio de Janeiro. No início dos anos 1970, porém, Zuzu entrou no bonde que levava os criativos da moda à outra ponta da praia entre a pedra do Arpoador e o morro Dois Irmãos.

O Leblon, naqueles tempos, era terra tão árida para o comércio de moda quanto Ipanema fora um dia. Quando Zuzu aterrissou na rua Almirante Pereira Guimarães, seu vizinho de porta detinha o posto de explorador pioneiro do bairro: Al Abitbol, marroquino de nascimento, tinha transferido sua Elle et Lui de Copacabana para aquele ponto estratégico para a expansão da moda do Rio. A história da Elle et Lui começara em 1961, ano em que Abitbol firmou parceria com o colunista e autointitulado expert em elegância Ibrahim Sued e montou uma butique para vender marcas importadas. Sua clientela cresceu, seu nome virou sinônimo de bom gosto e logo a marca expandiu para conter uma confecção própria. A inauguração da butique no Leblon acrescentava uma nova força ao equilíbrio nada estável da distribuição de influências na moda carioca. Ipanema ficava cada vez mais popular; os preços de aluguel subiam vertiginosamente; criadores, artesãos e empresários novatos cresciam o olho para o bairro já consagrado. Copacabana, então, nem se fala — os modistas mais esnobes diriam que havia se tornado popular demais. O Leblon surgia como alternativa, uma forma de sobressair em meio à enxurrada de opções. Além das butiques de Zuzu e Abitbol, as ruas pacatas do bairro receberam a Bijoux Box, de Ethel Moura Costa, companheira da designer desde os tempos do ateliê-garagem, e a Richards, de Ricardo Ferreira, referência no vestuário masculino descontraído.[28]

Apesar de ocupar um território novo, a loja de Zuzu precisava ser tão sua quanto o ateliê em casa. Ela imaginava uma butique que assumiria, em cada centímetro quadrado de sua área, a alma da marca. Nenhum cliente que entrasse ali poderia ter dúvidas: tinha mergulhado no universo de Zuzu Angel. Para conseguir isso, ela contratou Ana Maria de Carvalho como decoradora e se preparou para meses de reforma, com todos os desgastes, dores de cabeça e pequenas euforias que uma reestruturação completa implica. Sua nova logomarca trazia o nome da designer em letras maiúsculas e em uma tipografia mais fina, imaginada pelo escultor, desenhista e artista gráfico Waltercio Caldas. Rolos de fita em tecido vinho, com a inscrição ZUZU ANGEL em preto, foram impressos pela fábrica catarinense Haco S. A.[29] A cada detalhe finalizado, Zuzu via a butique de seus sonhos tomar forma.

Os vestidos, em cabides que pendiam de arames presos a armações no teto, davam a impressão de pairar no meio da loja. Araras circulares atraíam o olhar para a fartura de cores, estampas e modelos. Nas prateleiras de acrílico ficavam expostos os lenços de algodão e os acessórios, como bolsas e carteiras. Tudo coberto pelo logotipo do anjo, que se multiplicava em cada canto do espaço. Sobre as almofadas dispostas em um sofá de couro, aplicados nas portas das cabines de prova e bordados nas cadeiras estofadas, os anjinhos cumpriam sua tarefa de fio condutor da marca. Estabeleciam uma unidade visual aparentemente inesgotável e, onipresentes, coloriam cartões de visita, salpicavam os tecidos fornecidos pela Fábrica Dona Isabel e, num portentoso letreiro em néon, se posicionaram na fachada.[30] Sua versão mais comum, copiada nos papéis timbrados de escritório, nos rolos de etiquetas adesivas e de fitas para embrulho, nas sacolas plásticas e de papel e nos cartõezinhos ilustrados com o mapa indicando o novo endereço, era a de um sorridente anjo vestido de rosa, com a pele clara e as asas tão douradas quanto sua auréola.[31] Simpático, ele abre os braços e parece convidar todas as mulheres a virem conhecê-lo — queria vê-las "divinas, maravilhosas".[32]

Não era apenas a marca, porém, que precisava de um novo ponto de pouso. A venda da casa de Ipanema significava que a própria Zuzu deveria arrumar outra moradia. Em junho de 1973, ela pôs a cadela Angel no carro, atravessou o Dois Irmãos e se estabeleceu em uma casa na rua Paulo

Mazzucchelli, na Barra da Tijuca. Lá, teria espaço de sobra. Havia um pomar com bananeiras, abacateiros e goiabeiras, uma horta e um jardim. Zuzu cuidava de tudo com afinco. Regava as plantas diariamente, antes de sair para o trabalho, e não abria mão de cultivar suas espadas-de-são-jorge, suas samambaias e seus comigo-ninguém-pode.[33] O trato das plantas e a companhia de Angel preenchiam, com toques de uma domesticidade quieta e simples, a rotina tomada por compromissos sociais, pela administração da marca, pelo trabalho de criação e pelo embate em nome de Stuart.

No início, Zuzu ocupou o segundo andar da casa e Hildegard, o primeiro — a oficina de costura que outrora funcionava a todo vapor na casa-ateliê de Ipanema fora transferida para o apartamento 503 do Edifício dos Jornalistas, no número 50 da avenida Ataulfo de Paiva, no Leblon. Esse esquema não duraria. Hildegard não dirigia e a maioria de seus compromissos se concentrava no Centro e na Zona Sul; para completar o problema, os condôminos do edifício começaram a reclamar do barulho das máquinas de costura. Por sorte, as soluções estavam à vista. Zuzu tinha dois espaços intercambiáveis e, se bem empregados, poriam um fim às dificuldades. Tirou o ateliê do Leblon e o montou no térreo da casa na Barra. Já o apartamento no Edifício dos Jornalistas foi entregue à filha, que lá se instalaria pelos anos seguintes.[34]

O novo endereço trazia frescor a Zuzu. Mas seus amigos se preocupavam com a mudança para aquela rua pequena, de apenas um quarteirão e em um bairro afastado. Quando se instalou na Barra, a costureira encontrou uma região largamente desabitada — um enorme canteiro de obras em uma planície alagadiça. Naquele areal para lá da Pedra da Gávea, o vazio das dunas era rompido apenas por um punhado espaçado de casas e prédios, como se fosse uma vegetação cinzenta, esparsa e tímida. A paisagem agreste tinha começado a mudar na virada da década de 1960 para 1970, quando o urbanista Lúcio Costa, responsável pelo projeto de Brasília, entregou a encomenda feita pelo governador da Guanabara, Negrão de Lima. O plano urbanístico concebido para a Barra transformaria o "sertão carioca" — assim definido pelo escultor Armando Magalhães Corrêa em uma série de artigos para o *Correio da Manhã* — em um bairro racional, dividido em núcleos urbanizados ao longo de avenidas largas conectadas à rodovia principal, a BR-101. Lúcio Costa idealizou complexos de torres altas, cercados por lotes residenciais de diversos tamanhos e complementados por zonas comerciais autônomas. A Barra se tornaria exemplo de planejamento consciente e ocupação ordenada, bem servida por uma malha de avenidas e estradas.

Nada foi adiante no projeto — o único elemento com o qual Costa contava e que efetivamente se concretizou foi a autoestrada Lagoa-Barra, completada com túnel acústico e que serviria para diminuir o tempo de trajeto entre a Zona Sul e o bairro em expansão. O urbanista previa que seus planos demandariam um longo tempo de execução, e a demora não interessava ao Rio de Janeiro.[35] A cidade se expandia rápido, os investimentos pediam urgência e os lotes vagos logo deram sinal de que ganhariam construções.

Para uma mulher que, à exceção da companhia canina, morava sozinha, a Barra não parecia a melhor opção. Poucas de suas amigas, entre elas Lourdes Vivacqua, estariam na vizinhança. E Zuzu ainda tinha o agravante de sofrer constantes ameaças da repressão militar, inclusive pelo telefone — ligações em que vozes desconhecidas prometiam matá-la. Sua resposta: "Venha aqui, seu covarde".[36] Os amigos perguntavam como ela iria se proteger em um caso extremo; não seria perigoso transitar entre o Leblon e Barra, dirigindo sozinha, sobretudo à noite? Mas ela não abdicaria da independência de ter sua casa, de trabalhar em seu próprio ritmo, e logo estabeleceu uma rotina. Desde que se levantava, por volta das oito da manhã, permanecia no ateliê em casa. Depois do meio-dia, seguia para o Leblon. Costumava ficar na butique até as oito da noite, às vezes até mais tarde.[37] Para aliviar algumas das preocupações, adquiriu o hábito de ir dormir com as irmãs Virginia e Leopoldina, que moravam no Jardim Botânico.[38]

Entre as providências para se estabelecer na nova casa e finalizar as obras na butique, Zuzu trabalhou incansavelmente ao longo de 1973. Os esforços culminaram na noite de 30 de novembro, quando a loja foi inaugurada com um coquetel para amigos, familiares e clientes de longa data. Vestida em um conjunto de saia de seda e blusa com decote de babados, Zuzu abraçou os convidados e os apresentou, orgulhosa, ao novo espaço de sua moda. O sorriso no rosto era o mesmo estampado em um retrato dela, feito por Antonio Guerreiro, ampliado e afixado em uma das paredes e decorado com nuvens coloridas de acrílico. Durante a noite, a costureira recebeu o irmão, Carlos Alberto, e o levou para conversar com Fernando Markan, relações-públicas da Varig. Leda Castro Neves foi com o marido, Alfredo, e fez questão de usar um vestido da marca, de mangas longas e estampado com os anjos, as nuvens e o nome Zuzu. Martha Rocha — a primeira Miss

Brasil — se misturou com a atriz Yara Cortes, a socialite Beki Klabin e Niomar Muniz Sodré, do *Correio da Manhã*. Hildegard Angel estava lá para ajudar a mãe: entreteve desde Raul Seixas e Paulo Coelho a Tereza Souza Campos. O contador da marca, Gilberto Mayo, comemorou com Zuzu, e Rose Marie Muraro, normalmente avessa a eventos sociais, não deixou de prestigiar a amiga, que vira e mexe a arrastava para algum fuzuê — naquele ano, já a tinha levado para uma sessão especial do filme italiano *Sacco e Vanzetti* com o casal Jorginho e Ionita Guinle e a socialite Irene Singéry.[39] A festa correu noite adentro e Zuzu resplandecia tanto quanto seu grande colar dourado, de design moderno e curvilíneo.

Um dos convidados mereceu atenção especial. Era o jornalista americano Dennis Redmont, que trabalhava para a Associated Press e foi o responsável pela matéria de 1971 que explicava ao público internacional, com todas as letras, o caráter político da terceira International Dateline Collection de Zuzu Angel. Redmont não só apareceu na inauguração como sua então esposa, Maria Manuela, estava em um dos vestidos estampados com pássaros daquela mesma coleção-protesto. Zuzu cumprimentou o jornalista com uma gratidão reservada a quem realmente se compadecia de seu luto. Naquela loja abarrotada de artistas e celebridades das colunas sociais, Redmont era um dos que a tinham ajudado a contar a sua história — e, por conseguinte, a de Stuart. Seu compromisso jornalístico, possibilitado pelo trabalho para uma agência de notícias estrangeira imune à censura do governo, agradava à costureira. Ela ficava cada vez mais ciente de que a maioria das pessoas não estava disposta a ouvir relatos como o seu. Muitas preferiam fingir que sumiços repentinos, prisões violentas e assassinatos não aconteciam. O texto assinado por Redmont e publicado em jornais como *The Washington Post* garantiu que a cobertura do desfile no consulado brasileiro de Nova York não se limitasse a elogios às revoadas de pássaros, às cores alegres e ao sucesso de uma mineira nos Estados Unidos. Com a matéria "Fashion Takes a Political Turn", Zuzu conseguia o que havia se proposto: divulgar a morte de seu filho fora do Brasil e levantar o pano que tentava ocultar a violência da ditadura. Seu afeto por Redmont, o jornalista que a tinha ouvido, não vinha do nada.

Quando a fachada se acendeu, naquela noite de fim de novembro, e fez brilhar o anjo e o seu nome, Zuzu Angel se emocionou. Por maiores que fossem os contratempos de administrar uma loja, por mais enfadonhos que fossem os aborrecimentos de lidar com vendedores, fornecedores, jornalistas e clientes, a butique sinalizava a dimensão considerável que a marca assumia. Sem sócios e por conta própria, aquela butique com seu nome na fachada, decorada com esmero, estaria com as portas sempre abertas para quem olhasse a vitrine e se interessasse, mesmo que não planejasse comprar nada.[40] O lugar seria um ponto de encontro, uma referência da moda brasileira — muito mais que um simples comércio. Seus planos tomaram corpo e luz naquele letreiro em néon.

Ao olhar para o anjo cintilante de uma rua no Leblon, Zuzu exclamou: "Por causa deste anjo, eu, uma moça de Curvelo que gostava de costurar uns trapos, vou acabar entrando na história".[41]

Para o jantar, Juscelino levou seu seresteiro preferido, César Prates, que animara as noites no Palácio Laranjeiras durante a presidência do mineiro. No entanto, não foi Prates quem cantou a serenata em dueto com Vinicius de Moraes. Foi o próprio JK, embalado pela emoção de estar naquela Pampulha que, quando ocupava a prefeitura de Belo Horizonte, transformou em vitrine do modernismo. A mesa deveria ter sido posta às nove, mas a comida podia esperar. O jantar só foi servido duas horas mais tarde, depois que os convidados de honra — após uma longa viagem de carro e um curto descanso — chegaram. Na casa do cronista social Wilson Frade, mineiros de toda estirpe se reuniram para prestigiar uma turma de baianos, liderada por Jorge Amado. Ali, não por coincidência, vários fios da vida de Zuzu Angel se entrelaçavam numa só noite.

Wilson Frade, jornalista que mantinha a coluna "Notas de um repórter social" no *Estado de Minas*, tinha sido contemporâneo da costureira na Escola Barão do Rio Branco. Os dois mantiveram contato: ao longo dos anos, o cronista citou frequentemente as empreitadas de Zuzu em seu espaço no jornal, e chegou inclusive a hospedá-la por uma semana durante uma de suas viagens a Belo Horizonte. Ela ocupou a casa de hóspedes da propriedade, onde pouco antes havia ficado a cantora Maysa, e causou uma impressão indelével em Anna Paola, a filha ainda criança de Frade e sua esposa, Edma. Passavam tantos convidados por ali que seria difícil distinguir entre tantos artistas, políticos, escritores, jornalistas e *mondains*, e de fato os olhos azuis de Maysa eram difíceis de esquecer. Mas Anna Paola sempre se recordaria da expressão que o pai suspirava após mais um encontro com Zuzu. "Essa mulher é uma mulher incrível. Só o que ela já passou na vida... É uma fortaleza." A menina ficava intrigada. "Mas por quê, o que ela já passou na vida?", indagava.[42] Seus pais não lhe respondiam nem contavam a história de Zuzu, uma das amigas por quem Wilson Frade nutria um carinho especial. A pergunta só seria respondida anos mais tarde, quando ela entendeu o porquê de toda aquela fortaleza.

Na noite de sábado, 17 de março de 1973, o casal Frade foi anfitrião do primeiro evento de um final de semana na capital mineira, dedicado à abertura da exposição Jorge Amado e os Artistas de *Tereza Batista cansada de guerra*. No jantar, o casal Jorge Amado e Zélia Gattai e alguns dos artistas homenageados na mostra — como Carybé, Jenner Augusto, Mário Cravo, Sante Scaldaferri e o ilustrador do romance, Calasans Neto — dividiram os holofotes com os nomes mineiros. Frade convidara a socialite Zilda Couto, a tapeceira Madeleine Colaço e os pintores Inimá de Paula e Maria Helena Andrés, além de almirantes, coronéis, médicos, críticos de arte e Fernando Paz, o marchand responsável pela exposição. Ao redor de uma mesa tão eclética em termos de profissões e convicções políticas, Zuzu representava um elo entre Minas Gerais e a Bahia. A curvelana que vivera em Belo Horizonte e Salvador antes de se estabelecer no Rio sabia transitar entre artistas plásticos, senhoras da sociedade e personalidades políticas. Cada um desses lugares legou referências à sua moda, e sua admiração pelas paisagens, pela arte e pela cultura baianas nunca arrefeceu.

Não era apenas por sua origem mineira que Zuzu recebia convites para circular naqueles ambientes. Sua posição de "badalada costureira" lhe conferia prestígio suficiente para se sentar à mesma mesa que Jorge Amado, Vinicius de Moraes e Carybé. Com a filha Hildegard, ela fazia parte da turma do escritor e marcou presença em todas as paradas da programação social. No dia seguinte ao jantar de Wilson Frade, o grupo de baianos seguiu para um almoço oferecido pelo casal Lulu e Eloy Heraldo Lima — no cardápio, feijão tropeiro — e uma noite na Casa da Bahia, organizada pelo advogado e político Milton Reis. O ponto alto seria a inauguração da mostra, em 19 de março, na galeria de arte da Associação Mineira de Imprensa. Em Jorge Amado e os Artistas de *Tereza Batista cansada de guerra*, o marchand Fernando Paz reverenciava os escultores, pintores e desenhistas baianos citados ao longo do livro mais recente de Amado com uma exposição de seus trabalhos. O coquetel de abertura, que contou com sessão de autógrafos do autor, era um catálogo da cena artística e cultural do país. Gal Costa viajou só para fazer festa com seus conterrâneos e a própria Zuzu tinha deixado no Rio as incumbências da mudança de casa e das obras na loja.[43]

Quando estava em Belo Horizonte, Zuzu era, ao mesmo tempo, nativa e forasteira. Tinha morado na cidade por quase toda a sua juventude; foi lá que deu os primeiros passos como criadora de moda, costurando para as bonecas, irmãs e amigas. Belo Horizonte se inscrevera em sua história: da casa do pai na rua São Paulo às escolas onde estudou e ao cartório no qual assinou sua certidão de casamento. Embora boa parte da família tivesse se dispersado e trocado Minas pelo Rio, uma das irmãs ali permanecera. Maria Nazareth, a filha mais velha de Pedro e Francisca, compartilhava a carreira de costureira e abriu uma butique com seu nome na rua Alvarenga Peixoto, em Lourdes, bairro nobre da cidade.[44] Mas a mudança definitiva de Zuzu para o Rio de Janeiro alterou a maneira como era percebida — por mais que o orgulho pelas origens mineiras não diminuísse, ela passaria a ser tratada como a modista de sucesso entre cariocas e nova-iorquinos, a empresária de moda conhecida país afora como a dona de um ateliê em Ipanema e, posteriormente, uma butique no Leblon. Quando retornava a Belo Horizonte, por vezes se hospedava em um hotel na avenida Afonso Pena e almoçava no Tavares, um restaurante na rua Santa Catarina que atraía fregueses como o humorista Millôr Fernandes, o cartunista Jaguar, Abdias Nascimento e Vinicius de Moraes com seu cardápio caprichado de carnes de caça — iguarias como paca com feijão tropeiro, rabo de jacaré e cortes de tatu e veado.[45] Após longos períodos fora, Zuzu percebia que os lugares familiares e conhecidos adquiriam outros contornos. Não era, em definitivo, a mesma BH de antes. Tanto melhor assim.

Uma das novidades que agradaram Zuzu foi a Feira da Praça da Liberdade. A movimentação naquele endereço centralíssimo começou em 1969, com um grupo de artistas, estudantes e artesãos que se reunia informal e esporadicamente para expor suas criações, bater papo e ouvir música. Era a onda paz e amor, levemente insurgente, que irrompia em Belo Horizonte. A feirinha fez sucesso entre os moradores da região, a notícia correu no boca a boca, e mais e mais pessoas se interessaram pelo que a artista plástica Yara Tupynambá, uma de suas participantes e colaboradoras mais ativas, definiu como um ambiente despretensioso, sem ambições comerciais e preocupado com as trocas culturais.[46] A popularidade logo atraiu a atenção institucional e, em 1971, o governador Israel Pinheiro pressionou para que o evento se tornasse semanal; dois anos mais tarde, um decreto municipal oficializaria a já famosa Feira Hippie, que décadas depois migraria para a avenida Afonso Pena.

Em uma de suas visitas a Belo Horizonte e à Feira da Praça da Liberdade, Zuzu conheceu Maria de Lourdes Costa, uma artesã que vendia bonecas de pano. Parou diante da senhora quase octogenária, que expunha suas bonequinhas em um balaio a seus pés, e puxou assunto. Descobriu que d. Lourdes vinha de Corinto, cidadezinha próxima a Curvelo — o que já despertou sua simpatia —, e se condoeu de sua situação: ela morava sozinha com uma irmã mais velha, doente, e dependia das bonecas para garantir o sustento. D. Lourdes lamentou que estava cada vez mais difícil arrumar bons retalhos para confeccioná-las.

Zuzu não disse nada. Duas semanas depois, por intermédio da irmã Maria Nazareth e de José Maurício Vidal Gomes, jornalista do *Estado de Minas* e seu grande amigo, enviou um saco de retalhos dos tecidos estampados com seus anjos e sua assinatura. Os panos da Fábrica Dona Isabel grifados ZUZU ANGEL foram parar nas mãos de uma senhora mineira que fazia bonecas — e, assim que a coluna "Notas de um repórter social", de Wilson Frade, noticiou a entrega, essas bonecas ficaram disputadas. D. Lourdes vendeu todo o seu estoque num piscar de olhos. "Mas tem uma coisa", confidenciou. "As pessoas só compram as bonecas que são feitas com retalho de d. Zuzu." Além de uma matéria no *Estado de Minas* relatando a parceria entre Zuzu e a artesã, havia interesse por parte da TV Globo em produzir uma reportagem completa. Desde então, de dois em dois meses, Maria de Lourdes recebia um saco de retalhos dos tecidos de Zuzu Angel.[47]

Ainda no ano de 1973, Zuzu participou duas vezes — e de formas diferentes — de *Mineiros Frente a Frente*, transmitido aos sábados à tarde pela TV Itacolomi, afiliada mineira da Rede Tupi, de Assis Chateaubriand. O programa de auditório funcionava como uma gincana na qual concorrentes de várias cidades do estado competiam em diversas categorias. As prefeituras se inscreviam, fazia-se um sorteio para decidir quais municípios disputariam na próxima edição do show e os grupos de cada cidade se mobilizavam para organizar quem a representaria diante das câmeras. Havia atrações musicais, narração de causos, apresentações de dança, concursos de beleza — todo talento que pudesse ser exibido, na verdade, o que incluía desfiles de roupa. A primeira participação de Zuzu no *Mineiros Frente a Frente* aconteceu no início de junho, como membro do júri na disputa entre Curvelo e Ponte Nova. Algumas semanas depois, ela enviou três peças de sua marca para representar a cidade natal. Para entrar na gincana, escolheu um conjunto branco de saia e tailleur e dois vestidos — um de seda estampada Werner e o outro, um vestido de noiva bordado com flores, originalmente apresentado em 1970 na IDC I. O prefeito de Curvelo, Milton Joaquim Diniz, lhe agradeceu com uma carta e uma fotografia das três modelos posando no auditório do programa. Sua ajuda ao desempenho da cidade, segundo o prefeito, tinha sido "magnífica".[48]

Zuzu não recusava proposta feita por seus conterrâneos. Ainda mais se fosse homenageada como "a mulher, a artista, a brasileira, a curvelana": foi com essas palavras que as debutantes de 1973 a convidaram para ser paraninfa do VII Baile de Debutantes da cidade, organizado pelo Lions Club local e pelo Curvelo Clube. Ela planejou sua viagem às Gerais para um final de semana de novembro e incluiu uma escala em Belo Horizonte, para almoçar com amigos. No baile, apareceu em seu vestido de chiffon azul-marinho, estampado com margaridas e linhas amarelas, brancas e verdes. A roupa, com mangas franzidas e um laço arrematando o decote, era a mesma usada na fotografia que decorava a sua loja no Leblon.[49]

Os convites a Zuzu se acumulavam e cada evento exigia uma roupa apropriada. Dos jantares elegantes para duzentos convidados, entre eles o embaixador da Bélgica, ela passava a coquetéis com a presença de ministros de Estado; esteve na inauguração da boate New Jirau e no casamento do pecuarista Tião Maia, homem de negócios cujos apelidos eram Rei da Carne e Barão do Gado. Foi jurada do concurso A Mais Bela Estudante, no programa *Discoteca do Chacrinha*, na TV Globo, e avaliou as moças ao lado de Ibrahim Sued, Regina Duarte e Francisco Cuoco. Uma costureira que se preza privilegia as próprias criações, então Zuzu não perdia chances de transformar festas em demonstrações da qualidade de suas peças. Por vezes, acontecia de esbarrar em uma amiga ou cliente vestida do mesmo jeito. Em um almoço, Zuzu e Heloísa Lustosa apareceram com um modelo idêntico: o vestido com estampa de araras da IDC VI. Por coincidência (ou não), ambas estavam com esse vestido quando foram fotografadas para a campanha da coleção.[50]

A rotina social andava de braços dados com a moda. Zuzu fazia uso dos contatos e encontros para trabalhar, expandir sua rede de negócios e exercitar um marketing discreto. Em junho de 1973, ela ciceroneou Eleanor Lambert durante sua visita ao Brasil. À época, Lambert já havia se tornado um dos nomes mais consagrados da moda mundial — tinha feito pela moda americana o que Zuzu sempre sonhara em fazer pela brasileira. Durante a Segunda Guerra Mundial, depois de ganhar experiência como relações-públicas em museus de arte e assessora de artistas plásticos, Lambert transformou a Sétima Avenida — o polo do vestuário nova-iorquino, tido como um amontoado de confecções que copiavam os lançamentos europeus — em sinônimo de uma indústria progressista, avançada e moderna. Negociou com políticos para garantir legislações favoráveis à moda, articulou relações com revistas, sindicatos, designers e empresários, e inventou todo tipo de estratégia para alavancar a moda americana aos olhos dos consumidores. A New York Fashion Week é obra sua, assim como prêmios que prestigiavam o trabalho dos designers e divulgavam seus nomes e marcas ao público. Lambert era referência no negócio da moda americana, e certamente figurava entre as preferidas de Zuzu. Seria impossível que fosse diferente: aquela senhora de quase setenta anos, nascida no estado de Indiana, passara décadas insistindo a quem estivesse por perto que os americanos sabiam fazer moda tão bem quanto os europeus.[51] Zuzu pensava parecido. Acreditava que, se quisessem, os brasileiros poderiam ser bons como os europeus — e como os americanos também.

Quando Lambert confirmou sua presença na Feira Nacional da Indústria Têxtil, em São Paulo, para realizar uma série de conferências sobre elegância, Zuzu agradeceu a sorte e enviou seu convite. Lambert seria mais que bem-vinda a passear no Rio. Para recepcioná-la, a costureira recrutou Marilu Pitanguy e, juntas, organizaram um almoço em sua homenagem. Ao redor de uma mesa decorada com flores amarelas — a mesma cor do terno usado pela americana na ocasião — sentaram-se as convidadas: Sarah Kubitschek, Heloísa Lustosa, Ruth Almeida Prado, Vera Castro Neves, Germana de Lamare e Gisela Amaral. Todas eram mencionadas quase diariamente nas colunas sociais, associadas à elegância da qual Lambert tinha vindo falar. Depois de se banquetearem com camarão, galinha ao curry e mousse de chocolate, Zuzu acompanhou Lambert ao Copacabana Palace, onde assistiram ao ensaio final do desfile de Guilherme Guimarães. No dia seguinte, saíram juntas em um tour pelos ateliês de arte cariocas. A mais poderosa relações-públicas da moda americana voltaria a Nova York com uma tapeçaria brasileira na bagagem.[52]

Já à época da viagem ao Brasil, Eleanor Lambert trabalhava como a estrategista-mor de uma batalha definitiva na moda, que aconteceria apenas cinco meses depois, em novembro de 1973. No Palácio de Versalhes, ela colocou cinco de seus designers americanos favoritos — Halston, Oscar de la Renta, Bill Blass, Stephen Burrows e Anne Klein — para bater de frente com cinco pesos pesados da alta-costura francesa, Yves Saint Laurent, Hubert de Givenchy, Pierre Cardin, Emanuel Ungaro e Marc Bohan, o *couturier* no comando da Dior. Em um desfile-espetáculo que contrapôs o tradicionalismo francês à intrepidez americana, diante de estrelas de cinema, da aristocracia europeia, jornalistas e milionários de todo canto, Lambert apostou todas as fichas na sua tese de que a moda vinda de Nova York podia competir cabeça a cabeça com as *maisons* de Paris. Apostou e ganhou. Os americanos roubaram a cena e mostraram ao mundo que faziam roupas criativas, belas e desejáveis, não meras cópias.[53]

Evidentemente, uma mulher como Lambert não dedicava atenção a qualquer um que lhe viesse solicitar um minuto. Ter passado dois dias ao lado de Zuzu Angel indicava que a considerou importante o suficiente, e reforçava a imagem da costureira e designer como uma profissional capaz de transmitir uma boa impressão do que se fazia no Brasil a quem vinha de fora. Essa experiência em vender, sem deslumbre, para americanos e celebridades viria em boa hora em fevereiro de 1974. Numa tarde de sexta-feira, uma moça de cabelos curtos e bem pretos, unhas roídas, 1,63 metro de altura e olhos muito expressivos entrou na butique do anjo.

Liza Minnelli já tinha dois Oscars de Melhor Atriz quando chegou ao Rio para uma série de shows no Hotel Nacional. Era filha de Judy Garland e Vincente Minnelli, a estrela de *Cabaret* e *Liza with a Z*, espetáculo televisivo dirigido por Bob Fosse. Essa fama garantiu que o percurso entre o Aeroporto do Galeão e São Conrado, onde ficava o hotel, parecesse a de um dignitário estrangeiro. A comoção foi grande: fotógrafos se espremiam na pista do aeroporto, batedores da Polícia Militar acompanharam a atriz e sua comitiva, e o Galaxie negro que a transportava passava por pistas liberadas, inclusive no túnel Rebouças, cronicamente congestionado. Liza sorria e acenava para quem encontrava pelo caminho, fosse fã, funcionário do hotel ou jornalista. Pediu feijoada para seu primeiro café da manhã brasileiro e, depois de inspecionar o palco onde se apresentaria, decidiu sair para um passeio por Ipanema e pelo Leblon.

De camiseta preta de mangas curtas e calça jeans justa, poderia ser qualquer jovem andando pelas ruas. Mas era Liza Minnelli, inconfundível, e seu rosto foi reconhecido a cada esquina da Zona Sul. Ela chegou à rua Almirante Pereira Guimarães acompanhada pela relações-públicas brasileira Anna Maria Tornaghi e seguida por um grupo cada vez maior de fãs. Dezenas de pessoas se acotovelavam para observar todos os seus movimentos.

Primeiro, ela entrou na Elle et Lui, onde experimentou biquínis e ganhou presentes. Sua segunda parada foi a butique de Zuzu Angel.

Zuzu, vestida com uma regata decorada por uma borboleta no decote, atendeu Liza como a uma velha amiga. Levou-a para conhecer cada canto da loja e, juntas, reviraram as araras de roupas. Selecionaram algumas peças dos cabides e das prateleiras de acrílico para a artista experimentar; ela não gostou de nenhuma com transparências, nem de blusas curtas que expunham a barriga. Enquanto ela escolhia, a multidão se apertava contra a vitrine e foi preciso afastar algumas das crianças que formavam a plateia, tamanho o receio de que o vidro quebrasse e machucasse alguém. No fim, a atriz comprou cinco camisetas de algodão e uma saia longa. Estava prestes a ser presenteada com uma pulseira quando foi convencida pelos assessores a voltar ao hotel, pois tinha uma coletiva de imprensa programada para as 17h30.[54] Liza gostou das camisetas: usou duas delas ainda durante sua estadia no Brasil. Uma era branca, com os dizeres ZUZU ANGEL, HAPPY CLOTHES e RIO-NEW YORK estampados ao redor da figura de uma mulher, e a escolheu para um dos ensaios de seu show. Usou a outra, uma camiseta preta com o anjo e o nome ZUZU ANGEL, para se encontrar com a trupe Dzi Croquettes.[55]

Até a inauguração da butique, Zuzu não fazia t-shirts. Mas, depois que elas entraram no catálogo da marca, logo pularam para a lista de mais vendidos. Versáteis, práticas e com preços acessíveis, as camisetas de algodão haviam se tornado itens indispensáveis em qualquer guarda-roupa moderno. Traziam um trunfo diferente de qualquer outra peça de roupa: podiam virar uma espécie de cartaz de pano, através do qual comunicariam desde a adesão a um movimento político à paixão por uma banda. Em segundos, quem a veste indica sua rebeldia ou seu conformismo — no mínimo, diz algo a respeito de seu estilo pessoal. Sobre a tela do tecido, surgem palavras de ordem, logos, desenhos e cores que indicariam rebeldia, alienação e preferências de gosto. Mais individual, impossível. Graças às t-shirts e seus significados abertos,[56] a moda passou a dizer de tudo, bem como os jovens queriam.

A conversa com essa juventude era imperativa à estratégia de negócios de Zuzu. Ela já tinha a clientela mais madura em mãos e queria atrair um pessoal novo, que se interessasse pelas cores vibrantes da butique e a promessa de uma moda pronta para respeitar o estilo de cada um. Para confeccionar as camisetas, Zuzu chamou Toninho Vieira, dono de uma loja afinada com as ondas jovens cariocas. Literalmente: em 1972, Vieira abriu sua

Pier no endereço exato onde se reuniam a galera do surfe, os artistas da contracultura, as multidões hippies e os viajantes fascinados por aquela energia. Era o Píer de Ipanema, erguido no início dos anos 1970 como uma estrutura temporária para permitir a construção de uma tubulação submarina de esgoto sanitário. A infraestrutura de ferro e madeira alterou a formação das ondas, que cresceram em tamanho e começaram a quebrar com mais vigor, do jeito que os surfistas gostavam; e a areia dragada do mar e lançada na praia formou dunas, rapidamente apelidadas de Dunas da Gal, em homenagem a Gal Costa, frequentadora daquele pedaço de praia. Nelas, concentrou-se um fervor de rebeldia voltado para tudo que se referisse a comportamento, sexualidade e aparência. Toninho Vieira, à época estudante, viu as multidões tomando conta das novas dunas, os surfistas dominando as ondas e decidiu que ali seria o lugar ideal para absorver os estilos desfilados na areia — e vender roupas.[57] Sua loja estenderia um fio entre o desbunde da praia e a Nova Mulher de Zuzu.

As camisetas Zuzu Angel ficariam em um ponto intermediário entre o engajamento político e o despretensioso charme jovem. A maior parte dos modelos vinha com um ou mais anjos estampados, em diversos formatos e cores. Azuis, brancos, pretos e em tons de bege, os anjinhos mostravam ora apenas o rosto, ora o corpo inteiro, com grandes asas e auréolas. Estavam sempre acompanhados pela grife Zuzu Angel, em letras maiúsculas. Em uma das camisetas, eles voam entre o nome Zuzu, impresso repetidas vezes e de tal forma que virava uma onomatopeia, ecoando o barulho das asas em movimento contínuo.[58]

Ninguém poderia desvincular os anjos de sua razão de ser. Desde os bordados de denúncia nos vestidos-protesto ao Anjo Desamparado, uma declaração de forte teor político se disfarçava por trás de um design enganosamente inocente. Vestir uma t-shirt Zuzu Angel poderia ser lido como ato de apoio à dona de uma marca constantemente vigiada. O cliente que escolhia uma camiseta do anjo até podia ter só gostado da roupa, sem o desejo explícito de aderir ao protesto. No fim, a intenção importava menos que o resultado. A cada vez que o caixa da loja registrava uma nova compra, somava também uma contribuição para que a história da costureira libertária seguisse adiante.

16.
Leve uma mensagem a tiracolo

"Tenho tido grandes alegrias que compensam os grandes problemas", confessou Zuzu.[1] Ela vivia no emaranhado da moda e da política, e o contraste entre as *happy clothes* e a busca por Stuart se realçava a cada nova coleção. No desfile da sétima IDC, intitulada Contemporary Classic, no início de julho de 1974, Elke Maravilha fez caras e bocas e atirou almofadas estampadas no colo das mulheres na plateia. Era, mais uma vez, a estrela da passarela. Apareceu de chapéu, colar de pérolas, batom vermelho brilhante e um vestidão de mangas compridas e largas que cobriam suas mãos, todo estampado com flores pequenas sobre fundo branco.[2] Retornou requebrando em um vestido de seda mais curto, cuja barra franjada descobria seus joelhos, e formado por losangos coloridos. Sobre os ombros, uma estola do mesmo tecido; na cabeça, um arranjo de plumas negras; decorando o busto, uma rosa negra de pano.[3] Elke lembrava uma dançarina, sedutora e cheia de vida. Nenhuma outra manequim fecharia o desfile senão ela, segurando uma imensa flor de tecido e usando um vestido de noiva de renda e mangas delicadas sobre o qual caía um avental de poás de organza.[4]

Enquanto a modelo-Maravilha fascinava a audiência, Zuzu não parava quieta nos bastidores. Ajustava bainhas, arrumava os babados e franzidos, afofava as saias rodadas, organizava as próximas manequins a entrarem na passarela — uma delas era Ana Cristina, de férias no Brasil. O ateliê vibrava ao som de clássicos do cancioneiro popular como "Tico-tico no fubá", "Bumba-meu-boi" e o repertório do conjunto pernambucano Quinteto Violado. Nesse ritmo brasileiro, Zuzu mostrou lingerie enfeitada com rendas e bordado inglês, chemisiers pregueados e com decote em V, camisolas com casinha de abelha, túnicas e longos de crepe de seda:[5] era sua "nova elegância" que anunciava "uma volta ao bom gosto". Diferentemente da "elegância quadrada do passado" e da "pseudoelegância vistosa" das lantejoulas, aquela condizia com a Nova Mulher e "a vida que se apresenta para ser vivida agora".[6]

Em setembro e outubro, Zuzu viajou a Nova York e Londres com quinze vestidos e onze modelos de lingerie na bagagem. Nos Estados Unidos, assinou acordo com lojas de departamentos tão requintadas quanto a Henri Bendel, aberta no final do século XIX para fabricar e vender chapéus e cópias de alta-costura à elite nova-iorquina, até que a administração de Geraldine Stutz, a partir do final dos anos 1950, dispensou a sisudez segura do tradicionalismo para confiar no mais moderno prêt-à-porter. Stutz fez da Bendel uma referência, um empório cheio de inovações de marketing e vendas, como a "Rua das Lojas" com butiques e estandes individuais de várias marcas. As inconfundíveis sacolas listradas de branco e marrom que circulavam pelas ruas de Manhattan faziam brilhar de cobiça os olhos dos designers. Vários dos novos talentos europeus e americanos — como Sonia Rykiel, Stephen Burrows, Ralph Lauren e Jean-Charles de Castelbajac — queriam que seus produtos estivessem enchendo tais sacolas, e os dez andares da Bendel na rua 57 viraram um palco concorrido.[7] Quem lá chegasse, principalmente para expor nas vitrines, poderia contar com um boom de visibilidade. E Zuzu lá chegou. No início de 1975, contou à coluna de Zózimo Barrozo do Amaral ter vendido mais de trezentas peças para a loja e enfim ocupado as desejadas vitrines.[8] Nova York e Rio estavam de novo na mesma moda.[9]

Às vezes, Zuzu temia que aquilo não passasse do delírio de uma costureira saída de Curvelo. Os desfiles, as vitrines em Nova York, a butique movimentada e as fotografias na imprensa vinham para mostrar que o sucesso de sua etiqueta de moda era bem real. A criação, que em certa ocasião ela definira como a "coisa" dentro de si que precisava fazer, satisfazia e contentava. Dava vazão ao que queimava e queria transbordar.[10]

Mas a criação tinha que conviver com a outra "coisa" que vivia dentro de Zuzu: a perda de Stuart. Essa convivência ficava evidente até na mesa de trabalho, onde ela espalhava sua moda — que tomava corpo em croquis, amostras de tecido, retalhos e cálculos rabiscados atrás de anúncios da loja impressos em folhas avulsas — e sua militância, na forma de notícias sobre presos e perseguidos políticos recortadas de jornais, pedaços de papel com endereços e telefones de quem poderia prestar alguma assistência, listas de documentos e bilhetes de apoio enviados por pais de outros desaparecidos, amigos e desconhecidos solidários à sua causa. Zuzu cantarolava "Tico-tico no fubá" e, em seguida, retomava o estribilho da mãe enlutada pelo filho torturado. Seu trabalho apagava as fronteiras entre o mundo da moda e o da política, de tal maneira que um nutria o outro. Sem a moda, ela não levaria a política para a costura; sem política, não transformaria sua moda autoral em meio de denúncia.

Apesar de tudo isso, ainda faltava alguma coisa.

Stuart estava desaparecido desde maio de 1971 e, mais de três anos depois, Zuzu não obtivera nenhuma confirmação definitiva de sua morte. Nas auditorias, seu filho era dado como foragido da Justiça; nas ocasiões em que conseguia conversar com algum oficial militar, ouvia a mesma história. Sem registros de sua captura pelas Forças Armadas e de sua prisão em algum órgão de segurança, o "quebra-cabeças terrível" que precisava resolver continuava incompleto.[11] Nem mesmo mortes confirmadas, como a de sua nora, Sônia, prometiam descanso às famílias. Sônia voltara ao Brasil no início de 1973 e morava em um apartamento alugado em São Vicente, no litoral do estado de São Paulo, com o companheiro Antônio Carlos Bicalho Lana. Ambos militavam para a ALN e trabalhavam para reestruturar o grupo desmantelado de guerrilheiros. Por meses, a jovem viúva de Stuart conseguiu trabalhar, formando conexões com militantes baseados em São Paulo, e se encontrou com a família em algumas ocasiões. Depois do exílio na França e no Chile — e de receber a notícia de que Stuart tinha sido morto —, ela encarou o retorno à oposição armada como um compromisso com a memória do marido e com os princípios que os haviam guiado desde o início da militância.

No Brasil daqueles tempos, um militante jamais dormia descansado. Esperava sempre pelo momento da queda. A de Sônia e Antônio Carlos aconteceu no final de novembro. Foram capturados por agentes do DOI-Codi paulista em um ônibus que os levaria de São Vicente até a cidade de São Paulo. O dia mal tinha amanhecido — eram seis da manhã, aproximadamente — quando o casal foi preso, agredido e transportado para as dependências do DOI-Codi. Arrastaram Sônia pelos cabelos até um Opala que a levaria para ser barbaramente torturada; naqueles porões, depois de espancamentos intermináveis, ela teve um cassetete introduzido na vagina e sofreu hemorragias internas, às quais não sobreviveu. Essa história demoraria anos para vir à tona, e só se tornou conhecida graças às investigações empreendidas por João Luiz e Cléa de Moraes: foi pelos jornais que os pais souberam da morte dela, no dia 1º de dezembro de 1973, e o que leram não correspondia em nenhum aspecto à verdade. Segundo a versão oficial, liberada pelos militares, Esmeralda Siqueira Aguiar e Jair da Silva haviam morrido durante um tiroteio com as forças da ordem no distrito paulistano do Socorro. Jair da Silva fora publicamente identificado como sendo um dos codinomes de Antônio Carlos. Quanto a Esmeralda, João Luiz e Cléa a reconheceram como Sônia somente porque a filha, na última vez em que estivera com eles, aceitou revelar o nome que adotara dentro da ALN.

Para soprar uma cortina de fumaça diante da imprensa e sobretudo dos familiares, os agentes simularam um tiroteio que constaria em todos os registros e relatórios oficiais como as reais circunstâncias das mortes de Sônia e Antônio Carlos. Usaram balas de festim e um casal de policiais para contar que, no lugar de uma captura agressiva dentro de um ônibus e das subsequentes sessões de tortura, os dois militantes teriam reagido com tiros às ordens de prisão dadas por agentes do DOI-Codi durante uma ronda de rotina nas regiões do Socorro, Santo Amaro e Interlagos. Levados com graves ferimentos para hospitais próximos, não resistiram. Construía-se, assim, mais uma narrativa em que policiais enfrentavam (e venciam) os ameaçadores terroristas. Por trás da fumaça, o corpo mutilado de Sônia era enterrado em uma cova de indigente em São Paulo, sem que sua família fosse avisada.[12]

Elaborar diferentes versões para um mesmo crime acobertava as ações dos órgãos de segurança e a quantidade de histórias que circulavam acerca do desaparecimento de Stuart tornava impossível determinar, com exatidão, onde e como tudo começara. A melhor arma para combater esses discursos evasivos seria uma prova concreta. Mas onde obter uma denúncia concisa do que realmente havia acontecido? Onde arrumar um documento que fornecesse a Zuzu os argumentos necessários para rebater os militares? A única testemunha da prisão e da tortura de Stuart estava encarcerada — por intermédio dos advogados Heleno Fragoso e Nilo Batista, o militante Alex Polari dera o seu depoimento às auditorias e ao CDDPH confirmando a detenção e morte do filho de Zuzu. Se quisesse ter em mãos um relato decisivo, a costureira precisaria se arriscar.

Além das dificuldades de acesso a um prisioneiro político isolado no Instituto Penal Cândido Mendes (IPCM), em Ilha Grande, Zuzu se via às voltas com os próprios sentimentos. Não havia corpo a ser sepultado. Nesse vazio, despontou uma ilusão. Nenhuma mãe está disposta a aceitar facilmente a morte de um filho, e a falta de evidências alimentava a resistência emocional de Zuzu. Era sua "esperança de mãe", uma "esperança louca" que lhe sussurrava a impossibilidade de Stuart ter morrido. "Não, não pode", convencia a si mesma, "meu filho não deve estar morto, talvez esteja mesmo preso e sofrendo."[13] Ela ligava para a filha Ana Cristina, em Nova York, e dividia suas "pobres grandes esperanças". Do outro lado da linha, Ana Cristina nada dizia, incapaz — como outros familiares e amigos de Zuzu — de retrucar com um aviso de que a mãe "acabaria louca alimentando tais fantasias".[14] Ela queria Stuart vivo, "mesmo estropiado",[15] e criou cenários que pudessem explicar por que, depois de tantas tentativas públicas de encontrá-lo — os desfiles, os pronunciamentos, as histórias que corriam à boca miúda —, o filho continuava sumido. Podia ser que houvesse fugido para o exílio e fosse obrigado a permanecer oculto, por sua própria segurança. Ou, no pior dos casos, toda a tortura teria provocado nele uma perda de memória e o paralisado fisicamente, impedindo-o de reencontrar a família. Zuzu se apegava à ilusão. Enquanto não soubesse a verdade, ao menos tinha a chance de sonhá-lo vivo.

A fantasia, porém, perdia força diante de uma realidade que se impunha. Em outubro, durante a viagem a Londres para exibir sua Contemporary Classic, Zuzu se encontrou com Dick Osting, um representante da Anistia Internacional.[16] Sediada na capital britânica, a organização não governamental tinha pouco mais de uma década de existência naquele momento — mas já ganhara fama graças aos seus esforços de denunciar violações de direitos humanos, sobretudo tortura, encarceramento e atos contra a liberdade de expressão, cometidas por governos e entidades públicas. O primeiro confronto entre a instituição e a ditadura militar se deu em março de 1970, quando alguns de seus integrantes visitaram a embaixada brasileira em Londres e expressaram, além de uma profunda consternação com os relatos de tortura recebidos, o desejo de enviar uma equipe para proceder a uma avaliação independente das reais circunstâncias dos direitos humanos no país. Alegaram que, caso as denúncias de violação de diversos artigos da Declaração Universal dos Direitos Humanos se provassem incorretas, seria um alívio para a imagem internacional do Brasil.

O embaixador Sérgio Corrêa da Costa, é claro, despachou todos os representantes da Anistia Internacional de seu gabinete. Se algum grupo desembarcasse em território brasileiro e redigisse um relatório com seus achados, a imagem do Brasil não ficaria mais leve. Muito pelo contrário.

Portanto, não é surpreendente que, dali em diante, nenhuma das tentativas de contato da organização tenha rendido resposta, seja com a embaixada, seja direto com o governo militar — que, de sua parte, reiterava um "respeito profundo e duradouro pelos direitos humanos".[17] Dada a recusa de cooperação, a Anistia Internacional compilou sua avaliação por conta própria, a partir de documentos disponíveis nos Estados Unidos e na Europa e entrevistas com exilados sobreviventes a sessões de tortura. Os analistas admitiram a incompletude de seu trabalho de reunir, examinar e organizar todas as acusações enviadas e encontradas; mesmo assim, no levantamento constaram 1081 vítimas de tortura no Brasil no período entre dezembro de 1968 e julho de 1972. Na lista em ordem alfabética inicialmente publicada em agosto de 1972, Stuart Angel Jones era o de número 55.[18] Dois anos depois, o *Relatório sobre alegações de tortura no Brasil* ganhou uma segunda edição, que tornava a enfatizar a instrumentalização da tortura pela ditadura brasileira.[19]

O encontro entre Zuzu e Osting não foi tranquilo. A costureira estava emocionada demais — e esperançosa demais — para manter a calma. Contar com a Anistia Internacional como mais uma carta na manga seria de grande ajuda: a organização tinha condições de estabelecer contato direto com representantes de diversos governos e exercer pressão institucional em seu nome. Quanto mais pessoas e entidades conhecessem a história de Stuart, melhor. Restava definir exatamente qual história. Osting reiterou a importância de documentar com rigor o caso e pediu a Zuzu que juntasse todos os ofícios, registros, evidências e missivas que pudesse. Em uma carta de fevereiro de 1975 ao funcionário da Anistia Internacional, ela confessa suas dificuldades em obter os certificados de habeas corpus impetrados por Heleno Fragoso em nome de Stuart. Não obstante os empecilhos, seguiria tentando. Na mensagem a Osting, ela retoma a tortura de Stuart e persiste com sua esperança de mãe. "Ele foi retirado em uma maca, envolvido em lençol, não sabemos se já morto ou ainda com vida. Então, perdemos seu rastro."[20]

Era preciso achar esse rastro. Sem ele — e sem um material convincente para embasar as acusações contra tantos oficiais da Aeronáutica —, a Anistia Internacional seria incapaz de examinar mais a fundo o caso de Stuart e divulgá-lo por inteiro. Para garantir que o filho fosse mais que um nome em uma lista, Zuzu teria que desativar os mecanismos de autodefesa e, em suas palavras, "enfrentar a realidade e saber da verdade".[21] Mesmo que reconfortante e alentadora, aquela fantasia de um Stuart vivo e impedido, por algum motivo, de voltar para casa não servia a nenhum propósito. No fundo, Zuzu entendia a necessidade premente de encarar os fatos. Seria uma maneira de vivenciar o luto: uma vez que as possibilidades de receber o corpo de Stuart eram ínfimas, contar sua verdadeira história poderia ajudá-la a processar a perda, olhar a morte de frente e, no sufoco da dor, responsabilizar os culpados. Foi assim, impondo a si mesma a tarefa de abandonar falsas expectativas, que Zuzu saiu à procura da única pessoa com condições de ajudá-la.

Na prisão em Ilha Grande, Alex Polari não era Alex Polari — depois de desembarcar, ter-se despido de suas roupas e ser revistado, ele recebeu um número de identificação. A partir daquele dia, seria o prisioneiro 12207, sujeito à rotina degradante da cadeia.[22] O apelido do complexo do IPCM — "Ilha do Diabo" — não tinha nada de irônico. Além das celas superlotadas e úmidas, da falta de água, do regime alimentar exíguo e da higiene precária (os esgotos viviam entupidos e não havia fornecimento de itens de cuidado e limpeza pessoais), o atendimento médico quase não existia. Um único profissional de saúde se encarregava de mais de mil internos, em instalações inadequadas e recursos escassos. Sem falar nos espancamentos, nas torturas e humilhações constantes e no abandono de detentos acusados de mau comportamento em uma cela solitária conhecida como "surda". Tamanha insalubridade incentivou um grupo de presos políticos a organizar manifestações internas e duas greves de fome. Em maio de 1975, ao lado de Zaqueu José Bento, Paulo Roberto Jabour, Manoel Henrique Ferreira e outros 29 prisioneiros, Alex participou da segunda greve, que durou dezoito dias e resultou em um abaixo-assinado publicado na imprensa e enviado a senadores e deputados federais representantes do estado do Rio de Janeiro. Estavam convictos de que sua "permanência aqui [significava] a perspectiva de um aniquilamento lento, ou então, uma saída mais rápida, configurada em nosso massacre".[23] Não exageravam.

A maioria dos presos políticos ocupava as celas do segundo andar de um dos prédios decadentes. Foi em uma delas, poucas semanas antes de recorrer à greve de fome, que Alex se preparou para redigir, no formato de uma carta endereçada a Zuzu, o seu duro testemunho do que acontecera a Stuart. As lembranças daquelas horas ainda o atormentavam: em seus cadernos, ele escrevia poemas e tentava registrar o que todas as experiências de militância, tortura e cárcere provocavam em seu íntimo. Um deles,

"Canção para 'Paulo'", era dedicado a Stuart. Ser testemunha de um crime como aquele pesava — "meus cabelos foram se embranquecendo", conta um dos versos finais — e a forma como "Eles costuraram tua boca/ com o silêncio/ e trespassaram teu corpo/ com uma corrente [...] cobriram teus gritos/ com chacotas" marcaria a memória de Alex.[24] As seis páginas pautadas que preencheu com sua caligrafia cursiva pequena e ligeiramente inclinada pareciam insuficientes para a gravidade da história. No texto em que transmitia "o destino de Stuart Edgar Angel Jones no centro de torturas e assassinatos do Cisa", Alex assumia um compromisso que dava continuidade à sua militância política. A morte de Stuart, conforme confessava na carta, dizia respeito também a ele próprio, Alex: "Nesse caso, tenho uma ligação e um envolvimento emocional específico" que lhe causavam dor e consternação. Mas reconhecia que ainda mais dor e consternação causariam a Zuzu, pois tudo o que descrevia tinha poder para destruir "algumas esperanças que por mais irreais que possam ser, sempre permanecerão em uma mãe aflita pelo desaparecimento de um ente tão querido".[25]

Alex acertava em cheio. As esperanças de Zuzu começaram a ruir no momento em que ela foi até a mãe do militante e fez seu pedido por um testemunho escrito.[26] Com a colaboração da família Polari de Alverga — que, sensatamente, temia retaliações ao prisioneiro político por parte da repressão — e de Lúcia Murat, a costureira conseguiu as peças e os atores necessários para assegurar que a carta chegasse até ela. A primeira providência tomada para despistar as autoridades foi datar o documento como se tivesse ficado pronto em 23 de maio de 1972, cerca de um ano após o assassinato de Stuart, e não nos primeiros meses de 1975. Essa medida aliviava também a participação de Lúcia, que protagonizaria a fase mais delicada do plano: seria ela a agente que tiraria a carta da prisão de Ilha Grande. Durante uma visita ao seu companheiro na época, igualmente encarcerado no IPCM devido às suas atividades políticas, Lúcia pegou as folhas de caderno assinadas por Alex. Mas elas não ficariam seguras em uma bolsa, sujeita à inspeção minuciosa dos guardas prisionais, ou no bolso de uma calça. Para mantê-las longe do escrutínio de qualquer vigia, a futura cineasta as escondeu dentro da própria vagina.[27]

Lúcia se arriscava de diversas formas para levar aquela história até Zuzu. Tinha sido solta alguns meses antes, após mais de três anos de prisão, e quase não sobrevivera às violências perpetradas pelos militares. Quando desceu na Ilha Grande e entrou no presídio, carregava as cicatrizes físicas e psicológicas dos choques elétricos, dos espancamentos, das baratas que, amarradas por um barbante, eram conduzidas por um torturador pelo seu corpo e introduzidas em sua vagina, das torturas sexuais e das tentativas de suicídio. Entre 1971 e 1974, Lúcia passou pelos porões da Vila Militar, da Penitenciária Talavera Bruce, em Bangu, e da Base Aérea em Salvador, até a novidade perversa das celas "geladeiras" do DOI-Codi, com controle de temperatura e som para atormentar os presos durante os chamados "interrogatórios científicos".[28] A morte de Stuart assumira tais proporções que uma jovem ainda traumatizada pelos abusos sofridos se expôs ao risco de ser identificada e recapturada. Sua relação com Zuzu se modificara muito desde os primeiros encontros na casa de Ipanema, quando a costureira reclamava dos estudantes entocados no quarto, e da culpa que Lúcia sentiu ao vê-la, em suas roupas pretas de luto, depois da morte do filho: só conseguia imaginar que, na percepção de Zuzu, era absurdo ela ter sobrevivido e Stuart, não. A mudança brotou de ambos os lados, e a amizade entre a mãe de Lúcia, Antonina, e Zuzu foi de grande valor. Enquanto Lúcia deixava de ver a designer como a mãe que nada compreendia da situação dos filhos jovens, a outra percebia a realidade dos militantes no Brasil da ditadura e ajustava o entendimento dos valores que guiaram o próprio filho. Stuart não tinha sido o único a ser preso, torturado e assassinado, e exigir a verdade sobre seu caso poderia ajudar inúmeras outras famílias de desaparecidos, encarcerados e perseguidos em seus embates contra a Justiça Militar.[29]

A carta de Alex, prova documental do assassinato de Stuart, foi entregue a Zuzu pelo irmão mais velho do militante, o advogado Pedro Polari Alverga. Lúcia já havia passado o texto adiante — quanto menos tempo o tivesse em sua posse, mais segura ela estaria — e a família de Alex assumia a responsabilidade pela preciosa evidência. Em 27 de março de 1975, Pedro entrou no escritório do advogado Nilo Batista com as folhas em mãos.[30] Era Quinta-Feira Santa e, para uma mulher criada na fé católica como Zuzu, a data não poderia ser mais simbólica. Ao chegar sozinha em casa, com a carta diante de si, rezou e pediu "força e calma suficientes".[31] Reuniu toda a sua coragem e leu.

Que Stuart tinha sido amarrado a um jipe, com a boca atada a um cano de descarga, Zuzu sabia. Que ele tinha sido arrastado pelo pátio do Cisa e humilhado pelos oficiais da Aeronáutica, também. Mas desconhecia os detalhes dos longos interrogatórios à base de surras no pau de arara, afogamentos e choques elétricos; ignorava a tática de cortar o fornecimento de água das celas e abandonar os presos, feridos, delirantes de dor e com sede. As descrições de Alex introduziram na mente de Zuzu a imagem de seu filho largado em uma cela nua, tossindo incessantemente e implorando por água, sem receber atendimento médico e ainda alvo de chacota dos oficiais da base. "Claro que a minha esperança desmoronou", ela contaria mais tarde.[32]

Ler a carta foi só o começo. Ela mal teve tempo de processar seu conteúdo e sentir as primeiras emoções despertadas pela certeza da morte de Stuart. O texto não configurava unicamente uma leitura penosa para a mãe arrasada: seu valor documental era preponderante e exortou Zuzu ao trabalho. A Anistia Internacional pedira um material mais extenso e aprofundado do caso Stuart, e nada do que a costureira conseguira juntar até então possuía o mesmo impacto das palavras de Alex Polari. Com aquela denúncia em mãos, que incluía os nomes dos torturadores e detalhava as técnicas empregadas por eles, Zuzu chamaria a atenção mundial para uma série de violações de direitos humanos. O único empecilho estava no idioma — uma carta em português não conquistaria o público desejado, sobretudo nos Estados Unidos. Era preciso traduzi-la, e Zuzu estava decidida a não envolver mais ninguém naquela tarefa. Já havia arriscado a segurança de muitos.

Com um exemplar do dicionário *Merriam-Webster* posicionado na mesa, bem ao seu alcance, Zuzu viveu aquela Semana Santa completamente absorta em verter as palavras de Alex para o inglês. Fez tudo à mão, com sua caligrafia arredondada, e sempre saltando uma pauta da página entre cada linha escrita. Passou a Sexta-Feira da Paixão, o Sábado de Aleluia e a maior parte do Domingo de Páscoa trancada em casa, e só interrompia a tradução quando se sentia assoberbada pela emoção. A despeito da dor de examinar tão de perto o sofrimento de Stuart, porém, as páginas de Alex ganharam sua versão internacional. No início da noite de 30 de março, a carta estava traduzida.

Enfim, uma dose de alívio — alguma paz, até. Zuzu tinha executado o trabalho mais difícil e, no dia seguinte, se dedicou à formulação de um aditamento. Nesse texto, contextualizava tudo que julgava faltar na carta em si: resumia a sua trajetória profissional e política desde a morte de Stuart, explicava como obtivera o testemunho de Alex e descrevia, com alguns detalhes adulterados para preservar a segurança dos envolvidos, tanto as circunstâncias de sua escrita, na prisão, quanto da tradução, em uma casa na Barra da Tijuca.[33] A fim de conferir um caráter legal ao documento, Zuzu levou uma cópia a um cartório na avenida Nossa Senhora de Copacabana para que fosse devidamente autenticada. Não satisfeita, rubricou cada uma das dezoito páginas da versão em inglês. No processo de preparar a correspondência a autoridades brasileiras e estrangeiras, à qual o relato seria anexado, nenhum cuidado era pouco.

O primeiro destinatário da narrativa de prisão, tortura e morte de Stuart foi a Anistia Internacional. Mas couberam muitos outros papéis no envelope enviado para o escritório americano da organização, localizado em Washington, D.C. Além de cópias da carta original, da tradução e do aditamento, Zuzu incluiu os pedidos de habeas corpus, as sentenças das auditorias que absolveram o filho e as negativas das Forças Armadas e da polícia de que Stuart Angel Jones estivera, em qualquer período, preso em alguma de suas instalações.[34] Quem abrisse o pacote e examinasse o dossiê montado por Zuzu entenderia, sem dificuldades, o primordial: um jovem brasileiro acusado de subversão, dado como foragido pelos militares, tinha sido preso e, de acordo com uma testemunha ocular, torturado até a morte nas dependências da Aeronáutica. Malgrado as evasivas da Justiça e da repressão, ele nunca mais fora visto, e todos os esforços de sua família e de seu advogado confirmavam o pior. Com o caso Stuart, a comunidade internacional podia acrescentar mais uma evidência à pilha já vertiginosa de denúncias, relatos e provas do desrespeito aos direitos humanos cometido rotineiramente pela ditadura brasileira.

Era bem o tipo de demanda à qual a Anistia Internacional preferia se dedicar. Seus agentes consideraram o novo documento "assombroso" e pediram permissão para reproduzi-lo, não com fins sensacionalistas, mas para fazer jus à sua "força e convicção" e intensificar as investigações sobre práticas de tortura. Fizeram, todavia, uma ressalva. Estaria Zuzu disposta a expor seu nome de modo tão público e despertar mais uma onda de vigilância, mais uma campanha contra seu trabalho e sua segurança? A resposta só podia ser uma. Ela a tinha dado antes e a daria quantas vezes fossem necessárias. "É o mínimo que posso fazer pelo meu filho", concluiu.[35] Suas próximas cartas comprovariam que, a seu ver, nenhum risco parecia grande demais. Ela não temia que o nome Zuzu Angel circulasse, inclusive entre aqueles que viviam em seu encalço. O primeiro na lista era o então presidente do Brasil.

Em 29 de abril, Zuzu realizou seu segundo "doloroso apelo" ao general Ernesto Geisel. O primeiro tinha sido feito em maio de 1973, quase dois anos antes e na véspera do Dia das Mães.[36] Zuzu batera à porta do apartamento do general, no Leblon, levando uma fotografia de Stuart e sua "aflição" quanto ao que acontecera com o filho. Geisel havia se recusado a recebê-la. Na nova tentativa de contato, a costureira queria se certificar de que suas súplicas ficassem, ao menos, registradas e achava que a oportunidade era adequada para lhe escrever. Permitia-se um alento, a "triste e pobre esperança" de descobrir onde estava o corpo de Stuart. "Rogo [...] a vossa excelência mandar apurar a responsabilidade do que ocorreu com o meu filho sacrificado", pediu ela a Geisel, depois de ter invocado a certeza de que o general, "como pai e como cristão que é, [havia] de compreender a angústia" que se tornara sua companheira diária desde que ouviu, pelo telefone, a notícia da prisão de Stuart. Fez questão de ressaltar que jamais recebera esclarecimentos das autoridades e acusou nominalmente o brigadeiro Burnier como mandante das torturas.

Embora os planos de Zuzu extrapolassem as missivas em que implorava por justiça, ela insistia em contatar os altos escalões. O que chamava de "procurar os graúdos"[37] integrava a sua performance de *mater dolorosa* como uma estratégia importante. Na posição de cidadã atrás do filho desaparecido, formalizar suas denúncias aos líderes militares lhes mostrava que Zuzu não apenas tinha consciência dos métodos da repressão e estava disposta a apontá-los diretamente, como podia, a partir de então, divulgar as particularidades de um caso específico. Em vez de conjeturas e suspeitas, ela sinalizava que conhecia o destino de Stuart no Cisa, sabia quem tinham sido seus algozes e sugeria, não muito sutilmente, que não esconderia nada. O luto discreto e silencioso não lhe caía bem. Zuzu não exigia mais dados e explicações — já os tinha —, e sim uma resposta à pergunta que fazia sem cessar. O "que teria sido feito do corpo do meu amado filho?".[38]

Geisel foi um entre os "graúdos" brasileiros que receberam envelopes remetidos por Zuzu Angel naqueles meses de 1975. Poucos dias depois, em 3 de maio, estava pronto o pacote para o ministro do Exército, o general Sylvio Frota. Ao ministro e sua esposa, Ídia, Zuzu enviou uma cópia do testemunho de Alex e nova carta pessoal. "Sou uma mãe desesperada, e só não enlouquecida, porque estou certa [de] que meu filho, como Jesus Cristo [...] [está] lá de cima olhando por todos nós." A comparação com Jesus aparecia, ainda, nas associações que Zuzu fazia ao chamar de "operação martírio" as sevícias de Stuart. Era-lhe inconcebível que um "jovem estudioso, brilhante, desprendido e acima de tudo sincero e profundamente honesto"[39] tivesse sofrido daquela maneira. Para ela, a morte violenta de um homem com tanto futuro à sua frente só poderia ser um martírio.

O mesmo lamento chegaria, ainda, a um apartamento em Copacabana. Dentro de um envelope branco, decorado por uma faixa rosa na qual estava grafada a logo da marca Zuzu Angel, um marechal da reserva encontrou não uma ou outra folha, mas um punhado de documentos. Em papel timbrado, também da etiqueta da costureira, um pequeno bilhete datado de 6 de maio de 1975 explicava que Zuleika Angel Jones oferecia, a Oswaldo Cordeiro de Farias e sua esposa, Avany, "um anjo e uma operação martírio". O dossiê, dessa vez, vinha complementado por cópias das cartas a Geisel e Frota — como se Zuzu avisasse que Farias, ex-governador de Pernambuco e militar atuante em grande parte dos eventos políticos do país desde as revoltas tenentistas de 1922, não seria o primeiro, nem o último, a ser intimado por ela.

O marechal não estranhava receber pedidos de ajuda de familiares de desaparecidos. Em 1973, intercedera em favor de uma presa política, filha de um ex-auxiliar de seu gabinete de governo, para romper sua incomunicabilidade;[40] no Natal de 1974, havia aceitado os agradecimentos de uma pernambucana, residente de Olinda, que prestava reconhecimento pelo interesse dele em relação ao desaparecimento do filho, Fernando Santa Cruz Oliveira.[41] E, entre essas duas ocasiões, o marechal escrevera a Rodrigo Otávio Jordão Ramos, ministro do Superior Tribunal Militar, para solicitar sua cooperação no caso de Lúcia, filha da "antiga amiga" Antonina Murat Vasconcellos — "um verdadeiro molambo humano", segundo sua descrição, devido aos sofrimentos, transtornos e angústias provocados pela prisão de Lúcia e todos os processos nos quais era ré. Cordeiro de Farias achava que a jovem deveria pagar pelos seus crimes, mas de forma condizente com uma sociedade civilizada, e não pedia nada ao ministro além de fazer o que bem entendesse diante do conteúdo da carta. No melhor dos casos, Jordão Ramos poderia receber "Ninah", como o marechal se referia à amiga, e explanar o que pesava contra Lúcia.[42] Não é inadequado supor que, um ano mais tarde, a ideia de que Zuzu o interpelasse tenha partido de Antonina, dada sobretudo a influência política do militar.

Cordeiro de Farias abriu o envelope de Zuzu, examinou o conteúdo e arquivou a papelada. Ao contrário de sua reação à situação de "Ninah", inexistem registros ou indicações de qualquer movimentação, enganosa ou não, em prol da família Angel. Uma resposta, aliás, seria impossível: reconhecer a demanda de Zuzu significava legitimá-la e, consequentemente, admitir a morte de Stuart pelas mãos das Forças Armadas. Sua porta precisava permanecer fechada para a costureira, e o marechal esperava que, depois daquela saraivada de cartas desconcertantes, ela sossegaria. Nunca poderia imaginar que, no mesmo dia 6 de maio, Zuzu preparava outro envelope. Este iria para um velho conhecido de Cordeiro de Farias, de seus tempos nas linhas aliadas contra os alemães na Itália, em 1944-5, quando atuara como comandante da Artilharia Divisionária da Força Expedicionária Brasileira (FEB). Ela pretendia chegar ao general americano Mark Wayne Clark.

Na Segunda Guerra Mundial, Cordeiro de Farias era um general de brigada sob as ordens do major-general Mascarenhas de Morais; o grande chefe era Clark, que desembarcou na Itália em setembro de 1943 à frente do 5º Exército dos Estados Unidos e, após a vitória dos Aliados na Batalha da Sicília, assumiu o comando do 15º Grupo de Exércitos. Foi nessa corporação aliada que o nome de Clark entrou na história militar brasileira: entre as unidades britânicas, americanas, polonesas, francesas, italianas e gregas do grupo durante a campanha italiana de 1943-5, estavam os mais de 25 mil efetivos da FEB. O êxito na campanha garantiria a Clark, aos 48 anos, a patente de general de quatro estrelas — o mais jovem da história do Exército americano até então. Não que isso o livrasse do escrutínio crítico de seus superiores. Sua decisão de entrar em Roma em vez de perseguir as tropas do 10º Exército alemão rendeu bastante controvérsia, assim como sua tentativa de romper a linha alemã Gustav ao cruzar o rio Gari, aos pés do monte Cassino, manobra que custou a vida de mais de 2 mil soldados americanos.[43] No 15º Grupo, porém, Clark era a referência. Inclusive entre os brasileiros, que frequentemente recebiam suas visitas de inspeção e revista. Cordeiro de Farias o recebeu em mais de uma delas, como quando o 2º Escalão da FEB estava estacionado próximo à cidade de Pisa.[44] Graças à ligação com a FEB, Clark recebeu o título de general honorário do Exército Brasileiro.

Em maio de 1975, o alto oficial americano e o marechal brasileiro se encontravam de novo. Era o trigésimo aniversário do Dia da Vitória e Clark foi convidado pelo governo Geisel para permanecer cinco dias no país, entre o Rio e Brasília, para cumprir uma agenda de eventos comemorativos. Com quase oitenta anos, o general ainda atuava como assessor da Casa Branca para assuntos militares.[45] Mesmo na reserva, mantinha certa influência — e isso atraiu a atenção de Zuzu. Em meio aos crescentes debates no Congresso e no Senado americanos acerca da devida (ou indevida) ajuda militar e financeira a países com histórico de violação de direitos humanos, a opinião de um general experiente e respeitado poderia provocar algum impacto. Nem que fosse para projetar novas evidências nas investigações de uma possível cumplicidade americana com a violência da repressão. Zuzu tinha avistado mais um recipiente do dossiê sobre a operação martírio.

Clark não parecia se preocupar muito com o estado dos direitos humanos sob a ditatura brasileira. Sua viagem ao país era de celebração e ele não pretendia puxar a orelha de nenhum colega militar. A comitiva do americano foi recebida no Galeão no dia 6 de maio por uma trupe de oficiais brasileiros, entre eles o comandante do 1º Distrito Naval e o marechal Cordeiro de Farias.[46] Em seguida, Clark, sua esposa, Mary, e os assessores e seguranças se dirigiram para o Sheraton, um hotel inaugurado em setembro de 1974 aos pés do morro Dois Irmãos, bem em frente à praia do Vidigal. Tão em frente, aliás, que a praia parecia exclusiva. Com a construção do enorme prédio de 26 andares, os moradores da favela do Vidigal perderam o costumeiro acesso ao trecho de areia, de forma que apenas os hóspedes tinham acesso fácil. Sob pressão, o hotel consentiria em ceder — um pouco — e montou uma escadaria ligando, em mais de cem degraus, a avenida Niemeyer à praia.

Fosse como fosse, o Sheraton brilhava como uma oferta luxuosa aos visitantes e prometia retornos milionários ao investimento de 35 milhões de dólares em sua obra. O "primeiro hotel de categoria internacional do Brasil", com 617 apartamentos, piscina, sauna, restaurantes, bares e butiques disputadíssimas — Lourdes Catão, cliente de Zuzu, concorria com Al Abtibol, da Elle et Lui, pelos espaços no saguão[47] —, seria uma "incalculável fonte de divisas para o país" e mais um atrativo para os turistas estrangeiros.[48] Uma diária custava a partir de quarenta dólares, algo em torno de 240 dólares em valores atuais, o que limitava ainda mais a clientela.[49] O Sheraton queria ser a escolha incontestável para hóspedes exigentes e parece ter funcionado para Mary e Mark Clark. Quando não estava sendo homenageado por oficiais e adidos militares, o general descansava em sua suíte no décimo andar. Já a esposa preferia descer até o lobby e conferir as lojas, onde admirou especialmente peças de artesanato local feitas com pedras semipreciosas.[50]

Mary Clark não fazia ideia, mas alguém que também apreciava o artesanato e as pedras semipreciosas estava prestes a encontrá-la. Com um presente, um bilhete e um dossiê em mãos.

No dia seguinte, em 7 de maio, Mary planejava receber visitas em seus aposentos. Os afazeres iam sendo cumpridos sem dificuldades e sem surpresas. Até que, por volta das 19h50, enquanto se despedia de convidados à porta do seu apartamento, a sra. Clark percebeu que uma mulher se aproximava. Vestida de preto dos pés à cabeça, essa aparição inesperada carregava um envelope. Chegou bem perto da esposa do general e, em inglês, cumprimentou-a e se apresentou como Zuzu Angel, esposa de um americano. Assim que passou o envelope para Clark, a mulher se afastou, sem esperar por uma reação.

E sem esperar, evidentemente, que os vigias do hotel ou, pior, policiais tivessem a chance de alcançá-la. Uma vez alertados, eles correram para interceptá-la. Augusto, identificado como oficial de segurança do Sheraton e colaborador de longa data dos órgãos de vigilância, caminhava na direção do apartamento 1027, reservado à equipe de guarda-costas do general, quando reparou em uma pessoa desconhecida se dirigindo à suíte dos hóspedes americanos. Ambos os quartos, dos seguranças e dos visitantes, se localizavam no mesmo décimo andar do hotel. Desconfiado, Augusto apertou o passo e avisou os agentes José Justino de Souza e Jair Maurício, do Departamento Geral de Investigações Especiais (DGIE), sucessor do Dops, que estavam no 1027 e integravam o destacamento de segurança externa do general Clark. Souza pegou o primeiro aparelho telefônico à vista e acionou sua seção, enquanto Augusto corria até a suíte do casal Clark e solicitava a autorização da americana para examinar o conteúdo do envelope. Com o material devidamente confiscado, o segurança do hotel retornou ao ponto de encontro dos agentes do Dops. Pretendiam coletar todas as provas e informar aos seus superiores o que tinham descoberto. Juntos, abriram o envelope.

Aquela esposa de um americano que havia furado a segurança do hotel e chegado a Mary Clark tinha levado para o casal ali hospedado, debaixo do nariz dos agentes do Dops, duas cartas, um lenço de seda estampado, duas fotografias e um maço de fotocópias de documentos manuscritos. Uma das fotos mostrava um jovem sorridente; a outra, uma mulher. Quando botaram os olhos nessa segunda imagem, reconheceram a suspeita que abordara a sra. Clark. Mas era tarde demais para detê-la. Zuzu Angel já tinha sumido.[51]

"O fato é de suma gravidade", declararia, tarde da noite daquele mesmo 7 de maio, o comandante de polícia Deuteronômio Rocha dos Santos, em um relatório para a Divisão de Operações do DGIE. Zuzu não só era "mãe do subversivo Stuart Angel Jones, que encontra-se desaparecido" e fazia campanhas durante viagens ao exterior "externando sua revolta" como, pelo visto, tinha se tornado uma assassina sanguinária. Segundo Rocha dos Santos, ela poderia aproveitar a oportunidade de estar cara a cara com Mary Clark e "atentar contra sua vida e a de quantos ali se encontravam".[52] Exageros à parte, os relatórios do Serviço de Buscas do DGIE ressaltam a seriedade do acontecimento. Não se tratava de um encontro fortuito e tampouco sem importância. Conforme escreveu o comandante Rocha dos Santos, os documentos apreendidos faziam "acusações gravíssimas às autoridades militares".

À sra. Clark — a quem chamou de "d. Mary" em um bilhete — Zuzu se identificou como designer de moda especializada em temas brasileiros e inspirada pela natureza de seu país. Ela fez questão de listar as lojas americanas que vendiam suas criações e a convidou a visitar sua butique no Leblon. Estaria lá durante a semana a partir das quatro da tarde e, aos sábados, durante a manhã. Dentro do envelope, incluiu ainda uma caixinha, dentro da qual havia um de seus lenços. Era um "presente de meu filho, um anjo, chamado Stuart Jones, apelidado Tuti".[53] À exceção desse lenço, Zuzu esperava que todo o resto fosse passado ao general, conforme esclareceu ao final do bilhete. "Espero receber notícias suas", encerrou.

A Mark Clark, em contrapartida, Zuzu fez menos agrados e foi mais específica. Além da foto do "anjo" Stuart, ela entregava a história de "uma operação militar conhecida aqui no Brasil como 'operação martírio'". Por causa dessa tragédia, pela qual ela se desculpava de tê-lo abordado enquanto o americano viajava por seu país, o nome de seu filho se tornara uma "lenda" nacional como o "americano rico que morreu pelo pobre povo brasileiro". Tantas informações pessoais, prosseguia Zuzu, serviam para que Clark entendesse que tipo de pessoa era — e acreditasse que ela contava a "inacreditável e dolorosa verdade".[54] Essa verdade estaria nos documentos considerados pela repressão como os mais preocupantes do conjunto: o testemunho de Alex e a tradução e contextualização deste. Ainda havia mais. No verso da fotografia de Stuart, Zuzu grafou um relato curto das torturas sofridas pelo militante. Não moderou o teor religioso e reforçou o argumento do martírio. "Seus torturadores e assassinos riram e debocharam dele, como fizeram com Jesus na Cruz. Seu corpo nunca foi entregue a mim, sua mãe. Sinto uma grande e enorme dor."[55]

Assim que terminaram de vasculhar o material quase entregue a Mary Clark, os agentes reunidos no quarto 1027 deram sequência ao protocolo: aguardaram pelos seus superiores. O comandante Deuteronômio Rocha dos Santos estava a caminho e ficou ainda mais assustado quando chegou ao Sheraton e percebeu a "precariedade da segurança" a cargo do Exército. Detectou a presença de um único e solitário agente no hall do décimo andar. O restante do contingente se posicionava na parte externa do hotel. Seu diagnóstico era que a flagrante falta de vigilância fora tudo de que precisava Zuzu ou qualquer outro elemento mal-intencionado. Rocha dos Santos esperou um colega, o detetive Mandim, com quem avaliou o material, e se pôs a distribuir ordens. Os agentes deviam fazer fotocópias de cada folha, encaminhá-las ao DGIE junto com os originais e devolver o lenço a Mary Clark.[56]

As denúncias de Zuzu não acertaram o alvo e a equipe do DGIE dificilmente assumiria, para um militar condecorado, os descuidos em seu esquema de segurança. Nem arriscaria ter que prestar explicações e justificar o porquê de apreender todos aqueles documentos. A rapidez com que agiu não deixa dúvidas de que a repressão identificou o caráter sensível e potencialmente perigoso das páginas assinadas por Zuzu e Alex Polari. Abafar as acusações ao governo era a prioridade. Os agentes só não conseguiam impedir o burburinho que faria a notícia circular: na coluna do Zózimo no *Jornal do Brasil*, meros três dias após o ocorrido, uma notinha contava que uma das visitas recebidas por Clark foi a de sua "velha amiga" Zuzu Angel.[57] Não havia história alguma entre o general americano e a designer de moda antes daquela noite de maio, e Zózimo — um colunista que confiava na perspicácia de sua audiência para entender o humor e as críticas embutidas em suas notas — antecipava que os leitores podiam imaginar isso. Havia uma mensagem ali, facilmente interpretada pelo público leitor do *JB* que já conhecia a cruzada antiditadura de Zuzu, indicando que essa narrativa acabava de ganhar mais um capítulo.

O general jamais deixou indícios de saber da existência da designer de moda que queria lhe contar sobre a tragédia do filho. Se ouviu algo a esse respeito, é provável que tenha sido pela esposa. Ela pode ter comentado, ainda que de forma sucinta, acerca da brasileira em trajes de luto e do envelope confiscado pelos policiais, cujo conteúdo não lhe foi revelado. Pode ter, também, mostrado ao marido o lenço de seda — o único vestígio de que uma desconhecida de fato havia entrado no hotel e entregado um volumoso dossiê à mulher de um ex-comandante do Exército americano.

Adicionar o lenço como presente foi uma ideia engenhosa da costureira. À primeira vista inofensiva, a peça tinha um quê de mensagem codificada.

Infelizmente, Mary Clark perdeu a chave para decifrá-la. Mas, se tivesse lido ao menos a carta que Zuzu lhe escreveu, poderia começar a entender a associação entre o anjo e o filho assassinado. Um dos lenços criados na década de 1970 vinha estampado com diversos anjos. Em cada uma das quatro pontas, um anjo sorridente levanta um coração cheio de estrelas; no centro, outro coração está rodeado por uma ciranda de pequenos anjos; em cada lateral, um trio de anjos se dá as mãos, tendo a figura no meio uma cor diferente das outras duas que o acompanham. A trinca sugere representar os três filhos de Zuzu, com Ana Cristina e Hildegard ladeando Stuart, destacado pela coloração singular. O modelo, confeccionado em voile polybel, estava disponível em várias combinações de cores sobre fundo branco, como tons de azul, bege e rosa, de roxo, laranja e verde ou de rosa e verde.[58]

Assim como as camisetas, os lenços repetiam e repercutiam o anjo como elemento central da etiqueta Zuzu Angel e da história de sua designer. Também no primeiro semestre de 1975, saiu a campanha "Leve um anjo a tiracolo" para divulgar a nova linha de sacolas, bolsas e maletas. Em lona bege com desenhos dos anjos, complementada por alças e detalhes de couro escuro e fivelas de metal, as peças cruzavam mais uma fronteira no plano de expansão e diversificação da marca. A cliente que visitasse a rua Almirante Pereira Guimarães podia se abastecer com todo tipo de mercadoria, desde coloridos chemisiers de algodão e camisolas cobertas por nuvens a sacolas, carteiras e lingerie. Zuzu não era somente a costureira das roupas práticas e modernas, mas a dona de uma marca completa. Os novos acessórios serviam para as "suas andanças por aqui ou voando para o exterior" e, nos anúncios fotografados por Antonio Guerreiro, Hildegard Angel posava sorridente, cabelos esvoaçantes e vestida com uma blusa de mangas compridas estampada por mais uma revoada de anjos. Vários dos modelos de bolsas disputavam a atenção, penduradas nos ombros, pendendo das mãos ou ao redor dos pés de Hildegard, calçados em botas de cano longo.[59]

Zuzu poderia ser a estrela da própria campanha publicitária, se assim quisesse. A pose já estava pronta: em uma fotografia, saía de um táxi cooperado, com registro do Aeroporto do Galeão, e trazia, pendurada no ombro direito, a sua sacola de lona com anjos estampados. Vestia um chemisier florido de mangas compridas, ajustado por um cinto de fivela metálica. Na foto, não olha diretamente para a câmera. É uma viajante em trânsito, acompanhada de seus anjos.[60]

Bolsas, camisetas, lenços, capas de almofada, maletas e porta-moedas: Zuzu não parava de introduzir novidades nas prateleiras de sua butique, todas devidamente marcadas pelo anjo. Uma estratégia de marketing que ia direto ao ponto, uma vez que cada novo produto podia ser logo identificado como parte do catálogo da designer graças à logo angelical. E havia, ainda, o lado simbólico daquele mensageiro celestial. A sina do anjo é transitar entre os mundos, intermediando o sagrado e o profano. Sua presença não é sinal infalível de boas notícias — pode ser o portador de destruição e perdas — e as asas evocam o contínuo movimento de passagem, seja do tempo eterno ao presente imediato, seja do espaço etéreo à terra humana.[61] Embora tenha pensado no anjo, antes de tudo, como representação da inocência do filho, a designer não se esqueceu de seu papel de mensageiro. Aquela figura, reproduzida infinitamente nas suas criações, assumia a missão de transmitir uma visão, um recado, uma história.

Uma missão que Zuzu corroborava quando tomava cada leva de lenços e bolsas recém-chegada à loja como ponto de partida para narrar, mais uma vez, seu desespero. Ligava para jornalistas de moda como Iesa Rodrigues, do *Jornal do Brasil*, e a convidava para visitar a butique e conhecer as novas peças. Essa era a isca. Assim que se acomodava no ambiente colorido no Leblon, Iesa descobria que Zuzu não pretendia falar de moda. "Você tem que me ajudar", implorava, pedindo a colaboração dos outros repórteres da redação para obter notícias, ou solicitando a publicação de alguma carta no jornal. Iesa, ainda no começo da carreira, ficava atordoada. Sentia a tristeza que emanava da designer, a solidão de sua busca, mas também tinha medo de ajudá-la e sofrer alguma represália da ditadura.[62] A repressão, afinal, podia estar à espreita, ouvindo o telefone grampeado, esperando na próxima esquina, e mesmo disfarçada dentro da loja. Zuzu suspeitava das desconhecidas que entravam procurando por ela e perguntando detalhes sobre o caso de Stuart — especialmente a forma como morreu. Uma dessas supostas freguesas, esposa de militar, estava tão curiosa que a costureira se cansou e a confrontou. "A senhora tem certeza que seu marido não é um deles? Que seu marido não é um torturador? Pense bem nisso. A senhora suportaria estar casada com um homem que é muito bom para a família, e sai por aí torturando e matando os filhos das outras?" A mulher desabou a chorar. Uma das funcionárias de Zuzu teve que acudir e acalmar os ânimos.[63]

Agora que Zuzu tinha a história de seu "anjo" Stuart em mãos, o que fazer? Bastaria enviar cartas? Uma conquista ela poderia comemorar, graças ao suporte institucional prometido pela Anistia Internacional. Por outro lado, os demais destinatários do relato da operação martírio permaneceram em silêncio, e nem o mais minucioso documento em um dossiê rigorosamente compilado conseguiria reverter a situação. Tampouco o lenço devolvido a Mary Clark despertara curiosidade suficiente para levá-la à butique e, quem sabe, colocá-la a par do que a costureira tentara dizer ao seu marido. O testemunho de Alex e as reivindicações de Zuzu eram mais uma evidência da violação de direitos humanos praticada pela ditadura, e precisavam chegar mais longe. Longe o bastante, aliás, para sair do alcance da repressão — dos agentes que confiscavam envelopes e ficavam de tocaia na porta de uma loja no Leblon — e chegar perto de pessoas que poderiam amplificar as acusações.

Zuzu não delegaria essa tarefa a ninguém. Para preservar a segurança de quem gostaria de ajudá-la, atender ao propósito que determinara a si mesma e prosseguir com sua militância, ela decidiu agir por conta própria. Não sonhava com grandes resultados: esperava apenas uma resposta. "Eu quero saber o que foi feito do corpo do meu filho, e tenho o direito de saber", declarou. "É isto que eu pergunto ao governo brasileiro e ele se recusa a me responder. Então, eu fui pedir ajuda ao governo americano."[64]

Em 2 de julho de 1975, cansada de despachar envelopes que talvez nunca fossem abertos, Zuzu Angel entrou no Capitólio, em Washington, D.C. Levava, a tiracolo, um anjo e sua mensagem.

17.
A costureira sobe a colina

Um telegrama despachado pelo Departamento de Estado à embaixada americana em Brasília enumerava os aborrecimentos: a pauta dos direitos humanos continuava a ocupar o Congresso, as denúncias de violações e abusos não paravam de chegar, vários deputados exigiam apurações sobre as reais condições de perseguidos políticos no Brasil. E terminava com uma sugestão. Seria conveniente que o embaixador John Hugh Crimmins prevenisse o ministro das Relações Exteriores brasileiro, Antônio Azeredo da Silveira, quanto ao clima do debate sobre direitos humanos nos Estados Unidos, sobretudo no Congresso. As perguntas a respeito de brasileiros desaparecidos e torturados eram incessantes, a pressão institucional só subia e os problemas poderiam bater à porta de Silveira a qualquer momento. Enviada em 3 de março de 1975, essa mensagem foi assinada pelo próprio secretário de Estado americano, Henry Kissinger.[1]

De fato, a disposição de um grupo de deputados e senadores democratas em investigar o estado dos direitos humanos em um Brasil governado por militares não arrefecia. Cerca de um ano antes, em março de 1974, o Subcomitê de Organizações e Movimentos Internacionais, vinculado ao Comitê de Assuntos Estrangeiros da Câmara, publicara um relatório abrangente analisando a natureza das relações estabelecidas entre os Estados Unidos e nações assoladas pelo desrespeito sistemático aos direitos humanos.[2] Ao longo de quatro meses, o subcomitê, liderado pelo deputado democrata Donald Fraser, entrevistou dezenas de colaboradores de organizações e agências regionais, nacionais e internacionais de proteção aos direitos humanos, estudou as diretrizes instituídas pela ONU, revirou o histórico recente de relações diplomáticas americanas e as últimas políticas externas estabelecidas para concluir que, no final das contas, a presidência de Gerald Ford e as administrações anteriores — sobretudo a de Richard

Nixon — "não acredita[m] que direitos humanos devam ser um fator significativo para determinar nossas relações bilaterais com outros Estados".[3] Uma das audiências, em 11 de dezembro de 1974, se debruçou sobre a "tortura e a opressão no Brasil", tendo como testemunha-chave o jornalista e missionário metodista americano Fred Morris, preso e torturado no Recife.[4] O relatório final do subcomitê, intitulado "Direitos humanos em uma comunidade global: Um chamado à liderança dos Estados Unidos", examinava os casos de Vietnã, Indonésia, Filipinas, União Soviética, Portugal, Espanha, Chile e Brasil, e acusava o Departamento de Estado de estimular uma negligência calculada para desenvolver, sem maiores dores de cabeça, alianças estratégicas com governos antidemocráticos, autoritários e violentos.

Kissinger e seu departamento não apreciaram nem um pouco o teor do documento e acharam as quase trinta recomendações de Fraser especialmente irritantes. As propostas de mudanças dentro do órgão soaram como um ultraje: até quando pudesse, o secretário iria se opor a instituir reformas burocráticas, entre elas a criação de novos gabinetes e cargos dedicados a assessorar o departamento e o governo, e tampouco estava disposto a priorizar os direitos humanos em seu processo de tomada de decisões. Desencorajar explícita, pública e diretamente governos que cometessem violações era outra recomendação que Kissinger não aprovava. Sua experiência, desde que fora assessor de Segurança Nacional e atuara como conselheiro de relações exteriores a partir do governo de Dwight Einsenhower, nos anos 1950, e depois de assumir o mais alto cargo diplomático americano na presidência de Nixon, lhe ensinara que essa história de direitos humanos não passava de uma preocupação secundária. Para fazer diplomacia em tempos de armas nucleares e garantir a détente entre americanos e soviéticos, a tática mais eficiente não envolvia interferências na política doméstica dos aliados. O seu plano se baseava, na verdade, em instituir parcerias estratégicas com potências regionais, suficientemente fortes para combater o avanço socialista em suas áreas de influência. Pouco importava se essa liderança local era uma democracia estável ou uma ditadura militar. O essencial era que tivesse condições de pôr os interesses americanos em prática e colaborar na manutenção da estabilidade internacional.

No bloco da América Latina, Kissinger elegeu o Brasil como o grande aliado — a proximidade de seu relacionamento profissional com Silveira, inclusive, atestava para um projeto compartilhado de fortalecimento das relações bilaterais entre os dois países.[5] Toda essa onda de críticas ao apoio fornecido pelos americanos ao governo brasileiro, a seu ver, só servia para prejudicar uma amizade promissora. Conforme o próprio Kissinger lera em dezembro de 1969, em um memorando enviado pelo general Vernon Walters, ex-adido militar americano em Brasília, "se o Brasil se perder [para a subversão esquerdista], não será outra Cuba. Será outra China".[6] Cinco anos mais tarde, o truísmo ainda fazia sentido dentro da lógica do secretário. O contexto, por sua vez, havia mudado um pouco. Após as violências e a carnificina da Guerra do Vietnã, o interesse público americano pelo desrespeito aos direitos humanos — na forma de torturas, desaparecimentos forçados, assassinatos políticos, censura e perseguição — vivia uma expansão significativa. A imprensa punha as denúncias de tortura para circular, colocava nomes de presos e desaparecidos na boca do povo e, a partir dessa conversa, estimulava o escrutínio dos comitês legislativos quanto às alianças diplomáticas fomentadas pelo Departamento de Estado. Nesse confronto entre Kissinger e políticos como Fraser, cada vez mais vocal em suas represálias à conivência da política externa, o projeto de parcerias estratégicas entrava na berlinda. Assim como entravam os programas de assistência financeira e militar que beneficiavam tais parceiros, sendo um deles o Brasil.[7] Em sua defesa, Kissinger alegava que a ajuda militar proveniente dos Estados Unidos não contribuiria, necessariamente, nem para o aumento da repressão, nem para avanços em relação aos direitos humanos.[8]

Dada a temperatura política que só subia, Kissinger tinha motivos para se inquietar. Uma viagem oficial ao Brasil estava em seus planos havia um bom tempo, e seu departamento lidava o tempo todo com demandas envolvendo o governo Geisel. Ele faria o que pudesse para evitar uma escalada de tensões com seus adversários no Congresso, de modo que o telegrama ao embaixador Crimmins funcionava como um gesto de cooperação. Ao mencionar os nomes do político Paulo Stuart Wright e da professora e militante da ALN Ana Rosa Kucinski Silva, dois desaparecidos políticos — tidos como mortos — que figuravam entre os pedidos de apuração enviados ao Departamento de Estado, Kissinger acrescentava mais um ponto de cautela. Era como se dissesse a Silveira para abrir os olhos, apurar os ouvidos e preparar um plano B — pois, quando a turma dos direitos humanos aparecesse, seria de uma vez.

A realidade brasileira não escapava ao secretário de Estado. Se havia uma coisa que Kissinger não podia alegar, essa coisa era ignorância: ele sabia exatamente o que estava acontecendo no Brasil. E sabia do papel do governo militar nisso. Em abril de 1974, recebeu um memorando de William Egan

Colby, diretor da CIA, que informava sobre uma reunião, realizada em 30 de março daquele ano, entre o presidente Geisel e os generais Milton Tavares de Souza, Confúcio Danton de Paula Avelino e João Baptista Figueiredo. Tavares de Souza entregava o cargo de chefe do CIE para Danton de Paula Avelino, e o general Figueiredo, que em 1979 assumiria a Presidência do país como o último ditador militar, encabeçava o SNI. Nessa ocasião, os três generais apresentavam um pedido a Geisel — queriam que ele autorizasse a continuidade de "métodos extralegais" contra "subversivos perigosos". Geisel não deu uma resposta imediata. Estava na dúvida: essa história de eliminar subversivos, fossem eles suspeitos ou condenados, não seria prejudicial à estabilidade política do país? No dia seguinte, o presidente julgava já ter pensado o suficiente para tomar uma decisão. Chamou o general Figueiredo e disse que a estratégia deveria continuar, desde que os agentes da repressão exercessem cautela na escolha dos elementos a serem eliminados. Dali em diante, quando o CIE botasse as mãos em subversivos, esquerdistas e demais ameaças à segurança nacional, teria que conferir, com o chefe do SNI, se deveriam ou não proceder ao assassinato. Sem o selo de aprovação de Figueiredo, nada feito.[9]

O memorando de Colby se dirigia apenas aos olhos de Kissinger e do secretário-assistente de Assuntos Interamericanos do Departamento de Estado.[10] Mesmo difundido para apenas dois destinatários, porém, circulou o suficiente para ser possível afirmar que os americanos estavam cientes do uso de tortura e assassinato como uma política de Estado pelo governo militar brasileiro. Kissinger, em especial, não podia se espantar com todas aquelas denúncias que desciam, tal qual enxurrada, nas repartições do departamento. Daí o telegrama, que fazia as vezes de alerta para a embaixada americana em Brasília a respeito de com o que tinham de lidar em Washington.

Um detalhe revelador surge nessa mensagem. "De acordo com nossos arquivos", dizia o texto, "nós nunca realizamos nenhuma investigação oficial direta no Brasil referente a ninguém que não possa reivindicar cidadania americana."[11] Para merecer a atenção do departamento, as vítimas da ditadura deviam provar — de maneira inequívoca — seu vínculo direto com os Estados Unidos. Na falta disso, e a despeito de todas as audiências e todos os relatórios de subcomitês exigindo uma postura de defesa aos direitos humanos, não haveria investigação.

O telegrama entre secretário e embaixador era confidencial; ninguém fora da embaixada e do Departamento de Estado teria acesso a ele. Seu conteúdo, entretanto, dificilmente surpreenderia Zuzu Angel. Ela sabia que tinha umas cartas a jogar nos Estados Unidos e repetiria, quantas vezes fossem necessárias, as reivindicações do vínculo americano de Stuart. Com a carta de Alex e o dossiê cuidadosamente montado, Zuzu pausava a moda política para pôr em prática um novo plano — travar, no centro do governo dos Estados Unidos, sua campanha pela investigação da morte do filho.

"*Welcome to fear city*", exclamava a caveira encapuzada para aqueles que pousavam nos aeroportos de Nova York. Os turistas de primeira viagem ficavam horrorizados ao ler a mensagem nos panfletos espalhados pelos pontos de chegada à cidade, enquanto os locais e os visitantes experientes balançavam a cabeça, até achando graça. Esses panfletos apareceram em junho de 1975, quando Zuzu passou por Nova York a trabalho antes de seguir para Washington, e se diziam um "guia de sobrevivência" indispensável aos viajantes. Em nove diretrizes, eles explicavam quais precauções tomar para preservar suas posses e não arriscar sua segurança. O ideal, mesmo, seria passar longe dali. Se isso não fosse possível — e, para Zuzu, nunca foi uma opção —, o melhor era, por exemplo, não sair às ruas depois das seis da tarde, não pegar transporte público, segurar bolsas e sacolas com as duas mãos e toda a força (e nunca as deixar fora de vista, nem em restaurantes), e não confiar sequer nos quartos de hotel. Ninguém sabia dizer quem tinha produzido os tétricos guias de sobrevivência e a prefeitura estava compreensivelmente furiosa com tamanha propaganda negativa.[12] Mas quem já tinha se acostumado com a energia caótica e perigosa da cidade dava de ombros e seguia em frente. Zuzu com certeza reagiria assim, pois sobrevivia fazia anos à ilha arrasada pelo crime, pelas dívidas e pelo descaso governamental. Não era nenhuma turista inexperiente e, como basicamente todos os nova-iorquinos daquela época, tampouco passara ilesa dos furtos.[13] Embora enxergasse o que a ruptura social podia provocar — não ignorava a sensação de que cada pessoa na rua parecia olhar por sobre o ombro —, conseguia traçar e percorrer seu caminho nas circunstâncias mais desafiadoras. Para Zuzu, Nova York não era a cidade do medo. Ela saiu do aeroporto com o passo firme de sempre, pronta para apresentar sua nova linha de camisetas na Fashion Fair, no hotel Statler Hilton.[14]

A parada da costureira em Nova York, além de valiosa para prosseguir com as exportações de sua marca, era estratégica. Quando anunciou à imprensa a partida aos Estados Unidos, no final de junho, fez questão de frisar que levava consigo a coleção Zuzu I Love You, com onze t-shirts diferentes.[15] Assim, despistava a vigilância da repressão — nenhum agente precisava saber que, depois de Manhattan, Zuzu estenderia sua viagem à capital americana. Isso fazia perfeito sentido quando, pouco mais de um mês antes, ela testara de novo a paciência dos militares ao burlar o esquema de segurança montado pelos oficiais brasileiros e ridicularizar a equipe do DGIE que acompanhava o general Mark Clark no Rio de Janeiro. Aquela afronta não seria esquecida tão cedo, particularmente após ter sido registrada em diversos relatórios e comunicados. Washington nunca deteve fama no circuito da moda, então a ida de uma designer até lá levantaria suspeitas. Sobretudo se essa designer era Zuzu: até um agente bastante desatento faria, sem muitas dificuldades, a conexão entre a importância política de D.C. e a costureira, velha conhecida dos órgãos de segurança e recente visitante surpresa de um general americano. Ficava evidente que ela não subiria a colina do Capitólio apenas para admirar a vista.

A decisão de levar, ela mesma, seu dossiê aos poderosos de Washington configurava a próxima etapa de sua campanha por Stuart. Começou a preparar o terreno cerca de um mês antes, no início de junho, quando mobilizou esforços para fazer o caso alcançar o Comitê de Relações Exteriores do Senado americano, cuja audiência estava marcada para o dia 4. Ana Cristina Angel e Martin Ennals, secretário-geral da Anistia Internacional, expuseram toda a história em duas cartas endereçadas ao senador democrata John Sparkman, presidente do comitê. Relataram as circunstâncias da morte de Stuart Angel, de acordo com o testemunho de Alex Polari, e salientaram a impossibilidade de o governo brasileiro assumir responsabilidade pelo crime. Ambos deixavam bem claro que Sparkman, o comitê e o Senado seriam aliados importantes na busca por justiça. "Em nome da Anistia Internacional, respeitosamente insisto que o senhor dê ao pedido [de Ana Cristina] a sua total atenção pessoal, e que o senhor use a influência de sua autoridade para que representações apropriadas sejam feitas ao governo do Brasil", escreveu Ennals;[16] a filha de Zuzu, após elucidar em detalhes o caso do irmão, partilhou sua expectativa de que Sparkman se uniria a ela e à família Angel Jones para exigir da ditadura uma exposição completa e fundamentada do desaparecimento de Stuart e garantir o retorno à mãe, "vivo ou morto". O senador teria "o poder e a autoridade para obter [...] o tipo de justiça que os Estados Unidos sempre buscaram como uma precondição para auxiliar e negociar benefícios com governos estrangeiros".

Nas onze páginas datilografadas em que narra todas as providências tomadas por Zuzu desde o momento em que recebeu a notícia da prisão do filho, Ana Cristina destaca — como de praxe naqueles comunicados — o vínculo americano de Stuart. Um dos parágrafos iniciais apresenta as antigas credenciais de Norman como funcionário do governo dos Estados Unidos: Stuart nasceu na Bahia porque o pai chefiava um laboratório que fornecia quartzo ao Departamento de Defesa durante a Segunda Guerra Mundial, explicou ela ao senador, e ao longo do texto mencionaria também o tio-avô Sydney Foster, o tio Stuart P. Jones e os amigos Graham Kennedy French e Joan Crawford como conexões estadunidenses relevantes. Ela própria se apresentava como estudante de música na Universidade Columbia e residente em Nova York desde 1971. Dada a relutância do Departamento de Estado em cutucar o que via como o vespeiro de direitos humanos, era necessário ir além de simplesmente divulgar a violência do caso. Stuart precisava "merecer" a atenção dos americanos, e as evidências de uma cruel sessão de tortura nas mãos da Aeronáutica pareciam pesar menos que a nacionalidade de um pai ou tio.

O irmão de Ana Cristina falava como americano, parecia americano e tinha fé na "justiça superior do sistema democrático americano de governo". Tudo em sua história apontava para a urgência de uma investigação imparcial. Não obstante o cuidado para que cada palavra soasse respeitosa o bastante a um senador, porém, a *assistant designer* de Zuzu inseriu uma provocação em seu texto. Haveria uma "crença disseminada em alguns grupos brasileiros" de que os Estados Unidos não se preocupariam com as democracias latino-americanas e as usariam para seus próprios interesses, fornecendo armas e instrumentos de tortura "*made in USA*" para governos autoritários de direita. "Nós não acreditamos que isso seja verdade", amenizou, "mas sabemos que uma imagem como essa pode ser transformada pelo apoio americano à justiça e à liberdade no Brasil."[17] Que Sparkman ficasse de sobreaviso. Não restavam muitas ilusões naquela família, nem mesmo em relação ao poder americano. Algum tempo depois, Zuzu declararia seus sentimentos ambíguos em relação aos conterrâneos do ex-marido. "Tenho mágoa dos americanos, mas ao mesmo tempo tenho grande admiração por eles."[18]

As cartas e os documentos anexados à correspondência ao senador — como o dossiê compilado por Zuzu e uma tradução do comunicado dos prisioneiros de Ilha Grande, quando de sua greve de fome, remetida pela

Anistia Internacional — instaram Sparkman a solicitar um relatório completo do caso de Stuart ao Departamento de Estado. Um resultado encorajador, mas insuficiente. A ideia de recorrer aos americanos não terminava ali, depois de uma tentativa frustrada de abordar um general e da troca de algumas mensagens. A briga pelos direitos humanos estava sendo travada em várias frentes, por um bom número de indivíduos, e no mesmo Comitê de Relações Exteriores de Sparkman havia Frank Church, o senador que levantara as acusações de que os Estados Unidos teriam ensinado técnicas violentas de controle e tortura à polícia brasileira. Com os contatos certos no Capitólio, Zuzu poderia angariar parceiros respeitáveis e, principalmente, motivados pela causa dos direitos humanos.

A dificuldade estava em definir quais eram esses contatos certos. Entre tantos assessores, conselheiros, secretários e representantes de políticos, não era nada simples selecionar aqueles que de fato seriam ouvidos pelos deputados e senadores — e que, chegada a hora, repassariam as demandas de Zuzu aos seus superiores. Congressistas recebem dúzias de pedidos a cada dia, vindas de cada canto de seu distrito eleitoral, e não havia garantia de que a história de uma brasileira teria o impacto desejado. Sem bons preparativos e sem conhecer adequadamente o terreno da disputa, Washington poderia terminar, para Zuzu, como mais uma tentativa malograda de transmitir suas denúncias às autoridades americanas.

A militância em nome de Stuart a posicionava em ambientes surpreendentes, aos quais nunca imaginara ter acesso ou sequer precisar se infiltrar, e ela logo teve que aprender a se movimentar neles. Zuzu não tinha vergonha de começar do zero, e assim foi no período que antecedeu sua viagem a Washington. Em uma folha pautada de caderno posicionada na horizontal, rascunhou um esquema básico do que enfrentaria.[19] Na porção direita da página, fez o contorno simplificado de um mapa dos Estados Unidos, e marcou os estados de Minnesota, Alabama e Flórida, além de pontos indicando Nova York e a capital do país. Desses estados, puxou setas para nomear os políticos eleitos que lhe interessavam: Donald Fraser, Richard Nolan, Hubert Humphrey e Walter Mondale, todos de Minnesota; John Sparkman, do Alabama; Lou Frey, Richard Stone e Lawton Chiles, da Flórida. Mais setas saíam dos nomes desses representantes legislativos e os conectavam, ora entre si — como Nolan e Fraser —, ora à pequena lista de três cargos posicionada do lado esquerdo do mapa. "*Ass. Sec. State for Congressional Relations*", escreveu Zuzu para se lembrar do cargo de assistente ao secretário de Estado, que atuava como elo entre o Departamento de Estado e os membros do Congresso. À época, quem ocupava a posição era o diplomata Robert J. McCloskey. Logo a seguir, Zuzu elencou os assistentes ao secretário de Estado para Assuntos Latino-Americanos (efetivamente, assistente para Assuntos do Hemisfério Ocidental) e para Direitos Humanos — respectivamente, William Dill Rogers e James Wilson. Wilson foi o primeiro a exercer a função estabelecida com relutância por Kissinger, e penou em seus primeiros meses de trabalho com o secretário de Estado: todas as listas de propostas relacionadas a direitos humanos entregues a Kissinger voltavam preenchidas por "nãos" definitivos.[20]

Abaixo da lista dos três cargos vinculados ao Departamento de Estado, Zuzu esboçou um fluxograma. Setas desenhadas a partir do Senado e da Câmara, representados em círculos separados, simbolizavam a influência que promoveriam no Departamento de Estado e na embaixada brasileira nos Estados Unidos. Esta também seria afetada por dois outros círculos independentes, o Conselho de Direitos Humanos da ONU e a Comissão de Direitos Humanos da OEA. O que a profusão de setas, cargos e figuras públicas sugere é, precisamente, a duradoura expectativa de Zuzu de acionar uma rede de relações políticas e diplomáticas. As investidas anteriores aos embaixadores não haviam rendido a cooperação desejada — a exemplo das Forças Armadas, a representação brasileira em Washington negava categoricamente a existência de qualquer registro de prisão de Stuart. Talvez agora, quando identificara os atores do sistema e tentava manejá-los a seu favor, Zuzu conseguisse provar à embaixada (e, por consequência, ao governo brasileiro) que havia angariado suporte suficiente nos Estados Unidos em nome de Stuart. Talvez, agora, quebrasse o silêncio.

Sozinha, no entanto, ela passaria aperto para localizar e contatar os assessores e funcionários públicos que abririam as portas — e os ouvidos — dos congressistas em seu radar. O parceiro de Zuzu nessa viagem a Washington deveria ser escolado o bastante nas minúcias do poder em D.C. para guiá-la pelos corredores do Capitólio, e calhou de ela encontrá-lo em sua própria família.[21] Eugenio "Gene" Di Maria, namorado de Ana Cristina, era um jornalista italiano radicado nos Estados Unidos que trabalhara para *The New York Times* e logo entraria no time da Associated Press como correspondente das Nações Unidas. Para o jornal nova-iorquino, Gene cobriu por quase um ano as atividades do campus da Universidade Columbia, onde Ana Cristina estudava.

Como parte dos preparativos para a grande campanha em Washington, Gene ajudou Zuzu a compilar uma relação detalhada de pessoas com quem conversar, bem como do tipo de abordagem a ser executada com cada uma. Muito mais que uma simples lista de telefones e endereços ou um panorama, esse rol de assistentes, consultores, porta-vozes e ativistas de direitos humanos mapeava de perto a teia de política e diplomacia que Zuzu esperava mobilizar.[22] Membros do staff dos congressistas apareciam em destaque. Por Gail Harrison, chegariam ao senador Mondale, e por Roberto Pelleya, a Richard Stone. John Lane poderia fazer a conexão com Frank Church e seu Subcomitê de Corporações Multinacionais; já David Rosen era o advogado do gabinete do deputado democrata Jonathan Bingham, e ele poderia sugerir a redação de uma carta aberta oficial a ser distribuída na Câmara. Daniel Spiegel, do gabinete de Hubert Humphrey, seria o intermediário para quem Barbara Estenson, tia de Stuart, deveria escrever uma carta relembrando-o do caso. E a David Hawk caberia telefonar a Charles Runyon, assistente legal do Departamento de Estado incumbido de acompanhar demandas referentes a violações de direitos humanos.

Outro personagem determinante na lista era John Salzberg. Sua formação acadêmica e profissional em direitos humanos internacionais, associada à participação na Comissão Internacional de Juristas da ONU, levou Donald Fraser a incluí-lo em sua equipe e incumbi-lo de delinear a estrutura legal do arcabouço humanitário que defenderia em seu comitê. Salzberg foi essencial durante os procedimentos do Subcomitê de Organizações e Movimentos Internacionais e se impressionou com o comprometimento de Fraser. Às vezes, ele era o único membro do grupo presente nas audiências e reuniões.[23] Encontrar Salzberg em seu escritório seria essencial à tentativa de Zuzu de incluir Stuart e suas denúncias da ditadura brasileira na pauta do subcomitê.

Já nomes como os de Tom Quigley, da Conferência Católica dos Estados Unidos, Joe Aldridge, do Washington Office for Latin America da Igreja metodista, e Fred Morris, o missionário torturado em Pernambuco, indicam o envolvimento de associações religiosas na causa. Quigley aguardava apenas o "sinal verde" para ir a público com o caso Stuart através da imprensa católica, e Aldridge faria o mesmo com os jornais protestantes. Uma das tarefas de Zuzu e Gene era telefonar a William Wiffler, do Conselho Nacional de Igrejas, a mesma instituição que em 1970 solicitara que o senador Church realizasse audiências sobre as alegações de tortura no Brasil.[24]

Em meio a tantas referências e indicações de como proceder durante os encontros, uma figura sobressai. George Lister, um diplomata de carreira que, após anos trabalhando para o corpo diplomático no exterior, entrou para o Escritório para Assuntos Interamericanos (Bureau of Inter-American Affairs, ARA) do Departamento de Estado e ficou tão conhecido por sua preocupação com direitos humanos que ganhou o apelido de "Mr. Human Rights". Rapidamente se aproximou do deputado Donald Fraser, com quem atuou ao longo das audiências do Subcomitê de Organizações e Movimentos Internacionais. Duas das principais conquistas obtidas a partir das negociações com o secretário Kissinger foram a criação de uma pasta exclusiva para demandas de direitos humanos dentro do bureau de Assuntos Internacionais e a indicação de dirigentes específicos a cada uma das cinco repartições geográficas do Departamento de Estado — Europa, África, Leste Asiático, Oriente Médio e América Latina. Recomendado pessoalmente por Fraser, Lister se tornou, em 1974, o primeiro oficial de Direitos Humanos do ARA e passou a chefiar um grupo de agentes responsáveis por monitorar, analisar e apurar casos de abusos de direitos humanos nos países da América Latina. Quem se encarregou do Brasil foi Robert Zimmermann — em termos burocráticos, o diretor do Escritório de Assuntos Brasileiros, subordinado ao ARA e ao Departamento de Estado.[25]

Mr. Human Rights era uma peça indispensável no tabuleiro de Zuzu. Na lista que servia como seu guia em Washington, há até o número de sua sala — 2869 — e frases sugerindo a melhor abordagem durante a conversa. Antes de mais nada, agradecer a reunião; em seguida, introduzir suas demandas "informal, mas meticulosamente", reforçando a exigência por uma "investigação completa das alegações específicas feitas nos documentos" e salientando a obrigação do governo brasileiro de devolver o corpo de Stuart. A intenção de Zuzu, Ana Cristina e Eugenio Di Maria era fazer do caso Stuart um ponto de possível (e intenso) desconforto entre Brasil e Estados Unidos. Essa evidência concreta de tortura e perseguição política, em um país tido como principal aliado no bloco latino-americano, incitaria um Congresso cada vez mais crítico à administração Ford a reagir peremptoriamente. Ao menos era essa a análise que a família Angel repassou a Lister, com a intenção de convencê-lo da importância de sua causa. Se o dirigente da regional latino-americana do Departamento de Estado passasse para seu lado, argumentariam, juntos, que a injustiça do tratamento de Stuart comprometeria a relação entre os dois países e eles apelariam ao embaixador americano em Brasília para que passasse adiante, até a Presidência da República, a urgência diplomática de tomar providências.[26]

Ir a Washington naquele momento tinha tudo a ver com as próximas renegociações do auxílio militar e financeiro da Agência dos Estados Unidos para o Desenvolvimento Internacional (United States Agency for International Development, Usaid) ao Brasil. Muito em breve, os Comitês de Relações Exteriores do Senado, liderado por Hubert Humphrey, e da Câmara, chefiado por Don Fraser, discutiriam a manutenção dessa política, que ao longo dos anos representou não somente investimentos diretos de centenas de milhões de dólares (foram 173 milhões só em 1972)[27] como também a introdução de programas de treinamento policial e aparelhamento dos órgãos de segurança.[28] Ambos os comitês levariam em consideração debates e apurações anteriores de violações de direitos humanos e, sobretudo, a contribuição — indireta ou não — dos Estados Unidos à máquina da repressão ditatorial.[29] Apresentar o caso Stuart como a tortura e morte de um cidadão brasileiro, filho de americano, explorava as sutilezas e vulnerabilidades da aliança estratégica, além de recorrer a uma opinião pública americana menos favorável à amizade, de caráter militar e político, com países controlados por governos autoritários. A investigação completa e imparcial do desaparecimento e do assassinato do militante, da maneira como Zuzu requisitava, seria transformada em um "gesto de boa vontade" benéfico às duas nações, conforme explica um documento manuscrito nos arquivos da costureira. Se o Brasil cooperasse, demonstraria sua disposição em punir a violência da repressão; os Estados Unidos, por sua vez, comprovariam a legitimidade da tão alardeada preocupação com direitos humanos.[30]

Zuzu daria uma chance à diplomacia e ao governo brasileiro: prometia silêncio, tanto de sua parte como da Anistia Internacional, por algumas semanas. Ao final desse período, caso não houvesse avanço nas tratativas e na resposta aos representantes do Congresso americano, divulgaria à imprensa a carta-testemunho de Alex e os demais detalhes do processo de Stuart.[31] Sua advertência não era blefe. Depois de tantos anos procurando respostas, medidas discretas não surtiriam o efeito esperado.

O nome de Zuleika Angel Jones apareceu nas agendas dos congressistas e de seus staffs no dia 2 de julho de 1975.[32] Naquela quarta-feira, Zuzu, Ana Cristina e Eugenio Di Maria se reuniram com George Lister e outros funcionários do gabinete de Assuntos Interamericanos, além de assessores, entre outros, dos deputados Jonathan Bingham, Richard Nolan e Donald

Fraser e do senador Richard Stone. A conversa fluía sempre no mesmo sentido. Zuzu pedia ao governo norte-americano que apoiasse suas demandas às autoridades brasileiras e conseguisse uma confirmação formal da morte de Stuart, incluindo as circunstâncias em que ocorrera; a devolução de seu corpo à família, se possível; e a punição dos responsáveis pela tortura e assassinato do militante. Em resposta, ela não ouviu nenhuma garantia. A equipe de direitos humanos de George Lister ressaltou que demandas repassadas pelos Estados Unidos ao Brasil não funcionavam da mesma maneira quando se tratava de um cidadão brasileiro, em vez de um americano. No entanto, dados o interesse da família americana de Stuart e o envolvimento da Anistia Internacional, haveria a possibilidade — ainda que não a certeza — de uma ajuda diplomática do governo estadunidense.[33]

Nas semanas seguintes à visita guiada ao Capitólio, uma leva de cartas, telegramas e memorandos pôs a história de Stuart para circular. O primeiro dos congressistas a se manifestar foi Richard Nolan, democrata recém-eleito por Minnesota. O ano de 1975 seria seu primeiro na Câmara federal, após cumprir dois mandatos no Congresso estadual. Tamanha era sua urgência de agir que, no dia seguinte à reunião com Zuzu Angel, despachou três mensagens. Uma foi para Henry Kissinger, na qual tentava direcionar a atenção do secretário para o desrespeito aos direitos humanos no Brasil e não só mencionava o caso específico de Stuart Edgar Angel Jones como apontava que se tratava de "um nome com o qual o Departamento de Estado em Washington, a embaixada americana e o consulado no Brasil deveriam estar bem familiarizados".[34] Kissinger poderia muito bem ler essa frase como uma acusação à inércia de seu departamento e dos diplomatas sob sua influência — o caso de Stuart, afinal, fora apresentado às autoridades americanas desde os primeiros dias, em maio de 1971. Provocações à parte, o pedido de Nolan ecoava o que Zuzu sempre repassava aos seus interlocutores: exaurir todas as possibilidades na procura por Stuart. Quanto antes, melhor.

O posicionamento pró-direitos humanos do deputado reapareceu em sua segunda carta, endereçada ao secretário-geral das Nações Unidas, Kurt Waldheim. Em seus argumentos a favor de intervenções para conter as "práticas inortodoxas" em vigência no Brasil, Nolan colocava Stuart, mais uma vez, como emblema de um problema disseminado e mais complexo.[35] Idealmente, Waldheim compartilharia das preocupações com a lista cada vez mais longa de vítimas da ditadura brasileira e de todos os outros regimes autoritários responsáveis por violações humanitárias. Por isso, calculava Nolan, ele também direcionaria a sua influência e sua experiência para definir o paradeiro do filho de Zuzu.

Assim como censurou Kissinger, a opinião de Nolan era que o outro destinatário de suas cartas também deveria estar familiarizado com Stuart e Zuleika Angel Jones. João Augusto de Araújo Castro, ex-ministro das Relações Exteriores do governo João Goulart e embaixador do Brasil na ONU, assumira a representação brasileira em Washington em 1971 — o mesmo ano do desaparecimento de Stuart. Seu mandato na embaixada coincidia com a intensificação das cobranças, por parte dos americanos, em relação aos direitos humanos e à repressão política.[36] A mensagem assinada por Nolan é exemplo disso. No papel do político incitado à ação por uma eleitora — Barbara Estenson, novamente inserida na busca pelo sobrinho —, ele ativava o canal diplomático oficial e pedia "qualquer informação e cooperação" ao embaixador.[37]

Araújo Castro se viu às voltas com uma demanda impossível. Nem se tivesse as explicações desejadas poderia transmiti-las. Quase um mês depois, em 1º de agosto, um novo envelope chegou à embaixada. Dessa vez, a assinatura de Richard Nolan vinha acompanhada por outras cinco: os senadores Richard Stone e Walter Mondale e os deputados Lou Frey, Jonathan Bingham e Donald Fraser se juntaram em um "apelo por informações sobre o destino e paradeiro do sr. Stuart Edgar Angel Jones, o filho da sra. Zuleika Angel Jones, uma reconhecida designer de moda brasileira, e Norman Angel Jones, um cidadão americano". A carta relatava, em poucos parágrafos, as acusações feitas pela família Angel Jones e as reações do governo brasileiro. Apesar das negações contínuas de que as Forças Armadas teriam alguma responsabilidade no desaparecimento de Stuart, os congressistas acreditavam que o buraco era mais embaixo: a mera possibilidade de o governo brasileiro recorrer à tortura de dissidentes e subversivos como uma política merecia toda a atenção e deveria ser investigada a fundo. O que Zuzu entregara durante as reuniões no Capitólio foi suficiente para convencê-los da seriedade de suas denúncias. Ela nomeava torturadores, indicava datas e locais, introduzia uma testemunha — e, além do mais, construía um caso elementar do "direito de uma mãe angustiada" tomar conhecimento do destino final de seu único filho.[38] Stone, Bingham, Fraser, Nolan, Mondale e Frey tinham se compadecido da situação, e esperavam que Araújo Castro fizesse o mesmo.

A apuração, no final das contas, poderia ir para os dois lados. Mas, independentemente do resultado — fosse esse confirmar a morte de Stuart ou derrubar as acusações contra a Aeronáutica —, aquele grupo declarava estar interessado em como o governo brasileiro lidaria com o militante desaparecido e sua mãe. Segundo os congressistas, a simples decisão de conduzir uma investigação ajudaria a "dispersar avaliações negativas do atual estado das liberdades civis no Brasil".[39] Após menos de uma semana, em 6 de agosto, o senador e ex-vice-presidente Hubert Humphrey se unia ao coro e pedia satisfações sobre Stuart em uma carta a Araújo Castro, e não recebeu resposta. Nem um pouco intimidado, Humphrey realizou nova investida em novembro. Escreveu estar intrigado pelo silêncio e perguntou se o governo brasileiro, por acaso, tinha dado início a uma investigação sobre o caso do sr. Jones.[40]

Não tinha. Nenhuma das mensagens surtiu efeito e, embora cada vez mais membros do governo dos Estados Unidos estivessem a par do desaparecimento do filho de um cidadão americano (e das denúncias elencadas pela mãe, uma designer de moda), suas requisições reverberavam no vazio. Robert McCloskey, encarregado de coordenar as relações entre Departamento de Estado e Congresso, avisou a Lou Frey — o deputado que se correspondia com o irmão de Norman, Stuart — que o secretário Kissinger estava ciente das interpelações a respeito de Stuart Angel Jones. Na carta, McCloskey explica que as reuniões de Zuzu no dia 2 de julho renderam apelos à embaixada americana em Brasília e ao consulado-geral no Rio, para que "verificassem, dentro do possível, as informações fornecidas pela Anistia Internacional e pela sra. Angel Jones acerca do suposto tratamento e detenção de Stuart Jones".[41] A embaixada não conseguiu um retorno diferente das outras vezes. Para Ana Cristina, Robert Zimmermann — o diretor do Escritório para Assuntos Brasileiros do Departamento de Estado, sob supervisão de George Lister — reportou que o retorno do Ministério das Relações Exteriores brasileiro à embaixada foi sucinto: não havia evidências da prisão de Stuart e, embora gentilmente se comprometesse a transmitir novos achados, alegava que aquilo caía bem fora de sua área de competência.[42]

O contato ministerial que deu esse recado aos americanos foi Paulo Frassinetti Pinto, chefe da Secretaria da América do Norte e Central. Em 11 de agosto, ele se encontrou com um representante da embaixada americana e, desde os primeiros minutos, teve que ouvir sobre a preocupação preponderante de oficiais do governo dos Estados Unidos quanto a violações internacionais de direitos humanos. Frassinetti retrucou que estava ciente da importância dessas discussões, e talvez até esperava que seu interlocutor americano fosse tratar de uma suspeita específica. Pois, quando Stuart foi citado, o diplomata brasileiro fez questão de identificar Zuzu Angel, cujas demandas tinham alcançado o ministério através da embaixada brasileira em Washington, após os pedidos de investigação do senador Humphrey a Araújo Castro. Ele aproveitou a deixa para perguntar ao americano o que aquela senhora andava divulgando a respeito do filho — e do governo militar — fora do país. Não deve ter gostado de saber que Zuzu contava, a um bom número de pessoas no Capitólio, da prisão, tortura e morte de Stuart em circunstâncias corroboradas por uma testemunha. Ao final do diálogo, Frassinetti concordou em verificar com as "autoridades" para obter mais informações. Tudo o que podia dizer, naquele momento, era que Stuart nunca estivera sob custódia das Forças Armadas.[43]

Ao Departamento de Estado, restava a tarefa de agir em algum sentido. Precisava apaziguar os parentes americanos de Stuart e oferecer algum gesto ao Congresso — o senador Sparkman solicitara um relatório sobre o caso para ser apresentado em sessão do Comitê de Relações Exteriores, e havia outras quatro inquirições de políticos eleitos ocupando as pastas do departamento.[44] Kissinger delegou à embaixada em Brasília a missão de averiguar, junto ao governo brasileiro, se havia alguma nova informação pertinente no caso Stuart. Qualquer tentativa, contudo, deveria ser abortada de imediato diante de "sérias objeções" vindas das autoridades brasileiras. Simultaneamente, o secretário orientava a embaixada a adverti-los sobre o crescente interesse do Congresso americano pelo destino do militante e sobre a chance de uma "forte reação da Colina" — em referência ao Capitólio.[45] Estivesse de olho no quadro geral ou em situações particulares, ele preferia abafar a realidade desconfortável de seus aliados e evitar constrangimentos com os defensores de direitos humanos.

O que Kissinger e seu departamento de fato sabiam? Ao que parece, o bastante. A correspondência trocada entre a embaixada de John Crimmins e diferentes setores do Departamento de Estado — desde o secretário até as seções regionais do Escritório para Assuntos Interamericanos — indica que os americanos tinham acesso a extenso material documentando a história de Stuart. Na sequência às movimentações de Zuzu no Capitólio, o consulado-geral no Rio de Janeiro reenviou à equipe da embaixada um telegrama, originalmente registrado em agosto de 1971, que sintetizava todas as informações disponíveis acerca da "possível prisão" de Stuart e relembrava as primeiras medidas de sua mãe para envolver as autoridades americanas. Os arquivos da embaixada contavam, ainda, com cópias do pedido de representação do advogado Heleno Fragoso perante o CDDPH e do memorando interno elaborado por Graham Kennedy French.[46] Todos esses documentos datavam dos meses imediatamente posteriores ao desaparecimento de Stuart. A única novidade ao material de referência foi acrescentada pela própria Zuzu, que distribuiu cópias do testemunho traduzido de Alex Polari. Até a embaixada foi obrigada a conceder que essa fonte exerceria um "papel proeminente" nas negociações com o governo brasileiro e entraria como evidência central das acusações.[47]

A estratégia caiu por terra quando Zuzu voltou atrás e impôs confidencialidade à carta de Alex. Essa guinada surpreendeu tanto a embaixada quanto o Departamento de Estado, já que apenas algumas semanas antes ela havia autorizado o deputado Bingham a usar o testemunho de Polari na elaboração da carta conjunta dos congressistas ao embaixador Araújo Castro. Zuzu argumentou que a mãe e a família de Alex temiam represálias após a divulgação do depoimento dele — um receio pertinente, tendo em vista que ele estava preso e à mercê da repressão. Mas os americanos não entendiam o motivo da mudança brusca de decisão. Alex nunca escondeu a ligação com Stuart e afirmara repetidamente sua intenção de contar o que vira e ouvira. Ainda em 1971, havia entregado uma declaração assinada a Fragoso para servir de evidência ao julgamento do CDDPH; e sua participação na greve de fome dos presidiários de Ilha Grande, atestada pela sua firma em um abaixo-assinado requisitando a transferência de todos os presos políticos a um local menos insalubre, demonstrava seu comprometimento com as denúncias de tortura, violência e maus-tratos praticadas pela ditadura brasileira. Diante disso, o Departamento de Estado e a embaixada classificaram os riscos a Polari como "mínimos" e foram atrás de Zuzu. Queriam que ela reconsiderasse. Sem a carta, os agentes americanos não teriam o que mostrar às autoridades brasileiras e o caso perderia seus fundamentos. Eles pressupunham que a Anistia Internacional não contribuiria para as discussões, certos de que qualquer referência à organização humanitária "azedaria automática e completamente" as tratativas com o governo do Brasil. Logo, perder a carta significava abandonar o único possível trunfo para pressionar os militares.[48]

"Não vemos nenhuma razão para esperar que será diferente das respostas oficiais do passado", proclamava a embaixada americana. A previsão estava correta. O assunto Stuart Angel definhou aos poucos na pauta dos congressistas, que não receberam nenhuma informação atualizada por parte dos brasileiros. Os americanos, de seu lado, tampouco alteraram a natureza de suas relações diplomáticas com o Brasil — o tratado de assistência financeiro-militar seria anulado apenas dois anos mais tarde, em março de 1977, e pelos próprios brasileiros, depois que o novo governo, de Jimmy Carter, reformulou suas políticas internacionais e disponibilizou relatórios incisivos e acusatórios do estado dos direitos humanos em todas as nações aliadas.[49] Mas nada disso desencorajaria Zuzu a tentar novamente no futuro próximo.

Apesar de terem reiterado sua importância comprobatória, a carta-testemunho assinada por Alex Polari não constaria mais, naquele ano de 1975, nos despachos do Departamento de Estado nem da embaixada. Não que o documento tivesse desaparecido das manobras de Zuzu. Na verdade, ela havia achado um canal mais perto de casa para fazê-lo circular.

Hélio Silva — cirurgião aposentado, historiador respeitado e jornalista já em seus setenta anos — definia a história como a "reconstituição dos acontecimentos, o relacionamento dos fatos, o registro das atuações de seus personagens".[50] Se, nos anos 1960, Silva se dedicara à publicação de seu *O ciclo de Vargas*, composto de dezesseis volumes dissecando a trajetória política de Getúlio, no decênio seguinte se voltaria a um projeto tão ambicioso quanto, se não mais. Quinzenalmente, a partir de março de 1975, um tomo de sua nova coleção chegava às bancas do Brasil. Era a *História da República brasileira*, que em vinte livros almejava percorrer todo o período republicano nacional, de 1889 até 1974. O ponto de venda das edições — as bancas de jornal — integrava o plano de Silva de alcançar um público leitor mais variado e, em seus termos, popular. A história do Brasil tinha que chegar ao maior número possível de cidadãos, pensava o autor, e seu estilo de escrita conciso e direto compilava um registro factual e compreensível dos eventos, da Proclamação da República à presidência de Geisel.[51]

O vigésimo e derradeiro volume da coleção, *Os governos militares (1969-1974)*, apareceu nas bancas em dezembro de 1975. Mas os estoques não duraram muito tempo. A censura trabalhou rápido para retirá-los de circulação, inflamada pelo que relatavam quatro páginas localizadas na segunda metade do livro.[52] No capítulo 14, no qual trata do governo Médici, Hélio Silva traça o panorama do conturbado início da década de 1970, quando o conflito entre as guerrilhas urbanas de esquerda e a repressão militar explodiu em novos níveis de violência. Enquanto narra as disputas de poder e examina as reações das autoridades à militância, o autor relembra a morte de "um jovem, filho de americano" que, "se na época não teve divulgação detalhada no Brasil, foi largamente divulgado no exterior". O jovem era Stuart.

Silva reproduziu trechos da carta de Alex Polari a Zuzu. Por questões de segurança, o historiador suprimiu referências ao militante preso e à destinatária do texto — termos como "seu filho", usados por Alex em sua comunicação com Zuzu, foram substituídos pelo nome de Stuart. Conscientemente ou não, deixaram escapar uma única conexão com Alex: o nome de sua companheira à época, Lúcia Maurício de Alverga. Seja como for, Silva e sua colaboradora na coleção, Maria Cecília Ribas Carneiro, transformaram o relato escrito à mão em folhas de caderno em um "depoimento devidamente autenticado" por uma testemunha anônima, um dos sobreviventes da repressão que presenciara as torturas no Cisa.[53]

O que de fato contava na carta, contudo, permanecia no livro. Os nomes dos torturadores acusados de provocar, direta ou indiretamente, a morte de Stuart e os detalhes das sevícias suportadas pelo filho de Zuzu estavam todos lá, como comprovações de um episódio fundamental à compreensão da história brasileira contemporânea. Silva estava tão determinado em incluir Stuart como um dos personagens cujas atuações deviam ser compiladas que, na primeira seção da obra — a "Cronologia" — fez questão de apontar a prisão, o interrogatório e o assassinato do militante nos dias 14 e 15 de maio de 1971. Por tudo isso, não é nenhuma surpresa a avidez da censura em recolher o maior número possível de exemplares de *Os governos militares*. No registro histórico de Hélio Silva e Maria Cecília Carneiro, a tortura como prática disseminada pelo Estado não era suposição, nem suspeita. Era fato.

Não demorou para que esse tratamento factual e rigoroso da morte de Stuart corresse pelo boca a boca. Havia poucos exemplares disponíveis — estavam "em vias de se esgotar", anunciou o jornalista Sérgio Augusto na edição de 6 de fevereiro de 1976 de *O Pasquim*[54] — e, entre aqueles que não tinham sido apreendidos, vários estavam no porta-malas do Karmann-Ghia TC azul de Zuzu. Na folha de rosto, ela escreveu "Brasil — governos militares que torturam e matam nossos filhos", e os distribuía a amigos, familiares e conhecidos, pessoalmente ou por correio. Não se inibia diante de estranhos. Sempre que vislumbrava uma abertura na conversa, entregava um exemplar para que mais uma pessoa tomasse conhecimento do que de fato acontecia sob os tais governos militares do título.[55]

Com a publicação de *Os governos militares*, o respeito da costureira pelo historiador atingia novos níveis. Hélio Silva se colocava na mira da ditadura ao reproduzir as denúncias de Alex e Zuzu, e ela sabia que o amigo poderia ter problemas. A censura da obra, com efeito, seria o primeiro passo — em seguida, a repressão se encarregaria de acrescentar Silva à lista de elementos suspeitos e mantê-lo sob vigilância. Em março de 1976, o Cisa lançou uma circular com dados a respeito da ameaçadora trinca de subversivos, composta de Hélio Silva, Zuzu e Stuart Angel. O documento fazia parte de uma série que visava "esclarecer [...] o pessoal militar no tocante à escalada comunista que se verifica no país" e expunha "o elevado grau de envolvimento a que foi afetada parte da elite brasileira".[56]

Na avaliação dos agentes do Cisa, o movimento comunista brasileiro, para conquistar o poder, empregava uma mistura de "meios violentos" — como a guerrilha — e a execução de "propaganda adversa" com o intuito de persuadir o povo a apoiá-lo contra o governo militar. O que faltava aos comunistas era uma "projeção histórica". Isso seria obtido através da distorção de fatos, transformando "bandidos em heróis", e da fabricação de lendas que motivariam os jovens brasileiros a dar continuidade à luta subversiva. Uma das responsáveis por esses esforços seria Zuzu Angel, que, no dia 17 do mesmo mês de março, realizou a seguinte declaração a *O Estado de S. Paulo*: "O julgamento do pedido de prisão preventiva contra meu filho, desaparecido desde [1971], realizado pela 2ª Auditoria da Marinha, é uma farsa porque ele foi morto na Base Aérea do Galeão e seu assassinato já faz parte da história do Brasil".[57] Zuzu reagia à decisão unânime do Conselho Especial de Justiça da 2ª Auditoria da Marinha, que decretara a prisão preventiva de 22 acusados de subversão. Os supostos crimes incluíam assaltos a bancos, supermercados e postos de gasolina. Mesmo que vários acusados estivessem detidos e Stuart fosse dado como morto, o órgão explicava as prisões preventivas com a justificativa de que eram "pessoas cuja liberdade acarretaria dificuldades à marcha da ação penal".[58] A "farsa" do paradeiro de Stuart prosseguia. Enquanto as autoridades decretassem sua prisão preventiva e alegassem que se tratava de um "terrorista, assaltante e sequestrador"[59] foragido, conseguiriam se esquivar das denúncias de Zuzu.

A circular do Cisa conectava a busca pela tal "projeção histórica" dos opositores da ditadura — reunidos sob a classificação de "comunistas" — à afirmação de Zuzu sobre o assassinato de Stuart ao jornal, após a sessão da 2ª Auditoria, e ao livro de Hélio Silva. Nos termos da repressão, *Os governos militares* contribuía para a luta subversiva ao legitimar o depoimento de Alex Polari, um "terrorista" notório. Com a transcrição da carta-testemunho, Silva confirmava "suas ligações com as correntes esquerdistas dos intelectuais brasileiros" e conferia autenticidade às "declarações de um terrorista comunista condenado a pesadas penas" em uma obra concebida para narrar a história do país. Quando Zuzu disse que a morte de Stuart nas dependências do Cisa fazia "parte da história do Brasil", referia-se justamente à inclusão do episódio no livro. Um historiador consagrado, celebrado por seu respeito aos fatos históricos, reconhecera o acontecimento e o registrara em uma publicação abalizada. Zuzu Angel e Hélio Silva, costureira e professor, juntavam seus ofícios para "comprometer a imagem do país no exterior, metas permanentes das forças da subversão".[60] Além de divulgar essa análise da situação, o documento trazia históricos resumidos de Hélio Silva, Zuzu, Stuart e Alex Polari. A descrição da campanha difamatória realizada por Zuzu enfocava, principalmente, o desfile-protesto de 1971 — evento que os militares jamais aceitaram.

A reputação de Hélio Silva também era posta em xeque. Por ter corroborado o testemunho de Alex como verdade histórica, ele abusou da liberdade de imprensa para se unir ao movimento comunista. Era, enfim, um irresponsável que ignorou a prudência em seu trabalho e camuflou um panfleto antigovernista "em livro encadernado, e vendido, nas bancas de jornais, a preço popular". Isso, claro, na visão dos militares. Para Zuzu, Silva seria "um historiador diferente", um dos amigos que a motivavam a seguir adiante.[61] Não satisfeito em se arriscar uma vez, ele continuaria a parceria com a costureira. Sua dedicação às histórias de Zuzu e Stuart — e a como elas contribuíam para contar a grande História do país — não terminava com a publicação do livro.

Assim como não terminava em Washington, e com um punhado de cartas e despachos, a vontade de Zuzu de alcançar um dos mais importantes personagens da diplomacia mundial.

18.
Um dossiê para Mr. K.

Zuzu entrou no apartamento de Hélio Silva, no número 2440 da avenida Atlântica, em Copacabana, com um plano tomando forma na cabeça. Cinco dias antes, de manhã, topara com a notícia de que Henry Kissinger chegaria a Brasília em 19 de fevereiro de 1976.[1]

Os rumores de uma visita de *the Doctor* — apelido que o eminente diplomata recebeu de sua comitiva — circulavam no mesmo redemoinho de reportagens internacionais sobre a guerra civil na Angola recém-independente, impasses nas negociações americanas e soviéticas sobre armamentos estratégicos e a escalada das tensões político-econômicas na Argentina, que logo culminariam no golpe de Estado que depôs a presidente Isabelita Perón e instituiu uma ditadura. No final de janeiro, as colunas políticas dos jornais davam a entender que a máquina política brasileira se mobilizava para receber Kissinger, mas nada podiam afirmar com certeza — "Só se pode anunciar a vinda do professor Kissinger depois que ele estiver a bordo de um avião, com plano de voo" para a capital brasileira, relatava o "Informe JB".[2] Nem mesmo a embaixada americana no Brasil estava ciente das suas intenções: o embaixador John Hugh Crimmins soube da viagem por uma fonte do Itamaraty, não de Washington.[3] Apenas em 6 de fevereiro o Ministério das Relações Exteriores liberou um comunicado, após receber a tão aguardada garantia do Departamento de Estado norte-americano, e oficializou a passagem do secretário pelo Brasil, entre os dias 19 e 22 daquele mês.[4] Os interessados estavam liberados para preparar suas programações em torno do *professor*. Zuzu não poderia ficar de fora dessa. Na sua agenda, também cabia um compromisso com Mr. K.

Até chegarem o dia e a hora desse compromisso, porém, o calendário de Zuzu estava tomado por outras atividades. Às dezesseis horas daquela terça-feira, 10 de fevereiro, o encontro era com Hélio Silva. O historiador a convidara para conceder um depoimento, a ser gravado e incluído em seu arquivo pessoal e no departamento de história oral do Centro de Memória Social Brasileira, vinculado ao Centro Universitário Cândido Mendes.[5] Silva avaliava que as histórias de Zuzu e Stuart tinham "importância histórica" e contribuiriam para a "formação de uma consciência nacional".[6]

Falar sobre o filho nunca era fácil, e a disposição de Hélio Silva a ouvi-la com tanto zelo só fazia aumentar sua comoção. Zuzu estava muito preocupada em responder às perguntas da melhor maneira, e fez questão de reagir com calma. Sua técnica era pensar antes de responder.[7] A oportunidade de relatar o caso de Stuart, em suas palavras e com detalhes, não lhe aparecia com tanta frequência quanto gostaria. Às vezes, ela parecia estar gritando contra o vento: além de ser rotineiramente desmentida pelas autoridades militares e ver seus vestidos-denúncia censurados na imprensa, precisava lidar com a parcela alienada do público, que não entendia — ou preferia ignorar — o teor do protesto inerente à sua marca. Silva não lhe concedia somente uma chance de discursar sem ser interrompida. Comprometia-se, também, a executar o registro histórico de suas palavras. Fornecia uma garantia de permanência, de preservar o relato da mãe contra os esforços da repressão. Gravar e arquivar o depoimento de Zuzu representava um empenho diferente da publicação da carta de Alex Polari. No apartamento do historiador, o que contava eram as palavras de Zuzu, suas emoções, sua experiência de mãe transformada em acusação ambulante da tortura.

Para introduzir sua primeira pergunta a Zuzu, o historiador recorreu a uma linguagem de teor religioso comumente usada pela própria depoente. Hélio Silva fez referência ao martírio de Jesus Cristo, como que para justificar o sofrimento de Stuart. "Há sempre a necessidade de que alguém morra para que se salve uma ideia, um princípio, uma dignidade",[8] afirmou, antes de reconhecer o papel de sua fé cristã nessa tentativa de apreender a barbaridade das torturas. Em seguida, Silva amarrou a provação de Stuart à de Zuzu, uma "provação [...] tão dura" que lhe coubera "o mesmo sofrimento da Mater Dolorosa",[9] e confessou sua expectativa de que, através daquele depoimento, as torturas e os assassinatos diminuíssem. Pediu, então, que ela compartilhasse os acontecimentos do dia em que Stuart foi sequestrado.

Refazer, pela enésima vez, o trajeto que a levava de volta ao desaparecimento de seu filho era mais que esperado. Zuzu aceitara o convite de Hélio Silva exatamente para isso. Ambos concordavam na interpretação da morte de Stuart como um martírio e Zuzu topava assumir a persona da *mater dolorosa* e se cristalizar na figura da mãe sofredora e enlutada. Não dividia, no entanto, o mesmo otimismo de Silva. Pediu desculpas e admitiu que tinha outra opinião quanto às possíveis repercussões de suas denúncias. Para ela, as torturas e os assassinatos continuavam, ainda que com "um pouco mais de cuidado" após o caso de Stuart ter extrapolado o Brasil e reverberado nos Estados Unidos e em países europeus, como França e Bélgica. Os militares estariam "se cuidando, não porque eles seriam contra esse tipo de coisa, mas porque eles estão [...] com medo que a coisa se torne, não só pública, como já se tornou, mas se torne [...] um perigo para eles próprios".[10]

Em certa medida, a interpretação de Zuzu estava afinada com as avaliações da Presidência da República. No mês anterior, o presidente Geisel tivera que reagir imediatamente a uma sequência de desafios à sua autoridade e à abertura política — um projeto de transição que concebia, nos moldes do controle militar, um governo civil formado por aliados, ancorado no autoritarismo e distante da democracia. Os oficiais opositores à distensão, pertencentes à linha dura, exacerbaram a tensão política ao deflagrar uma disputa de poder para decidir o futuro do Estado ditatorial. Nas dependências do DOI-Codi de São Paulo, uma sucessão de assassinatos disfarçados de suicídio expôs a cisão dentro da hierarquia militar. O primeiro ocorreu em agosto de 1975. O tenente José Ferreira de Almeida foi encontrado morto em sua cela e supostamente teria se enforcado com uma tira de pano. A posição de seu corpo contradizia qualquer versão de suicídio: ele tinha os pés no chão e as pernas dobradas. Dois meses depois, em novembro, Vladimir Herzog, diretor de telejornalismo da TV Cultura, era morto sob tortura no mesmo dia em que compareceu voluntariamente ao DOI-Codi. Seu corpo foi posicionado para teatralizar outro suicídio impossível — estava quase ajoelhado — e fotografado a mando dos agentes, em mais uma manobra de manipulação. E, em janeiro, também ali, ocorreu o assassinato do metalúrgico Manoel Fiel Filho.

A situação podia ser muito bem resumida com a frase de Zuzu: a "coisa" tinha virado um perigo para a ditadura. A partir do momento em que o Estado autoritário quis resolver as desavenças políticas no braço, precisou instalar todo um equipamento burocrático; as violências e a tortura se entranharam profundamente em sua organização, de tal forma que torturadores inauguraram uma categoria própria do funcionalismo público — além de seus cargos convencionais, assumiram papéis de policiamento e punição. Os "bons" agentes recebiam promoções, bonificações salariais e a

Medalha do Pacificador, uma honraria concedida àqueles que colaboraram com bravura e presteza com as Forças Armadas. Longe de eliminar, esse sistema possibilitava as instâncias de indisciplina nos quartéis, principalmente se levada em consideração a base ideológica que justificava a tortura. Protegido pela certeza de que agia em nome do Estado, o torturador contribuía para a despersonalização da violência: se tanta barbaridade passara a ser permitida, qual o limite? Seria impossível, além do mais, controlar cada um dos escalões da hierarquia e garantir que todos os agentes respeitassem uma espécie perversa de livro de regras da tortura. A opção pela violação dos direitos humanos era política.

Quando mais um corpo surgiu dos porões, Geisel se viu obrigado a tomar decisões que desatassem a crise prestes a estourar em suas mãos.[11] Para lidar com o que entendia ser "um problema do Exército",[12] o ditador demitiu o comandante do II Exército, Ednardo d'Ávila Mello, e o transferiu para a reserva. Mello era um general de quatro estrelas e sua exoneração do cargo causou desconforto entre os militares, para quem a decisão de Geisel dava a entender que o governo abandonava o combate à subversão e priorizava a abertura política. O risco, segundo um documento do comando do I Exército, era a radicalização — não necessariamente das organizações subversivas, e sim da "ação anticomunista fora do controle militar". Com o intuito de sufocar a oposição em um cenário de enfraquecimento dos agentes do governo, ressurgiriam grupos paralelos à repressão institucionalizada. Sua grandeza seria "imprevisível" e as tensões e disputas logo se tornariam "incontroláveis".[13]

Botar um fim na tortura não seria tarefa fácil. Até porque ela não terminou com a demissão do general Ednardo. Presos políticos continuaram a morrer em instalações e operações militares. Geisel alegou que o comandante do II Exército havia desobedecido a ordens suas, dadas após o assassinato de Vladimir Herzog, para controlar os agentes sob seu comando, e calculou que deveria impor a autoridade presidencial sobre os aparelhos da repressão antes que o excesso da violência atrapalhasse de vez as medidas de abertura política. Para Zuzu Angel, a equação era ainda mais simples. O exemplo de Stuart funcionava como aviso: cadáveres brotando de dependências das Forças Armadas podiam virar um baita desconforto para o sistema da ditadura.

Zuzu contou a Hélio Silva sobre a estoica resistência de Stuart à tortura. A história do jovem militante cruzou fronteiras, em grande parte graças à sua ação imediata como mãe em busca do filho desaparecido. Prestes a resgatar e retraçar a traumática linha de eventos do dia 14 de maio de 1971, Zuzu faz uma declaração reveladora:

> Naturalmente, em tudo existe um grande jogo de interesses. Eu não entendo muito disso, eu sou realmente uma pobre mãe. Mas tenho sensibilidade bastante para sentir coisas no ar. Principalmente hoje, dia 10 de fevereiro de 1976, às vésperas da chegada de um eminente secretário de Estado.[14]

O fato de Zuzu reconhecer o nível de fluência do diálogo estabelecido com as "coisas no ar", que sempre pareceram conversar diretamente com ela, contrasta com sua afirmação de ser apenas uma "pobre mãe". É uma constatação tão modesta que soa debochada. Evidentemente, ela era uma mãe, e esse papel foi um dos dois pilares sobre os quais construiu a sua luta contra a ditadura militar. Junto com a moda, a maternidade legitimava as operações de Zuzu Angel. Só que, apesar do luto e do sofrimento causados pela morte de Stuart, Zuzu não cabia na categoria "pobre mãe".

Nenhuma "pobre mãe" entra no tal "jogo de interesses" e consegue jogá-lo com tanta destreza. Se não entendesse as regras, ela não poderia subvertê-las e tampouco projetar suas denúncias tão longe. O depoimento a Hélio Silva compunha mais um lance na estratégia de divulgar a história de Stuart, pressionar as autoridades e reforçar suas reivindicações. Mas ela dá todas as pistas de já ter o próximo movimento engatilhado: o contato com Henry Kissinger, o "eminente secretário de Estado" que não lhe saía da cabeça, a ponto de ser mencionado logo no princípio de sua conversa com Silva. Faltavam onze dias para o desembarque de Kissinger no Rio de Janeiro e Zuzu achava que seria o momento ideal para "sacudir a poeira que cobre os papéis"[15] de seu dossiê Stuart. Versada na arte de conversar com políticos americanos (e de dar uma rasteira nos agentes de segurança), a mulher que dividia seu tempo entre a costura e a militância estava prestes a atacar novamente.

É impossível dizer ao certo se Hélio Silva captou ou não as intenções de Zuzu nas entrelinhas de seu depoimento. Estava tão interessado em reconstituir a prisão de Stuart que talvez nem tenha imaginado que uma manobra daquelas fosse realizável.

O hóspede que entrasse no lobby do Sheraton, na manhã de sexta-feira, 20 de fevereiro, seria logo sugado pelo caos.

Naquele final de semana, o hotel se transformou em um dos edifícios mais vigiados do Rio de Janeiro, por receber Henry Kissinger e sua comitiva. O frenesi dos preparativos fazia vibrar desde as fundações do prédio até o último andar, o 25º — localização da suíte presidencial, onde se hospedaria o secretário. Às vésperas do desembarque de Kissinger, os imprevistos se acumulavam e a equipe de funcionários trabalhava freneticamente para garantir que a hospedagem de *the Doctor* não fosse um vexame. A situação era, no mínimo, penosa.

Para começar, faltou luz. Cortes no fornecimento de energia elétrica podiam ser "fato corriqueiro"[16] no bairro carioca do Vidigal, mas quem ia explicar a um homem como Kissinger que ele precisaria subir 25 andares de escada porque os elevadores não funcionavam? E seria preciso torcer para ele não reclamar do calor — os aparelhos de ar condicionado não executariam sua função indispensável, sobretudo num fim de verão. A solução foi colocar, à disposição do secretário, um trio de profissionais: um bombeiro, um eletricista e um mecânico estavam a postos para conjurar a luz de volta e resolver qualquer empecilho que atrapalhasse seu conforto.

Claro, não era todo problema que estava ao alcance desses três mágicos, por melhores que fossem. Na mesma sexta-feira, um dos hóspedes do Sheraton morreu em seu quarto, vítima de um enfarte. Por um instante, o hotel quase se esqueceu de quem iria chegar no dia seguinte.

O movimento, entretanto, não podia parar. Kissinger estava a caminho, com suas nove malas, quatro pares de sapatos pretos de cadarço e um estoque razoável de cuecas brancas de algodão de seu modelo preferido.[17]

De uma kombi estacionada na porta do hotel, desceram funcionários da Companhia Telefônica Brasileira. Eles se espalharam pelos três andares — 23º, 24º e 25º — nos quais se instalaria a numerosa comitiva do hóspede ilustre, a qual contava com pelo menos oito assistentes e secretários, dois assessores, um porta-voz e um médico. A tarefa consistia em desligar aparelhos de telefone que pudessem interferir no intricado esquema de segurança em processo de montagem. Enquanto isso, agentes americanos viravam os quartos de cabeça para baixo. Para o horror dos camareiros, tiraram as camas e cômodas do lugar atrás de escutas ilícitas, desparafusaram interruptores e lustres, instalaram telefones brancos vindos da embaixada e esticaram fios ligados a máquinas de telex. Atrás das cortinas e em frente à cama do quarto de Kissinger, posicionaram microfones. Mexeram até nos tapetes. Diante da confusão, d. Elza, a governanta, reuniu seu time de camareiras e passou o recado: quem se atrevesse a transmitir qualquer migalha de informação a respeito do esquema de segurança de Kissinger corria risco de ir para a cadeia. Se não fosse pelas mãos da polícia, seria a própria d. Elza a trancafiar a culpada. Os hóspedes, por sua vez, foram proibidos de subir aos últimos andares do hotel. Eram lembrados disso a cada vez que passavam pela recepção.

A governanta era uma das poucas pessoas com autorização para entrar na suíte presidencial a ser ocupada por Kissinger. Dois camareiros foram incumbidos da arrumação e eram os únicos, além de d. Elza e do supervisor, com acesso liberado ao quarto durante a estadia do secretário. Antes disso, um maître e dois garçons puderam se ocupar tranquilamente do abastecimento do bar da suíte — por exigência de Kissinger, retiraram todas as bebidas que não fossem água mineral Lindoya ou Caxambu — e da disposição de talheres de prata na mesa de doze lugares.[18] Deram também um toque final, uma cesta com bananas e uvas coberta por celofane vermelho. As bananas eram um enfeite singelo. A equipe do hotel ouvira dizer que Kissinger não gostava da fruta.[19]

No final das contas, o secretário de Estado não ficaria nem vinte horas no Rio de Janeiro e só dormiria uma noite no Sheraton. Seu avião pousou no Galeão às 19h45 de sábado, 21 de fevereiro, vindo de Brasília.[20] Na capital, Kissinger passou a quinta-feira, a sexta-feira e o sábado entre conversas com o presidente Ernesto Geisel, o general Golbery do Couto e Silva, chefe da Casa Civil, além de ministros de Estado e dos presidentes da Câmara dos Deputados, do Senado e do Supremo Tribunal Federal. Participou, também, de reuniões de trabalho com o ministro das Relações Exteriores, Antônio Azeredo da Silveira; compareceu a jantares de gala em sua homenagem; e até assistiu a um jogo amistoso das seleções de futebol do Brasil e de Brasília, que aconteceu no Estádio Presidente Médici pouco antes de a comitiva americana seguir viagem para o Rio. Todos os itens de sua programação oficial foram comentados pela imprensa brasileira, entusiasmada pela visita do secretário — esta, por mais rápida que fosse, era um gesto de aproximação, a concretização de extensas negociações entre o secretário americano e o ministro Silveira.[21] Em meio a quatro outros destinos na viagem de Kissinger pela América Latina — Venezuela, Peru, Colômbia e Costa Rica —, o Brasil se destacava como a nação com a qual os Estados Unidos firmavam um compromisso de diálogo diplomático. Havia um ponto alto nas agendas lotadas de Kissinger e das autoridades brasileiras: a assinatura, na manhã do dia 21, do Memorando de Entendimento entre Brasil e Estados Unidos. Costurado por Silveira e Kissinger, o acordo formalizava a parceria estratégica idealizada pelo secretário de Estado norte-americano.

Em junho de 1974, a revista americana *Newsweek* estampou Kissinger na capa em uma ilustração que o representava com a pose e o uniforme de um Super-Homem da diplomacia em pleno voo. Era o "Super K".[22] E "Super K" tinha o Brasil em seu radar desde antes da primeira visita que fizera por aqui, em 1962. Era um país que em pouco se assemelhava ao visto catorze anos depois, conforme lhe explicou o presidente Geisel em sua conversa oficial: "O Brasil de hoje é muito diferente do daquele tempo. Talvez haja alguma coisa que fosse melhor naquele tempo, mas hoje é muito diferente".[23] De fato. O Brasil do início da década de 1960, embora afundasse numa crise política e social sem precedentes — graças à renúncia do presidente Jânio Quadros e à escalada de tensões no governo Goulart —, ainda era uma democracia. Kissinger acreditava que o país sul-americano não tardaria a se transformar em uma "grande potência".[24] Seria crucial, portanto, conservá-lo dentro de sua rede de influência e garantir que o progresso brasileiro fosse alinhado aos interesses americanos.

O Memorando de Entendimento de fevereiro de 1976 admitia, ao menos em teoria, a importância do Brasil dentro da Guerra Fria, em um cenário mundial dividido pela disputa entre duas superpotências. Divergências de postura não atrapalhariam o diálogo: segundo declaração de um funcionário da embaixada americana à revista *Veja*, "certas posições brasileiras não são evidentemente de nosso agrado. [...] o que importa é que nas questões essenciais da realidade política mundial estamos do mesmo lado".[25] Não havia, contudo, grandes vantagens concretas. Em sua essência, o debate "cordial, franco e construtivo" sobre assuntos de teor "bilateral, regional e global"[26] estabelecia um mecanismo de consultas entre os países, formalizado em uma comissão ampla capaz de abordar temas caros à relação brasileiro-americana. Previa-se, também, a criação de grupos de trabalho para "examinar questões específicas de interesse corrente, ou para dar prosseguimento a projetos especiais".[27]

A dificuldade em definir o acordo com precisão é fruto da inexatidão e da vagueza presentes no próprio texto do documento, que prometia um vínculo bilateral sem apontar objetivos compartilhados ou indicar a frequência de realização das consultas.[28] Ao contrário da nacional — que se deslumbrou com a atenção conferida por Kissinger ao país —, a imprensa americana acreditava que os brasileiros teriam exigido a assinatura do Memorando como "um símbolo do reconhecimento americano de sua autoimagem", ao passo que Washington deveria ser criticada por uma postura de conivência com "um país que abandonou a maioria de suas pretensões à democracia há mais de uma década, um país conhecido por ser um dos regimes mais brutais no hemisfério".[29] Em discursos durante jantares em sua homenagem, Kissinger aproveitou para ocultar a violência inerente à ditadura brasileira. Declarou o Brasil como um país cheio de promessas, dono de uma história impressionante e de um coração tão grande como seu território.[30] Eram elogios que "iam além dos limites da razão", segundo *The New York Times*, porque alimentavam alegações de conluio entre Brasília e Washington e a imagem do governo americano como apoiador de ditaduras de extrema direita.[31]

Kissinger podia maquiar o quanto quisesse a história recente do Brasil. Fora do alcance de relatórios da Anistia Internacional e de comissões lideradas por senadores avessos ao autoritarismo, ele estava livre para negociar com ministros de uma ditadura e afagar o ego de generais como Geisel. Só não podia impedir que a realidade do país lhe fosse entregue, na forma de um dossiê de documentos, por uma mulher que desafiava as contradições da política internacional americana. Na mesma data da assinatura do Memorando de Entendimento, Zuzu Angel foi atrás de um dos homens que mais poderiam ajudá-la — e, para seu infortúnio, ele tinha pouca disposição e nenhum interesse em fazê-lo.

Exigir respostas de um governo deliberadamente mudo como o brasileiro era exaustivo. Para compensar o silêncio, Zuzu dava prosseguimento à sua estratégia de recorrer também aos americanos. Ao menos estes respondiam às cartas dela e a recebiam em seus gabinetes em Washington. Zuzu esperava por respostas — não as obteria sozinha —, mas de forma alguma ficaria parada. Depois de arregimentar sete membros do Legislativo americano para sua luta, ela queria conquistar alguém com ainda mais influência.

O plano de chegar a Henry Kissinger partia de um fato concreto: o *professor* dispunha do Departamento de Estado norte-americano e dos ouvidos do presidente Gerald Ford. Ele guiava a política externa dos Estados Unidos e tinha, portanto, condições de determinar sanções ou estímulos ao

Brasil. Todavia, qualquer decisão seria definida pelo que Kissinger avaliasse como sendo os interesses do governo americano. Haveria, então, algum interesse para a presidência conservadora de Ford e as políticas externas de Kissinger em confrontar a ditadura militar brasileira por causa de um jovem assassinado? Mais uma vez, Zuzu apostava contra uma realidade inexorável. Conceder uma informação sobre o paradeiro de Stuart equivalia a admitir sua morte e, por conseguinte, entregar de bandeja aos legisladores democratas americanos a confissão da prática da tortura e das violações aos direitos humanos cometidas pela máquina da repressão. Apenas três anos antes, os Estados Unidos tinham se retirado do Vietnã e lambiam suas feridas de uma guerra atroz. Não entrariam em uma disputa a favor da democracia em seu próprio quintal latino-americano, sob risco de abrirem caminho para uma administração de esquerda — quiçá simpática à influência comunista — em um país relevante como o Brasil.

Kissinger não estava inclinado a lidar com o desrespeito aos direitos humanos aonde quer que fosse, muito menos no Brasil. Isso fica evidente quando se observa a completa ausência de referências ao assunto ou questionamentos a autoridades nacionais, por parte do secretário, durante sua passagem pelo país.[32] Seu discurso público defendia a proteção e ampliação do que chamava de "direitos fundamentais da humanidade"; em contrapartida, para a alegria de ditadores latino-americanos como Geisel e o chileno Augusto Pinochet, a política do Departamento de Estado — e, em vista disso, dos Estados Unidos — consistia em "conviver" com as violências, apoiar os "amigos" e desculpar as ditaduras por serem "vítima[s] de todos os grupos esquerdistas do mundo".[33] Contra fatos, não havia argumentos. Para Zuzu, restava sua perseverança.

Essa perseverança deu a ela o descaramento necessário para ignorar o time de pelo menos vinte agentes do serviço secreto que cercavam Kissinger todas as vezes que ele saía ou entrava no Sheraton. Os "agentes A" a cargo do secretário procediam dos mesmos escalões do FBI que os guardas do presidente e do vice-presidente americanos. Andavam armados, seguiam complicados protocolos de segurança, eram treinados em diversas modalidades de luta corporal, tinham experiência no controle de multidões e manejavam modernos equipamentos de comunicação — os aparelhinhos, "receptores presos ao ouvido e com minúsculos microfones no canto dos lábios", eram o auge da tecnologia perto dos walkie-talkies usados pelos policiais brasileiros.[34] Em entrevista ao jornal *O Globo*, um deles afirmou que "para ser um agente A é preciso ser realmente bom no trabalho".[35] Podiam ser excelentes em suas funções, mas ainda assim deixaram uma senhora de um metro e meio escorregar pelas barreiras da segurança e chegar tão perto de Kissinger que, se Zuzu assim quisesse, teria até ajeitado o nó da gravata de *the Doctor*.

O encontro de Zuzu Angel e Henry Kissinger foi orquestrado com simplicidade, deu brecha ao acaso e surpreendeu completamente um dos envolvidos. Zuzu sabia que não teria muito tempo com o *professor*, se é que conseguiria interceptá-lo. O hotel Sheraton era sua melhor oportunidade, como fora menos de um ano antes, quando ela havia entregado seu dossiê à esposa do general Mark Clark. A diferença é que Kissinger era muito mais bem vigiado e isso dificultava as coisas para o lado de Zuzu. Ele se deslocava pelo Rio de Janeiro em um Cadillac Fleetwood blindado, parte de uma comitiva de oito carros, e sua equipe do serviço secreto fazia cordões de isolamento sempre que aparecia em público.[36] Ela precisava fabricar um encontro em um ambiente fechado e não podia se infiltrar em um dos eventos na programação do secretário, fosse ele o jantar com economistas — que ocorreu na suíte presidencial e serviu filé com cenouras, vagem e cogumelos, e vinho tinto francês — ou o passeio no veleiro do industrial Israel Klabin pela baía da Guanabara.[37] Restava o hotel.

O lobby, no entanto, não parecia uma opção muito boa, já que os hóspedes se aglomeravam para ganhar um vislumbre do diplomata. No sábado em que Kissinger chegou ao Rio, mais de duzentas pessoas se espremeram no saguão do Sheraton para vê-lo. Turistas americanos e brasileiros curiosos estavam preparados para autógrafos e apertos de mão, mas se contentariam em dividir o mesmo espaço com "o homem que fez tudo pela paz"[38] — elogio derramado com frequência sobre Kissinger, que teria trabalhado exaustivamente em prol da assinatura dos Acordos de Paz de Paris de 1973, um cessar-fogo entre Estados Unidos e Vietnã. Isso lhe garantiu um Prêmio Nobel, mas a guerra continuaria; posteriormente, o "homem da paz" seria acusado de prorrogar e estender o conflito a países vizinhos ao Vietnã, autorizando o bombardeio do Camboja e do Laos.[39] Mesmo que os interlocutores quisessem parabenizá-lo, porém, a guarda pessoal do secretário ficava especialmente atenta quando se via cercada por uma multidão. Caso se enfiasse no meio dessa confusão, Zuzu teria dificuldades em passar o dossiê direto para Kissinger, ou mesmo em realizar a entrega a um agente bem próximo, de preferência enquanto o americano estivesse olhando. Ela repetiu a tática usada em maio do ano anterior com o general Clark, certa de que a alternativa mais razoável seria apanhá-lo em seu quarto, ou pelo menos perto dele. Mas como chegar lá, se nenhum hóspede estava autorizado a subir até um dos três níveis ocupados pela comitiva diplomática americana? Como garantir que o elevador estaria desocupado quando apertasse o botão do 25º, para não levantar suspeitas?

Zuzu considerou os possíveis cenários com um sangue-frio que deixaria admirado o melhor dos agentes A de Kissinger. Sabia que precisava ter tudo pronto e não podia desperdiçar sua única chance. Em primeiro lugar, não era ingênua a ponto de alimentar expectativas de um tête-à-tête com o secretário e, justamente por isso, preparou uma carta pessoal para convencê-lo da importância de sua causa. O apelo direto a Kissinger seria o meio mais oportuno para obter um resultado.

A carta traz a data do encontro no Sheraton entre Mr. K. e a mãe que militava pelo filho, 21 de fevereiro, mas é provável que Zuzu estivesse rascunhando o texto havia dias. Ela expôs seus argumentos de acordo com a estrutura aperfeiçoada ao longo de tantos pedidos de socorro: no papel da mãe desconsolada e consternada, apresentava Stuart e a barbaridade de sua morte antes de reiterar a busca pela verdade. Abriu o jogo no primeiro parágrafo. "Eles não só o torturaram até a morte, mas também privaram [...] a sua mãe de prantear seu corpo", escreveu.[40] Zuzu não tenta contornar o desagradável nem usa meias-palavras. Tortura, assassinato a mando do governo militar, censura, a desgraça de viver sob uma ditadura — tudo salta da sua carta. Em troca dos fatos, ela suplica pela verdade sobre o filho.

Stuart seria "um símbolo de toda uma geração martirizada" e da "democracia que [Kissinger] tem em seu grandioso país, a qual é negada a nós brasileiros". O Brasil, segundo Zuzu, chorava pela perda de um mártir, o jovem americano que se sacrificara em nome da liberdade. "Nós brasileiros somos um povo tão infeliz", lamentou Zuzu ao secretário,

> que nossos mártires (me refiro aos brasileiros, não ao filho de um americano) não se tornam parte de nossa história tão rápido; mas, esteja certo, hoje em dia temos muitos deles. Stuart Jones, filho de um americano, em menos de cinco anos se tornou uma lenda e parte de nossa história — "Terrível História".

Lançada nessa luta de regras injustas, Zuzu prometia que nem ela, nem os parentes de Stuart nos Estados Unidos interromperiam suas reivindicações. Seguiriam incomodando congressistas e senadores para que pressionassem o governo brasileiro, a fim de que revelasse o caso Stuart. Fechou a carta com um aviso. Naquela viagem, as palavras dela seriam as únicas verdadeiras que Kissinger ouviria.

Para reforçar seus argumentos, Zuzu incluiu, além de um exemplar de *Os governos militares*, uma foto de Stuart e uma cópia da carta enviada pela Anistia Internacional ao senador americano John Sparkman, de junho de 1975. A legitimidade da mãe, combinada aos pesos institucionais de um historiador e de uma organização não governamental defensora dos direitos humanos, deveria cativar Kissinger o suficiente para fazê-lo prestar atenção. Pois ela sabia que ele sabia. No texto, Zuzu confessou que não estava triste, exatamente. Seu sentimento era de muito orgulho por seu "filho meio americano". "Foi um privilégio ser a mãe de um homem tão perfeito."[41]

O dossiê era sua última tentativa de convencer o secretário quanto à seriedade da morte de Stuart e incitá-lo a agir. Kissinger não se deixaria comover pelas emoções de Zuzu, mas ela não declarava derrota antes de começar o jogo.

Uma vez a carta selada dentro do envelope e os demais documentos a postos, Zuzu passou para outra etapa importante do planejamento: a escolha da roupa. Não podia se vestir de qualquer jeito para a audiência-relâmpago com *the Doctor*. Tinha que tomar cuidado, ou sua aparência chamaria a atenção. Zuzu achou a solução quando refletiu sobre o lugar onde forjaria o encontro. Em um hotel grande e apinhado de turistas, em sua maioria americanos, seria fácil se passar por um deles — desde que compusesse sua aparência para se assemelhar a uma das estrangeiras. Temia que, se aparecesse no lobby do Sheraton em um dos vestidos de patchwork de rendas nordestinas, "não chegava nem no elevador".[42] Zuzu complementou seu conjunto neutro e formal com luvas e chapéu, itens que saíam de seu guarda-roupa com pouquíssima frequência. Assim, pareceria uma respeitável e despreocupada senhora de meia-idade, a caminho de um chá com amigas igualmente distintas.

O disfarce estava pronto; faltava definir a hora em que ela daria o bote em Kissinger. Graças à cobertura minuciosa na imprensa sobre a visita do secretário ao Rio de Janeiro, Zuzu tinha acesso a informações valiosas para calcular o melhor momento de ir ao hotel. Estava inteirada, por exemplo, de quão curta seria a estadia no Sheraton e da ausência de compromissos tidos como oficiais, já que, segundo anúncio do consulado americano, a programação carioca de Kissinger estaria tomada apenas pelo lazer[43] — embora o conceito de descanso de um secretário de Estado seja diferente: mal tinha chegado ao Rio e Kissinger recebia, em sua suíte, homens como o engenheiro e industrial Israel Klabin, o presidente do BNDE, Marcos Vianna, o presidente do Instituto Brasileiro de Geografia e Estatística (IBGE), Isaac Kerstenetzky, e o economista André Franco Montoro para debater os problemas nacionais, de grande valia para a definição de políticas diplomáticas e para a relação bilateral.[44]

O intervalo mais certo de vê-lo no hotel parecia ser mesmo o de sua chegada no sábado à noite, antes que fosse levado para outro endereço ou surgisse algum imprevisto capaz de atrasá-lo. Zuzu podia acompanhar o embarque de Kissinger em Brasília pelo rádio, por exemplo, e escolher a hora de sair de casa, na Barra, para se camuflar em meio ao frenesi da entrada dos americanos no Sheraton. O trajeto da Barra ao sopé do morro Dois Irmãos não demorava muito, pouco mais de dez minutos. Mas Zuzu precisava despistar. Pediu uma carona para Lourdes Vivacqua, que morava por perto em uma bela casa com piscina, na qual Zuzu mergulhava em tardes quentes, e onde recebia para jantares. Lourdes escolhia os convidados a dedo, punha a cozinha para preparar pratos excepcionais — como galinha indiana em noite com a primeira-dama do Ceará[45] — e podia contar com a presença da costureira. Entre amigas, Zuzu espantava a dor. Para proteger Lourdes nessa nova investida contra a ditadura, engoliu o real motivo de sua visita ao hotel. Disse que ia simplesmente entregar uma encomenda a um hóspede.

Lourdes nem desconfiou. Buscou a costureira e a deixou na porta do Sheraton. Zuzu desceu do carro com porte de uma discreta e recatada americana, empunhando o pacote com carta e documentos como se fosse a chave do futuro. Naquela noite de fim de fevereiro, ela acreditava que podia muito bem ser.

Zuzu estava ligada pela adrenalina de cometer um dos atos mais ousados de seu currículo. Assim que entrou no saguão, marchou para a mesa da recepção e reparou na atmosfera do lugar. Todos ali se sentiam inchados pela importância de recepcionar um figurão como Henry Kissinger. Os funcionários do hotel repetiram para Zuzu o bordão que os ocupava havia alguns dias: era terminantemente proibido subir até o 25º andar, onde o secretário de Estado americano estava hospedado. Zuzu agradeceu o aviso. Depois de reprimir o sorriso de quem estava cinco passos à frente e ia ignorar as advertências dos recepcionistas, foi para o hall dos elevadores, apertou o botão para subir e aguardou. Entrou no primeiro que abriu suas portas para ela e, sem pestanejar, apertou o botão do 25º andar.[46] Até então, nenhum imprevisto.

Quando o elevador enfim parou no 25º, ela se deparou com um corredor longo, de aparência tão ordinária quanto qualquer corredor de hotel. E não estava vazio. Seus olhos miraram em Henry Kissinger, de pé à porta de sua suíte.[47] Como de praxe, vinha cercado por seguranças. Mas era ele, quanto a isso não havia dúvida. Seu rosto, rotineiramente estampado nos jornais e revistas e filmado em imagens retransmitidas nas TVs de todo o mundo, era como o de um vizinho do bairro. Impossível não o reconhecer. Zuzu tomou sua reta em direção a Kissinger e nela se manteve, os passos firmes cruzando uma distância que, para os menos atrevidos, seria intransponível. Até que foi interrompida por um agente, quando chegou a pouco mais de um metro do secretário.

Henry Kissinger lidava com pessoas de todos os tipos, o tempo inteiro. Pessoas que se aproximavam com urgências, suplicando ajuda, proferindo ameaças, negociando acordos. Pessoas que o admiravam, que o bajulavam, que o desprezavam. No corredor do 25º andar do Sheraton, no Rio de Janeiro, Kissinger foi interpelado por uma mulher pronta a apontar dedos e confrontá-lo diretamente. Ao contrário das duas hóspedes cubanas do hotel que lhe deixaram cartas elogiando "todas as decisões políticas que tomou no exterior",[48] a mensagem de Zuleika Angel Jones se contrapunha, desconfortavelmente, ao apoio ao governo brasileiro defendido pelo secretário. Através do dossiê de Stuart, Zuzu condenava as políticas internacionais de Kissinger e dos Estados Unidos, e os acusava de estenderem a mão a ditaduras que prendiam, torturavam, matavam e, não satisfeitas, escondiam os corpos de quem assassinavam.

O agente da comitiva de Kissinger parou Zuzu e disparou duas perguntas em inglês: o que ela queria e o que havia no embrulho em suas mãos. "Material impresso e um livro para o secretário de Estado", ela respondeu, séria e no mesmo idioma.[49] Não entrou em detalhes quanto ao conteúdo e suas reivindicações — sabia que não era hora de comício. Zuzu entregou seu dossiê ao jovem agente e dele recebeu a promessa de que Kissinger daria a devida atenção aos documentos. Na mesma hora, virou as costas, tomou o elevador de volta ao lobby e saiu do hotel. Deve ter dado tempo de o coração acalmar um pouco antes de entrar no carro de Lourdes, que a esperava. Zuzu não comentou nada a respeito de seu encontro com Henry Kissinger. Para a amiga, a ida até o Sheraton não passava mesmo da entrega de uma encomenda. Continuaria acreditando nisso, se não fosse a repercussão do caso.

Na manhã de segunda-feira, dia 23 de fevereiro de 1976, Lourdes Vivacqua abriu seu exemplar do *Jornal do Brasil* ainda na cama, enquanto tomava café. Logo no começo do "Caderno B", seção destinada às pautas de cultura e das artes, encontrou a coluna de Zózimo Barrozo do Amaral. Uma notinha chamou sua atenção. O título era "Segurança imperfeita" e a personagem principal, Zuzu Angel. Lourdes estava mais que acostumada a se deparar com notas na imprensa sobre Zuzu, mas não poderia adivinhar que aquele texto de três curtos parágrafos ligava sua amiga a Henry Kissinger. A coluna resumia a missão e destacava o furo na barreira dos agentes americanos: "A figurinista Zuzu Angel, sozinha, se encarregou de mostrar que o esquema de segurança armado em torno de Henry Kissinger durante o tempo em que permaneceu no Rio não era bem o que se dizia. Pode ter sido aparatoso, mas esteve longe da perfeição".[50] À medida que lia, os olhos de Lourdes se arregalaram. Então era por isso que tinha levado Zuzu ao Sheraton? O susto não foi pequeno. Sem saber, tinha ajudado a engrossar o coro da denúncia contra a ditadura cantado havia quase cinco anos pela costureira. A redação da coluna, para não enfurecer os militares, se distanciou do teor dos documentos entregues ao secretário de Estado e não fez qualquer menção a Stuart. Mas nem precisava especificar, pois Zuzu já havia espalhado aos quatro ventos a operação martírio do filho. Uma amiga próxima como Lourdes não tinha dúvidas do que falava o tal "material impresso" passado ao agente da comitiva americana.

Assim que entendeu a história, Lourdes se refez da surpresa. Alcançou o telefone e discou o número de Zuzu. "Você tá louca!", disse para a costureira à guisa de saudação. "Eu ia ser presa junto com você!" E desatou a rir. Zuzu, bem-humorada, começou a gargalhar também. Passaram um bom tempo discutindo as confusões que aprontariam na cadeia, caso fossem encarceradas juntas.[51]

Nenhuma das duas foi presa ou interrogada por isso. Nem poderiam: qualquer reação da repressão reconheceria a demanda de Zuzu e lhe conferiria uma importância que os militares não podiam admitir.

Lourdes pode não ter se perguntado como a informação foi parar nas mãos de Zózimo e talvez ignorasse que, além do *JB*, *O Estado de S. Paulo*,

The Washington Post, *The Miami Herald* e a BBC de Londres[52] também deram a notícia do furo à segurança de Kissinger. Para ela, não fazia muita diferença: tinha vivido adrenalina suficiente por ter participado, indiretamente, da coragem de Zuzu. No entanto, dadas as circunstâncias, só havia um jeito de a informação chegar nos ouvidos da imprensa. O hotel não confessaria o fracasso em impedir a entrada de uma intrusa; os agentes A tampouco revelariam uma brecha em sua barreira; não havia testemunha ocular além de Zuzu, dos seguranças e de Kissinger. Nem mesmo Lourdes Vivacqua podia contar a história completa. Sobrava, então, o relato da própria costureira.

O plano não terminava com a entrega do dossiê ao secretário. A primeira etapa, suplicar pelo auxílio americano a exercer pressão no governo brasileiro, de fato fora cumprida. Ainda existia outra. Kissinger podia ou não aquiescer às reivindicações de Zuzu — e as chances de fazê-lo eram ínfimas —, mas a operação no hotel Sheraton desempenhava outro propósito. Representava uma provocação aos militares e a divulgação do feito completava o arranjo. Com a notícia em circulação na imprensa brasileira e internacional, Zuzu atacava em várias frentes. Simultaneamente, desacatava o esquema de segurança policial-militar, se esquivava da vigilância designada para monitorar seus movimentos e, ao chegar tão perto de Kissinger por sua conta e risco, burlava as regras do jogo. Ela repetia a audácia de abordar uma autoridade norte-americana — dessa vez, em escala muito maior que um velho general visitando um país aliado, para comemorar glórias passadas, como fora com Mark Clark. Zuzu tinha chegado, sem empecilhos e tropeços, a um dos homens mais poderosos do mundo.

Portanto, não obstante a ausência de prisões, precisava haver reação dos órgãos de segurança. Um dia antes da publicação, a Agência Central do SNI interceptou a matéria do jornal *O Estado de S. Paulo* relatando o acontecimento — o título da notícia era "Na carta, a denúncia e um apelo". Anexado ao telex com a cópia do texto do *Estadão*, o SNI divulgou um documento contendo dados sobre Stuart, sua filiação subversiva e a "exploração do caso" por Zuzu, em uma campanha "contra o nosso país desde o exterior".[53] A divulgação de mais um levantamento biográfico e político de Stuart, com menção clara a Zuzu, indica que nada passou despercebido. Em 22 de março do mesmo ano — um mês após o ocorrido —, o Cisa lançou circular informativa sobre Bruce Handler, jornalista americano da Associated Press responsável pela cobertura internacional do encontro entre Zuzu e Kissinger, nas matérias publicadas nos jornais *The Washington*

Post e *Miami Herald*. A DSI do Ministério da Justiça divulgou, para todos os órgãos da inteligência militar, cópias da matéria de Handler para o *Post*;[54] poucos dias depois, o Cisa recebeu o "Encaminhamento 573" da DSI do Ministério das Relações Exteriores a respeito do mesmo texto, e se incumbiu de apurar e transmitir todas as informações disponíveis acerca do repórter. A conclusão era que os catorze dados listados não abarcavam a "total implicação desse alienígena na campanha contra o Brasil no exterior". Ou seja, o americano estava mancomunado com a mesma causa de Zuzu Angel — infernizar a vida da ditadura mundo afora — e contava o que ela andava aprontando. Handler era monitorado pelos órgãos da repressão militar pelo menos desde 1974.[55]

Tudo que foi escrito e publicado sobre o dossiê entregue a Kissinger, por jornais brasileiros e americanos, foi incluído em um compilado organizado pelo Ministério das Relações Exteriores brasileiro. O objetivo era retraçar e monitorar a cobertura de imprensa sobre a visita do secretário de Estado americano à América Latina.[56] Mais uma evidência de que a repressão sabia. E não deixaria Zuzu impune por muito mais tempo.

19.
Uma vez Zuzu,

Zuzu tinha anotado todos os cálculos em um pedaço de papel quase perdido no monte de folhas, envelopes e retalhos de tecido. Ela vasculhou as pilhas sobre sua mesa até encontrar os preciosos números e mostrá-los, triunfante, à jornalista da revista *Fatos & Fotos*. As contas revelavam o passo a passo de um plano inusitado para uma etiqueta de roupas prontas. Cada metro de tecido especial, da parceria Zuzu Angel e Fábrica Dona Isabel, custava, em média, trinta cruzeiros; para confeccionar um vestido, ela geralmente gastava cerca de três metros. O investimento para o material seria, então, de noventa cruzeiros — e o envio do molde, pelos correios, exigia mais vinte. Ou seja, para fazer por conta própria um modelo criado (mas não confeccionado) por Zuzu, a cliente desembolsaria algo em torno de 110 cruzeiros, fora a mão de obra. Nada mal, sabendo-se que uma bolsinha porta-níqueis da grife saía a noventa cruzeiros, e que a butique no Leblon não vendera nenhum vestido da coleção anterior, Contemporary Classic, por menos de trezentos.[1]

Zuzu tinha bolado um novo esquema para sua marca e estava ansiosa para apresentá-lo. A linha Do It Yourself era exatamente o que seu nome dizia: Faça Você Mesma um modelo concebido pela designer, com os materiais que ela utilizaria, por um preço final mais baixo que o da peça pronta. Tudo começava na própria loja, onde a cliente interessada escolhia uma das três opções possíveis naquela fase experimental do serviço. Uma funcionária — ou até mesmo a própria Zuzu — se encarregava de tirar suas medidas e elaborar os moldes do vestido selecionado, de acordo com as proporções exatas do corpo da freguesa e as especificações da matéria-prima necessária, disponível para compra ali mesmo. O padrão era essencial. Se as instruções não fossem respeitadas, nada daria certo.

O lançamento estava marcado para 14 de agosto de 1975 e mereceu uma seção especial dentro da loja.[2] Era para lá que se dirigiam as compradoras com tino para costura, a fim de eleger o seu modelo preferido entre as possibilidades e apanhar os materiais de que precisariam. Mas a aparente simplicidade da proposta camuflava uma complexa operação logística. Cada passo tinha sido calculado, e Zuzu fazia questão de ressaltar que as três peças que inauguravam o plano Faça Você Mesma passaram por testes minuciosos. Qualquer uma delas daria certo, assegurava a designer: "O caimento da roupa é perfeito, tudo funciona bem".[3] De volta à sua casa, com o molde à frente e tesoura na mão, caberia à cliente cortar o tecido, executar as costuras e finalizar os alinhavos. No final, teria um Zuzu Angel por metade do preço.

Nessa nova moda de Zuzu, o fator determinante era o custo pago pela consumidora. Gastos com roupas pesavam no orçamento das mulheres de classe média que trabalhavam e nem por isso se contentavam com peças comuns e produzidas em massa nas confecções. Foi pensando em combinar a habilidade de costura da cliente com a criatividade e o valor simbólico de sua marca que Zuzu teve a ideia: já que popularizar a moda seria pretensioso demais e ela tampouco acreditava em moda massificada — julgava ser uma "expressão errada desde a origem, pois a massa não pode nem tem condições de comprar moda",[4] fazendo referência a roupas de design original —, o jeito seria, então, torná-la tão acessível quanto conseguisse. Não faria suas roupas chegarem a todas as classes sociais, mas seu projeto da Nova Mulher demonstrava que um prêt-à-porter criativo, cujos preços reduzidos o deixavam mais competitivo em relação aos modelos de alta-costura, expandia significativamente o rol de clientes sem grandes prejuízos ao elemento aspiracional da marca. Vestir um Zuzu Angel continuava a representar status, mesmo que as roupas não fossem mais, havia muito tempo, produzidas sob medida em um ateliê.

O Faça Você Mesma dava um passo no caminho de uma maior acessibilidade. Afinal, os preços de base de uma roupa de Zuzu equivaliam, geralmente, a metade do salário mínimo vigente — que, em 1975, era de 532,80 cruzeiros — e as peças mais caras podiam chegar quase a quatro vezes esse valor. Em liquidação, uma saia com babados custava a bagatela de 120 cruzeiros; um vestido de noiva com entalhes de renda e aplicação de passamanaria, em compensação, não seria vendido por menos de 1600.[5] Zuzu sabia que baixar demais os preços arranharia a imagem de sofisticação de sua marca e espantaria as socialites e clientes mais abastadas, que corriam de tudo que fosse minimamente popular. Selecionar dois ou três modelos para servirem de porta de entrada, porém, mudava a história. Graças a essa estratégia, Zuzu preservava a sua autoridade de criadora de moda ao mesmo tempo que espalhava ainda mais de seus vestidos grifados pelas ruas, como tanto desejava.

Apoiar-se nos moldes para concretizar o esquema foi um truque engenhoso. Na virada da década de 1960, as revistas especializadas em moldes vivenciaram seu auge: títulos como *Figurino Moderno* e *Joia* e o modelista Gil Brandão souberam aproveitar as melhorias tecnológicas de impressão a cores, contrataram ilustradores competentes e disseminaram vários métodos de corte e costura adequados aos ambientes domésticos. Muitas mulheres buscavam ideias, conceitos e técnicas nessas revistas, principalmente para incrementar seus próprios guarda-roupas e os de suas famílias.[6] O pulo do gato de Zuzu foi fisgar novas clientes dentro desse público feminino familiarizado com moldes — mulheres que não tinham condições de pagar por um de seus vestidos ou conjuntos, mas gostariam de tê-los. Por outro lado, podiam confeccioná-los, e Zuzu lhes dava essa chance. Longe de esnobar um grupo consumidor em potencial, ela adaptava o sistema de licenciamento adotado por tantas casas de alta-costura e lançava o que não deixava de ser um arranjo colaborativo. Sem a designer famosa de um lado e as costureiras domésticas de outro, o Faça Você Mesma não teria o mesmo apelo.

A "moda ao alcance de todos" sonhada por Zuzu não passava apenas pelos moldes a vinte cruzeiros. Em sua coleção internacional seguinte, apresentada em setembro de 1975 para a primavera-verão, ela optou por aumentar a produção e, para tanto, simplificou o feitio das roupas. A costura à mão foi trocada, em grande parte, pelas máquinas; o artesanal se concentrou nos detalhes.[7] Na Brazilian Butterfly, os anjinhos estampados ganhavam a companhia de borboletas coloridas, como em um vestido de algodão puro em fundo verde-jade, e os lenços assumiam um protagonismo inédito. Torcidos em várias amarrações, decorados com franjas de seda, galões brilhantes e as mesmas estampas das roupas, eram os itens favoritos de Zuzu daquela nova linha.[8] Marcaram presença em todas as fotos de divulgação, cobrindo os cabelos da modelo Santuza.

A Brazilian Butterfly repetia diversos elementos das coleções anteriores. A profusão de peças de algodão, as cores vibrantes, as silhuetas leves e os motivos brasileiros compunham uma moda "simples, prática e informal".[9] Falou-se muito nas toalhas e bolsas com a logo Zuzu Angel, nas saias longas de babados combinadas a bustiês e nas saídas de praia em estilo quimono cobrindo um biquíni de listras de plush, uma malha macia e aveludada. O vestido mais comentado do lançamento, também de plush, tinha alças finas e era bicolor — vermelho no busto franzido e azul-marinho na saia —, e não muito atrás ficou o conjunto de short e camisa de cetim estampado. Cerca de trezentos convites foram enviados para o desfile dos mais de quarenta modelos na butique, e as clientes e amigas de Zuzu compareceram sem falta. Helô Amado e Lourdes Vivacqua não perderam a festa e parcerias de longa data foram retomadas. As bijuterias e os acessórios eram de Ethel Moura Costa, e Elke Maravilha ganhou novamente a passarela.[10]

Para convencer crítica e público de que fazia uma moda verdadeiramente tropical, Zuzu reiterava imagens, impressões e sensações que, mais tarde, virariam lugares-comuns na indústria do vestuário. Os biquínis coloridos, os vestidões vaporosos e os lenços, amarrados como turbantes, lembravam dias passados na areia e passeios ao ar livre durante o entardecer. A designer prosseguia, também, com sua defesa da autonomia criativa e produtiva nacional. Declarava-se inspirada pela natureza do Brasil e dedicada a criar para as "mulheres brasileiras que gostam de vestir o que é bonito".[11] Saias abotoadas na frente para serem usadas por cima do biquíni, camisetas amarelas e vermelhas, estampas misturadas em combinações inesperadas incitavam os jornais a publicar que "a moda brasileira existe, e Zuzu Angel está aí para provar isto".[12] Ao que a própria costureira respondia: "Creio na moda brasileira. E acho que a moda brasileira acredita em Zuzu Angel".[13]

Outra referência típica de Zuzu vinha do Carnaval. Para ela, mais do que o desfile das escolas de samba, o período simbolizava um momento único no calendário de sua moda. Ela havia ganhado fôlego, clientela e experiência como costureira manufaturando fantasias. No final de janeiro de 1976, Zuzu anunciou uma coleção especial de Carnaval: era a linha Chiquita Bacana,[14] que resgatava a marchinha de João de Barro e Alberto Ribeiro, de 1949, imortalizada em interpretação de Emilinha Borba.

Uma das peças da linha era uma regata de malha[15] com estampa exclusiva, na qual uma mulher se cobre apenas com uma casca de banana. Em letras amarelas com contorno verde, as palavras RIO, ZUZU ANGEL e CHIQUITA BACANA carregavam ainda mais no clima tropical e alegre. Chiquita fora fantasia de Carnaval no baile do Theatro Municipal já no ano de sua criação, quando a atriz e cantora Lourdinha Bittencourt ganhou o quarto lugar do concurso em um vestido brilhante, com fenda nas pernas e cachos de banana cobrindo um dos braços, caindo do chapéu e descendo desde a cintura.[16] Além de não usar vestido nem calção, a Chiquita Bacana da marchinha, "existencialista com toda razão/ só faz o que manda o seu coração".[17] À época, o escritor e jornalista Genolino Amado, em seu programa de rádio *Crônicas da Cidade Maravilhosa*, definiu a música como a melhor definição do existencialismo feita até então.[18]

Na imaginação de João de Barro e Alberto Ribeiro, Chiquita manifestava uma absoluta liberdade corporal, o naturismo — sua nudez era disfarçada apenas pela casca de banana-nanica. Essa personagem estava tão sincronizada com o humor dos tempos, em especial o desejo pela existência livre, que ganhou versões nos Estados Unidos, na Inglaterra, na Itália e na Argentina. Na França, ela virou "Chiquita Madame de la Martinique", na voz de Josephine Baker.

A propósito, Zuzu era uma naturista amadora. Fazia roupas para as ruas; em casa, na intimidade do lar, gostava de perambular nua.[19] Ela tinha quase trinta anos quando a marchinha "Chiquita Bacana" foi lançada e 54 quando concebeu sua coleção. Em algum momento, deve ter feito a associação com outra naturista libertária de seu tempo, a dançarina e atriz Dora Vivacqua, de nome artístico Luz del Fuego. Dora nasceu no Espírito Santo em uma família de políticos e intelectuais. Tinha treze irmãos e, quando se mudou para Belo Horizonte, o casarão da família na rua Gonçalves Dias se tornou ponto de encontro de poetas, escritores e intelectuais como Carlos Drummond de Andrade e Pedro Nava. Ela era considerada louca desde a adolescência, porque se recusava a assimilar as convenções de feminilidade e recato: engatava romances e antecipava as reivindicações pela libertação sexual das mulheres, realizava espetáculos de dança com cobras enroladas no corpo, tentava entrar de penetra nos bailes do Municipal "vestida" apenas com uma camada de tinta, fosse esta verde (era sua fantasia "Iemanjá") ou dourada (como o "Sol da Meia-Noite"). No ano da "Chiquita Bacana", 1949, Dora fundou o Partido Naturista Brasileiro, cujo slogan "menos roupa e mais pão" expunha a pauta progressista da agremiação, que defendia o divórcio e tratava a nudez como questão política.[20] Tinha razão. O direito de uma mulher de dispor de seu corpo como bem entender é um dos argumentos mais poderosos do feminismo, seja para vesti-lo, seja para despi-lo, e Zuzu pensava nisso o tempo todo. Ela se proclamava publicamente como feminista, argumentava que o trabalho era indispensável para libertar as mulheres de "todos os jugos e grilhões" que as oprimiam e defendia a criação do Dia Internacional da Mulher, comemorado oficialmente pela primeira vez em 8 de março de 1975, como uma maneira de confirmar as desigualdades de gênero.[21] Desde 1968, Zuzu dizia que "cada mulher interpreta o vestir a seu modo", um raciocínio que completava declarando que "a mulher [...] é livre para usar o que quiser".[22] Ou não usar nada, se assim preferisse.

A linha Chiquita Bacana de Zuzu Angel entrelaçava todas essas referências sem deixá-las óbvias. Para os desavisados, fazia apenas ressurgir uma figura dos Carnavais passados. Mas, a quem se dispunha a ler para além da estampa colorida, Zuzu relembrava a liberdade existencialista de Chiquita — e de tantas outras naturistas — para celebrar o que os filósofos dessa corrente de pensamento chamavam de alegria da existência: afirmar que se está vivo e que se é responsável por suas escolhas, assumir sua existência plena enquanto indivíduo e, assim, caminhar rumo à liberdade.

"Uma vez Zuzu, sempre Zuzu": esse bordão despontou em novembro de 1968, quase perdido em meio às infindáveis notas que preenchiam a coluna social de Nina Chaves. A rainha Elizabeth II estava prestes a fazer sua visita ao país, e o nome de Zuzu aparecia ao lado do de d. Yolanda Costa e Silva — Zuzu para confeccionar o presente da monarca, Zuzu para vestir a primeira-dama na recepção e no banquete da rainha... uma vez escolhida, sempre escolhida, celebrava a página da jornalista que, além de ser sua amiga, ainda era chefe de Hildegard em *O Globo*.[23] Exatos dois anos depois, a máxima foi traduzida para o inglês e virou manchete. "Once Zuzu, Always Zuzu", escreveu Hildegard no topo de sua cobertura da primeira coleção internacional da mãe, em Nova York.[24]

Uma tirada dessas não merece desaparecer tão fácil, e Zuzu sabia disso. Estampou-a em camisetas, com letras garrafais emoldurando um grande anjo sorridente,[25] e a escolheu como o título de sua nova IDC para o outono-inverno. Once Zuzu, Always Zuzu seria apresentada em maio de 1976 no Rio de Janeiro. A divulgação começou um mês antes, no início de abril, tanto nos jornais impressos[26] como na televisão. O *Jornal Hoje*, da TV Globo, topara exibir um desfile da coleção. Podia não ser o horário nobre, mas a escala das treze horas soava boa o bastante para Zuzu. Ela estava empolgadíssima e a gravação foi marcada para a tarde do dia 13 de abril, uma terça-feira. O programa iria ao ar no dia seguinte.

Talvez o compromisso com a Globo a distraísse momentaneamente de uma certeza que tinha havia muito, e que nos últimos tempos só aumentava.

Na véspera, dia 12, a costureira procurou Germana de Lamare, atriz e jornalista que se tornaria também psiquiatra, para desaguar um pouco de seu desespero. Ligou duas vezes, mas Germana estava no curso pré-vestibular do Colégio Miguel Couto e só soube dos recados ansiosos de Zuzu quando voltou para casa. A costureira apareceu à noite, depois do jantar, visivelmente nervosa. Estava convicta de estar sendo ameaçada de morte e não sabia como conter o pavor. Germana se assustou um pouco e tentou acalmar a amiga, que não se deixou dissuadir. Era perseguida, sim, por aqueles que mataram Stuart. Zuzu sentia todos os dias a hostilidade dos militares e entendia que suas denúncias, aliadas à recusa em aceitar a perda do filho, incomodavam o governo a ponto de incitá-lo a algum ato violento contra sua segurança.[27]

Germana de Lamare não foi a primeira nem a última a testemunhar a vulnerabilidade de Zuzu perante a ditadura. Naqueles mesmos dias, a costureira comentou com Rose Marie Muraro sobre ter certeza de que ia morrer muito em breve. A causa seria "ou de acidente provocado ou de ataque cardíaco, porque estou brigando muito com a Hilde, ela tem medo dessa minha atividade antimilitar".[28] Sua firmeza em face do perigo não a deixava indiferente ou tranquila — muito pelo contrário. Quanto mais reunia evidências da tortura de Stuart, mais certa ficava dos riscos que corria. É o que demonstra um bilhete entregue pela costureira ao cantor e compositor Chico Buarque, menos de um mês depois de ela receber e traduzir a carta-depoimento de Alex Polari. "Se algo vier a acontecer comigo, se eu aparecer morta, por acidente, assalto ou qualquer outro meio, terá sido obra dos mesmos assassinos do meu amado filho", declarou. Em lápis, no alto da página, acrescentou uma frase: "Esteja certo de que não estou vendo fantasmas!".[29]

Decerto Zuzu não via fantasmas, mas antecipava a possibilidade bastante real de uma punição à sua resistência eloquente. Imaginava que Chico Buarque não descartaria suas preocupações: a admiração que nutria pelo engajamento do artista informava a decisão de mantê-lo a par de seu empenho militante. Zuzu passava com frequência no apartamento que Chico dividia com a esposa à época, a atriz Marieta Severo, para presentear as filhas do casal com camisetas de sua loja. Não telefonava antes nem combinava nada — deixava as visitas ao sabor do acaso e aproveitava para conversar à vontade. Mesmo nos dias mais tranquilos, porém, retomava a história de Stuart. Nunca chegava lá sem documentos de seu dossiê para mostrar os avanços em sua busca, como o mapa dos Estados Unidos que desenhou para indicar de onde eram os congressistas a quem reivindicaria ajuda para desvendar o caso do filho.[30] Um bilhete anterior, este de maio de 1973, lembrava a Marieta e Chico que o aniversário da morte de Stuart seria no dia seguinte. O anjo alegre da logomarca rosa, no canto do papel timbrado, parecia ter vindo de um mundo completamente diferente do produzido pela frase final, "Não me entregaram o corpo".[31] Os amigos, contudo, entendiam que o anjo da costureira só existia graças ao luto da mãe.

Apesar de ver Zuzu como o oposto da *mater dolorosa*, capaz de manter o ânimo mesmo vivendo a tragédia, Chico guardou os bilhetes.[32] E Germana de Lamare nunca esqueceria o aviso da costureira, dado em uma noite de abril, no auge de sua angústia. Nenhuma das pessoas próximas a Zuzu conseguia ignorar a dor que ela carregava. Insistia na alegria, mas nem ela própria se permitia desvencilhar-se do luto. No final de março de 1976, em uma noitada na boate Régine's, que reunia os festeiros da sociedade carioca no subsolo do hotel Méridien, no Leme, Zuzu avistou Juscelino Kubitschek bebendo e conversando com o jornalista e escritor Carlos Heitor Cony. Marchou até o ex-presidente e, assim que se aproximou o suficiente, apontou o dedo em riste e lhe passou um sabão. Zuzu queria entender por que ela, uma simples costureira, podia recorrer aos congressistas americanos e montar um escarcéu para denunciar a tortura no Brasil, ao passo que JK em pessoa não se comprometia. Salpicou a desforra com insultos que progrediam a cada segundo — pamonha, acomodado, covarde. O político não se ressentiu e tentou contemporizar. Não podia sair falando por aí, explicou, até porque também estava sob vigilância dos militares. Zuzu não engoliu as desculpas. De seu canto, Cony estava impressionado. Só podia, mesmo, convidá-la para tomar mais um gole em sua companhia.[33]

Em telefonemas, troca de correspondência e conversas face a face com amigos, familiares, conhecidos e clientes da butique, ela rememorava sem cessar a história de Stuart. Todos notavam sua tristeza e reconheciam a tragédia, mas alguns se incomodavam por ter que encará-la — o que Zuzu dizia provocava desconforto em meio a uma burguesia carioca pouco ou nada engajada contra a ditadura militar.[34] A *mater dolorosa* não era capaz de sensibilizar todo mundo, nem de convencê-los a reagir. Lembrar a morte de Stuart significava, necessariamente, admitir que o país não ia tão bem assim e que algo precisava ser feito. Era mais fácil qualificar aquela ladainha como louca, inoportuna, inapropriada.

Ela se definia de outro jeito. Em uma conversa com Heloneida Studart, duas semanas antes, disse ser apenas "uma mãe desesperada".[35] Desesperada, entretanto, não queria dizer deprimida. Não se trancava dentro de casa, nem se privava de sua vida social. Quebrava o decoro ao incentivar as amigas a saírem juntas, sem companhia masculina, para comer em restaurantes — uma prática malvista pela sociedade carioca, que preferia suas mulheres escoltadas por ao menos um homem durante a noite. Zuzu achava essas restrições uma grande bobagem, até porque não tinha marido, e não queria que nenhuma de suas amigas precisasse esperar pela disponibilidade de um companheiro para se divertir.[36] Junto com Helô Amado e Maria Luísa Condé, ia almoçar no Nino; raramente recusava um convite e ia aos jantares na casa de Lourdes Vivacqua, à feijoada em comemoração ao aniversário de Helô, ao casamento de Rosane, filha de Leda e Alfredo Castro Neves.[37] Injetava bom humor em sua tragédia pessoal. Certa vez, chegou atrasada à loja para trabalhar e encontrou Heloísa Aleixo Lustosa, diretora do Museu de Arte Moderna do Rio de Janeiro, dando uma olhada nas roupas. Começou o papo justificando seu atraso. Estava na clínica de Leda Castro Neves para uma sessão de parafina, procedimento que prometia remover marcas de celulite nas pernas. Não só pela estética, revelou. Suas pernas tinham virado uma afronta às autoridades. Segundo Zuzu, um procedimento comum dos "milicos", quando prendiam mulheres, consistia em despi-las e humilhá-las, rindo das varizes e celulites que porventura tivessem. "Quando eu for presa", anunciou a Heloísa e a quem mais estava por perto na loja, "ninguém vai rir das minhas celulites nem das minhas varizes!"[38]

Risadas à parte, Zuzu sentia, no começo de abril de 1976, uma energia estranha ao seu redor. Os telefonemas inquietantes persistiam, assim como não desapareciam os vultos peculiares, encostados em seu carro ou plantados na porta da loja.[39] Um deles, vestindo um terno escuro, tentou agarrá-la em uma noite daquele mês. Zuzu não estava sozinha — Antonina Murat Vasconcellos caminhava a seu lado pela rua Almirante Pereira Guimarães. Sua reação foi imediata. "Mataram meu filho, pois agora me matem", gritou. "Eu não tenho medo." Ela conseguiu se desvencilhar e, depois de se refugiar no Karmann-Ghia com Antonina, reconheceu que sua segurança estava cada vez mais em risco. "Mas tenho certeza de que chegarei ao fim", contrapôs.[40] Os amigos e as filhas, por sua vez, eram surpreendidos por algumas frases preocupantes, nas quais insistia que não alcançaria os 56 anos.

Repetia os mesmos motivos que dissera a Rose Marie: seria por acidente ou porque seu coração falharia, antes que os militares pudessem terminar o que haviam começado.[41] Do coração ela cuidava. Já havia se submetido a dois eletrocardiogramas, que não revelaram nenhum problema grave.[42]

Quanto aos acidentes, porém, não havia muito o que fazer, exceto redobrar a atenção e botar a boca no trombone sempre que possível. Anos antes, sofrera uma colisão com um ônibus, que bateu na traseira de seu carro e a deixou ferida no rosto e no nariz.[43] Um quase acidente, por outro lado, a incomodou o suficiente para que escrevesse ao jornalista político Carlos Castello Branco para relatar como um carro que a seguia tentou fechá-la na saída de um túnel da estrada Barra-Lagoa.[44] Sobravam sinais a fundamentar sua certeza de que corria risco de vida e devia avisar quantas pessoas pudesse sobre isso. Sabia, aliás, que não era o único alvo de tantas ameaças. No início de abril, telefonou para o deputado federal Lysâneas Maciel, ferrenho opositor da ditadura e recém-cassado por seu engajamento em defesa dos direitos humanos e da democracia, para alertá-lo de que ambos poderiam sofrer um acidente fatal a qualquer momento.[45] Em seus discursos no plenário, Maciel confrontava o governo, denunciava a violência e a arbitrariedade das prisões realizadas pela repressão e intercedia a favor da liberdade de expressão, da reinstituição do habeas corpus como garantia da presunção de inocência e da proteção de presos e detidos. Um de seus projetos de lei, que jamais foi aprovado, teria transformado a história de incontáveis presos políticos no país, ao obrigar autoridades militares e policiais a informar o encarceramento de cidadãos brasileiros, inclusive o local da prisão.[46]

Só mesmo a moda e a rotina da butique para aliviar o sufocamento e a impressão de ser perseguida. Once Zuzu, Always Zuzu não era um nome qualquer de coleção. Prometia a continuidade de sua carreira e seu nome, e Zuzu mal podia esperar para ver como a nova coleção ficaria na tela das TVs brasileiras. Quando se levantou da cama na manhã de 13 de abril de 1976, estava pronta para cumprir tudo que tinha programado para o dia.

Por volta das onze da manhã, Zuzu chegou à loja. Lá ficou até as 14h30, quando fez uma pausa prolongada para o almoço, servido na casa da mãe, Francisca, e de suas irmãs Leopoldina e Virginia. Quando tinha muito trabalho pela frente, costumava tirar um cochilo depois da refeição. Naquela terça, contudo, não acatou a sugestão das irmãs. Disse ter muito o que fazer — não podia perder tempo com descansos — e confessou estar propensa a se ausentar do jantar ao qual fora convidada, na casa dos Andrade

Vieira, do banco Bamerindus. Pouco depois das cinco da tarde, dirigiu do Jardim Botânico, onde moravam Leopoldina e Virginia, até sua casa, na Barra, para buscar algumas roupas que seriam usadas na gravação do desfile. Fez um afago em Angel, verificou se tudo estava em seu devido lugar e retornou ao Leblon às dezessete horas.

As filmagens começaram às 20h40 e duraram aproximadamente uma hora.[47] Em meio ao frenesi de câmeras, manequins, técnicos de iluminação e roupas, Zuzu arrumou tempo para bater papo com o cinegrafista responsável pela gravação, Reinaldo dos Santos. Comentou que, uma vez terminada aquela função na loja, tinha outro compromisso, ao qual não estava certa de comparecer. Não só lhe faltaria tempo suficiente para arrumar o cabelo como se sentia um pouco cansada. Mas seria uma pena faltar ao encontro, ponderou. Gostava demais da anfitriã, Lúcia Andrade Vieira, de quem era amiga já fazia alguns anos, e não queria chateá-la. Precisava de uma injeção de ânimo — e, como em outras ocasiões, tomou um pequeno gole de uísque para se revigorar.[48] Apenas o bastante para espantar a sonolência e mantê-la ligada no ritmo das modelos, no movimento das câmeras e nas perguntas que o entrevistador lhe fazia.

Assim que a gravação terminou, bem depois das nove da noite, Zuzu telefonou para as irmãs. Virginia atendeu e pegou o recado da costureira: "Diga a mamãe que já acabei de gravar o programa e vou para casa".[49] As três mulheres se permitiram descansar. Não gostavam da ideia de Zuzu zanzando pelo Rio de Janeiro, a altas horas e sozinha, a cruzar túneis e pegar avenidas, depois de um dia exaustivo de trabalho. Preferiam que ela dormisse no Jardim Botânico ou no apartamento de Hildegard, bem perto da butique, a percorrer todo o caminho até a ainda isolada Barra da Tijuca.[50]

Mas Zuzu não foi para casa. A vontade de encontrar os amigos — e de não decepcionar Lúcia — falou mais alto. Tomou um táxi até a cobertura em Copacabana onde aconteceria o jantar, deixou suas inquietações na rua e chegou empolgada. Ela queria rir, conversar, comer bem e, quem sabe, até dançar um pouco.

À mesa, além dos anfitriões, estavam o banqueiro e diretor do Bamerindus José Márcio Peixoto; o empresário luso-brasileiro de origem polonesa André Jordan e sua esposa, a americana Anna Rose; o advogado Sérgio da Costa e Silva; o industrial Georges Barrenne — presidente do laboratório fabricante das pastilhas Valda, "o alívio para sua garganta" — e sua esposa; o também banqueiro Werther de Azevedo; e Ruth de Almeida Prado, amiga de longa data de Zuzu. Alegre e falante, a costureira contou sobre como tinham sido as gravações realizadas pela TV Globo em sua loja, puxou papo com cada um dos presentes e tirou os dois banqueiros, José Márcio e Werther, para uma dança.[51] Em alguns momentos, admitiu seu cansaço, mas nada que a impedisse de permanecer na festa. Tampouco se queixou da saúde ou de qualquer problema específico. Ruth de Almeida Prado e o casal Jordan saíram do apartamento por volta de uma da madrugada, antes de Zuzu, e observaram que seu pique continuava.[52] Lúcia Simões notou que ela não bebera nada dos vinhos, do champanhe, da vodca e do uísque servidos ao longo da noite.[53]

Já era tarde — quase duas horas da manhã — quando Zuzu e os últimos convidados se despediram de Lúcia e entraram no elevador. José Márcio Peixoto ofereceu uma carona à costureira, embora não tivessem muita intimidade. Ela declinou o convite e pediu a Sérgio da Costa e Silva, também com seu carro próprio, que a deixasse perto de um ponto de táxi, de onde iria buscar o seu Karmann-Ghia, estacionado perto da loja. O advogado considerou o adiantado da hora e decidiu que não havia nada de sensato em largar aquela senhora sozinha em alguma esquina do Rio de Janeiro. Disse que a levaria até o Leblon, sem a menor inconveniência.[54]

Durante o trajeto entre as ruas República do Peru e Almirante Pereira Guimarães, Sérgio ouviu Zuzu se derreter pelas filhas, tamanho o orgulho que sentia pelo sucesso profissional e pessoal das duas. Pelos anos seguintes, o advogado se lembraria da emoção que dela emanou enquanto falava sobre o êxito de Hildegard no jornalismo e as conquistas de Ana Cristina em Nova York. Esperava que a filha mais velha retornasse em breve ao Brasil para ajudá-la a tocar os negócios e estava feliz por ter tido a chance de lhe telefonar, mais cedo naquela mesma noite. Zuzu não escondia o afeto e satisfação que as duas filhas, então mulheres adultas, lhe proporcionavam.[55]

De madrugada, chegava-se rápido ao comecinho do Leblon saindo de Copacabana. Zuzu desceu do automóvel de Sérgio bem perto da entrada de sua loja. Os dois se despediram: o advogado tomou o rumo de seu apartamento perto dali, na rua Prudente de Morais, em Ipanema; a costureira, caminhando para seu carro, tirou a chave da bolsa, abriu a porta e se sentou no banco do motorista. O dia tinha sido cheio e Zuzu já programara tarefas para a manhã seguinte. No verso de um convite de desfile, deixou anotado para a equipe: "Vou amanhã às onze horas para trazer os papéis do Flávio. Peça ao Carlos Alberto que retire o quadro que está na parede da entrada e o coloque nos fundos. Não se esqueça de mandar colocar os tecidos no carro".[56]

Pensaria nisso no dia seguinte. Naquele instante, ao inserir a chave na ignição e ligar o motor, Zuzu queria chegar logo em casa e, finalmente, descansar. Talvez tenha cogitado ligar para as irmãs e passar a noite no Jardim Botânico, mas julgou ser tarde demais para acordá-las. Podiam se assustar com o telefone tocando e imaginar que algo houvesse acontecido. Melhor seguir direto para a Barra.

Passava das duas horas da manhã quando Zuzu Angel manobrou seu Karmann-Ghia, saiu da vaga e começou a conduzi-lo em direção à lagoa Rodrigo de Freitas, onde pegaria a estrada Lagoa-Barra da Tijuca. Do outro lado dos túneis, na rua Paulo Mazzucchelli, a cadela Angel esperava, no quintal, a sua dona voltar para casa.

20.
sempre Zuzu

Um gesto de amor por ti me traz a morte.

Sófocles, *Antígona*[1]

Dois meses antes da madrugada em que pegou seu Karmann-Ghia e rumou para casa, Zuzu conversou com um correspondente americano. Ela tinha acabado de entregar o dossiê a Kissinger e a adrenalina ainda percorria seu corpo: tinha ido longe em sua campanha por Stuart, muito mais longe do que ousava imaginar. Foi com um sorriso bem-humorado e o tom de quem está meio admirada, meio perplexa que resumiu tudo isso para o jornalista em uma única frase: "Eu mudei bastante, não é mesmo?", exclamou para Bruce Handler.[2]

Zuzu havia realmente mudado, e não precisava de um espelho para constatar como não era mais a mesma. Sentia aquilo em seu íntimo — apesar de saber, com o 55º aniversário logo ali, na curva do ano, que o corpo também passava por transições. Identificava as novas linhas de expressão no rosto, calculava quando deveria marcar mais um horário no salão de Jambert para tingir os cabelos e notava o surgimento de outras preocupações com a saúde, coisas nas quais não pensava quando tinha seus 35 anos e começava a costurar saias de zuarte, decoradas com galões e fitas coloridas. Mas não demonstrava qualquer intenção de desacelerar. E o que tanto a surpreendia nada tinha a ver com os sinais da idade, até porque seguia vaidosa, com os tratamentos para varizes, a manicure em dia e o zelo com que se arrumava. Zuzu Angel se espantava, mesmo, com as mudanças que vinham de dentro, tão fortes que a impeliam a arriscar sua vida.

Gostava de dizer que "antes, como todo mineiro, cultuava a prudência e o doce de leite".[3] O doce de leite não mudara. Já a prudência, de fato, não combinava com o atrevimento de Zuzu. A mulher que julgava ser — movida pela cautela, aferrada às suas raízes e reservada no que dizia aos outros — se descobriu diferente. "Tenho duas pessoas dentro de mim", escreveu certa vez, em um texto no qual combinava lembranças da infância e juventude a impressões da vida adulta. Uma dessas pessoas seria a "mineirona", formada por "aquela educação que sempre segura e como que acorrenta as mulheres e só permite que ela seja pra frente quando este pra frente é em termos de trabalho e de realização profissional".[4] Em sua vida pessoal, Zuzu acreditava que ainda era "aquela mineirona",[5] e seu comportamento em algumas circunstâncias dava a entender que se permitia guiar por uma discrição, quase um recato, pouco condizente com os liberados anos 1970. O hábito de não apresentar os namorados às filhas oferece mais do que um vislumbre dessa Zuzu contida: a respeito dos homens que, após a separação de Norman, raramente apareciam em sua casa, dizia serem seus amigos — e deixava a conversa morrer ali.[6] Avessa a especulações sobre sua intimidade, ela não estendia assunto com jornalistas. Quando queria encerrar entrevistas ou se esquivar de repórteres, rebatia: "Estou muitíssimo ocupada. Vocês não estão vendo que estou ocupada?".[7] O seu trabalho ela expunha com desenvoltura. Quanto a falar sobre si mesma, a história era outra. Preferia fazer. Essas ações e decisões, como a de não assumir em público um relacionamento amoroso, mostram como Zuzu tinha certeza de suas prioridades. Embora o desquite a impedisse de contrair outro matrimônio legal, pode ser que essa não fosse a única razão a explicar a escolha de morar sozinha. Talvez não tenha se apaixonado de novo a ponto de planejar nova união; talvez o casamento com Norman a tenha desiludido; talvez, pura e simplesmente, ela tivesse mais com o que se preocupar. Tinha sua moda. Tinha suas filhas, sua casa, seu pomar e sua cachorra; vivia a busca pelo filho, enfrentava o escrutínio de quem se expõe às críticas e aos olhares do mundo. Uma coisa é certa: se Zuzu temia a solidão, enfrentava-a mesmo assim.

Coragem, sem sombra de dúvida, era o traço mais marcante da segunda "pessoa" que constituía sua personalidade. Em suas próprias palavras, essa Zuzu, "pela força do meu temperamento, é aquela que tem coragem de dizer e fazer coisas que ainda não foram ditas nem feitas ou estão por fazer".[8] Sentia que essa descrição se encaixava particularmente bem em sua carreira, mas não quando pensava no enfrentamento à ditadura. "Coragem tinha meu filho. Eu tenho legitimidade", repetia.[9]

Engano seu. A legitimidade com que erguia sua bandeira de mãe não descartava ou substituía a coragem que Zuzu demonstrou durante toda a vida, muito antes de a perda de Stuart requerer esse desassombro. Foi corajosa de jeitos simples, como quando arriscava formatos e materiais inusitados nos chapéus que fazia para as irmãs, primas e amigas em Belo Horizonte. E também de jeitos transformadores: aceitou o pedido de casamento de um americano que a levaria para morar longe da família e, mais tarde, reconheceu o fim desse mesmo casamento. Decidida a criar os três filhos sozinha, abriu seu negócio próprio de moda feminina e o fez crescer; posicionou-se feminista em um país que preferia tachar a emancipação feminina de invenção de mulher desocupada; botou suas coleções na mala e as exibiu em um dos centros da moda mundial. Quando chegou a hora de apontar o dedo para os militares e exigir que lhe entregassem, além do corpo de Stuart, a verdade sobre ele, Zuzu jurou não parar. Do papel de mãe, disse a Heloneida Studart, "não me demitirei até minha morte".[10]

Havia um quê de fatalismo em algumas de suas declarações. A certeza de ser vigiada pode não ter mudado seus hábitos — afinal, nada parecia intimidá-la. No entanto, embora ela mantivesse sua rotina e não se escondesse, a repressão seguia por perto e sempre à vista, como se não saísse de seu espelho retrovisor. Uma presença indesejada que apontava para uma possibilidade assustadora: E se Zuzu não tivesse tempo de conseguir o que pedia? E se a parassem antes de terminar sua busca?

Aliás, ela planejava mais uma das suas, às vésperas de duas viagens de Estado do presidente Geisel. No final de abril, o general visitaria Paris e, no início de maio, seria a vez de Londres. Ambas as visitas oficiais prometiam, além de atrair investimentos, revitalizar a imagem brasileira no cenário internacional. Havia amplo interesse, por parte do Brasil, em apertar outras mãos que não americanas: pisar na Europa abriria novas possibilidades para diversificar os parceiros comerciais e diplomáticos e sair da zona de influência única dos Estados Unidos. Uma dose de prestígio político não caía mal, e ajudava que a recepção seria com toda a pompa e circunstância tanto pelo presidente francês, Valéry Giscard d'Estaing, como pelo primeiro-ministro britânico, James Callaghan, e pela rainha Elizabeth II em pessoa. Em menos de um mês, Geisel representaria o Brasil em duas das mais tradicionais e respeitadas democracias do Ocidente.

Se o governo Geisel esperava explorar novos territórios, Zuzu pensava o mesmo. Queria reiterar o caso de Stuart diante de grupos de defesa dos direitos humanos na Europa e direcionar suas denúncias para reforçar a insatisfação dos franceses e ingleses, sobretudo aqueles posicionados politicamente à esquerda, quanto à ideia do ditador em um banquete no palácio Grand Trianon, em Versalhes — ou dividindo uma carruagem com a rainha. "Espero que ocorram grandes protestos contra ele e saiam vários artigos na imprensa", torcia Zuzu,[11] que já visualizava as faixas estampadas com palavras de ordem e manifestantes gritando "Fora, Geisel".

Zuzu acertava em cheio. Os convites dos governos francês e britânico para a visita de Geisel deram problema antes mesmo de serem oficializados e levantaram as vozes de ativistas de direitos humanos, políticos progressistas, intelectuais e brasileiros exilados. Jornais publicavam relatos de tortura e desaparecimento de prisioneiros políticos, partidos de esquerda exigiam o cancelamento da viagem e grupos de militância organizavam protestos para os dias em que o presidente estivesse em seus países. Em Londres, Martin Ennals, o secretário-geral da Anistia Internacional, entregou ao vice-ministro de Relações Exteriores do Reino Unido um documento intitulado "Tortura no Brasil" e pediu que o governo de Callaghan reconsiderasse a recepção de Geisel; parlamentares trabalhistas apresentaram uma moção de repúdio, que conseguiu mais de cem assinaturas em um único dia. Crescia o mal-estar e o gabinete do general antecipava manifestações e uma péssima repercussão na imprensa, mas nenhuma das duas visitas foi cancelada.[12]

O que formava um cenário dos sonhos para Zuzu era, no entender dos militares, um pesadelo. As cerimônias faustosas em Paris e Londres deveriam cimentar as virtudes internacionais do Brasil, não piorar tudo. Quanto mais se puxavam as cortinas, mais visíveis ficavam as violências cometidas em nome da segurança nacional. Desaparecimentos, torturas, assassinatos e perseguição política se grudavam ao nome do Brasil — e de Geisel — como uma mancha cujo tamanho só aumentava. A situação já estava drástica o bastante. Ninguém precisava de Zuzu aparecendo para se juntar ao coro e triplicar as acusações de abusos de direitos humanos.

Depois de um desfile-protesto bem debaixo do nariz do cônsul-geral brasileiro em Nova York, de um anjo-símbolo estampado em tudo quanto era produto, de cartas e reuniões e apelos a generais, os órgãos de inteligência e segurança estavam seguros de que a campanha de Zuzu não teria fim. Entregar o dossiê a Henry Kissinger foi a gota d'água: não esperariam até Geisel desembarcar nos aeroportos de Orly, em 26 de abril, e Gatwick, em 4 de maio, para conferir se a costureira mobilizaria seus esforços para falar com a alta administração de Giscard d'Estaing ou Callaghan. Ennals e a Anistia Internacional já estavam do lado dela. Preferiam não descobrir o apoio de quem mais ela conseguiria quando tivesse a chance.

Havia uma escassez de soluções para o problema que Zuzu Angel se tornara para o governo brasileiro. Prendê-la não era viável. Uma medida dessas conferiria a legitimidade política que ela buscava e funcionaria como uma admissão de que suas demandas e acusações faziam sentido suficiente para merecer uma resposta. Sem falar que seria, no mínimo, desmoralizante para os militares ter que explicar por que decidiram interrogar uma simples costureira. Censura e exílio também piorariam as coisas. Restringir as palavras da costureira indicaria que estas ameaçavam a política dos generais e, fora do país, ela teria acesso a uma imprensa livre e mais condições de mobilizar uma rede de apoiadores. Não viam modos alternativos de interromper a campanha.

Nesse impasse, restava a mais definitiva das soluções.

O Karmann-Ghia TC azul, placa ED-3208, passou por um Leblon adormecido em seu caminho para a Barra da Tijuca. Deixou a lagoa Rodrigo de Freitas para trás quando entrou no Túnel Acústico, uma passagem de aproximadamente quinhentos metros de extensão que conecta o bairro da Gávea à entrada de uma segunda via subterrânea: o túnel Dois Irmãos, cujo 1,5 quilômetro trespassa o morro de mesmo nome até desembocar na favela da Rocinha e no bairro de São Conrado. Só as escavações sob as imponentes rochas simétricas levaram três anos e engoliram 25 milhões de cruzeiros.[13] Ao sair das galerias iluminadas e revestidas com cimento, a autoestrada margeia a Rocinha, se aproxima da praia de São Conrado e continua até a Barra — sua inauguração, no início da década de 1970, venceu novas etapas no processo de urbanização daquela região e facilitou a ligação entre as zonas Sul e Oeste do Rio de Janeiro. Antes, a principal rota para chegar àqueles lados se concentrava na avenida Niemeyer, que sai do Leblon e, flanqueada pelo Dois Irmãos e pelo mar, alcança São Conrado. As pistas duplicadas da autoestrada Lagoa-Barra, com 3,5 metros de largura em cada uma das quatro faixas de tráfego além de um canteiro central, ainda eram novidade no mapa da cidade quando Zuzu se mudou para sua casa na rua Paulo Mazzucchelli e fez daquele o seu percurso diário.

Por volta das duas horas da manhã, havia pouquíssimos carros trafegando pelas ruas do Leblon ou da Gávea. O mesmo valia para a autoestrada. Ainda que sentisse nos ossos o cansaço provocado pelas filmagens na butique e pelo jantar na casa dos Andrade Vieira, Zuzu mantinha os olhos fixos na pista. Era motorista cautelosa. Usava o acelerador com parcimônia e, caso se sentisse sonolenta em excesso, costumava encostar o carro até se recompor. Além do mais, não tinha bebido naquela noite.

Entre os túneis Acústico e Dois Irmãos, há um trecho curto da autoestrada — cerca de 450 metros — descoberto. A uma velocidade de sessenta quilômetros por hora, razoável para uma via rápida e àquela hora da madrugada, essa distância seria percorrida em um piscar de olhos: após meio minuto, Zuzu entrava no túnel Dois Irmãos.

Em algum ponto de seu trajeto, Zuzu notou que estava sendo perseguida. É bem possível que isso tenha se confirmado já dentro do túnel, onde inexistia alternativa exceto seguir em frente. Não era a primeira vez que a costureira percebia carros muito próximos e em seu encalço: falara, em mais de uma ocasião e a mais de um interlocutor, sobre a certeza de que estavam atrás dela e sobre se preparar para o pior a qualquer momento. Ali, porém, o perigo — incontestável, real e se aproximando a cada segundo — abalaria qualquer um. É razoável supor que, nesse momento, Zuzu tenha acelerado um pouco mais o Karmann-Ghia, calculando que teria mais chances de escapar se saísse do túnel. Em um espaço limitado como aquele, sem ruas laterais por onde fugir ou área de manobra, um pequeno deslize seria capaz de provocar um acidente.

Fora do túnel, a situação não melhorava muito. Nessa área, seguindo em direção à Barra da Tijuca, a autoestrada é elevada em comparação com as ruas e avenidas de São Conrado. À direita das faixas no sentido Barra — portanto, à direita de Zuzu — um acostamento de cerca de três metros de largura serve de separação entre a pista e o meio-fio, o qual demarca o início de um declive. Paralelamente à rodovia e abaixo desta, corre a rua Projetada,[14] uma via pequena na entrada da Rocinha, com cerca de trezentos metros de extensão. Essa rua termina na avenida Niemeyer, que corre perpendicular à autoestrada e a cruza por baixo, sob o viaduto Mestre Manuel. Quanto mais próximo desse viaduto, mais estreito fica o acostamento, até que a faixa de segurança se reduz a um metro de largura. Além do meio-fio de altura normal — entre dez e doze centímetros — não existia, à época, qualquer barreira ou guarda-corpo entre a pista e a ladeira até o início do viaduto, onde o meio-fio se alinhava a uma mureta de concreto de 1,1 metro. Ou seja: qualquer veículo que se desviasse para a direita antes de passar o viaduto corria o risco de galgar o meio-fio e despencar barranco abaixo.

Zuzu emergiu do túnel pela faixa da direita. À esquerda, fechando a distância, vinha o carro que a perseguia. Mesmo acelerada, ultrapassando os oitenta quilômetros por hora, o outro automóvel estava em sua cola e seu motorista não mostrava receio algum de pisar ainda mais fundo no acelerador. O carro chegava mais e mais perto do Karmann-Ghia, cercando-o pela esquerda. Para se defender, Zuzu girava o volante para a direita, avançando para a beira da pista e o acostamento.

Foi rápido. Em um momento, ela tinha controle do carro; no segundo seguinte, o veículo que ia em seu encalço a fechava. O bloqueio jogou Zuzu abruptamente para a direita, e a mureta do viaduto, em toda a sua solidez de concreto, parecia esperá-la. A parte dianteira esquerda do Karmann-Ghia se chocou contra a beirada da mureta em um impacto violento. Tão violento que o carro girou no sentido anti-horário, as rodas saíram da pista e não encontraram sustentação. Desequilibrado, o veículo tombou no talude e bateu, mais de uma vez, o lado esquerdo — do motorista — no solo, enquanto capotava pela ladeira. Até que parou, com as rodas para cima, à beira da rua Projetada, bem perto do cruzamento com a avenida Niemeyer.

Os postes de luz eram como holofotes aclarando o desfecho do desastre: o chassi retorcido e exposto; as rodas dianteiras fora de prumo; os pneus direitos, deformados pelo impacto com o meio-fio e marcados com reboco. A lataria amassada, o farol esquerdo arruinado e o para-lama esmagado prenunciavam a gravidade dos estragos.

O relógio não marcava nem 2h20. No interior do Karmann-Ghia, nada se mexia.[15]

Da janela de seu apartamento, o universitário paraibano Marcos dos Anjos Pires Bezerra observava o Rio de Janeiro. Embora morasse sozinho, não estava só naquela madrugada: desfrutava da companhia de três amigos, todos paraibanos que faziam seus estudos na cidade. Um deles, Humberto Rabello, era um hóspede que passava alguns dias no apartamento de Pires. Estavam ali reunidos, jogando conversa fora e trocando histórias pela madrugada. Ele sabia ser tarde, mas ainda não tinha sono.

Pires morava no edifício Tiberius, um dos poucos prédios construídos à beira da autoestrada Lagoa-Barra e nas imediações da saída do túnel Dois Irmãos. Tinha catorze andares e os pavimentos mais altos possuíam uma vista desimpedida tanto do mar quanto de alguns marcos arquitetônicos, como a torre cilíndrica do Hotel Nacional, um pouco mais ao sul no mesmo bairro de São Conrado. A janela da sala, por sua vez, oferecia uma perspectiva clara da rodovia e da boca do túnel. Era nela que Marcos Pires se recostava, mais atento ao assunto dos amigos do que aos poucos carros que cruzavam aquele trecho da autoestrada. De madrugada, o tráfego quase inexistente podia ser contado a dedo: quando um carro se aproximava da saída do túnel, era possível distinguir o brilho dos faróis, anunciando com alguns segundos de antecedência a aparição do automóvel que, pouco depois, sumia em seu caminho rumo à Barra da Tijuca.

Por mais difusa que fosse sua atenção, Pires estranhou quando avistou dois carros despontando do túnel, um imediatamente atrás do outro. Antes que pudesse reagir, o carro que trafegava pela faixa da direita foi fechado pelo outro veículo — ou abalroado, Marcos Pires não conseguiu determinar com certeza. O que testemunhou, sem dúvida, foi o carro fechado — um Karmann-Ghia azul — despencando no declive.

O jovem paraibano tomou um susto. Talvez o barulho, ou talvez o grito que soltou ao ver o acidente, alertou seus amigos e todos se viraram para a janela. Sem tempo para especular sobre o que havia acontecido, saíram correndo do apartamento — por sorte, tinham chegado havia pouco e o elevador continuava parado no andar. Desceram até a portaria, abriram os portões e dispararam na direção do que presumiam ser o ponto onde o carro havia despencado. O percurso não levou nem cinco minutos: a distância entre o edifício Tiberius, na estrada da Gávea, até o cruzamento da rua Projetada com a avenida Niemeyer é de 320 metros. Para estudantes de vinte e poucos anos em uma madrugada de movimento praticamente nulo, essa é uma rota fácil. Pires e seus amigos torciam para que a vítima do acidente estivesse viva e, se dessem sorte, o socorro não demoraria muito a chegar. Assim que alcançassem o lugar, avaliariam o que poderiam fazer.

Mas uma surpresa os aguardava. Ao se aproximarem do local onde o Karmann-Ghia estava capotado, toparam com um aparato policial impressionante. Marcos Pires mal recuperou o fôlego e contou cinco carros de polícia, os quais cercavam o automóvel acidentado. Além destes, havia outros dois veículos sem designação, ao que tudo indicava de civis — Pires supôs, no calor do momento, que um dos carros poderia estar a serviço de algum jornal, pois notou uma antena de rádio especialmente alta. Nenhum dos policiais permitiu que os jovens tivessem acesso ao Karmann-Ghia e, após alguns minutos observando a cena, Pires e seus acompanhantes retornaram para o edifício Tiberius, cismados. Ainda que não tivessem visto o corpo da vítima, imaginaram que, pelos estragos do carro, era quase certo não haver sobreviventes. Podiam apostar que não se esqueceriam daquele episódio.

A aparição repentina de tantas viaturas, em um ponto um tanto calmo como aquele e no começo da madrugada de quarta-feira, ia além do inusitado: quanto mais pensava no que havia observado, mais Marcos Pires estranhava o atendimento policial veloz — e numeroso. Só alguns dias depois, ao ouvir as conversas de colegas de faculdade na Pontifícia Universidade Católica (PUC), descobriu quem havia morrido no acidente que acontecera enquanto olhava, despreocupado e tranquilo, pela janela de seu apartamento.[16]

Às 2h20, o tenente Antônio Carlos do Valle Temponi, do 2º Subgrupamento de Incêndio do 1º Grupamento de Incêndio do Corpo de Bombeiros do Rio de Janeiro, atendeu a um chamado da Central de Polícia. Foi instruído a comparecer ao local de um acidente ocorrido na rua Projetada, próximo à avenida Niemeyer e logo abaixo do viaduto Mestre Manuel, na autoestrada Lagoa-Barra. Temponi estava a postos na base do Humaitá, bairro da Zona Sul carioca, e imediatamente acionou a sua equipe. Logo as sirenes ressoaram enquanto duas viaturas, carregando onze bombeiros no total, margeavam a lagoa Rodrigo de Freitas e entravam nos mesmos túneis que, alguns minutos antes, a própria Zuzu atravessara.

O tenente se apresentou à cena do acidente cerca de dez minutos depois. A despeito da presteza, Temponi e os bombeiros sob seu comando não foram os primeiros a chegar: uma ambulância do Hospital Municipal Miguel Couto e uma patrulha da Polícia Militar já rodeavam o Karmann-Ghia capotado. Da ambulância, saiu o acadêmico de medicina Benilton Carlos Bezerra Júnior, que constatou a ausência de pulso no corpo de Zuzu Angel. A patrulha da PM, de número 54/0018, era chefiada pelo cabo José dos Santos Silva, do 2º Batalhão, 4ª Companhia. Junto com o cabo, compareceu o soldado Kleber Lins.[17]

Sob a supervisão de Temponi, os bombeiros aplicaram seu treinamento de resgate e salvamento para retirar o corpo de Zuzu de dentro do carro. Ela não estava presa às ferragens, o que facilitou a remoção — além do mais, notou Temponi, a porta do motorista estava entreaberta. Estenderam-na sobre a grama do barranco, onde Bezerra Júnior executou um exame mais minucioso e decretou o óbito.[18]

O pé esquerdo de Zuzu estava descalço: o sapato de salto havia se soltado, possivelmente durante a capotagem. Seu rosto, desfigurado e ensanguentado, era evidência cabal da violência dos choques que o carro sofrera. Braços e pernas tinham ossos quebrados. Lábios, queixo, pálpebras, maxilar, bochechas, couro cabeludo e pescoço eram retalhos de pele, sangue e músculo. Mais tarde, o exame cadavérico catalogaria cada ferida, escoriação, contusão e fratura; no entanto, não havia necessidade de uma equipe de médicos-legistas para apontar que um dos ferimentos mais graves era a fenda aberta em sua têmpora esquerda. Sua cabeça havia batido em uma superfície sólida com uma força esmagadora.[19] Aquele corpo, que por quase 55 anos fora animado por uma energia singular, se tornou um cadáver depositado à beira da rua, coberto por uma lona.

Enquanto isso, os bombeiros realizavam suas manobras de prevenção de incêndios. No Karmann-Ghia TC, a bateria é instalada abaixo do assento dos bancos traseiros. Para extraí-la, foi preciso recolher também os tapetes e os bancos — inclusive os do motorista e passageiro, uma vez que o modelo de Zuzu tinha apenas as portas dianteiras. À medida que tiravam os equipamentos, os bombeiros os posicionavam no asfalto, ao redor do carro.[20] Parecia que, após o acidente e a morte, era necessário desmontar tudo o que costumava funcionar, se mover e pertencer a Zuzu.

Assim que terminaram as manobras de prevenção, o tenente Temponi reuniu os subordinados, concluiu sua missão e retornou à base do Humaitá. Bezerra Júnior fez parecido. Entre quinze e vinte minutos depois de ter chegado na ambulância, voltou para o Miguel Couto.[21]

O cabo Santos, por sua vez, precisava permanecer ali. Teria recebido o comunicado sobre o acidente através do Centro de Operações da Polícia Militar e ordenou ao soldado Kleber Lins que alertasse as autoridades da Polícia Civil.[22] Lins deixou o superior na cena e seguiu para a 15ª Delegacia Policial, na Gávea, cujo comissário em serviço era o delegado Asdrúbal Lima. Apenas as primeiríssimas etapas haviam sido concluídas: ainda faltava muito a ser feito para processar devidamente, em termos burocráticos, o acidente fatal. E muitas das incumbências caíam sob a responsabilidade da Polícia Civil. Ao ouvir o que Lins tinha a relatar, Lima foi convencido a deixar sua cadeira para trás, entrar em uma viatura, atravessar os túneis e gerenciar a ocorrência. Sua providência inicial, registrada por volta das três horas da manhã, foi requisitar uma perícia ao Instituto de Criminalística Carlos Éboli (ICCE), departamento da Polícia Civil do Rio de Janeiro encarregado de examinar locais de possíveis crimes, realizar exames laboratoriais e analisar dados e elementos coletados, a fim de produzir laudos complementares às investigações e apurações policiais. Até que o perito chegasse, carro e cadáver deveriam continuar onde estavam. Só depois que a cena fosse esquadrinhada, estudada e registrada seria possível rebocar o Karmann-Ghia e transladar o corpo de Zuzu para o Instituto Médico-Legal (IML).[23]

Quanto mais o tempo corria, mais gente se juntava perto de uma placa de PARE que sinalizava o cruzamento da rua Projetada com a avenida Niemeyer. Marcos Pires e seus amigos não tinham sido os únicos a aparecer por ali: quando chegaram, Temponi e o médico Bezerra Júnior perceberam a presença do que o tenente dos bombeiros designou como "diversos populares".[24] Não demorou para um repórter farejar o acidente — ou para ser notificado por um contato na polícia. Um fotógrafo e um jornalista de *O Globo* irromperam da madrugada com câmera e caderninho a postos. Viram, anotaram e, principalmente, fotografaram aquele desastre automobilístico peculiar. O fotógrafo Otávio Magalhães clicou, repetidas vezes, o Karmann-Ghia capotado e o grupo que se reunira em torno. Sem perceber, capturou com sua câmera um dos agentes mais eficazes, impiedosos e perigosos da repressão militar.

Ele parecia ser apenas um homem recostado em um poste, vestindo uma camisa branca de mangas curtas e calça escura. Se Magalhães o visse andar, repararia que mancava de uma das pernas — fora isso, não havia como o fotógrafo, ou qualquer um dos populares, reconhecer o coronel Freddie Perdigão.[25] Torturador experiente, idealizador de atentados e executor de subversivos, Perdigão atuava no CIE desde 1968. Mais ou menos na mesma época, entrara também para o Grupo Secreto, uma organização terrorista de extrema direita que planejava e conduzia operações clandestinas de assassinatos e explosões cujo alvo era, invariavelmente, a oposição ao governo militar. Anticomunistas obcecados, os membros do grupo contavam com o suporte do Exército, sobretudo para conseguir armas, munição e explosivos, e acreditavam que a simples política não funcionava para deter as esquerdas: apenas métodos radicais dariam conta de destruir quem criticava, ameaçava ou enfrentava a ditadura. Na sua primeira onda de atentados, entre 1967 e 1970, o Grupo Secreto implantou bombas em, entre outros, centros acadêmicos, teatros, livrarias, a redação de *O Pasquim*, o depósito do *Jornal do Brasil*, a Escola Nacional de Belas Artes e a Representação Comercial Soviética. Retomou suas atividades em 1976, realizando, pelos quatro anos seguintes, incursões para explodir pontos como a Associação Brasileira de Imprensa, a redação da *Tribuna da Imprensa* e a sede da OAB; e diversificou sua mira para atingir indivíduos específicos, como no caso do sequestro de d. Adriano Hipólito, bispo de Nova Iguaçu, e o dos explosivos detonados embaixo da janela do quarto de Roberto Marinho, o presidente do Grupo Globo.[26]

Perdigão notou os flashes da câmera de Otávio Magalhães e percebeu que a lente estava virada em sua direção. O enquadramento não se concentrava nele — o fotógrafo queria centralizar o carro —, mas o coronel fazia de tudo para evitar registros de sua presença ou qualquer indício que pudesse conectá-lo a uma ação. Um homem como Perdigão, integrante do Grupo Secreto e egresso da famigerada Escola das Américas, não tinha chegado à beira da Rocinha, numa madrugada de abril, por puro acaso. O coronel era um dos elos mais relevantes entre os órgãos oficiais da comunidade de informação e segurança e as agremiações paramilitares. Depois de entrar para a reserva, recebeu a chefia da Seção de Operações do SNI do Rio de Janeiro e respondia direto aos superiores máximos de Brasília — enquanto isso, articulava uma rede de agentes que envolvia contrabando de armas, atentados com cartas-bomba, coquetéis molotov e dinamites, e assassinato de militantes de esquerda. Na Casa da Morte, em Petrópolis, um centro clandestino de tortura vinculado ao CIE, Perdigão assumiu o codinome dr. Nagib, um dos mais sádicos em uma equipe especialmente sanguinária.[27]

O acidente de Zuzu Angel, porém, não era um alvo de bombas nem uma cela para torturas. Sua presença na rua Projetada, bem no ponto fulcral dos acontecimentos, sugere que a necessidade de conferir o desfecho da colisão se sobrepôs à cautela que predominava quando Perdigão arregaçava as mangas e punha em prática, ele mesmo, os mais violentos métodos da repressão militar.

É improvável que tenha sido o próprio coronel quem dirigiu o carro no encalço do Karmann-Ghia azul. Em compensação, é bastante plausível que Perdigão tenha orquestrado a perseguição a Zuzu — e ele se vangloriaria disso, anos depois, ao policial civil Cláudio Guerra, originalmente vinculado ao Dops do Espírito Santo e responsável por dezenas de execuções e ocultações de cadáveres durante a ditadura militar. Por ser um dos agentes de confiança de Perdigão, Guerra ouviu seu superior narrar, mais de uma vez, "que ele tinha planejado, obedecendo ordem, essa simulação do acidente dela".[28]

Não fosse o fotógrafo de *O Globo*, Perdigão teria cumprido sua tarefa com tranquilidade: o suposto acidente, afinal, dera certo, e o corpo de Zuzu Angel estava esticado à beira da rua. A câmera de Otávio Magalhães, contudo, representava um novo problema — de difícil solução, ainda por cima. Tudo aquilo fora pensado para eliminar suspeitas de um crime planejado, e Perdigão precisava se assegurar de que ninguém mencionaria a possibilidade de uma colisão com outro veículo.[29] Ser fotografado bem atrás do Karmann-Ghia capotado comprometia o seu anonimato e deixava um rastro perigoso. Se alguém o reconhecesse, não demoraria a discernir as impressões digitais do SNI e do CIE. E que apontavam, por sua vez, para os desdobramentos da reunião de 30 de março de 1974, quando o presidente Geisel sancionou a política de execução de "subversivos perigosos" proposta pelos generais João Baptista Figueiredo, do SNI, e Milton Tavares de Souza e Confúcio Danton de Paula Avelino, do CIE. Desde que os nomes passassem pela aprovação do SNI, o CIE poderia mobilizar agentes para empregar "métodos extralegais" e eliminar essas ameaças à segurança nacional.[30]

Com todos esses elementos da equação, a conta fecha. Um agente do Grupo Secreto, ex-integrante do CIE e um dos líderes do SNI no Rio, aparece na cena de um acidente suspeito que resultou na morte de uma crítica feroz dos militares. A conexão do coronel com o CIE e seu cargo de chefia no SNI, bem como seu devotamento à repressão, fazem dele uma espécie de pivô no campo da comunidade de informações. Com trânsito livre entre o porão e a sala de comando, Perdigão tinha as condições logísticas e as habilidades pessoais para coordenar a execução de uma mulher notoriamente prejudicial aos interesses da ditadura. Não é preciso muito esforço para entender os motivos de o SNI ter, potencialmente, autorizado o CIE a assassinar Zuzu Angel. O próprio presidente Geisel já dizia ao general Dale Coutinho: "Esse troço de matar é uma barbaridade, mas eu acho que tem que ser".[31] No caso de Zuzu, a costureira que enfrentava os militares havia cinco longos anos, a barbaridade desse "troço de matar" de fato tinha que ser.

Por isso, a foto precisava sumir. Preocupado, Perdigão pediu a um policial federal que recuperasse os negativos da câmera de Magalhães. Em vão. A certeza de ter sido fotografado o atormentaria e o faria desabafar para Guerra, nos anos 1980, sobre seu desassossego quanto ao vínculo que a imagem comprovava.[32] Podia ser pior, ou ao menos é o que o coronel devia pensar. Para sua sorte, não o fotografaram enquanto conversava com um policial ou um perito. Pois também caía sob sua alçada a incumbência de negociar, com os técnicos do ICCE, a montagem de um laudo especial para aquele acidente.[33]

Todos aguardavam o perito, inclusive o jornalista de *O Globo* — ele não arredaria o pé da rua Projetada até conversar com as autoridades. Não teve que esperar demais. Às 3h20, Elson Rangel Lopes chegava para conduzir o exame do acidente, após ter sido designado pelo diretor do ICCE, Roberto de Freitas Villarinho. Com a guia de número 31/76 em mãos, Rangel — como era conhecido pelos colegas — se preparou para determinar o que havia acontecido na autoestrada Lagoa-Barra.[34]

No que diz respeito aos procedimentos básicos de perícia, Rangel os executou com primor. Subiu à autoestrada para medir a largura de cada faixa e anotar as principais características da rodovia, como a altura dos meios-fios e da mureta, a extensão do acostamento e a existência do canteiro central; verificou e especificou as avarias visíveis no carro; inspecionou as feridas do cadáver. Fotografou o Karmann-Ghia e o corpo de Zuzu de diferentes ângulos. Fez, também, uma imagem da pista da autoestrada: não constatou nenhuma marca de pneus no asfalto, algo que assinalou em uma declaração para o jornalista de *O Globo*. Uma declaração, aliás, bastante imprudente. Rangel deixou escapar palpites sobre qual poderia ter sido a "dinâmica do evento" — impressões que o jornalista não pensaria duas vezes antes de publicar, mas que o perito não deveria ter dividido com ninguém. Mais tarde (e, isso, ele não calculou na hora H), suas palavras exporiam as incongruências de seu laudo.

Por não ter identificado sinais de freada ou derrapagem no asfalto da rodovia, Rangel supôs que, "provavelmente, Zuzu tentou desviar-se de algum obstáculo à sua frente". Ou, então, "levou uma fechada de algum outro carro": só assim conseguia explicar, num primeiro momento, o "golpe de direção violento" que levara à colisão do flanco esquerdo do Karmann-Ghia contra a mureta no lado direito da pista.[35] Os policiais, presumivelmente instruídos por Perdigão, já planejavam contar uma história diferente e levantavam a possibilidade de Zuzu ter sofrido um ataque cardíaco ou adormecido enquanto dirigia.[36] Essa discrepância fazia perfeito sentido. Não interessava, ao alto escalão militar, admitir a mínima possibilidade de que um carro tivesse fechado o Karmann-Ghia e provocado, de propósito, a sua colisão com a mureta e subsequente queda pelo barranco. É desse ponto da madrugada em diante, com Rangel a cargo do laudo pericial, uma penca de policiais rondando a cena e o coronel Perdigão a poucos metros de distância, que rumores e especulações tomam o lugar dos fatos. Informações se tornam fluidas e maleáveis, prontas para se adaptarem à versão mais conveniente da morte de Zuzu Angel.

Às 5h30 da manhã, depois que Rangel concluiu seus exames preliminares do cadáver e do veículo acidentado, o corpo de Zuzu foi erguido do gramado e transferido para o rabecão de número 13-605. Perdigão partiu como chegou — sem alarde. O cabo Silva, que ainda acompanhava a operação, seguiu o rabecão e a viatura do comissário Lima até a 15ª DP. Providenciou-se, também, o reboque do Karmann-Ghia, que foi levado pelo Detran para o pátio de um depósito no Leblon, sob os cuidados da administração do túnel Dois Irmãos.[37]

Uma vez na delegacia, seria preciso distribuir tarefas, atribuir responsabilidades e lidar com um caso cuja explicação, até então, oscilava entre fatalidade e acidente provocado. As formalidades estavam só começando — e as contradições, também.

Às 7h30, o cadáver foi registrado pelo serviço de necrópsia do IML, sob os cuidados dos médicos-legistas Hygino de Carvalho Hércules e Ivan Nogueira Bastos. Por meio do exame dos ferimentos, do rigor mortis e do estado dos órgãos internos, Hércules e Bastos concluíram que a morte de Zuleika Angel Jones ocorrera às três horas da manhã e fora causada por "fratura de crânio com hemorragia subdural e laceração cortical", devido a uma "ação contundente". Isso significa que algum objeto havia penetrado o crânio e rasgado o tecido cerebral, ocasionando o acúmulo de sangue no espaço entre cérebro e crânio. A essa resposta central em uma necrópsia — o que causou a morte —, os médicos acrescentaram uma lista das demais fraturas, luxações e escoriações. Zuzu havia quebrado ambos os fêmures, o úmero esquerdo, a fíbula direita e os ossos do joelho, e luxado o cotovelo esquerdo; a porção anterior de seu tórax apresentava um afundamento irregular, típico do impacto do corpo contra a coluna de direção de seu carro; hematomas, arranhões e esfolados no pescoço, na testa, nas maçãs do rosto, no queixo e nas bochechas sugeriam que a colisão com a mureta havia projetado a parte superior de seu corpo para a frente, e a concentração desses ferimentos no lado esquerdo apontava, justamente, para a força do choque experimentado pelo flanco esquerdo do Karmann-Ghia.[38]

Mas laudos de autópsia não explicam ou apontam as conexões possíveis entre lesão e dinâmica do acidente. Essa tarefa cabe aos investigadores, e a entrada do corpo no IML coincidiu com a abertura dos procedimentos burocráticos na 15ª Delegacia Policial. Asdrúbal Lima definiu um prazo de quinze dias para que a Seção de Investigações Gerais (SIG) ouvisse testemunhas e apurasse se o acidente fatal fora ou não provocado por terceiros. O comissário passava o bastão para Jorge de Paiva, o delegado substituto, e dava o seu expediente — que havia começado às vinte horas da noite anterior — como encerrado.[39]

A notícia se espalhou, primeiro, pelo rádio. "Acaba de falecer em acidente com seu carro, na saída do túnel Dois Irmãos, a figurinista Zuzu Angel", anunciou o locutor.[40]

Carlos Alberto Netto, o irmão caçula da costureira, saiu de sua casa em Niterói na manhã de quarta-feira e, como de costume, seguiu para o centro do Rio, onde trabalhava como analista de sistemas. Seria mais um dia passado no escritório, se um colega não o tivesse interpelado com o que havia ouvido.

Depois de se recobrar do susto, Carlos Alberto correu para a casa das irmãs e da mãe, no Jardim Botânico. Virginia, Leopoldina e d. Francisca estavam estarrecidas: também tinham sido comunicadas pela impessoalidade do rádio. Mas ninguém dispunha de mais informações. Haviam recebido, de repente, o peso daquela perda — sem aviso, sem explicação. Agora, cabia à família Souza Netto dar os primeiros passos para recuperar o corpo de sua Zuzu. Carlos Alberto saiu do Jardim Botânico diretamente para o IML, na Lapa, onde acertou a liberação do cadáver e descobriu o seu próximo destino: a 15ª Delegacia Policial. Lá, identificou-se como irmão da falecida e coletou os pertences que haviam sido retirados do Karmann-Ghia — entre os quais a carteira de Zuzu, onde guardava seus documentos e uma fotografia de Hildegard posando com criações de sua marca, e sua agenda telefônica, um caderninho em que anotava também alguns compromissos e inspirações.[41] Não lhe entregaram, contudo, nenhum dos exemplares de *Os governos militares* que Zuzu carregava no porta-malas. Entre a chegada dos primeiros policiais ao local do acidente e Carlos Alberto se apresentar na delegacia, todos os livros desapareceram.[42]

A morte repentina de Zuzu não foi fácil de ser engolida. Primeiro, vinham a descrença, a incredulidade. Não podia ser que ela tivesse mesmo morrido, ainda por cima sozinha, em um acidente de carro numa madrugada qualquer. Aos poucos, a dor e o pesar se assentavam e se acumulavam, deixando pouco espaço para outros sentimentos. A não ser a desconfiança e a revolta: todos no círculo mais íntimo de Zuzu sabiam de como era intimidada e vigiada pela repressão, e achavam um despropósito não ligar os pontos. À medida que descobriam as circunstâncias da batida do Karmann-Ghia, imaginavam o carro azul despencado à beira da rodovia e se inquietavam cada vez mais. Seus amigos e familiares repetiam, para si mesmos, que ela havia levado até as últimas consequências a sua missão em nome de Stuart. Não que isso os consolasse como gostariam. Certamente não consolaria suas filhas, para quem nenhuma delicadeza no momento de contar o ocorrido daria conta de suavizar o impacto. A perda da mãe impunha mais um luto.

Leda Castro Neves se incumbiu de avisar Hildegard. Decidiu não dizer tudo. Hildegard estava em São Paulo para uma Festa das Flores na boate Hippopotamus, e, para Leda, não soava razoável divulgar, de uma só vez e por telefone, a morte de Zuzu. Não queria que a filha de sua grande amiga retornasse, sozinha e profundamente abalada, para o Rio. Achou melhor sensibilizá-la aos poucos. Na ligação que fez ao quarto de hotel onde Hildegard se hospedava, Leda relatou que Zuzu havia sofrido um acidente e tinha sido internada no hospital. Mas a filha mais nova da costureira pressentiu que havia algo a mais, que Leda lhe ocultava a verdade para não a desestabilizar de todo. Intrigava-a o fato de que a única pessoa a quem havia informado sobre o hotel era Ruth de Almeida Prado; além do mais, Leda era mais íntima de Zuzu, não dela. A certeza de que a mãe estava morta lhe pesava quando pegou o primeiro avião de volta ao Rio. Ao descer no Aeroporto Santos Dumont, deparou-se com uma comitiva. Ruth, o ex-namorado Francis Bogossian e André Jordan, que estivera no jantar com Zuzu na noite de sua morte, a aguardavam para dar a difícil notícia. Junto com eles estava o tio, Carlos Alberto, que havia encaminhado os primeiros arranjos para o sepultamento e repassaria à sobrinha os pertences de Zuzu coletados na delegacia.[43]

O mesmo tratamento não pôde ser dispensado a Ana Cristina, que estava em Nova York. Seria impossível esperar seu retorno para contar a verdade — e, de fato, ela não conseguiu voltar ao Brasil a tempo do enterro ou da missa de sétimo dia.[44] Precisou encarar longe de casa, da irmã e do resto da família a perda súbita e assustadora da mãe.

A assistência e dedicação de Leda à amiga não terminaram aí. Coube a ela escolher o vestido que cobriria o corpo, um longo de organza estampado com flores e pássaros em tons azuis, bem representativo da marca. Leda o pegou na casa de Zuzu e o levou para a funerária, onde se encontrou com Virginia Valli. Juntas, começaram suas despedidas. O choque da perda parecia não terminar nunca: para Leda, era impressionante como, dez dias antes, estavam juntas e comemorando, alegres, o casamento de sua filha, Rosane.[45] A festa tinha sido um dos últimos compromissos da agenda social de Zuzu. Na funerária, seu rosto outrora animado encarava o vazio com os olhos abertos, um pouco arregalados "naquela expressão desesperada que ela mostrava de vez em quando", como descreveria Virginia.[46] Haviam enfaixado sua cabeça para tampar a fratura do crânio, impossível de ser maquiada ou escondida de outra forma. Marcas nos pulsos e hematomas no pescoço também estavam à vista; Virginia notou as lesões nos joelhos.

"Não vai botar as mãos dela cruzadas no peito?", perguntou Leda. Virginia segurou uma das mãos da irmã para movê-la, até que lhe veio, em um lampejo, Zuzu anunciando um desejo seu. "Quando eu morrer, não quero ir de mãos juntas, como todo defunto. Quero ir embora dando banana para Eles", declarara. "Eles", claro, eram os militares, seus inimigos de anos. O gracejo da irmã, compartilhado por Virginia com Leda, fez as duas rirem,[47] desarmadas pelo humor de Zuzu — sempre disposta a soprar leveza em sua angústia através de um comentário bem-humorado. Era assim a designer das *happy clothes*: capaz de contrabalançar a mágoa e a tristeza com riso, cores e brio.

Mas não foi dando banana para Eles que posicionaram a costureira no caixão. Ao final, Virginia, Leda, Hildegard e o restante da família se decidiram por um tributo mais pungente. Sobre o peito de Zuzu, entre suas mãos, colocaram um retrato de Stuart.[48]

O enterro, marcado para as dez horas de 15 de abril no Cemitério São João Batista, foi antecedido por uma cerimônia fúnebre simples, durante a qual ninguém discursou.[49] Faltavam palavras aos presentes. Muitos chegaram aturdidos à capela Real Grandeza do cemitério, ainda incapazes de acreditar. Jambert, por exemplo, tinha recebido Zuzu em seu salão de beleza no sábado anterior, "com aquela sua alegria e vitalidade que contagiava a todos". Não quis aceitar que o acidente a tinha matado — perplexo, preferia crer que aquilo não passava de uma mentira.[50] Cliente de longa data da etiqueta, Tereza Souza Campos também havia encontrado Zuzu meros dois dias antes, na rua Almirante Pereira Guimarães. Ela conferia uns móveis à venda na Elle et Lui quando a costureira saiu de sua butique, "toda feliz, fazendo planos". "Parece que foi arrancada da vida", resumiu Souza Campos.[51]

Um bosque de flores se espalhava pela capela do São João Batista. Desde o início do velório, na tarde do dia 14, o caixão estava coberto de rosas;[52] dezenas de coroas preenchiam a capela, com votos de carinho e promessas de saudades eternas. Uma delas trazia um único nome inscrito em sua faixa e, por isso mesmo, sobressaía em relação a todas as outras: dizia, simplesmente, STUART.[53]

Na manhã do dia 15, Quinta-Feira Santa, quase duzentas pessoas formaram o cortejo que guiou o féretro até a sepultura dos Souza Netto, onde estavam enterrados Pedro e a matriarca Leopoldina. A procissão parecia ser zelada pelas estátuas de anjo que assomavam de diversos túmulos. Alguns eram maiores e mais bem cuidados; outros haviam sido desgastados pelo tempo; mas todos remetiam ao anjinho sorridente que marcara o trabalho de Zuzu. Grudada ao caixão, Hildegard não se afastava da mãe. Carregava três botões de rosas vermelhas, que depositaria sobre o esquife fechado antes do sepultamento. Amigos, parentes, funcionários, colegas de profissão e clientes prestavam, comovidos, suas homenagens. Yolanda Costa e Silva deixou os desentendimentos para trás e foi ao enterro; o senador Magalhães Pinto e o prefeito do Rio de Janeiro, Marcos Tamoyo, engrossavam as fileiras do cortejo. Os artistas eram vários: do cartunista Ziraldo às atrizes Tônia Carrero, Rosita Thomaz Lopes, Lady Francisco, Marieta Severo e Maria Fernanda. Rose Marie Muraro, Hélio Silva e Elke Maravilha estavam lá — os amigos que também foram parceiros e confidentes de Zuzu em sua resistência à ditadura. As costureiras e vendedoras da butique haviam colado um aviso na porta e fechado a loja. E nem só de famosos se faz um funeral de respeito. Entre os que acompanharam o enterro estavam os garçons do Bar Final, um restaurante do Leblon no qual Zuzu tinha o hábito de almoçar — e onde adorava pedir camarão com chuchu.[54]

No meio desse grupo volumoso e heterogêneo, rodeando a sepultura da família Souza Netto e se despedindo de Zuzu, um dos artistas tinha a cabeça a mil. Desde que ouviu a notícia do acidente fatal, Chico Buarque só conseguia pensar que tinha, ele próprio, uma parte a cumprir naquela tragédia. Afinal, os bilhetes que ela lhe repassara estavam guardados em sua casa — e o cantor jamais se esquecera da convicção funesta transmitida pela frase "Se algo vier a acontecer comigo, se eu aparecer morta, por acidente, assalto ou qualquer outro meio, terá sido obra dos mesmos assassinos do meu amado filho".[55] Chico entendeu que tinha nas mãos mais do que um argumento contra a tese de um acidente imprevisível: os recados de Zuzu serviam de evidência à mira que a repressão fixara em suas costas. "Tenho que dar um andamento a essa história", ele contaria, anos depois, ter pensado. "Isso me foi confiado."[56] Parecia-lhe indiscutível que precisava agir o quanto antes em nome da amiga.

Sua primeira reação foi telefonar para Paulo Pontes, o dramaturgo com quem vinha trabalhando em uma nova peça após o musical *Gota d'água*, que havia estreado no ano anterior. Mostrou o bilhete e pediu sua orientação. O que poderiam fazer para divulgar as palavras de Zuzu Angel? Pontes sugeriu que convocassem o jornalista Zuenir Ventura, então chefe da redação carioca da revista *Visão*. O trio não perdeu tempo. No dia seguinte à morte de Zuzu, reuniram-se no apartamento de Chico Buarque e vararam a noite arquitetando e executando as primeiras etapas de um plano. Montaram uma lista de aproximadamente cem nomes, entre jornalistas, políticos e figuras públicas, para quem iriam enviar cópias do bilhete. Também decidiram incluir, na remessa, a carta de Zuzu ao presidente Geisel, datada de abril de 1975. Ventura preparou uma espécie de introdução, na qual esboçava a origem do documento — "deixado pela sra. Zuzu Angel cerca de um ano antes de morrer" — e afirmava como, "já naquela época, diante das ameaças que vinha recebendo, ela pressentia o que iria lhe ocorrer".[57] Não assinou nem deu qualquer indício de quem realmente havia recebido o recado da costureira.

Todo cuidado era pouco. Depois que Zuenir Ventura datilografou o texto na Olivetti do cantor, Chico Buarque e Paulo Pontes pegaram a máquina, botaram dentro do carro e subiram a serra de Petrópolis, de onde a jogaram de um despenhadeiro. Ansiosos para apagar todas as pegadas que poderiam conectá-los à divulgação do bilhete, aproveitaram a distância do Rio de Janeiro para irem até uma gráfica em Itaipava. Chico conhecia uma papelaria no distrito serrano na qual poderia fazer, sem muitos riscos, as cópias da mensagem e da carta introdutória que seriam enviadas para os quase cem destinatários. Cada um dos três ficou com uma quantidade de envelopes a serem remetidos de agências diferentes dos Correios, em mais um método para despistar possíveis fiscais da repressão. Paulo Pontes, por exemplo, pegou o carro da esposa, a atriz e cantora Bibi Ferreira, e enviou alguns dos subúrbios cariocas; Zuenir Ventura escolheu uma agência no Méier, bairro na Zona Norte da cidade.[58]

Tanto esforço para quase nenhuma repercussão. A despeito do cuidado com que realizaram cada fase do esquema de divulgação, nenhum jornal publicou o bilhete e nenhum político — nem mesmo os mais atuantes na oposição à ditadura — sequer o mencionou. Com uma exceção: em sua coluna "Jornal dos Jornais", na *Folha de S.Paulo*, na qual desenvolvia análises críticas da imprensa, o jornalista Alberto Dines lamentou o silêncio do jornalismo brasileiro quanto à "declaração que chegou a todas as redações nesta última semana". Em seguida, reproduziu na íntegra as palavras de Zuzu.[59]

Havia um obstáculo que complicava sensivelmente o que se dizia a respeito da vida e da morte de Zuzu Angel. A censura estava de olho nos obituários da costureira, como o que a revista *Veja* foi obrigada a eliminar de sua edição de número 398. Sobrepondo o texto, a redação inseriu uma propaganda da editora Abril — apenas o título "Memória — Zuzu Angel, 1921-1976" sobreviveu ao corte. Nesse caso, o título bastava para corroborar as suspeitas de que os ataques da censura tentavam esconder algo. O obituário cortado era como uma nuvem de fumaça: e onde há fumaça, há fogo.[60]

Dines, no entanto, não desferiu apenas críticas à morbidez da imprensa brasileira. Na mesma coluna em que divulgou o bilhete e denunciou a censura à *Veja*, elogiou a valentia do *Jornal do Brasil* em imprimir, na página de avisos fúnebres, um anúncio assinado pelos "companheiros, amigos e colegas de Stuart Edgar Angel Jones", convidando para a missa de sétimo dia de Zuzu. A nota, enviada ao jornal por Antonina Vasconcellos a pedido de sua filha Lúcia Murat,[61] homenageava a costureira por ter vivido "para honrar a memória de seu filho Stuart e lutar para que outros jovens não tenham o mesmo destino".[62] "Nos dias que correm", escreveu Alberto Dines, "publicar um anúncio religioso pago é ato de insólita grandeza."[63] Parece irônico, mas não é: o anúncio em nome de Stuart amarrava, em pleno *Jornal do Brasil*, a luta de Zuzu à sua morte. Aceitar que isso fosse publicado sugere disposição dos editores em respeitar a trajetória da costureira, e, num cenário de censura, perseguição e vigilância, um gesto supostamente pequeno pode se transformar em uma manifestação corajosa. Outros convites para o culto foram assinados pela família de Zuzu e pela de Leda Castro Neves.

O escrutínio dos militares não poupou a missa — que, aliás, ficou ainda mais cheia de gente do que o funeral. Mais de trezentas pessoas lotaram a igreja de Santa Margarida Maria, próxima à lagoa Rodrigo de Freitas, na manhã de terça-feira, 20 de abril de 1976. O fluxo de pessoas entrando na paróquia era tamanho que foi preciso esperar um pouco para dar início à cerimônia, a qual atrasou cerca de quinze minutos em relação ao horário marcado das dez horas. No papel de celebrante, o frei José Pereira relembrou a força e a confiança de Zuzu, mulher que sabia "levantar muita gente com seu sorriso e seu olhar", e lançou mão de versos de Vinicius de Moraes para compor sua homilia. Hildegard, Virginia, Leopoldina e Carlos Alberto ocuparam o primeiro banco da igreja. Em meio a tanta gente, era fácil esconder um ou outro agente da repressão, cujos ouvidos estavam calibrados para captar os comentários a respeito do acidente de carro. Devem ter pescado várias conversas, sobretudo as que giravam em torno da demora para a divulgação do laudo pericial e as especulações sobre a dinâmica da batida. E é provável que os agentes teriam ficado só na escuta, se não tivessem julgado oportuno confiscar os textos que Leda Castro Neves e Lourdes Vivacqua haviam escrito e lido em memória de Zuzu.[64] A intervenção deles escancarou quão perturbadoramente próxima continuava a repressão: falar sobre os Angel Jones permanecia uma atitude suspeita, cheirando a subversão, e era preciso estancar logo aquele redemoinho de conjecturas e teorias sobre o acidente. Uma morte explicada, pensavam os militares, evitaria o surgimento de novas Zuzus, determinadas a revirar arquivos e procurar indícios de jogo sujo.

Não que a 15ª Delegacia Policial tivesse interrompido as investigações preliminares. Nos dez dias que correram entre o falecimento de Zuzu Angel e a instauração do inquérito, decretado pelo delegado Gustavo Félix Pinto da Rocha em 23 de abril, o detetive-inspetor Nelson Borges, da Seção de Vigilância e Investigações Gerais, realizou suas apurações iniciais do acidente. Conversou, primeiro, com Carlos Alberto, Hildegard e Ruth de Almeida Prado, dos quais obteve confirmações sobre a boa saúde de Zuzu e relatos de como ela havia passado seu último dia. Também percorreu o entorno do local da batida, à caça de evidências e testemunhas que teriam escapado a uma varredura inicial. Borges não identificou zonas de trabalho do Departamento de Estradas de Rodagem (DER), das quais poderiam ter saído, na madrugada do acidente, operários capazes de prestar socorro à vítima; mas, a cerca de quinhentos metros da rua Projetada, achou um canteiro de obras. O edifício em construção pertencia à empresa Kosmos S. A. e, na noite de 13 para 14 de abril, lá dormira o servente João Mulato dos Santos.[65] Teria ele visto a colisão, ou qualquer movimento que pudesse orientar as investigações?

Santos não esclareceria nenhuma das muitas dúvidas que pesavam sobre o caso. Não tinha visto nem ouvido nada, declarou ao inspetor Borges, e tampouco poderia ter saído do canteiro de obras para ajudar a motorista acidentada: a área era cercada por arame e impedia seu acesso ao exterior. O servente reiteraria essa posição em um depoimento posterior. Explicou ao delegado Rocha que seu envolvimento naquela história não passava de um mal-entendido, pois havia dormido a noite inteira e só ficara sabendo do acidente na manhã seguinte.[66] Uma vez que Marcos Pires não se manifestou às autoridades policiais, Borges precisava dar conta do recado com aquela escassez promissora de testemunhas.

Promissora, sim — como ninguém interferiria nas apurações com suas próprias versões do acidente, o caso ficava aberto à interpretação da 15ª DP.

E da imprensa também: *Manchete* e *Tribuna da Imprensa* divulgaram que dois guardas de trânsito teriam presenciado a colisão do Karmann-Ghia contra a mureta e seu capotamento ribanceira abaixo. Não contentes em ver — e não prestar socorro —, também ouviram. Segundo a dupla de testemunhas anônimas, o motor do carro de Zuzu emitia sons estranhos.[67] A coluna de Hélio Fernandes no jornal *Tribuna da Imprensa* sugeria, ainda, que o automóvel provocava dores de cabeça em sua proprietária fazia anos. "Zuzu Angel morreu no seu TC branco com o qual lutou nos últimos dois anos. Primeiro contra a ferrugem, que consumiu todo o carro, depois com os defeitos do motor."[68] A não ser que Fernandes estivesse tentando enganar a censura com metáforas sobre a ditadura, sua alegação sobre o estado do veículo divergia de fatos garantidos por ninguém menos que a secretária de Zuzu. A *O Globo*, Lourdes Ferrão relembrou que, na semana anterior ao acidente, a costureira gastara mais de mil cruzeiros em uma revisão do Karmann-Ghia.[69] Efetivamente, o carro fora submetido a uma revisão completa em uma oficina no bairro de Honório Gurgel, providenciada pelo empresário Wilson Lemos de Moraes, fundador da Supergasbrás e marido de uma amiga de Zuzu, a também empresária Lourdes Lemos de Moraes.[70] Ela dera carona ao casal de amigos e, nessa ocasião, Moraes percebeu que o Karmann-Ghia — azul e não branco, como descreveu a *Tribuna* — se beneficiaria de um check-up por bons mecânicos. Indicou a mesma oficina na qual levava a frota de sua empresa. Não seria uma falha no motor o motivo daquela batida fatal: nada nessa versão convenceria uma opinião pública inclinada à desconfiança.

Borges não dispunha de muito com que trabalhar. Em 22 de abril, o detetive-inspetor repassou suas diligências ao delegado Gustavo da Rocha e, ao final do documento, concluiu: "Face ao exposto, e salvo melhor juízo de vossa senhoria, sugiro a instauração de inquérito, para melhor e mais profunda apuração dos fatos".[71] No dia seguinte, o delegado Rocha instaurou o inquérito policial e engatou, imediatamente, uma solicitação atrás da outra. Pediu que o IML e o Instituto Carlos Éboli enviassem, com urgência, o exame cadavérico e o laudo policial; e convocou, para prestarem esclarecimentos no cartório da 15ª DP, Carlos Alberto Netto, Hildegard Angel, Ruth de Almeida Prado, João Mulato dos Santos, Lúcia Andrade Vieira, Antônio Carlos do Valle Temponi e José dos Santos Silva. Entre o final de abril e o início de maio, todos compareceram à delegacia para explicar o que sabiam sobre Zuzu Angel, seu estado de espírito na noite anterior ao acidente e as circunstâncias do impacto do Karmann-Ghia. Com cada declaração, o delegado Rocha pôde acrescentar mais nomes à sua lista de possíveis testemunhas e, em questão de dias, havia conversado com todos os convidados do jantar dos Andrade Vieira, além do acadêmico de medicina Bezerra Júnior e do chefe de reportagem da TV Globo, Mauro José da Costa.[72]

Mas nenhuma das declarações seria um instrumento mais essencial à investigação do que o laudo de Rangel, coassinado pelo engenheiro civil Sérgio de Souza Leite. Rangel alegaria, anos mais tarde, não ter sido informado de que o ICCE havia incluído o trabalho de outro técnico — sobretudo um que sequer comparecera à cena do acidente. A contribuição de Souza Leite teria se concentrado nos cálculos de velocidade e distância; o grosso do serviço recaíra, aparentemente, sobre Rangel.[73] Ao fim e ao cabo, a perícia resolveu a tarefa em sete folhas, dezesseis fotos e um desenho esquemático.

O documento chegou à delegacia no mesmo dia 23, como se o ICCE estivesse apenas esperando o pedido para despachar com presteza o envelope. Ficou pronto rápido: anos depois, Rangel revelaria ter sido notificado pelo instituto de que até o governo da França tinha interesse na solução que o perito daria à morte de Zuzu.[74] A suposta intervenção francesa, jamais confirmada ou documentada, podia ser um artifício para apressar o perito. Em análise rápida, o interesse estrangeiro fazia certo sentido ao se considerar que, naquele mesmo momento, Geisel viajava a Paris para sua visita de Estado. E já havia um montante mais que suficiente de manifestações contrárias à visita presidencial espalhando-se pelos bulevares parisienses, antes mesmo que se somasse a execução planejada de Zuzu Angel à conta. Era imprescindível uma garantia de que não houvera jogo sujo. Graças a uma análise técnica enviesada, os peritos puderam simular, nos mínimos detalhes, dois impactos dos pneus capazes de alterar a rota do automóvel e incorrer na colisão final com a mureta.

A primeira distorção elaborada pela perícia foi a faixa da pista pela qual Zuzu trafegava. Cravaram que, ao emergir do túnel Dois Irmãos, a motorista conduzia o Karmann-Ghia na faixa da esquerda em velocidade superior a oitenta quilômetros por hora. Só assim faria sentido que, nesse momento, o carro sofresse "inexplicável desvio direcional" para a esquerda, obedecendo à "curvatura suave à esquerda" da própria autoestrada.[75] Ocorreu, então, um impacto do pneu dianteiro esquerdo contra o meio-fio do canteiro central. Um impacto forte o suficiente, insistiram os peritos, para que o veículo invertesse o sentido do desvio inicial e derrapasse rumo à direita por 28 metros — sem qualquer reação de Zuzu — até o pneu dianteiro direito colidir com o meio-fio direito da pista. O segundo impacto com o meio-fio provocou novo desvio, dessa vez para a esquerda. Depois de percorrer mais nove metros, o Karmann-Ghia bateu a parte esquerda contra a mureta do viaduto Mestre Manuel; o desequilíbrio o fez girar 180 graus e, enfim, despencar no barranco, capotando até parar na rua Projetada.

De acordo com essa análise dos eventos, o carro de Zuzu teria percorrido um total de 37 metros a partir do primeiro atrito com o meio-fio do canteiro central até a colisão com a mureta do viaduto — uma distância grande demais para soar crível, seja a peritos experientes, seja a leigos, que a condutora não tinha feito nenhuma tentativa de corrigir a sua trajetória. Para explicar por que o "veículo foi simplesmente dominado pelos sucessivos impactos, inteiramente desgovernado",[76] Rangel e Souza Leite recorreram a um cálculo de tempo e distância de reação: isto é, diante dos 37 metros que Zuzu percorreu durante o acidente, qual foi o intervalo entre o instante em que apreendeu o que acontecia e sua resposta à ameaça? Os peritos se fundamentaram em dois números de base. Um é a distância de 37 metros, tida como indiscutível; o outro, o tempo de reação ideal, "para motoristas habilitados e em condições físicas e psíquicas normais", de 0,75 segundo. Levando em consideração que, para cruzar os quase quarenta metros dentro da janela de reação de 0,75 segundo, a velocidade de Zuzu teria que ultrapassar os 170 quilômetros por hora, Rangel e Souza Leite concluem que o tempo de percepção e reação fora maior do que o normal. "A minuciosa análise do fenômeno não mostra, em qualquer de suas fases, vestígios de tentativa de reação por parte do motorista", decreta a dupla de especialistas técnicos. Zuzu não teria, portanto, acionado os freios e sequer mexido no volante: por 37 metros, ela se manteve inerte, mera passageira de um carro descontrolado. Não havia mais o que discutir. A "ausência de reações do motorista, totalmente comprovada", poderia ser atribuída a uma condição patológica, a embriaguez ou a sonolência.[77]

Não cabia a Rangel e Souza Leite diagnosticar, com precisão, qual das três causas possíveis se encaixaria no caso de Zuzu Angel. Eles entregavam as opções — depois, a polícia é quem decidia o estado da motorista no momento do acidente fatal. Mas ofereciam, ainda, outra certeza à investigação. O desvio inicial do carro para a esquerda, que levou ao atrito do pneu com o canteiro central, não poderia decorrer de uma "manobra volitiva":

ou seja, Zuzu não teria girado o volante para a esquerda por vontade própria. "Nesta hipótese", completam os peritos,

> caso em que o motorista é surpreendido por obstáculo móvel ou por súbita intercessão de trajetória ("fechada" de outro veículo), o "golpe de direção" faria com que o veículo se dirigisse ao canteiro central de forma mais oblíqua, fatalmente galgando o meio-fio e passando para a outra pista.[78]

Segundo esse raciocínio, era uma questão de ângulos. Se Zuzu tivesse dado o tal "golpe de direção" voluntariamente após notar um carro se aproximando e tentado escapar, as rodas do Karmann-Ghia teriam encontrado o meio-fio esquerdo numa posição mais propícia para que o escalassem; ela, assim, cruzaria o canteiro e pararia na contramão. Em meia dúzia de linhas, estava eliminada a possibilidade da interferência de terceiros na trajetória de Zuzu.

Um dos pontos centrais elucidados por um laudo é a causa determinante: sem esse fator para originar o acidente, ele não teria acontecido.[79] Na análise do desastre automobilístico que matou Zuzu Angel, Elson Rangel Lopes e Sérgio de Souza Leite atribuíram cada etapa da ocorrência à "total privação dos reflexos de defesa, por parte do condutor do veículo GB-ED-3208".[80] Essa causa determinante foi aceita, sem questionamentos, pelos investigadores da 15ª Delegacia Policial.

Sem questionamentos, de fato: pois ninguém pediu evidências que comprovassem uma derrapagem por longos 28 metros. Os pneus teriam deixado marcas no asfalto — e, em sua primeira inspeção da cena, Rangel não identificara nenhuma. Por ter comparecido ao local pouco depois do acidente, era impossível que os rastros tivessem desaparecido. Não chovia naquela noite e o tráfego insignificante não bastava para apagá-las.[81]

O mistério do desaparecimento das marcas é apenas uma entre outras incongruências e falhas no inquérito. Elas se fazem ver, sobretudo, nas discrepâncias de horários e versões de quem chegou primeiro na cena do acidente — detalhes de aspecto nada insignificante em uma investigação como essa. No auto de exame cadavérico de Zuzu, os legistas Hércules e Bastos definem a hora da morte como três da manhã. É exatamente o que consta, na ocorrência de número 912, referente a uma colisão de veículo com morte, como sendo o horário de chegada do cabo Santos ao cruzamento da rua Projetada com a avenida Niemeyer. Uma margem de erro para determinar o momento do óbito é mais que aceitável. Esta, no entanto, parece ser excessivamente conveniente para ocultar a rapidez com que as viaturas policiais apareceram para prestar socorro ao veículo acidentado.

Legistas, peritos e investigadores ignoraram, também, a ruptura na fíbula direita de Zuzu. Era melhor que o fizessem: a fíbula, osso longo localizado na perna e articulado à tíbia, é comumente fraturada em acidentes de carro. Principalmente se, no momento do impacto, o motorista estiver pressionando o pedal do freio — assim, a força da colisão é mais do que suficiente para comprimir a perna e romper o osso.[82] A fratura não é especificada no auto de exame cadavérico de Zuzu e só seria constatada duas décadas depois, em uma exumação realizada por uma equipe de antropologia forense.[83] Se o inquérito tomasse o ferimento na fíbula como um elemento relevante, seria obrigado a reconstituir toda a dinâmica do acidente e considerar que Zuzu acionou, sim, o pedal do freio. Contrariando a imagem da motorista inerte retratada pelos peritos, ela teria reagido à mudança brusca de direção de seu carro e tentado se defender.

Não havia como o relatório dos legistas ser isento: o cadáver de Zuzu Angel não era o primeiro de um opositor conhecido da ditadura que Hércules e Bastos examinavam. Entre vários laudos que a mesma dupla assinou, em 1971 os médicos se responsabilizaram pelo exame de José Raimundo da Costa, um militante da VPR morto sob tortura no DOI-Codi. No documento, Hércules e Bastos confirmaram a versão dos militares de que Costa teria sucumbido durante um tiroteio contra agentes do CIE, ao responderem "prejudicado" no tópico final do modelo de auto de exame cadavérico — ou seja, especificaram que o óbito não fora provocado por meio de "veneno, fogo, explosivo, asfixia ou tortura, ou por outro meio insidioso ou cruel". Ambos trabalhavam no IML sob a direção do dr. Olympio Pereira da Silva, cujo envolvimento com laudos fraudulentos de brasileiros mortos pela repressão seria revelado posteriormente.

E mais: em seu depoimento à 15ª Delegacia Policial, concedido no dia 30 de abril, o cabo Santos afirma que, quando se apresentou ao local onde o Karmann-Ghia estava capotado, já encontrou duas guarnições do Corpo de Bombeiros, uma viatura da 15ª DP, um carro de reportagens da TV Globo e um punhado de cidadãos curiosos — nenhuma ambulância, conforme ele próprio frisa. Ora, o tenente Temponi conta outra história: ao aparecer com sua equipe de salvamento na rua Projetada, foi recebido pelo próprio cabo Santos. Junto com os veículos dos bombeiros, a ambulância do Miguel Couto estacionava na área, trazendo Benilton Bezerra Júnior. O próprio Santos se contradiz. No mesmo depoimento em que diz ter sido precedido por uma patrulha da 15ª, confirma ter ordenado ao soldado Lins que fosse até a unidade policial na Gávea e informasse ao comissário do dia. Se policiais da 15ª já estavam na área, qual era a lógica da decisão de enviar um subordinado do 2º Batalhão da PM para buscar Asdrúbal Lima? Incongruências nos horários exatos podem ser resultado dos truques que a memória prega, em especial por Santos ter prestado depoimento duas semanas após o acidente. Mas não se pode descartar que tenham sido, no fundo, tentativas de embaralhar os fatos.

Pois há, ainda, o testemunho de Marcos Pires. A quantidade de viaturas que responderam ao aviso de um acidente gerou impressões duradouras em suas lembranças daquela noite. Intrigava-o, com razão, o fato de que tantos policiais estivessem por perto — perto o suficiente para cercarem o carro capotado menos de cinco minutos depois de ter despencado pelo barranco.

Com o laudo pericial em posse do delegado Rocha, o inquérito podia ser cuidadosamente conduzido para estabelecer o que atrapalhara os reflexos de Zuzu ao volante. Em um revés decepcionante para as autoridades que contavam com um desfecho fácil, a embriaguez — uma das sugestões mais óbvias dos peritos — teve de ser descartada logo no começo. No dia 22 de abril, o dr. Olympio Pereira da Silva assinava o exame de pesquisa de álcool no corpo de Zuzu, conduzido pela dra. Wilma Jobim. O resultado era negativo: na noite anterior à sua morte, ela não havia bebido.[84] Isso seria corroborado por Lúcia Andrade Vieira. Em suas declarações à polícia, a anfitriã do jantar afirmou que a amiga "bebia muito pouco" e não dava "maior importância à bebida".[85]

Zuzu bebia com moderação, confiou Carlos Alberto Netto em seu depoimento; Hildegard confirmava os hábitos da mãe e acrescentou que ela era "muito zelosa" ao volante.[86] Além do mais, não tinha conhecimento de que Zuzu sofresse de algum problema de saúde: seus últimos eletrocardiogramas, os quais se prontificou a entregar aos investigadores, não indicavam razões para se preocupar.[87] Durante o jantar da noite de 13 de abril, os convidados José Peixoto, Ruth de Almeida Prado e Werther de Azevedo — bem como a própria Lúcia Vieira — não ouviram de

Zuzu nenhum comentário negativo sobre sua saúde. "Feliz", "irradiando simpatia", "cordial e alegre", ela teria impressionado com sua "inteligência" e "loquacidade".[88] Então, se não sofrera um ataque súbito de mal-estar e tampouco estava embriagada, restava à investigação um único caminho — a sonolência.

A todos os familiares e amigos que compareceram à delegacia, Gustavo Félix Pinto da Rocha indagou a respeito do cansaço de Zuzu Angel. Teria demonstrado algum sinal de exaustão? Seu trabalho era exigente em excesso? Ela adormecia com facilidade? As perguntas não pareciam capciosas, e por isso todos responderam com sinceridade. Ruth de Almeida Prado disse que Zuzu caía no sono rapidamente, inclusive em público, durante encontros com amigos; Hildegard e Carlos Alberto afirmaram que a rotina na butique era cansativa; e o casal Jordan relembrou que, no jantar, ela tinha declarado sua fadiga após um dia agitado. Sobre esse mesmo tema, Mauro José da Costa, o chefe de reportagem da TV Globo que participara das gravações na loja, confirmou ter ouvido da própria Zuzu que estava esgotada — tão cansada que cogitou não aparecer na casa de Lúcia Vieira.[89] O horário em que deixou o apartamento em Copacabana, depois de uma hora da madrugada, pesava a favor da teoria dos policiais. Se Zuzu estava tão cansada antes de ir ao jantar, não teria ficado ainda mais letárgica e exaurida após uma noite de festa? Se ela dormia enquanto as amigas conversavam ao seu redor, não poderia ter feito o mesmo ao volante? A 15ª DP se convencia de que o caso estava prestes a ser fechado.

Além de Hildegard Angel e Carlos Alberto Netto, nenhum outro familiar foi entrevistado pela investigação. Tampouco ouviram funcionários da butique; nem convocaram, dentro do círculo social de Zuzu, quem não estivera à mesa de Lúcia Vieira. O inquérito era "coisa sem maior importância, apenas para apurar lesões corporais em Zuzu Angel", garantiam porta-vozes da delegacia à imprensa.[90] Ainda que a família não aceitasse a hipótese de Zuzu ter dormido ao volante,[91] nada no procedimento e nos métodos da investigação dá a entender que a equipe do delegado Rocha e do detetive-inspetor Borges tenha considerado possibilidades diferentes. Por outro lado, essa suposta certeza quanto à inexistência de infrações penais no acidente não excluía um interesse especial pelo bilhete da costureira a Chico Buarque, o qual, sabia-se, tinha sido entregue nas redações de vários jornais.[92] E em mãos de autoridades do governo, como Antônio Azeredo da Silveira, o ministro das Relações Exteriores.

Um envelope contendo uma mensagem tão acusatória não falharia em acionar os órgãos de vigilância. Com efeito: imediatamente, a DSI do Ministério das Relações Exteriores divulgou cópias do bilhete de Zuzu e do texto introdutório de Zuenir Ventura aos principais núcleos da inteligência — SNI, Cisa, CIE e Cenimar rapidamente receberam os seus exemplares dos documentos — e também a alguns ministérios, como o das Comunicações e o da Justiça. "O original recebido é cópia carbono e os anexos manuscritos foram enviados em papel de fotocópia", descreveu a informação despachada para o ministro da Justiça, Armando Falcão. E prosseguia: "Trata-se de campanha que procura dar caráter político ao acidente automobilístico que vitimou a figurinista e costureira Zuzu Angel, mãe do terrorista Stuart Angel Jones".[93]

A repressão parecia temer que Zuzu jamais fosse lhe dar sossego. Habituados a reclamar da campanha internacional de difamação do Brasil mobilizada pela costureira, os militares apostavam que sua morte reacenderia um discurso político altamente prejudicial à imagem do país. O teor do bilhete não deixava dúvidas desse potencial inflamatório: o adendo que Zuzu escreveu a lápis, "Esteja certo de que não estou vendo fantasmas!", confirmava acusações duplas ao governo, imputando-lhe não só o assassinato de Stuart, mas qualquer incidente que pudesse acontecer a ela. Apesar da censura à mensagem na imprensa, os agentes da inteligência militar sabiam não poder impedir por completo que as denúncias circulassem. Entreviram, então, uma possibilidade. Ainda que não apagassem de todo as palavras de Zuzu Angel, tinham condições de contra-atacar com uma medida tão inclemente quanto. Iriam desacreditá-la.

O plano partiu da DSI do Ministério das Relações Exteriores. Julgou-se conveniente que os órgãos de segurança interna executassem um "exame aprofundado [...] do quadro clínico mental de Zuzu Angel antes de seu falecimento, tendo em vista os indícios, em suas declarações escritas, de mania de perseguição e fixação mórbida na lembrança de seu filho".[94] Havia uma perversidade especialmente calculada nessa estratégia. Mais do que não levá-la a sério, a repressão ensaiava deslegitimar suas reivindicações e reduzir anos de presença na cena pública a delírios de uma mulher descontrolada. A "fixação mórbida" em Stuart e a "mania de perseguição" teriam contribuído, na versão dos militares, para configurar um estado mental desequilibrado. Nenhuma surpresa, portanto, que a costureira, tão emocionalmente desgastada, tivesse dormido ao volante e batido seu carro.

Estava pronta a história — faltava só formalizá-la. Em 25 de maio, mais de um mês depois da morte de Zuzu, a 15ª Delegacia Policial finalizava o relatório do inquérito de número 118. No texto assinado pelo delegado Rocha, sobram elogios para a dupla de peritos do Instituto de Criminalística Carlos Éboli. Nas palavras do comandante da 15ª, Rangel e Souza Leite haviam realizado um "trabalho primoroso" e entregaram um laudo "altamente explícito e esclarecedor", prova cabal do caráter "irrepreensível" da polícia brasileira. Graças às explicações da dinâmica do acidente, Rocha se acreditava capaz de afirmar, com segurança, que o Karmann-Ghia "não sofreu nenhuma colisão (de outro veículo) que o levasse a sair da pista". Garantia, além do mais, que a ausência de reações de defesa, aliada aos depoimentos coletados de familiares e amigos da vítima, apontava para um "estado de sonolência" que não deixava de ser "patológico". Eram depoimentos "isentos de qualquer suspeição" e "indiscutíveis". Não satisfeito em transcrever todas as menções dos depoentes ao cansaço da costureira, o delegado Rocha recorreu a termos como "embriaguez do sono" para escorar seu argumento em terrenos ditos científicos: mencionou os professores Hélio Gomes e Flamínio Fávero, ambos da área de medicina legal. Encerrou com suposições. "Admitimos que Zuleika Angel Jones, certamente, cansada como estava, como de costume, pressentiu que ia dormir. Quem sabe tenha ido mais longe, suspeitou que não resistiria ao sono por mais tempo", escreveu. Podia ser que tivesse acelerado o carro; queria chegar logo em casa, imaginou o delegado. "Infelizmente, traída pela fadiga, surpreendida, 'pegou' no sono." Nem mesmo o primeiro atrito dos pneus com o meio-fio do canteiro central teria sido suficiente para acordá-la e retirá-la de um "estado de confusão mental", o qual a impedia de reagir ao movimento desgovernado do automóvel.[95]

"Desnecessário se torna, no nosso entender, alinhar novos argumentos para provar que não houve crime no acidente que vitimou Zuzu Angel", concluiu o delegado Gustavo Félix Pinto da Rocha.[96] Seu conselho ao juiz da Vara Criminal que recebesse o caso era que procedesse ao arquivamento — não havia mais nada a ser feito. A promotoria concordou: em 8 de junho, o promotor Jocymar Dias de Azevedo indicou ao magistrado Deocleciano D'Oliveira não haver indício de crime no acidente de trânsito da madrugada de 14 de abril. Uma semana depois, o juiz batia o carimbo no documento e assinava seu nome. Estava arquivado o inquérito 118/76.[97]

Ninguém definiria melhor do que Chico Buarque a mistura de frustração, descrença e desalento que atingiu os amigos e familiares da costureira.

"Naqueles tempos", escreveu em um depoimento vinte anos após a morte da amiga, "para denunciar o assassinato de Zuzu, fazia falta outra Zuzu."[98]

Quem, então, matou Zuzu Angel?

O envolvimento do Estado ditatorial brasileiro se configurava como uma teoria incisiva já nas semanas seguintes ao acidente. E não só no círculo de seus amigos e familiares, cuja suspeita de um crime disfarçado pela repressão persistiria sempre. Como seria de esperar, dado o direcionamento que Zuzu conferiu às suas denúncias dos militares, os questionamentos sobre a real dinâmica da colisão e do capotamento na saída do túnel Dois Irmãos ganharam maior fôlego nos Estados Unidos.

Uma nota curta saiu em *The New York Times* no dia seguinte à morte da designer, mas não deu grande destaque às circunstâncias do acidente: o foco principal foi a coleção de moda política de 1971.[99] Por outro lado, "Death Ends Mother's Search" [Morte encerra a busca de uma mãe], publicado em *The Washington Post*, trazia a assinatura de Bruce Handler e enfatizava a "campanha pessoal de Zuzu para mobilizar a opinião pública mundial contra o governo".[100] No obituário, Handler não esconde que a colisão fatal do Karmann-Ghia parecia estranha. Escrevendo diretamente do Rio de Janeiro para Washington D.C., o repórter narra que a família de Zuzu não se conformava com a explicação de que uma motorista cautelosa como ela, dirigindo sozinha de madrugada, teria morrido em uma batida tão violenta. Handler ressalta, ainda, que a imprensa brasileira precisava ser cuidadosa com sua cobertura da morte da costureira. Não obstante as menções aos seus esforços para descobrir a verdade sobre o paradeiro de Stuart, seu filho desaparecido desde 1971, o público precisava "ler nas entrelinhas para entender a história inteira", explicou o correspondente aos seus leitores americanos.[101]

Um desses leitores percebeu, na hora, do que tratava aquele caso. Para o senador Edward Kennedy, o texto de Bruce Handler fazia as vezes de mais um testemunho das violações de direitos humanos cometidas pelo Estado brasileiro e cabia direitinho em seu compilado de recortes de imprensa sobre o assunto. Em 10 de maio, durante uma sessão no Senado, Kennedy expressou de novo a sua preocupação quanto às políticas de extermínio de opositores da ditadura e ao "sofrimento contínuo dos prisioneiros políticos no Brasil", submetidos a sessões fatais de tortura. Ele esperava que as denúncias alimentassem uma insatisfação palpável no governo americano, a ponto de fazê-lo reconsiderar os acordos de auxílio com o Brasil e agir em defesa dos direitos humanos — uma postura, sugeriu o senador, constantemente declarada, porém pouco posta em prática pelo seu país.[102]

O obituário de Zuzu Angel entrou para os anais do Senado americano como parte de um anexo ao discurso de Kennedy. Não era o único artigo de Handler incluído ali. Duas semanas antes, ele havia reportado, ao mesmo jornal, as violências no DOI de São Paulo. O compilado de Kennedy priorizava textos recentes, a maioria do mês de abril de 1976, impressos nas páginas de *The New York Times*, *London Times* e *Los Angeles Times*. Um relatava ameaças ao deputado Lysâneas Maciel, outro tratava do caso da militante desaparecida Ana Rosa Kucinski, e um terceiro abordava a atuação do esquadrão da morte comandado pelo delegado Sérgio Paranhos Fleury, um dos mais empenhados torturadores e executores de opositores da ditadura.[103] De especial relevância para os apelos do senador era um relato de quatro prisioneiros políticos em Pernambuco, que denunciavam as torturas que sofriam na penitenciária da Base Aérea do Recife.[104] Kennedy pediu que seus pares aprovassem, por unanimidade, a inclusão desses anexos nos registros oficiais da sessão no Capitólio. Foi atendido. Naquela segunda-feira de maio, entre debates de políticas ambientais e deliberações acerca das verbas a serem alocadas às Forças Armadas, o Senado dos Estados Unidos era exposto, por meio de poucos — mas poderosos — exemplos, à extensão dos abusos cometidos pela repressão militar brasileira.

No ponto de vista de políticos como Kennedy, entender o que acontecia no Brasil deveria chocar os americanos e estimular uma reconfiguração das alianças que beneficiavam um governo ditatorial. Zuzu era uma protagonista daquele arsenal humanitário. Estivesse ou não se lembrando das cartas que aquela mãe desesperada encaminhara ao seu gabinete nos anos de 1972 e 1975,[105] Kennedy enxergou, no obituário do *Post*, mais uma evidência de como os militares respondiam a quem resistia. Tinha significado político a morte da mulher que repetia aos amigos estar determinada a não desistir até ver o filho vivo ou receber, dos generais, uma admissão de culpa e o corpo dele. Tão político quanto as torturas dos prisioneiros no Recife, as ameaças a deputados e os atentados realizados pelo esquadrão da morte de Fleury. Posicionada junto a outras consequências violentas do autoritarismo brasileiro, Zuzu Angel representava um dos extremos mais recentes dessa realidade.

Enquanto Kennedy expunha, sob a cúpula do Capitólio, os casos de perseguição e arbitrariedade perpetrados pela administração militar, o acidente na autoestrada Lagoa-Barra era analisado pelo alto escalão do corpo diplomático americano. No mesmo dia 10, a embaixada dos Estados Unidos em Brasília encaminhava ao Departamento de Estado e aos consulados no Rio e São Paulo um telegrama que não só resumia as principais informações do caso como extrapolava o estritamente factual para interpretar as possíveis consequências imediatas daquela morte. Os agentes da embaixada anotaram tudo, da censura ao obituário na revista *Veja* às menções, na imprensa, à ausência de marcas de derrapagem no asfalto. Mas o que realmente lhes interessava era a dissonância do que se dizia sobre a morte de Zuzu. Explicações divergiam e especulações borbulhavam. Estaria a costureira preocupada com as ameaças constantes, ou alegre e enérgica, sobretudo em relação ao seu trabalho? (Não poderiam ser os dois?) Alguns comentavam que ela poderia ter dormido ao volante ou se distraído ao sair do túnel; outros, em contrapartida, estavam convencidos de que ela teria, segundo o telegrama, "sido empurrada para fora da estrada por agentes das forças de segurança, cansados ou temerosos de seus conhecidos e crescentes esforços para impor justiça aos suspeitos do assassinato de seu filho".[106]

Por anos, Zuzu tentou manobrar a opinião pública americana contra a violência do governo brasileiro. Usou a tortura e o assassinato de Stuart para persuadi-los a revisar os pacotes de auxílio e pressionar os militares a interromperem os sequestros, as prisões arbitrárias, as mortes. Não teve o sucesso que desejava: sua própria morte foi consequência daquilo que tentava impedir que se repetisse. A diplomacia americana enxergou isso. Na mensagem trocada entre embaixada, consulados e Departamento de Estado, reconhece-se explicitamente a possibilidade de Zuzu ter sido assassinada a mando do Estado brasileiro. Possibilidade, não certeza. A embaixada é cautelosa o bastante para afirmar que "ninguém, ao menos nenhum estrangeiro familiarizado com o trânsito no Rio, especialmente com seus túneis, precisaria de uma explicação sinistra para sua morte". Entretanto, o telegrama deixa claro que não houve surpresa, por parte das autoridades, quanto às suspeitas de o acidente ter sido, na verdade, um crime. Entendiam ser "interessante, e não pouco importante" que essas alegações tivessem surgido — tanto que a embaixada avaliava ser crucial que não fossem rejeitadas. Ainda que faltassem evidências concretas para embasar os argumentos de quem acreditava em assassinato premeditado, os americanos legitimaram, em certa medida, a desconfiança que cercava a morte de Zuzu. Eram acusações extremas, sim; mas não absurdas.[107]

À pergunta fundamental — quem matou Zuzu Angel? —, parece não haver resposta única. Dizer, tão simplesmente, "a ditadura militar" falha em abarcar a intricada trama de ações e reações que culminou na madrugada de 14 de abril de 1976. A responsabilidade tampouco cai apenas sobre o motorista do carro que a empurrou para fora da pista: esse agente anônimo, cuja identidade nunca foi sugerida, pode ter sido o autor do crime — mas não seu mandante. Um ou mais degraus acima dele estava, com certeza, o coronel Freddie Perdigão. Sua experiência elaborando e efetivando diversos atentados, além de sua devoção ao Estado militar, o recomendava como o comandante ideal para fabricar uma colisão fatal e manipular a narrativa que se ergueria sobre a cena do crime.

Perdigão contaria a Cláudio Guerra que, ao materializar o suposto acidente, cumpria diretrizes transmitidas de cima para baixo na hierarquia da comunidade de informações.[108] Isso responde às incertezas geradas pela ambiguidade da atuação do coronel, que poderia ter se comprometido tanto como um dos líderes do Grupo Secreto — e, portanto, fora do controle direto do alto escalão do governo — quanto em obediência a ordens repassadas pelo SNI. Logo, se Perdigão respondia a uma autorização do órgão central de inteligência, é razoável pressupor um enquadramento na política de extermínio discutida pela cúpula militar e sancionada pelo presidente Geisel em 1974. O nome de Zuzu Angel, possivelmente aventado pelo CIE — que a monitorava desde o desfile-protesto —, teria sido aprovado pelo general Figueiredo, ainda na chefia do SNI. Dois dos homens mais poderosos do Estado militar teriam aberto o caminho para que Zuzu entrasse na lista de subversivos perigosos a serem eliminados pela equipe do CIE.

A ordem para matar Zuzu Angel partiu de cima — tão de cima que quase encosta no topo, bem no assento do presidente Geisel. O timing diz muito sobre a urgência da operação: as visitas oficiais do general à França e ao Reino Unido ocorriam em um clima de contestação e exigiam ainda mais cuidado. Paris, centro de exilados brasileiros, estava preparada para repudiá-lo a cada esquina. Não que ele tenha se deixado perturbar. Durante uma entrevista concedida à TV francesa, Geisel declarou que o Brasil vivia um estado de "absoluta liberdade" — às vezes, achava que era "até livre demais".[109] A jornalistas brasileiros que o interpelaram na embaixada em Paris, negou que a imagem do país houvesse prejudicado negociações diplomáticas, comerciais e políticas.[110]

Era difícil cair nessa conversa. Em Londres, por pouco Geisel não foi alvejado por tomates, lançados por manifestantes que seguiam o percurso da carruagem aberta que ele dividia com a rainha Elizabeth II, entre a estação Victoria e o Palácio de Buckingham. Faixas espalhadas pelas ruas da capital inglesa pediam o "Fim da tortura", "Nem Geisel, nem Pinochet" e "Sem empréstimos para ditaduras falidas". Esses empréstimos, entretanto, vieram. O presidente conseguiu assinar acordos com os britânicos — além de memorandos de entendimento, fechou um financiamento totalizando cerca de 1 bilhão de dólares. A soma seria destinada às obras de construção da Ferrovia do Aço, uma malha ferroviária de transporte de minério de ferro entre os estados de Minas Gerais e Rio de Janeiro, e a implementação de uma usina siderúrgica, a Açominas, a ser construída com equipamentos e tecnologia fornecidos pela Inglaterra.[111]

Boicotes, protestos e tomates provocaram um mal-estar diplomático. Nada que impedisse Geisel de ser recebido como o representante de uma nação em pleno desenvolvimento, pronta para assumir o que o presidente chamava de "uma nova posição no mundo".[112] Estivesse viva para acompanhar as visitas, como Zuzu contestaria a versão do ministro Azeredo da Silveira de que o Brasil seria um "oásis de liberdade"?[113] A imaginação pode correr solta, embora seja certo que ela se revoltaria contra o general que lhe negara uma resposta marchando, livre, leve e solto, por duas grandes capitais europeias. Mas teria Zuzu morrido "apenas" para resguardar o presidente na França e no Reino Unido? Talvez o momento oportuno tenha mesmo sido esse. Todavia, é mais admissível considerar que seu assassinato resultou da avaliação prolongada dos riscos que a designer apresentava para o governo. Seu Karmann-Ghia capotou ladeira abaixo, afinal, pouco mais de dois meses depois de ela ter chegado a Henry Kissinger; e aquela não representava a primeira tentativa de segui-la em seu carro. Zuzu já havia deixado bem claro: não ia parar.

Na entrevista a Bruce Handler, Zuzu contou como sua transformação de costureira dos ricos e famosos em opositora da ditadura lhe custou amizades e clientes. Tinham medo do que a proximidade com a sua marca podia sugerir aos militares e queriam se proteger de associações com "subversivos" conhecidos. Ou, simplesmente, eram contra o posicionamento político de Zuzu. "Eles pensaram que eu era louca", relembrou. "Eles me disseram para ficar calada. Eles disseram: 'Que bem isso vai fazer?'. Mas eu finalmente decidi que não valia a pena ter aquelas pessoas como amigos. Eu dizia a elas: 'Espere até acontecer com seus filhos'."[114] O que alguns viam como a radicalização de uma modista nada tinha de radical. Zuzu passara por uma dolorosa — e definitiva — tomada de consciência. Sua "loucura" ficou famosa no Rio de Janeiro e além. Intrigados, muitos iam à loja no Leblon para conhecer aquela mulher que, enquanto criava vestidos floridos e esvoaçantes, contava uma história arrepiante de injustiça, terror, tristeza e saudade.[115]

Esperavam que o acidente na saída do túnel Dois Irmãos botasse um ponto-final nessa história. Não foi bem assim.

21.
Essa mulher vive

O sorriso era o mesmo, repetiam os visitantes da butique. Primeiras impressões costumam ser fortes e aquele detalhe capturava a atenção: pareciam rever, na filha, aquilo que sempre fora tão marcante na mãe. Não terminava aí. Iesa Rodrigues, a repórter de moda do *Jornal do Brasil*, notou que voz e altura, do mesmo modo, se assemelhavam. "Se conseguir também trabalhar com a mesma alegria e empenho de Zuzu", cravou a jornalista, "podemos contar com mais um bom nome na moda do Rio."[1]

Por mais que imprensa e clientes concordassem sobre como a jovem lembrava Zuzu, hesitavam quando consideravam o temperamento. Achavam-na tímida, um pouco mais acanhada, e isso levantava a dúvida: teria o mesmo talento? A mesma audácia criativa?[2] Ana Cristina Angel, a filha que chegava para herdar o posto da mãe na moda brasileira, garantia que sim.

Nos meses que se seguiram à morte de Zuzu, a loja não parou. Hildegard e os colaboradores mais próximos da costureira, como Clélia Bachl e o contador Gilberto Mayo, mantiveram o ateliê em pleno funcionamento, produzindo as peças da última coleção para atender a clientela que continuava a frequentar a rua Almirante Pereira Guimarães. Fernanda Colagrossi procurava modelos que tivessem a estampa de anjos; Carmen Mayrink Veiga, celebrada como uma das mulheres mais elegantes do Brasil, levou a filha Antônia para "reforçar seu guarda-roupa" — isso depois de terem chegado de uma viagem a Paris.[3] Não haveria interrupções, seja na fabricação, seja no atendimento, e foi anunciada uma promoção de Dia das Mães no final de semana de 7 e 8 de maio: todos os itens, dos porta-níqueis aos biquínis recém-lançados, teriam 20% de desconto no preço marcado na etiqueta.[4] Mas não dava para sobreviver com liquidações de coleções passadas. Para continuar aberta, a marca precisaria de novidades. Alguém tinha que assumir a direção criativa, renovar a oferta de roupas e acessórios e orquestrar os próximos lançamentos. Caso contrário, logo não se falaria mais na loja de Zuzu Angel — a não ser como a boa lembrança de um canto colorido, criativo e moderno no Leblon.

Na butique do anjo, o processo sucessório não se mostrava muito complicado e, aos 28 anos, Ana Cristina apresentava o currículo ideal para ocupar o cargo. Trazia um diploma em desenho de moda pela Parsons School of Design, uma prestigiada faculdade de artes e design sediada em Nova York, além de um estágio na loja de departamentos Bloomingdale's e, principalmente, a experiência profissional de ter trabalhado como "faz-tudo" da mãe no mercado americano.[5] Seu retorno ao Brasil assinalava a dedicação em não apenas preservar, mas expandir o legado de Zuzu. Teria, como base, os ensinamentos de moda e vida que aprendera com a mãe enquanto trabalhavam juntas. No centro de tudo, um preceito se erguia acima dos outros: "Não ter medo de nada". Exposta como estava às expectativas de clientes, críticos e concorrentes, a jovem designer se protegia e se fortalecia com as palavras de Zuzu. Independentemente do que os outros achassem, insistia a costureira com a filha, "se você sente que a ideia é verdadeira, autêntica, lance-a, mesmo que ela pareça muito avançada".[6]

De sua posição privilegiada como observadora, interlocutora e parceira, Ana Cristina teve contato direto com a forma original como Zuzu pensava a moda. Tanto viu e ouviu que logo sabia identificar as linhas-guias do raciocínio criativo da mãe. Concordava plenamente que "a moda tem que ser livre", afirmava que elaborava modelos com a "Nova Mulher" em mente e estava decidida a perpetuar aquilo que Zuzu vinha repetindo desde o final da década de 1960 — isto é, que o estilo havia ultrapassado o figurinista e cabia à mulher moderna se expressar através do traje.[7] Sua estratégia seria equilibrar continuidade com algumas doses de inovação. Aos chemises estampados e leves que voavam das araras da loja direto para os guarda-roupas das clientes de longa data, Ana Cristina incluiria mais modelos de biquínis e novas opções de vestidos e batas, com bainhas cortadas em pontas, efeitos de transparência e silhuetas mais soltas. Queria atrair clientes mais jovens e interessadas em peças esportivas, um plano que apresentara à mãe alguns anos antes. Nada, no entanto, contradiria a estética sólida da marca Zuzu Angel. Permaneceriam as cores fortes, as estampas com design exclusivo, a preferência por tecidos de algodão e a logomarca dos anjos.[8]

A primeira coleção assinada por Ana Cristina começou a chegar em setembro, sem muito alarde. Faltavam as condições ideais para montar um desfile de lançamento: a equipe de Zuzu se via às voltas com a reorganização da etiqueta e a transição na direção criativa. Por mais familiarizada que estivesse com a estrutura construída pela mãe, a nova designer da marca tinha que se acomodar à rotina e às exigências de uma empresa que, da noite para o dia, perdera sua comandante. E Ana Cristina precisava acertar a sua vida em Nova York. Gastou algum tempo com isso — seu retorno ao Rio de Janeiro foi oficialmente comemorado apenas no meio de julho, com um chá no restaurante Aviz organizado por Leda Castro Neves e Lélia Vieira Machado.[9] Dali em diante, tudo giraria em torno do trabalho. Aliás, havia trabalho de sobra, da manutenção de contratos com fornecedores à elaboração de campanhas publicitárias para vender o lançamento mais recente.

Mas até os planos mais bem arrematados podem se descosturar. Não obstante a animação e o empenho demonstrados ao assumir a marca da mãe, Ana Cristina esbarrou em contratempos de ordem prática e dificuldades pessoais que desarranjaram o empreendimento. Em uma entrevista à imprensa, ela comentou os problemas que atravancavam o dia a dia na loja, como a papelada interminável e a burocracia para finalizar o inventário de Zuzu.[10] Como se a lentidão do processo administrativo já não bastasse para comprometer a execução das ideias de Ana Cristina, havia, ainda, o aperto de um caixa pouco abastecido. Custava caro manter uma butique como aquela, com desfiles e lançamentos regulares; e custava mais caro ainda sustentar uma campanha internacional de enfrentamento ao governo militar brasileiro. A renda de Zuzu vinha da sua loja: o que ela ganhava ali era reinvestido na marca e direcionado para seus gastos individuais, das despesas domésticas aos pagamentos de advogados, documentos e viagens relacionados ao caso Stuart. Cerca de uma semana antes do acidente fatal na autoestrada Lagoa-Barra, Zuzu recorrera a Carlos Alberto para enviar mais uma remessa de dólares a Ana Cristina nos Estados Unidos. Quando telefonou para o irmão, admitiu estar preocupada com a situação financeira da filha do meio, que também dependia da moda para se sustentar, e frequentemente despachava uma quantia para ajudá-la.[11]

É evidente que pesaram, também, as pressões, expectativas e emoções inseparáveis da decisão de assumir a butique. Nada que não fosse esperado no mundo da moda. Uma profissional como Zuzu é, para todos os efeitos, considerada insubstituível: ocupar seu posto logo se torna um dilema, que se complica ainda mais pelo fato de a substituta ser sua filha. E uma filha fisicamente parecida com a mãe. Sem querer, Ana Cristina lutava contra a sua própria herança. Mulher e designer de vontades e qualidades próprias, fora encarregada de suprir uma ausência que se enraizava nela mesma. Tinha subido numa corda bamba e, para onde quer que olhasse, veria armadilhas prontas para apanhá-la. Se criasse coleções parecidas demais com as de Zuzu, seria acusada de copiá-la e de não ser autêntica. Em contrapartida, caso se desviasse consideravelmente do caminho trilhado pela mãe até sua morte, diriam que desvirtuara a grife e que fora incapaz de entregar uma visão coerente com a linha original. Ficava cada vez mais improvável chegar ao final do percurso sã, salva e com a butique em pleno movimento.

"Se a gente continuasse, ia acabar fazendo uma moda convencional, inspirada em tendências, coisa que ela jamais fez", diria Hildegard Angel, alguns anos depois da empreitada. "Além do mais, tenho a certeza de que ela não gostaria que os filhos violentassem suas vocações só para continuar uma coisa que era ela e mais ninguém." Durou pouco, pois era para ser assim, alegou a jornalista. O plano sempre fora de, ao lado da irmã, fechar os negócios de Zuzu da melhor forma possível.[12] Talvez, contudo, não fosse uma obrigação — não para Ana Cristina. Zuzu nutria esperanças de que a filha em breve retornasse dos Estados Unidos para ajudá-la com a marca e seguissem criando, juntas, novas coleções.[13] Muito mais do que dinheiro, Ana Cristina investiu tempo e reputação: aquela era uma escolha feita para o longo prazo. Ela tinha deixado Nova York, exposto suas ideias à avaliação crítica da imprensa e do público, e arriscado o início de sua carreira como designer de moda para se colocar no lugar da mãe, uma mulher que admirava profundamente e de cuja perda ainda tentava se recuperar. Para Zuzu, a moda agiu como uma linguagem para expressar e sentir o luto, ousar transformações e traduzir sua imaginação de Brasil para as roupas. Poderia ter sido parecido com Ana Cristina, se ela mostrasse que sua formação devia menos à Parsons do que à influência libertária de sua mãe.

Em teoria, a sucessão da etiqueta Zuzu Angel não poderia ser mais direta. Mas, na prática, envolvia afetos difíceis de serem negociados.

Teve fôlego curto o burburinho de que os anjos não se afastariam das nuvens de acrílico penduradas no número 79-A da rua Almirante Pereira Guimarães. Nem aconteceram novos desfiles. Pouco mais de um ano depois do chá celebrando a chegada de Ana Cristina, o endereço outrora colorido pelas estampas floridas e balançado pelos babados de renda era ocupado por sanduíches, refrigerantes, sorvetes e tortas com creme. Em novembro de 1977, a casa da moda pensante de Zuzu Angel já tinha virado o Rock Dreams

Café, uma lanchonete que permanecia aberta madrugada afora e tocava música de discoteca para animar os fregueses a dançar entre as mesas.[14] Encerrada a etiqueta da mãe, Ana Cristina voltava para Nova York. Ficaria lá por alguns anos até se mudar para Paris, onde começaria a década de 1980 trabalhando no serviço diplomático — mais especificamente, no consulado brasileiro na capital francesa, como auxiliar administrativa.[15] Não voltaria mais a morar no Brasil.

Com ou sem loja, Zuzu permanecia viva na memória de sua família, da cidade — e da repressão. A missa que celebrou um ano de seu falecimento, na paróquia de Santa Margarida Maria, foi vigiada por seis agentes do Dops e uma patrulha da Polícia Militar. Estavam lá, supostamente, "para evitar manifestações mais emotivas, que [pudessem] perturbar a paz e a tranquilidade do país". Seria preciso bastante imaginação para conceber demonstrações de sentimentos tão perturbadoras vindas daquele público de cerca de cem pessoas. Eram amigos, familiares, funcionários do ateliê e da butique que se reuniam para relembrar Zuzu Angel e, juntos, manifestarem a saudade que sentiam de sua companhia.[16]

Por outro lado, a presença incômoda — e indesejada — de PMs e olheiros do Dops fazia sentido. Se, alguns anos antes, Zuzu tivesse tido a chance de celebrar uma missa em nome do filho, sem dúvida usaria o púlpito do altar para denunciar seu assassinato. Esse, sim, seria apenas o começo de uma "manifestação mais emotiva". A repressão havia aprendido a esperar um repeteco dos métodos da costureira e, um ano depois de sua morte, inspecionava as reações da sociedade e, sobretudo, da família de Zuzu em busca de acusações diretas ao governo. Não acharam nada que justificasse uma reação incisiva e pode até ser que, segundo seus cálculos, julgassem ser apenas uma questão de tempo até as suspeitas silenciarem e todos se esquecerem das estranhezas que cercavam o acidente com o Karmann-Ghia. Parecia que ia funcionar. A primeira homenagem pública a Zuzu Angel, no Carnaval de 1977, não trazia nenhuma referência incendiária o bastante para preocupar os militares.

O samba-enredo "Ai que saudades que eu tenho", desfilado pela Unidos da Vila Isabel, resgatava o passado boêmio do Rio de Janeiro. Liderada por Martinho da Vila, que encabeçava o cortejo com um megafone nas mãos, a escola relembrava o glamour dos cassinos, o espírito malandro e farrista da Lapa, os teatros de revista e, espalhados em nove corações, os nomes e as fotos de 36 personalidades da história carioca — "pessoas falecidas, queridas do povo" do Rio de Janeiro. Zuzu Angel estava lá, mencionada na companhia de figuras como o cronista Antônio Maria, a atriz Leila Diniz, Lupicínio Rodrigues, Pixinguinha e Noel Rosa.[17] Seu retrato em um dos corações não passava, à primeira vista, de um tributo à costureira que todos no Rio pareciam conhecer e que, nos Carnavais passados, criara modas e fantasias tanto para blocos de rua quanto para bailes no Municipal. Tudo certo, devem ter suspirado, aliviados, os homens da repressão.

Eles só não sabiam que a Vila Isabel era a primeira a embarcar num bonde carnavalesco e artístico que, em diferentes ocasiões, resgataria Zuzu e o significado político de seu legado em relação íntima com a história do Brasil. Tampouco queriam enxergar que, com o avanço do projeto de distensão política e redemocratização no final da década de 1970 e no início dos anos 1980, temas como anistia ganhavam a boca do povo e conclamavam Zuzu quase que por conta própria.

A campanha pela anistia ampla, geral e irrestrita para os cidadãos afetados pelas violências do governo militar, formalizada em 1978 com a fundação dos Comitês Brasileiros pela Anistia (CBAs) em diversos estados brasileiros, saía em defesa de liberdades que Zuzu exigia desde a morte de Stuart. O fim imediato e definitivo da tortura, a libertação dos presos políticos e o retorno dos exilados, a abertura de investigações para localizar desaparecidos e a reinstituição dos direitos democráticos e civis configuravam o mínimo necessário para a reconstrução de um Estado democrático. Organizados em grande parte por familiares, amigos e advogados de presos e perseguidos políticos, e com apoio de intelectuais e artistas, os CBAs foram bem-sucedidos em fazer escoar seu discurso para as ruas: falar de anistia significava intervir em favor dos direitos humanos como havia muito não se podia fazer, aberta e publicamente, no país; significava, também, se mobilizar contra o esquecimento e a impunidade. Após quase vinte anos de ditadura, parecia ter chegado, enfim, o momento de a sociedade civil contar suas perdas e reivindicar reconhecimento. Era, portanto, essencial rejeitar qualquer projeto de anistia recíproca — justamente o que o governo Figueiredo propôs ao Congresso Nacional em junho de 1979. Não seriam "só" os presos, exilados, banidos e cassados a receberem indulto e regressarem à vida normal. Quem tinha prendido, torturado e matado também. Juridicamente resguardados pela Lei da Anistia, de agosto daquele ano, os agentes mais ferozes da repressão escapavam de ter que responder pelos seus crimes.

Para os familiares de mortos e desaparecidos, aquilo não trazia o menor sossego. Se estivesse viva, Zuzu teria se enfurecido com a cláusula de reciprocidade da anistia. Ficava claro, aos que ainda resistiam, como o combate estava longe de terminar. Precisavam gravar, na imaginação coletiva do país, os nomes de quem enfrentara a arbitrariedade e os abusos do governo militar — sobretudo dos que não tinham sobrevivido para contar, eles mesmos, as suas histórias. A própria Zuzu havia feito isso enquanto pudera. Dali em diante, estudantes, políticos, jornalistas e ativistas pela democracia repassariam o bastão entre si e se encarregariam de garantir que ela fosse lembrada. Nem sempre, entretanto, seria como a costureira movida pela rebeldia e pelo ímpeto de interpretar o Brasil através da moda. Em meio à comoção social da campanha pela anistia, que despertava esperanças e reacendia indignações, Zuzu seria, antes de tudo, a mãe chorando pelo filho perdido.

Na primeira gravação da música que comoveria diferentes gerações, os acordes do violão introduzem um coro de quatro vozes femininas. Elas perguntam: "Quem é essa mulher/ Que canta sempre esse estribilho?". Ao que responde uma única voz: "Só queria embalar meu filho/ Que mora na escuridão do mar". Por mais três vezes, o coro se ergue, guiado por um violoncelo, para indagar sobre essa personagem que canta, sem parar e "como quem dobra um sino", o seu lamento. Suspirando, ela explica o tormento que a acompanha aonde quer que vá, pois "só queria agasalhar meu anjo/ e deixar seu corpo descansar". Essa mulher canta pelo seu menino, "que ele já não pode mais cantar".[18]

As quatro estrofes de "Angélica", fruto de uma parceria entre Chico Buarque e Miltinho, do grupo MPB4, foram interpretadas pelo Quarteto em Cy para o álbum *Querelas do Brasil*, lançado em 1978. É uma canção tão triste quanto bela. Alguns anos antes, Chico Buarque havia recebido uma melodia de Miltinho. Não compôs, imediatamente, a letra para completar aquele ritmo. Só depois perceberia que ali estava a base para a homenagem que desejava render à amiga Zuzu.[19] "Angélica" foi reinterpretada pelo MPB4 no ano seguinte, em 1979, e saiu na voz do próprio Chico em 1981, no LP *Almanaque*.

Embora não trate da morte de Zuzu — pois a personagem-mãe responde a cada pergunta como se estivesse viva —, "Angélica" é o registro musical de dois crimes da ditadura. Resgata, ao mesmo tempo, o filho perdido na escuridão do mar e sua mãe, que cantava quando deveria se calar.

Dois assassinatos, dois silenciamentos: a canção se torna o próprio lamento, graças ao arranjo pesaroso e aos versos tristes, encadeados pela repetição, na abertura de cada estrofe, da pergunta "Quem é essa mulher?".

Uma pergunta para a qual não há uma resposta única. A Zuzu que surge em meio ao dedilhar do violão e ao choro repetitivo, interminável, é uma mulher atormentada: a mãe cuja tortura, em vez de acontecer nas celas de um quartel militar, foi viver a morte do filho sem ter o direito de sepultar seu corpo. É a mãe do militante, e é por ele que se politiza. Quer honrá-lo. Ela, então, decide lutar e resistir em nome de quem já não pode mais.

Mais ou menos na mesma época de "Angélica", o escritor José Louzeiro se inspirou em Zuzu Angel para criar, no romance *Em carne viva*, a personagem Sebastiana dos Anjos. Louzeiro via Zuzu como "uma mulher normal" que, inconformada, ergue "a bandeira da luta" e se torna um "símbolo de amor e coragem". Molde perfeito para Sebastiana, uma ex-socialite que, após perder a fortuna, gerencia uma pensão no Rio de Janeiro e cujo filho, Aécio, militante do MR-8, morre sob tortura.[20] *Em carne viva* saiu em 1980. No ano seguinte, Heloneida Studart lançava *O estandarte da agonia*, também inspirado na saga de sua amiga costureira. Nesse que seria o segundo romance de sua Trilogia da Tortura, a autora fez da protagonista Açucena um retrato ficcional de Zuzu — uma mulher de classe média no Rio de Janeiro que, após o desaparecimento do filho, se põe a procurá-lo incessantemente. Studart considerava *O estandarte da agonia* o seu melhor livro.[21]

Na música, porém, o alcance da história de Zuzu seria ainda mais impactante. Com a assinatura de Chico Buarque e as interpretações do Quarteto em Cy e do MPB4, "Angélica" foi uma das grandes responsáveis por sacralizá-la como *mater dolorosa*. A mãe enlutada, em perene sofrimento pela perda de seus filhos, é tradicionalmente representada pela figura de Nossa Senhora prostrada sobre o Cristo morto. Religiosa ou profana, a *mater dolorosa* personifica a dor materna. Entre as dores que uma mulher expressa, sobretudo em público, é a materna que mais recebe o respeito, a compaixão e a legitimidade sociais.

O protagonismo feminino na militância e resistência política contra a ditadura é inegável. As mulheres estiveram lá: ingressaram no movimento estudantil, pegaram em armas, se deram os braços em passeatas, enfrentaram a brutalidade policial, participaram de greves e organizaram protestos; foram presas, torturadas e mortas; e também escreveram, cantaram, interpretaram, pensaram e criaram na oposição artística e intelectual ao autoritarismo. Longe de serem tranquilas, a entrada e a permanência delas nos círculos altamente politizados representava mais um tipo de desobediência — a insubordinação de ocupar o espaço público enquanto mulheres. Como se não fosse complicado o suficiente confrontar a repressão militar, que preparava métodos de tortura sexual especialmente degradantes e violentos para as prisioneiras políticas, a resistência feminina também precisava encarar discriminação de gênero e lidar com a hostilidade de líderes militantes abertamente machistas. As décadas de 1960 e 1970 viram a explosão do amor livre; terão visto, também, a consolidação da mulher como ator político, sem *mas* nem *porém*? Parece que não, pois para justificar a ação política feminina, um pré-requisito sempre se faz necessário: militantes mulheres entrariam na luta armada para acompanhar maridos e namorados, por exemplo, ou se arriscariam na rede de apoio a esses militantes em apoio a filhos e companheiros. Não há jeito melhor de diluir e invalidar a força da ação feminina do que vinculá-la, única e exclusivamente, à influência masculina, dizendo que eram esposas, mães, filhas. Elas tinham motivação própria, sim; agiam em nome de seus princípios e convicções.[22]

Mães de militantes, em especial, foram reverenciadas como guardiãs da memória e da história de resistência dos jovens guerrilheiros. Não só Zuzu. De um jeito parecido com o que aconteceu a tantas outras brasileiras, Iramaya de Queiroz Benjamin entrou no jogo político quando os dois filhos, César e Cid — líderes do movimento estudantil e membros do MR-8 —, foram presos, torturados e exilados. Já em seus quarenta anos, pouco depois de ingressar em um curso universitário de filosofia e rever a sua condição de mãe e dona de casa, Iramaya teve que aceitar as consequências do protagonismo dos filhos na luta armada e reajustar seu posicionamento político para tentar entender o que acontecia. "Nós, os pais, éramos marinheiros de primeira viagem", explicou. "Nós, que viemos de um meio burguês, nunca poderíamos adivinhar o que viria depois disso. Tanta dor, tanto sofrimento, tanta angústia."[23] Por anos, Iramaya percorreu quartéis e auditorias militares para descobrir onde Cid e César estavam encarcerados. Precisava confirmar que estavam vivos e garantir, como pudesse, a segurança deles. Ela própria se dizia "jogada nessa luta pela liberdade dos filhos",[24] e mergulhou de cabeça. Estava à frente de passeatas contra a ditadura e foi uma das fundadoras do CBA, resoluta em seu trabalho de garantir a liberdade aos prisioneiros e exilados políticos. No "ofício de mãe", entendeu que um dos caminhos para proteger os seus filhos — e os filhos das outras — era organizar uma união em escala nacional. "A luta pela anistia só teria sucesso se a gente conseguisse levar o lema e sensibilizar as várias camadas da população", definiu Iramaya.[25] Assim fez.

Zuzu, Iramaya e boa parte das mães que, de uma maneira ou de outra, tentaram defender, libertar e socorrer os jovens dedicados à luta armada entravam em um combate que, originalmente, não era o seu. O lugar que ocupavam a partir dali, contudo, não se limitava ao de protetora abnegada:[26] mais do que extensão de seu papel materno, a construção de um posicionamento político e a ação na cena pública requerem tomada de consciência, olhar crítico, pensamento próprio e, claro, coragem. Iam além do pessoal, do familiar — e, quando se trata de mulheres, isso costuma esbarrar em uma resistência a admitir como elas extrapolavam o ambiente doméstico para adentrar na esfera pública. Suas demandas, reivindicações e denúncias contradiziam o discurso conservador de Deus, pátria e família. Ao levantarem as bandeiras por anistia, fim da tortura, democracia e, sim, também pelo feminismo, essas brasileiras desafiaram os paradigmas que definiam o guerrilheiro, o resistente, o rebelde.

Mas não havia como: Zuzu jamais se esquivaria de seu papel materno, do "ofício de mãe" do qual falava Iramaya Benjamin — "chorar com e pelos seus filhos/ Lutar por eles, e sofrer com eles".[27] Ela tampouco rejeitava a personagem trágica que as circunstâncias lhe atribuíram. Durante os anos em que empreendeu sua campanha por Stuart, Zuzu começou a escrever uma autobiografia da "operação martírio". Pretendia publicá-la com o nome *My Way of Death*.[28] O título era uma inversão do livro de Joan Crawford, sua amiga famosa, que compartilhou segredos íntimos e dicas de estilo e comportamento em *My Way of Life*, de 1971. Crawford vendia suas memórias de celebridade. Zuzu, não. Ao contar de sua "maneira de morrer", pensava em relatar a sua transformação inesperada em agente político — talvez num esforço de compreender, ela mesma, como a morte de Stuart a afetara pessoal, profissional e politicamente.

Zuzu não conseguiu completar *My Way of Death* antes de 14 de abril de 1976. Coube a Virginia Valli reunir os papéis da irmã e, dez anos depois, lançar um livro-testemunho da *mater dolorosa*. Em outubro de 1986, *Eu, Zuzu Angel, procuro meu filho* foi apresentado ao público como o depoimento definitivo das tragédias que se abateram sobre a família Angel Jones.[29] Virginia intercalou o manuscrito de Zuzu com textos escritos por Hildegard e Ana Cristina, por amigos e pelo advogado Nilo Batista; transcreveu cartas, reproduziu documentos dos órgãos de segurança e incluiu fotos, em uma reconstituição do trabalho exaustivo da costureira em busca do filho. Ao final, Virginia Valli deixa bem claro: todos os familiares duvidavam da versão oficial da morte de Zuzu Angel e não se esqueceriam do sofrimento pelo qual ela havia passado entre 1971 e 1976.

Eu, Zuzu Angel, procuro meu filho é registro de um Brasil que não está completamente no passado. Embora não seja todo da autoria de Zuzu, resgata sua voz para narrar não só o desaparecimento de Stuart como também o contexto em que ele se deu. "Não é tão pouca gente assim que está desaparecida no ar, morrendo nos 'tiroteios' e 'acidentes' muito oportunos", afirma a personagem-Zuzu a certa altura do livro.[30] E continua, citando relatórios de organizações em prol dos direitos humanos: "Mais tortura. Milhares de brasileiros já sofreram alguma forma de tortura em interrogatórios".[31] O caso de Zuzu e Stuart se conecta a diversos exemplos de prisões, sequestros, exílios e torturas — assim, o pessoal ecoa no público e confirma seu caráter político. No entanto, essas memórias não pertencem unicamente a Zuzu e tampouco comportam facetas de sua vida que escapem ao contato direto com a morte do filho. Do título à capa, na qual um retrato de Stuart em preto e branco é coberto por manchas vermelhas, como se respingado de sangue, o livro reitera a Zuzu mãe de guerrilheiro, a "mineira jeca" que precisou "entrar nessa política e virar militante." "Que jeito?", ela se pergunta, como se não houvesse alternativa.[32] Mas houve. As escolhas de Zuzu Angel, feitas em nome de Stuart ou no seu próprio, são prova de que a costureira, designer, mãe e empresária queria defender, acima de tudo, a liberdade.

Os anos passavam e crescia o fascínio em torno da personagem Zuzu Angel, a mulher que confrontara generais para receber o corpo de seu filho. Entre 1984 e 1985, circularam rumores de que o cineasta Walter Salles dirigiria Fernanda Montenegro em um filme sobre a história de Zuzu e Stuart, roteirizado pelo chileno Jorge Durán. Mas a produção foi adiada indefinidamente[33] e um longa-metragem, *Zuzu Angel*, retratando esse momento na vida da costureira só sairia em 2006, com direção de Sérgio Rezende e Patricia Pillar no papel principal.

Na verdade, esse interesse desponta ciclicamente. Quando o país revisita sua história recente e reavalia o período da ditadura, figuras como Zuzu se mostram indispensáveis para romper o silêncio e reler o passado. Trata-se de um esforço coletivo de retorno, guiado por aqueles que enfrentaram as arbitrariedades do governo militar — tenham, ou não, sobrevivido a elas.

Um dos primeiros trabalhos institucionais de reparação e reconhecimento dos crimes cometidos pelo Estado ditatorial brasileiro teve início em dezembro de 1995, com a criação da Comissão Especial sobre Mortos e Desaparecidos Políticos (CEMDP), do Ministério da Justiça. Já em sua abertura, a comissão admitia a morte de 136 desaparecidos — a partir daí, avaliaria casos de mortes não naturais, com suspeitas de terem ocorrido por motivos políticos, no intervalo entre 1961 e 1979. Representantes do governo, das Forças Armadas, da sociedade civil e do Ministério Público se reuniriam com familiares de mortos e desaparecidos para avaliar, caso a caso, a responsabilidade do Estado brasileiro pelas violências perpetradas. Se, após analisar documentos, depoimentos e evidências fornecidos pelos requerentes, os membros da comissão concluíssem que houvera, sim, assassinato por razões políticas, seria estipulada uma indenização financeira para os familiares das vítimas.[34]

Não cabia à CEMDP montar o caso: essa parte teria de ser cumprida pelas famílias, que deveriam custear advogados para localizar ofícios e registros em arquivos militares — de difícil acesso —, organizar a papelada, entrar com pedidos de extensão de prazo e anexação de novos documentos, identificar testemunhas e defender a legitimidade do pedido. Uma vez com o dossiê em mãos, o relator do caso prepararia o seu voto; em seguida, os demais membros dos grupos de avaliação de cada processo decidiriam sobre a participação do Estado em desaparecimentos e assassinatos de opositores da ditadura. Deliberações sobre vítimas como Carlos Marighella, Carlos Lamarca e Rubens Paiva, cujas mortes já haviam se tornado emblemáticas na imaginação nacional, receberam intensa cobertura jornalística. O processo de Zuzu também, ainda que por razões diferentes. Marighella e Lamarca, os dois maiores líderes guerrilheiros da luta armada brasileira, remexiam com vínculos ideológicos bastante enraizados e atiçavam a opinião pública: seriam meros criminosos, até mesmo assassinos, ou combatentes corajosos da resistência? O perfil de Zuzu, em contrapartida, era bem distinto. Finalmente, parecia ter chegado a hora de esmiuçar a versão oficial do acidente que vitimara a mãe e costureira de classe média e descobrir se as suspeitas da família e dos amigos estavam corretas.

Nos primeiros meses após a instalação da CEMDP, Hildegard Angel entrou com pedidos de indenização em nome do irmão e da mãe. O processo de Stuart passou veloz pela máquina da comissão: entrou em fevereiro de 1996 e foi aprovado em julho do mesmo ano, com uma reparação financeira de mais de 110 mil reais.[35] Com recortes de matérias de jornais e trechos de livros como *Eu, Zuzu Angel, procuro meu filho*, *Brasil: De Castelo a Tancredo*, do historiador americano Thomas Skidmore, e *Esquerda armada: Testemunho dos presos políticos do presídio Milton Dias Moreira, no Rio de Janeiro*, foi tiro e queda — a comissão se convenceu de que Stuart fora morto no Cisa em maio de 1971. Estava confirmada a responsabilidade do Estado, e as filhas de Zuzu recebiam a admissão que ela passara anos exigindo.

O caso da própria Zuzu não seria tão simples.

Em sua essência, o processo 237/96 levantava uma questão técnica por contrariar uma condição da CEMDP, que se dispunha a julgar apenas mortes ocorridas em dependências militares e semelhantes.[36] A despeito de todas as suspeitas e dúvidas, Zuzu de fato tinha morrido em uma via pública, longe de instalações das Forças Armadas; e ninguém havia comprovado, até o momento, a presença de agentes da repressão no local. Um dos membros da comissão, o general Oswaldo Pereira Gomes, se opôs ao julgamento do caso Zuzu Angel desde o começo e quanto mais o dossiê era incrementado com depoimentos e documentos, mais ele se indignava: "A Comissão Especial só pode aprovar casos em que a pessoa tenha morrido em dependência do Estado. Uma indenização a Zuzu Angel seria ilegal. Faltam provas".[37]

Provar, com evidências irrefutáveis, o que havia acontecido trinta anos antes seria, para todos os efeitos, praticamente impossível. Quem quer que houvesse autorizado e planejado o atentado a Zuzu não deixou rastro documental — a turma do CIE ou do SNI não seria tão ingênua — e, é bom lembrar, não existiam câmeras de trânsito monitorando a saída do túnel Dois Irmãos. Um acidente simulado deve ser, por natureza, indecifrável. Reconstruí-lo requer uma dose de imaginação, para melhor encadear os depoimentos e indícios em uma versão coerente e verossímil dos eventos daquela madrugada.

Aliás, o caso de Zuzu continha mais do que meros indícios. Entre a admissão pela CEMDP, no início de 1996, e o julgamento em agosto do ano seguinte, Hildegard e o advogado Luiz Roberto do Nascimento e Silva reuniram um amplo leque de documentos relacionados à vida profissional, à campanha política e ao sofrimento íntimo de Zuzu. Nascimento e Silva pediu mais de uma extensão de prazo para completar o dossiê: duas delas, em junho e setembro de 1996, reiteravam a importância dos laudos periciais, do auto de exame cadavérico e do inquérito policial originais para a análise do pedido de indenização.[38] Solicitações à 15ª Delegacia Policial demoraram meses para ser atendidas, de modo que o relatório do inquérito só seria juntado ao processo no final de janeiro do ano seguinte.[39] Enquanto isso, advogado e requerente reviravam os arquivos da repressão, nos quais se depararam com pedidos de busca sobre Zuzu no Dops e o relato, datado de maio de 1975, de quando a costureira tentou chegar ao general americano Mark Clark no hotel Sheraton.[40]

Amigos próximos de Zuzu constituíam outra fonte de informações. Declarações assinadas por, entre outros, Germana de Lamare, Sérgio da Costa e Silva, Leda Castro Neves, Heloísa Amado, Chico Buarque, Lourdes Vivacqua e Ruth de Almeida Prado reafirmavam os seus hábitos cautelosos de direção, lembravam que ela consumia poucas bebidas alcoólicas e, principalmente, atestavam o seu estado de espírito, perturbado pelas constantes ameaças à sua vida. "Zuzu estava muito bem", escreveu Ruth de Almeida Prado; "Minha amiga Zuzu, até o último dia de sua vida, foi uma pessoa lúcida e sensata [...]. Fazia inúmeros projetos para o futuro, envolvendo sua moda", descreveu Leda Castro Neves, antes de concluir: "Trago em mim a convicção de que Zuzu foi, assim como seu filho Stuart, uma vítima".[41] Uma amiga desde os tempos de Belo Horizonte, Conceição Cabral Bueno Brandão, contou que, ao saber da morte da costureira, seu primeiro pensamento foi se lembrar dela avisando que "Se [eu] morrer por acidente, Mimi, tenha a certeza de que foi provocado". Além do mais, sabia que a "amiga Zuzu sempre foi extremamente cautelosa ao volante, orgulhava-se de nunca ter causado qualquer acidente de trânsito e amava demais a vida, sempre fazendo projetos para o futuro".[42] Com firmas reconhecidas em cartório, essas declarações ajudavam a pôr em dúvida a versão oficial do acidente. Seus amigos tinham certeza: Zuzu não dormira ao volante, nem se deixara derrubar por uma suposta mania de perseguição. Realmente era perseguida e ameaçada. Mas em momento algum deixou de ansiar pelo futuro ou abandonou seu ímpeto criativo.

Para persuadir a comissão quanto ao empenho político de Zuzu, Hildegard e Nascimento e Silva contavam com a extensa correspondência da costureira em torno da "operação martírio". Entregaram cópias das cartas a Henry Kissinger, Ernesto Geisel e Sylvio Frota; reproduziram o testemunho original de Alex Polari e a tradução feita por Zuzu; e agruparam a troca de mensagens entre congressistas americanos, o Departamento de

Estado, a embaixada brasileira nos Estados Unidos e a Anistia Internacional. Zuzu tinha realizado uma oposição diferente das dos militantes cujas mortes eram avaliadas pela CEMDP, e os membros desta deviam levar isso em consideração. "A estória de Zuzu Angel já faz parte da nossa história recente", argumentou Nascimento e Silva ao relator do processo, o também advogado Luís Francisco Carvalho Filho. "É preciso que se inclua na análise desse período as diversas formas pelas quais determinados segmentos da sociedade se opuseram ao regime estabelecido" e "que se entenda as diversas formas pelas quais a repressão política atuava e tentava calar as vozes descontentes".[43] Ela não pegara em armas, não tivera seu mandato parlamentar cassado nem se filiara ao Partido Comunista. A Zuzu "subversiva", monitorada pelo Dops e pelo SNI, tinha tecido tramas singulares na resistência à ditadura.

Ser vigiada, todavia, "não significa nada" para sustentar um "vínculo entre a custódia do Estado e o acidente", afirmou o relator Carvalho Filho. A comissão precisava de "uma prova concreta e real" antes de concluir se o acidente fora, na realidade, um atentado planejado pelo Estado.[44] Com o inquérito original em mãos, finalmente localizado por Nascimento e Silva, a CEMDP tinha condições de avaliar se houvera fraude na investigação policial — e, assim, reforçar a tese da família de que Zuzu havia sido assassinada por motivos políticos. Revisar o laudo virou prioridade e, para tanto, foi convocado um dos assessores da comissão, o perito Celso Nenevê, do Instituto de Criminalística da Polícia Civil do Distrito Federal. Nenevê não disporia apenas de documentos de duas décadas antes. Haviam sido encomendadas uma revisão do exame necrológico, executada pelo dr. Nelson Massini, e uma exumação dos restos mortais de Zuzu, realizada pelo antropólogo forense argentino Luis Fondebrider. Massini não identificou irregularidades no auto de exame de Hygino de Carvalho Hércules e Ivan Nogueira Bastos.

A sepultura 1289-A, no Cemitério São João Batista, foi reaberta às dez da manhã de 13 de janeiro de 1997. Sob a orientação de Fondebrider e os olhares atentos de Hildegard Angel, Luiz Roberto do Nascimento e Silva, dr. Massini e os integrantes da CEMDP, a equipe administrativa do cemitério retirou a caixa de plástico na qual descansava a ossada de Zuzu. Ou o que restava dela: vários dos ossos estavam fragmentados e decompostos; outros haviam desaparecido, provavelmente no momento da primeira exumação do corpo, em 1983, quando a família Souza Netto enterrou Francisca. Aos olhos do antropólogo forense, essa primeira exumação foi um desserviço — por não haver método nos procedimentos dos funcionários responsáveis pelo manuseio dos restos mortais, ocorreu a "perda de restos e de possíveis evidências associadas (como projéteis de armas de fogo)" e também do "contexto de inumação". Todos os ossos analisados por Fondebrider possuíam algum tipo de marca, quebra ou erosão post mortem. Quanto a ferimentos provocados no momento da morte, o perito argentino identificou três: fraturas no úmero esquerdo, em ambos os fêmures e na fíbula direita. Nenhuma, Fondebrider sugeriu, decorria de armas de fogo. Seu exame da ossada apontava, como causa do óbito, a ação de um objeto contundente.[45]

Designado no início de abril como responsável por analisar o caso de Zuzu, Celso Nenevê entregou seu parecer à comissão em 13 de maio. E ele gerava, segundo o advogado Nascimento e Silva, uma "reviravolta técnica".[46] Ao reexaminar a dinâmica do acidente proposta pelos peritos do ICCE, nos idos de 1976, Nenevê encontrou mais de uma incongruência — todas elas marcantes o suficiente para fazê-lo declarar, em suas conclusões, que "embora esta hipótese de estado de sonolência não possa ser afastada [...] nos parece mais plausível que [o motorista] tenha feito [o desvio à esquerda] como uma reação de autodefesa".[47]

Nenevê não descartou a sucessão de colisões proposta pelo laudo pericial original — Zuzu prosseguia pela pista da esquerda quando, após um desvio direcional para a esquerda, os pneus bateram no meio-fio do canteiro central; em seguida, o Karmann-Ghia derrapou por 28 metros até o impacto contra a mureta do viaduto, o que resultou na queda e no capotamento do veículo. Suas dúvidas foram levantadas, primordialmente, por dois aspectos: a disposição das lesões no rosto da vítima e o ângulo do contato entre os pneus e o meio-fio.

O perito percebeu que os ferimentos na face, no crânio e no pescoço de Zuzu se concentravam no lado esquerdo. Essa distribuição das lesões levou Nenevê a inferir que a motorista havia virado o rosto para a direita logo antes do primeiro impacto. Ou seja: a força inercial provocada pela colisão dos pneus com o meio-fio lançou o corpo de Zuzu para a frente, de modo que o lado esquerdo da cabeça bateu no volante — pois, justamente, ela olhava para a direita. Se estivesse adormecida, bateria o rosto de frente, conjecturou Nenevê. Os demais (e consideráveis) ferimentos nos membros superiores e inferiores, no crânio e no tórax teriam sido provocados pela segunda colisão, mais séria, do Karmann-Ghia com a mureta.

No parecer, não há certezas absolutas. O próprio Nenevê fez questão de sublinhar como, em criminalística, "não dá para dizer que algo jamais aconteceu".[48] Mas admite quão remota é a possibilidade de Zuzu ter dormido ao volante. "Pela análise da distribuição dos ferimentos", escreveu o perito em seu relatório, mesmo se ela de fato tivesse adormecido, é bastante provável que tivesse "despertado após o primeiro impacto contra o obstáculo fixo (meio-fio esquerdo), que, inquestionavelmente, não produziu as lesões letais".[49] E por que virar o rosto? — essa é a pergunta que se segue à observação sobre Zuzu ter batido com o lado esquerdo da face no volante. O movimento pode ter sido uma reação imediata à percepção de uma ameaça, supôs Nenevê. Zuzu identificou um "perigo iminente", que poderia ser um "obstáculo móvel" (como um pedestre ou animal) ou uma "súbita interceptação de trajetória".[50] Em outras palavras, um outro veículo que se moveu bruscamente para fechar o seu carro.

Além dos ferimentos no rosto de Zuzu, Nenevê questionou as minúcias do primeiro desvio à esquerda, o qual teria resultado no suposto impacto com o meio-fio. O assessor da CEMDP não discorda de que isso tenha acontecido: o problema, a seu ver, advém de os peritos do ICCE terem descartado, peremptoriamente, a possibilidade de essa ser uma manobra consciente da motorista. Tal como Rangel e Souza Leite descreveram — e o delegado Rocha assinou embaixo —, o desvio inicial da trajetória do Karmann-Ghia à esquerda foi involuntário. Caso contrário, um golpe de direção teria produzido um ângulo mais oblíquo em relação ao meio-fio, e o carro, por fim, teria ultrapassado esse obstáculo.[51]

Não pode ter sido assim, ajuizou Nenevê. Nenhum desvio de direção formaria um ângulo grande o suficiente entre o meio-fio e o eixo do veículo, a ponto de ocasionar uma segunda mudança brusca de trajetória e, ainda por cima, em derrapagem. Se Zuzu conduzia pela faixa da esquerda, não haveria sequer espaço entre a roda e o meio-fio para permitir que os pneus se virassem tanto. As discrepâncias não parariam por aí. Nenevê partiu de uma medida chamada raio de giro para confirmar que a dinâmica do atrito com o meio-fio não faz sentido quando se considera o Karmann-Ghia TC de Zuzu. Raio de giro é uma medida essencial para avaliar a performance de manobra de um veículo: quanto maior o ângulo máximo que as rodas alcançarem, menor será o espaço necessário para que o carro, com o volante virado até o final, perfaça uma curva semicircular. No caso do Karmann-Ghia, o raio de giro é de aproximadamente 5,5 metros para quase duas voltas do volante. Essa "limitação mecânica", de acordo com o perito do Instituto de Criminalística do Distrito Federal, "não permite que um golpe de direção, considerada também a velocidade que o veículo desenvolvia e o tempo necessário para o giro total, produzisse um ângulo de impacto com o meio-fio de grande amplitude".[52] De forma alguma, portanto, o carro teria passado por cima do meio-fio. Nenevê refutava, assim, a objeção presente no laudo original e que, por força do raciocínio dos profissionais do ICCE, levava à conclusão de que Zuzu não teria virado o volante por vontade própria.

O novo parecer desmontava a tese oficial de "total privação dos reflexos de defesa",[53] inclusive no que dizia respeito ao cálculo do tempo de reação. Para Nenevê, o critério empregado pela dupla de peritos — e que, segundo depoimento posterior de Rangel, era de autoria apenas de Souza Leite — respeitava um limite curto demais, de mero 0,75 segundo. Desde que se manifestasse dentro do intervalo de 0,75-1,5 segundo, a reação de Zuzu poderia ser considerada "psicotecnicamente normal",[54] sobretudo se aferida em relação à velocidade superior a oitenta quilômetros por hora e à distância de 28 metros, percorrida em suposta derrapagem.

Ao contestar o ponto central do laudo, Nenevê admitia que a primeira manobra à esquerda poderia ser uma medida de autodefesa. E substituiu a causa determinante do acidente — em vez da ausência de reações, defendia que, sem o desvio de direção inicial, nenhuma das colisões teria acontecido. Parecia-lhe especialmente peculiar que os responsáveis pelo inquérito tivessem eliminado todas as linhas de investigação, tirando a do estado de sonolência.[55] "Eles trocaram os pés pelas mãos", observou. "Só não sei se foi por má-fé."[56]

De fato, não cabia ao perito julgar as motivações que porventura tinham guiado as avaliações de Rangel e Souza Leite. Seu trabalho se encerrava com a entrega do parecer técnico, que por si só alterava a abordagem sobre a morte de Zuzu Angel. Talvez, torciam o advogado e a família, aquele fosse o instrumento definitivo para convencer a comissão de que a repressão causara, deliberadamente, o acidente. Duas décadas depois de o Karmann-Ghia capotar ladeira abaixo até a rua Projetada, a chance de justiça dava a impressão de ficar cada vez mais visível.

As intenções de votos da CEMDP, no entanto, não garantiam nada. Mesmo com o parecer de Nenevê em mãos, dois membros continuavam firmes contra a indenização e o reconhecimento de que Zuzu teria sido vítima do Estado: o general Gomes, em nome das Forças Armadas, e o jurista

Paulo Gonet, indicado pelo Ministério Público Federal. O empate técnico se instaurava com dois integrantes abertamente a favor, o deputado federal por Minas Gerais Nilmário Miranda, do Partido dos Trabalhadores (PT) — para quem o inquérito estava "comprometido" e não passava de uma "farsa"[57] —, e Suzana Lisboa, representante das famílias na comissão. Restavam os três indecisos. Carvalho Filho, o relator do caso de Zuzu, disse ser essencial analisar em detalhes a "possibilidade de farsa" antes de definir, com certeza, se o novo laudo de fato invalidava a hipótese da sonolência.[58] A incerteza se acentuava com as avaliações de Miguel Reale Júnior, jurista e presidente da CEMDP, e João Grandino Rodas, professor de direito e então à frente da consultoria jurídica do Itamaraty.[59]

A decisão só foi tomada três meses depois, em 7 de agosto de 1997 — e contrariou a maioria das previsões. Por 5 votos a 2, a comissão indeferiu o pedido de indenização pela morte de Zuzu Angel.

Não cabia à comissão executar o "julgamento moral das vítimas" da ditadura militar, decretou Carvalho Filho. Tampouco se tratava de expedir "sentenças definitivas da história".[60] No final das contas, explicou o relator, a documentação reunida por Nascimento e Silva e pela família de Zuzu não conseguia entregar provas claras de que a costureira estivera sob custódia de agentes da repressão. Havia suspeitas, sim. Depois do parecer de Nenevê, o inquérito parecia ainda menos confiável do que antes, e o próprio Carvalho Filho afirmava não ser necessário encontrar "marca de bala" no corpo ou no carro para responsabilizar o Estado.[61] Faltava, entretanto, uma evidência material. Nem mesmo a avaliação de Nenevê excluía completamente a possibilidade de um acidente ordinário, sem participação do governo, e o fato de Zuzu ter morrido fora de uma dependência militar complicava a interpretação de seu processo sob a jurisdição da CEMDP. Embora prevalecesse a tese de que cabia indenização a vítimas executadas sob domínio da polícia ou de militares, mesmo que além dos limites de um quartel, prisão ou delegacia, o acidente — conforme descrito nas dinâmicas elaboradas em 1976 e 1997 — não deixara pistas de ter envolvido tais agentes.[62] Persistia uma imprecisão, a qual bastava para convencer uma maioria a decidir contra a reparação financeira. "Há dúvidas, mas não há uma certeza", resumiu Carvalho Filho. "É diferente do que aconteceu com seu filho."[63]

"Quem é ele para negar isso?", reagiu Hildegard Angel. "Onde estava quando mamãe foi assassinada? Qual a coragem dele? O pai e a mãe dele? Não são dois, três ou mil relatores que vão tirar da história que Zuzu foi assassinada."[64] A notícia do indeferimento foi um choque. Hildegard aguardava do lado de fora da sala de reuniões da comissão, no prédio do Ministério da Justiça, em Brasília, quando um funcionário saiu para avisá-la sobre a decisão. Não era a notícia pela qual ela e seu advogado esperavam. "Havia elementos suficientes para se votar a favor", afirmou Nascimento e Silva. Em seguida, prometeu ajuizar uma ação exigindo a indenização, pois aquilo não passava de um "retrocesso para a história política do Brasil".[65] Estava seguro quanto à clareza do caso de Zuzu e persistiria como representante da família até obter o reconhecimento oficial de seu assassinato por motivações políticas.

Para todos os efeitos, boa parte da opinião pública seguia ao lado de Zuzu. Seu nome e sua trajetória tinham voltado com tudo à boca do povo e a cidade do Rio a celebrava novamente. Dez anos depois de ter recebido o título póstumo de cidadã benemérita do estado do Rio de Janeiro — "pelo seu trabalho, pela sua tortura, pela tragédia de sua vida"[66] —, ela retornava à Sapucaí no Carnaval de 1998. Com o samba-enredo "Quem é você, Zuzu Angel? Um anjo feito mulher?", os carnavalescos Ernesto Nascimento e Actir Gonçalves, da escola de samba Em Cima da Hora, queriam "tocar em algumas feridas expostas da história brasileira".[67] Vestiram as baianas com fantasias negras, como se elas fossem mães enlutadas, combinaram o verde e amarelo com preto e idealizaram alas povoadas por anjos, Lampiões e Marias Bonitas. Anjos, aliás, estavam para onde quer que se olhasse na avenida: sendo atingidos por balas de canhão em carros alegóricos, no meio dos passistas e em uma estátua simbolizando Stuart, que carregava uma faixa com os dizeres "Mamãe, eles não entenderam. Eu só queria um Brasil mais feliz". Mesmo o Carnaval denunciava a tortura, com jovens seminus amarrados e pendurados em paus de arara, carregados por homens de óculos escuros e roupas pretas. Não faltaram as amigas e antigas colaboradoras da costureira. Leda Castro Neves e Conceição Bueno Brandão escolheram fantasias de baiana e se prepararam para emoções fortes na noite do desfile; as manequins Camille Bressane e Pia Nascimento entraram como destaques na segunda alegoria.[68]

Comemorava-se a vida de Zuzu — mas sua morte ainda pedia explicações. Duas décadas haviam se passado desde o acidente na autoestrada Lagoa-Barra e, a despeito da documentação levantada para o primeiro voto da CEMDP, restavam lacunas quanto ao que acontecera na saída do túnel. Da forma como o inquérito propusera a dinâmica das batidas e subsequente capotamento, não sobrava espaço para admitir agentes da repressão e a presença de outros automóveis. Faltava uma perspectiva diferente, que ninguém sabia exatamente onde encontrar. Afinal, não havia testemunhas.

Ou havia?

No final de novembro de 1997, duas pessoas se apresentaram como testemunhas do acidente de Zuzu Angel. Tinham acompanhado o processo na CEMDP e, diante do resultado, perceberam que aquela talvez fosse a chance final de se manifestarem. Uma delas dirigia pela mesma rodovia quando viu dois carros abalroarem o Karmann-Ghia de Zuzu; a outra, da janela de seu apartamento em São Conrado, presenciou o momento em que o automóvel despencou pelo barranco. Eram depoimentos corroborados por terceiros e que, ao confrontarem a versão relutantemente aceita como oficial, tentavam esclarecer pontos nebulosos do acidente.

Carlos Machado Medeiros, advogado e filho do jurista Carlos Medeiros da Silva, ex-ministro da Justiça do governo Castello Branco, conduzia seu carro pela autoestrada, na direção Barra da Tijuca, na mesma madrugada de 14 de abril que Zuzu Angel. Estava apenas um pouco atrás do Karmann-Ghia azul, a uma distância suficiente para testemunhar o momento em que dois veículos o encurralaram e o forçaram para fora da pista. Para Medeiros, era óbvio que se tratava de um assassinato — de quem, ele só descobriria na manhã seguinte, quando os jornais deram a notícia da morte da costureira.

"Durante muitos anos mantive esse depoimento apenas na órbita dos meus amigos pessoais", explicou o advogado em uma carta à CEMDP, assinada em 28 de novembro.[69] Seus amigos pessoais se lembravam das várias ocasiões em que Medeiros narrara a perseguição pela autoestrada e como se dispuseram a assegurar, à comissão e a Hildegard Angel, terem sido interlocutores dessas memórias. Os advogados Erasmo Martins Pedro e Paulo Roberto Valpassos, com escritório de consultoria jurídica no Rio de Janeiro, e o deputado federal pela Paraíba José Luiz Clerot, do Partido do Movimento Democrático Brasileiro (PMDB), escreveram seus depoimentos para fortalecer as alegações feitas por Carlos Medeiros.[70] Clerot, aliás, era quem indicara o testemunho de Medeiros à família de Zuzu. Em uma carta de agosto de 1997, remetida pouco após o indeferimento do pedido de indenização, o deputado se referia a algumas de suas lembranças envolvendo o caso. No início dos anos 1970, ainda como advogado e seguindo as recomendações de Heleno Fragoso, tinha acompanhado a designer a Brasília para depositar suas reivindicações perante o Conselho de Defesa dos

Direitos da Pessoa Humana. Ele seguira o processo bem de perto — mais do que isso, viu e ouviu Zuzu se enfurecer, frustrar e indignar enquanto empreendia a "busca incansável de seu filho". Ela chegou a lhe entregar retratos de Stuart, para que verificasse com seus clientes se o tinham avistado dentro de alguma prisão militar.[71]

As revelações de Carlos Medeiros — Zuzu perseguida por dois carros, seu Karmann-Ghia deliberadamente lançado contra a mureta do viaduto — seriam suficientes para que a CEMDP considerasse reabrir o caso. Mas não eram as únicas. Em uma carta a Hildegard, o advogado paraibano Marcos Pires apresentou o seu testemunho: da janela de seu apartamento no edifício Tiberius, teria visto o automóvel de Zuzu ser fechado por outro veículo na saída do túnel; em seguida, capotava ladeira abaixo. Junto com seus amigos Humberto Rabello e Josafá Williams, Pires tentara prestar socorro ao carro acidentado — apenas para ser impedido pela patrulha policial que já havia chegado ao local. "Não era normal", reiterou o advogado paraibano à filha de Zuzu.[72]

Havia discrepâncias entre as versões de Pires e Medeiros. Da janela do prédio, Marcos Pires discernira apenas um veículo perseguindo o Karmann-Ghia, ao passo que o relato de Carlos Medeiros indicava dois carros no encalço de Zuzu. Divergências como essa seriam esperadas. Mais de vinte anos separam os testemunhos das declarações, e não se pode fiar completamente na memória. O mais relevante estava em como as palavras de Pires e Medeiros transformavam a dinâmica do acidente. De modos diferentes, os advogados forneciam a perspectiva que faltava. Em 9 de fevereiro de 1998, seis meses depois de ter negado a indenização, a CEMDP decidiu reabrir o processo de Zuzu Angel e reavaliar as circunstâncias de sua morte.[73]

A primeira providência foi convocar as duas novas testemunhas para depor à comissão. Logo no começo, o depoimento de Carlos Medeiros esbarrou em um problema complicado. Alguns anos antes, o advogado havia sofrido um acidente automobilístico que deixou sequelas neurológicas e afetou sua memória. Quando se sentou para conversar com Medeiros, Carvalho Filho descobriu que a testemunha não se lembrava mais de ter visto o carro de Zuzu Angel ser abalroado na saída do túnel Dois Irmãos. Sabia apenas ter assinado um documento preparado por seus amigos. Diante das incertezas, as quais fragilizavam a nova análise do caso, o testemunho de Medeiros foi retirado do processo.[74]

Pires, no entanto, foi ouvido pelo deputado Nilmário Miranda em João Pessoa e apresentou um detalhe que sugeria outra reviravolta: ele se recordava, claramente, de Zuzu trafegar pela pista da direita, e não da esquerda, quando foi fechada pelo outro carro.[75] Isso chamou a atenção do relator Carvalho Filho — a versão de Marcos Pires destoava pela primeira vez em um elemento crucial das explicações apresentadas no laudo pericial de 1976. Ninguém jamais questionara a afirmação de que Zuzu conduzia pela esquerda, exatamente como sustentava o inquérito da 15ª Delegacia Policial. Em suas declarações, Pires dizia o contrário, o que acendeu mais de um alerta entre os membros da comissão.[76] Havia algo ali que precisava ser investigado a fundo.

Uma investigação que o relator não entregaria a qualquer um. Na surdina, sem comunicar à imprensa, Carvalho Filho solicitou a Valdir Florenzo e Ventura Raphael Martello Filho — respectivamente engenheiro mecânico e bacharel em direito, ambos peritos filiados ao Instituto de Criminalística de São Paulo e especialistas em acidentes de trânsito — que avaliassem, mais uma vez, a morte de Zuzu Angel. Ainda em fevereiro, a dupla aceitou o trabalho, sem custos para a comissão, e no dia 13 do mês seguinte viajou para o Rio de Janeiro, onde realizou novos levantamentos do terreno, da pista e do entorno da autoestrada.[77] Com a documentação original em mãos, Florenzo e Martello se postaram, 22 anos depois, no exato ponto em que o carro de Zuzu bateu na mureta do viaduto e capotou até a rua Projetada. E concluíram ser impossível que as colisões tivessem acontecido da maneira descrita pelo inquérito.

A seu favor tinham, ainda, uma descoberta do jornal *Folha de S.Paulo*. Em 23 de fevereiro, antes mesmo que o envolvimento dos peritos fosse revelado ao público, o jornalista Mário Magalhães, da *Folha*, localizou uma fotografia inédita, que deveria ter sido incluída no laudo de Rangel e Souza Leite. Era a imagem da pista da autoestrada, feita pela perícia do ICCE às três da manhã do dia 14 de abril de 1976, que não mostrava nenhuma marca de derrapagem.[78] Se existissem, rastros de pneus deveriam, obrigatoriamente, aparecer na foto. Com isso, até Souza Leite concordava. "Se não houver mesmo rastro de pneus, como está parecendo na foto, você descalça o laudo, é preciso reformular tudo", admitiu o engenheiro à *Folha*. Sua participação na perícia complicava, em retrospecto, a legitimidade do documento — em 1995, Souza Leite foi demitido do ICCE sob acusações de ter fraudado nove laudos.[79] Também à *Folha de S.Paulo*, Rangel desconversou e apostou em respostas lacônicas. "É, estranho, não tem", comentou o perito em resposta à pergunta sobre a imagem do asfalto iluminado e sem qualquer marca da derrapagem. Argumentou, porém, que aquilo não constituía um problema, pois não é preciso haver foto quando há "fé pública" (termo que utilizou não apenas uma, mas duas vezes na mesma conversa com Magalhães). Não obstante a certeza de que suas declarações dispensavam evidências fotográficas, Rangel tinha anexado dezesseis imagens ao laudo original.[80]

Enquanto a imprensa se ocupava com a fotografia do asfalto liso, Florenzo e Martello examinavam as explicações plausíveis para o acidente que vitimara Zuzu. Ponto a ponto, eles derrubaram a interpretação do ICCE. Suas análises demonstraram ser "absolutamente inverossímil" que o impacto dos pneus no meio-fio do canteiro central tivesse mudado tão bruscamente a direção do veículo — pois, no momento do atrito, o veículo teria simplesmente galgado a barreira. Mesmo se o carro sofresse o subsequente desvio à direita, batendo no outro meio-fio conforme proposto pelo laudo de Rangel e Souza Leite, nenhum contato com o guarda-corpo seria capaz de provocar uma derrapagem em linha reta por nove metros. Naquele trecho da autoestrada, guarda-corpo e meio-fio eram perfeitamente alinhados. Partindo do relatório da exumação dos restos mortais de Zuzu, do testemunho de Marcos Pires e da posição revista do Karmann-Ghia, agora pela pista da direita, a dupla de peritos salientou a fratura da fíbula direita, indicativa de compressão do osso devido à aplicação de força no ponto de apoio do pé sobre o pedal do freio, e propôs uma nova (e mais razoável) sucessão de grandes impactos.

Provavelmente em reflexo à fechada do outro carro, o Karmann-Ghia sofreu um desvio à direita e bateu a porção médio-esquerda da dianteira no guarda-corpo do viaduto Mestre Manuel. A intensidade do choque virou o veículo e tirou sua sustentação. Suspenso, o carro tombou para a esquerda e caiu por 6,40 metros, até a rua Projetada abaixo da autoestrada. Só se imobilizou após capotar sucessivas vezes. Não havia como Zuzu ter adormecido: a fratura na fíbula direita e a ausência de lesões na porção anterior dos ossos parietais — localizados na região lateral e superior do crânio — indicam que a motorista estava desperta no instante da colisão contra a mureta. Ela, afinal, havia tentado frear o carro; e, por não ter afivelado o cinto de segurança, sua cabeça se projetou para a frente, o que causou os ferimentos no rosto. Outro fator que teria contribuído para as deformações consideráveis na dianteira do automóvel era a posição do motor. No Karmann-Ghia, apontaram Florenzo e Martello, a máquina ficava na traseira, o que influía na redução da resistência na parte da frente do carro.[81]

O novo parecer estabelecia que, sem a ação de outro veículo, Zuzu não teria se acidentado. Considerando as ameaças que recebia constantemente, seria apenas lógico concluir que essa ação fora perpetrada por agentes da repressão. Houvera "nítido esforço pericial para se demonstrar que o veículo da vítima sofreu diversos impactos sem que a motorista tivesse esboçado qualquer reação", ponderou Carvalho Filho em seu pedido de reconsideração do processo de Zuzu.[82] Em questão de meses desde a primeira votação da CEMDP, muito tinha mudado. O relator indagava aos seus colegas da comissão: se não fora por motivos políticos, que outra justificativa haveria para forjar um laudo e dissimular um inquérito? Embora não tivesse sido detida pelas forças de segurança ou admitida em uma prisão militar, a seu ver Zuzu estivera, sim, "na esfera de domínio dos autores do delito".[83] Carvalho Filho entendia ter chegado a hora de reavaliar o pedido de indenização e reconhecer o assassinato político de Zuzu Angel, a mando do Estado.

Os sete membros da comissão votaram pela segunda vez em 25 de março de 1998. Três continuaram decididamente contra — o general Gomes, o procurador Gonet e o prof. Grandino Rodas. A despeito de admitirem a possibilidade de um atentado, insistiam que a CEMDP deveria se ater à lei e julgar apenas casos de desaparecimentos e mortes ocorridos em dependências militares. Foram os votos de Carvalho Filho e Miguel Reale Júnior os responsáveis pela virada: se antes concordavam com os limites do órgão quanto ao processo de Zuzu, após o parecer de Florenzo e Martello e o testemunho de Marcos Pires passaram a interpretar as circunstâncias de outra forma. Na falta de prova direta do envolvimento da repressão, segundo o relator, entrava a força das provas indiciárias. Estas eram suficientes.[84]

Com as novas deliberações da CEMDP, a família de Zuzu recebeu uma indenização de 100 mil reais. Hildegard planejava investir o valor no financiamento de um filme sobre a história de sua mãe — imaginava "um documentário para ser distribuído nas escolas e diretórios acadêmicos, para que os jovens saibam o que aconteceu".[85] Era uma história que continuava a ser relembrada e homenageada. No mês seguinte à decisão da comissão, o túnel Dois Irmãos foi oficialmente renomeado: a troca de placas marcava a violência de tempos que não poderiam ser esquecidos e avisava, a quem passasse por ali, que agora a galeria se chamava Zuzu Angel. O projeto de lei, inicialmente proposto em 1996 e aprovado na Câmara Municipal carioca um ano depois, trazia a assinatura do ator e vereador Antônio Pitanga, do PT. "Num momento em que se fala tanto em democracia", declarou Pitanga, "nada mais justo do que prestar essa homenagem a Zuzu, símbolo da luta em prol dessa democracia."[86] Sua ideia para a inauguração, a princípio, era montar um desfile de roupas da marca Zuzu Angel dentro do túnel, modeladas por manequins da Rocinha. Ficou só no papel. A cerimônia de batismo do túnel coincidiu, no dia 14 de abril de 1998, com o desvelar de uma estátua celebrando a costureira. A pouco mais de um quilômetro dali, em frente ao Gavea Golf Club, uma mulher com o braço direito estendido para cima e o rosto também erguido na direção do céu, feita em resina e pó de mármore, particularizava e generalizava o protagonismo feminino na resistência política e cultural brasileira. Podia ser qualquer cidadã, mas era Zuzu — seu nome e uma medalha com seu rosto, inscritos no pedestal da estátua, se certificavam disso. E podia, também, honrar todas as mulheres que, inspiradas ou não pela coragem de Zuzu, agiram contra a injustiça e a tirania. Criada e executada pela artista plástica Marli Azeredo, conhecida como Mazeredo, a escultura de cinco metros de altura ficou pronta em seis dias e foi um presente ao Rio de Janeiro.[87]

Zuzu se tornava uma presença geográfica na cidade e seu nome era inscrito nos mapas do Rio. Seria, com isso, lembrada — ainda que não necessariamente conhecida. O nome na placa do túnel representa um esforço legítimo de preservar, na memória compartilhada da cidade e do país, a mulher que Zuzu foi. Contudo, quanto tempo levou para que "Zuzu Angel" virasse, antes de mais nada, um túnel, uma passagem? Entre os que têm a curiosidade de descobrir quem foi essa mulher, quantos atravessam as galerias de 1,5 quilômetro de extensão sem conhecê-la? Um fenômeno que não se limita ao túnel carioca. Há ruas Zuzu Angel espalhadas pelo Brasil, em Belo Horizonte, Curvelo, Porto Alegre, Campo Grande, Maricá. Se, por um lado, esses tributos gravam seu nome e contribuem para perenizá-lo, por outro são insuficientes: encolhem legados a chapas de metal. Afinal, Zuzu foi muito mais do que o túnel onde a assassinaram.

Impedir que a memória se esvaia em esquecimento é trabalho árduo e interminável. O processo de número 237/96 da CEMDP teve participação essencial nesses esforços e virou fonte documental de grande valor. Para convencer os membros da comissão de que a morte de Zuzu não fora acidental, Hildegard Angel e a equipe do advogado Nascimento e Silva reuniram uma documentação pessoal, em arquivos e na imprensa que pavimentava o retorno às circunstâncias, ao contexto e à trajetória de Zuzu, sobretudo na década de 1970. Entre solicitações de busca do Dops, cartas escritas pela própria Zuzu, fotografias, recortes de jornais e depoimentos de amigos e familiares, o dossiê que embasava o pedido de indenização conseguiu, além de comprovar a vigilância da repressão, reconstituir parcialmente a dedicação e o empenho da costureira na resistência à ditadura.

Não obstante a decisão da CEMDP, o assassinato de Zuzu não foi solucionado satisfatoriamente. Evidências desapareceram, agentes morreram, documentos foram destruídos: reconstruir aquela madrugada com exatidão é altamente improvável. Isso não impede, porém, que novas peças sejam encontradas — peças que levam de volta à trama do atentado que matou a costureira. Foi o que aconteceu com três depoimentos de Cláudio Guerra, concedidos no início dos anos 2010, sobre o acidente forjado do Karmann-Ghia.

Primeiro, o ex-policial civil abriu sua caixa de memórias tenebrosas a Marcelo Netto e Rogério Medeiros, para que compilassem um livro-depoimento. Publicado em 2012, o volume narra as execuções e operações de ocultação de cadáver conduzidas e orquestradas por Guerra — algumas a mando de Freddie Perdigão. Essa seria sua primeira menção oficial ao envolvimento do coronel no assassinato de Zuzu. "O comentário entre nós é que foi assassinato; Perdigão mesmo comentou comigo. Ouvi isso também no DGIE", disse ele aos jornalistas que organizaram suas recordações dos tempos da ditadura.[88] Nos anos seguintes, Guerra repetiria a acusação à Comissão Nacional da Verdade (CNV) e à Comissão Estadual da Verdade do Rio de Janeiro (CEV-Rio), que haviam sido instituídas em 2012 e 2013, respectivamente, para apurar violações de direitos humanos no período entre 1946 e 1988. Ambas as comissões investigaram os casos de Zuzu e Stuart Angel. Aos historiadores da delegação fluminense, Guerra levantou uma hipótese capaz de modificar por completo a abordagem ao acidente: "Na cabeça não tinha nada? Não foi tirado nada de metal na cabeça?", perguntou.[89] Ele achava ser perfeitamente plausível que, caso Zuzu não morresse na hora, os agentes tivessem atirado para assegurar o sucesso da missão.

A dica já havia sido dada a Hildegard. Alguém sugerira à filha da costureira e à amiga Leda que, se houvesse um furo em forma de estrela no crânio, Zuzu poderia mesmo ter levado um tiro. Mas não foi possível conferir.

À época da exumação da ossada em 1997, a calota craniana tinha se esfacelado e nenhum dos 27 fragmentos restantes apresentava marcas de bala.[90] A ausência de vestígios deixou essa possibilidade em aberto. Apesar da nova lacuna, Guerra precisou o vínculo de Perdigão ao identificá-lo, para a CNV, na fotografia do jornal *O Globo* tirada no local do acidente e jamais publicada. Quase trinta anos depois da morte, ao menos um elo daquela corrente se confirmava.

O caso de Stuart apresentava outro tipo de problema. Tanto a CNV quanto a CEV-Rio tentaram localizar seus restos mortais, pois cabia a ambas esclarecer fatos e circunstâncias até onde conseguissem. Cada investigação usou um ponto de partida distinto — levando a resultados inconclusivos nas duas direções. A CNV seguiu a linha sugerida pelo depoimento do capitão Álvaro Moreira de Oliveira Filho, cujo amigo José do Nascimento Cabral, um sargento da Aeronáutica já falecido, havia lhe contado sobre a noite em que interrompeu a pista da Base Aérea de Santa Cruz sob ordens do brigadeiro Burnier. Pressupunha-se, então, que Stuart teria sido enterrado em Santa Cruz. Havia duas opções: na cabeceira da pista ou sob uma plantação de mandioca.

No início da década de 1970, obras realizadas na Base teriam removido a terra do local e, nesse processo, retirado também as ossadas que estavam enterradas lá. Algumas terminaram em canteiros espalhados pelo Rio de Janeiro, posteriormente localizadas por perícias do ICCE. Negativos fotográficos desse período forneceram as pistas à CNV, que encomendou exames de compatibilidade entre um crânio encontrado em um canteiro na esquina das ruas Assembleia e do Carmo, no centro do Rio, e um retrato de Stuart. Dois profissionais analisaram as evidências: o prof. dr. Marco Aurélio Guimarães, do Centro de Medicina Legal da USP, em Ribeirão Preto, e o prof. Martin Evison, vinculado ao Centro para Ciência Forense da Universidade de Northumbria, na Inglaterra. Nenhum dos dois entregou certezas. Embora não pudessem descartar totalmente uma correspondência, semelhanças na morfologia craniofacial tampouco permitiam identificações positivas e exatas. Podia ser Stuart. E podia não ser. Os relatórios da CNV, porém, foram minuciosos na reconstituição da prisão e tortura do militante, a partir, sobretudo, de depoimentos de prisioneiros e funcionários do Cisa daquele período.[91]

Já a CEV-Rio considerava que, após as sessões de tortura na Base Aérea do Galeão, os oficiais do Cisa empregaram o famigerado método da Aeronáutica para se desfazer do cadáver do militante — colocaram o corpo em um avião e o lançaram no mar. Seguindo a lógica dessa teoria, a correnteza poderia ter levado os restos mortais de Stuart até uma das praias da baía da Guanabara. Ora, cerca de cinco meses depois do desaparecimento do filho de Zuzu, policiais da 3ª Delegacia encontraram uma ossada presa nas pedras que cercam a cabeceira da pista do Aeroporto Santos Dumont. Após exames conduzidos pelo ICCE, determinou-se que o cadáver tinha sinais indicando um período de decomposição em água por cinco meses. Novamente, podia ser coincidência. Como podia não ser. Sem identificação, os ossos foram enterrados no Cemitério da Cacuia, na Ilha do Governador, em uma cova marcada apenas com os dizeres "ossada humana". Os pedidos de exumação expedidos pela CEV-Rio nunca foram levados adiante, e essa linha de investigação terminou aí.[92]

A família de Stuart jamais conseguiu enterrar seu corpo. Teve, entretanto, um consolo. Em 2019, as certidões de óbito de mãe e filho foram retificadas para que constasse, como causa mortis, "morte não natural, violenta, causada pelo Estado brasileiro, no contexto da perseguição sistêmica e generalizada à população identificada como opositora política ao regime ditatorial de 1964 a 1985".[93] O legado da mãe combatente estava seguro, dentro do possível. Bem documentado e relatado, ganhara a solidez necessária para fazer frente a quem duvidasse de sua militância política.

E quanto à história da costureira que, intrépida, queria moldar a moda brasileira? Para contá-la, falar da Zuzu empresária e inventora de modas (inclusive de um pensamento da moda nacional), seria preciso estabelecer espaços e encontrar meios específicos, diferentes dos dossiês de papéis carimbados que esboçam a figura da mulher política.

Suas filhas tomaram a dianteira. Se, em 1976, foi Ana Cristina quem se arriscou a prosseguir com a marca de Zuzu, dezessete anos depois era Hildegard a idealizadora de um projeto voltado para valorizar a moda brasileira e salvaguardar o legado de sua mãe. Com o apoio do então prefeito do Rio, Cesar Maia, Hildegard fundou o Instituto Zuzu Angel (IZA) em 1993. De sua primeira sede, dentro do Palácio da Cidade, em Botafogo, a ONG articularia uma iniciativa duradoura de incentivo ao ensino da moda no Brasil e à evolução do mercado nacional: em parceria com o IZA, a Universidade Veiga de Almeida instituiu o primeiro curso superior de moda do estado do Rio de Janeiro. A partir daí, se seguiriam congressos, bolsas de estudo, desfiles, palestras, exposições, concursos e até a formação de uma Academia Brasileira de Moda, presidida por Hildegard. Enquanto o instituto consolidava a sua rede de cooperações, a filha de Zuzu acumulava um acervo que extrapolava as ligações diretas com a costureira. Através de contatos no Brasil e no exterior, Hildegard montou uma coleção de vestimentas que reforçava a certeza de Zuzu sobre moda ser documento histórico e cultura material. O acervo cresceu em volume e envergadura, principalmente a partir de 2018, quando o IZA recebeu a coleção particular das roupas de Carmen Mayrink Veiga. As camisetas com anjos estampados ganharam a companhia de modelos originais de Yves Saint Laurent e Hubert de Givenchy: o prêt-à-porter de Zuzu e a alta-costura francesa num mesmo lugar, escrevendo uma das muitas narrativas possíveis da moda.

Antes de o IZA se tornar também um museu, duas mostras ajudaram a relembrar a posição de Zuzu Angel no mapa da moda brasileira. A Força do Anjo, realizada em 1996 no Museu Nacional de Belas Artes do Rio, e Ocupação Zuzu Angel, no Instituto Itaú Cultural em 2014, sistematizaram a obra criativa da costureira e agregaram imagens, roupas e depoimentos em uma reconstrução da história protagonizada por ela. A mostra Ocupação foi particularmente importante nesse processo. Espalhada por quatro andares do prédio do Itaú Cultural, em São Paulo, tinha curadoria conjunta com o IZA e edificou as bases museológicas do acervo que Hildegard preservara sobre sua mãe. Além da exposição em si, que apresentava peças da etiqueta, fotografias da família, cartas assinadas por Zuzu e documentos do dossiê que ela organizara em sua busca por Stuart, a Ocupação contava com uma extensa programação educativa e interativa. Havia visitas guiadas, mesas-redondas, palestras e oficinas para os públicos adulto e infantil, e uma revista foi criada exclusivamente para ser distribuída aos visitantes da exposição. *Zuleika* continha editoriais fotográficos, textos inéditos de Hildegard Angel e do historiador de moda João Braga, reproduções de anúncios da marca e trechos de correspondência. O sucesso rendeu um repeteco da Ocupação no Rio de Janeiro, uma plataforma digital recheada de informações sobre a costureira e uma linha museográfica para o IZA — que, em 2017, foi transferido para um casarão na Usina, uma região da Tijuca.

Na Casa Zuzu Angel de Memória da Moda do Brasil, a valorização do nacional é um dos princípios primordiais. Sob a égide de Zuzu, o espaço se tornou centro de referência de conservação, acondicionamento e catalogação de roupas, graças a uma coleção diversificada de itens. Peças de valor inestimável, como o maiô usado por Martha Rocha quando se sagrou Miss Brasil em 1954, figurinos de Cauby Peixoto e Chacrinha, criações da

Casa Canadá, de Dener, Guilherme Guimarães e Clodovil ocupam caixas, gavetas e armários especialmente montados para garantir a integridade dos tecidos. Entre os mais de 4 mil itens, protótipos contemporâneos da estilista Isabela Capeto dividem espaço com a mostra Coleção Mosaico da Vida Brasileira, formada por indumentária e objetos dos séculos XX e XXI. A Casa montou um percurso histórico e cultural intimamente relacionado às convicções de Zuzu quanto à força da moda para contar histórias.[94]

Haveria, também, novos Carnavais. Em 2000, com a União da Ilha, e em 2019, com a Mangueira, Zuzu tornaria a ser relembrada como a costureira-militante que tinha encarado a ditadura militar. Primeiro, a União da Ilha: uma ala Zuzu Angel materializava o verso "Num anjo, mãe de um querubim" do samba-enredo "Pra não dizer que não falei das flores". No meio dos passistas dessa ala, conduzidos por um carro no formato de máquina de costura, sambava o estilista francês Jean-Paul Gaultier, fantasiado de tesoura.[95] A Mangueira, por sua vez, foi campeã do Carnaval carioca com sua "História pra ninar gente grande", a qual propunha uma releitura da história oficial do país e priorizava heróis e heroínas subalternizados e silenciados do passado. Seus "versos que o livro apagou" reviam cinco séculos de história do Brasil por outros ângulos. No primeiro ano da presidência de Jair Bolsonaro, que negava o golpe militar e defendia que o "erro da ditadura foi torturar e não matar",[96] um dos carros alegóricos reproduzia, sobre um enorme livro aberto, a fotografia de um protesto realizado no Rio de Janeiro em 1968, em que manifestantes haviam pichado a frase DITADURA ASSASSINA. Em frente ao livro vinha o destaque: Hildegard Angel, usando um vestido inspirado no traje de luto de sua mãe para relembrar Stuart, Zuzu e as centenas de mortos e desaparecidos dos 21 anos de governo militar.[97]

Um século depois de seu nascimento, as provas são inequívocas. Zuzu "vive até hoje", declara o estilista Isaac Silva.[98] É para ser lembrada e relembrada. É personagem que o país convida repetidamente a voltar — basta deixar a porta aberta para que a costureira entre de novo, numa espécie de retorno cíclico, trazendo consigo suas interpretações do Brasil. Pois é como intérprete do Brasil que melhor se pode defini-la, inclusive em resposta à pergunta no coração de "Angélica".

Moda, política e o imaginário cultural do país, bem como a mãe e a mulher, se entrecruzam em Zuzu. Nas palavras de um de seus herdeiros estéticos e intelectuais, ela "ultrapassou a roupa": munida unicamente de seu ofício e sua imaginação, rompeu limites e sinalizou um caminho possível para a moda brasileira.[99] Esse seu herdeiro executaria não apenas uma, mas duas grandes homenagens à costureira e designer que considera como uma de suas referências criativas essenciais.

Zuzu entrou na vida de Ronaldo Fraga quando o estilista ainda era um adolescente mais interessado em literatura política do que em moda. A roupa, aliás, permanecia uma paixão não confirmada, e ele não fazia ideia de que sua carreira seria costurada com croquis, panos e desfiles. Ao ler sobre Zuzu pela primeira vez, sentiu todo o impacto de uma descoberta transformadora: a moda se descortinava muito mais livre e revolucionária do que o jovem Ronaldo imaginava, poderosa o bastante para provocar e empurrar o público rumo a novas reflexões e sensações. Quanto mais ele considerava o potencial da criação através da indumentária, mais concordava com as ideias de Zuzu sobre a moda ser "força viva de expressão e comunicação"[100] — e mais se encantava pela força da própria costureira, pioneira em idealizar uma moda nacional que partia de uma concepção de identidade brasileira. "A Zuzu tinha um pensar", compreendeu Ronaldo,[101] e reconheceu a singularidade do lugar que ela confeccionou para si, na confluência da moda e da política. Mais do que variações de silhueta, corte e técnica, seu trabalho era marcado pela trama de uma "resistência poética".[102]

Cada vez mais fascinado pelo legado da costureira, Ronaldo Fraga resolveu usá-la como mote de sua segunda coleção para o São Paulo Fashion Week, o maior evento do mercado de moda brasileiro. Em julho de 2001, sua visão de Zuzu ganhou a passarela do SPFW e despertou uma catarse coletiva. Ronaldo Fraga havia surpreendido sua plateia com um Brasil que muitos acreditavam ter ficado para trás.

Com uma paleta composta principalmente de branco e tons de azul, vermelho e verde, a coleção Quem Matou Zuzu Angel? começou ao som da trilha sonora da telenovela *Carinhoso*, de 1973, e de um disco de marchinhas gravadas pela banda de Carnaval do Canecão em 1971. Vestidos soltos, em corte evasê, tinham estampas de nuvens. Dos ombros de um deles, despontavam asas de algodão. A trupe de manequins, que aparecia com auréola na cabeça, trilhava seus passos pela passarela entre bonecos enormes, confeccionados em americano cru — um tecido rústico de algodão — e pendurados de ponta-cabeça, com os braços amarrados em arames.

Até que, em um corte seco, o Carnaval termina e a batida de um surdo preenche o salão. Das nuvens azuis nos vestidos pingam lágrimas vermelhas de sangue, e as pombas bordadas em tons pastel sobre o fundo anil se metamorfoseiam em pássaros pretos. Nas costas de uma das camisas masculinas, a palavra PROCURA-SE em letras garrafais. Nos braços de diversos modelos, faixas negras de luto. O surdo precedeu a voz de Arnaldo Antunes entoando "Bandeira branca", um melancólico sucesso do Carnaval de 1970 na interpretação de Dalva de Oliveira. É uma canção que chora a saudade, "dor que dói demais". A última peça, um vestido vermelho coberto por fragmentos de tecido em forma de gotas, caía como uma chuva sangrenta pelo corpo longilíneo da manequim. Com tecidos de algodão vindos da tecelagem mineira São José, Ronaldo Fraga resgatou Zuzu mais uma vez e lembrou à indústria da moda brasileira como era possível fazer da roupa uma linguagem cultural e política.[103]

Vinte anos depois da coleção Quem Matou Zuzu Angel?, Fraga convidou Zuzu para jantar no apartamento para o qual estava se mudando, no centro de Belo Horizonte. A decisão o espantou um pouco. Até então, o estilista achava ter expressado o que precisava ao lado de Zuzu. Mas os paralelos entre sua carreira e a da costureira continuavam a aparecer — "Eu levanto bandeiras que ela levantava", definiu Fraga, "eu entendo meu ofício como uma bandeira"[104] — e, dado o momento que o país atravessava, achou ser imprescindível chamá-la para conversar. O ano era 2020 e a pandemia de covid-19 estava apenas no começo. No auge do isolamento social, uma edição normal do SPFW seria impossível. Para não deixar o 25º aniversário da semana de moda paulistana passar em branco, os estilistas foram instruídos a preparar fashion films — vídeos nos quais apresentariam suas novas coleções e que, em adição às transmissões on-line, seriam projetados nas fachadas de edifícios emblemáticos de São Paulo. Ronaldo Fraga extrapolou o conceito e a duração do fashion film. Mais do que um clipe de manequins desfilando peças novas em poucos minutos, ele preparou um curta-metragem retratando seu encontro com Zuzu.

Fraga a recebeu em sua sala de jantar. Queria lhe dar as notícias do Brasil daqueles tempos, onde florestas pegavam fogo, negava-se a violência da ditadura ao mesmo tempo que filhos e mães eram mortos nas periferias, e o mundo se refugiava dentro de casa para evitar, como pudesse, a contaminação e a morte. A influência de Zuzu estava nítida e sua presença saltaria diante dos olhos dos espectadores graças a efeitos acrescentados na pós-produção: uma manequim virtual com traços similares aos da costureira desfilava ao redor da mesa de Ronaldo Fraga, apresentando as roupas de renda renascença do Cariri.[105] Zuzu Vive! foi uma das coleções mais comentadas da edição de 25 anos do SPFW.

Zuzu trazia suas respostas na ponta da língua.

Em maio de 1970, sua carreira ameaçava saltar milhares de quilômetros de uma só vez. A costureira tinha acabado de voltar ao Rio, após viagens à Europa e aos Estados Unidos, e preparava sua primeira coleção internacional com tecidos da Fábrica Dona Isabel, de modo que precisava capturar o interesse da imprensa e dar o pontapé na campanha de divulgação de seus planos. Uma das primeiras entrevistas que concedeu no retorno foi ao caderno feminino Ela, do jornal *O Globo*.

A pergunta de abertura foi simples. "Zuzu, como foi o início?" Pressupunha, muito possivelmente, que os primórdios de uma costureira como aquela renderiam assunto. Contaria ela sobre as saias de zuarte, confeccionadas no quarto de um apartamento térreo em Ipanema, ou sobre a tia e a avó costureiras? Nada disso. A resposta não decepcionou — no fim, viraria manchete. "Eu estou sempre iniciando", declarou Zuzu.[106]

Zuzu Angel foi mulher de inícios. Arriscava o perigo, buscava a autenticidade, quebrava as normas. Na mesma entrevista, afirmou não existirem regras de coisa nenhuma, muito menos de elegância: a moda permitia tudo, inclusive exageros e loucuras, porque deveria ser sempre livre.[107] Tão livre quanto as mulheres que a criavam e vestiam, essas mulheres modernas dos novos tempos, que segundo Zuzu tinham "o direito de escolher o que acha[m] melhor".[108] Como ela própria havia feito.

Zuzu Angel também foi mulher livre. Criou e viveu como pôde dentro do tempo que lhe foi dado, mesmo quando dela tentaram tirar tudo. Ronaldo Fraga e Isaac Silva têm razão. Zuzu vive.

Agradecimentos

Já faz um tempo que estou rascunhando mentalmente meus agradecimentos — a bem da verdade, desde que comecei as pesquisas, em fevereiro de 2021. Sempre adorei essa parte nos livros: é quando autora ou autor pode homenagear quem esteve perto, em um gesto íntimo que revela afetos e apreços. Para mim, foram anos de descobertas, inseguranças, esperanças e muitas, muitas perguntas de "Quando é que fica pronto?". Bom, finalmente posso sentar e agradecer aqueles que me ajudaram, de tantas maneiras diferentes, a contar a história de Zuzu Angel.

Ao Flávio Moura, meu editor, por ter proposto este projeto e me convidado a conhecer Zuzu de perto. Sem você e a equipe da Todavia, o livro jamais ficaria de pé.

Outra pessoa indispensável para tornar essa biografia realidade foi a Heloisa: obrigada, tia, pelas aulas impagáveis de história, pelas três caixas e duas sacolas cheias de livros emprestados ao longo dos anos de pesquisa, pelos puxões de orelha sempre certeiros e, acima de tudo, pelo apoio carinhoso e sincero.

Tenho certeza de que eu teria demorado mais uns cinco anos se não tivesse o privilégio de contar com a pesquisa apurada, cuidadosa e ágil da Isabella de Souza. Seu olhar treinado e curioso foi imprescindível e nós nos aproximamos de Zuzu juntas. Não tenho como te agradecer o suficiente por ouvir todos aqueles áudios longuíssimos e encontrar tudo aquilo de que precisávamos — e também o que não imaginávamos.

Os argumentos mais definitivos para me mostrar que eu precisava embarcar nessa jornada com Zuzu vieram do meu irmão, Arthur, a quem agradecerei sempre pela escuta, pelos abraços e pela companhia. Tampouco haveria livro se ele não me ensinasse a ser mais corajosa (lição que continuei a aprender com a biografada).

Todos os arquivos, documentos e acervos não bastavam para entender mais sobre quem foi essa mulher. Por isso, agradeço imensamente àqueles que aceitaram conversar comigo sobre Zuzu, Stuart e o mundo em que eles viveram: Anna Paola Pimenta da Veiga, Beatriz Marun, Dulce Pandolfi, Esther Maria Nogueira e sua filha Rosa Nogueira, Eduardo Vianna de Paula, Franklin Martins, Gloria Kalil, Iesa Rodrigues, Lúcia Gontijo, Lúcia Murat, Marcos Pires, Priscila Freire, Ronaldo Fraga, Sônia Roedel (a quem também sou grata por um presente precioso) e Zuenir Ventura, que compartilhou comigo tudo o que já havia escrito sobre Zuzu Angel. Cada depoimento trouxe peças novas para conhecer a costureira que criava uma moda libertária.

Sou, também, especialmente grata à equipe do Hispanic Reading Room, que me concedeu acesso aos arquivos de Romy Medeiros da Fonseca na Biblioteca do Congresso, em Washington, D.C.; ao time do Centro de Memória do Minas Tênis Clube, em Belo Horizonte; e ao historiador e pesquisador Lucas Pedretti, que me ajudou com o acervo da Comissão Estadual da Verdade do Rio de Janeiro.

Muita gente segurou a minha mão enquanto eu escrevia meu primeiro livro. Em ordem alfabética para evitar ciúmes, agradeço de todo o meu coração a Amanda, Fernanda, Guilherme, Isabela, Jacqueline, Jéssica, Júlia, Larissa (e ao Theo, que chegou no meio desse livro), Laura; a Luísa que está no Canadá e as duas Luizas que, ainda bem, ficaram por aqui; Paula & Paula, e Silvia. Graças a vocês, a vida continuava fora das páginas e, por isso e por todo o amor, merecem vinte livros inteiros só sobre a nossa amizade.

À tia Eliane, obrigada por me acolher com todo o carinho nas vezes em que precisei ir ao Rio para pesquisas, entrevistas e trabalhos — sempre intercalados por passeios divertidíssimos pela cidade que Zuzu escolheu para si.

A Aparecida, Gleici, Roberto e Valdilene, pelo zelo que me permitiu trabalhar todos os dias nesta biografia. Mas também pelas risadas, brincadeiras e, principalmente, pelo cuidado recheado de ternura e gentileza.

Minha avó Maria Guiomar divide com Zuzu um traço poderoso: o humor para encarar a vida. Ela me apresentou a uma alegria que me acompanha desde a minha infância — livros e histórias. Acho que é impossível agradecer devidamente por um presente desses.

Queria que meu avô Roberto estivesse aqui para ler este livro. Quando escrevo, é também para ele. E acho que minha avó Maria Helena ia gostar de ver o que a neta aprontou.

Por fim, os agradecimentos mais difíceis — por serem os mais importantes. Ao meu pai, Gustavo, que sempre me ensinou tudo, obrigada por ler diversos capítulos e dividir comigo suas opiniões. Seu jeito de olhar o mundo me formou como filha e é o que me fez escritora (embora todas as idas a livrarias, mundo afora, tenham contribuído bastante. Obrigada por elas, também). E à minha mãe, a quem dediquei este livro, não só por ser o meu primeiro, mas por tratar, em sua essência, de uma mulher cujo amor pela família foi tão forte que definiu sua história — e, ainda assim, foi fundamentalmente livre. Agora você pode ler, mãe. Não queria que visse enquanto não estivesse pronto e minimamente à sua altura.

Notas

Introdução: Zuzu, essa mulher [pp. 11-8]

1. Sófocles, *Antígona*. Trad. de Millôr Fernandes. Rio de Janeiro: Paz e Terra, 1996, p. 3.
2. Vestido luto de Zuzu (conjunto com xale, lenço, cinto e colar). Acervo do Instituto Zuzu Angel, número de registro 101IND. Disponível em: <www.zuzuangel.com.br/vestuario/vestido-luto-de-zuzu-conjunto-com-xale-lenco-cinto-e-colar>.
3. Depoimento de Ana Cristina Angel Dronne a James Green, 4 jun. 2002. Disponível em: <library.brown.edu/create/wecannotremainsilent/chapters/chapter-10-performing-opposition/performing-opposition-through-fashion/>.
4. "Ana Cristina quer o Anjo vivo, como no tempo de sua mãe", *Folha de S.Paulo*, 26 jul. 1976.
5. TV Cultura, "Desfile-protesto de Zuzu Angel em 1971 é encontrado nos arquivos da TV Cultura", 27 mar. 2014. Disponível em: <www.youtube.com/watch?v=tSaus8c183s&t=81s>.
6. Informação nº 262, Divisão de Segurança e Informações do Ministério das Relações Exteriores, 17 set. 1971. Arquivo Nacional, código de referência BR.AN.BSB.V8.MIC.GNC.AAA.72.043870, pp. 4-7. "Zuzu Angel e a sua passarinhada", *O Globo*, 22 set. 1971.
7. "Zuzu Angel e a sua passarinhada", op. cit.
8. "Brasileiro atrasado", *O Globo*, 23 set. 1971.
9. Priscila Andrade Silva, "Press Preview da International Dateline Collection III", em *A moda de Zuzu Angel e o campo do design*. Rio de Janeiro: Departamento de Artes e Design, Pontifícia Universidade Católica do Rio de Janeiro, 2006. Dissertação (Mestrado em Design), p. 134.
10. Vestido Revoada de Andorinhas (conjunto bolero). Acervo do Instituto Zuzu Angel, número de registro 75IND. Disponível em: <www.zuzuangel.com.br/vestuario/vestido-revoada-de-andorinhas-conjunto-bolero>.
11. Fotografia de Kathy Lindsay em desfile da International Dateline Collection III. Acervo do Instituto Zuzu Angel, número de registro ZA02.03.09.XX.09.0019. Disponível em: <www.zuzuangel.com.br/documental/fotografia-de-kathy-lindsay-em-desfile-da-international-dateline-collection-iii>. Fotografia de Kathy Lindsay usando vestido estampa de pássaros em ensaio para revista *Manchete*. Acervo do Instituto Zuzu Angel, número de registro ZA02.03.08.01.0001. Disponível em: <www.zuzuangel.com.br/documental/fotografia-de-kathy-lindsay-usando-vestido-estampa-de-passaros-em-ensaio-para-revista-manchete>.
12. "As leves imagens da primavera", *Manchete*, 16 out. 1971.
13. "Nova York com Zuzu Angel", *O Jornal*, 10 out. 1971.

14. "Zuzu Angel e a sua passarinhada", op. cit.
15. Priscila Andrade Silva, "Press Release da International Dateline Collection III", op. cit., p. 134.
16. Ibid. Fotografia de modelo em desfile de lançamento da coleção International Dateline Collection III — Holiday and Resort. Acervo do Instituto Zuzu Angel, número de registro ZA02.03.09.XX.09.0015. Disponível em: <www.zuzuangel.com.br/documental/fotografia-de-modelo-em-desfile-lancamento-da-colecao-international-dateline-collection-iii-holiday-and-resort>. Fotografia de Zuzu Angel usando vestido de luto destacando desenhos na gola de vestido xadrez usado por modelo. Acervo do Instituto Zuzu Angel, número de registro ZA02.03.09.XX.09.0003. Disponível em: <www.zuzuangel.com.br/documental/fotografia-de-zuzu-angel-usando-vestido-de-luto-destacando-desenhos-na-gola-de-vestido-xadrez-usado-por-modelo>.
17. Priscila Andrade Silva, "Press Release da International Dateline Collection III", op. cit., p. 136.
18. Vestido de protesto político (manga longa). Acervo do Instituto Zuzu Angel, número de registro 84IND. Disponível em: <www.zuzuangel.com.br/vestuario/vestido-de-protesto-politico-manga-longa>. Vestido de protesto político (manga curta). Acervo do Instituto Zuzu Angel, número de registro 79IND. Disponível em: <www.zuzuangel.com.br/vestuario/vestido-de-protesto-politico-manga-curta>. Priscila Andrade Silva, op. cit.
19. Depoimento de Ana Cristina Angel Dronne a James Green, op. cit.
20. "Tristeza", composição de Niltinho de Souza e Haroldo Lobo, 1963, gravada pela primeira vez em 1966.
21. Ivana Guilherme Simili, "Memórias da dor e do luto: As indumentárias político-religiosas de Zuzu Angel", *Revista Brasileira de História das Religiões*, ANPUH, ano VI, n. 18, v. 6, pp. 165-82, jan. 2014. Carla Cristina Delgado Lacerda, *Moda como forma de protesto em desfile de Zuzu Angel: Nova York, setembro de 1971*. Juiz de Fora: Universidade Federal de Juiz de Fora, Instituto de Artes e Design, 2011. Monografia.

1. Saias pioneiras [pp. 19-39]

1. Sobre a reforma no quarto de Zuzu e o princípio da Zuzu Saias: Virginia Valli, *Eu, Zuzu Angel, procuro meu filho*. Rio de Janeiro: Philobiblion, 1986. Dayse Marques, *Zuzu Angel: A identidade cultural brasileira através da moda*. Rio de Janeiro: Universidade Federal do Rio de Janeiro, Escola de Belas Artes, 1998. Dissertação (Mestrado em História da Arte). Priscila Andrade Silva, op. cit. Hildegard Angel, "Zuzu Angel", em Leda Nagle, *De Minas para o mundo: Levando Minas no gesto e no coração*. Belo Horizonte: Autêntica, 2010, pp. 477-8. Entrevista de Hildegard Angel a Cynara Menezes, *TV Fórum*, 18 jun. 2021. Disponível em: <www.youtube.com/watch?v=AxjEH7-igEk>. Entrevista de Hildegard Angel a Pedro Paulo Malta, *Depoimentos Cariocas*, 16 maio 2023. Arquivo Geral da Cidade do Rio de Janeiro. Disponível em: <www.youtube.com/watch?v=eDD-6y80GT4>.
2. "Zuzu Angel: 'Não entrego o ouro aos bandidos!'", *Gil Brandão Modas*, *Informativo ABC*, 3-9 fev. 1973.
3. Ibid.
4. Manuscrito datilografado de Zuzu Angel sobre sua profissão. Acervo do Instituto Zuzu Angel, número de registro ZA02.01.04.XX.XX.0001. Disponível em: <www.zuzuangel.com.br/documental/manuscrito-datilografado-de-zuzu-angel-sobre-a-sua-profissao>.

5. Registros escolares de Zuzu Angel, fornecidos pelo Colégio Sagrado Coração de Jesus à autora.
6. "Ter 40 anos é a glória", *O Globo*, 3 dez. 1972. "Zuzu Angel: 'Não entrego o ouro aos bandidos!'", op. cit. Manuscrito datilografado de Zuzu Angel sobre sua profissão, op. cit.
7. Maria Helena Cardoso, *Por onde andou meu coração*. Rio de Janeiro: Civilização Brasileira, 2007.
8. Sobre as Benícias e os Vianna: Entrevista de Eduardo Vianna de Paula à autora, 28 ago. 2022. Mapa genealógico compilado e documentado por Eduardo Vianna de Paula e gentilmente compartilhado com a autora. Juvenal Pereira Soares, *Síntese histórica de Curvelo*. Curvelo: Prefeitura Municipal de Curvelo, 1988. Maria Helena Cardoso, op. cit.
9. Maria Helena Cardoso, op. cit.
10. Ibid.
11. Entrevista de Eduardo Vianna de Paula à autora, 28 ago. 2022.
12. Maria Helena Cardoso, op. cit.
13. Sobre Oscar Souza Netto: Entrevista de Eduardo Vianna de Paula à autora, 28 ago. 2022. Maria Helena Cardoso, op. cit.
14. Alfredo Marques Vianna de Góes, "Fatos e vultos de minha terra: Pedro Neto", *Curvelo Notícias*, mar. 1971. Documento do acervo de Eduardo Vianna de Paula.
15. Eneida Maria de Souza, "Olhares do cidadão", em Prefeitura Municipal de Belo Horizonte. *Juscelino prefeito: 1940-1945*. Belo Horizonte: Museu Histórico Abílio Barreto, 2002, pp. 46-61.
16. Depoimento de Hildegard Angel. *Itaú Cultural: Ocupação Zuzu*, parte 2, 2 abr. 2014. Disponível em: <www.youtube.com/watch?v=k8Cv_OE7fGg>. Entrevista de Hildegard Angel a Lilian Pacce, YouTube, 29 out. 2020. Disponível em: <www.youtube.com/watch?v=6Y7MzupxpG4>. Priscila Andrade Silva, op. cit.
17. Wanda Maleronka, *Fazer roupa virou moda: Um figurino de ocupação da mulher, São Paulo 1920-1950*. São Paulo: Senac, 2007.
18. Maria de Fátima Pio Cassemiro, *Formação de professores para a educação especial: A experiência de Helena Antipoff e seus colaboradores na Fazenda do Rosário na década de 1960*. Belo Horizonte: Universidade Federal de Minas Gerais, Faculdade de Educação, 2018. Tese (Doutorado em Educação).
19. Depoimento de Beatriz Marun a Isabella Caroline de Souza e à autora, 10 ago. 2023.
20. Maria de Fátima Pio Cassemiro, op. cit.
21. Entrevista de Eduardo Vianna de Paula à autora, 28 ago. 2022. "Futuras advogadas", *A Noite*, 30 ago. 1933. Maria de Fátima Pio Cassemiro, op. cit.
22. "Zuzu Angel: 'Não entrego o ouro aos bandidos!'", op. cit.
23. "Vale a pena ser costureiro?", *A Cigarra*, set. 1967.
24. "Zuzu Angel: Primeira-dama da costura", *O Jornal*, 11 maio 1968.
25. "Zuzu Angel: 'Não entrego o ouro aos bandidos!'", op. cit.
26. "Ter 40 anos é a glória", op. cit.
27. Maria Helena Cardoso, op. cit.
28. Ibid.
29. João Pinheiro Neto, *Juscelino: Uma história de amor*. Rio de Janeiro: Mauad, 1994. Maria Helena Cardoso, op. cit.
30. Notas de falecimento na *Gazeta de Paraopeba* e no jornal *A Estrela Polar*, 31 maio 1953.

31. João Pinheiro Neto, op. cit. Claudio Bojunga, *JK: O artista do impossível*. Rio de Janeiro: Objetiva, 2001.
32. "Juscelino biografado em inglês: Nova York". *Correio da Manhã*, 2 abr. 1959.
33. Sobre d. Sarah Kubitschek, a infidelidade de JK e a Fundação das Pioneiras Sociais: Ciça Guedes e Murilo Fiuza de Melo, *Todas as mulheres dos presidentes: A história pouco conhecida das primeiras-damas do Brasil desde o início da República*. Rio de Janeiro: Máquina de Livros, 2019. Claudio Bojunga, op. cit. "Trabalho social", *Memorial JK*, [s.d.]. Disponível em: <www.memorialjk.com.br/pt/?page_id=76>.
34. Sobre Zuzu nas Pioneiras Sociais: Entrevista de Hildegard Angel a Lilian Pacce, YouTube, 29 out. 2020. Disponível em: <www.youtube.com/watch?v=6Y7MzupxpG4>. Virginia Valli, op. cit. Priscila Andrade Silva, op. cit.
35. Clélio Campolina Diniz, "Lucas Lopes, o visionário do desenvolvimentismo", *Revista do Arquivo Público Mineiro*, v. 44, n. 2, pp. 80-95, 2008.
36. Descrições dos uniformes feitas pela própria Zuzu. Desenho técnico de uniforme feminino "Pioneiras Sociais" e desenho técnico de uniforme masculino "Pioneiras Sociais". Acervo do Instituto Zuzu Angel, números de registro ZA02.03.06.10.XX.0013 (uniforme feminino) e ZA02.03.06.10.XX.0014 (uniforme masculino). Disponível em: <www.zuzuangel.com.br/documental/desenho-tecnico-de-uniforme-feminino-pioneiras-sociais> e <www.zuzuangel.com.br/documental/desenho-tecnico-de-uniforme-masculino-pioneiras-sociais>.
37. Manuscrito datilografado de Zuzu Angel sobre sua profissão, op. cit.
38. "O zuarte", *O Estado de S. Paulo*, 24 maio 1919. Disponível em: <www.estadao.com.br/acervo/ha-um-seculo-a-nova-moda-na-crise/>.
39. Entrevista de Hildegard Angel a Lilian Pacce, YouTube, 29 out. 2020. Disponível em: <www.youtube.com/watch?v=6Y7MzupxpG4>. Priscila Andrade Silva, op. cit.
40. Dayse Marques, op. cit.
41. Entrevista de Sônia Roedel à autora, 11 set. 2023. Entrevista de Lúcia Gontijo à autora, 21 set. 2023.
42. Priscila Andrade Silva, op. cit.
43. Iesa Rodrigues, *O Rio que virou moda*. Rio de Janeiro: Edição Memória Brasil, 1994. Paula Acioli, *A culpa é do Rio!: A cidade que inventou a moda do Brasil*. Rio de Janeiro: Senac Rio, 2019.
44. Registro fotográfico da coleção Zuzu Saias, década de 1950. Acervo do Instituto Zuzu Angel, número de registro ZA02.03.09.XX.05.0001. Disponível em: <www.zuzuangel.com.br/documental/registro-fotografico-da-colecao-zuzu-saias>.
45. Gilda Chataignier, *História da moda no Brasil*. São Paulo: Estação das Letras e Cores, 2010. Valerie Mendes e Amy de la Haye, *A moda do século XX*. São Paulo: Martins Fontes, 2009.
46. "Zuzu Angel, entre bordados e moda política", *Folha de S.Paulo*, 16 mar. 1986.
47. "Yvonne de Carlo no Lions Clube", *Correio da Manhã*, 20 mar. 1960.
48. Bruna Carolina de Oliveira Rodrigues, *Bom dia, Harry Stone: O embaixador de Hollywood no Brasil (1953-2000)*. São Paulo: Pontifícia Universidade Católica, 2021. Dissertação (Mestrado em História Social).
49. Sérgio Dávila, "'Embaixador' de Hollywood se aposenta", *Folha de S.Paulo*, 11 jul. 1995.
50. Iesa Rodrigues, op. cit., p. 179.
51. Virginia Valli, op. cit., p. 18.
52. Paula Acioli, op. cit.

2. Costurar é preciso [pp. 41-62]

1. "Zuzu Angel: Primeira-dama da costura", op. cit.
2. Entrevista de Esther Maria Nogueira à autora, 5 nov. 2021.
3. Entrevista de Hildegard Angel a Cynara Menezes, *TV Fórum*, 18 jun. 2021. Disponível em: <www.youtube.com/watch?v=AxjEH7-igEk>.
4. Depoimento de Ana Cristina Angel Dronne ao jornalista André Bernardo. "Zuzu Angel: O centenário da estilista que lutou para descobrir destino de filho assassinado e foi morta pela ditadura", *BBC Brasil*, 5 jun. 2021. Disponível em: <www.bbc.com/portuguese/brasil-57366178>.
5. Relatórios do Departamento Aquático do Minas Tênis Clube. 1938/1940. Centro de Memória do Minas Tênis Clube.
6. Manuscrito datilografado de Zuzu Angel sobre sua profissão, op. cit.
7. Capa do jornal *Estado de Minas*, 18 maio 1940.
8. Fabiano Pries Devide. "A natação como elemento da cultura física feminina no início do século XX: Construindo corpos saudáveis, belos e graciosos", *Movimento*, v. 10, n. 2, Porto Alegre, pp. 125-44, maio/ago. 2004.
9. Manuscrito datilografado de Zuzu Angel sobre sua profissão, op. cit.
10. "Grupo de seis atletas nadadoras na inauguração do MTC". Centro de Memória do Minas Tênis Clube, código de inventário MTCft/NAT/001588.
11. "Zuzu Angel: 'Não entrego o ouro aos bandidos!'", op. cit.
12. "Zuzu Angel: Primeira-dama da costura", op. cit.
13. Entrevista de Hildegard Angel a Cynara Menezes, *TV Fórum*, 18 jun. 2021. Disponível em: <www.youtube.com/watch?v=AxjEH7-igEk>.
14. "Industriais suecos no Catete", *Jornal do Brasil*, 5 out. 1956. *Correio da Manhã*, 5 out. 1956.
15. Ruy Castro, *Ela é carioca: Uma enciclopédia de Ipanema*. São Paulo: Companhia das Letras, 1999.
16. Manuscrito datilografado de Zuzu Angel sobre sua profissão, op. cit. Entrevista de Hildegard Angel a Priscila Andrade Silva, em Priscila Andrade Silva, op. cit.
17. Entrevista de Hildegard Angel a Lilian Pacce, YouTube. 29 out. 2020. Disponível em: <www.youtube.com/watch?v=6Y7MzupxpG4>.
18. Priscila Andrade Silva, op. cit.
19. Juliana Sousa Ferreira Chules, "O mineral que ganhou a guerra: A exploração de cristal de rocha na cidade de Cristalina (GO)". Artigo (Licenciatura em História). Brasília: Universidade de Brasília, 2018.
20. Decreto nº 8947 de 04/03/1942 / PE — Poder Executivo Federal.
21. Richard E. Stoiber, Carl Tolman e Robert D. Butler, "Geology of Quartz Crystal Deposits", *American Mineralogist*, v. 30, n. 5-6, pp. 245-68, jun. 1945.
22. Ibid.
23. Entrevista de Hildegard Angel a Lilian Pacce, YouTube, 29 out. 2020. Disponível em: <www.youtube.com/watch?v=6Y7MzupxpG4>.
24. República dos Estados Unidos do Brasil: Ficha consular de qualificação. Norman Angel Jones, 34464. Arquivo Nacional, BR.RJ.ANRIO.OL.0.FCN.RTE.045614013.
25. Diretoria da Justiça e do Interior, Secretaria de Estado, Ministério da Justiça e Negócios Interiores. A despacho. 25 mar. 1943. Arquivo Nacional, código de referência BR.RJ.ANRIO.VV.0.0.1943019931, p. 9.

26. Despacho do chefe da Divisão de Passaportes ao secretário do ministro de Estado da Justiça e Negócios Interiores. 21 out. 1943. Arquivo Nacional, código de referência BR.RJ.ANRIO.VV.0.0.194301993I, p. 10.
27. "Norman Angel Jones, norte-americano, residente nesta capital, requer a transformação de sua estadia temporária em definitiva". 12 jan. 1944/23 fev. 1944. Arquivo Nacional, código de referência BR.RJ.ANRIO.VV.0.0.194301993I, p. 15.
28. Juliana Sousa Ferreira Chules, op. cit. Carta de Ana Cristina Angel Jones a John Sparkman. Nova York, 28 maio 1975. Arquivo Nacional, ref. BR.AN.BSB.AT0.80.7, pp. 99-110.
29. Raul Coelho Barreto Neto, "'Você já foi à Bahia?': A presença militar norte-americana em Salvador na Segunda Guerra Mundial". Repositório Universitário da Ânima, 2020.
30. Virginia Valli, op. cit.
31. Ibid., p. 38.
32. Entrevista de Hildegard Angel a Pedro Paulo Malta, *Depoimentos Cariocas*, 16 maio 2023. Arquivo Geral da Cidade do Rio de Janeiro. Disponível em: <www.youtube.com/watch?v=eDD-6y80GT4>.
33. Hildegard Angel, "Moda hereditária", *Serafina*, *Folha de S.Paulo*, 23 fev. 2014.
34. Entrevista de Hildegard Angel a Pedro Paulo Malta, op. cit.
35. Carmen da Silva, "Claustrofobia ao casamento", em *O homem e a mulher no mundo moderno*. Rio Janeiro: Civilização Brasileira, 1971, pp. 95-103.
36. Josué Rios, *Desquite, divórcio e anulação do casamento*. São Paulo: Globo, 2002.
37. Depoimento de Hildegard Angel à Comissão Estadual da Verdade — Rio de Janeiro, 7 maio 2014. Acervo do Arquivo Público do Estado do Rio de Janeiro.
38. Eduardo de Paula, "Saudades de Tuti", Sumidoiro's Blog, 1 jun. 2016. Disponível em: <sumidoiro.wordpress.com/2015/06/01/stuart-edgar-angel-jones-reverendo-norman-zuzu-zuleika-netto-hildegard-recado-morro-garca-curvelo-corinto-sonia-moraes-orfanato-matias-barbosa-ditadura-torturadores/>. Hildegard Angel, "Reflexão sobre o Dia dos Pais", Brasil247, 13 ago. 2022. Disponível em: <www.brasil247.com/blog/reflexao-sobre-o-dia-dos-pais>. Manuscrito datilografado de Zuzu Angel sobre sua profissão, op. cit.
39. "49 anos depois, Stuart Angel Jones é candidato a vereador em Minas (pelo PSDB)", *Revista Forum*, 19 out. 2020.
40. Priscila Andrade Silva, op. cit.
41. Virginia Valli, op. cit., p. 20. "Mulher de trinta", composição de Luiz Antônio, interpretada por Miltinho. Lançada em 1960 em um 78 RPM da gravadora Sideral. Disponível em: <discografiabrasileira.com.br/fonograma/178622/mulher-de-trinta>.
42. Material de escritório com logomarca Zuzu Angel e Material de escritório Zuzu Criações composto de três cartões. Acervo do Instituto Zuzu Angel, números de registro ZC04.XX.01.XX.XX.0006 e ZC04.XX.01.XX.XX.0007. Disponíveis em: <www.zuzuangel.com.br/documental/material-de-escritorio-com-logomarca-zuzu-angel> e <www.zuzuangel.com.br/documental/material-de-escritorio-zuzu-criacoes-composto-por-tres-cartoes>.
43. Entrevista de Esther Maria Nogueira à autora, 5 nov. 2021. Gilda Chataignier, "Estilo: Resgate de memórias costuradas", *dObras: Revista da Associação Brasileira de Estudos de Pesquisas em Moda*, v. 1, n. 1, pp. 48-51, 2007. Dayse Marques, op. cit., p. 97. Virginia Valli, op. cit., pp. 19-20.
44. Entrevista de Hildegard Angel a Cynara Menezes, op. cit. Disponível em: <www.youtube.com/watch?v=AxjEH7-igEk>.

45. Entrevista de Hildegard Angel a Pedro Paulo Malta, op. cit. Depoimento de Hildegard Angel à Comissão Estadual da Verdade — Rio de Janeiro, 7 maio 2014. Acervo do Arquivo Público do Estado do Rio de Janeiro.
46. Virginia Valli, op. cit. Carlos Heitor Cony, "Lagoa: História, morfologia e sintaxe", em Roberto Acízelo de Souza (Org.), *Cantos do Rio: Imagens literárias de bairros e localidades cariocas*. Rio de Janeiro: Ponteio, Fundação Carlos Chagas Filho de Amparo à Pesquisa do Estado do Rio de Janeiro, 2016. Ruy Castro, *Ela é carioca*, op. cit.
47. Exposição "Cem anos costurando com Zuzu". Praça Central do Brasil, Curvelo, 2021. Antônio M. Filho, "A luta de Stuart Angel", *Revista do Globo*, 13 ago. 2006. Chico Otávio, "Ministério dos Direitos Humanos quer levar a imagem de Stuart Angel de volta ao Flamengo", *O Globo*, 5 maio 2023.
48. Sobre Virginia Valli, o Tablado e Maria Clara Machado: Depoimento de Eddy Resende Nunes para o Centro Brasileiro de Teatro para a Infância e a Juventude — "Os 50 anos de o Tablado e Maria Clara Machado", 22 jan. 2001. Disponível em: <cbtij.org.br/eddy-rezende-nunes/>. *O Tablado — História*. Disponível em: <otablado.com.br/texto/1/historia>. *Jornal do Commercio*, 30 jul. 1964. "No palco, até com filhos", *Correio da Manhã*, 18 out. 1972. Ruy Castro, *Ela é carioca*, op. cit.
49. "No palco, até com filhos", op. cit.
50. "No mundo do teatro de bonecos", *Jornal do Brasil*, 31 jul. 2005.
51. Entrevista de Hildegard Angel a Pedro Paulo Malta, op. cit.
52. Alfredo Marques Vianna de Góes. "Fatos e vultos de minha terra: Pedro Neto", op. cit. Documento do acervo de Eduardo Vianna de Paula.
53. Hildegard Angel, "Junho, mês de Zuzu, sua devoção, preferências e seu portal". Site do Instituto Zuzu Angel, 29 jun. 2017. Disponível em: <www.zuzuangel.com.br/noticias/junho-mes-de-zuzu-sua-devocao-preferencias-e-seu-portal>.
54. Alfredo Marques Vianna de Góes, op. cit.
55. Heloisa Murgel Starling, *A máquina do golpe — 1964: Como foi desmontada a democracia no Brasil*. São Paulo: Companhia das Letras, 2024, v. 1: *Engrenagens militares e apoio externo*. Maud Chirio, *A política nos quartéis: Revoltas e protestos de oficiais na ditadura militar brasileira*. Rio de Janeiro: Zahar, 2012. Elio Gaspari, *As ilusões armadas: A ditadura envergonhada*. Rio de Janeiro: Intrínseca, 2014.
56. Zuenir Ventura, *1968: O ano que não terminou — A aventura de uma geração*. Rio de Janeiro: Nova Fronteira, 1988.
57. Higor Codarin, *O MR-8 na luta armada: As armas da crítica e a crítica das armas*. São Paulo: Alameda, 2019.
58. Depoimento de Zuzu Angel a Hélio Silva e ao Centro de Memória Social Brasileira, 10 fev. 1976. Acervo do Instituto Zuzu Angel, número de registro ZA03.XX.05.XX.02.0005. Disponível em: <www.zuzuangel.com.br/documental/transcricao-de-depoimento-concedido-por-zuzu-angel-ao-historiador-helio-silva>.
59. Ibid. Entrevista de Franklin Martins à autora, 13 jun. 2024.
60. Entrevista de Hildegard Angel a Pedro Paulo Malta, op. cit.
61. "As feiticeiras de Salém", em *Enciclopédia Itaú Cultural de Arte e Cultura Brasileira*. São Paulo: Itaú Cultural, 2023. Disponível em: <enciclopedia.itaucultural.org.br/evento394713/as-feiticeiras-de-salem>.
62. "Aprovados em teatro e reabilitação", *Correio da Manhã*, 25 fev. 1967.
63. "Cabeleireiro Jambert morre aos 71", *Folha de S.Paulo*, 25 abr. 2000.

64. “*Todas as mulheres do mundo* se vestem assim...”, *Tribuna da Imprensa*, 23 fev. 1967. “A história de Quiqui, uma boneca bem pop”, *Jornal do Brasil*, 18 abr. 1967.
65. Entrevista de Hildegard Angel a Pedro Paulo Malta, op. cit.
66. Suzete Aché, “Primeira editora do Ela conta como era fazer o caderno”, *O Globo*, 4 jan. 2014. Joaquim Ferreira dos Santos, *Enquanto houver champanhe, há esperança: Uma biografia de Zózimo Barrozo do Amaral*. Rio de Janeiro: Intrínseca, 2016.
67. Entrevista de José Augusto Bicalho a Priscila Andrade Silva, 22 fev. 2005, em Priscila Andrade Silva, op. cit., pp. 46-7.
68. *O Globo*, 23 abr. 1966.
69. *Jornal do Brasil*, 27 abr. 1966.
70. Patrícia Ferreira de Souza Lima, *Caderno B do Jornal do Brasil: Trajetória do segundo caderno na imprensa brasileira (1960-85)*. Rio de Janeiro: Instituto de Filosofia e Ciências Sociais, Universidade Federal do Rio de Janeiro, 2006. Tese (Doutorado em História Social). Joaquim Ferreira dos Santos, op. cit.
71. *Jornal do Brasil*, 27 abr. 1966.

3. Zuzu de Ipanema [pp. 63-73]

1. Priscila Andrade Silva, op. cit.
2. “Zuzu Angel: Primeira-dama da costura”, op. cit.
3. *Tribuna da Imprensa*, 18 maio 1966.
4. “Negrão vê no Rio a capital da moda”, *Correio da Manhã*, 12 jun. 1966.
5. “Negrão abre Salão da Moda”, *Correio da Manhã*, 11 jun. 1966.
6. “Zuzu Angel: Primeira-dama da costura”, op. cit.
7. “Eles são notícia”, *Correio da Manhã*, 12 jun. 1966.
8. Uma descrição do conjunto está em “Moda jovem é mais jovem no Castelinho”, *A Cigarra*, nov. 1966.
9. Fotografia de Ana Cristina Angel em desfile no II Salão da Moda. Acervo do Instituto Zuzu Angel, número de registro ZA02.03.09.XX.06.0033. Disponível em: <www.zuzuangel.com.br/documental/fotografia-de-ana-cristina-angel-em-desfile-no-ii-salao-da-moda>.
10. “Zuzu Angel: Primeira-dama da costura”, op. cit.
11. *O Globo*, 28 jun. 1966.
12. Ibid.
13. “Alta costura no feminino singular”, *Jornal do Brasil*, 7 ago. 1966.
14. “Coleção Zuzu Angel no Sírio”, *Tribuna da Imprensa*, 3 ago. 1966.
15. “Alta costura no feminino singular”, op. cit.
16. *O Globo*, 6 ago. 1966.
17. Priscila Andrade Silva, op. cit., pp. 48-50.
18. “Moda de biriba”, *Correio da Manhã*, 18 ago. 1966.
19. *Tribuna da Imprensa*, 28 jul. 1966 e 20-21 ago. 1966.
20. *O Jornal*, 15 set. 1966.
21. “Do uso sem abuso, de joias”, *Jornal do Brasil*, 20 set. 1966. “Nem toda mulher sabe usar as joias bonitas que tem”, *Tribuna da Imprensa*, 21 out. 1966.
22. “Mulheres e joias”, *Diário de Pernambuco*, 25 out. 1966.
23. “Zuzu espetacular”, *Tribuna da Imprensa*, 17 nov. 1966.
24. Ibid.

25. Lira Neto, *Maysa: Só numa multidão de amores*. São Paulo: Globo, 2007, p. 232.
26. *Tribuna da Imprensa*, 20 out. 1966.
27. *Tribuna da Imprensa*, 2 dez. 1966.
28. "The Beautiful People in Caftans", *Vogue*, 1 jul. 1966. *Vogue*, 15 set. 1966.
29. Fotografia de Ana Cristina Angel vestindo caftan da coleção Soignée. Acervo do Instituto Zuzu Angel número de registro ZA02.03.09.XX.16.0004. Disponível em: <www.zuzuangel.com.br/documental/fotografia-de-ana-cristina-angel-vestindo-caftan-da-colecao-soignee>. Fotografia de Hildegard Angel usando modelo da Coleção Soignée. Acervo do Instituto Zuzu Angel, número de registro ZA02.03.09.XX.16.0002. Disponível em: <www.zuzuangel.com.br/documental/fotografia-de-hildegard-angel-usando-modelo-da-colecao-soignee>. Fotografia de Hildegard Angel com caftan em brocado com bordados da coleção Soignée. Acervo do Instituto Zuzu Angel, número de registro ZA02.03.09.XX.16.0003. Disponível em: <www.zuzuangel.com.br/documental/fotografia-de-hildegard-angel-com-caftan-em-brocado-com-bordados-da-colecao-soignee>. "Um caftan superchique", *Tribuna da Imprensa*, 24 nov. 1966.
30. *Jornal do Brasil*, 8 nov. 1966.
31. "Domingos Oliveira", em *Enciclopédia Itaú Cultural de Arte e Cultura Brasileira*. São Paulo: Itaú Cultural, 2023. Disponível em: <enciclopedia.itaucultural.org.br/pessoa109156/domingos-oliveira>. "*Todas as mulheres do mundo* se vestem assim...", op. cit. *Todas as mulheres do mundo*. Direção: Domingos de Oliveira. Brasil, 1967.
32. *Jornal do Brasil*, 12 mar. 1967.
33. *Jornal do Brasil*, 25 fev. 1967. "*Todas as mulheres* nasceu de um só amor de Domingos", *Jornal do Brasil*, 5 mar. 1967.
34. Ely Azeredo, "Todas as mulheres do mundo", *Jornal do Brasil*, 5 mar. 1967. "Todas as mulheres do mundo", em *Enciclopédia Itaú Cultural de Arte e Cultura Brasileira*. São Paulo: Itaú Cultural, 2023. Disponível em: <enciclopedia.itaucultural.org.br/obra67253/todas-as-mulheres-do-mundo>.
35. "*Todas as mulheres do mundo* se vestem assim...", op. cit.
36. "Viva Maria no Le Bateau". *Tribuna da Imprensa*, 14 jul. 1966. "Viva 8 de agosto". *Jornal do Brasil*, 15 jul. 1966.
37. *Tribuna da Imprensa*, 16 ago. 1966. *Jornal do Brasil*, 17 ago. 1966. *Tribuna da Imprensa*, 22-23 out. 1966.
38. Carta de Sarah Kubitschek a Zuzu Angel. Nova York, 5 jan. 1966. Acervo do Instituto Zuzu Angel, número de registro ZA01.XX.04.01.XX.0001. Disponível em: <www.zuzuangel.com.br/documental/carta-enviada-pela-primeira-dama-sarah-kubitschek>.

4. Um Carnaval de madames [pp. 75-86]

1. *O Globo*, 17 dez. 1966. *Jornal do Brasil*, 17 jan. 1967.
2. "'Já viajei por todo o mundo, mas não vi nada como a Amazônia': Diálogos possíveis com Clarice Lispector", *Manchete*, 5 abr. 1969.
3. Sobre Yolanda Costa e Silva: Ciça Guedes e Murilo Fiuza de Melo, op. cit.
4. *Tribuna da Imprensa*, 12 jan. 1967.
5. "Carnaval exclusivo", *O Cruzeiro*, 28 jan. 1967. "Ipanema brinca em bloco espacial", *Jornal do Brasil*, 29 jan. 1967.
6. *Jornal do Brasil*, 10 fev. 1967. *O Globo*, 11 fev. 1967.

7. *O Globo*, 21 jan. 1967.
8. *O Globo*, 29 abr. 1967.
9. *O Globo*, 17 jun. 1967.
10. *Jornal do Brasil*, 7 jul. 1967. *O Globo*, 22 jul. 1967.
11. Virginia Valli, op. cit. Memorando de Graham French para Mr. P. J. de Vos, 15 out. 1971. Arquivo Nacional, código de referência BR RJANRIO CNV.0.RCE.00092000538201527/395, pp. 12-4. *O Globo*, 18 fev. 1967.
12. *Jornal do Brasil*, 26 fev. 1967 e 9-10 abr. 1967. *O Globo*, 8 abr. 1967 e 6 maio 1967.
13. *Jornal do Brasil*, 9-10 abr. 1967.
14. "Mais de 1500 viram Castelo passar poder a Costa e Silva", *Jornal do Brasil*, 16 mar. 1967. "Os grandes lances da recepção", *Jornal do Brasil*, 17 mar. 1967.
15. *Jornal do Brasil*, 10 mar. 1967 e 17 mar. 1967.
16. "Guarda-roupa de primeira-dama", *Jornal do Brasil*, 10 mar. 1967. "O que veste a primeira-dama", *Jornal do Brasil*, 19 mar. 1967.
17. "D. Iolanda: Uma posse sentimental", *Jornal do Brasil*, 6 abr. 1967. "D. Iolanda: Sem água nem luz", *Jornal do Brasil*, 7 abr. 1967.
18. Luís André do Prado e João Braga, *História da moda no Brasil: Das influências às autorreferências*. Barueri: Disal, 2011, pp. 286-96.
19. *Diario do Paraná*, 29 ago. 1967.
20. "Vestido novo", *Jornal do Brasil*, 3 set. 1967.
21. *Tribuna da Imprensa*, 7 set. 1967.
22. *O Globo*, 11 set. 1967.
23. *Tribuna da Imprensa*, 18-19 nov. 1967.
24. "Os mais", *Tribuna da Imprensa*, 26 dez. 1968.
25. *Tribuna da Imprensa*, 20-21 jul. 1968.
26. *Tribuna da Imprensa*, 6 ago. 1968. *O Jornal*, 6 ago. 1968.
27. "Zuzu Angel: Primeira-dama da costura", op. cit.
28. *O Globo*, 8 jul. 1967.
29. "Moda carioca: Como vai Zuzu", *Manchete*, 14 out. 1967.
30. *Jornal do Brasil*, 21 jul. 1967. "Liberdade, liberdade: A coleção de Zuzu", *Jornal do Brasil*, 6-7 ago. 1967. *Jornal do Brasil*, 9 ago. 1967. *O Jornal*, 13 ago. 1967.
31. "Zuzu faz tradição", *Correio da Manhã*, 13 ago. 1967.
32. Sequência de fotos com d. Yolanda Costa e Silva em desfile da coleção Fashion and Freedom de Zuzu Angel. Acervo do Instituto Zuzu Angel, número de registro ZA02.03.09.XX.06.0018. Disponível em: <www.zuzuangel.com.br/documental/sequencia-de-fotos-com-dona-yolanda-costa-e-silva-em-desfile-da-colecao-fashion-and-freedom-de-zuzu-angel>.
33. *O Globo*, 16 ago. 1967 e 9 set. 1967.
34. "Guarda-roupa de viagem", *Jornal do Brasil*, 22-23 out. 1967.
35. *O Globo*, 4 nov. 1967.
36. "O que veste a primeira-dama", *Jornal do Brasil*, 19 mar. 1967.
37. "Zuzu Angel: Primeira-dama da costura", op. cit.
38. "Tecido fino para alta moda se faz com seda pura e desenho exclusivo", *Jornal do Brasil*, 9 ago. 1968. Registros fotográficos da visita de d. Yolanda Costa e Silva e Zuzu Angel à fábrica de tecidos Werner em Petrópolis. Acervo do Instituto Zuzu Angel, números de registro ZA02.03.09.XX.03.0008, ZA02.03.11.01.XX.0010, ZA02.03.09.XX.03.0007 e ZA02.03.09.

XX.03.0012. Disponíveis em: <www.zuzuangel.com.br/documental/registro-fotografico-da-visita-de-d-yolanda-costa-e-silva-e-zuzu-angel-a-fabrica-de-tecidos-werner-em-petropolis>, <www.zuzuangel.com.br/documental/registro-fotografico-da-visita-da-primeira-dama-yolanda-costa-e-silva-acompanhada-por-zuzu-angel-a-fabrica-de-tecidos-2>, <www.zuzuangel.com.br/documental/registro-fotografico-da-visita-de-d-yolanda-costa-e-silva-e-zuzu-angel-a-fabrica-de-tecidos-werner> e <www.zuzuangel.com.br/documental/registro-fotografico-de-yolanda-costa-e-silva-zuzu-angel-a-fabrica-de-tecidos-werner>.

39. Elio Gaspari, *As ilusões armadas: A ditadura envergonhada*, op. cit.
40. Virginia Valli, op. cit.
41. Entrevista de Hildegard Angel para a exposição Ocupação Zuzu do Itaú Cultural, abr. 2014. Vídeo disponível em: <www.youtube.com/watch?v=JAvIjrgzRo4>.
42. Ciça Guedes e Murilo Fiuza de Melo, op. cit., p. 196.
43. Elio Gaspari, *As ilusões armadas: A ditadura envergonhada*, op. cit. Maud Chirio, op. cit. Entradas de 8 out. 1967 e 1 dez. 1967 em Carlos Castello Branco, *Os militares no poder: O Ato 5*. Rio de Janeiro: Nova Fronteira, 1978.
44. Depoimento de Hildegard Angel à Comissão Estadual da Verdade do Rio de Janeiro. 7 maio 2014.
45. "Resistência Cultural — Música: Presidente sem pescoço", Memorial da Democracia. Disponível em: <memorialdademocracia.com.br/resistencia-cultural/musica>.

5. Um brinde (de Pepsi) à *lively brunette* [pp. 87-111]

1. "Zuzu Angel: Primeira-dama da costura", op. cit.
2. François Truffaut, *Hitchcock/Truffaut: Entrevistas, edição definitiva*. São Paulo: Companhia das Letras, 2004, p. 225.
3. *Jornal do Brasil*, 24 out. 1967.
4. "Uma estrela que volta", *Jornal do Brasil*, 22 out. 1967.
5. *Jornal do Brasil*, 24 e 25 out. 1967.
6. Clóvis Bulcão, *Os Guinle: História de uma dinastia*. Rio de Janeiro: Intrínseca, 2015.
7. "Kim e o caftan", *O Globo*, 14 nov. 1967.
8. Registro fotográfico de Zuzu Angel com Kim Novak em seu ateliê. Acervo do Instituto Zuzu Angel, número de registro ZA02.03.09.XX.04.0002. Disponível em: <www.zuzuangel.com.br/documental/registro-fotografico-de-zuzu-angel-com-kim-novak-em-seu-atelie>.
9. Registro fotográfico de Hildegard Angel, Kim Novak, Zuzu Angel e Ana Cristina Angel. Acervo do Instituto Zuzu Angel, número de registro ZA02.03.09.XX.04.0004. Disponível em: <www.zuzuangel.com.br/documental/registro-fotografico-de-hildegard-angel-kim-novak-zuzu-angel-e-ana-cristina-angel>.
10. Registro fotográfico de Zuzu Angel com Kim Novak na porta do seu ateliê. Acervo do Instituto Zuzu Angel, número de registro ZA02.03.09.XX.04.0003. Disponível em: <www.zuzuangel.com.br/documental/registro-fotografico-de-zuzu-angel-com-kim-novak-na-porta-do-seu-atelie>.
11. "Kim e o caftan", op. cit.
12. Telegrama de Kim Novak para Zuzu Angel, 30 dez. 1967. Acervo do Instituto Zuzu Angel, número de registro ZA02.03.09.XX.04.0005. Disponível em: <www.zuzuangel.com.br/documental/telegrama-de-kim-novak-para-zuzu-angel->.

13. Carta de Kim Novak encaminhada a Zuzu Angel, 5 jan. 1968. Acervo do Instituto Zuzu Angel, número de registro ZA02.03.09.XX.04.0001. Disponível em: <www.zuzuangel.com.br/documental/carta-de-kim-novak-encaminhada-a-zuzu-angel>.
14. *O Globo*, 13 jan. 1968. "Allan Adler, 86: Crafted Beauty Queens' Crowns, Silver Pieces for the Stars", *Los Angeles Times*, 5 dez. 2002.
15. Cópia de carta de Zuzu Angel para Kim Novak, 18 jan. 1968. Acervo do Instituto Zuzu Angel, número de registro ZA02.03.09.XX.04.0006. Disponível em: <www.zuzuangel.com.br/documental/copia-de-carta-de-zuzu-angel-para-kim-novak-em-18-de-janeiro-de-1968>.
16. "Jean Shrimpton diz que é o dinheiro e não o prazer a sua motivação no trabalho", *Jornal do Brasil*, 25 nov. 1967.
17. *Jornal do Brasil*, 29 nov. 1967.
18. *O Globo*, 2 dez. 1967. Vestido (Pepsi Ladies) com boá de plumas. Acervo do Instituto Zuzu Angel, número de registro 108IND. Disponível em: <www.zuzuangel.com.br/vestuario/vestido-pepsi-ladies-com-boa-de-plumas>. Registro fotográfico de Zuzu Angel e Jean Shrimpton na festa de Roberto de Carvalho. Acervo do Instituto Zuzu Angel, número de registro ZA02.03.11.01.XX.0006. Disponível em: <www.zuzuangel.com.br/documental/registro-fotografico-de-zuzu-angel-e-jean-shrimpton-na-festa-de-roberto-de-carvalho>. Fotografia de Zuzu Angel e a modelo inglesa Jean Shrimpton em festa de Roberto de Carvalho no ano de 1967. Acervo do Instituto Zuzu Angel, número de registro ZA02.03.11.01.XX.0022. Disponível em: <www.zuzuangel.com.br/documental/fotografia-de-zuzu-angel-e-a-modelo-inglesa-jean-shrimptom-em-festa-de-roberto-de-carvalho-no-ano-de-1967>.
19. *O Jornal*, 3 dez. 1967. Fotografia autografada por Jean Shrimpton. Acervo do Instituto Zuzu Angel, número de registro ZA02.03.11.01.XX.0007. Disponível em: <www.zuzuangel.com.br/documental/fotografia-autografada-por-jean-shrimpton>.
20. "Joan Crawford chega debaixo de chuva e é recebida sem cortesia no Galeão", *Jornal do Brasil*, 28 nov. 1967.
21. Isabelle Anchieta, *Imagens da mulher no Ocidente Moderno 3: Stars de Hollywood*. São Paulo: Edusp, 2021.
22. "Inaugurada a maior fábrica de refrigerantes em todo o mundo", *Jornal do Brasil*, 3 dez. 1967.
23. "Joan Crawford chega debaixo de chuva e é recebida sem cortesia no Galeão", op. cit.
24. *O Globo*, 1 dez. 1967. "Itamarati recebe Joan Crawford para um almoço de 36 talheres", *Jornal do Brasil*, 1 dez. 1967.
25. "Crawford revela que deseja instalar no Brasil uma fábrica de alimentos", *Jornal do Brasil*, 30 nov. 1967.
26. Hildegard Angel relata que Zuzu teria telefonado diretamente a Joan Crawford, mas a própria Zuzu conta ter tido um primeiro contato com a secretária, que apareceu no ateliê e encomendou o vestido em nome da atriz. Entrevista de Hildegard Angel a Priscila Andrade Silva, 5 out. 2005, em Priscila Andrade Silva, op. cit.
27. "Zuzu Angel: Uma brasileira que é notícia em Nova York", *Jornal do Brasil*, 14 jul. 1968.
28. "La Crawford", *Jornal do Brasil*, 5 dez. 1967.
29. Fotografia de evento no Iate Clube com Joan Crawford, Zuzu Angel e Ana Cristina. Acervo do Instituto Zuzu Angel, número de registro ZA02.03.09.XX.02.0010. Disponível em: <www.zuzuangel.com.br/documental/fotografia-de-evento-no-iate-clube-com-joan-crawford-zuzu-angel-e-ana-cristina>. Registro fotográfico de Joan Crawford

e Zuzu Angel em um evento social. Acervo do Instituto Zuzu Angel, número de registro ZA02.03.09.XX.02.0002. Disponível em: <www.zuzuangel.com.br/documental/registro-fotografico-de-joan-crawford-e-zuzu-angel-em-um-evento-social>.

30. "Inaugurada a maior fábrica de refrigerantes em todo o mundo", op. cit. "Negrão: Joan Crawford é estrela de nossa indústria", *O Globo*, 4 dez. 1967.

31. *O Globo*, 9 dez. 1967. *O Globo*, 15 dez. 1967.

32. "Joan Crawford despede-se do Brasil depois de ir à Noite de Carnaby Street", *Jornal do Brasil*, 5 dez. 1967.

33. "A noite alucinante", *Jornal do Brasil*, 3 dez. 1967.

34. Valerie Mendes e Amy de la Haye, op. cit.

35. Ibid. Marnie Fogg, "A revolução varejista", em Marnie Fogg (Org.), *Tudo sobre moda*. Rio de Janeiro: Sextante, 2013, pp. 354-7. "Biba", *Victoria & Albert Museum*. Disponível em: <www.vam.ac.uk/articles/biba>.

36. João Braga e Luís André do Prado, op. cit. Ruy Castro, *Ela é carioca*, op. cit. Iesa Rodrigues, op. cit.

37. "Em benefício", *Tribuna da Imprensa*, 10 nov. 1967. "Joan Crawford irá ao Copa ver Noite Alucinante de Londres", *Jornal do Brasil*, 11 nov. 1967. "Carnaby é a Noite Louca", *Diario de Noticias*, 11 nov. 1967.

38. "Uma noite em Carnaby Street", *Manchete*, 23 dez. 1967.

39. "Carnaby é a Noite Louca", op. cit.

40. "Joan Crawford despede-se do Brasil depois de ir à Noite de Carnaby Street", op. cit. "Uma noite em Carnaby Street", op. cit.

41. "Histórico da peça". Vestido estampa Festa de São João (conjunto com cinto). Acervo do Instituto Zuzu Angel, número de registro 110IND. Disponível em: <www.zuzuangel.com.br/vestuario/vestido-estampa-festa-de-sao-joao-conjunto-com-cinto>.

42. Reprodução fotográfica de Joan Crawford e Zuzu Angel em um evento social. Acervo do Instituto Zuzu Angel, número de registro ZA02.03.09.XX.02.0003. Disponível em: <www.zuzuangel.com.br/documental/reproducao-fotografica-de-foto-de-joan-crawford-e-zuzu-angel-em-um-evento-social>. Registro fotográfico de Júlio Coutinho, Joan Crawford e Zuzu Angel em um evento social. Acervo do Instituto Zuzu Angel, número de registro ZA02.03.09.XX.02.0004. Disponível em: <www.zuzuangel.com.br/documental/registro-fotografico-de-julio-coutinho-joan-crawford-e-zuzu-angel-em-um-evento-social>.

43. "As mulheres que foram notícia em 1967", *Jornal do Brasil*, 31 dez. 1967.

44. Gilda Chataignier, "Estilo: Resgate de memórias costuradas", op. cit.

45. "Camisa com rosto de Guevara faz Dops invadir loja", *Correio da Manhã*, 15 nov. 1967. "O Dops ataca Barbarella" e "Polícia invade boutique e abre inquérito sobre blusas com rosto de 'Che'", *Jornal do Brasil*, 15 nov. 1967.

46. "De homem para homem", *Tribuna da Imprensa*, 18 maio 1970.

47. "Zuzu Angel: Primeira-dama da costura", op. cit.

48. *O Globo*, 6 jul. 1968.

49. *O Globo*, 11 maio 1968.

50. "Primeira-dama no Municipal", *O Globo*, 24 fev. 1968. *O Globo*, 13 abr. 1968.

51. "Municipal", *O Cruzeiro*, 9 mar. 1968. "Ser júri é padecer num paraíso", *O Globo*, 11 fev. 1971.

52. *O Globo*, 3 fev. 1968. "Carven: Show de cor", *Jornal do Brasil*, 6 mar. 1968.

53. *Correio da Manhã*, 6 mar. 1968. "Zuzu Angel vai à feira", *Tribuna da Imprensa*, 17 abr. 1968.

54. Frank Duane, "HemisFair '68". Handbook of Texas Online, 30 mar. 2021. Disponível em: <tshaonline.org/handbook/entries/hemisfair-68>.
55. *Tribuna da Imprensa*, 17 abr. 1968. *Jornal do Commercio*, 21 maio 1968.
56. Nancy Baker Jones, "The Way We Were: Gender and the Women's Pavilion, HemisFair '68", *The Southwestern Historical Quarterly*, v. 119, n. 4, pp. 339-53, abr. 2006. Steve Bennett, "S.A. Women Made Their Mark with HemisFair' 68's Woman's Pavilion", *San Antonio Express News*, 6 dez. 2017.
57. Priscila Andrade Silva, op. cit.
58. "Zuzu Angel: Uma brasileira que é notícia em Nova York", op. cit.
59. *Correio da Manhã*, 6 jun. 1968. *O Globo*, 8 jun. 1968. "Zuzu Angel vai exportar modelos para Nova York", *O Jornal*, 11 jul. 1968.
60. "Zuzu Angel vai exportar modelos para Nova York", op. cit.
61. Robin Givhan, *A batalha de Versalhes: A noite que mudou a história da moda*. Rio de Janeiro: Zahar, 2017. Kimberly W. Voss, "The Journalism of Style: How New York's Fashion Editors Set the Stage for Fashion Reporting". The Gotham Center for New York City History, 5 out. 2021. Disponível em: <www.gothamcenter.org/blog/the-journalism-of-style-how-new-yorks-fashion-editors-set-the-stage-for-fashion-reporting>.
62. "Zuzu Angel vai exportar modelos para Nova York", op. cit. Virginia Valli, op. cit., p. 35. Priscila Andrade Silva, op. cit.
63. "Zuzu Angel vai exportar modelos para Nova York", op. cit.
64. Ibid.
65. Ibid.
66. *O Jornal*, 18 jun. 1968.
67. "Uma brasileira em Nova York", *Jornal do Brasil*, 20 jun. 1968.
68. "Joan Crawford: 'O Brasil é minha paixão'", *Manchete*, 13 jul. 1968.
69. As correções de valores em dólares americanos foram realizadas pela calculadora de inflação disponibilizada pelo Federal Reserve Bank americano. Todos os números são aproximados.
70. Sobre Crawford e seus apartamentos: Joan Crawford, *My Way of Life*. Nova York: Simon & Schuster, 1971. Donald Spoto, *Possessed: The life of Joan Crawford*. Nova York: William Morrow, 2011. Lawrence J. Quirk, *Joan Crawford: The essential biography*. Lexington: University Press of Kentucky, 2002. Simon Doonan, "A Condom for Your Couch? Carleton Varney on Mrs. Clean", *Observer*, 25 fev. 2002. Andrew Nodell, "Inside Joan Crawford's Life after *Feud*", *WWD*, 19 abr. 2017. S. B. Conroy, "Confessions of an Interior Designer", *Washington Post*, 1 fev. 1981.
71. Lawrence J. Quirk, op. cit., pp. 284-5.
72. Rose Marie Muraro, "Anatomia do mito", *Jornal do Brasil*, 22 dez. 1973.
73. "Um anjo na alta-costura", *Jornal do Brasil*, 1 dez. 1971.
74. Vestido rosa Rain (Pepsi Ladies). Acervo do Instituto Zuzu Angel, número de registro 105IND. Disponível em: <www.zuzuangel.com.br/vestuario/vestido-rosa-rain-pepsi-ladies>.
75. Carta de Kim Novak para Zuzu Angel, 5 jul. 1968. Acervo do Instituto Zuzu Angel, número de registro ZA01.XX.04.01.XX.0002. Disponível em: <www.zuzuangel.com.br/documental/carta-de-kim-novak-para-zuzu-angel>.
76. *Jornal do Commercio*, 20-21 maio 1968. "Zuzu Angel vai exportar modelos para Nova York", op. cit.
77. "A moda em questão — XVI", *O Globo*, 8 jul. 1968.

78. Ibid.
79. Marshall McLuhan, *Os meios de comunicação como extensões do homem*. São Paulo: Cultrix, 2011. Elizabeth Castaldo Lundén, "Exploring Fashion as Communication: The Search for a New Fashion History against the Grain", *Popular Communication*, v. 18, n. 4, pp. 249-58, 2020. Megan Mullen, "Review: Coming to Terms with the Future He Foresaw: Marshall McLuhan's *Understanding Media*", *Technology and Culture*, v. 47, n. 2, pp. 373-80, 2006. Iesa Rodrigues, op. cit.
80. "Zuzu Angel: 'Não entrego o ouro aos bandidos!'", op. cit.
81. "A moda em questão — XVI", op. cit.
82. "Zuzu Angel: Uma brasileira que é notícia em Nova York", op. cit.
83. "A moda em questão — XVI", op. cit.
84. "A morte do homossexualismo", *Jornal do Brasil*, 10 mar. 1968.
85. *O Jornal*, 1 ago. 1968.
86. "Zuzu Angel vai exportar modelos para Nova York", op. cit.
87. Maggie Astor, "How Robert Kennedy's Assassination Changed American Politics", *The New York Times*, 1 jun. 2018.
88. Sobre a Marcha dos Cem Mil e as demais mobilizações de 1968: Zuenir Ventura, *1968: O ano que não terminou*, op. cit. Elio Gaspari, *As ilusões armadas: A ditadura envergonhada*, op. cit. Alfredo Sirkis, *Os carbonários: Memórias da guerrilha perdida*. São Paulo: Global, 1981. "Passeata dos Cem Mil afronta a ditadura" e "28 pessoas morrem na sexta-feira sangrenta", Memorial da Democracia. Disponível em: <memorialdademocracia.com.br/card/passeata-dos-cem-mil-afronta-a-ditadura> e <memorialdademocracia.com.br/card/sexta-feira-sangrenta-28-mortos-nas-ruas>. Sérgio Lamarão, "Passeata dos Cem Mil", Atlas Histórico do Brasil, FGV-CPDOC. Disponível em: <atlas.fgv.br/verbete/6289>. Citação de Irene Papi em Zuenir Ventura, *1968: O ano que não terminou*, op. cit., p. 161.
89. *O Globo*, 11 maio 1968. "A morte do homossexualismo", op. cit.
90. *Tribuna da Imprensa*, 11 jul. 1968.
91. "Gutemberg casa com Guaíra Jost e convida Costa", *Correio da Manhã*, 18 jul. 1968.

6. Os furos do manto [pp. 113-24]

1. Sobre o manto feito por Zuzu Angel à rainha Elizabeth II: Release notificando a exibição do manto produzido por Zuzu Angel para presentear a rainha Elizabeth II, 1968. Acervo do Instituto Zuzu Angel, número de registro ZA02.03.09.XX.03.0010. Conjunto de três registros fotográficos do manto produzido por Zuzu Angel e encomendado por d. Yolanda Costa e Silva para presentear a rainha Elizabeth II, 1968. Acervo do Instituto Zuzu Angel, número de registro ZA02.03.09.XX.03.0005. *O Globo*, 19 out. 1968. "Manto de ouro e pedras preciosas", *O Jornal*, 2 nov. 1968. "Presente de d. Iolanda ainda é dúvida", *Jornal do Brasil*, 2 nov. 1968. *Diario do Paraná*, 3 nov. 1968. Ciça Guedes e Murilo Fiuza de Melo, op. cit. Hildegard Angel, "O manto brasileiro da rainha Elizabeth II", Brasil247, 8 set. 2022.
2. Todos os valores em cruzeiros e cruzeiros novos corrigidos e atualizados para reais foram calculados de acordo com o índice IGP-DI, medido pela Fundação Getulio Vargas, através da ferramenta Calculadora do Cidadão, do Banco Central do Brasil. Trata-se de números aproximados.
3. ROYAL UK, *Gifts policy*, 2003. Disponível em: <www.royal.uk/sites/default/files/media-packs/gifts_policy_2003.pdf>.

4. Maud Chirio, op. cit. Zuenir Ventura, *1968: O ano que não terminou*, op. cit.
5. "Presente de d. Iolanda ainda é dúvida", op. cit.
6. "Nova crise", *Última Hora*, 16 nov. 1968. *Tribuna da Imprensa*, 5 nov. 1968.
7. "Ibrahim Sued Repórter", Memória Globo, 29 out. 2021. Disponível em: <memoriaglobo.globo.com/jornalismo/jornalismo-e-telejornais/ibrahim-sued-reporter/noticia/ibrahim-sued-reporter.ghtml>. "História", Memória Globo, 29 out. 2021. Disponível em: <memoriaglobo.globo.com/jornalismo/jornalismo-e-telejornais/jornal-de-vanguarda/noticia/historia.ghtml>.
8. Apud Hildegard Angel, "O manto brasileiro da rainha Elizabeth II", op. cit. Entrevista de Hildegard Angel a Lilian Pacce, "Zuzu Angel, a estilista que usou a moda para denunciar a ditadura", 29 out. 2020. Disponível em: <www.youtube.com/watch?v=6Y7MzupxpG4>.
9. *O Jornal*, 12 nov. 1968.
10. Ibid.
11. "Seis rainhas da simpatia e da gentileza para receber a rainha Elizabeth II", *O Jornal*, 14 nov. 1968. "Uma vez Zuzu, sempre Zuzu", *O Globo*, 16 nov. 1968. Fotografia da primeira-dama Yolanda Costa e Silva com vestido criação Zuzu Angel recebendo a rainha Elizabeth da Inglaterra, 6 nov. 1968. Acervo do Instituto Zuzu Angel, número de registro ZA02.03.09.XX.03.0013.
12. Zuenir Ventura, *1968: O ano que não terminou*, op. cit.
13. Thayz Guimarães, "Seis cisnes e um par de onças: Elizabeth II trocou presentes inusitados com ditadura brasileira", *O Globo*, 9 set. 2022.
14. Entrevista de Hildegard Angel a Lilian Pacce, "Zuzu Angel, a estilista que usou a moda para denunciar a ditadura", op. cit.
15. Ibid.
16. *Jornal do Brasil*, 11 set. 1968. *Tribuna da Imprensa*, 30 set. 1968.
17. Cartão de d. Yolanda Costa e Silva encaminhado a Zuzu Angel, sem data, ano de 1968. Acervo do Instituto Zuzu Angel, número de registro ZA02.03.09.XX.03.0001. Bilhete produzido por Zuzu Angel em resposta ao cartão de d. Yolanda Costa e Silva, 3 dez. 1968. Acervo do Instituto Zuzu Angel, número de registro ZA02.03.09.XX.03.0002.
18. *Tribuna da Imprensa*, 14 ago. 1968.
19. *O Jornal*, 7 set. 1968.
20. *Tribuna da Imprensa*, 14-15 dez. 1968.
21. *Correio da Manhã*, 21 dez. 1968.
22. *Tribuna da Imprensa*, 3 set. 1968 e 3 out. 1968. *O Jornal*, 7 set. 1968. *Jornal do Brasil*, 1 out. 1968 e 4 out. 1968.
23. "Zuzu Angel: Um verão sofisticado", *Jornal do Brasil*, 24 dez. 1968.
24. "CNMB: 26 anos de reconhecimento ao papel da mulher", Comunicarte, Marketing Cultural e Social & CNMB, 1992. Arquivo Romy Medeiros da Fonseca, Hispanic Division, Library of Congress.
25. Conselho Nacional de Mulheres do Brasil, "Lista das dez mulheres que em 1968, muito trabalharam pela integração da mulher no processo de desenvolvimento sociopolítico-econômico do país", 16 dez. 1968. Arquivo Romy Medeiros da Fonseca, Hispanic Division, Library of Congress. Carta-convite do Conselho Nacional de Mulheres do Brasil a Zuzu Angel, 9 dez. 1968. Acervo do Instituto Zuzu Angel, número de registro ZA02.03.02.XX.03.0003.
26. *Correio Braziliense*, 11 set. 1968. *Diario de Pernambuco*, 13 set. 1968.

27. Branca Moreira Alves e Jacqueline Pitanguy, *Feminismo no Brasil: Memórias de quem fez acontecer*. Rio de Janeiro: Bazar do Tempo, 2022.
28. Teresa Cristina de Novaes Marques e Hildete Pereira de Melo, "Os direitos civis das mulheres casadas no Brasil entre 1916 e 1962: ou como são feitas as leis", *Estudos Feministas*, Florianópolis, v. 16, n. 2, pp. 463-88, maio-ago. 2008.
29. Catarina Cecin Gazele, *Estatuto da Mulher Casada: Uma história dos direitos humanos das mulheres no Brasil*. Vitória: Universidade Federal do Espírito Santo, 2005. Dissertação (Mestrado em História Social das Relações Políticas).
30. Documento "Os direitos civis da mulher — Anteprojeto organizado pelo Comitê Brasileiro da Comissão Interamericana de Mulheres". Arquivo Romy Medeiros da Fonseca, Hispanic Division, Library of Congress.
31. Romy Medeiros da Fonseca, "A reforma do Código Civil — II", *Jornal do Commercio*, 14 ago. 1959. "A mulher brasileira em luta pela atualização do Direito". S. ref., dez. 1950. "O marido não pode impedir a mulher de trabalhar". S. ref., 18 maio 1951. "Capacidade civil da mulher casada". S. ref., 22 set. 1957. Arquivo Romy Medeiros da Fonseca, Hispanic Division, Library of Congress.
32. Apud Teresa Cristina de Novaes Marques e Hildete Pereira de Melo, op. cit.
33. Estatutos do Conselho Nacional de Mulheres do Brasil, 7 pp., 17 jul. 1947. Arquivo Romy Medeiros da Fonseca, Hispanic Division, Library of Congress.
34. "Homenageadas as dez mulheres do progresso social", *Correio da Manhã*, 27 dez. 1968. "Diplomadas as mulheres destaque-68", *O Jornal*, 28 dez. 1968.
35. "A mulher e os seus direitos", *A Cigarra*, set. 1967. Arquivo Romy Medeiros da Fonseca, Hispanic Division, Library of Congress.
36. "Discurso proferido pela dra. Romy Medeiros da Fonseca, na sessão do dia 26 de dezembro de 1968, no Salão de Conferências do Palácio Itamaraty, em homenagem às dez mulheres que em 1968 muito trabalharam pela integração da mulher no processo de desenvolvimento sociopolítico-econômico do país", 2 pp., dez. 1968. Arquivo Romy Medeiros da Fonseca, Hispanic Division, Library of Congress.
37. "Histórico: Conselho Internacional de Mulheres". S.d., 4 pp. Arquivo Romy Medeiros da Fonseca, Hispanic Division, Library of Congress.

7. Clandestinos [pp. 125-38]

1. Aziz Ahmed e João Luiz de Moraes, *O calvário de Sônia Angel: Uma história de terror nos porões da ditadura*. Rio de Janeiro: Gráfica MEC, 1994.
2. Sobre Sônia Moraes e o CAp: Entrevista de Franklin Martins à autora, 13 jun. 2024. Patricia Henriques Mafra, *Uma escola contra a ditadura: A participação política do CAp-UFRJ durante o regime militar brasileiro (1964-1968)*. Rio de Janeiro: Universidade Federal do Rio de Janeiro, 2006. Dissertação (Mestrado em História Social).
3. Daniel Aarão Reis Filho, "Um passado imprevisível: A construção da memória da esquerda nos anos 60", em *Versões e ficções: O sequestro da história*. São Paulo: Fundação Perseu Abramo, 1997, pp. 31-45.
4. Higor Codarin, *O MR-8 na luta armada: As armas da crítica e a crítica das armas*. São Paulo: Alameda, 2019. Entrevista de Franklin Martins à autora, op. cit. Entrevista de Lúcia Murat à autora, 19 jun. 2024.
5. Entrevista de Franklin Martins à autora, op. cit.

6. Izabel Priscila Pimentel da Silva, *Os filhos rebeldes de um velho camarada: A Dissidência Comunista da Guanabara (1964-1969)*. Niterói: Universidade Federal Fluminense, 2009. Dissertação (Mestrado em História Social).
7. Entrevista de Lúcia Murat à autora, op. cit.
8. Priscila Andrade Silva, op. cit.
9. Aziz Ahmed e João Luiz de Moraes, op. cit.
10. Virginia Valli, op. cit.
11. Higor Codarin, op. cit. Depoimento de Alexandre Lyra à Comissão Nacional da Verdade, 26 nov. 2014.
12. Aziz Ahmed e João Luiz de Moraes, op. cit. Virginia Valli, op. cit.
13. Certidão de casamento de Stuart e Sônia Angel Jones. Arquivo Nacional, referência BR.AN.BSB.AT0.76.1, p. 14.
14. Entrevista de Lúcia Murat à autora, op. cit.
15. Aziz Ahmed e João Luiz de Moraes, op. cit. Virginia Valli, op. cit.
16. Higor Codarin, op. cit. Informação nº 839/70/S-102-M2-CIE. Ministério do Exército, CIE, 13 abr. 1970. Arquivo Nacional.
17. Declaração de Adolfo Balsa, 24 fev. 1969. Secretaria de Segurança Pública, Superintendência da Polícia Judiciária. Acervo Brasil Nunca Mais, BNM_625.
18. "Assaltantes levam do banco à luz do dia NCr$ 37 mil", *Correio da Manhã*, 25 mar. 1969.
19. Higor Codarin, op. cit. Helena Salem, "Ex-militante inspira personagens femininas", em *Versões e ficções*, op. cit., pp. 61-9.
20. Apud Alfredo Sirkis, op. cit.
21. Ibid.
22. Maria Cláudia Badan Ribeiro, *Mulheres na luta armada: Protagonismo feminino na ALN*. São Paulo: Alameda, 2018.
23. Sobre o AI-5: Arquidiocese de São Paulo, *Brasil: Nunca mais*. Petrópolis: Vozes, 1985. Lilia Moritz Schwarcz e Heloisa Murgel Starling, *Brasil: Uma biografia*. São Paulo: Companhia das Letras, 2015. Maud Chirio, op. cit. Zuenir Ventura, *1968: O ano que não terminou*, op. cit.
24. Carlos Castello Branco, op. cit., p. 562.
25. Zuenir Ventura, *1968: O ano que não terminou*, op. cit., pp. 193-6.
26. Iramaya Benjamin, *Ofício de mãe: A saga de uma mulher*. Em depoimento a Margarida Autran. Rio de Janeiro: Marco Zero, 1982. Maria Cláudia Badan Ribeiro, op. cit. Virginia Valli, op. cit.
27. Carta datilografada de Stuart em inglês. Acervo do Instituto Zuzu Angel, número de registro ZA03.XX.01.01.XX.0006.
28. Inquérito nº 47/69, Secretaria de Segurança Pública da Guanabara, 17 jun. 1969. Acervo Brasil Nunca Mais, dossiê BNM_253. Aziz Ahmed e João Luiz de Moraes, op. cit.
29. Higor Codarin, op. cit.
30. Relatório do Inquérito Policial Militar, 30 out. 1969. Acervo Brasil Nunca Mais, dossiê BNM_253.
31. Ato de Prisão em Flagrante, 1 maio 1969. Dops, SSP-GB. Acervo Brasil Nunca Mais, dossiê BNM_336.
32. Seção de Buscas Especiais do Dops, 1 maio 1969. Acervo Brasil Nunca Mais, dossiê BNM_336.
33. Cópia autêntica do auto de apresentação e apreensão lavrado nesta Delegacia de Ordem Política e Social no dia 2 de maio de 1969. Inquérito nº 47/69. Secretaria de

Segurança Pública do Estado da Guanabara, 26 jun. 1969. Acervo Brasil Nunca Mais, dossiê BNM_253.

34. Aziz Ahmed e João Luiz de Moraes, op. cit.

35. Jorge Luís Rocha, "Heleno Cláudio Fragoso: Um mestre nos tribunais de exceção", em Fernando Sá, Oswaldo Munteal e Paulo Emílio Martins, *Os advogados e a ditadura de 1964: A defesa dos perseguidos políticos no Brasil.* Rio de Janeiro: Vozes, 2010, pp. 88-99. Nilo Batista, "Memória de Heleno". Disponível em: <www.fragoso.com.br/wp-content/uploads/2017/10/20171002234032-memoria_heleno.pdf>.

36. Virginia Valli, op. cit.

37. Relatório do Inquérito Policial Militar, 30 out. 1969. Acervo Brasil Nunca Mais, dossiê BNM_253. Folha nº 7.

38. Aziz Ahmed e João Luiz de Moraes, op. cit.

39. Depoimento de Maria Clara Mariani a Aziz Ahmed, em Aziz Ahmed e João Luiz de Moraes, op. cit., pp. 71-9.

40. Higor Codarin, op. cit. Helena Salem, "Ficção é julgada sob as lentes da história", em *Versões e ficções*, op. cit., pp. 71-92.

41. Termo de perguntas ao indiciado, 15 out. 1969. Acervo Brasil Nunca Mais, dossiê BNM_295.

42. Higor Codarin, op. cit.

43. Lucy Dias, *Anos 70: Enquanto corria a barca*. São Paulo: Senac São Paulo, 2003. Elio Gaspari, *As ilusões armadas: A ditadura envergonhada*, op. cit. Alfredo Sirkis, op. cit.

44. Depoimento de Zuzu Angel a Hélio Silva e ao Centro de Memória Social Brasileira, op. cit. Carta datilografada de Stuart em inglês. Acervo do Instituto Zuzu Angel, número de registro ZA03.XX.01.01.XX.0006.

45. Depoimentos de Nélie Sá Pereira e Carlos Eduardo Fayal de Lyra a Aziz Ahmed, em Aziz Ahmed e João Luiz de Moraes, op. cit., pp. 80-91.

46. Virginia Valli, op. cit., p. 47. Depoimentos de Maria Clara Mariani e Cléa Lopes de Moraes a Aziz Ahmed, em Aziz Ahmed e João Luiz de Moraes, pp. 71-9 e 92-110.

8. Tudo de novo — e mais um pouco [pp. 139-58]

1. Roxane Gay, "Fifty Years Ago, Protesters Took on the Miss America Pageant and Electrified the Feminist Movement", *Smithsonian Magazine*, jan. 2018. Disponível em: <www.smithsonianmag.com/history/fifty-years-ago-protestors-took-on-miss-america-pageant-electrified-feminist-movement-180967504>. "100 Women: The Truth behind the 'Bra-Burning' Feminists", BBC, 6 set. 2018. Tom Gresham, "Professor Explains Importance of 1968 Miss America Pageant Protests in Today's Era of MeToo and Black Lives Matter Movement", *Virginia Commonwealth University News*, 5 nov. 2018. Disponível em: <news.vcu.edu/article/Professor_explains_importance_of_1968_Miss_America_pageant_protests>.

2. "Estas mulheres gritam abaixo os homens", *Manchete*, 13 dez. 1969.

3. Betty Friedan, *A mística feminina*. Petrópolis: Vozes, 1971.

4. Ashley Fetters, "4 Big Problems with *The Feminine Mystique*", *The Atlantic*, 12 fev. 2013. Disponível em: <www.theatlantic.com/sexes/archive/2013/02/4-big-problems-with-the-feminine-mystique/273069/>. Jacob Muñoz, "The Powerful, Complicated Legacy of Betty Friedan's *The Feminine Mystique*", *Smithsonian Magazine*, 4 fev. 2021. Disponível em: <www.smithsonianmag.com/smithsonian-institution/powerful-complicated-

-legacy-betty-friedans-feminine-mystique-180976931/>. Rose Marie Muraro, *Memórias de uma mulher impossível*. Rio de Janeiro: Rosa dos Tempos, 2000.

5. Rose Marie Muraro, op. cit.
6. "Zuzu não aceita a moda rígida que tolhe o movimento", *Correio da Manhã*, 22 jan. 1969.
7. Valerie Mendes e Amy de la Haye, op. cit. Maria do Carmo Teixeira Rainho, *Moda e revolução nos anos 1960*. Rio de Janeiro: Contra Capa, 2014.
8. Maria do Carmo Teixeira Rainho, op. cit. Dominique Veillon e Françoise Denoyelle, "Regard sur la mode des années 60 et sur l'arrivée de nouveaux acteurs", *Bulletins de l'Institut d'Histoire du Temps Présent*, n. 76, pp. 37-46, 2000.
9. "Moda marota", *Correio da Manhã*, 23 nov. 1969.
10. "Zuzu Angel diz que mulher é escrava da moda", *Jornal do Brasil*, 31 jan. 1969.
11. Ibid.
12. Ibid. "Grandes costureiros definem novas linhas", *Jornal do Brasil*, 31 jan. 1969.
13. Maria do Carmo Teixeira Rainho, op. cit., p. 324.
14. Alan Jay Lerner, André Previn e Katharine Hepburn, "The World Belongs to the Young". 1970 Original Broadway Cast.
15. Catálogo do musical *Coco*, com assinatura de Zuzu Angel na capa. Acervo do Instituto Zuzu Angel, número de registro ZA01.XX.06.03.XX.0002.
16. Sobre *Coco*: Annemarie van Roessel, "'A Phenomenon Called Katharine Hepburn': Nostalgia and Aging, Female Stardom on Broadway, 1967-1972", Billy Rose Theatre Division, Library for the Performing Arts, New York Public Library, 27 maio 2020. Disponível em: <www.nypl.org/blog/2020/05/27/katharine-hepburn-coco-broadway-1967>. Maya Cantu, "'The World Belongs to the Young?': Age and the Golden Age Diva in *Coco* (1969) and *Applause* (1970)", *Studies in Musical Theater*, v. 12, n. 1, pp. 25-41, 2018. Clive Barnes, "Theater: Katharine Hepburn Has Title Role in *Coco*, Musical Fashion Show; Life of Dress Designer on Hellinger Stage", *The New York Times*, 19 dez. 1969. "Mark Hellinger Theater", Landmarks Preservation Commission, 5 jan. 1988. Disponível em: <s-media.nyc.gov/agencies/lpc/lp/1338.pdf>.
17. Apud Maya Cantu, op. cit., p. 28.
18. *Tribuna da Imprensa*, 24 fev. 1969 e 1-2 mar. 1969.
19. Robin Givhan, op. cit., p. 99.
20. "Zuzu Angel: 'Eu estou sempre iniciando'", *O Globo*, 23 maio 1970.
21. Valerie Mendes e Amy de la Haye, op. cit.
22. Marnie Fogg, "Hippie chique" e "Roupas *one-stop*", em Marnie Fogg (Org.), op. cit., pp. 386-7 e 398-9. Aline G. Damas, "1969 and the Rise of a Revolution: Fashion 50 Years Ago", *The Harvard Crimson*, 30 abr. 2019. Disponível em: <www.thecrimson.com/article/2019/4/30/fashion-trends-1969/>.
23. Karina Reddy, "Fashion History Timeline: 1970-1979", Fashion Institute of Technology, 3 out. 2019. Disponível em: <fashionhistory.fitnyc.edu/1970-1979/>.
24. "Zuzu Angel vai exportar modelos para Nova York", op. cit.
25. *Diario de Noticias*, 13 maio 1970. *O Jornal*, 13 maio 1970.
26. "Zuzu Angel: 'Eu estou sempre iniciando'", op. cit.
27. Priscila Andrade Silva, op. cit.
28. "Zuzu Angel, sucesso em Nova Iorque", *O Jornal*, 13 dez. 1970.
29. *O Jornal*, 26 out. 1969.
30. "Zuzu Angel, sucesso em Nova York", op. cit.

31. Ibid.
32. “A moda em questão — XVI”, op. cit. “Zuzu Angel: Uma brasileira que é notícia em Nova York”, op. cit.
33. *Jornal do Brasil*, 1-2 fev. 1970.
34. *Correio da Manhã*, 12-13 abr. 1970 e 13 maio 1970. *O Globo*, 11 abr. 1970.
35. “Brasileira leva moda aos EUA”, *Diario de Noticias*, 13 maio 1970.
36. Valerie Wingfield, V. “The Fashion Group International Records, ca. 1930-1997”. The New York Public Library, 1997; 2007.
37. Eleanor Roosevelt, *It's Up to the Women* [1933]. Apud Larissa Marie Knopp, *The Business of Fashion: Fashion Group International, 1928-1997*. Nova York: Department of History, St. John's University, 2020, p. 19. Tese (Doutorado em Filosofia).
38. Sobre o Fashion Group: Larissa Marie Knopp, op. cit.
39. “Zuzu Angel: Cronologia”, em *Zuzu Angel: A força do anjo*. Livreto de exposição, 1996. Arquivo Romy Medeiros da Fonseca, Hispanic Division, Library of Congress.
40. “Denner conta tudo”, *O Pasquim*, 11-18 set. 1969.
41. “Zuzu Angel: ‘Eu estou sempre iniciando’”, op. cit.
42. *O Jornal*, 13 maio 1970.
43. Certidão simplificada da empresa Akeeka Indústria e Comércio de Importação e Exportação Ltda. Sistema Nacional de Registro de Empresas Mercantis — Sinrem. Governo do Estado do Rio de Janeiro. Documento cedido em 9 jul. 2024 pela Junta Comercial do Estado do Rio de Janeiro.
44. “Figurinista de volta fala da moda mundial”, *Tribuna da Imprensa*, 13 maio 1970.
45. “Está na Fábrica D. Isabel o melhor aparelhamento de produção de tecidos”, *A Noite*, edição comemorativa do 1º centenário da cidade de Petrópolis, 30 nov. 1957. “Dona Isabel: Na vanguarda dos produtos têxteis”, *O Cruzeiro*, 28 out. 1967.
46. João Braga e Luís André do Prado, op. cit.
47. “Parceria”. Entrevista de Hildegard Angel para a exposição Ocupação Zuzu do Itaú Cultural, op. cit.
48. “Agora, roupa feita para Nova York”, *Jornal do Brasil*, 1 set. 1970.
49. “Zuzu Angel: ‘Eu estou sempre iniciando’”, op. cit.
50. *O Globo*, 15 ago. 1970.
51. “Cores e flores fazem o encanto da moda pastoral”, *O Cruzeiro*, 17 nov. 1970.
52. “Agora, roupa feita para Nova Iorque”, *Jornal do Brasil*, 1 set. 1970.
53. Vestido pastoral com franja e rendas (longo). Acervo do Instituto Zuzu Angel, número de registro 100IND. Disponível em: <www.zuzuangel.com.br/vestuario/vestido-pastoral-com-franja-e-rendas-longo>. Vestido curto pastoral com franja e rendas (short). Acervo do Instituto Zuzu Angel, número de registro 104IND. Disponível em: <www.zuzuangel.com.br/vestuario/vestido-curto-pastoral-com-franja-e-rendas-short>.
54. Dininha Morgado, *Eu, Luiz de Freitas, Mr. Wonderful*. Petrópolis: Bem Cultural, 2024, p. 67.
55. Ibid., p. 62.
56. Antonieta Santos, “Quando vamos comemorar a liberdade?”, *Folha de S.Paulo*, 13 maio 1978.
57. “Cores e flores fazem o encanto da moda pastoral”, op. cit.
58. Dininha Morgado, op. cit.
59. A. Santos, op. cit.

9. Trajes da nossa terra [pp. 159-72]

1. Apud Tânia da Costa Garcia, *O "it verde e amarelo" de Carmen Miranda*. São Paulo: Annablume; Fapesp, 2004, p. 185.
2. "Zuzu Angel, sucesso em Nova York", op. cit.
3. "Zuzu Angel: Uma brasileira que é notícia em Nova York", op. cit.
4. "O sucesso vem de Nova York", *Jornal do Brasil*, 9 dez. 1970. *O Globo*, 24 out. 1970. Depoimento de Hildegard Angel para a exposição Ocupação Zuzu do Itaú Cultural, op. cit.
5. Priscila Andrade Silva, op. cit.
6. "Zuzu Angel, sucesso em Nova York", op. cit.
7. Hildegard Angel, "Once Zuzu, Always Zuzu", *O Globo*, 24 nov. 1970.
8. Fashion Calendar, out. 1970. Acervo do Instituto Zuzu Angel, número de registro ZA02.03.09.XX.07.0021. Disponível em: <www.zuzuangel.com.br/documental/-fashion-calendar-outubro-de-1970>.
9. Press Release da International Dateline Collection I, em Priscila Andrade Silva, op. cit., pp. 125-7.
10. Ibid.
11. "Nossa moda conquista o mundo", *Manchete*, 20 mar. 1971.
12. Priscila Andrade Silva, op. cit.
13. "Zuzu brilha na Quinta Avenida", *O Globo*, 7 dez. 1970.
14. "Designs with a Touch of Carmen Miranda Flair", *The New York Times*, 15 nov. 1970.
15. *O Globo*, 24 out. 1970. "Nossa moda em Nova York", *Diario de Noticias*, 2 dez. 1970.
16. Depoimento de Cléa Lopes de Moraes, em Aziz Ahmed e João Luiz de Moraes, op. cit., p. 96.
17. "Lisa Curtis Introducing Zuzu Angel and Her International Dateline Collection at Bergdorf Goodman, nov. 16", em Priscila Andrade Silva, op. cit., p. 140.
18. Sobre a descrição das peças e os preços: Hildegard Angel, "Once Zuzu, Always Zuzu", op. cit. Press Release da International Dateline Collection I, op. cit. Bill Cunningham, "A Designer from Brazil...", *Chicago Tribune*, [s.d.]. "Zuzu na Quinta Avenida", op. cit.
19. Press Release da International Dateline Collection I, op. cit.
20. Material de divulgação da Bergdorf Goodman sobre a International Dateline Collection I, 1970. Acervo do Instituto Zuzu Angel, número de registro ZA02.03.08.02.XX.0001. Disponível em: <www.zuzuangel.com.br/documental/material-de-divulgacao-international-dateline-collection-i-the-new-york-times-181170-bergdorf-goodman>.
21. "Zuzu Angel, sucesso em Nova Iorque", op. cit.
22. Ana Maria Bahiana, *Almanaque anos 70: Lembranças e curiosidades de uma década muito doida*. Rio de Janeiro: Ediouro, 2006.
23. Tânia da Costa Garcia, op. cit. Julia Vidal, *O africano que existe em nós, brasileiros: Moda e design afro-brasileiros*. Rio de Janeiro: Babilonia Cultura Editorial; Fundação Biblioteca Nacional, 2014.
24. Alceu Penna, "O mundo em foco", *O Cruzeiro*, 4 fev. 1939. Tânia da Costa Garcia, op. cit.
25. Hildegard Angel, "Once Zuzu, Always Zuzu", op. cit.
26. *O Globo*, 24 out. 1970.
27. Material de divulgação da Bergdorf Goodman sobre a International Dateline Collection I, 1970. Acervo do Instituto Zuzu Angel, número de registro ZA02.03.08.02.XX.0001. Disponível em: <www.zuzuangel.com.br/documental/material-de-divulgacao-international-dateline-collection-i-the-new-york-times-181170-bergdorf-goodman>.

28. *O Globo*, 21 nov. 1970.
29. Fotografias de vitrines da loja Bergdorf Goodman em Nova York com roupas de Zuzu Angel. Acervo do Instituto Zuzu Angel, números de registro ZA02.03.09.XX.07.0011; ZA02.03.09.XX.07.0025; ZA02.03.09.XX.07.0026; ZA02.03.09.XX.07.0027.
30. Priscila Andrade Silva, op. cit., p. 68. "Nossa moda em Nova York", op. cit.
31. *O Globo*, 21 nov. 1970.
32. "Nossa moda em Nova York", op. cit. "Zuzu Angel, sucesso em Nova York", op. cit.
33. "Zuzu Angel, sucesso em Nova Iorque", op. cit.
34. "Nossa moda em Nova York", op. cit.
35. Priscila Andrade Silva, op. cit.
36. Marcelo Ridenti, *Brasilidade revolucionária: Um século de cultura e política*. São Paulo: Ed. Unesp, 2010. Sandra Jatahy Pesavento, "A cor da alma: Ambivalências e ambiguidades da identidade nacional", *Estudios Sociales*: *Revista Universitária Semestral*, Santa Fé, ano X, n. 18, pp. 161-9, 1. sem. 2000. Benedict Anderson, *Comunidades imaginadas: Reflexões sobre a origem e a difusão do nacionalismo*. São Paulo: Companhia das Letras, 2008. José Luiz Fiorin, "A construção da identidade nacional brasileira", *Bakhtiniana*, São Paulo, v. 1, n. 1, pp. 115-26, 1. sem. 2009. Débora Krischke Leitão, "O Brasil é uma paisagem: Moda, nação, identidades e outras invenções", *Iara*: *Revista de Moda, Cultura e Arte*, São Paulo, v. 2, n. 2, pp. 139-63, out./dez. 2009.
37. Flávia Cêra, "Tropicalismo: O movimento dos corpos", em Felipe Scovino et al. (Orgs.), *1967: Meio século depois*. Rio de Janeiro: Editora PUC-Rio; Circuito, 2020, pp. 71-82. Nívea Faria de Souza, "Figurino Tropicália: Moda e movimento", *Veredas da História*, v. 11, n. 2, pp. 124-41, dez. 2018.
38. "Zuzu Angel, sucesso em Nova York", op. cit.

10. "Quedas a gente sempre vai ter" [pp. 173-202]

1. Stuart Angel apud Alfredo Sirkis, op. cit., p. 324.
2. Depoimento de Cléa Lopes de Moraes, em Aziz Ahmed e João Luiz de Moraes, op. cit., p. 98.
3. Virgílio Sena Nery, *Entre lutas e despedidas: Da Dissidência Comunista da Guanabara à autocrítica do Movimento Revolucionário 8 de Outubro (1966-1976)*. Salvador: Faculdade de Filosofia e Ciências Humanas, Universidade Federal da Bahia, 2016. Dissertação (Mestrado em História).
4. Emílio Garrastazu Médici apud Lucas Figueiredo, *Ministério do Silêncio: A história do Serviço Secreto brasileiro de Washington Luís a Lula*. Rio de Janeiro: Record, 2005, p. 193.
5. Emílio Garrastazu Médici apud Elio Gaspari, *As ilusões armadas: A ditadura escancarada*. Rio de Janeiro: Intrínseca, 2014, p. 125.
6. Sobre o aparato da repressão: Lucas Figueiredo, op. cit. Elio Gaspari, *As ilusões armadas: A ditadura escancarada*, op. cit. Heloisa Starling, "Órgãos de Informação e repressão da ditadura". Brasil DOC. Disponível em: <www.ufmg.br/brasildoc/temas/2-orgaos-de-informacao-e-repressao-da-ditadura/>. Ministério Público Federal, *Crimes da ditadura militar: Relatório sobre as atividades de persecução penal desenvolvidas pelo MPF em matéria de graves violações a DH cometidas por agentes do Estado durante o regime de exceção*. Brasília: MPF, 2017. Rio de Janeiro (Estado). Comissão Estadual da Verdade do Rio de Janeiro. *Relatório — Comissão da Verdade do Rio*. Rio de Janeiro: CEV-Rio, 2015.

7. "Murici aponta aliciamento de jovens para o terror", *Jornal do Brasil*, 19-20 jul. 1970.
8. Lucas Figueiredo, op. cit., p. 236. Ministério Público Federal, op. cit., p. 77. Elio Gaspari, *A ditadura derrotada: O sacerdote e o feiticeiro*. Rio de Janeiro: Intrínseca, 2014.
9. "Murici aponta aliciamento de jovens para o terror", op. cit.
10. *Correio da Manhã*, 24 dez. 1970.
11. "Zuzu, Blass, Laurent e Valentino", *Jornal do Brasil*, 27 nov. 1970. *O Globo*, 28 nov. 1970.
12. "Fashion: The Bosom Rediscovered", *Time*, 17 fev. 1967. Anne-Marie Schiro, "Jo Blair Hughes, 80, a Supersaleswoman of Fashion, Is Dead", *The New York Times*, 29 mar. 1990. Mary Wells Lawrence, "The Lady Was an Adman", *Vanity Fair*, 4 set. 2013.
13. *Correio da Manhã*, 25 jan. 1971.
14. "Coleções em Nova York", *O Jornal*, 31 jan. 1971. Anúncio da Fábrica Dona Isabel sobre a coleção International Dateline Collection II, 31 jan. 1971. Acervo do Instituto Zuzu Angel, número de registro ZA02.03.09.XX.08.0002. Disponível em: <www.zuzuangel.com.br/documental/anuncio-da-fabrica-dona-isabel-sobre-a-colecao-international-dateline-collection-ii>. Convite de exibição da Coleção International Dateline Collection II. Acervo do Instituto Zuzu Angel, número de registro ZA02.03.09.XX.08.0001. Disponível em: <www.zuzuangel.com.br/documental/convite-de-exibicao-da-colecao-international-dateline-collection-ii>.
15. "Nossa moda conquista o mundo", op. cit.
16. Ibid.
17. Ibid.
18. *O Globo*, 16 nov. 1970. "Zuzu Angel exportação, mais uma do Brasil", *O Globo*, 28 abr. 1971.
19. "Cartas ao leitor: Lisa Curtis", *Manchete*, 22 maio 1971; "Joan Crawford", *Manchete*, 21 ago. 1971.
20. "Zuzu Angel vence bloqueio e dita moda no exterior", *O Globo*, 29 jul. 1971.
21. "Zuzu Angel exportação, mais uma do Brasil", op. cit. "Zuzu Angel vence bloqueio e dita moda no exterior", op. cit.
22. "71 com certeza", *Manchete*, 16 jan. 1971. "Nossa moda conquista o mundo", op. cit.
23. Depoimento de Hildegard Angel à Comissão Estadual da Verdade do Rio de Janeiro, 7 maio 2014.
24. Depoimento de Cléa Lopes de Moraes, em Aziz Ahmed e João Luiz de Moraes, op. cit., p. 95.
25. Sobre a cirurgia de Stuart: Aziz Ahmed e João Luiz de Moraes, op. cit., pp. 38-40 e 74-5. Virginia Valli, op. cit., pp. 47-8.
26. Depoimento de Maria Clara Mariani, em Aziz Ahmed e João Luiz de Moraes, op. cit., p. 75. Declaração: Cópia da declaração manuscrita de Maria Clara Mariani. Remessa de depoimentos do encaminhamento nº 223, 24 maio 1971, CISA-RJ. Arquivo Nacional, código de referência BR.DFANBSB.V8.MIC.GNC.AAA.71036509.
27. Sobre a ação: Depoimento de Alexandre Lyra à Comissão Nacional da Verdade, 26 nov. 2014. Interrogatório nº 92/74 ("Este depoimento é a atualização de anterior prestado pelo epigrafado neste Destacamento em 12 de maio de 1971"), DOI-Codi/I Exército, 18 ago. 1974. Arquivo Nacional, BR.DFANBSB.V8.MIC.GNC.CCC.74007602, pp. 10-1.
28. Sobre o MR-8: Higor Codarin, op. cit. Virgílio Sena Nery, op. cit.
29. Documento sem data. Projeto Brasil Nunca Mais. BNM_076, p. 3529.
30. Alex Polari, *Em busca do tesouro: Uma ficção política vivida*. Rio de Janeiro: Codecri, 1982.
31. Antônio Maria Filho, "A luta de Stuart Angel", *O Globo*, 13 ago. 2006.

32. Sobre a estadia de Stuart na garagem náutica do Flamengo e sua relação com Buck: Ibid. Chico Otávio, op. cit. Depoimento de Hildegard Angel à Comissão Estadual da Verdade do Rio de Janeiro, 7 maio 2014.
33. Higor Codarin, op. cit.
34. Entrevista de Lúcia Murat à autora, 19 jun. 2024. Lúcia Murat Vasconcellos a Janaína de Almeida Teles apud Jônatas Xavier de Souza, *Entre a história e o cinema: Lúcia Murat e sua arte do viver*. Recife: Universidade Federal de Pernambuco, 2018, p. 89. Tese (Doutorado em História).
35. Higor Codarin, op. cit.
36. Verbete "Lamarca, Carlos". Fundação Getulio Vargas — Centro de Pesquisa e Documentação de História Contemporânea do Brasil. Disponível em: <www18.fgv.br/cpdoc/acervo/dicionarios/verbete-biografico/lamarca-carlos>. "Relatório sucinto da Operação Registro", Acervo Digital da Universidade Federal do Paraná. Disponível em: <acervodigital.ufpr.br/xmlui/bitstream/handle/1884/67494/%23Ditadura%20Militar%20-%20Documntos%20Vale%20Ribeira.pdf?sequence=1&isAllowed=y>. "Carlos Lamarca: Há 50 anos era morto o guerrilheiro que marcou a vida de Bolsonaro", BBC Brasil, 17 set. 2021. "Napalm no Vale do Ribeira", Agência Pública, 25 ago. 2014.
37. Alfredo Sirkis, op. cit.
38. Ibid., pp. 317 e 344 (fac-símile da carta de despedida de Lamarca ao autor).
39. Higor Codarin, op. cit.
40. Alfredo Sirkis, op. cit.
41. Elio Gaspari, *A ditadura derrotada*, op. cit. Jônatas Xavier de Souza, op. cit. "Marilena Villas Boas Pinto", Memórias da ditadura. Disponível em: <memoriasdaditadura.org.br/personagens/marilena-villas-boas-pinto/>.
42. Alfredo Sirkis, op. cit., p. 324.
43. Higor Codarin, op. cit.
44. "Terrorista preso afirma que 'arrependeu-se' sob tortura", *Jornal do Brasil*, 3 set. 1977.
45. Informação SP/SAS nº 0653, Dops/GB. "Prisão de terroristas", 12 maio 1971. Informação nº 279/Cisa-RJ, 14 maio 1971. Arquivo Nacional, BR.AN.BSB.ATO.90.11, pp. 5-13. Alex Polari, op. cit.
46. Sobre a prisão de Alex Polari, ver Alex Polari, op. cit. Depoimento de Alex Polari de Alverga à Comissão Nacional da Verdade, 12 set. 2014.
47. Alex Polari, op. cit., p. 118.
48. Gissele Cassol, "Tortura na ditadura militar brasileira (1964-1985)", *Revista do Centro de Ciências Sociais e Humanas*, Santa Maria, v. 20, n. 2, jul.-dez. 2007.
49. Alex Polari, op. cit., p. 171.
50. Depoimento de Alexandre Lyra à Comissão Nacional da Verdade, 26 nov. 2014.
51. Carta de Alex Polari de Alverga a Zuzu Angel, 23 maio 1972. Arquivo Nacional, ref. BR.AN.BSB.ATO.80.7, pp. 17-22.
52. Alex Polari, op. cit., p. 182.
53. "Relação de militares que frequentaram a Escola das Américas (1954-1996)", Documentos Revelados, 28 jan. 2012. Disponível em: <documentosrevelados.com.br/escola-das-americas-estudantes-e-instrutores-do-brasil-periodo-de-1954-1996/>. Mariana Sanches, "Militares brasileiros tiveram aula em instituto americano sobre como praticar tortura", *O Globo*, 10 dez. 2014.
54. Decreto nº 53077 de 4 dez. 1963.

55. Lucas Figueiredo, op. cit. Relatório/Comissão da Verdade do Rio. Rio de Janeiro: CEV-Rio, 2015.
56. Depoimento de Lúcio Valle Barroso à Comissão Nacional da Verdade, 9 jun. 2014.
57. Depoimentos de José Bezerra da Silva e Adir Figueira à Comissão Nacional da Verdade, 16 abr. 2013.
58. Relatório/Comissão da Verdade do Rio, op. cit.
59. Carta de Alex Polari de Alverga a Zuzu Angel, op. cit. Comissão Nacional da Verdade, "Relatório preliminar de pesquisa: Caso Stuart Edgar Angel Jones", Brasília, jun. 2014. "Stuart Angel: Verdadeiro nome do principal torturador é descoberto", *O Globo*, 23 set. 2013. "Quem eram e o que faziam os agentes que mandavam na ditadura", *Exame*, 10 dez. 2014.
60. Depoimento de João Paulo Moreira Burnier ao Centro de Pesquisa e Documentação de História Contemporânea do Brasil. 9-30 dez. 1993, p. 120.
61. Informação nº 839/70/S-102-M2-CIE. Ministério do Exército, Centro de Informações do Exército, 13 abr. 1970. Arquivo Nacional, código de referência BR.DFANBSB.V8.MIC.GNC.CCC.70002288. Secretaria de Segurança Pública, Departamento de Ordem Política e Social. Encaminhamento das Diligências, ref. Inquérito 3/70. 10 set. 1970. Acervo Brasil Nunca Mais, pasta BNM_625 (3), p. 179.
62. "Sequestradores têm preventiva", *Jornal do Brasil*, 28 nov. 1969. "Relação de acusados com prisão preventiva decretada por esta auditoria que se encontram foragidos (crimes contra a Segurança Nacional)", Superior Tribunal Militar — 2ª Auditoria do Exército da 1ª CJM, 6 maio 1971. Arquivo Nacional, BR.AN.BSB.AT0.80.7. pp. 265-6.
63. Informação nº 279/Cisa-RJ, 14 maio 1971. Arquivo Nacional, BR.AN.BSB.ATO.90.11, pp. 5-13. Interrogatório nº 92/74 ("Este depoimento é a atualização de anterior prestado pelo epigrafado neste Destacamento em 12 de maio de 1971"), DOI-Codi/I Exército, 18 ago. 1974. Arquivo Nacional, BR.DFANBSB.V8.MIC.GNC.CCC.74007602, pp. 5-21.
64. "Médico cassado diz que tratou de Stuart na PE", *Jornal do Brasil*, 12 mar. 1988.
65. Arquidiocese de São Paulo, *Brasil: Nunca mais*. Petrópolis: Vozes, 2011.
66. Carta de Alex Polari de Alverga a Zuzu Angel, op. cit.
67. Depoimento de Maria Cristina de Oliveira Ferreira à Comissão Nacional da Verdade, 8 maio 2014. "Depoimento de Manoel Henrique Ferreira encaminhado a d. Paulo Evaristo Arns em janeiro de 1976", em O Caso Stuart Angel, Comissão Nacional da Verdade, Rio de Janeiro, 9 jun. 2014, p. 11. Depoimento de Alexandre Lyra à Comissão Nacional da Verdade, 26 nov. 2014.
68. A reconstrução das torturas de Stuart e de suas últimas horas de vida foi realizada graças a um mosaico de depoimentos, testemunhos e lembranças posteriores ao acontecimento. Em sua carta a Zuzu Angel, escrita quase quatro anos após o ocorrido, Alex relata ter visto, através da janela de sua cela, Stuart sendo arrastado pelo pátio. Essa versão do seu testemunho foi contestada, em 2014, por Maria Cristina de Oliveira Ferreira: de acordo com o que recordava, as janelas eram inalcançáveis e não permitiam a visão do lado de fora do presídio. Em seu próprio depoimento à Comissão Nacional da Verdade, Alex Polari de Alverga admite que "a realidade do carro [...] não foi tão visual assim como parece. Talvez tenha havido um empenho e uma necessidade de visualizar aquilo que era verdadeiramente real, e tudo se montou em torno daquilo" (Depoimento de Alex Polari à CNV, p. 28). Ele reitera que ouviu alguém sendo sufocado no pátio — as tosses, o barulho do motor, a movimentação frenética dos oficiais — e que esse alguém só poderia ser Stuart. Manoel Henrique Ferreira, em seu depoimento ao cardeal d. Evaristo

Arns, escrito cinco anos depois da morte de Stuart, reforça a descrição de Alex. É importante ressaltar que Alex e Manoel nunca se encontraram no Cisa, nem foram acareados juntos, e que as versões de ambos batem em diversos pontos. Ver depoimentos de Alex Polari e Maria Cristina de Oliveira à CNV, op. cit., e depoimento de Manoel Henrique Ferreira a d. Paulo Evaristo Arns, op. cit.

69. Depoimento de Zuzu Angel a Hélio Silva e ao Centro de Memória Social Brasileira, op. cit.
70. Alex Polari, op. cit., p. 192. Depoimento de Manoel Henrique Ferreira a d. Paulo Evaristo Arns, op. cit.
71. Depoimento de Manoel Henrique Ferreira a d. Paulo Evaristo Arns, op. cit.
72. Relatório/Comissão da Verdade do Rio, op. cit., p. 196. Depoimento de Maria Cristina de Oliveira Ferreira à Comissão Nacional da Verdade, op. cit., p. 15.
73. Ibid. Depoimento de Alex Polari de Alverga à Comissão Nacional da Verdade, op. cit. Carta de Alex Polari a Zuzu Angel, op. cit.
74. Comissão Nacional da Verdade, "Relatório preliminar de pesquisa: Caso Stuart Edgar Angel Jones", op. cit., p. 10.
75. Depoimentos de José Bezerra da Silva e Adir Figueira à Comissão Nacional da Verdade, op. cit.
76. Ibid.
77. Depoimento de Manoel Henrique Ferreira a d. Paulo Evaristo Arns, op. cit. Depoimento de Alex Polari de Alverga à Comissão Nacional da Verdade, op. cit. Carta de Alex Polari a Zuzu Angel, op. cit.

11. Só quero saber onde está o meu filho [pp. 203-20]

1. Depoimento de Zuzu Angel a Hélio Silva e ao Centro de Memória Social Brasileira, op. cit. Heleno Cláudio Fragoso, *Advocacia da liberdade*. Rio de Janeiro: Forense, 1984. Virginia Valli, op. cit.
2. Depoimentos de José Bezerra da Silva e Adir Figueira à Comissão Nacional da Verdade, op. cit.
3. Depoimento de Manoel Henrique Ferreira a d. Paulo Evaristo Arns, op. cit.
4. Depoimentos de Maria Cristina de Oliveira e Alexandre Lyra à Comissão Nacional da Verdade, op. cit.
5. Relatório/Comissão da Verdade do Rio, op. cit.
6. Depoimento de Paulo Malhães, coronel do CIE, à Comissão Estadual da Verdade do Rio. Relatório/ Comissão da Verdade do Rio, op. cit., p. 197.
7. Depoimento do capitão Álvaro Moreira de Oliveira Filho à Comissão Nacional da Verdade, 17 fev. 2014. Comissão Nacional da Verdade, "Relatório preliminar de pesquisa: Caso Stuart Edgar Angel Jones", op. cit.
8. "Estudante é condenado a seis anos", *Jornal do Brasil*, 18 maio 1971. Mandado de prisão da 1ª Auditoria do Exército da 1ª CJM, 14 maio 1971. Arquivo Nacional, BR.AN.BSB.AT0.80.7, p. 267.
9. Depoimento de Zuzu Angel a Hélio Silva e ao Centro de Memória Social Brasileira, op. cit. Pedido de representação de Zuzu Angel por Heleno Fragoso ao Conselho de Defesa dos Direitos da Pessoa Humana, 9 ago. 1971. Arquivo Nacional, código de referência BR RJANRIO CNV.0.RCE.00092000538201527/395, pp. 8-11.

10. Virginia Valli, op. cit., p. 41.
11. Telegrama de Stuart P. Jones a William M. Rountree, 25 maio 1971. Telegrama de Barbara Jones Estenson a William M. Rountree, 25 maio 1971. Arquivo Nacional, código de referência BR RJANRIO CNV.0.RCE.00092000538201527/395, pp. 4-5.
12. "In Memory", *Trinity Reporter*, p. 89, nov. 1996.
13. Carta de James W. Reardon para Stuart P. Jones, Rio de Janeiro, 7 jun. 1971. Arquivo Nacional, código de referência BR RJANRIO CNV.0.RCE.00092000538201527/395, p. 6.
14. Telegrama do consulado americano no Rio de Janeiro à embaixada americana em Brasília, 18 ago. 1971. Ref: State 149860. Arquivo Nacional, código de referência BR RAJANRIO CNV.0.RCE. 00092000538201527/0397.
15. United States Government Memorandum. To Mr. Varros, From Ingrid. 20 ago. 1971. Arquivo Nacional, código de referência BR RJANRIO CNV.0.RCE.00092000538201527/395, p. 7.
16. Depoimento de Zuzu Angel a Hélio Silva e ao Centro de Memória Social Brasileira, op. cit. Virginia Valli, op. cit., p. 38.
17. Depoimento de Zuzu Angel a Hélio Silva e ao Centro de Memória Social Brasileira, op. cit.
18. Entrevista de Hildegard Angel para a exposição Ocupação Zuzu do Itaú Cultural, op. cit.
19. Sylvio Frota, *Ideais traídos: A mais grave crise dos governos militares narrada por um de seus protagonistas*. Rio de Janeiro: Jorge Zahar, 2006, pp. 86-7.
20. Entrevista de Hildegard Angel para a exposição Ocupação Zuzu do Itaú Cultural, op. cit.
21. Depoimento de Zuzu Angel a Hélio Silva e ao Centro de Memória Social Brasileira, op. cit.
22. 2ª Auditoria da Aeronáutica, 1ª CJM, Mandado de citação, 3 maio 1971. Acervo Brasil Nunca Mais, pasta BNM_296 (7), p. 338. Heleno Fragoso à 2ª Auditoria da Aeronáutica da 1ª CJM, 8 jun. 1971. Acervo Brasil Nunca Mais, pasta BNM_296 (7), p. 350. Heleno Fragoso à 2ª Auditoria do Exército da 1ª CJM, 17 jun. 1971. Acervo Brasil Nunca Mais, pasta BNM_603 (2), p. 304.
23. "2ª Auditoria do Exército condena 16 e absolve 5 réus no processo do PCBR", *Jornal do Brasil*, 10 jul. 1971.
24. Heleno Cláudio Fragoso, op. cit.
25. Ofício nº 684/CP, Ministério do Exército, Quartel-General do I Exército, 15 jul. 1971. Ofício nº 3266, Ministério da Marinha, Comando do 1º Distrito Naval, 16 jul. 1971. Ofício nº 967/71, estado da Guanabara, Secretaria de Segurança Pública, 12 ago. 1971. Acervo Brasil Nunca Mais, pasta BNM_296 (3), pp. 377, 379 e 382.
26. Ofício nº 638/DIS-3, Ministério da Aeronáutica, Comando da 3ª Zona Aérea, 14 jul. 1971. Acervo Brasil Nunca Mais, pasta BNM_296(3), p. 378.
27. SNI apud Lucas Figueiredo, op. cit., p. 220.
28. Pedido de representação de Zuzu Angel por Heleno Fragoso ao Conselho de Defesa dos Direitos da Pessoa Humana, op. cit.
29. Sobre o CDDPH: Leonardo Fetter da Silva. *Inoperância e fracasso na defesa dos direitos humanos: O Conselho de Defesa dos Direitos da Pessoa Humana na ditadura civil-militar (1964-1985)*. Porto Alegre: Pontifícia Universidade Católica do Rio Grande do Sul, 2019. Dissertação (Mestrado em História).
30. "MDB vai a Buzaid por jovem", *Jornal do Brasil*, 11 ago. 1971. "Advogado fala de desaparecido", *Jornal do Brasil*, 12 ago. 1971.

31. “Direitos arquiva o caso Stuart”, *Jornal do Brasil*, 13 abr. 1972. Virginia Valli, op. cit.
32. Virginia Valli, op. cit., pp. 41-3.
33. Depoimento de Zuzu Angel a Hélio Silva e ao Centro de Memória Social Brasileira, op. cit. Entrevista de Hildegard Angel para a exposição Ocupação Zuzu do Itaú Cultural, op. cit.
34. Depoimento de Maria Clara Mariani, em Aziz Ahmed e João Luiz de Moraes, op. cit. Virginia Valli, op. cit., p. 49. Resposta do pedido de busca nº 0161169/CISA, 15 de maio de 1973. Arquivo Nacional, código de referência BR.DFANBSB.VAZ.0.0.33634.
35. “Comandantes, chefes, diretores de organizações militares, no período de 1964 a 1990”. Arquivo Nacional, código de referência BR RJANRIO CNV.0.RCE.00092000678201333.
36. Depoimento de Zuzu Angel a Hélio Silva e ao Centro de Memória Social Brasileira, op. cit.
37. Zuleika Angel, “With Reference to Any Information in Alex’s Letter” — aditamento de Zuzu à tradução da carta de Alex Polari, 31 mar. 1975. Arquivo Nacional, ref. BR.DF.AN.BSB.V8.MIC, GNC.AAA.75083500. Virginia Valli, op. cit., pp. 49-50. Depoimento de Hildegard Angel à Comissão Estadual da Verdade — Rio de Janeiro, 7 maio 2014. Acervo do Arquivo Público do Estado do Rio de Janeiro.
38. Memorando de Graham French para Mr. P. J. de Vos, até 15 out. 1971. Arquivo Nacional, código de referência BR RJANRIO CNV.0.RCE.00092000538201527/395, pp. 12-4.
39. Carta de Aliomar Baleeiro a Sydney Foster, Brasília, 30 ago. 1971, em Virginia Valli, op. cit., p. 211.
40. Carta de Aliomar Baleeiro a Alfredo Buzaid, Brasília, 31 ago. 1971. Arquivo Nacional, ref. BR.AN.BSB.AT0.80.7, p. 49.
41. Informação nº 46316E/71/SNI/AC do Serviço Nacional de Informações, 26 ago. 1971. Arquivo Nacional, cód. ref. BR.AN.RIO.TT.0.MCP.PRO.205, p. 6.
42. Aviso G/1642-B, 19 ago. 1971. Informação nº 46316E/71/SNI/AC. Serviço Nacional de Informações, 26 ago. 1971. Memorando nº 375, gabinete do ministro, Ministério da Justiça, 31 ago. 1971. Aviso nº 529/SI-Gab, 31 ago. 1971. Arquivo Nacional, código de referência BR.AN.RIO.TT.0.MCP.PRO.205, pp. 3-8.
43. 2ª Auditoria da Aeronáutica, 1ª CJM, mandado de prisão, 28 abr. 1971. Acervo Brasil Nunca Mais, pasta BNM_296 (7), p. 542L.
44. Mandado de prisão da 1ª Auditoria do Exército da 1ª CJM, op. cit.
45. Depoimentos de José Bezerra da Silva e Adir Figueira à Comissão Nacional da Verdade, op. cit.
46. Carta de Zuzu Angel a Tereza Leal de Meirelles, Rio de Janeiro, 17 ago. 1971. Acervo do Instituto Zuzu Angel, número de registro ZA03.XX.01.01.XX.0008. Disponível em: <www.zuzuangel.com.br/documental/carta-de-zuzu-angel-em-resposta-a-amiga-terezinha-de-meirelles>.
47. Carta de Tereza e Homero Leal de Meirelles a Zuzu Angel, Rio de Janeiro, ago. 1971. Acervo do Instituto Zuzu Angel, número de registro ZA03.XX.02.01.XX.0006. Disponível em: <www.zuzuangel.com.br/documental/carta-enviada-por-amiga-terezinha-com-objetivo-de-confortar-zuzu-angel-sobre-o-desaparecimento-do-filho>.
48. Carta de Zuzu Angel a Tereza Leal de Meirelles, op. cit.

12. As flores murcharam e os pássaros enlouqueceram [pp. 221-46]

1. Rascunho de carta de Zuzu Angel a Thomas Dine, 13 set. 1971. Acervo do Instituto Zuzu Angel, número de registro ZA03.XX.01.02.XX.0005. Disponível em: <www.zuzuangel.com.br/documental/rascunho-de-carta-de-zuzu-angel-a-thomas-dine-secretario-do-senador-frank-church>.
2. *Fashion Calendar 1971*, ano 31. 6 set. 1971. Nova York, Acervo do Fashion Institute of Technology, código de referência rfc_001162. Disponível em: <fashioncalendar.fitnyc.edu/item/106603>.
3. Frank Church. "Toward a New Policy for Latin America", *Congressional Record: Proceedings and Debates of the 91th Congress, Second Session*, Washington, 10 abr. 1970.
4. James N. Green, *Apesar de vocês: Oposição à ditadura brasileira nos Estados Unidos, 1964-1985*. São Paulo: Companhia das Letras, 2009.
5. United States Policies and Programs in Brazil, "Hearings before the Subcommittee on Western Hemisphere Affairs of the Committee on Foreign Relations". United States Senate, 92nd Congress, First Session. 4, 5 e 11 maio 1971.
6. Ibid., pp. 293-4. Elio Gaspari, *As ilusões armadas: A ditadura escancarada*, op. cit.
7. Transcrição parcial das entrevistas coletivas do Departamento de Estado em 23 jul. 1970. Ibid., p. 292.
8. "Hart Quiz to Bare Tortures in Brazil", *Washington Post*, 28 set. 1970.
9. "Tortures in Brazil Leak Out Despite Rebuff of OAS Probe", *Washington Post*, 7 mar. 1970. *Brazilian Information Bulletin*, n. 2, mar. 1971.
10. Janaína de Almeida Teles, "As denúncias de torturas e torturadores a partir dos cárceres políticos brasileiros", *Interseções*, Rio de Janeiro, v. 16, n. 1, pp. 31-68, jun. 2014.
11. Carta de Zuzu Angel a Thomas Dine, Nova York, 13 set. 1971. Acervo do Instituto Zuzu Angel, número de registro ZA03.XX.01.01.XX.0005. Disponível em: <www.zuzuangel.com.br/documental/carta-de-zuzu-angel-a-thomas-dine-secretario-do-senador-frank-church>.
12. Carta de Ana Cristina Angel Jones a John Sparkman, Nova York, 28 maio 1975. Arquivo Nacional, ref. BR.AN.BSB.AT0.80.7, pp. 99-110. Virginia Valli, op. cit., pp. 75 e 213.
13. "Torture-Death Probe Urged in Brazil for Vanished Man", *The Baltimore Sun*, 16 ago. 1971.
14. "American's Son Disappears, Probe Demanded in Brazil", ago. 1971. Arquivo Nacional, código de referência BR.RJ.ANRIO.CNV.0.RCE.00092000538201527.0396, p. 6.
15. Carta de Zuzu Angel a Thomas Dine, Nova York, 13 set. 1971, op. cit.
16. Janaína de Almeida Teles, "Os testemunhos e as lutas dos familiares de mortos e desaparecidos políticos no Brasil", em Recordando a Walter Benjamin: Justicia, Historia y Verdad, Escrituras de la Memoria. III Seminario Internacional Políticas de la Memoria, Buenos Aires, 2010.
17. Entrevista de Eduardo de Paula à autora, 28 ago. 2022. Eduardo Vianna de Paula, "Saudades de Tuti", op. cit.
18. Depoimento de Hildegard Angel ao programa *Linha Direta*, episódio "Zuzu Angel", 27 nov. 2003.
19. Carta de Zuzu Angel a Thomas Dine, Nova York, 13 set. 1971, op. cit.
20. Telegrama do consulado americano no Rio de Janeiro à embaixada americana em Brasília, 18 ago. 1971. Ref.: State 149860. Arquivo Nacional, código de referência BR RAJANRIO CNV.0.RCE. 00092000538201527/0397.
21. Ibid.

22. Virginia Valli, op. cit.
23. Fernando Santomauro, "A Usis no Brasil de 1953 a 1964", em *A atuação política da Agência de Informação dos Estados Unidos no Brasil (1953-1964)*. São Paulo: Ed. Unesp; Cultura Acadêmica, 2015, pp. 179-282.
24. Heloisa Murgel Starling, *A máquina do golpe*, op. cit.
25. Memorando de Graham French a Mr. P. J. de Vos. Arquivo Nacional, código de referência BR RJANRIO CNV.0.RCE.00092000538201527/395, pp. 12-4.
26. Sistema Nacional de Informações. Informação nº 46316E/71/SNI/AC, 26 ago. 1971. Arquivo Nacional, código de referência BR.AN.RIO.TT.0.MCP.PRO.205, pp. 5-7.
27. Carta de Zuzu Angel a Thomas Dine, Nova York, 13 set. 1971, op. cit.
28. Anúncio "Polybel, o tecido internacional". Acervo do Instituto Zuzu Angel, número de registro ZC02.03.09.XX.07.0001. Disponível em: <www.zuzuangel.com.br/documental/polybel-o-tecido-internacional>.
29. "Fashion Show at the Mill", *The New York Times*, 13 abr. 1971. Angela Santarosa Geraldino, *Influência de Zuzu Angel na moda e na indústria têxtil*. Americana: Faculdade de Tecnologia de Americana, 2011, p. 15. Trabalho de Conclusão de Curso (Tecnologia Têxtil).
30. "71 com certeza", op. cit.
31. "Zuzu em Nova York", *Jornal do Brasil*, 19 ago. 1971. *O Jornal*, 16 out. 1971.
32. Carta de José Ferreira Lopes (Chefe da Divisão de Feiras e Exposições do Ministério das Relações Exteriores) a Zuzu Angel, Rio de Janeiro, 26 abr. 1971. Acervo do Instituto Zuzu Angel, número de registro ZA02.01.03.01.XX.0001. Disponível em: <www.zuzuangel.com.br/documental/carta-do-ministerio-das-relacoes-exteriores>.
33. "Têxtil: Brasil na mostra londrina", *Folha de S.Paulo*, 2 jul. 1971.
34. Cópia da matéria enviada para dr. Péricles de *O Globo*. Acervo do Instituto Zuzu Angel, número de registro ZA02.01.02.02.XX.0002. Disponível em: <www.zuzuangel.com.br/documental/copia-da-materia-enviada-para-dr-pericles-do-o-globo>.
35. Certidão simplificada da empresa Zuzu Angel Criações Ltda. Sistema Nacional de Registro de Empresas Mercantis — Sinrem. Governo do Estado do Rio de Janeiro. Documento cedido em 9 jul. 2024 pela Junta Comercial do Estado do Rio de Janeiro.
36. Relato de espionagem a Zuzu Angel nos dias 29 e 30 de outubro de 1971. Acervo do Instituto Zuzu Angel, número de registro ZA03.XX.05.XX.02.0002. Disponível em: <www.zuzuangel.com.br/documental/relato-de-espionagem-a-zuzu-angel-nos-dias-29-e-30-de-outubro-de-1971>. Entrevista de Ronaldo Fraga à autora, 25 fev. 2021. Depoimento de Hildegard Angel à Comissão Estadual da Verdade — Rio de Janeiro, 7 maio 2014. Acervo do Arquivo Público do Estado do Rio de Janeiro.
37. Relato de espionagem a Zuzu Angel, op. cit. Virginia Valli, op. cit.
38. Relato de espionagem a Zuzu Angel, op. cit. Depoimento de Hildegard Angel à Comissão Estadual da Verdade — Rio de Janeiro, op. cit.
39. Dária Jaremtchuk, "O Brazilian-American Cultural Institute como ferramenta político-cultural (1964-2007)", *Estudos Avançados*, v. 35, n. 103, pp. 155-79, 2021.
40. Virginia Siqueira Starling, "Teatro canta liberdade", em Ana Cecilia Impellizieri Martins e Heloisa Starling (Orgs.), *História da música brasileira em 100 fotografias*. Rio de Janeiro: Bazar do Tempo, 2021, pp. 118-9.
41. Telegrama de Lauro Soutello Alves à Secretaria de Estado das Relações Exteriores, 2-3 set. 1969. "ABoalGOBtelegrams", Acervo Brown University Library. Disponível em:

<library.brown.edu/create/wecannotremainsilent/wp-content/uploads/sites/43/2014/04/ABoalGOBtelegrams.pdf>.

42. Informação nº 262, Divisão de Segurança e Informações do Ministério de Relações Exteriores, 17 set. 1971. Arquivo Nacional, código de referência BR.AN.BSB.V8.MIC.GNC.AAA.72.043870, pp. 4-7.

43. Orçamento para realização de desfiles diversos da International Dateline Collection III. Acervo do Instituto Zuzu Angel, número de registro ZA02.03.09.XX.09.0010, nov. 1971. Disponível em: <www.zuzuangel.com.br/documental/orcamento-para-realizacao-de-desfiles-diversos-da-international-dateline-collection-iii>.

44. Ibid. Carta de Lisa Curtis a Ralph Guyer, Nova York, 16 nov. 1971. Acervo do Instituto Zuzu Angel, número de registro ZA02.03.09.XX.09.0010. Disponível em: <www.zuzuangel.com.br/documental/orcamento-para-realizacao-de-desfiles-diversos-da-international-dateline-collection-iii>.

45. Ruth Finley, *Fashion Calendar, August 16, 1971*. Fashion Calendar Research Database, p. 5. Disponível em: <fashioncalendar.fitnyc.edu/item/106547>.

46. *Tribuna da Imprensa*, 16 ago. 1971. "Zuzu em Nova York", op. cit.

47. Ruth Finley, *Fashion Calendar, August 30, 1971*. Fashion Calendar Research Database, p. 5. Disponível em: <fashioncalendar.fitnyc.edu/item/106573>. "O Brasil no calendário da moda", *Jornal do Brasil*, 11 set. 1971.

48. Carta do National Council of Women para Lisa Curtis, Nova York, 8 set. 1971. Acervo do Instituto Zuzu Angel, número de registro ZA02.03.02.XX.01.0002. Disponível em: <www.zuzuangel.com.br/documental/carta-do-national-council-of-women-para-lisa-curtis-em-setembro-de-1971>. Carta do International Council of Women para a sra. Soutello Alves, Nova York, 8 set. 1971. Acervo do Instituto Zuzu Angel, número de registro ZA02.03.02.XX.01.0001. Disponível em: <www.zuzuangel.com.br/documental/carta-do-international-council-of-women-em-08-de-setembro-de-1971>.

49. *Jornal do Brasil*, 7 set. 1971. "Press Preview da International Dateline Collection III", em Priscila Andrade Silva, op. cit., p. 133.

50. "O Brasil no calendário da moda", op. cit.

51. Informação nº 262, Divisão de Segurança e Informações do Ministério de Relações Exteriores, 17 set. 1971. Arquivo Nacional, código de referência BR.AN.BSB.V8.MIC.GNC.AAA.72.043870, pp. 4-7.

52. Ibid., p. 5.

53. Ibid.

54. Ibid.

55. Ibid., p. 4.

56. Depoimento de Ana Cristina Angel Dronne a James Green, op. cit.

57. TV Cultura, "Desfile-protesto de Zuzu Angel em 1971 é encontrado nos arquivos da TV Cultura", op. cit. "Figura 12 — Zuzu Angel de luto com duas manequins com vestidos de renda", em Priscila Andrade Silva, op. cit., p. 72.

58. Theresa Man Ling Lee, "Rethinking the Personal and the Political: Feminist Activism and Civic Engagement", *Hypatia: A Journal of Feminist Philosophy*, Cambridge University Press, v. 22, n. 4, pp. 163-79, outono 2007. Jean Bethke Elshtain, "Antigone's Daughters", em Anne Phillips (Org.), *Feminism And Politics: Oxford Readings in Feminism*. Oxford: Oxford Academic, 1998.

59. Informação nº 262, op. cit.

60. "'Zuzu Angel, the Vivacious Brazilian Designer...', *Chicago Tribune*, 20 set. 1971", em Marina Mendes Braga, "A intencionalidade no fotojornalismo: Análise das fotografias publicadas na imprensa sobre o desfile protesto de Zuzu Angel de 1971", em Intercom — Sociedade Brasileira de Estudos Interdisciplinares da Comunicação, XL Congresso Brasileiro de Ciências da Comunicação, Curitiba, 4-9 set. 2017.
61. "Politics and Fashion Mix", *The Home News*, 14 set. 1971.
62. NR-814-CIE / ADF, 15 set. 1971. SNI — Agência Central. Arquivo Nacional, código de referência BR.AN.BSB.V8.MIC.GNC.AAA.72.043870, p. 9.
63. Informação nº 262, op. cit., p. 7.
64. Marina Mendes Braga, op. cit.
65. Ibid.
66. Informação nº 274, 23 set. 1971. Ministério das Relações Exteriores, Divisão de Segurança e Informações. Arquivo Nacional, código de referência BR.DF.AN.BSB.Z4.DPN.ENI.246, p. 138.
67. Pedido de busca 664/71/S-103.2-CIE. Ministério do Exército, gabinete do ministro, CIE, Rio de Janeiro, 1 out. 1971. Arquivo Nacional, código de referência BR.AN.BSB.AT0.80.7, p. 196.
68. Ibid.
69. SD/SAF nº 30735, ref. Pedido de busca nº 664/71/CIE/Ministério do Exército. Dops — Divisão de Informações, 6 out. 1971. Pedido de busca nº 1730, CIE. Rio de Janeiro, 7 out. 1971. Ref. Pedido de busca nº 1730. SP/SAS/Dops-DE, 7 out. 1971. Informação SP/SAS nº 1907. Ref. Pedido de busca nº 1731/71 CIE, 19 out. 1971. Pedido de busca SP/SAS nº 1731. Dops — Divisão de Informações, 8 out. 1971. Arquivo Nacional, código de referência BR.AN.BSB.AT0.80.7, pp. 198, 199, 201, 202, 205.
70. Pedido de busca nº 1908, SP/SAS-Dops-DE, 29 out. 1971. Secretaria de Segurança Pública, Instituto Félix Pacheco, Rio de Janeiro, 8 nov. 1971. Arquivo Nacional, código de referência BR.AN.BSB.AT0.80.7, p. 204.
71. Virginia Valli, op. cit., p. 145.
72. "Zuzu: O que aconteceu a essa mulher", *O Globo*, 5 abr. 1996.
73. Fotografia de Zuzu Angel e Amelia Bassin em desfile da International Dateline Collection III. Acervo do Instituto Zuzu Angel, número de registro ZA02.03.09.XX.09.0016. Disponível em: <www.zuzuangel.com.br/documental/fotografia-de-zuzu-angel-e-amelia-bassin-em-desfile-da-international-dateline-collection-iii>. Fotografia de vestido em patchwork de renda nordestina, criação Zuzu Angel convidada do desfile de International Dateline Collection em Nova York. Acervo do Instituto Zuzu Angel, número de registro ZA02.03.09.XX.09.0027. Disponível em: <www.zuzuangel.com.br/documental/fotografia-de-vestido-em-patchwork-de-renda-nordestina-criacao-zuzu-angel-convidada-do-desfile-de-international-dateline-collection-em-nova-york>.
74. Convite em formato de coração elaborado especialmente para lançamento da International Dateline Collection III. Acervo do Instituto Zuzu Angel, número de registro ZA02.03.09.XX.09.0011. Disponível em: <www.zuzuangel.com.br/documental/convite-em-formato-de-coracao-elaborado-especialmente-para-lancamento-da-international-dateline-collection-iii>.
75. *Tribuna da Imprensa*, 1 out. 1971.
76. *Tribuna da Imprensa*, 23 set. 1971 e 7 out. 1971.
77. "Faturada", op. cit.

78. "Press Preview da International Dateline Collection III", em Priscila Andrade Silva, op. cit., pp. 130-3.
79. *Tribuna da Imprensa*, 7 out. 1971.
80. Orçamento para realização de desfiles diversos da International Dateline Collection III, op. cit.
81. Orçamento para realização de desfile da International Dateline Collection IV. Acervo do Instituto Zuzu Angel, número de registro ZA02.03.09.XX.12.0008. Disponível em: <www.zuzuangel.com.br/documental/orcamento-para-realizacao-de-desfile-da-international-dateline-collection-vi>. Orçamento para realização de desfile da International Dateline Collection VII. Acervo do Instituto Zuzu Angel, número de registro ZA02.03.09.XX.13.0002. Disponível em: <www.zuzuangel.com.br/documental/orcamento-para-realizacao-de-desfile-da-international-dateline-collection-vii>.
82. *O Jornal*, 16 out. 1971. "Um anjo que faz milagres", *O Globo*, 23 out. 1971. "Faturada", op. cit.
83. "Um anjo que faz milagres", op. cit.
84. "Ana Cristina quer o anjo vivo, como no tempo de sua mãe", *Folha de S.Paulo*, 26 jul. 1976.
85. "Um anjo que faz milagres", op. cit.
86. Ismael Neto e Antônio Maria, "Valsa de uma cidade", com Lúcio Alves e a orquestra de Severino Araújo, 1954.
87. Zuenir Ventura, "Quem é essa mulher?", *Jornal do Brasil*, 13 abr. 1986. "Procura-se um morto", *O Estado de S. Paulo*, 11 maio 2013.

13. O respeito que merece [pp. 247-72]

1. "Um anjo na alta-costura", *Jornal do Brasil*, 1 dez. 1971.
2. Informe nº 55/72-E2.2. Agência Central do Serviço Nacional de Informações, Brasília, DF, 18 fev. 1972. Arquivo Nacional, ref. BR_DFANBSB_V8_MIC_GNC_AAA_72043870, p. 2.
3. PB nº 1731/71/DI. Seção de Buscas Especiais do Departamento de Ordem Política e Social, Rio de Janeiro, 22 fev. 1972. Arquivo Nacional, ref. BR_DFANABSB_AT0_0_0_0688, p. 207.
4. "Os anjos estão na moda", *Manchete*, 11 mar. 1972.
5. "Zuzu em nova coleção", *Jornal do Brasil*, 11 jan. 1972. "Com muitos anjos Zuzu conquistou Nova York", *Correio da Manhã*, 26-27 jan. 1972. "Ah, os anjinhos!", *O Jornal*, 10 fev. 1972. "Os anjos estão na moda", op. cit.
6. Fotografia de Zuzu Angel apontando para os bordados na gola de camisa, usada por Kathy Lindsay. Acervo do Instituto Zuzu Angel, código de referência ZA02.03.09.XX.09.0006. Disponível em: <www.zuzuangel.com.br/documental/fotografia-de-zuzu-angel-detalhando-os-desenhos-bordados-na-gola-da-blusa-usada-por-kathy-lindsay>.
7. Iesa Rodrigues, op. cit., p. 17.
8. "For Immediate Release, International Dateline Collection IV Designed by ZuZu Angel" [1972], em Dayse Marques, op. cit., p. 165.
9. "Com muitos anjos Zuzu conquistou Nova York", op. cit. "Ah, os anjinhos!", op. cit.
10. Alex Newman e Zakee Shariff, *Fashion A to Z: An Illustrated Dictionary*. Londres: Laurence King, 2009, p. 13.

11. "For Immediate Release, International Dateline Collection IV Designed by ZuZu Angel", op. cit.
12. *Jornal do Brasil*, 30-31 jan. 1972.
13. "Com muitos anjos Zuzu conquistou Nova York", op. cit. "Lord & Taylor Planning 5 Stores in Chicago Area", *The New York Times*, 15 dez. 1971.
14. "Zuzu e Kiki", *O Globo*, 22 fev. 1972. *O Jornal*, 13 fev. 1972.
15. Marylin Bender, "Shoes and Salesgirls from France", *The New York Times*, 11 jun. 1970.
16. Arquivo Nacional. Ref. BR_RJANRIO_PH_0_FOT_08855_008 e BR_RJANRIO_PH_0_FOT_08855_009.
17. "Um anjo na alta-costura", op. cit. Iesa Rodrigues, op. cit., p. 35.
18. Chico Felitti, *Elke: Mulher maravilha*. São Paulo: Todavia, 2020.
19. Ibid.
20. Sobre a prisão de Elke Maravilha: Em torno de Zuzu — Encontro com Elke Maravilha e Hildegard Angel — Ocupação Zuzu (2014). Disponível em: <enciclopedia.itaucultural.org.br/midias/24285?p=7>. Depoimento de Elke Evremidis, Delegacia de Ordem Política e Social, 28 fev. 1972. Arquivo Nacional, AT0.80.7. Informação SP/SAS nº 0491, Elke Evremidis, Dops/GB. Arquivo Nacional, AT0.80.7. Chico Felitti, op. cit. Virginia Valli, op. cit.
21. Virginia Valli, op. cit., p. 104.
22. Vestido luto — a dor de Zuzu. Acervo do Instituto Zuzu Angel, número de registro 94IND. Disponível em: <www.zuzuangel.com.br/vestuario/vestido-luto-a-dor-de-zuzu-em-seda-devore>.
23. O endereço residencial de Stuart nos arquivos militares consta como sendo o da rua Nascimento Silva, onde sua mãe morava. Apresentação de denúncia contra Stuart pelo assalto ao bar Castelinho. Procuradoria-Geral da Justiça Militar, 26 abr. 1971. Mandado de citação, 1ª Auditoria da Aeronáutica da 1ª CJM, 7 maio 1971. Arquivo Brasil Nunca Mais, dossiê BNM_603.
24. Virginia Valli, op. cit., p. 67.
25. Leonardo Fetter da Silva, op. cit. Arquidiocese de São Paulo, op. cit.
26. Arquidiocese de São Paulo, op. cit. Ângela Moreira Domingues da Silva, "Justiça e autoritarismo no Brasil: Crime contra a segurança nacional e pena de morte durante a ditadura militar", *Dimensões: Revista de História da Ufes*, Dossiê "Visões de 1964", n. 32, 2014.
27. Nilo Baptista, "Sabia que estava defendendo um morto", em Virginia Valli, op. cit., p. 68. Heleno Cláudio Fragoso, op. cit.
28. Alegações finais do Ministério Público — Colendo Conselho, 3 out. 1971. Arquivo Brasil Nunca Mais, BNM_603.
29. Depoimento de Vera Sílvia Magalhães à Delegacia de Roubos e Furtos, 1970. Arquivo Brasil Nunca Mais, BNM_603.
30. Decisão da 2ª Auditoria do Exército da 1ª CJM, 10 nov. 1970. Arquivo Brasil Nunca Mais, BNM_603.
31. Informação nº 009/21/AC/76 do Serviço Nacional de Informações, 23 fev. 1976. Arquivo Nacional, ref. BR_DFANBSB_V8_MIC_GNC_AAA_76093667, pp. 7-12.
32. Auto de qualificação e interrogatório, 2ª Auditoria da 2ª Circunscrição Judiciária Militar, 21 dez. 1971.

33. "Stuart Angel é absolvido em processo julgado pela 2ª Auditoria do Exército", *Jornal do Brasil*, 7 jun. 1972. Sentença, 2ª Auditoria do Exército da 1ª CJM, 6 jun. 1972. Arquivo Brasil Nunca Mais, dossiê BNM_603.
34. "Acusados de assalto depõem na Auditoria", *Folha de S.Paulo*, 5 maio 1972.
35. "Procuradoria quer condenar Stuart Angel e dois outros que a Aeronáutica absolveu", *Jornal do Brasil*, 18 set. 1972.
36. Heleno Cláudio Fragoso, op. cit.
37. Depoimento de Zuzu Angel a Hélio Silva e ao Centro de Memória Social Brasileira, op. cit.
38. Maud Chirio, op. cit., p. 178. Comissão Nacional da Verdade, p. 8.
39. Ruy Castro, *Ela é carioca*, op. cit.
40. "Só para mulheres", *Correio da Manhã*, 30 abr.-1 maio 1972.
41. Documentos datilografados "Mulher e a universidade" e "Mão de obra feminina baixa os salários?", nov. 1971. Arquivo Romy Medeiros da Fonseca, Hispanic Division, Library of Congress.
42. "O direito da mulher", *Revista Última Hora*, 20 maio 1972. "Ser feminista é participar", *Última Hora*, 25 set. 1977.
43. "Apoio masculino garante o I Conselho de Mulheres", *O Globo*, 18 out. 1972. Arquivo Romy Medeiros da Fonseca, Hispanic Division, Library of Congress.
44. "Casamento não é profissão". Arquivo Romy Medeiros da Fonseca, Hispanic Division, Library of Congress.
45. "As mulheres preparam congresso", *Folha de S.Paulo*, 22 jul. 1972.
46. Raul Giudicelli, "Só para mulheres", 1972. Arquivo Romy Medeiros da Fonseca, Hispanic Division, Library of Congress.
47. Documento "Conselho Nacional de Mulheres do Brasil: I Conselho Nacional de Mulheres", 1972, 6 pp. Arquivo Romy Medeiros da Fonseca, Hispanic Division, Library of Congress.
48. "Conselho Nacional de Mulheres do Brasil, Reunião Preparatória do I Cons. Nac. de Mulheres a realizar-se de 27 a 30 de abril de 1972", 23 nov. 1971. Carta de Romy Medeiros da Fonseca ao Chefe da Casa Civil, sr. prof. Leitão de Abreu. 19 jul. 1972. Arquivo Romy Medeiros da Fonseca, Hispanic Division, Library of Congress.
49. *Correio da Manhã*, 12 jul. 1972. *O Globo*, 15 jul. 1972. *O Jornal*, 18 jul. 1972. Na coluna do Zózimo, *Jornal do Brasil*, 22 jul. 1972. *Diario de Noticias*, 17 set. 1972.
50. "Modista mineira esnoba os brasileiros", *Diário de Minas*, 26 maio 1972. Jane Soares, *Eu vou contar…* Belo Horizonte: Cultura, 1986.
51. "Cores e flores fazem o encanto da moda pastoral", op. cit.
52. "Um anjo que faz milagres", op. cit. "Brasileira leva moda aos EUA", op. cit. "Zuzu Angel vai exportar modelos para Nova York", op. cit.
53. "Um anjo que faz milagres", op. cit.
54. "Moda hereditária", op. cit.
55. "Quem é uma certa Zuzu Angel?", *Jornal do Commercio*, 23 dez. 1971.
56. "Zuzu Angel, sucesso em Nova Iorque", op. cit.
57. Entrevista de Gloria Kalil à autora, 22 fev. 2021.
58. "Com muitos anjos Zuzu conquistou Nova York", op. cit.
59. "Quem é uma certa Zuzu Angel?", op. cit.
60. Carta de Zuzu Angel a Januário Carneiro, 1972. Acervo do Instituto Zuzu Angel, número de registro ZA02.03.03.01.XX.0002.

61. Carta de Zuzu Angel a Hedyl Rodrigues Valle, 30 maio 1972. Acervo do Instituto Zuzu Angel, número de registro ZA02.01.02.02.XX.0001.
62. "Ela só quer o respeito que merece", *Tribuna da Imprensa*, 7 jun. 1972.
63. "Vale a pena ser costureiro?", op. cit.
64. "Figurinistas franceses provocam crise entre colegas brasileiros", *Diario de Pernambuco*, 1 jul. 1972.
65. "Som e branco no verão-72 de Courrèges", *Correio da Manhã*, 21 jun. 1972.
66. Gilda Chataignier, "60: Os anos dourados em São Paulo", Moda Almanaque, *Folha de S.Paulo*, [s.d.].
67. "Costureiro se queixa do vício pelas importações", *Correio da Manhã*, 20 jun. 1972.
68. Didier Grumbach, *Histoires de la mode*. Paris: Seuil, 1993.
69. "Costureiro se queixa do vício pelas importações", op. cit.
70. "Zuzu Angel critica intriga de modistas", *Correio da Manhã*, 21 jun. 1972.
71. "Figurinistas franceses provocam crise entre colegas brasileiros", op. cit.
72. Convite a Zuzu Angel para integrar o conselho deliberativo da Sociedade Brasileira de Alta-Costura, 10 jul. 1972. Acervo do Instituto Zuzu Angel, número de registro ZA01.XX.04.04.XX.0001.
73. "Ele ama uma mulher", *A Cigarra*, dez. 1972.
74. Cartão de agradecimento de Marina Massari a Zuzu Angel, 1972. Acervo do Instituto Zuzu Angel, número de registro ZA01.XX.04.04.XX.0001.
75. "Em debate: A coleção 72", *Correio da Manhã*, 13-14 fev. 1972.
76. Ibid.
77. Ruy Castro, *Carmen, uma biografia*. São Paulo: Companhia das Letras, 2005.
78. Gabriel Veppo de Lima, "Carmen Miranda, o Estado Novo e o discurso verdadeiro", *Fragmentum*, Universidade Federal de Santa Maria, n. 36, pp. 24-36, jan.-mar. 2013.
79. Tânia da Costa Garcia, op. cit.
80. "International Dateline Collection V de Zuzu Angel" [1972], em Dayse Marques, op. cit., p. 167.
81. "Zuzu e a 'Nova Mulher'", *O Jornal*, 13 ago. 1972.

14. … e Zuzu criou a Nova Mulher [pp. 289-311]

1. Sobre Yuruah, o desfile na avenida Atlântica e a relação entre Yuruah e Zuzu: Entrevistas de Esther Maria Nogueira à autora, 5 nov. 2021 e 4 out. 2022.
2. "Cinco mandamentos para os manequins", *O Globo*, 5 out. 1970.
3. Entrevistas de Esther Maria Nogueira à autora, 5 nov. 2021 e 4 out. 2022.
4. "Zuzu e a 'Nova Mulher'", op. cit.
5. Release de apresentação da International Dateline Collection V, 1972. Acervo do Instituto Zuzu Angel, número de registro ZA02.03.09.XX.11.0002.
6. "Zuzu rompe com a alta-costura e liberta a moda", *O Globo*, 6 ago. 1972.
7. Release de apresentação da International Dateline Collection V, op. cit.
8. "Zuzu Angel: 'Não entrego o ouro aos bandidos!'", op. cit.
9. "Zuzu Angel: Primeira-dama da costura", op. cit.
10. "Quem é uma certa Zuzu Angel?", op. cit.
11. *O Globo*, 5 ago. 1972.
12. Release de apresentação da International Dateline Collection V, op. cit.

13. "Zuzu rompe com a alta-costura e liberta a moda", op. cit. "International Dateline Collection de Zuzu Angel", *Diário de Pernambuco*, 7 set. 1972.
14. Coluna de João Alberto, *Diario de Pernambuco*, 10 set. 1972. "Paulista, fã dos espetáculos do Rio", *Folha de S.Paulo*, 11 ago. 1972.
15. Amelia Bassin foi eleita em 1970 pela Federação Americana de Publicidade.
16. "Bathroom Gifts Packaging Foes Would Adore", *The New York Times*, 30 nov. 1971.
17. Elizabeth A. Kreydatus, *Marketing to the "Liberated" Woman: Feminism, Social Change, and Beauty Culture, 1960-2000*. Williamsburg: College of William & Mary — Arts & Sciences, 2005. Tese (Doutorado em Filosofia).
18. "Dancers in Cotton Costumes at Ball; Shocks of Corn in Decorations at Benefit at the Waldorf for Southerners", *The New York Times*, 13 nov. 1914.
19. *O Globo*, 25 mar. 1972.
20. "I Salão da Mulher vai trazer nova filosofia", *Correio da Manhã*, 5 maio 1972. "O I Salão de Moda não fala só de moda", *Correio da Manhã*, 14-15 maio 1972.
21. Orçamento para realização de dois desfiles das coleções International Dateline no Copacabana Palace. Acervo do Instituto Zuzu Angel, número de registro ZA02.03.09.XX.10.0006. Disponível em: <www.zuzuangel.com.br/documental/orcamento-para-realizacao-de-dois-desfiles-das-colecoes-internacional-dateline-no-copacabana-palace>.
22. Coluna de Marcos Merehi, *O Jornal*, 20 maio 1972.
23. "Ela aluga ideias", *Manchete*, 17 jun. 1972.
24. *O Globo*, 16 out. 1971. *O Jornal*, 11 nov. 1971.
25. "Zuzu Angel: 'Não entrego o ouro aos bandidos!'", op. cit.
26. "Zuzu Angel é dona da moda", *Diário da Noite*, 31 dez. 1971.
27. "Ele ama uma mulher", op. cit.
28. Elio Gaspari, *As ilusões armadas: A ditadura escancarada*, op. cit. Maud Chirio, op. cit.
29. "Os grandes da moda brasileira III: Anjo ou demônio?", *A Cigarra*, nov. 1972. Acervo do Instituto Zuzu Angel, número de registro ZA02.03.05.02.XX.0001.
30. Zuzu Angel apud Priscila Andrade Silva, op. cit., p. 8.
31. "Ter 40 anos é a glória", op. cit.
32. Release de apresentação da International Dateline Collection V, op. cit.
33. "Uma roupa para a mulher sem medos", *Jornal do Brasil*, 19 dez. 1972.
34. "Na criação de Dener a graça da baiana", *Jornal do Brasil*, 1 set. 1972.
35. Ibid.
36. *O Globo*, 9 set. 1972.
37. "Os Grandes da Moda Brasileira III: Anjo ou demônio?", op. cit. Acervo do Instituto Zuzu Angel, número de registro ZA02.03.05.02.XX.0001.
38. Bernadine Morris, "Valentino: Styles That Change the Look of Fashion", *The New York Times*, 22 jan. 1972.
39. *Correio da Manhã*, 23-24 abr. 1972.
40. "Qualquer semelhança...", *O Globo*, 6 maio 1972.
41. "A glória de Zuzu", *Manchete*, 16 set. 1972.
42. "Zuzu Angel × Valentino", *Jornal do Brasil*, 29 nov. 1972.
43. "Qualquer semelhança...", op. cit.
44. Apud Ruth Joffily, "Uma vez Zuzu, sempre Zuzu", em *Zuzu Angel: A força do anjo*. Livreto de exposição, 1996. Arquivo Romy Medeiros da Fonseca, Hispanic Division, Library of Congress.

45. “Zuzu Angel: ‘Não entrego o ouro aos bandidos!’”, op. cit.
46. Apud R. Joffily, op. cit.
47. “Protocolo do Conselho Nacional de Mulheres do Brasil”. Documento datilografado, 4 pp., 27 out. 1972. Arquivo Romy Medeiros da Fonseca, Hispanic Division, Library of Congress.
48. “O direito da mulher”, op. cit.
49. “Apoio masculino garante o I Conselho de Mulheres”, [s.d.], [s. ref.]. Arquivo Romy Medeiros da Fonseca, Hispanic Division, Library of Congress.
50. “A Growl from Women: Feminist movement spreads”, *Times of Brazil*, 2 jul. 1972. Arquivo Romy Medeiros da Fonseca, Hispanic Division, Library of Congress.
51. “I Convenção Nacional de Mulheres”, *O Globo*, 7 fev. 1972.
52. Discurso de abertura do I Conselho Nacional de Mulheres. Documento datilografado, 5 pp., 23 out. 1972. Arquivo Romy Medeiros da Fonseca, Hispanic Division, Library of Congress.
53. Maria Cláudia Badan Ribeiro, op. cit.
54. “A Growl from Women”, op. cit. Arquivo Romy Medeiros da Fonseca, Hispanic Division, Library of Congress.
55. Informação nº 143/D/Cisa-BR/77, com dados extraídos do PB nº 696/19/AC/72 de 29 jun. 1972. Informação nº 22017-AC/SNI, 20 abr. 1972. Arquivo Nacional, BR.AN.BSB.Z4.DPN.ENI.279.
56. Rose Marie Muraro, *Memórias de uma mulher impossível*, op. cit.
57. “Conselho cri-cri”, *Veja*, n. 217, 1 nov. 1972.
58. “Mulher já tem onde se reunir”, [s. ref.], 3 ago. 1972. Arquivo Romy Medeiros da Fonseca, Hispanic Division, Library of Congress.
59. I Conselho Nacional de Mulheres. Folheto com a programação do congresso, out. 1972. Arquivo Romy Medeiros da Fonseca, Hispanic Division, Library of Congress.
60. *Diario de Noticias*, 1 out. 1972. *O Globo*, 7 out. 1972. *Jornal do Brasil*, 23 out. 1972.
61. “Conselho cri-cri”, op. cit.
62. Rascunho de carta de Zuzu Angel ao diretor da revista *Veja*, 1 nov. 1972. Acervo do Instituto Zuzu Angel, número de registro ZA02.03.02.XX.03.0002.
63. “Proposta de programa”. 20 pp., out. 1972. Arquivo Romy Medeiros da Fonseca, Hispanic Division, Library of Congress.
64. Ibid.

15. No Leblon, um anjo de néon [pp. 313-34]

1. Sobre Carlos Imperial, Aderbal Júnior e a peça: Denilson Monteiro, *Dez! Nota dez!: Eu sou Carlos Imperial*. São Paulo: Matriz, 2008. “Aderbal Freire-Filho”, em *Enciclopédia Itaú Cultural de Arte e Cultura Brasileira*. São Paulo: Itaú Cultural, 2023. Natasha Correa Lima, “Polêmico, Carlos Imperial descobriu talentos e impulsionou o rock e a MPB”, *O Globo*, 31 out. 2017.
2. Denilson Monteiro, op. cit.
3. *Jornal do Brasil*, 14 out. 1972.
4. Entrevista de Hildegard Angel a Pedro Paulo Malta, *Depoimentos Cariocas*, 16 maio 2023. Arquivo Geral da Cidade do Rio de Janeiro. Disponível em: <www.youtube.com/watch?v=eDD-6y80GT4>.

5. "*Marido, matriz e filial*: O debate da infidelidade", *Jornal do Brasil*, 5 nov. 1972.
6. "O ranço do triângulo", *Jornal do Brasil*, 15 nov. 1972.
7. Anúncio de *Marido, matriz e filial*, *Jornal do Brasil*, 16 nov. 1972.
8. *Jornal do Brasil*, 18 nov. 1972.
9. *O Jornal*, 23 nov. 1972.
10. "Zuzu Angel: 'Não entrego o ouro aos bandidos!'", op. cit. "Filha e Mãe — International Dateline Collection VI", *Gil Brandão Modas, Informativo ABC*, 3-9 fev. 1973. Acervo do Instituto Zuzu Angel, número de registro ZA02.03.09.XX.12.0003.
11. "Uma roupa para a mulher sem medos", op. cit.
12. "Filha e Mãe — International Dateline Collection VI", op. cit.
13. "Uma roupa para a mulher sem medos", op. cit.
14. "Filha e Mãe — International Dateline Collection VI", op. cit.
15. *O Globo*, 27 dez. 1972.
16. "Coleção 'Filha e Mãe' de Zuzu Angel", *O Jornal*, 25 fev. 1973.
17. Release de apresentação da International Dateline Collection VI. Acervo do Instituto Zuzu Angel, número de registro ZA02.03.09.XX.12.0005.
18. "Coleção 'Filha e Mãe' de Zuzu Angel", op. cit.
19. Carmen da Silva, "Os problemas da mulher que trabalha" e "O complexo da dona de casa", em *O homem e a mulher no mundo moderno*, op. cit.
20. "Ter 40 anos é a glória", op. cit.
21. "Uma roupa para a mulher sem medos", op. cit.
22. *O Globo*, 4 nov. 1972.
23. "Uma roupa para mulher sem medos", op. cit.
24. Dominique Veillon e Françoise Denoyelle, op. cit.
25. *O Globo*, 17 mar. 1973.
26. "Zuzu Angel, desfile ao som de Tico-Tico no Fubá", *Diario de Noticias*, 19 jul. 1974.
27. Vinicius de Moraes e Toquinho, "Carta ao Tom 74", 1974.
28. Sobre o Leblon, a Elle et Lui e a moda carioca: Iesa Rodrigues, op. cit. Luís André Prado e João Braga, op. cit. Luciana Costa de Freitas, *Estratégia de design em empreendimentos de moda: As tramas do sucesso empresarial no design de moda na cidade do Rio de Janeiro*. Rio de Janeiro: Pontifícia Universidade Católica do Rio de Janeiro, Departamento de Artes e Design, 2007. Dissertação (Mestrado em Artes e Design).
29. Etiqueta de tecido com logotipo criado por Waltercio Caldas. Acervo do Instituto Zuzu Angel, número de registro ZC04.XX.05.XX.XX.0005. Disponível em: <www.zuzuangel.com.br/documental/etiqueta-em-tecido-com-logotipo-criado-por-waltercio-caldas>.
30. Sobre a loja de Zuzu: Priscila Andrade Silva, "A marca do anjo: A trajetória de Zuzu Angel e o desenvolvimento da identidade visual de sua grife", *Iara, Revista de Moda, Cultura e Arte*, São Paulo, v. 2, n. 2, pp. 85-119, out.-dez. 2009.
31. Rolo de fita branca com nome Zuzu Angel e nome impresso. Acervo do Instituto Zuzu Angel, número de registro ZC04.XX.05.XX.XX.0001. Disponível em: <www.zuzuangel.com.br/documental/rolo-de-fita-branca-com-nome-zuzu-angel-e-anjo-impresso>. Sacola de papel com alças. Acervo do Instituto Zuzu Angel, número de registro ZC04.XX.02.XX.XX.0002. Disponível em: <www.zuzuangel.com.br/documental/sacola-de-papel-com-alcas>. Sacola de plástico com logo da marca Zuzu e endereço da loja. Acervo do Instituto Zuzu Angel, número de registro ZC04.XX.02.XX.XX.0003. Disponível em: <www.zuzuangel.com.br/documental/sacola-de-plastico-com-logo-da-marca-zuzu-e-endereco-da-loja>.

Três rolos de etiquetas adesivas com letras douradas e anjo impresso em fundo preto. Acervo do Instituto Zuzu Angel, número de registro ZC04.XX.02.XX.XX.0001. Disponível em: <www.zuzuangel.com.br/documental/tres-rolos-de-etiquetas-adesivas-com-letras-douradas-e-anjo-impresso-em-fundo-preto>. Cartões com imagem de anjo. Acervo do Instituto Zuzu Angel, número de registro ZC06.XX.07.XX.XX.0001. Disponível em: <www.zuzuangel.com.br/documental/cartoes-com-imagem-de-anjo>.

32. Publicidade do ateliê no jornal *O Globo*, 7 nov. 1972.
33. "Zuzu, o anjo caído", *Manchete*, 1 maio 1976. "Zuzu Angel, desfile ao som de Tico-Tico no Fubá", op. cit. Hildegard Angel, "Junho, mês de Zuzu, sua devoção, preferências e seu portal", Instituto Zuzu Angel, 29 jul. 2017. Disponível em: <www.zuzuangel.com.br/noticias/junho-mes-de-zuzu-sua-devocao-preferencias-e-seu-portal>.
34. Depoimento de Hildegard Angel à Comissão Estadual da Verdade — Rio de Janeiro, 7 maio 2014. Acervo do Arquivo Público do Estado do Rio de Janeiro.
35. Vídeo "A cidade cresce para a Barra". Direção de Paulo Roberto Martins, produção Totem Filmes. Rio de Janeiro, 1970.
36. Depoimento de Zuenir Ventura ao programa *Linha Direta*, episódio "Zuzu Angel", 27 nov. 2003.
37. "Zuzu Angel morre no Rio: Automóvel cai de 15 metros", *Folha de S.Paulo*, 15 abr. 1976.
38. "Zuzu Angel morre em seu carro e será sepultada hoje", *O Globo*, 15 abr. 1976. "Zuzu, o anjo caído", op. cit.
39. Rose Marie Muraro, *Memórias de uma mulher impossível*, op. cit. *O Globo*, 6 jan. 1973.
40. "Zuzu Angel, desfile ao som de Tico-Tico no Fubá", op. cit.
41. "Zuzu, o anjo caído", op. cit.
42. Entrevista de Anna Paola Frade Pimenta da Veiga à autora, 31 ago. 2023.
43. Sobre a inauguração da exposição e os eventos relacionados: "Jantar dos baianos (Jorge Amado e companhia)", *Diário de Minas*, 20 mar. 1973. Notas nos jornais *Estado de Minas*, 20 e 21 mar. 1973; *Jornal do Brasil*, 19 mar. 1973; *O Globo*, 24 mar. 1973.
44. Entrevista de Eduardo de Paula concedida à autora, 28 ago. 2022.
45. Depoimento de Hildegard Angel ao *Estado de Minas*: Isabela Teixeira da Costa, "Zuzu Angel, força feminina", *Estado de Minas*, 6 jun. 2021. Jaguar, "Confirmado", *O Pasquim*, 5-11 mar. 1974.
46. Depoimento de Yara Tupynambá ao *Estado de Minas*: Gustavo Werneck, "Da informal feira hippie ao artesanato de massa", *Estado de Minas*, 17 set. 2011.
47. Sobre as bonecas de d. Maria de Lourdes: "Zuzu e as bonecas", *Estado de Minas*, 18 abr. 1976. "Bonecas elegantes", *Jornal do Brasil*, 28 maio 1973. Carta de José Maurício Vidal Gomes a Zuzu Angel, 6 jun. 1973. Acervo do Instituto Zuzu Angel, número de registro ZA02.03.06.06.01.0003. Manuscrito sobre a produção das Zuleikinhas. Acervo do Instituto Zuzu Angel, número de registro ZA02.03.06.06.01.0001.
48. Roteiro do programa *Mineiros Frente a Frente*. Acervo do Instituto Zuzu Angel, número de registro ZA01.XX.06.03.XX.0003. Fotografia da participação de Curvelo no programa *Mineiros Frente a Frente*. Acervo do Instituto Zuzu Angel, número de registro ZA01.XX.04.01.XX.0004. Carta de Milton Joaquim Diniz a Zuzu Angel, 2 jul. 1973. Acervo do Instituto Zuzu Angel, número de registro ZA01.XX.04.01.XX.0003. *Estado de Minas*, 29 jun. 1973.
49. Foto de Zuzu Angel em baile de debutantes de Curvelo. Acervo do Instituto Zuzu Angel, número de registro ZA02.03.10.01.XX.0002. Convite endereçado a Zuzu Angel. Acervo

do Instituto Zuzu Angel, número de registro ZA01.XX.04.04.XX.0003. Vestido "Ferida de morte e rindo 2". Acervo do Instituto Zuzu Angel, número de registro 130IND. W. Frade, "Madrinha", *Estado de Minas*, 18 nov. 1973.

50. *Jornal do Brasil*, 19 maio 1973. *A Tribuna*, 29 nov. 1972. *Correio da Manhã*, 27 set. 1972. *O Globo*, 4 nov. 1972, 19 nov. 1972, 29 nov. 1972, 3 fev. 1973, 7 out. 1973. *Tribuna da Imprensa*, 21 maio 1972.
51. Robin Givhan, op. cit. John Tiffany, "Eleanor Lambert: The Fashion Force behind the CFDA", Council of Fashion Designers of America, 7 fev. 2022. Disponível em: <cfda.com/news/eleanor-lambert-the-fashion-force-behind-the-cfda>.
52. Sobre a visita de Eleanor Lambert no Brasil: "Quando ser elegante é apenas uma questão de talento", *Jornal do Brasil*, 1 jun. 1973. "Only for Women", *Jornal do Brasil*, 4 jun. 1973. *O Globo*, 4 jun. 1973. *Estado de Minas*, 5 jun. 1973.
53. Robin Givhan, op. cit.
54. "Liza Minnelli pede feijoada no desjejum", *Jornal do Brasil*, 16 fev. 1974. Fotografias do acervo do Instituto Zuzu Angel, números de registro ZA02.03.11.01.XX.0021, ZA02.03.11.01.XX.0002, ZA02.03.11.01.XX.0020, ZA02.03.11.01.XX.0015, ZC04.XX.03.XX.XX.0023, 15 fev. 1974.
55. Registro fotográfico de Liza Minnelli vestindo camiseta estampada da marca Zuzu Angel, fev. 1974, e Registro fotográfico de Dzi Croquettes junto com Liza Minnelli vestindo camiseta estampada da marca Zuzu Angel, fev. 1974. Acervo do Instituto Zuzu Angel, números de registro ZA02.03.11.01.XX.0003 e ZA02.03.11.01.XX.0004.
56. Diana Crane, *A moda e seu papel social: Classe, gênero e identidade das roupas*. São Paulo: Senac, 2006.
57. Ruy Castro, *Ela é carioca*, op. cit. Iesa Rodrigues, op. cit. [S. ref.], "História da empresa". Pier. Disponível em: <www.pier.com.br/sobre>.
58. Camiseta branca de manga curta Zuzu. Acervo do Instituto Zuzu Angel, número de registro 37IND.

16. Leve uma mensagem a tiracolo [pp. 335-55]

1. "Zuzu Angel: 'Creio na moda brasileira'", *Diario de Noticias*, 9 nov. 1975.
2. Fotografia de Elke Maravilha em desfile com modelo Zuzu e chapéu. Acervo do Instituto Zuzu Angel, número de registro ZA02.03.08.01.XX.0002. Disponível em: <www.zuzuangel.com.br/documental/fotografia-de-elke-maravilha-em-desfile-com-modelo-zuzu-e-chapeu>.
3. Vestido curto com franjas na barra (conjunto com estola). Acervo do Instituto Zuzu Angel, número de registro 154IND. Disponível em: <www.zuzuangel.com.br/vestuario/vestido-curto-com-franjas-na-barra-conjunto-com-estola>. Fotografia de Elke Maravilha em desfile como modelo de Zuzu Angel. Acervo do Instituto Zuzu Angel, número de registro ZA02.03.08.01.XX.0003. Disponível em: <www.zuzuangel.com.br/documental/fotografia-de-elke-maravilha-em-desfile-como-modelo-de-zuzu-angel>.
4. "O clássico atualizado de Zuzu Angel", *O Poti*, 15 set. 1974.
5. "Zuzu mostra o Brasil", *Jornal do Brasil*, 12 jul. 1974. "Desfile ao som de Tico-Tico no Fubá", op. cit. "Nova moda para uma nova mulher", *Jornal do Brasil*, 20 out. 1974.

6. Release de apresentação da International Dateline Collection VII. Acervo do Instituto Zuzu Angel, número de registro ZA02.03.09.XX.13.0001. Disponível em: <www.zuzuangel.com.br/documental/release-de-apresentacao-da-international-dateline-collection-vii>.
7. Choire Sicha, "The Very Open Hidden History of Henri Bendel", *The New York Times*, 14 set. 2018. "Camelot on 57th Street: A History of Henri Bendel". Geraldine Stutz Fellowship. Parsons — The New School. Disponível em: <adht.parsons.edu/GeraldineStutz/?page_id=742>.
8. *Jornal do Brasil*, 23 fev. 1975.
9. "Rio/Nova York na mesma moda", *Jornal do Brasil*, 24 abr. 1975.
10. Manuscrito datilografado de Zuzu Angel sobre sua profissão, op. cit.
11. Virginia Valli, op. cit., p. 41.
12. Sobre o assassinato de Sônia Angel e as diferentes versões de sua morte: Aziz Ahmed e João Luiz de Moraes, op. cit. Documentos: Polícia Civil do Estado de São Paulo, Divisão de Informações/CPI/Dops/SP; Auto de Exibição e Apreensão, Destacamento de Operações de Informações, Ministério do Exército, II Exército, Quartel-General, 2ª Seção; Câmara dos Deputados, Reunião nº 382/92; Ação Ordinária de Responsabilidade Civil com Ressarcimento de Dano Moral e Material contra a União Federal, 10 dez. 1992. Arquivo Nacional, ref. BR.AN.BSB.AT0.76.1, pp. 17-20, 39, 88.
13. Depoimento de Zuzu Angel a Hélio Silva e ao Centro de Memória Social Brasileira, op. cit.
14. "Documento nº 5 — Aditamento à versão em inglês da carta dirigida a Zuleika Angel por Alex Polari de Alverga, versão esta feita pela própria". Relatório confidencial nº 011, de 7 maio 1975, de Deuteronômio Rocha dos Santos, ao sr. chefe do Serviço de Buscas. Secretaria de Segurança Pública do Estado da Guanabara. Arquivo Nacional, ref. BR.DF.AN.BSB.V8.MIC, GNC.AAA.75083500. Versão original ("With Reference to Any Information in Alex's Letter"), pp. 15-21.
15. Virginia Valli, op. cit., p. 40.
16. Ibid., p. 160. Carta de Zuzu Angel a Mr. Osting, 22 fev. 1975, em Virginia Valli, op. cit., pp. 229-30.
17. Amnesty International, "Background to the Report", em *Report on Allegations of Torture in Brazil*. Londres: Amnesty International Publications, 1972, p. 8.
18. Id. "List of Prisoners Tortured", em *Report on Allegations of Torture in Brazil*. Londres: Amnesty International Publications, 1972, p. 74.
19. Geraldo Cantarino, *Geisel em Londres: A visita de Estado do presidente Ernesto Geisel em 1976 e a questão dos direitos humanos*. Rio de Janeiro: Mauad X, 2023.
20. Carta de Zuzu Angel a Mr. Osting, op. cit.
21. Depoimento de Zuzu Angel a Hélio Silva e ao Centro de Memória Social Brasileira, op. cit.
22. Alex Polari, "12.207", em *Inventário de cicatrizes*. São Paulo: Teatro Ruth Escobar, 1978.
23. Carta endereçada aos exmos. srs. senadores e deputados federais representantes do Estado do Rio de Janeiro no Congresso Nacional. Ilha Grande, 5 maio 1975. Arquivo Cordeiro de Farias, CPDOC. Ref.: CFa 64.10.23 tv. "Instituto Penal Ilha Grande", em Rio de Janeiro (Estado), Comissão da Verdade do Rio, *Relatório — Comissão da Verdade do Rio*. Rio de Janeiro: CEV-Rio, 2015, pp. 331-4.
24. Alex Polari, "Canção para 'Paulo' (A Stuart Angel)", em Alex Polari, op. cit.
25. Carta de Alex Polari de Alverga a Zuzu Angel, 23 maio 1972. Arquivo Nacional, ref. BR.AN.BSB.AT0.80.7, pp. 17-22.

26. Depoimento de Zuzu Angel a Hélio Silva e ao Centro de Memória Social Brasileira, op. cit.
27. Entrevista de Lúcia Murat à autora, 19 jun. 2024. Depoimento de Lúcia Murat ao Instituto Itaú Cultural. Exposição Ocupação Zuzu, 29 dez. 2014. Disponível em: <54.232.244.136/lucia-murat-ocupacao-zuzu-2014-parte-33?p=2>. Gustavo Maia, "Comissão da Verdade é instalada na UFRJ; filha de Zuzu Angel dá depoimento emocionado", UOL, 10 jul. 2013. Disponível em: <noticias.uol.com.br/politica/ultimas-noticias/2013/07/10/comissao-da-verdade-e-instalada-na-ufrj-filha-de-zuzu-angel-da-depoimento-emocionado.htm>.
28. Testemunho de Lúcia Murat concedido em Audiência Pública realizada em 28 maio 2013. Comissão da Verdade do Rio. Ygor Pires Monteiro, *Lúcia Murat: Trajetos de vida pela ditadura civil-militar — sensibilidades cinematográficas e história pública (1989-2012)*. Niterói: Universidade Federal Fluminense, 2018. Dissertação (Mestrado em História).
29. Entrevista de Lúcia Murat à autora, op. cit. Depoimento de Lúcia Murat ao Instituto Itaú Cultural, op. cit.
30. Em depoimento de Antonina Murat Vasconcellos, ela alega ter entregado a carta de Alex a Zuzu ("Como conheci Zuzu Angel", em Virginia Valli, op. cit., pp. 59-61). No entanto, o livro *Eu, Zuzu Angel, procuro meu filho* e os depoimentos de Nilo Batista, Alex Polari e Carlos Frederico Polari, sobrinho de Alex Polari, atestam que foi Pedro Polari Alverga o responsável por confiar o documento à costureira. Ver Virginia Valli, op. cit., p. 152. Depoimento de Nilo Batista à série *Advogados contra a ditadura*, episódio 4, "Tristeza e alegria, duas faces da advocacia política", 46 min 38, 14 abr. 2014. Disponível em: <www.youtube.com/watch?v=r3mB-a0ktF0&t=2812s>. Depoimento de Alex Polari de Alverga à Comissão Nacional da Verdade, 12 set. 2014. Comentário de Carlos Frederico Polari de Alverga em "Carta Zuzu 1", "1971, carta inédita de Zuzu: 'Futuro mostrará meu filho como o Tiradentes da época dos computadores'". Hildegard Angel, 12 ago. 2013. Disponível em: <www.hildegardangel.com.br/?attachment_id=26382>.
31. Zuzu Angel, "With Reference to Any Information in Alex's Letter" — aditamento de Zuzu à tradução da carta de Alex Polari, 31 mar. 1975. Arquivo Nacional, ref. BR.DF.AN.BSB.V8.MIC, GNC.AAA.75083500, p. 21. Virginia Valli, op. cit., p. 161.
32. Depoimento de Zuzu Angel a Hélio Silva e ao Centro de Memória Social Brasileira, op. cit.
33. Virginia Valli, op. cit., p. 161. Zuzu Angel, "With Reference to Any Information in Alex's Letter", op. cit. Depoimento de Zuzu Angel a Hélio Silva e ao Centro de Memória Social Brasileira, op. cit. Tradução da carta de Alex Polari de Alverga por Zuzu Angel. Arquivo Nacional, ref. BR.DF.AN.BSB.V8.MIC, GNC.AAA.75083500, pp. 23-40.
34. Depoimento de Zuzu Angel a Hélio Silva e ao Centro de Memória Social Brasileira, op. cit.
35. Virginia Valli, op. cit., pp. 170-1.
36. Elio Gaspari, *A ditadura derrotada*, op. cit.
37. Virginia Valli, op. cit., p. 110.
38. Carta de Zuzu Angel a Ernesto Geisel, 29 abr. 1975. Arquivo Cordeiro de Farias, CPDOC. Ref.: CFa 64.10.23 tv.
39. Carta de Zuzu Angel a Sylvio Frota, 3 maio 1975. Arquivo Cordeiro de Farias, CPDOC. Ref.: CFa 64.10.23 tv.
40. Renato Lemos. "Farias, Cordeiro de". Verbete do Centro de Pesquisa e Documentação de História Contemporânea do Brasil, Fundação Getúlio Vargas.

41. Carta de Elzita de Santa Cruz Oliveira a Oswaldo Cordeiro de Farias, 20 dez. 1974. Arquivo Cordeiro de Farias, CPDOC. Ref.: CFa 64.10.23 tv.
42. Carta de Oswaldo Cordeiro de Farias a Rodrigo Otávio Jordão Ramos, 15 abr. 1974. Arquivo Cordeiro de Farias, CPDOC. Ref.: CFa 64.10.23 tv.
43. Verbete "Mark Clark", Liberation Route Europe. Disponível em: <www.liberationroute.com/stories/50/mark-clark>. Verbete "Mark Clark, American Military Officer", Britannica. Disponível em: <www.britannica.com/biography/Mark-Clark>. "Mark Clark saúda os soldados do Brasil", *A Noite*, 7 set. 1944.
44. Fotografia. O comandante do 5º Exército general Mark Clark acompanhado do general Cordeiro de Farias, 1945. Biblioteca Digital do Exército. Disponível em: <bdex.eb.mil.br/jspui/handle/123456789/7320>.
45. "Mark Clark: 'A América precisa ser mais forte'", *Manchete*, 24 maio 1975.
46. "Mark Clark assiste Festa da Vitória", *Jornal do Brasil*, 7 maio 1975.
47. *Jornal do Brasil*, 28 mar. 1974.
48. Anúncio do Hotel Sheraton no *Jornal do Brasil*, 16 abr. 1974.
49. "Os preços da incoerência", *Jornal do Brasil*, 7 maio 1975.
50. "Mark Clark assiste a Festa da Vitória", op. cit.
51. Sobre o encontro entre Zuzu Angel e Mary Clark no hotel Sheraton: Informação nº 1039, Departamento Geral de Investigações Especiais, 19 maio 1975. Arquivo Nacional, ref. BR.DF.AN.BSB.V8.MIC, GNC.AAA.75083500, pp. 3-4. Relatório do chefe da SSP ao diretor da DO, 8 maio 1975 e Relatório nº 011 da SSP do Estado da Guanabara, 7 maio 1975. Arquivo Nacional, ref. BR.AN.BSB.AT0.80.7, pp. 79-81.
52. Relatório nº 011 da SSP do Estado da Guanabara, 7 maio 1975. Arquivo Nacional, ref. BR.AN.BSB.AT0.80.7, pp. 79-80.
53. Zuzu Angel a Mary Clark, 6 maio 1975. Arquivo Nacional, ref. BR.DF.AN.BSB.V8.MIC, GNC.AAA.75083500, p. 14.
54. Zuzu Angel a Mark Clark, 7 maio 1975. Arquivo Nacional, ref. BR.DF.AN.BSB.V8.MIC, GNC.AAA.75083500, pp. 12-3.
55. Texto de Zuzu Angel no verso de uma fotografia de Stuart, 7 maio 1975. Arquivo Nacional, ref. BR.DF.AN.BSB.V8.MIC, GNC.AAA.75083500, p. 10.
56. Relatório nº 011 da SSP do Estado da Guanabara, op. cit. Informação nº 1039, op. cit.
57. *Jornal do Brasil*, 10 maio 1975.
58. Lenços anjos e corações. Acervo do Instituto Zuzu Angel, números de registro 30IND, 46IND e 31 IND. Disponível em: <www.zuzuangel.com.br/vestuario/lenco-anjos-e-coracoes-azul-bege-e-rosa-1>, <www.zuzuangel.com.br/vestuario/lenco-anjos-e-coracoes-rosa-e-verde> e <www.zuzuangel.com.br/vestuario/lenco-anjos-e-coracoes-roxo-laranja-e-verde>.
59. Priscila Andrade Silva, op. cit. *Revista Zuleika*, n. 1, ano 1, Itaú Cultural, abr. 2014. *Jornal do Brasil*, 14 abr. 1975 e 6 maio 1975 (anúncio).
60. Fotografia posada de Zuzu Angel em frente a carro com logo Cootramo Turismo Aeroporto Internacional Galeão. Acervo do Instituto Zuzu Angel, número de registro ZA02.03.08.01.01.0013. Disponível em: <www.zuzuangel.com.br/documental/fotografia-posada-de-zuzu-angel-em-frente-a-carro-com-logo-cootramo-turismo-aeroporto-internacional-galeao>.
61. Jeanne-Marie Gagnebin, "O hino, a brisa e a tempestade: Dos anjos em Walter Benjamin", *O Percevejo: Revista de Teatro, Crítica e Estética*, Uni-Rio, ano 6, n. 6, pp. 18-29, 1998.

Lisa Block de Behar, "Una tempestad de ángeles", em Gabriela Massuh e Silvia Fehrmann (Orgs.), *Sobre Walter Benjamin: Vanguardias, historia, estética y literatura*. Buenos Aires: Goethe-Institut, 1993, pp. 251-64.

62. Entrevista de Iesa Rodrigues à autora, 22 ago. 2022. Depoimento de Iesa Rodrigues a Priscila Silva, 9 jun. 2004. Priscila Andrade Silva, op. cit., pp. 89-90.
63. Virginia Valli, op. cit., p. 138.
64. Depoimento de Zuzu Angel a Hélio Silva e ao Centro de Memória Social Brasileira, op. cit.

17. A costureira sobe a colina [pp. 357-77]

1. Telegram 46847 from the Department of State to the Embassy in Brazil. Washington, 3 mar. 1975. Department of State, *Foreign Relations of the United States, 1969-1976*. Part 2 — Documents on South America, 1973-1976. Washington, 2015, pp. 308-9.
2. *Human Rights in the World Community: A Call for U.S. Leadership*. Report of the Subcommittee on International Organizations and Movements of the Committee on Foreign Affairs, House of Representatives. Washington: U.S. Government Printing Office, 1974. Disponível em: <books.google.com.br/books?id=l3WHfrzeHyYC&printsec=frontcover&hl=pt-BR&source=gbs_ge_summary_r&cad=0#v=onepage&q&f=false>.
3. Donald Fraser apud Sarah B. Snyder, "'A Call for U.S. Leadership': Congressional Activity on Human Rights", *Diplomatic History*, Oxford University Press, v. 37, n. 2, pp. 372-97, abr. 2013.
4. *Torture and Oppression in Brazil*. Hearing before the Subcommittee on International Organizations and Movements of the Committee on Foreign Affairs, House of Representatives. 93rd Congress, 2nd Session. 11 dez. 1974. Washington: U.S. Government Printing Office, 1974.
5. Matias Spektor, *Kissinger e o Brasil*. Rio de Janeiro: Zahar, 2009.
6. "A ameaça comunista", *Folha de S.Paulo*, 22 abr. 2001.
7. Sarah B. Snyder, op. cit.
8. Matias Spektor, op. cit., p. 103.
9. Memorandum from director of Central Intelligence Colby to Secretary of State Kissinger. Washington, 11 abr. 1974. Foreign Relations of the United States, 1969-1976, volume E-11, part 2, Documents on South America, 1973-1976. Disponível em: <history.state.gov/historicaldocuments/frus1969-76ve11p2/d99>.
10. Ibid.
11. Telegram 46847, op. cit.
12. Kevin Baker, "'Welcome to Fear City' — The Inside Story of New York's Civil War, 40 Years On", *The Guardian*, 18 maio 2015.
13. "Zuzu Angel e a sua passarinhada", *O Globo*, 22 set. 1971.
14. *Jornal do Brasil*, 31 maio 1975.
15. *Jornal do Brasil*, 28 jun. 1975.
16. Carta de Martin Ennals a John Sparkman, Londres, 2 jun. 1975. Arquivo Nacional, ref. BR.AN.BSB.AT0.80.7, pp. 15-6.
17. Carta de Ana Cristina Angel Jones a John Sparkman, Nova York, 28 maio 1975. Arquivo Nacional, ref. BR.AN.BSB.AT0.80.7, pp. 99-110.
18. "Zuzu, o anjo caído", op. cit.

19. Planos de Zuzu para falar no Congresso americano. Acervo do Instituto Zuzu Angel, número de registro ZA03.XX.05.XX.02.0009. Disponível em: <www.zuzuangel.com.br/documentary/zuzus-plan-to-speak-at-the-american-congress>.
20. Barbara Keys, "Congress, Kissinger, and the Origins of Human Rights Diplomacy", *Diplomatic History*, Oxford University Press, v. 34, n. 5, pp. 823-51, nov. 2010.
21. Virginia Valli, op. cit., p. 176. C. William Vardy, *Concrete Inferno: Terror and Torture under Brazil's Military Regime, 1964-1985*. Lanham: Rowman & Littlefield, 2023. Depoimento de Ana Cristina Angel Dronne a James Green, 4 jun. 2002. Disponível em: <library.brown.edu/create/wecannotremainsilent/chapters/chapter-10-performing-opposition/performing-opposition-through-fashion/>.
22. Documento manuscrito listando figuras públicas americanas, endereços e anotações diversas, 1975. Acervo do Instituto Zuzu Angel, número de registro ZA03.XX.04.XX.XX.0002. Disponível em: <www.zuzuangel.com.br/documental/documento-manuscrito-listando-figuras-publicas-americanas-enderecos-e-anotacoes-diversas>.
23. Sarah B. Snyder, op. cit.
24. "Congressional Questioning", *We Cannot Remain Silent: Opposition to the Military Dictatorship*. Brown University Library, Center for Digital Scholarship. Disponível em: <library.brown.edu/create/wecannotremainsilent/chapters/chapter-8-congressional-questioning/>.
25. George Lister, *U.S. Human Rights Policy: Origins and Implementation*. United States Department of State, Bureau of Public Affairs. Washington, D.C., 26 maio 1987. The Papers of George Lister: "Mr. Human Rights". The University of Texas at Austin, School of Law. Disponível em: <law.utexas.edu/humanrights/lister/about.php> e <law.utexas.edu/humanrights/lister/bureau/bureau.php>.
26. Documento manuscrito listando figuras públicas americanas, endereços e anotações diversas, op. cit.
27. Maria Cristina Penido de Freitas, "Relações financeiras entre o Brasil e os Estados Unidos", *Revista Tempo do Mundo*, v. 4, n. 2, pp. 123-56, jul. 2012.
28. Rodrigo Patto Sá Motta, "Modernizando a repressão: A Usaid e a polícia brasileira", *Revista Brasileira de História*, v. 30, n. 59, pp. 237-66, jun. 2010.
29. Lars Schoultz, "U.S. Foreign Policy and Human Rights Violations in Latin America: A Comparative Analysis of Foreign Aid Distributions", *Comparative Politics*, v. 13, n. 2, pp. 149-70, jan. 1981.
30. Rascunho de carta dirigida "To All in Brazil". Documento manuscrito, sem assinatura, 11 ago. 1975. Acervo do Instituto Zuzu Angel, número de registro ZA03.XX.01.02.XX.0003. Disponível em: <www.zuzuangel.com.br/documental/rascunho-de-carta-direcionada-to-all-in-brazil>.
31. Ibid. Telegrama da embaixada americana em Brasília aos consulados no Rio de Janeiro e São Paulo, e ao Departamento de Estado, 13 ago. 1975. Margaret P. Grafeld Declassified/Released U.S. Department of State. The National Archives, Access to Archival Databases. Número do documento: 1975BRASIL07067.
32. Telegrama da embaixada americana em Brasília ao Consulado de São Paulo e ao Departamento de Estado, 8 ago. 1975. Margaret P. Grafeld Declassified/Released U.S. Department of State. The National Archives, Access to Archival Databases. Número do documento: 1975BRASIL06624.
33. Telegrama da embaixada americana em Brasília aos consulados no Rio de Janeiro e São Paulo, e ao Departamento de Estado, 13 ago. 1975. Margaret P. Grafeld Declassified/

Released U.S. Department of State. The National Archives, Access to Archival Databases. Número do documento: 1975BRASIL07067.

34. Carta de Richard Nolan a Henry Kissinger, Washington, 3 jul. 1975. Arquivo Nacional, ref. BR.AN.BSB.AT0.80.7, p. 112.
35. Carta de Richard Nolan a Kurt Waldheim, Washington, 3 jul. 1975. Arquivo Nacional, ref. BR.AN.BSB.AT0.80.7, p. 114.
36. João Augusto Costa Vargas, *Um mundo que também é nosso: O pensamento e a trajetória diplomática de Araujo Castro*. Brasília: Fundação Alexandre de Gusmão, 2013.
37. Carta de Richard Nolan a João Augusto de Araújo Castro, Washington, 3 jul. 1975. Arquivo Nacional, ref. BR.AN.BSB.AT0.80.7, p. 113.
38. Carta a João Augusto de Araújo Castro, Washington, 1 ago. 1975. Arquivo Nacional, ref. BR.AN.BSB.AT0.80.7, pp. 117-8.
39. Ibid.
40. Carta de Hubert Humphrey a João Augusto de Araújo Castro, Washington, 11 nov. 1975. Arquivo Nacional, ref. BR_DFANBSB_V8_MIC_GNC_AAA_76093667_d0001de0001, pp. 3-12.
41. Carta de Robert McCloskey a Lou Frey, Washington, 22 ago. 1975. Arquivo Nacional, ref. BR.AN.BSB.AT0.80.7, p. 120.
42. Carta de Robert Zimmermann a Ana Cristina Angel Jones, Washington, 7 out. 1975, em Virginia Valli, op. cit., p. 232.
43. Telegrama da embaixada americana em Brasília ao Departamento de Estado, 13 ago. 1975. Margaret P. Grafeld Declassified/Released U.S. Department of State. The National Archives, Access to Archival Databases. Número do documento: 1975BRASIL07067.
44. Telegrama do Departamento de Estado à embaixada americana em Brasília, 31 jul. 1975. Margaret P. Grafeld Declassified/Released U.S. Department of State. The National Archives, Access to Archival Databases. Número do documento: 1975STATE181445. Telegrama do Bureau of Interamerican Affairs (ARA) para a embaixada americana em Brasília, 27 fev. 1976. "Case of Stuart Angel Jones" (1976). *Opening the Archives: Documenting U.S.-Brazil Relations, 1960s-80s.* Brown Digital Repository. Brown University Library.
45. Telegrama da embaixada americana em Brasília ao consulado de São Paulo e ao Departamento de Estado, 8 ago. 1975. Margaret P. Grafeld Declassified/Released U.S. Department of State. The National Archives, Access to Archival Databases. Número do documento: 1975BRASIL06624.
46. Telegrama da embaixada americana em Brasília para o Departamento de Estado, 21 jul. 1975. Margaret P. Grafeld Declassified/Released U.S. Department of State. The National Archives, Access to Archival Databases. Número do documento: 1975BRASIL06022.
47. Ibid.
48. Telegrama da embaixada americana em Brasília ao Departamento de Estado, 13 ago. 1975. Margaret P. Grafeld Declassified/Released U.S. Department of State. The National Archives, Access to Archival Databases. Número do documento: 1975BRASIL07067. Telegrama do Departamento de Estado à embaixada americana em Brasília, 31 jul. 1975. Margaret P. Grafeld Declassified/Released U.S. Department of State. The National Archives, Access to Archival Databases. Número do documento: 1975STATE181445.
49. "Brazil Cancels Military Aid Treaty over U.S. Report on Human Rights", *The New York Times*, 12 mar. 1977. Decreto nº 79376 de 11 mar. 1977/PE — Poder Executivo Federal. Disponível em: <www.diariodasleis.com.br/legislacao/federal/54158-torna-publica-a-

-denuncia-do-acordo-de-assistencia-militar-celebrado-entre-o-brasil-e-os-estados-unidos-da-america-em-15-de-maruo-de-1952.html>.

50. Hélio Silva. *A história da República brasileira: A lei e a revolta, 1934-1936*. São Paulo: Três, 1998.
51. Marco Aurélio Nogueira, "Uma história popular (na qual o povo não entra)", *Opinião*, 1 ago. 1975.
52. Flamarion Maués, "Os livros de denúncia da tortura após o golpe de 1964", *Cadernos Cedem*, v. 2, n. 1, pp. 47-59, 2011.
53. Hélio Silva, *A história da República brasileira: Os governos militares, 1969-1974*. São Paulo: Três, 1998.
54. "Pasquim Tilê", *O Pasquim*, 6-12 fev. 1976.
55. Bruce Handler, "Death Ends Mother's Search", *Washington Post*, 17 abr. 1976. Virginia Valli, op. cit., p. 139.
56. Informação nº 026/Cisa/1976, 24 mar. 1976. Arquivo Nacional, código de referência VAZ.92.57, pp. 2-14.
57. Ibid.
58. "Conselho de Auditoria da Marinha quer preventiva de 22 acusados de subversão", *Jornal do Brasil*, 18 mar. 1976.
59. Informação nº 026/Cisa/1976, 24 mar. 1976. Arquivo Nacional, código de referência VAZ.92.57, pp. 2-14.
60. Ibid.
61. Virginia Valli, op. cit.

18. Um dossiê para Mr. K. [pp. 379-96]

1. "Itamaraty já prepara a visita de Kissinger, que chega a Brasília dia 19", *Jornal do Brasil*, 5 fev. 1976. "Kissinger pode chegar dia 19 ou 20", *O Globo*, 5 fev. 1976.
2. "Informe JB", *Jornal do Brasil*, 21 jan. 1976.
3. Matias Spektor, op. cit.
4. Comunicado da Assessoria de Imprensa do Ministério das Relações Exteriores, gabinete do ministro de Estado, 6 fev. 1976. Arquivo Antônio Azeredo da Silveira, CPDOC, ref. AAS mre be 1975.02.03, p. 82.
5. Depoimento de Zuzu Angel a Hélio Silva e ao Centro de Memória Social Brasileira, op. cit.
6. Carta de Hélio Silva a Zuzu Angel, 26 fev. 1976. Arquivo Nacional, BR. AN. BSB. ATO. 80.7, p. 63.
7. Virginia Valli, op. cit., p. 192.
8. Depoimento de Zuzu Angel a Hélio Silva, op. cit., p. 1.
9. Ibid.
10. Ibid., p. 2.
11. Para o contexto político no início de 1976, ver: Elio Gaspari, *As ilusões armadas: A ditadura escancarada*, op. cit. Natália Martins Besagio, "Cálice: Censura e violência na ditadura militar brasileira", *Em Tempo de Histórias*, Brasília, n. 39, p. 55-68, jul.-dez. 2021. Heloisa Murgel Starling, "Silêncios da ditadura", *Revista Maracanan*, Rio de Janeiro, n. 12, pp. 37-46, jul. 2015. Maud Chirio, op. cit.

12. Apud Elio Gaspari, "Alice e o camaleão", em Elio Gaspari, Heloisa Buarque de Hollanda e Zuenir Ventura, *Cultura em trânsito: Da repressão à abertura*. Rio de Janeiro: Aeroplano, 2000, p. 15.
13. Ministério do Exército, Comando do I Exército, 2ª seção, Rio de Janeiro, 21 jan. 1976. Arquivos da Ditadura. Disponível em: <arquivosdaditadura.com.br/documento/galeria/reacao-militares-demissao-ednardo>.
14. Depoimento de Zuzu Angel a Hélio Silva, op. cit.
15. Virginia Valli, op. cit., p. 186.
16. "Sheraton tem preparação inusitada", *Jornal do Brasil*, 22 fev. 1976.
17. "'The Doctor' fez o roteiro das estrelas: Samba, futebol, passeio de barco. E nada sabe de política", *Jornal do Brasil*, 23 fev. 1976.
18. Ibid.
19. "Sheraton tem preparação inusitada", op. cit.
20. "18 horas e meia no Rio, uma prova de resistência", *O Estado de S. Paulo*, 24 fev. 1976.
21. Ver Matias Spektor, op. cit.
22. Max Boot, "Super K, Revisited", *National Review*, 19 out. 2015. Disponível em: <www.nationalreview.com/magazine/2015/10/19/super-k-revisited/>.
23. "Geisel a Kissinger: Brasil de hoje é muito diferente", *Correio Braziliense*, 21 fev. 1976.
24. Apud Matias Spektor, op. cit., p. 29.
25. "Mr. K descobre o Brasil", *Veja*, p. 24, 18 fev. 1976.
26. "Joint communiqué on the occasion of the visit to Brasilia of Dr. Henry A. Kissinger, Secretary of State of the United States of America". Arquivo Antônio Azeredo da Silveira, CPDOC, ref. AAS mre be 1975.02.03, p. 132.
27. Ministério das Relações Exteriores, *Relatório 1976*, p. 36. Disponível em: <www.funag.gov.br/chdd/images/Relatorios/Relat%C3%B3rio%201976.pdf>.
28. Matias Spektor, op. cit.
29. "Attention to the Americas", 26 fev. 1976. Arquivo Antônio Azeredo da Silveira, CPDOC, ref. AAS mre be.
30. "Remarks by the Secretary of State Henry A. Kissinger at a dinner hosted by Foreign Minister Silveira", 19 fev. 1976, Brasília. Arquivo Antônio Azeredo da Silveira, CPDOC, ref. AAS mre be 1975.02.03, p. 190.
31. "Hyperbole in Brasilia", *The New York Times*, 21 fev. 1976.
32. Matias Spektor, op. cit.
33. Todas as citações: apud Elio Gaspari, *A ditadura encurralada: O sacerdote e o feiticeiro*. Rio de Janeiro: Intrínseca, 2014, parte III, cap. 4, p. 2.
34. "O filme de espionagem", *Jornal do Brasil*, 23 fev. 1976.
35. "O trabalho e o cotidiano dos discretos 'agentes A'", *O Globo*, 23 fev. 1976.
36. "O filme de espionagem", op. cit.
37. "Sábado à noite com Mr. K", *Folha de S.Paulo*, 24 fev. 1976. "Samba, futebol, passeio de barco. E nada sabe de política", op. cit.
38. "Hóspedes e curiosos: — Ele é uma estrela", *O Globo*, 23 fev. 1976.
39. Ibrahim Warde, "Os crimes de guerra de Kissinger", *Le Monde Diplomatique*, 1 out. 2001.
40. Carta de Zuzu Angel ao secretário Henry Kissinger, 21 fev. 1976, em Virginia Valli, op. cit. p. 238.
41. Ibid.
42. Virginia Valli, op. cit., p. 191.

43. "18 horas e meia no Rio, uma prova de resistência", op. cit.
44. "Sábado à noite com Mr. K", op. cit.
45. *O Globo*, 24 jan. 1976.
46. "Segurança imperfeita", *Jornal do Brasil*, 23 fev. 1976.
47. Há discrepâncias no relato quanto a Kissinger estar entrando ou saindo de seu quarto. A nota no *Jornal do Brasil* (23 fev. 1976) conta que Zuzu se encontrou com o secretário quando ele saiu da suíte; a matéria "Brazilian Makes Plea to Kissinger", de Bruce Handler, para *The Washington Post* (23 fev. 1976), menciona que Zuzu se aproximou de Kissinger enquanto ele entrava no quarto. É mais provável que ele estivesse entrando na suíte.
48. "'The Doctor' fez o roteiro das estrelas: Samba, futebol, passeio de barco. E nada sabe de política", op. cit.
49. "Segurança imperfeita", op. cit. Bruce Handler, "Brazilian Makes Plea to Kissinger", *The Washington Post*, 23 fev. 1976. "Mother Takes a Tale of Torture to Kissinger", *The Miami Herald*, 23 fev. 1976.
50. "Segurança imperfeita", op. cit.
51. Hildegard Angel, "Despedindo de uma grande, soberba e verdadeira dama da sociedade brasileira!", Hildegard Angel, 24 jun. 2012. Disponível em: <www.hildeangel.com.br/despedindo-de-uma-grande-soberba-e-verdadeira-dama-da-sociedade-brasileira/>. Depoimento de Hildegard Angel à Comissão Estadual da Verdade — Rio de Janeiro, 7 maio 2014. Acervo do Arquivo Público do Estado do Rio de Janeiro.
52. "Zuzu Angel apela a Kissinger por filho torturado e morto" [24 fev. 1976], em Jan Rocha, *Nossa correspondente informa: Notícias da ditadura brasileira na BBC de Londres: 1973-1985*. São Paulo: Alameda, 2021, pp. 112-3.
53. Informação nº 009/21/AC/76, 23 fev. 1976. Arquivo Nacional, código de referência BR_DFANBSB_V8_MIC_GNC_AAA_76093667_d0001de0001, p. 10.
54. Encaminhamento nº 119/76. Divisão de Segurança e Informações do Ministério da Justiça, 17 mar. 1976. Arquivo Nacional, código de referência BR.AN.RIO.TT.0.MCP.PRO.205, p. 15.
55. Documento de informações nº 0029/ Cisa-RJ, 22 mar. 1976; Informação nº 1966/S-105--CIE, 21 nov. 1974; Informação nº 0510, 23 dez. 1974. Arquivo Nacional. Código de referência: BR_DFANBSB_V8_MIC_GNC_AAA_76094020_d0001de0001.
56. Cinco encadernados anexos ao dossiê AAS mre be 1975.02.03, do arquivo do ministro Antônio da Silveira. CPDOC.

19. Uma vez Zuzu, [pp. 397-409]

1. Anúncio de 22 dez. 1975 no *Jornal do Brasil*: "Novidades na [...] linha de bolsas assinadas: as bolsinhas plásticas, para maquilagem, e os porta-níqueis, por Cr$ 90,00 cada um". Sobre a coleção Contemporary Classic, "Desfile ao som de Tico-Tico no Fubá", op. cit.
2. "Moda mais barata", *Jornal do Brasil*, 14 ago. 1975.
3. "Zuzu Angel: Seja elegante, gaste pouco e faça você mesma o seu vestido", *Fatos & Fotos*, 1 set. 1975. Acervo do Instituto Zuzu Angel, número de registro ZA02.03.09.XX.15.0001. Disponível em: <www.zuzuangel.com.br/documental/copia-de-materia-da-revista-manchete-sobre-a-colecao-faca-voce-mesma-em-casa>.
4. "Zuzu Angel: Creio na moda brasileira", op. cit.

5. "Liquidações: Hoje é o dia", *Jornal do Brasil*, 4 mar. 1975. Anúncio de vestidos de noiva de Zuzu Angel, *Jornal do Brasil*, 18 fev. 1974.
6. Luís André do Prado e João Braga, op. cit.
7. "Zuzu Angel: Seja elegante, gaste pouco e faça você mesma o seu vestido", op. cit.
8. "A nova criação de Zuzu Angel: Brazilian Butterfly", *Jornal do Brasil*, 17 set. 1975.
9. "Zuzu lança, no Rio, sua coleção internacional de verão", *O Fluminense*, 22 dez 1975.
10. *Tribuna da Imprensa*, 26 nov. 1975.
11. Entrevista de Zuzu Angel ao *Fantástico*, reproduzida no programa *Linha Direta*, episódio "Zuzu Angel", 27 nov. 2003.
12. "Coleção verão de Zuzu Angel", *O Estado do Paraná*, 5 out. 1975. Acervo do Instituto Zuzu Angel, número de registro ZA02.03.09.XX.14.0002. Disponível em: <www.zuzuangel.com.br/documental/materia-do-jornal-estado-do-parana-sobre-a-colecao-brazilian-butterfly>.
13. "Zuzu Angel: Creio na moda brasileira", op. cit.
14. *Jornal do Brasil*, 30 jan. 1976.
15. Camiseta bege Chiquita Bacana. Acervo do Instituto Zuzu Angel, número de registro 39IND.
16. "Baile do Municipal", texto de Eduardo Graco, fotos de José Medeiros e Ed Keffel, *O Cruzeiro*, 19 mar. 1949.
17. Alberto Ribeiro e João de Barro, "Chiquita Bacana", 1949.
18. André Protasio Pereira. *Bando da Lua, Os Cariocas e MPB4: Transformações no arranjo vocal.* Rio de Janeiro: Universidade Federal do Estado do Rio de Janeiro, Programa de Pós-Graduação em Música, 2020. Tese (Doutorado em Música).
19. Entrevista de Hildegard Angel a Cynara Menezes, *TV Fórum*, 18 jun. 2021. Disponível em: <www.youtube.com/watch?v=AxjEH7-igEk>.
20. Javier Montes, *Luz del Fuego*. São Paulo: Fósforo, 2022. "Luz del Fuego", em *Enciclopédia Itaú Cultural de Arte e Cultura Brasileira*. São Paulo: Itaú Cultural, 2023. Disponível em: <enciclopedia.itaucultural.org.br/pessoa641888/luz-del-fuego>. Dimalice Nunes, "Luz del Fuego: Contracultura e tragédia", *Aventuras na História*, jul. 2019.
21. Hildegard Angel, "Nada mais queremos do que a igualdade de direitos!", *Última Hora Revista*, 8 mar. 1975.
22. "A moda em questão — XVI", op. cit. "Zuzu Angel diz que mulher é escrava da moda", *Jornal do Brasil*, 31 jan. 1969.
23. *O Globo*, 16 nov. 1968.
24. Hildegard Angel, "Once Zuzu, Always Zuzu", op. cit.
25. Camiseta azul-marinho Once Zuzu, Always Zuzu. Acervo do Instituto Zuzu Angel, número de registro 35IND. Disponível em: <www.zuzuangel.com.br/vestuario/camiseta-azul-marinho-once-zuzu-always-zuzu>.
26. *Jornal do Brasil*, 7 abr. 1976.
27. Declaração de Germana de Lamare a Hildegard Angel, 15 ago. 1997. Arquivo Nacional, AT0.81.I., v. II, 1998, p. 275.
28. Rose Marie Muraro, *Memórias de uma mulher impossível*, op. cit., p. 171.
29. Bilhete de Zuzu Angel a Chico Buarque, 23 abr. 1975. Arquivo Nacional, BR.DF.AN.BSB.V8.MIC, pp. 52 e 447. Regina Zappa, *Chico Buarque: Para todos*. Rio de Janeiro: Relume Dumará, 1999.
30. Depoimento de Francisco Buarque de Holanda à Comissão Especial sobre Mortos e Desaparecidos Políticos, 1997. Arquivo Nacional, BR.DF.AN.BSB.V8.MIC, p. 446.

Entrevista de Chico Buarque e Hildegard Angel a Regina Zappa, Estação Sabiá — TV 247, 10 jun. 2021. Disponível em: <www.youtube.com/watch?v=OizAowjB_6E>. Entrevista de Chico Buarque à Rádio Atividade, Centro Cultural São Paulo, 1985. "Obra — Canções: 'Angélica'". Chico Buarque. Disponível em: <www.chicobuarque.com.br/obra/cancao/240#:~:text=Ela%20foi%20uma%20mulher%20que,de%20porta%20em%20porta%20mesmo>.

31. Bilhete de Zuzu Angel a Marieta Severo e Chico Buarque, Rio de Janeiro, 13 maio 1973. "Meu amado filho", Correio IMS, Instituto Moreira Salles. Disponível em: <correio.ims.com.br/carta/meu-amado-filho/>.
32. Entrevista de Chico Buarque e Hildegard Angel a Regina Zappa, op. cit.
33. Carlos Heitor Cony, "Zuzu Angel", *Folha de S.Paulo*, 11 maio 1996. Programa *Linha Direta*, episódio "Zuzu Angel", 27 nov. 2003.
34. Entrevista de Lúcia Gontijo à autora, 21 set. 2023.
35. "Cláudia Lessin Rodrigues: Um nome para não esquecer", *Manchete*, 5 ago. 1978.
36. *O Globo*, 17 jan. 1976. Depoimento de Hildegard Angel à Comissão Estadual da Verdade do Rio de Janeiro, 7 maio 2014.
37. *O Globo*, 24 jan. 1976 e 5 abr. 1976. *Tribuna da Imprensa*, 2 dez. 1975. *Diario de Noticias*, 26 ago. 1975.
38. Entrevista de Hildegard Angel para a exposição Ocupação Zuzu do Itaú Cultural, op. cit.
39. Virginia Valli, op. cit., p. 187.
40. Antonina Murat Vasconcellos, "Como conheci Zuzu Angel", em Virginia Valli, op. cit., p. 61.
41. "Zuzu, o anjo caído", op. cit.
42. Declaração de Carlos Alberto Netto à 15ª Delegacia Policial, 26 abr. 1976. Declaração de Hildegard Angel Jones à 15ª Delegacia Policial, 26 abr. 1976. Arquivo Nacional, AT0.81.1, v. II, 1998, pp. 55-7 e 58-60.
43. Ibid.
44. Declaração de Evandro Fonseca Paranaguá à Comissão Especial sobre Mortos e Desaparecidos Políticos, 14 maio 1997. Arquivo Nacional, BR.DF.AN.BSB.V8.MIC, p. 200.
45. Hebe Guimarães, *Lysâneas Maciel*. Brasília: Câmara dos Deputados, Edições Câmara, 2008, p. 36. *Tribuna da Imprensa*, 23-24-25 dez. 1978.
46. Juliana Gagliardi, "Um oposicionista no Congresso e no exílio: A atuação de Lysâneas Maciel na década de 1970", *Revista de la Red de Intercátedras de Historia de América Latina Contemporánea*, Córdoba, ano 7, n. 13, pp. 126-51, dez. 2020-maio 2021.
47. "Zuzu Angel morre em seu carro e será sepultada hoje", op. cit. "Zuzu Angel morre no Rio: Automóvel cai de 15 metros", op. cit.
48. Termo de declaração e depoimento de Mauro José da Costa, chefe de reportagem da TV Globo, à Superintendência de Polícia Judiciária da Secretaria de Segurança Pública, 29 abr. 1976. Arquivo Nacional, ATO.81.1., v. II, 1998, pp. 67-8. "Zuzu Angel, desfile ao som de Tico-Tico no Fubá", op. cit.
49. Virginia Valli, op. cit., p. 195. "Zuzu Angel morre em seu carro e será sepultada hoje", op. cit.
50. Ibid. Ibid.
51. Virginia Valli, op. cit. Declaração de Maria Lúcia Vieira Simões, 29 abr. 1976. Declaração de Andrzej Jordan, 30 abr. 1976. Declaração de José Márcio Peixoto, 5 maio 1976. Declaração de Ruth Almeida Prado, 5 maio 1976. Declaração de Werther Teixeira de Azevedo,

14 maio 1976. Arquivo Nacional, ATO.81.I., v. II, 1998, pp. 65-6, 72-3, 81-2, 83-4, 87-8. "Zuzu Angel sepultada em cerimônia simples", *O Globo*, 16 abr. 1976.

52. Declarações de Andrzej Jordan, 30 abr. 1976, e Ruth Almeida Prado, 5 maio 1976. Arquivo Nacional, AT0.81.I., v. II, 1998, pp. 72-3 e 83-4.
53. Declaração de Maria Lúcia Vieira Simões, 29 abr. 1976. Arquivo Nacional, ATO.81.I., v. II, 1998, pp. 65-6.
54. Declaração de José Márcio Peixoto, 5 maio 1976 e Declaração de Sérgio Reis da Costa e Silva, 3 maio 1976. Arquivo Nacional, ATO.81.I., v. II. 1998, pp. 81-8 e 78-9.
55. Declaração de Sérgio Reis da Costa e Silva à 15ª Delegacia Policial, 3 maio 1976. Arquivo Nacional, ATO.81.I., v. II, 1998, pp. 78-9. Carta de Sérgio Costa e Silva a Hildegard Angel, abr. 1976. Acervo do Instituto Zuzu Angel, número de registro ZA04.XX.03.XX.XX.0002. Disponível em: <www.zuzuangel.com.br/documental/carta-escrita-a-mao-por-sergio--costa-e-silva-em-abril-de-1976-angra-sobre-ter-sido-o-ultimo-a-ter-visto-zuzu-angel--antes-do-acidente>. Declaração de Sérgio Reis da Costa e Silva, 21 maio 1996. Arquivo Nacional, BR.DF.AN.BSB.V8.MIC, p. 426.
56. "Zuzu Angel morre no Rio: Automóvel cai de 15 metros", op. cit.

20. sempre Zuzu [pp. 411-47]

1. Sófocles, op. cit., p. 15.
2. Bruce Handler, "Death Ends Mother's Search", op. cit.
3. "Zuzu, o anjo caído", op. cit.
4. Manuscrito datilografado de Zuzu Angel sobre a sua profissão, op. cit.
5. Ibid.
6. Depoimento de Hildegard Angel à Comissão Estadual da Verdade do Rio de Janeiro, 7 maio 2014.
7. Entrevista de Esther Maria Nogueira à autora, 5 nov. 2021.
8. Manuscrito datilografado de Zuzu Angel sobre sua profissão, op. cit.
9. Zuenir Ventura, "Quem é essa mulher?", em Virginia Valli, op. cit., p. 25.
10. *O Globo*, 17 abr. 1976.
11. Bruce Handler, "Death Ends Mother's Search", op. cit. Geraldo Cantarino, op. cit.
12. Geraldo Cantarino, op. cit. João Roberto Martins Filho, *Segredos de Estado: O governo britânico e a tortura no Brasil (1969-1976)*. Curitiba: Prismas, 2017.
13. "Lagoa-Barra vence mais uma etapa", *Correio da Manhã*, 29 dez. 1972.
14. Hoje rua Geísa Firmo Gonçalves.
15. A reconstrução exata do acidente que matou Zuzu Angel é inviável. Essa interpretação das evidências foi realizada a partir da costura dos seguintes depoimentos, pareceres e laudos: Laudo nº 622690, ocorrência nº 2756/76. "Laudo de exame de local de acidente de tráfego, com morte". Secretaria de Estado de Segurança Pública, Departamento Geral da Polícia Civil, Instituto Carlos Éboli. Arquivo Nacional, código de referência BR.AN.BSB.AT.0.81, pp. 29-36. "Parecer técnico e diagnose sobre acidente de trânsito, elaborado por Valdir Florenzo e Ventura Raphael Martello Filho", 20 mar. 1998. Arquivo Nacional, código de referência BR.AN.BSB.AT.0.81.2, pp. 81-134. Entrevista de Marcos Pires à autora, 24 maio 2023. "Violência e terrorismo de Estado contra a sociedade civil. 1) O Assassinato de Zuzu Angel (1976)", em *Brasil. Comissão Nacional da Verdade — Relatório*. Brasília: CNV, 2014, v. I, pp. 653-9.

16. Entrevista de Marcos Pires à autora, 24 maio 2023. Depoimento de Marcos Pires a Luís Francisco da Silva Carvalho Filho, 5 mar. 1998 em “Parecer técnico e diagnose sobre acidente de trânsito, elaborado por Valdir Florenzo e Ventura Raphael Martello Filho”, 20 mar. 1998. Arquivo Nacional, código de referência ATO.81.2, pp. 81-134. Luís Francisco da Silva Carvalho Filho, “Pedido de reconsideração do processo de Zuzu Angel”, em Janaína Teles (Org.), *Mortos e desaparecidos políticos: Reparação ou impunidade?* São Paulo: Humanitas/FFLCH/USP, 2001, pp. 345-61. “Testemunhas não viram corpo de Zuzu”, *Folha de S.Paulo*, 13 fev. 1998.
17. Depoimento de Antônio Carlos do Valle Temponi à 15ª Delegacia Policial, 26 abr. 1976.
18. Declarações de Benilton Carlos Bezerra Júnior à 15ª Delegacia Policial, 6 maio 1976.
19. Auto de exame cadavérico. Instituto Médico Legal do Estado da Guanabara, 14 abr. 1976. Laudo de exame de local de acidente de tráfego com morte. Ocorrência nº 2756/76, Departamento Geral de Polícia Civil, Instituto Carlos Éboli, 14 abr. 1976.
20. “Parecer técnico e diagnose sobre acidente de trânsito, elaborado por Valdir Florenzo e Ventura Raphael Martello Filho”, op. cit., p. 96.
21. Depoimento de Antônio Carlos do Valle Temponi à 15ª Delegacia Policial; Declarações de Benilton Carlos Bezerra Júnior à 15ª Delegacia Policial, op. cit.
22. Depoimento de José dos Santos Silva à 15ª Delegacia Policial, 30 abr. 1976.
23. Colisão de veículos com morte. Ocorrência nº 912, livro ímpar 185, fls. 39 verso. 15ª Delegacia Policial, serviço das 20h de 13 abr. às 8h do dia 14 abr. 1976.
24. Depoimento de Antônio Carlos do Valle Temponi à 15ª Delegacia Policial; Declarações de Benilton Carlos Bezerra Júnior à 15ª Delegacia Policial, op. cit.
25. “Comissão da Verdade diz que foto comprova envolvimento de militares na morte de Zuzu Angel”, *O Globo*, 25 jul. 2014. “As imagens do acidente que matou Zuzu Angel”, *O Globo*, 25 jul. 2014.
26. José A. Argolo, Kátia Ribeiro e Luiz Alberto Machado Fortunato, *A direita explosiva no Brasil: A história do Grupo Secreto que aterrorizou o país com suas ações, atentados e conspirações*. Rio de Janeiro: Mauad, 1996.
27. Cláudio Guerra, Marcelo Netto e Rogério Medeiros, *Memórias de uma guerra suja*. Rio de Janeiro: Topbooks, 2012. Rio de Janeiro (Estado). Comissão da Verdade do Rio. *Relatório — Comissão da Verdade do Rio*, op. cit.
28. Depoimento de Cláudio Guerra à Comissão Nacional da Verdade, 23 jul. 2014, p. 33.
29. Ibid. Cláudio Guerra et al., op. cit. Depoimento de Cláudio Guerra à Comissão da Verdade do Rio, 26 fev. 2014.
30. Memorandum from director of Central Intelligence Colby to Secretary of State Kissinger. Washington, 11 abr. 1974. Foreign Relations of the United States, 1969-1976, volume E-11, part 2, Documents on South America, 1973-1976. Disponível em: <history.state.gov/historicaldocuments/frus1969-76ve11p2/d99>.
31. Ernesto Geisel apud Elio Gaspari, *A ditadura derrotada*, op. cit.
32. Depoimentos de Cláudio Guerra à CNV e à CEV-Rio, op. cit. Cláudio Guerra et al., op. cit.
33. Depoimento de Cláudio Guerra à CNV, op. cit.
34. Laudo nº 622690, ocorrência nº 2756/76. “Laudo de exame de local de acidente de tráfego, com morte”, Secretaria de Estado de Segurança Pública, Departamento Geral da Polícia Civil, Instituto Carlos Éboli. Arquivo Nacional, código de referência BR.AN.BSB.AT.0.81, pp. 29-36.

35. "Zuzu Angel morre em seu carro e será sepultada hoje", op. cit.
36. Ibid. "Zuzu Angel morre no Rio: Automóvel cai de 15 metros", op. cit.
37. Depoimento de José dos Santos Silva à 15ª Delegacia Policial, op. cit. Colisão de veículos com morte. Ocorrência nº 912, op. cit. *O Fluminense*, 15 abr. 1976.
38. Auto de Exame Cadavérico de Zuleika Angel Jones. Requisição nº 31, 14 abr. 1976. "Parecer técnico e diagnose sobre acidente de trânsito, elaborado por Valdir Florenzo e Ventura Raphael Martello Filho", op. cit.
39. Colisão de veículos com morte. Ocorrência nº 912, op. cit.
40. Virginia Valli, op. cit., p. 195.
41. Declarações de Carlos Alberto Netto à 15ª Delegacia Policial, 26 abr. 1976. "Morre em desastre a rainha da moda brasileira", *A Luta Democrática*, 15 abr. 1976.
42. "Filha diz que lavou a alma após 21 anos", *O Globo*, 14 maio 1997.
43. Depoimento de Hildegard Angel à Comissão Estadual da Verdade do Rio de Janeiro, 7 maio 2014. Declarações de Carlos Alberto Netto à 15ª Delegacia Policial, op. cit.
44. "Zuzu Angel foi sepultada ontem no Rio de Janeiro", *Folha de S.Paulo*, 16 abr. 1976. "Zuzu Angel sepultada em cerimônia simples", op. cit. "Um perfil de Zuzu na missa de 7º dia", *Folha de S.Paulo*, 21 abr. 1976.
45. Coluna de Carlos Swann, *O Globo*, 5 abr. 1976.
46. "A morte encerra a busca", Virginia Valli, op. cit., p. 196.
47. Ibid., p. 197.
48. *Jornal do Brasil*, 16 abr. 1976.
49. "Zuzu Angel sepultada em cerimônia simples", op. cit.
50. "Muitos amigos no enterro da figurinista Zuzu Angel", *Última Hora*, 16 abr. 1976.
51. "Zuzu Angel: A legitimidade como marca", *Jornal do Brasil*, 15 abr. 1976.
52. "No velório, rosas vermelhas no caixão", *O Globo*, 15 abr. 1976.
53. "Zuzu Angel sepultada em cerimônia simples", op. cit.
54. "Zuzu Angel foi sepultada ontem no Rio de Janeiro", op. cit. "Zuzu Angel sepultada em cerimônia simples", op. cit. *A Luta Democrática*, 16 abr. 1976. Depoimento de Hildegard Angel à Comissão Estadual da Verdade do Rio de Janeiro, 7 maio 2014.
55. Bilhete de Zuzu Angel a Chico Buarque, 23 abr. 1975. Arquivo Nacional, código de referência BR.DF.AN.BSB.V8.MIC, pp. 52 e 447.
56. Regina Zappa, op. cit., p. 126.
57. Arquivo Nacional, código de referência BR.AN.RIO.TT.0.MCP.PRO.205, p. 12.
58. Regina Zappa, op. cit. Zuenir Ventura, "O filho e a mãe-coragem", *O Globo*, 27 fev. 2013. Depoimento de Francisco Buarque de Holanda à Comissão Especial do Ministério da Justiça de Mortos e Desaparecidos Políticos. Anexado ao processo 0237/96 em 16 out. 1996. Arquivo Nacional, código de referência BR.AN.BSB.AT.0.80.7, p. 445.
59. Alberto Dines, "Na área da violência e da coragem", *Folha de S.Paulo*, 25 abr. 1976.
60. Ibid.
61. Entrevista de Lúcia Murat à autora, 19 jun. 2024.
62. *Jornal do Brasil*, 20 abr. 1976.
63. Alberto Dines, "Na área da violência e da coragem", op. cit.
64. "Um perfil de Zuzu na missa de 7º dia", op. cit. Depoimento de Hildegard Angel à Comissão Estadual da Verdade do Rio de Janeiro, 7 maio 2014.
65. Diligência do detetive-inspetor Nelson Borges ao delegado Gustavo Félix Pinto da Rocha, 22 abr. 1976. 15ª Delegacia Policial, Seção de Investigações Gerais.

66. Ibid. Declarações de João Mulato dos Santos à 15ª Delegacia Policial, 27 abr. 1976.
67. Hélio Fernandes, "Fatos e rumores em primeira mão", *Tribuna da Imprensa*, 15 abr. 1976. "Zuzu, o anjo caído", op. cit.
68. Hélio Fernandes, op. cit.
69. "No velório, rosas vermelhas no caixão", op. cit.
70. Declaração de Lourdes Lemos de Moraes, 22 maio 1996. Arquivo Nacional, código de referência BR.AN.BSB.AT.0.80.7, p. 188.
71. Diligência do detetive-inspetor Nelson Borges ao delegado Gustavo Félix Pinto da Rocha, op. cit.
72. Arquivo Nacional, código de referência BR.AN.BSB.AT.0.81, pp. 15-22 e 53-93.
73. "Perito afirma que governo francês pressionou Brasil", *O Globo*, 15 maio 1997. "Perito diz que pode haver erro", *Folha de S.Paulo*, 23 mar. 1998.
74. Entrevista de Elson Rangel Lopes à *Folha de S.Paulo*. "Perito defende investigação realizada na época", *Folha de S.Paulo*, 23 fev. 1998. "Perito afirma que governo francês pressionou Brasil", op. cit.
75. Laudo nº 622690, ocorrência nº 2756/76. "Laudo de exame de local de acidente de tráfego, com morte". Secretaria de Estado de Segurança Pública, Departamento Geral da Polícia Civil, Instituto Carlos Éboli, folha 4.
76. Ibid., folha 5.
77. Ibid.
78. Ibid., folha 6.
79. Segundo conceito do prof. José Carlos Elias, citado pelo perito Celso Nenevê, do Instituto de Criminalística/Polícia Civil do Distrito Federal, no "Parecer Criminalístico" de 7 abr. 1997. Arquivo Nacional, código de referência BR.AN.BSB.AT.0.81, p. 125.
80. Laudo nº 622690, ocorrência nº 2756/76, folha 6.
81. "Parecer técnico e diagnose sobre acidente de trânsito, elaborado por Valdir Florenzo e Ventura Raphael Martello Filho", 20 mar. 1998. Arquivo Nacional, código de referência ATO.81.2, pp. 97-101. "Foto contradiz laudo do caso Zuzu Angel", *Folha de S.Paulo*, 23 fev. 1998. "Parecer derruba laudo do caso Zuzu Angel", *Folha de S.Paulo*, 23 mar. 1998.
82. "Parecer técnico e diagnose sobre acidente de trânsito, elaborado por Valdir Florenzo e Ventura Raphael Martello Filho", op. cit., p. 125.
83. Informe Antropológico Forense, executado pelo antropólogo forense Luis Fondebrider, Rio de Janeiro, 16 jan. 1997. Arquivo Nacional, código de referência BR.AN.BSB.AT.0.81, pp. 163-6.
84. Ofício nº 3892, do diretor do Instituto Médico Legal ao dr. delegado da 15ª Delegacia Policial, 22 abr. 1976.
85. Declarações de Maria Lúcia Vieira Simões à 15ª Delegacia Policial, 29 abr. 1976.
86. Declarações de Carlos Alberto Netto à 15ª Delegacia Policial, 26 abr. 1976. Declarações de Hildegard Beatriz Angel Jones à 15ª Delegacia Policial, 26 abr. 1976.
87. Declarações de Hildegard Beatriz Angel Jones à 15ª Delegacia Policial, 26 abr. 1976.
88. Declarações de Lúcia Vieira, Ruth de Almeida Prado, André Jordan, Anna Rose Jordan, José Peixoto e Werther Teixeira de Azevedo à 15ª Delegacia Policial, 29 abr., 30 abr., 5 maio, 14 maio 1976.
89. Ibid. Declarações de Mauro José da Costa à 15ª Delegacia Policial, 29 abr. 1976.
90. "Polícia apura morte de Zuzu", *Folha de S.Paulo*, 27 abr. 1976.
91. "Inquérito apurará morte de Zuzu Angel", *Folha de S.Paulo*, 24 abr. 1976.

92. Ibid.
93. Informação nº 426/76/DSI/MJ. Divisão de Seguranças e Informações do Ministério da Justiça, 25 maio 1976. Arquivo Nacional, código de referência BR.AN.RIO.TT.0.MCP.PRO.205, p. 10.
94. Ibid.
95. Relatório do inquérito 118/76, instaurado em 23 abr. 1976. Serviço Público Estadual, Secretaria de Estado de Segurança Pública. Arquivo Nacional, código de referência BR.AN.BSB.AT.0.81, pp. 97-110.
96. Ibid., p. 109.
97. Anotações do Relatório de inquérito 118/76. Arquivo Nacional, código de referência BR.AN.BSB.AT.0.81, pp. 113-4.
98. Depoimento de Francisco Buarque de Holanda à Comissão Especial do Ministério da Justiça de Mortos e Desaparecidos Políticos. Anexado ao processo 0237/96 em 16 out. 1996. Arquivo Nacional, código de referência BR.AN.BSB.AT.0.80.7, p. 446.
99. "Zuzu Angel Is Dead; Brazilian designer", *The New York Times*, 15 abr. 1976.
100. Bruce Handler, "Death Ends Mother's Search", op. cit.
101. Ibid.
102. "Brazil and Repression", discurso de Edward Kennedy perante o Senado americano. *Congressional Record — Senate*, 10 maio 1976, v. 122, part 11, pp. 13093-6, 94th Congress, 2nd Session. Disponível em: <www.congress.gov/bound-congressional-record/1976/05/10/senate-section>.
103. Ibid. "Brazilian Death Squad Linked to the Police Continues to Stir Controversy", *The New York Times*, 18 abr. 1976.
104. "Translation of Deposition and Appeals Made by Political Prisoners", em *Congressional Record — Senate*, 10 maio 1976, op. cit., pp. 13093-4.
105. Carta de Edward Kennedy a Zuzu Angel, 14 jan. 1972. Acervo do Instituto Zuzu Angel, número de registro ZA03.XX.01.02.XX.0003. Disponível em: <www.zuzuangel.com.br/documental/carta-de-edward-kennedy-a-zuzu-angel>. Rascunho da carta escrita por Zuzu e endereçada a Edward Kennedy, fev. 1975. Acervo do Instituto Zuzu Angel, número de registro ZA03.XX.01.02.XX.0002. Disponível em: <www.zuzuangel.com.br/documental/rascunho-de-carta-escrita-por-zuzu-e-enderecada-a-edward-kennedy>.
106. Telegrama da embaixada americana em Brasília aos consulados no Rio de Janeiro e São Paulo e ao Departamento de Estado, 10 maio 1976. Document number 1976BRASIL04059. Subject: Human Rights: death of Zuzu Angel stirs rumors; Herzog family sues government; Fiel Filho case shelved. Access to Archival Databases, The National Archives.
107. Ibid.
108. Depoimentos de Cláudio Guerra à CNV e à CEV-Rio, op. cit.
109. "Texto integral da entrevista concedida pelo presidente Geisel à televisão francesa", em *Viagem do presidente Geisel à França: Registro histórico, repercussões*. Brasília: Assessoria de Relações Públicas da Presidência da República, 1976, p. 46.
110. "Entrevista do presidente Geisel a jornalistas brasileiros", op. cit., pp. 50-5.
111. Geraldo Cantarino, op. cit.
112. "Visita à Inglaterra. Entrevista concedida a jornalistas brasileiros", 6 maio 1976. Biblioteca da Presidência da República, p. 121. Disponível em: <www.biblioteca.presidencia.gov.br/presidencia/ex-presidentes/ernesto-geisel/discursos/1976/27.pdf>.

113. "De ilha de prosperidade a oásis de liberdade", Coluna do Castello, *Jornal do Brasil*, 8 maio 1976.
114. Bruce Handler, "Death Ends Mother's Search", op. cit.
115. Entrevista de Daniel Maia a Priscila Andrade Silva, 1 dez. 2005. Priscila Andrade Silva, op. cit., p. 90.

21. Essa mulher vive [pp. 449-82]

1. "Voltam os anjinhos de Zuzu", *Jornal do Brasil*, 11 out. 1976.
2. "Ana Cristina quer o anjo vivo, como no tempo de sua mãe", op. cit.
3. *O Globo*, 26 abr. 1976. *Jornal do Brasil*, 25 jul. 1976.
4. *Jornal do Brasil*, 7 maio 1976.
5. "Ana Cristina quer o anjo vivo, como no tempo de sua mãe", op. cit.
6. Ibid.
7. Ibid.
8. *Jornal do Brasil*, 6 set. 1976. "Voltam os anjinhos de Zuzu", op. cit.
9. *Tribuna da Imprensa*, 2, 6 e 13 jul. 1976.
10. "Voltam os anjinhos de Zuzu", op. cit.
11. Declarações de Carlos Alberto Netto à 15ª Delegacia Policial, 26 abr. 1976.
12. "Faço coluna social como uma repórter", *Manchete*, 26 jun. 1982.
13. Carta de Sérgio da Costa e Silva a Hildegard Angel, Angra dos Reis, abr. 1976. Arquivo Nacional, código de referência BR.AN.BSB.AT.0.80.7, pp. 181-2.
14. "Sanduíches e sorvetes", *Jornal do Brasil*, 1 nov. 1977.
15. Fundo de Divisão de Segurança e Informações do Ministério das Relações Exteriores, 10 set. 1982. Arquivo Nacional, código de referência BR.AN.BSB.Z4.REX.E-BR.0024.
16. *Folha de S.Paulo*, 16 abr. 1977.
17. "Vila Isabel: A afirmação como grande escola", *Jornal do Brasil*, 23 fev. 1977.
18. Chico Buarque e Miltinho, "Angélica", 1977, Marola Edições Musicais, Warner Chapell.
19. "'Angélica', de Miltinho e Chico Buarque, ganha capítulo importante em sua história", *Folha de S.Paulo*, 17 maio 2024.
20. "Louzeiro lança *Em carne viva*", *A Luta Democrática*, 23 set. 1980.
21. Beatriz Mendes e Madruga e Andrey Pereira de Oliveira, "Mulheres sob tortura: Uma análise das protagonistas femininas da trilogia de Heloneida Studart", *Revista Letras*, Curitiba (UFPR), v. 107, n. 1, pp. 173-91, jan.-jun. 2023. Cecília Cunha, "Uma escritora feminista: Fragmentos de uma vida", *Estudos Feministas*, Florianópolis, v. 1, n. 16, pp. 271-6, jan.-abr. 2008. Eurídice Figueiredo, *Mulheres contra a ditadura*: *Escrever é* (*também*) *uma forma de resistência*. Porto Alegre: Zouk, 2024.
22. Maria Cláudia Badan Ribeiro, op. cit. Jacqueline Pitanguy e Branca Moreira Alves, *Feminismo no Brasil: Memórias de quem fez acontecer*. Rio de Janeiro: Bazar do Tempo, 2022.
23. Iramaya Benjamin. *Ofício de mãe: A saga de uma mulher*. Em depoimento a Margarida Autran. Rio de Janeiro: Marco Zero, 1982, p. 17.
24. Ibid., p. 68.
25. Ibid., p. 73.
26. Maria Cláudia Badan Ribeiro, op. cit.
27. Iramaya Benjamin, "Ofício de mãe", em Iramaya Benjamin, op. cit., p. 6.
28. "A vida de Zuzu", *Jornal do Brasil*, 22 set. 1972.

29. "Eu, Zuzu Angel, procuro meu filho", *Manchete*, 8 nov. 1986.
30. Virginia Valli, op. cit., p. 140.
31. Ibid., p. 143.
32. Ibid., p. 31.
33. "Cinema verdade", *Folha de S.Paulo*, 1 mar. 1984. "Morbidez e Édipo em filme de Dahl", *Folha de S.Paulo*, 3 mar. 1984. "O papel mais difícil de Fernanda", *Folha de S.Paulo*, 7 maio 1985.
34. Vera Rotta, "Perfil institucional: Comissão Especial de Mortos e Desaparecidos Políticos", *Acervo*, Rio de Janeiro, v. 21, n. 2, pp. 193-200, jul.-dez. 2008.
35. Hildegard Angel para Miguel Reale Júnior, Comissão Especial do Ministério da Justiça, Rio de Janeiro, 2 fev. 1996. Ministério da Justiça, Comissão Especial, Lei nº 9.140/95, Brasília, 1 jul. 1996. Arquivo Nacional, código de referência BR.AN.BSB.AT.0.76.2, pp. 2 e 90.
36. "Zuzu: O que aconteceu a essa mulher", op. cit.
37. "General aposta que família será indenizada", *O Globo*, 15 maio 1997.
38. "À Comissão Especial do Ministério da Justiça", Rio de Janeiro, 18 jun. 1996. "À Comissão Especial do Ministério da Justiça", Rio de Janeiro, 26 set. 1996. Arquivo Nacional, código de referência BR.AN.BSB.AT.0.80.7, pp. 326 e 410-1.
39. À Comissão Especial do Ministério da Justiça", Rio de Janeiro, 31 jan. 1997. Arquivo Nacional, código de referência BR.AN.BSB.AT.0.81.1, pp. 7-8.
40. "Relatório prova que Zuzu Angel era vigiada pelo Dops", *O Globo*, 15 maio 1997.
41. Declaração de Ruth de Almeida Prado, Rio de Janeiro, 21 maio 1996. Declaração de Leda Castro Neves, Rio de Janeiro, 23 maio 1996. Arquivo Nacional, código de referência BR.AN.BSB.AT.0.80.7, pp. 428-9.
42. Declaração de Conceição Cabral Bueno Brandão, Rio de Janeiro, 20 jun. 1996. Arquivo Nacional, código de referência BR.AN.BSB.AT.0.80.7, p. 427.
43. Luiz Roberto do Nascimento e Silva à Comissão Especial do Ministério da Justiça, Rio de Janeiro, 4 out. 1996. Arquivo Nacional, código de referência BR.AN.BSB.AT.0.80.7, pp. 434-5.
44. "Advogado: 'Não é preciso marca de bala'", *O Globo*, 16 maio 1997.
45. Relatório de exumação, Rio de Janeiro, 16 jan. 1997. Arquivo Nacional, código de referência BR.AN.BSB.AT.0.81.1, pp. 163-71.
46. "Para família, laudo é reviravolta técnica", *O Globo*, 14 maio 1997.
47. Polícia Civil do Distrito Federal, Coordenação de Polícia Técnica, Instituto de Criminalística, "Parecer Criminalístico". Arquivo Nacional, código de referência BR.AN.BSB.AT.0.81.1, p. 128.
48. "Celso Nenevê: 'É remota a possibilidade de que Zuzu tenha dormido'", *O Globo*, 15 maio 1997.
49. "Parecer Criminalístico", op. cit., p. 119.
50. Ibid., pp. 129-30.
51. Laudo nº 622690, ocorrência nº 2756/76. "Laudo de exame de local de acidente de tráfego, com morte". Secretaria de Estado de Segurança Pública, Departamento Geral da Polícia Civil, Instituto Carlos Éboli. Arquivo Nacional, código de referência BR.AN.BSB.AT.0.81.1, p. 34.
52. "Parecer Criminalístico", op. cit., p. 124.
53. Laudo nº 622690, op. cit., p. 34.

54. "Parecer Criminalístico", op. cit., p. 123.
55. Ibid., p. 128.
56. "Celso Nenevê: 'É remota a possibilidade de que Zuzu tenha dormido'", op. cit.
57. "Relator: Família de Zuzu poderá ser indenizada", *O Globo*, 16 maio 1997.
58. "Advogado: 'Não é preciso marca de bala'", op. cit.
59. "Nas intenções de voto, caso apresenta empate técnico", *O Globo*, 14 maio 1997.
60. Luís Francisco da Silva Carvalho Filho, "Zuzu Angel, a lei e a comissão", em Janaína Teles (Org.), op. cit., p. 102.
61. "Advogado: 'Não é preciso marca de bala'", op. cit.
62. Luís Francisco da Silva Carvalho Filho, "Zuzu Angel, a lei e a comissão", em Janaína Teles (Org.), op. cit.
63. "Comissão de desaparecidos rejeita indenização à família de Zuzu Angel", *O Globo*, 8 ago. 1997.
64. "As lágrimas da surpresa", *O Globo*, 8 ago. 1997.
65. "Comissão de desaparecidos rejeita indenização à família de Zuzu Angel", op. cit.
66. Assembleia Legislativa do Estado do Rio de Janeiro. Projeto de Resolução do deputado Domingos Freitas, 16 mar. 1988. Arquivo Nacional, código de referência BR.AN.BSB.AT.0.80.7, p. 54.
67. "Escola homenageia busca de Zuzu Angel pelo filho", *O Globo*, 20 nov. 1997.
68. "Em Cima da Hora tempera sua feijoada com uma polêmica homenagem a Zuzu", *O Globo*, 26 de janeiro de 1998. "Caçula do grupo de acesso A é a favorita", *O Globo*, 17 fev. 1998. Fotografia do desfile "Quem é você, Zuzu Angel?... Um anjo feito mulher?", Acervo do Instituto Zuzu Angel, número de registro ZA04.XX.06.XX.06.0002. Disponível em: <www.zuzuangel.com.br/documental/fotografia-do-desfile-quem-e-voce-zuzu-angel-um-anjo-feito-mulher>.
69. Declaração de Carlos Machado Medeiros à Comissão Especial de Mortos e Desaparecidos Políticos, Rio de Janeiro, 28 nov. 1997, p. 239.
70. Declaração de José Luiz Clerot a Hildegard Angel, Brasília, 27 ago. 1997. Declaração de Carlos Machado Medeiros, op. cit. Declaração de Erasmo Martins Pedro e Paulo Roberto Valpassos, Rio de Janeiro, 1 dez. 1997. Arquivo Nacional, código de referência BR.AN.BSB.AT.0.81.1, pp. 239-43.
71. Declaração de José Luiz Clerot, op. cit., p. 242.
72. Declaração de Marcos dos Anjos Pires Bezerra a Hildegard Angel, João Pessoa, 21 nov. 1997. Arquivo Nacional, código de referência BR.AN.BSB.AT.0.81.1, p. 238.
73. "Testemunho de morador muda o caso Zuzu Angel", *O Globo*, 12 fev. 1998.
74. Luís Francisco da Silva Carvalho Filho, "Pedido de reconsideração do processo de Zuzu Angel", em Janaína Teles (Org.), op. cit.
75. Processo 237/96. "Pedido de reconsideração". Arquivo Nacional, código de referência BR.AN.BSB.AT.0.81.1, pp. 320-40. "Deputado vai pedir a comissão que reconstitua batida de Zuzu", *O Globo*, 13 fev. 1998. "Testemunhas não viram corpo de Zuzu", *Folha de S.Paulo*, 13 fev. 1998.
76. Luís Francisco da Silva Carvalho Filho. "Pedido de reconsideração do processo de Zuzu Angel", em Janaína Teles (Org.), op. cit.
77. Ibid. "Parecer técnico e diagnose sobre acidente de trânsito, elaborado por Valdir Florenzo e Ventura Raphael Martello Filho", 20 mar. 1998. Arquivo Nacional, código de referência BR.AN.BSB.AT.0.81.2, p. 97-101.
78. "Foto contradiz laudo do caso Zuzu Angel", *Folha de S.Paulo*, 23 fev. 1998.

79. “Perito diz que pode haver erro”, *Folha de S.Paulo*, 23 mar. 1998.
80. “Perito defende investigação realizada na época”, *Folha de S.Paulo*, 23 fev. 1998.
81. “Parecer técnico e diagnose sobre acidente de trânsito, elaborado por Valdir Florenzo e Ventura Raphael Martello Filho”, op. cit.
82. Processo 237/96. “Pedido de reconsideração”, op. cit., p. 338.
83. Ibid., p. 340.
84. “Governo reconhece que Zuzu Angel foi assassinada”, *O Globo*, 26 mar. 1998.
85. “Hildegard Angel: ‘Quero fazer um filme com a história da minha mãe’”, *O Globo*, 26 mar. 1998.
86. “Zuzu Angel dará nome ao Dois Irmãos”, *O Globo*, 18 set. 1997.
87. “Zuzu Angel dá nome ao Dois Irmãos”, *Jornal do Brasil*, 10 abr. 1998. “Túnel Dois Irmãos passa a se chamar Zuzu Angel”, *O Globo*, 15 abr. 1998.
88. Cláudio Guerra, Marcelo Netto e Rogério Medeiros, op. cit., p. 104.
89. Depoimento de Cláudio Guerra à Comissão da Verdade do Rio, 26 fev. 2014, p. 177.
90. Informe Antropológico Forense, executado pelo antropólogo forense Luis Fondebrider, Rio de Janeiro, 16 jan. 1997. Arquivo Nacional, código de referência BR.AN.BSB.AT.0.81, pp. 163-6. Depoimento de Hildegard Angel à Comissão Estadual da Verdade do Rio de Janeiro, 7 maio 2014. “Embalar o filho, obsessão de mãe ferida pela dor”, *O Globo*, 14 maio 1997. “Relator: Família de Zuzu poderá ser indenizada”, op. cit. “Quem é essa mulher”, *Folha de S.Paulo*, 29 dez. 2013.
91. Comissão Nacional da Verdade, “Relatório preliminar de pesquisa: Caso Stuart Edgar Angel Jones”, op. cit. “Casos emblemáticos. 2) Stuart Edgar Angel Jones”, em *Brasil. Comissão Nacional da Verdade — Relatório*. Brasília: CNV, 2014, v. 1, pp. 571-6.
92. Rio de Janeiro (Estado). Comissão da Verdade do Rio. *Relatório — Comissão da Verdade do Rio*. Rio de Janeiro: CEV-Rio, 2015.
93. “As certidões de óbito de Zuzu e Stuart Angel”, *O Globo*, 12 set. 2019.
94. Manon Salles e Hildegard Angel, “A coleção de alta-costura internacional Carmen Mayrink Veiga”, em Manon Salles (Org.), *Museologia da moda: Acervos e coleções no Brasil*. São Paulo: Alameda, 2023, pp. 143-65. Manon Salles, “Acervos de moda como patrimônio cultural no Brasil: Um balanço das iniciativas na última década”, Fundação Casa de Rui Barbosa, Instituto Zuzu Angel (Org.). *Anais do I Seminário Moda: Uma abordagem museológica*. Rio de Janeiro: Fundação Casa de Rui Barbosa, 2019, pp. 54-68. Ana Paula Moreira Pinto Duarte, “*As vidas de Zuzu*”*: As memórias construídas sobre Zuzu Angel nos jornais* Folha de S.Paulo *e* O Globo *(1985-1998)*. Brasília: Universidade de Brasília, 2018. Dissertação (Mestrado em História). “Roupa Relíquia”, *Serafina*, *Folha de S.Paulo*, 23 fev. 2014. “Casa Zuzu Angel, na Usina, vai além do museu”, *O Globo*, 7 set. 2017. “Casa Zuzu”. Acervo Digital Zuzu Angel. Disponível em: <www.zuzuangel.com.br/casa-zuzu-angel>. “Histórico resumido”. Instituto Zuzu Angel. Disponível em: <memoria.zuzuangel.com.br/html/instituto.html>.
95. *Folha de S.Paulo*, 4 mar. 2000. “A alta roda cai no samba com a Ilha”, *O Globo*, 27 fev. 2000.
96. Em entrevista à rádio Jovem Pan em 8 jul. 2016. “Veja 10 frases polêmicas de Bolsonaro sobre o golpe de 1964 e a ditadura militar”, *Folha de S.Paulo*, 8 ago. 2019.
97. Jonas Alves da Silva Junior, “Um canto de resistência: Imagens do desfile da Mangueira de 2019 em diálogo com a educação”, *Revista Eletrônica do Mestrado em Educação Ambiental*. Dossiê “Imagens: Resistências e criações cotidianas”, pp. 368-87, jun. 2020.
98. Entrevista de Isaac Silva à autora, 7 maio 2021.

99. Entrevista de Ronaldo Fraga à autora, 25 fev. 2021.
100. "Zuzu Angel: 'Eu estou sempre iniciando'", op. cit.
101. Sabrina Abreu e Ronaldo Fraga, *Memórias de um estilista coração de galinha*. Belo Horizonte: Autêntica, 2023, p. 136.
102. "Em torno de Zuzu: Encontro com Ronaldo Fraga". Ocupação Zuzu, 19 dez. 2014. Disponível em: <www.youtube.com/watch?app=desktop&v=Ffa9D3QhfmY>.
103. Entrevista de Ronaldo Fraga à autora, op. cit. Sabrina Abreu e Ronaldo Fraga, op. cit. "Em torno de Zuzu: Encontro com Ronaldo Fraga", op. cit.
104. Entrevista de Ronaldo Fraga à autora, op. cit.
105. Entrevista de Ronaldo Fraga à autora, op. cit. Sabrina Abreu e Ronaldo Fraga, op. cit.
106. "Zuzu Angel: 'Eu estou sempre iniciando'", op. cit.
107. Ibid.
108. "Zuzu não aceita a moda rígida que tolhe o movimento", *Correio da Manhã*, 22 jan. 1969.

Créditos das imagens

Foto de capa: Arquivo EM/ D.A. Press

p. 273: Arquivo Nacional, BR RJANRIO PH.0.FOT.8855/5.
p. 274: Foto: André Seiti/ Fundação Itaú. Acervo Instituto Zuzu Angel.
p. 275: Foto: Norma Pereira Rego. Arquivo Nacional, BR RJANRIO PH.0.FOT.8855/3.
p.276: [acima, à esq.] Foto: Arquivo/ Agência O Globo; [acima, à dir.] *O Jornal* (RJ)/ D.A. Press; [abaixo, à esq.] Foto: Anibal Philot/ Agência O Globo; [abaixo, à dir.] *O Jornal* (RJ)/ D.A. Press.
p.277: [acima, à esq.] Foto: Evandro Teixeira/ CPDOC JB; [acima, à dir.] Foto: Augusto Yunes/ *O Poti*/ D.A. Press, Reprodução digital: LABIM/ UFRN; [abaixo] Arquivo Nacional, BR RJANRIO PH.0.FOT.8855/7.
p. 278: [acima] CPDOC JB. Reprodução digital: Arquivo Nacional, BR DFANBSB AT0.0.0.651/ p. 137; [abaixo] Retrato de Stuart Edgar Angel, enviado por sua mãe, Zuleika Angel, a Cordeiro de Farias. Arquivo Cordeiro de Farias, FGV CPDOC, CFa foto 585.
p. 279: Arquivo Nacional, BR RJANRIO TT.0.MCP, PRO.205.
pp. 280-1: Foto: André Seiti/ Fundação Itaú. Acervo Instituto Zuzu Angel.
p. 282: [acima] Moe Becker/ WWD/ Penske Media via Getty Images; [abaixo] © *The Ithaca Journal* — USA TODAY NETWORK via Imagn Images.
p. 283: Arquivo Nacional, BR DFANBSB V8.MIC, GNC.AAA.74073249.
pp. 284-5: Foto: André Seiti/ Fundação Itaú. Acervo Instituto Zuzu Angel.
p. 286: Arquivo Público do Estado do Rio de Janeiro — APERJ.
p. 287: Foto: Otávio Magalhães/ Agência O Globo.
p. 288: © Chico Nelson/ Abril Comunicações S.A.

Todos os esforços foram feitos para encontrar os detentores de direitos autorais das fotos incluídas neste livro. Em caso de eventual omissão, a Todavia terá prazer em corrigi-la em edições futuras.

Grafia atualizada segundo o Acordo Ortográfico da Língua Portuguesa de 1990, que entrou em vigor no Brasil em 2009.

capa
Julia Custodio
pesquisa iconográfica
Gabriella Gonçalles
tratamento de imagens
Carlos Mesquita
preparação
Cacilda Guerra
checagem
Érico Melo
revisão
Érika Nogueira Vieira
Karina Okamoto

Dados Internacionais de Catalogação na Publicação (CIP)

Starling, Virginia Siqueira (1995-)
Quem é essa mulher?: Uma biografia de Zuzu Angel / Virginia Siqueira Starling. — 1. ed. — São Paulo : Todavia, 2025.

ISBN 978-65-5692-888-3

1. Biografia. 2. Perfil biográfico. 3. Jornalismo. 4. Ditadura - Brasil (1964-1985). I. Angel, Zuzu. II. Título.

CDD 928

Índice para catálogo sistemático:
1. Biografia : Perfil biográfico 928

Bruna Heller — Bibliotecária — CRB-10/2348

todavia
Rua Fidalga, 826
05432.000 São Paulo SP
T. 55 11 3094 0500
www.todavialivros.com.br

fonte
Register*
papel
Pólen natural 70 g/m²
impressão
Geográfica

FSC
www.fsc.org
MISTO
Papel | Apoiando
o manejo florestal
responsável
FSC® C019498